Comment accéder à vos ressources ?

Depuis votre manuel papier

Avec un ordinateur

Accédez directement à la ressource en saisissant le mini-lien associé dans la barre de votre navigateur.

www.college.nathan.fr/22hg0404
jusqu'a 2'56

Avec un smartphone ou une tablette

Grâce à l'appli **Nathan Live** !

Nathan live!

RÉVISEZ OÙ VOUS VOULEZ, QUAND VOUS VOULEZ

L'appli Nathan live, c'est un environnement **sécurisé** pour accéder gratuitement **sans inscription**, sans publicité et d'un **simple scan** aux **centaines de contenus numériques** de votre manuel.

L'appli garde en mémoire les ressources déjà scannées, vous permettant ainsi de les consulter n'importe où et n'importe quand, même sans votre manuel.

Comment ça marche ?

1 Télécharger l'appli gratuitement

DISPONIBLE SUR Google Play — Disponible sur App Store

2 Lancer l'appli et scanner les pages qui comportent un picto Carte interactive **pour faire apparaître les ressources** (audio, vidéo, exercices interactifs...)

+ D'INFOS ET TUTOS

sur nathan.fr/nathan-live ou en scannant cette page avec Nathan live !

Depuis le site élève

Retrouvez de nombreuses ressources sur : collegien.nathan.fr/manuel-3e-2022

Le programme de 3e

THÈME 1 L'Europe, théâtre majeur des guerres totales (1914-1945)

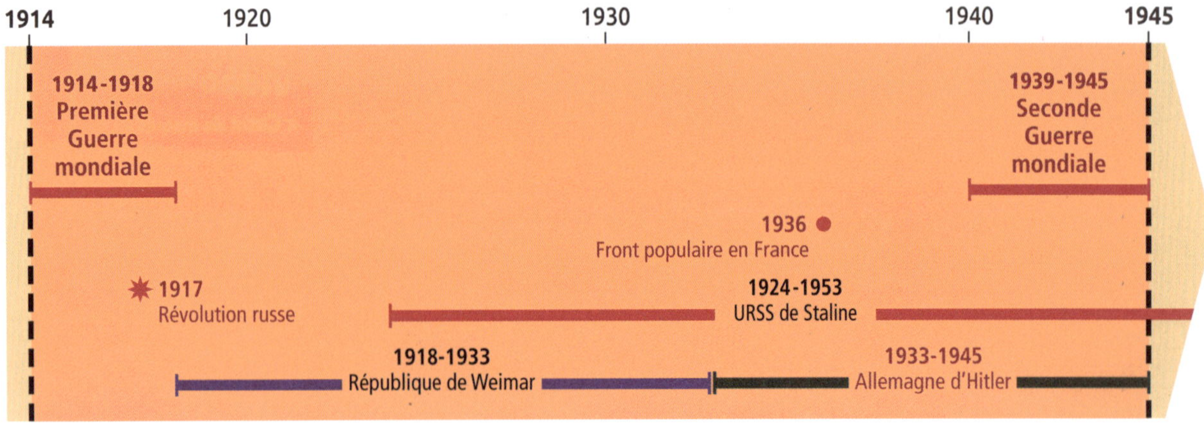

THÈME 2 Le monde depuis 1945

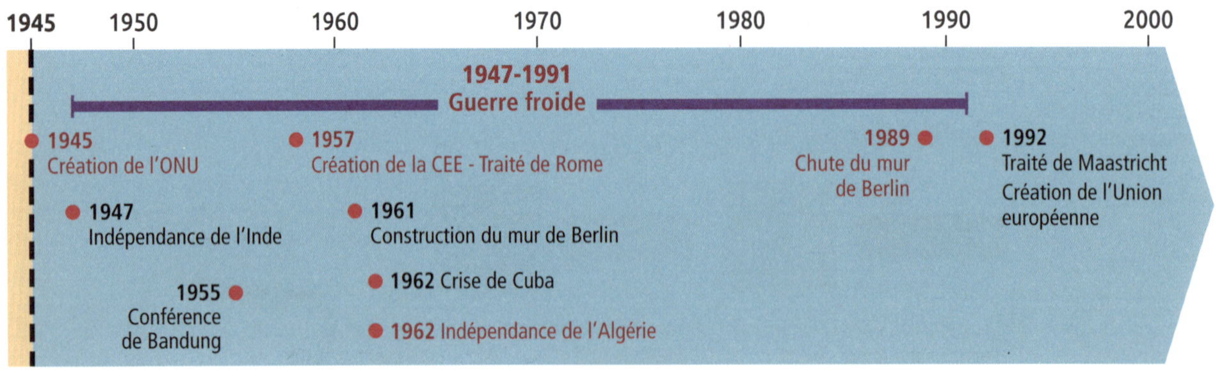

THÈME 3 Françaises et Français dans une République repensée

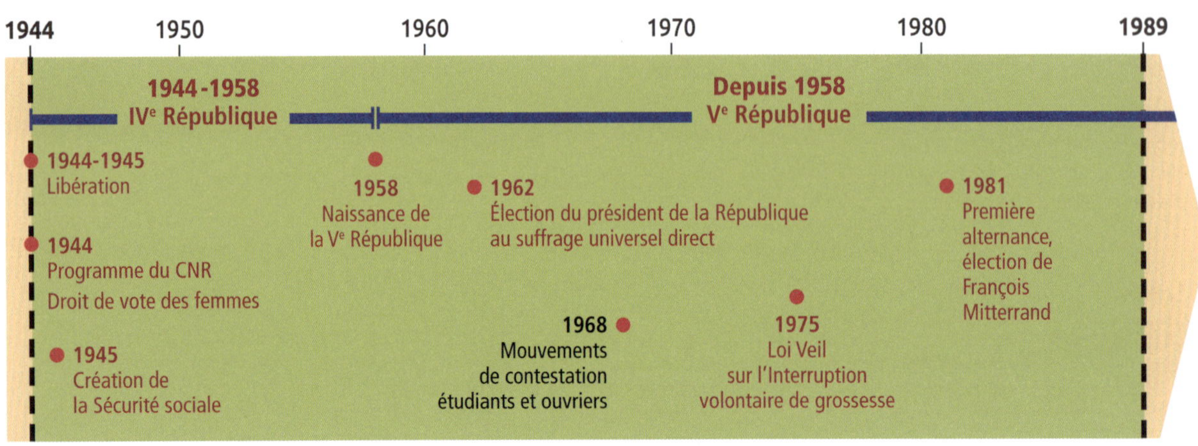

Les dates indiquées **en rouge** correspondent aux repères chronologiques dans les ressources du programme.
Vous devez les retenir et en connaître la signification car elles pourront vous être demandées dans l'exercice d'histoire du Brevet « Maîtriser différents langages ».

HISTOIRE GÉOGRAPHIE EMC

3e

ÉDITION 2022

Histoire et EMC

Sous la direction de
Anne-Marie Hazard-Tourillon
Agrégée d'histoire

Sébastien Cote
Agrégé d'histoire
Lycée Joffre, Montpellier (34)

Par
Laetitia Benbassat
Collège Jean-Perrin, Paris (75)

Céline Dhers
Collège Louis-Blanc, Saint-Maur-des-Fossés (94)

Caroline Normand
Collège Louis-Issaurat, Créteil (94)

Anne-Marie Hazard-Tourillon

Grégoire Pralon
Collège Beaumarchais, Paris (75)

Fabienne Vadrot
Collège Pierre-de-Ronsard, Saint-Maur-des-Fossés (94)

Éric Zdobych
Lycée Eugène-Hénaff, Bagnolet (93)

Joëlle Alazard
Lycée Louis-Le-Grand, Paris (75)

Guillaume Giquel
Lycée Paul-Eluard, Saint-Denis (93)

Jean-Marcel Guigou
Lycée Germaine-Tillon, Le Bourget (93)

Samuel Kuhn
Lycée de la Versoie, Thonon-Les-Bains (74)

Delphine Lécureuil
Lycée Jules-Guesde, Montpellier (34)

Catherine Pidutti
Lycée Louis-Le-Grand, Paris (75)

Claire Quincy
Lycée Jules-Guesde, Montpellier (34)

Géographie

Sous la direction de
Patrick Marques
Agrégé d'histoire-géographie

Armelle Fellahi
Agrégée d'histoire

Par
Anne-Sophie Gras
Collège Paul-Féval, Dol-de-Bretagne (35)

Isabelle Le Ferrec
Collège Le Bocage, Dinard (35)

Patrick Marques
Lycée Anita-Conti, Bruz (35)

Stéphane Moisan
Collège Pierre-Olivier-Malherbe, Chateaubourg (35)

Sophie Rollet
Collège Pierre-Brossolette, Bruz (35)

Aurélie Rousseaux-Marsaleix
Collège Pierre-Brossolette, Bruz (35)

Guillaume Sarcel
Collège Gérard-de-Nerval, Vitré (35)

Marie-Pierre Saulze
Collège François-Truffaut, Betton (35)

Nathan

À LA DÉCOUVERTE DE VOTRE MANUEL

Ouverture de thème

- Une grande image qui interroge le thème.
- En géographie, l'interview d'un(e) géographe qui explique le lien entre l'image et le thème.

Ouverture de chapitre

- En histoire, 2 grandes images.
- En géographie, des exercices de réactivation sur les notions abordées dans les années ou les chapitres précédents.

Je découvre

- Un travail sur documents avec 2 parcours différenciés, plus ou moins guidés.
- Des tâches complexes avec une consigne et un « coup de pouce ».
- Des missions à mener en équipes.

L'historien(ne) face... (en histoire)

- Une réflexion sur le travail des historien(ne)s et leurs sources.
- Une interview inédite d'un(e) historien(ne) qui explicite son travail aux élèves.

 © Nathan 2022 - 92, avenue de France - 75013 Paris. ISBN : 978-209-172551-2

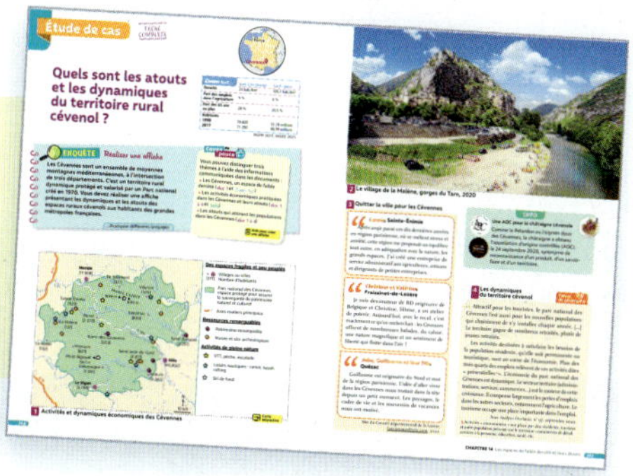

Études de cas (en géographie)

- Des études de cas avec des parcours différenciés : prélèvement d'informations, réalisation de schémas, travail sur le développement construit…

Des pages pour mettre en œuvre la démarche géographique

- Une activité pour mettre en perspective les études de cas et changer d'échelle.
- Une activité pour s'entraî ner au croquis pas-à-pas.

Leçon

- Un cours simple et accessible.
- Un schéma de synthèse ou un croquis pour retenir autrement.

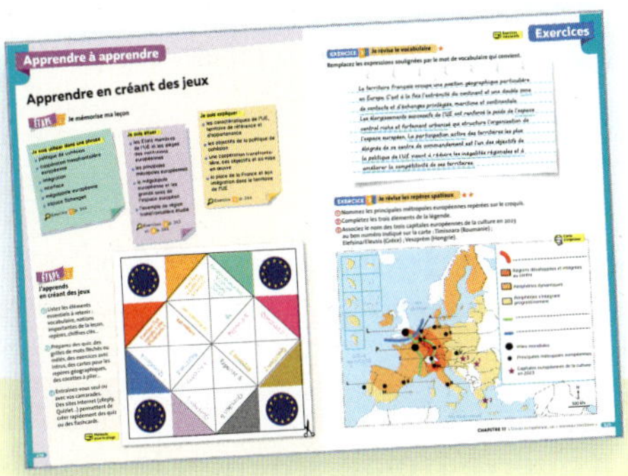

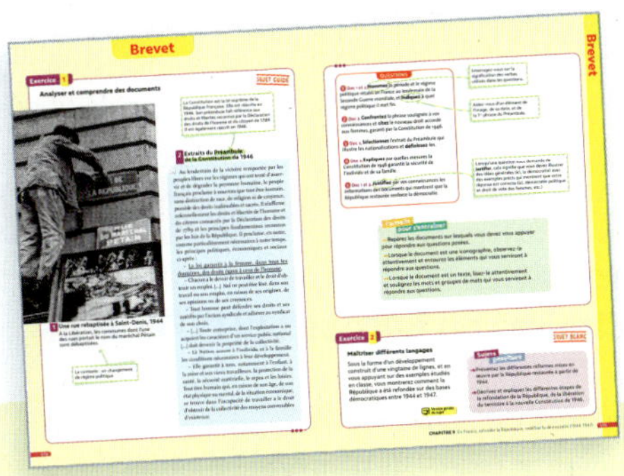

Apprendre à apprendre et Exercices

- Tous les outils pour mémoriser sa leçon et vérifier ses connaissances.

Brevet

- Des sujets guidés et des sujets blancs pour s'entraîner à l'épreuve du brevet.

HISTOIRE

THÈME 1

L'Europe, un théâtre majeur des guerres totales (1914-1945)

THÈME 2

Le monde depuis 1945

GÉOGRAPHIE

Mes repères de géographie

ENSEIGNEMENT MORAL ET CIVIQUE

Apprendre à apprendre
Des outils pour mémoriser sa leçon

En quoi consistent les épreuves du Brevet ?

Le contrôle continu

Évaluation des huit composantes du socle commun de connaissances, de compétences et de culture tout au long de l'année scolaire.

→ **400 points**

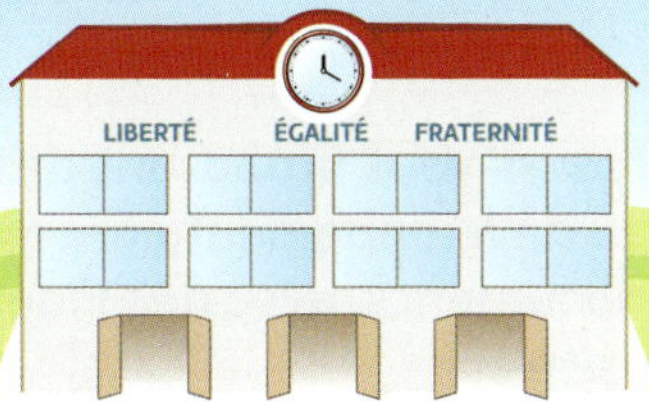

dès avril

L'épreuve orale

Présentation d'un projet mené en **histoire des arts** ou dans le cadre d'un **EPI** ou de l'un des **parcours éducatifs** (Avenir, Citoyen, Éducation culturelle et artistique). L'exposé est suivi d'un entretien.

→ **oral individuel : 100 points** (15 min)
ou
→ **oral collectif : 100 points** (25 min)

fin juin

L'épreuve de Français

- Travail sur un texte
- Dictée
- Rédaction

→ **100 points** (3 h)

L'épreuve de Mathématiques

Exercices, dont certains assortis de tableaux ou de schémas, et un exercice d'informatique.

→ **100 points** (2 h)

L'épreuve d'Histoire, Géographie et EMC

3 exercices

→ **50 points** (2 h)

L'épreuve écrite d'HISTOIRE, GÉOGRAPHIE et EMC (2 h, 50 pts)

Exercice 1 (20 pts)
Analyser et comprendre des documents en histoire ou en géographie

Exercice 2 (20 pts)
Maîtriser différents langages pour raisonner et utiliser des repères historiques et géographiques

Exercice 3 (10 pts)
Mobiliser des compétences relevant de l'enseignement moral et civique

L'épreuve de Sciences

- Physique-Chimie
- SVT
- Technologie

→ **50 points** (1 h)

début juillet

Publication des résultats du Brevet

Diplôme et mentions

Admission au diplôme national du Brevet :
400 points sur 800 (soit 10 sur 20)

- **Mention assez bien** plus de 480 points
- **Mention bien** plus de 560 points
- **Mention très bien** plus de 640 points

septembre octobre

Cérémonie républicaine de remise des diplômes du Brevet

Préparer le brevet avec votre manuel

Au fil des chapitres

De nombreux parcours vous proposent des activités pour s'entraîner au développement construit et à l'analyse de documents, avec des aides supplémentaires à retrouver sur le site collegien.nathan.fr/manuel-3e-2022.

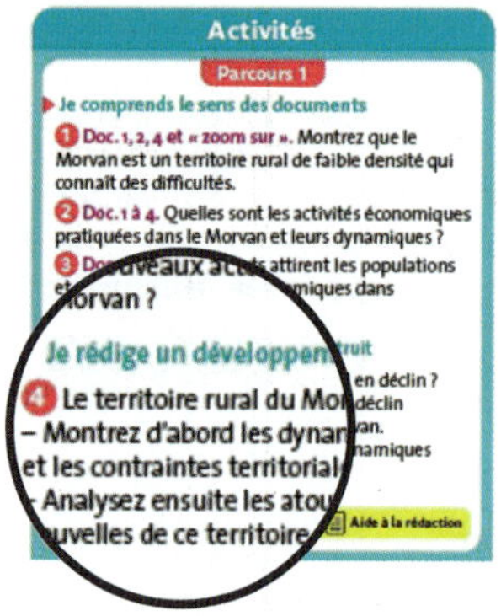

En fin de chapitre

50 sujets pour s'entraîner à l'épreuve !

SUJET GUIDÉ

Exercice 1 → Histoire-Géographie

Analyser et comprendre des documents

- → Des aides pour l'analyse des documents
- → Des conseils pour bien comprendre les questions

Exercice 2 → Histoire-Géographie

Maîtriser différents langages pour raisonner et utiliser des repères

Développement construit

- → Des conseils pour bien répondre au sujet
- → La liste des sujets possibles pour chaque chapitre

Utiliser des repères

- → En histoire, les repères au niveau du thème (voir p. 92, 162 et 214)
- → En géographie, un entraînement dans chaque chapitre

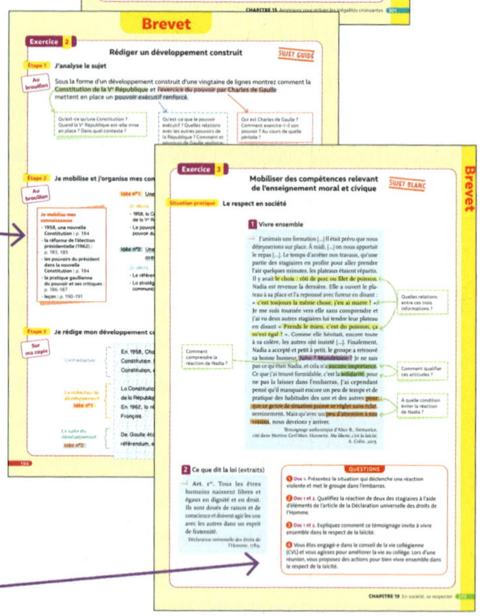

Exercice 3 → EMC

Mobiliser des compétences relevant de l'EMC

- → Les questions sur des documents portant sur un thème d'EMC
- → Des conseils pour bien comprendre les questions

SUJET BLANC

Des sujets sans aide, pour s'entraîner dans les conditions du brevet.

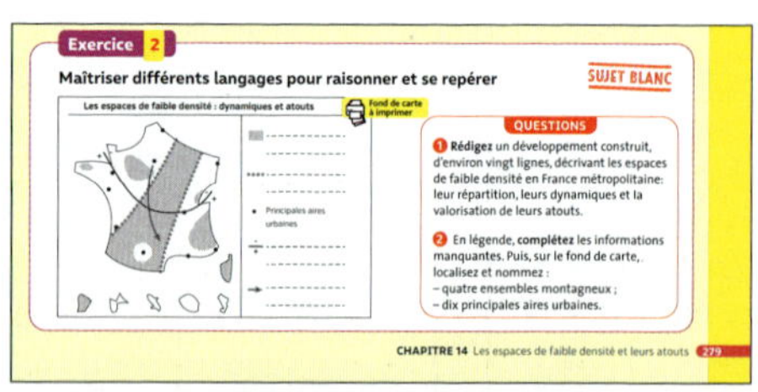

Sommaire des sujets de brevet

Exercice 1 Analyse de document(s)

Histoire

Géographie

Exercice 2 Développement construit

Histoire

Géographie

Exercice 2 Maîtriser les repères historiques et géographiques

Reportez-vous aux exercices p. 161, 236, 237, 260, 261, 279, 302, 303, 320, 321, 342, 343, 361.

Exercice 3 Mobiliser des compétences relevant de l'EMC

EMC

PROGRAMME

Histoire-Géographie

Programme de 3e • Texte consolidé à partir du programme au BOEN spécial n° 11 du 26 novembre 2015 et des nouvelles dispositions publiées au BOEN n° 30 du 26 juillet 2018

Compétences travaillées	Domaines du socle
→ Se repérer dans le temps : construire des repères historiques	1, 2, 5
→ Se repérer dans l'espace : construire des repères géographiques	1, 2, 5
→ Raisonner, justifier une démarche et les choix effectués	1, 2
→ S'informer dans le monde du numérique	1, 2, 3
→ Analyser et comprendre un document	1, 2
→ Pratiquer différents langages en histoire et en géographie	1, 2, 5
→ Coopérer et mutualiser	2, 3

Histoire

Thème 1

L'Europe, un théâtre majeur des guerres totales (1914-1945)

- Civils et militaires dans la Première Guerre mondiale.
- Démocraties fragilisées et expériences totalitaires en Europe (1919-1939).
- La Seconde Guerre mondiale, une guerre d'anéantissement.
- La France défaite et occupée: régime de Vichy, collaboration, Résistances (1940-1944).

Thème 2

Le monde depuis 1945

- La guerre froide, un monde bipolaire.
- Indépendances et construction de nouveaux États.
- Affirmation et mise en œuvre du projet européen depuis 1945.
- Enjeux et conflits dans le monde après 1989.

Thème 3

Françaises et Français dans une République repensée

- En France, refonder la République, redéfinir la démocratie (1944-1947).
- La Ve République de 1958 aux années 1980: de la République gaullienne à l'alternance et à la cohabitation.
- Femmes et hommes dans la société (années 1950-1980).

Géographie

Thème 1

Dynamiques territoriales de la France contemporaine

- Les aires urbaines, géographie d'une France mondialisée.
- Les espaces productifs et leurs évolutions.
- Les espaces de faible densité (espaces ruraux, montagnes, secteurs touristiques peu urbanisés) et leurs atouts.

Thème 2

Pourquoi et comment aménager le territoire ?

- Aménager pour répondre aux inégalités croissantes entre territoires français, à toutes les échelles.
- Les territoires ultramarins français : une problématique spécifique.

Thème 3

La France et l'Union européenne

- L'Union européenne, un nouveau territoire de référence et d'appartenance.
- La France et l'Europe dans le monde.

→ **Le programme intégral est disponible sur le site collegien.nathan.fr/manuel-3e-2022**

Enseignement moral et civique

Repères annuels de progression de 3e

Respecter autrui

• Le travail privilégie l'étude de la conscience et de la responsabilité individuelle et collective en lien avec les discriminations, les questions morales et éthiques de la société dans un rapport à la loi. En lien avec le programme d'histoire et en réinvestissant le travail mené en cinquième et en quatrième sur le respect, la tolérance et la responsabilité individuelle et légale, les élèves travaillent sur l'antisémitisme, le racisme et la xénophobie.

• Les discriminations religieuses et les formes d'expression des convictions religieuses et philosophiques sont étudiées dans leur rapport avec le principe de la laïcité. La lutte contre toutes les discriminations dans la société d'aujourd'hui est à aborder sur le plan du respect de la dignité et de l'intégrité de la personne humaine. Dans le cas d'une discussion ou d'un débat réglé, les élèves sont amenés à argumenter sur la responsabilité de chacun dans les situations de harcèlement ou de discrimination. Le rôle et l'implication des acteurs étatiques et associatifs sont à considérer.

• Les élèves connaissent le rôle de la loi dans la société et sont capables d'en identifier les finalités : volonté de protection avec l'exemple de la mise en place de la justice des mineurs en France, volonté de garantir l'égalité entre les individus pour ce qui est des lois reconnaissant et promouvant l'égalité femme-homme. Le contexte d'instauration des droits sociaux et leur évolution sont travaillés en lien avec le programme d'histoire. Les élèves découvrent, par des exemples concrets, la dimension internationale du droit.

Acquérir et partager les valeurs de la République

• Le travail conduit est plus spécifiquement mené autour des composantes de la communauté nationale : les élèves sont capables de faire le lien entre la fraternité et la cohésion sociale. Ils sont amenés à identifier ce qui permet de se sentir membre de la communauté nationale.

• Ce travail peut être mené en s'appuyant sur les temps forts de construction et d'identification nationale qui favorisent la cohésion sociale comme par exemple les journées mémorielles.

• Les élèves étudient les institutions de la Ve République.

• La connaissance des fonctions régaliennes – défense, diplomatie, justice, police et fiscalité – de l'État permet de comprendre le rôle de garant de la cohésion sociale qui lui revient.
Les élèves savent que la France est une République laïque : ils étudient les grandes lois laïques et savent identifier les enjeux de la laïcité.

• En travaillant sur le principe de la décentralisation et sur les rapports entre l'État et les collectivités locales, les élèves comprennent que la communauté nationale qui se veut intégratrice prend aussi en compte les particularités locales.

• Par l'étude de la francophonie, ils découvrent qu'elle est également ouverte sur le monde.

• Le travail de l'année permet de faire comprendre que les valeurs et les principes de la République peuvent être identifiés dans le fonctionnement et les actions de l'État.

Construire une culture civique

• En lien avec les programmes d'histoire et l'étude des institutions de la Ve République, les élèves abordent la place et le rôle du vote, de la représentation et la question de l'opinion publique dans le débat démocratique. Ils comprennent ce qu'est une démocratie représentative. L'étude de l'opinion publique est enrichie par la prise en compte du contexte actuel qui est celui d'une société numérique marquée par l'importance des réseaux sociaux.

• Dans le cadre du parcours de citoyen les élèves acquièrent des connaissances sur la Défense et la sécurité nationale, les enjeux et le cadrage des engagements militaires européens et internationaux de la France.

• Les élèves étudient les différentes modalités de l'engagement : associatif, politique, syndical, au service de l'État et de la nation et affermissent ainsi leur connaissance de la démocratie participative.

LES OUTILS DE L'HISTORIEN

Histoire est un mot d'origine grecque qui signifie « Enquête ». L'historien(ne) est un chercheur ou une chercheuse qui enquête sur le passé humain, à la recherche de **traces** laissées par les sociétés – les **sources historiques** – qui sont ensuite analysées afin de reconstruire les faits et d'en écrire un récit historique, le plus impartial possible.

A La collecte des sources historiques

Les sources sont variées et différentes selon l'époque étudiée.
L'historien(ne) du XXe siècle s'appuie notamment sur :

• Des objets divers

Objets du quotidien, timbres, artisanat, sculptures, vestiges…

Timbre algérien célébrant l'indépendance ➜ doc 2 p. 122

Buvard célébrant le traité de Rome ➜ doc 1 p. 130

• De l'iconographie (images fixes)

Photographies, peintures, affiches, caricatures…

Affrontements à Paris, mai 1968 ➜ doc 3 p. 207

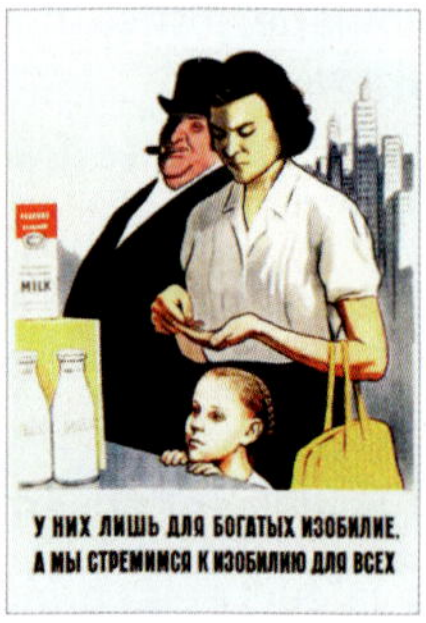

Affiche soviétique de propagande, 1960 ➜ doc 1 p. 106

• Des sources écrites

Témoignages, discours retranscrits, journaux, chansons, textes de loi…

27 juillet 1915, Souastre (Pas-de-Calais)
[…] Je reprends les tranchées demain pour 12 jours… Il ne faut pas te tourmenter, car depuis un an, j'ai le corps endurci, coucher sur la terre et dans l'eau et rester 36 heures sans manger ni boire, ça vous habitue à la dure. Aujourd'hui, je supporte tout cela comme il faut.

Extrait d'une lettre d'un Poilu ➜ doc 1 p. 30

4 LE PRÉSIDENT DES ÉTATS-UNIS FACE AU 11-SEPTEMBRE

20 septembre 2001
Le 11 septembre, les ennemis de la liberté ont commis un acte de guerre contre notre pays. […]
Les éléments de preuve que nous avons rassemblés désignent tous un réseau d'organisations terroristes […], connu sous le nom d'Al-Qaïda. […]

Discours de G.-W. Bush ➜ doc 4 p. 151

• Des sources audiovisuelles

Reportages documentaires, d'archives, films…

Documentaire sur les Accords d'Évian ➜ doc 5 p. 121

Témoignage sur le 11-septembre ➜ doc 2 p. 150

• Des témoignages directs

« Comment voulez-vous penser dans un camp comme celui d'Auschwitz […] Une heure après, vous n'êtes pas sûre d'être encore en vie car la mort est toujours sur votre tête. […]
C'était subir les coups, un travail inhumain, les gens qu'on tapait, les soldats avec leurs chiens. […]
Si je suis là, c'est pour parler de mon histoire. […] Vous êtes des passeurs de mémoire. »
G. Kolinka s'adressant à des élèves visitant Auschwitz, 2015.

Témoignage de Ginette Kolinka ➜ p. 63

B L'analyse critique des sources historiques

- **Les sources historiques questionnées par l'historien :** que lit-il ? que voit-il ?
Les sources sont-elles fiables ? Parce qu'il recherche la vérité historique, il interroge leur date, nature, auteur, contexte, message et destinataire, ce qu'elles disent ou ne disent pas…
- Il dégage ainsi **le sens du document** pour faire comprendre le passé et éclairer le présent.
- Vous devez vous approprier cette démarche pour **comprendre le monde** qui est le vôtre !

LES OUTILS DU GÉOGRAPHE

A Les échelles

Pour raisonner en géographie, il faut **varier les échelles d'analyse**. On change ainsi de dimension pour observer un phénomène et comprendre une situation géographique.

- **L'échelle cartographique** est le rapport entre les distances sur la carte et ce qu'elles représentent en réalité.
- **L'échelle géographique** est le cadre de l'espace étudié, du plus petit (échelle locale) au plus grand (échelle mondiale).

LES ÉCHELLES

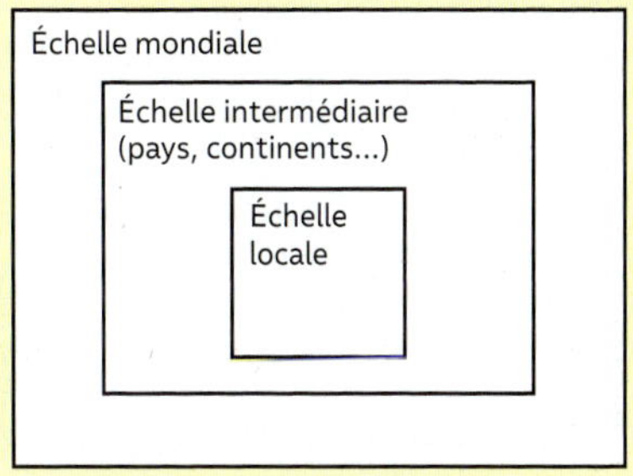

B Les photographies de paysages

Les photographies de paysages sont une source d'informations pour le ou la géographe. Pour étudier un paysage, il faut :

1. **Le localiser :** nommer le lieu représenté et le situer (pays, continent).
2. **Le décrire :** identifier les grands ensembles ou les différents plans (1er, 2e, 3e plan...) ; utiliser un vocabulaire géographique précis.

LES DIFFÉRENTS TYPES DE VUES

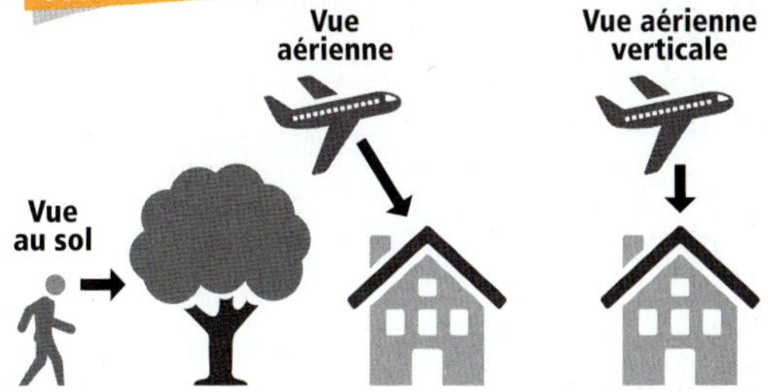

C Les cartes, croquis, schémas

- **La carte** est l'outil graphique qui permet de localiser et de repérer avec le plus de précision possible les lieux et les phénomènes géographiques.
- **Le croquis** (qui correspond à la carte synthétique) présente, sur un fond de carte, des informations sélectionnées, hiérarchisées en fonction de la problématique proposée.
- **Le schéma** est plus simple que le croquis. Il met en évidence les faits géographiques essentiels. Il ne cherche pas à localiser précisément. Le fond de carte est simplifié.

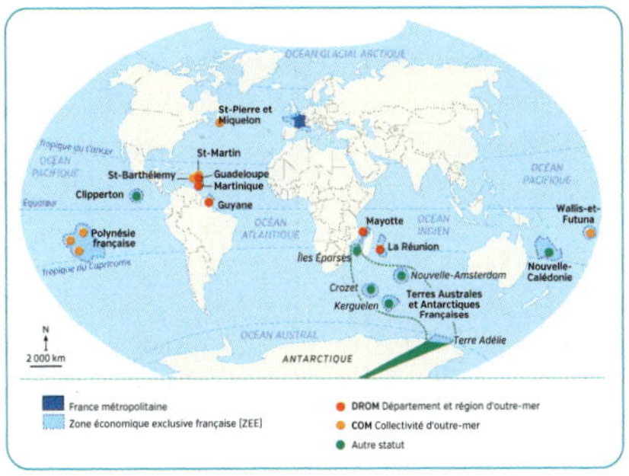

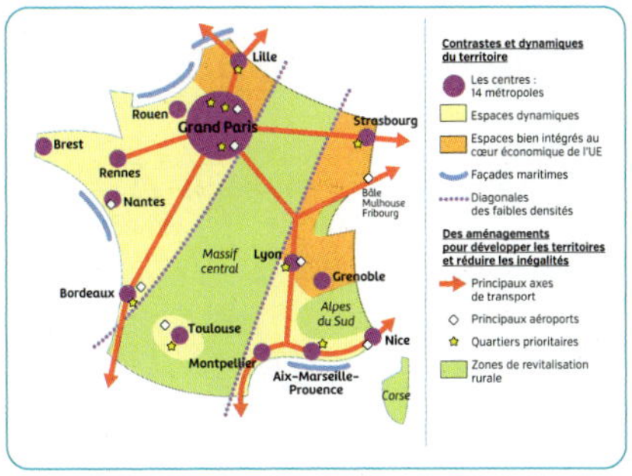

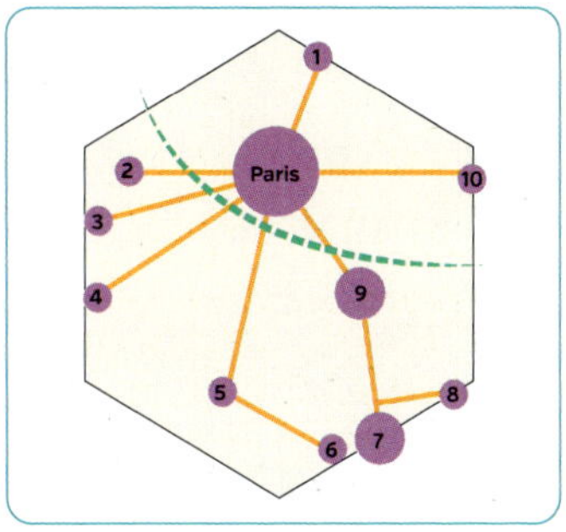

THÈME 1

L'Europe, un théâtre majeur des guerres totales (1914-1945)

Pablo Picasso, *Guernica*, 1937.
Huile sur toile, 3,49 x 7,76 m, musée Reina Sofia, Madrid (Espagne).

BIOGRAPHIE

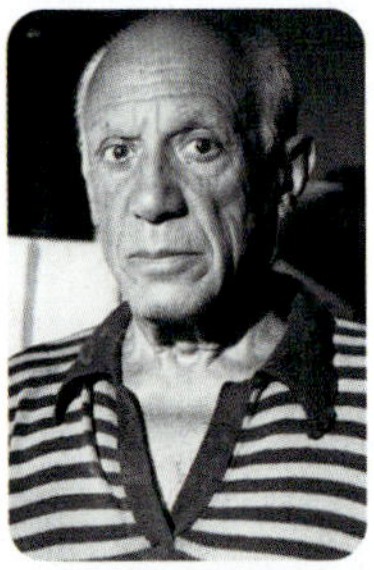

Pablo Picasso (1881-1973)

Peintre espagnol, il réalise cette peinture à la suite du bombardement de la ville basque de Guernica, le 26 avril 1937, par l'aviation allemande Condor, afin de briser la résistance républicaine. L'œuvre dénonce les violences subies par la population, dans le cadre de la guerre civile en Espagne, et l'aide militaire apportée par Hitler et l'Allemagne nazie aux opposants aux républicains.

Vidéo

Pourquoi Picasso a peint Guernica ?

www.college.nathan.fr/22hg0100

jusqu'à 3'15

Parcours Arts

Analyse de l'œuvre et préparation à l'oral du Brevet

Chapitre

1 Civils et militaires dans la Première Guerre mondiale (1914-1918)

→ Comment la Première Guerre mondiale a-t-elle bouleversé les États et les sociétés en Europe ?

1 À l'arrière, des civils mobilisés

Ouvrières bretonnes dans une usine d'armement, Brest 1916.

DANS CE CHAPITRE, DE QUOI VA-T-ON PARLER ?

En analysant les termes du sujet et les documents, je réponds aux questions suivantes :
- Que va-t-on étudier ?
- Quelle est la période concernée ?
- De qui va-t-on parler ?

Vu au collège

en 4e
- L'Europe de la Révolution industrielle et les armes de la Première Guerre mondiale.

Cours de 4e en PDF

2 Sur le front, soldats britanniques lors de la bataille de la Somme (1er juillet 1916-18 novembre 1916)

Cette bataille a fait plus d'un million de morts, blessés et disparus.

Je me repère

La Première Guerre mondiale (1914-1918)

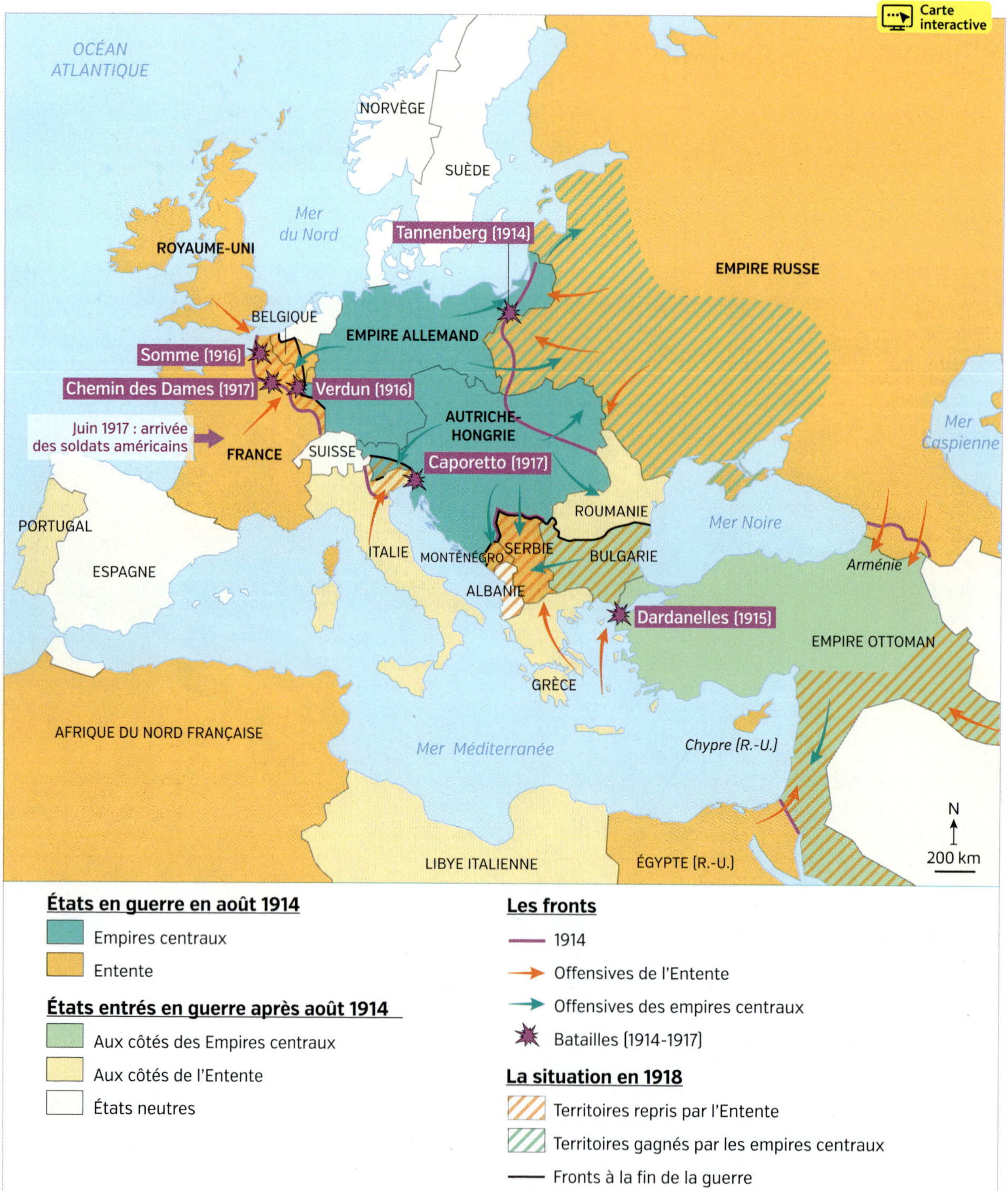

1 D'une guerre européenne…

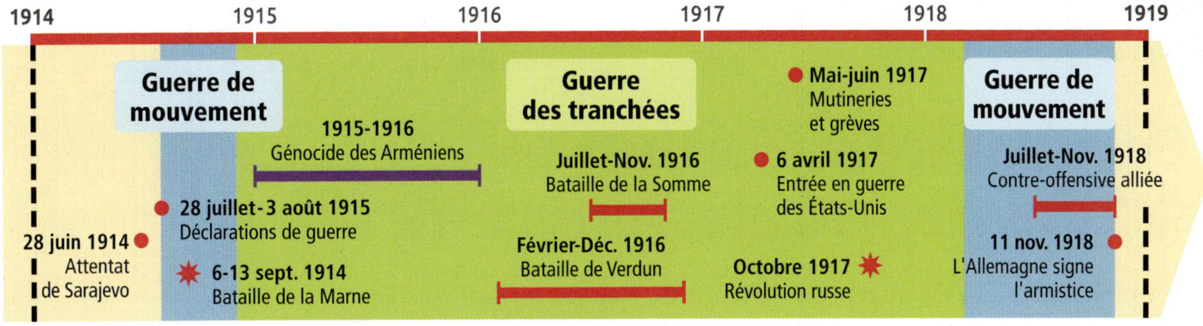

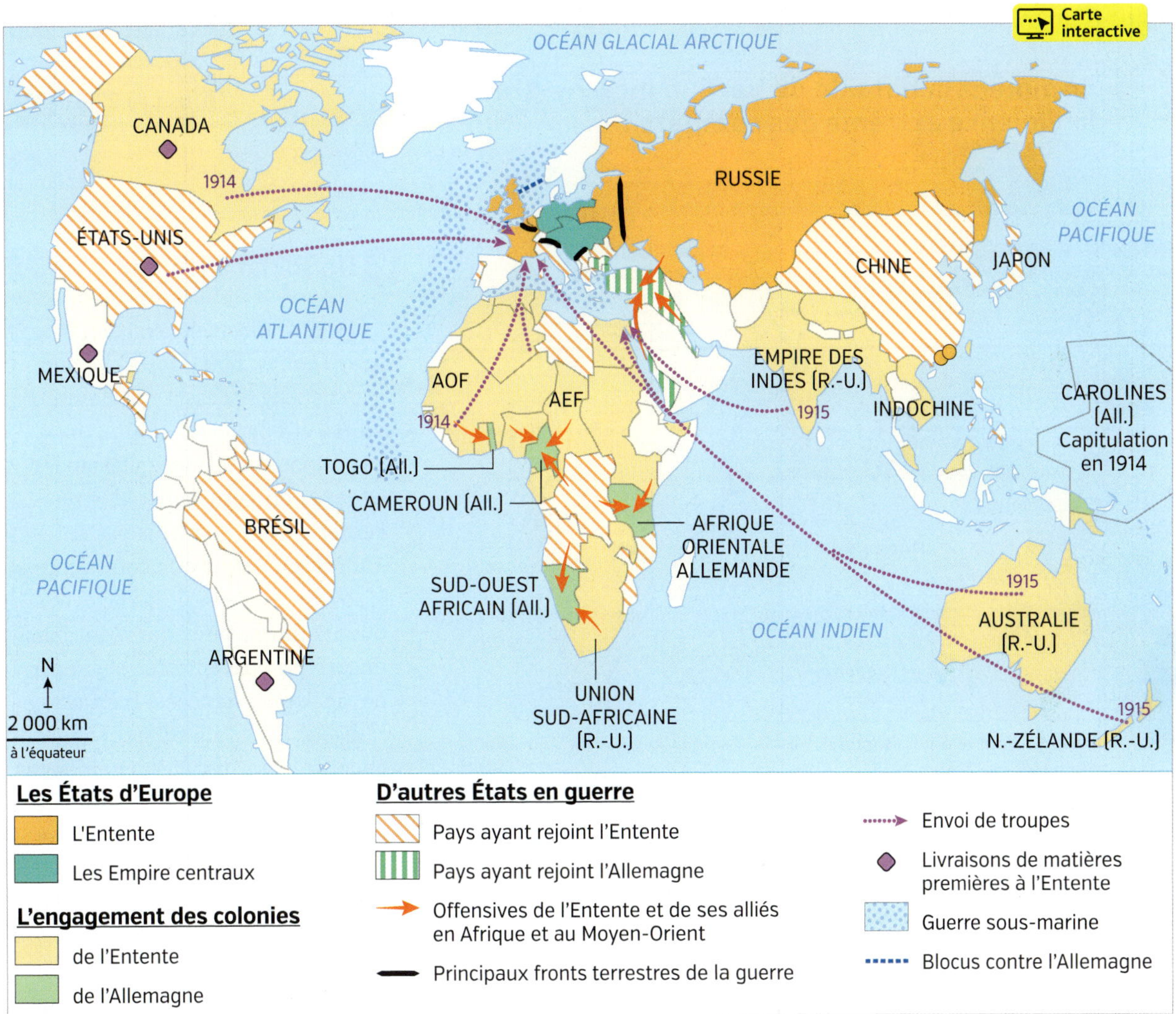

2 ... à une guerre mondiale

LES ACTEURS DE L'HISTOIRE

- **Les civils** : Les femmes, les enfants, les hommes trop âgés pour combattre. Ils remplacent au travail les hommes partis au front. Ils sont aussi victimes de la guerre.
- **Les militaires** : Tous les hommes en âge de combattre ont été obligatoirement mobilisés (de 20 à 48 ans en France), y compris ceux des colonies.

QUESTIONS

1 **Doc 1.** Nommez les États et les alliances qui s'affrontent.

2 **Doc 1, 2 et frise.** Relevez les informations qui montrent que cette guerre, d'abord européenne, devient mondiale.

3 **Doc 1 et frise.** Nommez et définissez les trois phases de la guerre.

Je découvre

VOCABULAIRE p. 32

Combattre à Verdun (21 février-18 décembre 1916)

Après deux années de guerre sur le front de l'Ouest sans offensive décisive, chaque camp cherche à sortir de l'enlisement de la guerre des tranchées. Le 21 février 1916, les Allemands attaquent les Français : plus d'un million d'obus sont tirés sur 20 kilomètres de front.

Vidéo
Il y a 40 ans, la bataille de Verdun
college.nathan.fr/22hg0101
jusqu'à 2'56

→ Comment la bataille de Verdun incarne-t-elle la violence extrême des combats ?

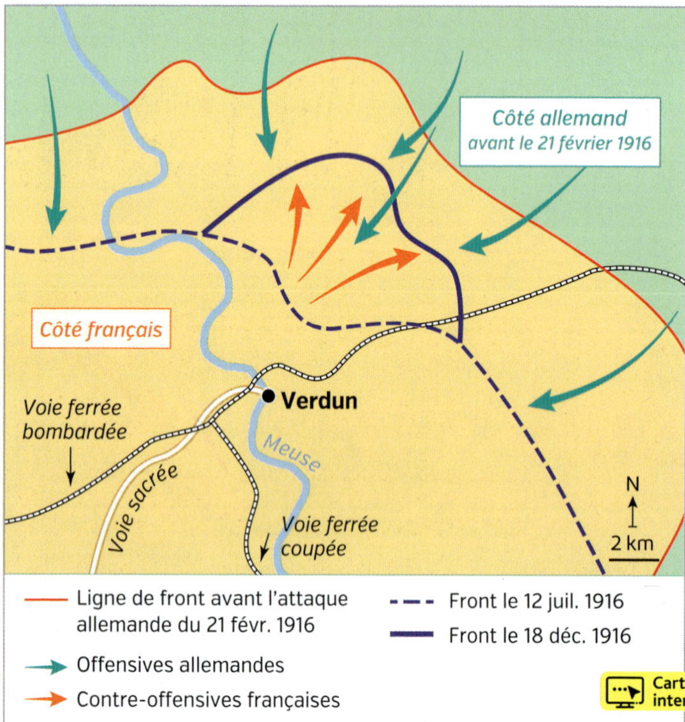

1 Les fronts de la bataille de Verdun

CHIFFRES CLÉS **La bataille de Verdun**

Moyens matériels

60 millions d'obus tirés en **300** jours.

4000 camions sur la « Voie sacrée ».

Bilan humain

300 000 morts et disparus.
2,5 millions de combattants.

400 000 blessés.

Dégâts

6 villages rasés déclarés « morts pour la France ».

« Zone rouge » : **120 000** hectares minés, pollués, encore interdits d'accès.

2 Un soldat allemand à Verdun

Lettre de Christian Bordeching à sa sœur Hanna, 21 mai 1916 à Verdun.

À gauche se dessine « l'Homme mort » et à droite « la colline 304 ». La position des batteries allemandes se situe où commence derrière, l'enfer de 304. Je ne dis pas enfer à tort car c'est ici que commence le royaume des tirs de barrage. Des odeurs de cadavres qui n'ont pas encore pu être enterrés s'élèvent des anciennes tranchées françaises, ravagées. [...] À l'abandon sur tout le chemin, des armes, des munitions, de la nourriture, des masques à gaz, du barbelé, des grenades, et autres machines de guerre. Les dernières étendues d'herbe sont déjà bien loin derrière nous, on ne voit plus qu'un désert entièrement et violemment labouré par les grenades. Les cratères, les uns contre les autres témoignent de l'horreur des tirs d'artillerie allemands et des actuels tirs de barrage français. [...] Pour ce qui en est de dormir ou de manger, ce n'est pas la peine d'y songer.

Christian Bordeching fut tué sur le front le 20 avril 1917. Il avait 24 ans.

J.-P. Guéno et Y. Laplume, *Paroles de Poilus. Lettres de la Grande Guerre*, France Bleu-Tallandier, 2003.

Lettre d'un soldat français p. 36

3 **Soldats français dans les tranchées**

Poilus dans une tranchée à Verdun (octobre 1916). Il faut sans cesse construire de nouvelles tranchées, détruites par les bombardements.

4 **Les pratiques de combat** Parole d'historien

Lors du premier conflit mondial, 70 à 80 % des blessures furent infligées par les bombardements. Bombardements par le canon qui trouve son apogée comme arme de domination du champ de bataille en 1916, mais aussi par les mortiers de tranchée. […] Ces bombardements de toutes sortes ont suscité chez les combattants une terreur presque indicible.

La prédominance des armes à feu, c'est-à-dire d'une mort infligée à longue distance et donc largement anonyme, ne doit pas faire oublier que persiste la mort infligée de près au corps à corps, en particulier à l'arme blanche. […] Contraste presque absurde entre la mort industrielle infligée par l'armement moderne, et la dimension animale du corps à corps au couteau destiné au nettoyage des tranchées ennemies après une attaque.

Restent les ennemis naturels […] La boue peut tuer, elle aussi, à Verdun.

Stéphane Audoin-Rouzeau, *La guerre au XXe siècle, 1. L'expérience combattante*, La Documentation photographique n°8041, 2004.

Activités

Parcours 1

Je comprends le sens général des documents

1 **Doc 1.** Décrivez les mouvements des armées française et allemande sur le terrain de Verdun, entre février 1916 et décembre 1916.

2 **Doc 2, 3, chiffres clés.** Indiquez ce que nous apprennent ces documents au sujet des conditions de cette bataille.

3 **Doc 2 et 1 p. 30.** Relevez les points communs entre le témoignage du soldat allemand et celui du soldat français.

4 **Doc 1, 3 et 4.** Expliquez pourquoi la violence des combats a pu être à ce point extrême.

J'argumente à l'écrit

5 Journaliste au magazine *L'Illustration*, vous vous rendez à Verdun afin de rédiger un article qui explique ce que vivent les combattants.

Aide à la rédaction de l'article

Parcours 2

J'argumente à l'oral

Vous réalisez un exposé qui répond en 5 minutes à la question clé.

- Vous décrirez les violences qui s'expriment à Verdun.
- Vous expliquerez pourquoi ces violences se sont manifestées de manière extrême.
- Vous ferez le bilan de cette bataille.

Aide à la préparation de l'exposé

Je découvre

TÂCHE COMPLEXE

Les civils dans la guerre

ENQUÊTE Collaborer à un documentaire

Votre classe a pour projet de réaliser un documentaire consacré aux civils pendant la Première Guerre mondiale. Par groupe de deux ou trois, vous êtes chargés de rédiger un texte qui résume les grands thèmes à aborder.

▸ Pratiquer différents langages

Coups de pouce

Vous pouvez distinguer trois thèmes à l'aide des informations communiquées dans les documents :

- L'implication des civils dans l'effort de guerre (doc 1 et 4)
- Les souffrances des civils (doc 3, 4 et 5)
- La nature des nouvelles du front qui leur sont communiquées (doc 2)

Guidage pour la réalisation de la tâche complexe

1 **La mobilisation de l'arrière**
« Et vous, que faites-vous ? »
Affiche anglaise de 1915.

VOCABULAIRE

- **Arrière :** terme désignant les populations qui ne prennent pas part aux opérations militaires mais qui sont soumises à l'effort de guerre.
- **Propagande :** ensemble des pratiques (affiches, presse...) visant à encadrer une société pour la convaincre de la supériorité d'une idéologie ou d'une politique.

2 **Un exemple de propagande**

L'inefficacité des projectiles ennemis est l'objet de tous les commentaires. Les shrapnels[1] éclatent mollement et tombent en pluie inoffensive. Quant aux balles allemandes, elles ne sont pas dangereuses : elles traversent les chairs de part en part sans faire aucune déchirure.

Journal *L'Intransigeant*, 17 août 1914.

À part cinq minutes par mois, le danger est très minime, même dans les situations critiques. Je ne sais pas comment je me passerai de cette vie quand la guerre sera finie.

Lettre de soldat publiée dans *Le Petit Parisien*, 22 mai 1915.

1. Obus remplis de balles, qu'ils projettent en éclatant.

3 File d'attente devant un magasin allemand

Face à la pénurie et aux rationnements alimentaires, des femmes et des enfants font la queue devant un magasin allemand (Berlin, 1917)
Berliner Verlag/Archiv.

4 La mobilisation des écoliers

En morale et en instruction civique : la patrie, l'amour de la patrie, le devoir militaire, les qualités du soldat, obéissance, courage, patience, bonne humeur, le devoir des civils, travail, économie, versement de l'or, souscriptions aux emprunts, aux Bons de la défense nationale[1], ont été illustrés par des faits d'actualité[2]. Le récit des souffrances endurées par les malheureuses populations des pays occupés, les dévastations de l'ennemi ont ému les enfants qui comprennent toute la reconnaissance qu'ils doivent à nos soldats et à nos alliés. [...]

Dans l'enseignement du français, les textes de dictée, les morceaux de récitation [...] ont été empruntés aux événements de la guerre actuelle, ou de la guerre de 1870. Les enfants ont écrit à leur père mobilisé.

Enquête auprès des instituteurs, réponse de l'instituteur du Mesge, 29 avril 1917, Archives de la Somme.

1. Autre forme d'emprunt auprès des civils.
2. Les instituteurs prennent des exemples du quotidien.

5 Des civils sous occupation

Les événements rapportés se déroulent à Lille, sous occupation allemande, en 1916.

Les vivres sont de plus en plus rares, nous aurons pour dîner du pain et du riz, n'ayant pas trouvé autre chose [...]. Enfin, pour compléter, les Allemands font partir dans d'autres pays occupés des familles entières. [...] Pour les empêcher de se révolter, on installe des mitrailleuses dans les rues et, en attendant le départ, on les enferme dans l'église et les écoles. [...] Chaque jour des soldats allemands (vingt par maison) baïonnette au canon arrivent dans un quartier vers trois heures du matin, font lever tout le monde et emmènent des hommes, mais surtout des femmes et des jeunes filles de vingt à trente-cinq ans, pour les conduire on ne sait où.

« Tableau des événements particuliers et journaliers de Maria Degrutère », dans Annette Becker (dir.), *Journaux de combattants et civils de la France du Nord dans la Grande Guerre*, Presses universitaires du Septentrion, 2015.

Je découvre

Le génocide des Arméniens (1915-1916)

Vidéo
Le génocide arménien
college.nathan.fr/22hg0102
jusqu'à 5'

En 1915, l'Empire ottoman, dirigé par les Turcs, entre en guerre contre l'Entente aux côtés de l'Allemagne et de l'Autriche-Hongrie. Il est vaincu par la Russie. Le gouvernement turc accuse alors la population arménienne de l'Empire d'avoir sympathisé avec l'ennemi russe, et décrète son extermination.

→ Pourquoi les violences extrêmes infligées aux Arméniens sont-elles qualifiées de génocide ?

1 Le rapport d'un consul américain

On a entendu les rumeurs faisant état de la menace d'un massacre. Il fait peu de doutes qu'il y en a un de prévu. On a trouvé une autre méthode pour détruire la race arménienne [...] la déportation de toute la population arménienne [...] Comparé à cette mesure, un massacre serait humain. Dans un massacre, beaucoup de gens peuvent en réchapper, mais une déportation générale signifie une mort progressive et horrible pour presque tous. Je ne crois pas qu'il puisse en survivre un sur cent, peut-être même pas un sur mille.

Rapport du consul américain à Harpout, Leslie Davis, à son ambassadeur à Constantinople, Henry Morgenthau, 11 juillet 1915.

2 La décision du gouvernement

Selon le ministre turc de la Guerre, Enver Pacha, les Arméniens sont « le microbe de la peste ».

Le gouvernement a décidé d'exterminer tous les Arméniens habitant en Turquie. Ceux qui s'opposeront à cet ordre ne pourront plus faire partie de l'administration. Sans égard pour les femmes, les enfants, les infirmes, [...] sans écouter les sentiments de la conscience, il faut mettre fin à leur existence.

Talat Pacha, ministre de l'Intérieur, télégramme envoyé au gouverneur de la province d'Alep, 15 septembre 1915.

VOCABULAIRE

- **Déportation :** déplacement forcé de populations pour des motifs raciaux ou politiques.
- **Génocide :** extermination programmée d'un peuple en raison de ses origines ou de sa religion. Le génocide des Arméniens a été reconnu par l'ONU en 1985 et par la France en 2001. Environ 2 millions d'Arméniens vivaient dans l'Empire ottoman en 1915. 1,3 millions sont morts au cours du génocide.

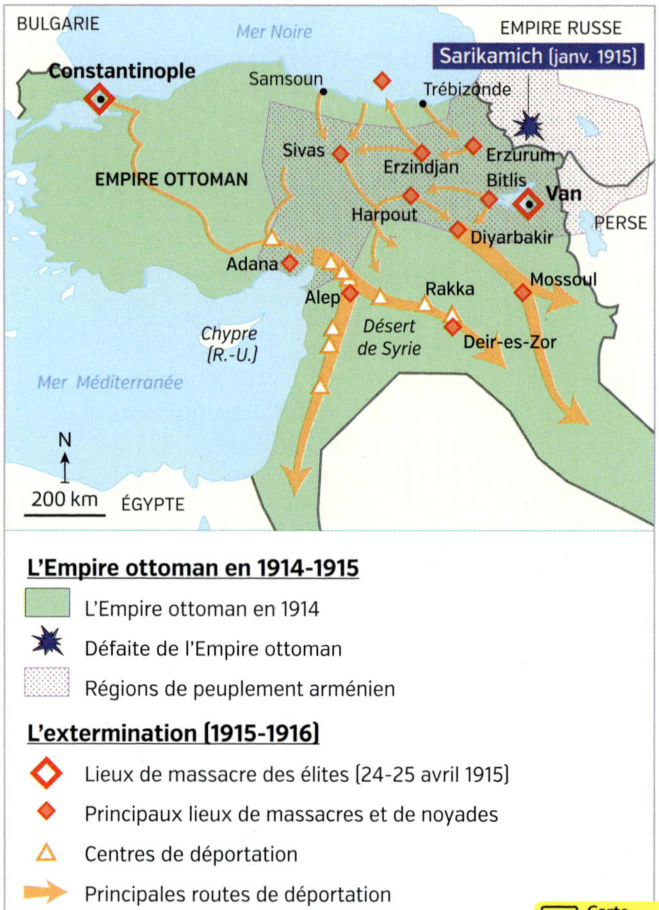

3 Les lieux du génocide des Arméniens

Carte interactive

4 Sur les routes de la déportation

Arméniens sous escorte turque près d'Harpout (1915), conduits vers un lieu de massacre.

5 Le récit d'un témoin

Il est impossible de donner une idée de l'impression d'horreur que m'a causée mon voyage à travers ces campements arméniens disséminés le long de l'Euphrate [...]. La plus grande partie de ces malheureux est parquée comme du bétail en plein air [...] exposés à toutes les intempéries, au soleil torride du désert en été, au vent, à la pluie, au froid en hiver, débilités par les plus extrêmes privations et les longues marches épuisantes, les mauvais traitements, les plus cruelles tortures et les angoisses continuelles de la mort qui les menace [...]. Dans les mesures prises pour transporter cette population à travers le désert n'a en aucune façon été comprise celle de les nourrir. Bien plus, il est évident que le gouvernement a poursuivi le but de les faire mourir de faim.

Rapport d'un témoin oculaire, citoyen anonyme d'un pays neutre, transmis au Comité américain de secours aux Arméniens et aux Syriens, dans « Arméniens, le premier génocide du XXe siècle », *L'Histoire* n°408, février 2015.

Activités

Parcours 1

▶ J'extrais des informations pertinentes

1 **Doc 1.** Indiquez qui alerte au sujet de la situation des Arméniens dans l'Empire ottoman en 1915 ?

2 **Doc 1 et 2.** Relevez les informations qui montrent que le traitement infligé aux Arméniens par le gouvernement correspond à un génocide.

3 **Doc 3.** Datez et situez le génocide des Arméniens dans l'Empire ottoman.

4 **Doc 3, 4 et 5.** Citez les méthodes d'extermination employées contre les Arméniens.

▶ Je construis un récit historique

5 À l'aide des informations et des mots clés des documents, rédigez un paragraphe qui montre que ce qu'ont subi les Arméniens correspond à un génocide.

Parcours 2

▶ Je pratique différents langages : la carte historique

Devant la classe, vous montrez comment la carte explique (**doc 3**) le déroulement du génocide des Arméniens.

a. Doc 3. Listez et situez ce que dit la carte au sujet du génocide.

b. Doc 4 et 5. À l'aide des informations de ces documents, précisez ce que ne dit pas la carte (**doc 3**) au sujet du génocide des Arméniens.

Aide pour préparer l'oral

Je découvre

1917, les révolutions russes

En guerre contre l'Allemagne depuis 1914, l'Empire russe subit des désastres militaires. Face aux manifestations populaires à Petrograd en février 1917, le tsar Nicolas II abdique. Mais les troubles s'amplifient, et en octobre 1917 le parti bolchevique dirigé par Lénine s'empare du pouvoir.

Vidéo
La révolution russe
college.nathan.fr/22hg0103

→ Pourquoi et comment les bolcheviques, minoritaires en Russie, se sont-ils emparés du pouvoir et s'y sont-ils maintenus ?

1917 **23-27 février**	Émeutes et grèves contre les pénuries à Petrograd. Abdication du tsar et formation d'un gouvernement provisoire.
Avril 1917	Retour d'exil de Lénine. Il énonce ses « thèses d'avril » : paix immédiate, pouvoir aux soviets, terres aux paysans, usines aux ouvriers.
25 octobre	Insurrection bolchevique et prise du pouvoir.
26 octobre	Formation d'un gouvernement bolchevique présidé par Lénine.
1918-1921	Guerre civile en Russie dont est victorieux le parti bolchevique.
Mars 1918	Paix signée avec l'Allemagne.

VOCABULAIRE

- **Bolchevique :** (« majoritaire » en russe). Terme synonyme de communistes, majoritaires dans le parti fondé par Lénine en 1912.
- **Communisme :** idéologie qui qui veut instaurer, par une révolution immédiate, une société égalitaire, sans différence de richesse et sans propriété privée.
- **Coup d'État :** prise du pouvoir dans un État par une minorité, par surprise et en utilisant la force.
- **Dictature du prolétariat :** concentration de tous les pouvoirs au profit du parti communiste, au nom de l'intérêt du peuple. Ses opposants sont considérés comme hors la loi.
- **Soviets :** (« conseils » en russe). Assemblées composées d'ouvriers, de paysans, de soldats, acquis aux idées révolutionnaires.

1 **23-27 février 1917 : la révolution à Petrograd**
Manifestation spontanée et inattendue des femmes et des ouvriers contre les pénuries, le chômage, la guerre, le tsar.
① « Nourrissez les enfants de la patrie »
② « Pour une augmentation des rations pour les familles des soldats qui sont les défenseurs de la liberté et de la paix populaire. »

2 **Lénine et la dictature du prolétariat**

La société capitaliste nous offre une démocratie pour la minorité, uniquement pour les riches. [...] La dictature du prolétariat, c'est l'organisation des opprimés en classe dominante, pour mater les oppresseurs. Pour la première fois, démocratie pour les pauvres et non pour les riches. [...] Il faut briser leur résistance par la force. C'est seulement quand les capitalistes ont disparu et qu'il n'y a plus de classes qu'il devient possible de parler de liberté.

L'État et la Révolution, Lénine, août 1917.

3 **25 octobre 1917 : la prise du pouvoir par les bolcheviques**
Huile sur toile de Pavel Sokolov-Skalia, musée d'État russe, Saint Petersbourg, 1927.

4 Les premières mesures des bolcheviques au pouvoir

a. La grande propriété foncière est abolie immédiatement, sans aucune indemnité. Les domaines des propriétaires fonciers ainsi que les terres des nobles, des monastères, des églises, avec leurs cheptels, leurs bâtiments, passent à la disposition des soviets paysans.

b. Le gouvernement ouvrier et paysan issu de la Révolution invite tous les peuples belligérants à entamer des pourparlers en vue d'une paix équitable [...] immédiate, sans annexion et sans contribution.

Décrets sur la terre et sur la paix, 26 octobre 1917.

5 La mise en place de la dictature communiste

Parole d'historien

Lénine veut une prise du pouvoir par un petit nombre, ce qui lui permettra immédiatement de réclamer tout le pouvoir pour les seuls bolcheviques, « au nom » des soviets, mais sans le partager avec eux. [...] La violence est au cœur du pouvoir. Il s'agit de la dictature du parti [bolchevique] sur le prolétariat. [...] Très vite apparaîtront les divergences entre les bolcheviques et la majorité de la population, à 85 % rurale. [...]

Lénine et le parti bolchevique organisent une violence politique par un certain nombre de mesures : la notion d'« ennemi du peuple » appliquée à tous les dirigeants et militants des partis « bourgeois », la création d'une police politique, la Tcheka (plus de 200 000 agents, un véritable État dans l'État), la mise en place de camps de concentration où sont internés des otages « appartenant aux classes riches », incarcérés sans procès. [...]

Les ennemis désignés par les bolcheviques sont les grands propriétaires fonciers et les « capitalistes ». Il y a aussi le clergé orthodoxe et les paysans réputés riches.

Entretien avec Nicolas Werth, historien. *L'Histoire, les crimes cachés du communisme,* n°324, octobre 2007.

Activités

Parcours 1

Je comprends le sens général des documents

1 **Doc 1, chronologie.** Observez et décrivez la situation à Petrograd en février 1917.

2 **Doc 2, chronologie.** Présentez Lénine et les idées qu'il diffuse dès son retour en Russie.

3 **Doc 3, chronologie.** Expliquez pourquoi l'on peut qualifier de coup d'État l'événement d'octobre 1917 à Petrograd.

4 **Doc 2, 4 et 5.** Exercez votre esprit critique : montrez que le régime communiste mis en place par les Bolcheviques est une dictature.

Je construis des repères historiques

5 Témoin des faits qui se passent en Russie en 1917, je réalise un schéma fléché qui les ordonne les uns par rapport aux autres.

Parcours 2

J'interprète une situation historique à partir de sources

Vous complétez un tableau dans lequel, à partir des documents, vous présentez et expliquez les faits qui se déroulent à Petrograd en 1917.

1917 – Les révolutions en Russie		
Les faits	Pourquoi ?	Quelles conséquences ?
Février 1917		
Octobre 1917		
La mise en place du gouvernement bolchevique		

Aide à la réalisation du tableau

Les outils de l'historien p. 14

Écrire l'histoire de la Première Guerre mondiale

Des millions d'hommes ont fait la guerre, et leurs lettres, leurs œuvres littéraires et artistiques racontant leur expérience individuelle du front sont parvenues jusqu'à nous. Depuis un siècle, les historiens analysent ces témoignages de manière critique et les confrontent à d'autres sources afin de retrouver la vérité de la guerre et d'en construire un récit général basé sur des faits collectifs.

1 TÉMOIGNAGE DE COMBATTANT

Ernest Deligand
Paysan originaire du village de Vallery (Yonne), mobilisé en 1914 et tué en 1916, à l'âge de 21 ans. 120 lettres écrites à ses parents et à son petit frère.

10 février 1915, Roye-sur-Matz (Oise)
[...] On attend tous avec impatience le jour où l'on va sortir les boches des tranchées [...]. Ils vont prendre quelque chose, c'est incroyable l'artillerie qu'il y a avec nous, mais la plus terrible, c'est la mitrailleuse, une seule peut descendre 1500 hommes en 5 minutes, c'est effrayant.

30 mars 1915, Ham (Somme)
Si ça continue, on n'en finira jamais car on n'avance absolument à rien. On a voulu attaquer à la fin février. Sur les journaux, on marquait bien nos progrès, mais les hommes qui tombaient ne comptaient pas. Ainsi la fameuse attaque des beaux jours, dix mille français sont tombés et environ une quinzaine de mille de boches, en seize heures de temps. On a avancé de deux kilomètres, mais ça nous a coûté cher. Vivement la fin de cette terrible guerre.

27 juillet 1915, Souastre (Pas-de-Calais)
[...] Je reprends les tranchées demain pour 12 jours... Il ne faut pas te tourmenter, car depuis un an, j'ai le corps endurci, coucher sur la terre et dans l'eau et rester 36 heures sans manger ni boire, ça vous habitue à la dure. Aujourd'hui, je supporte tout cela comme il faut.

26 septembre 1916, Bouchavesnes (Somme) [dernière lettre]
Nous venons de faire une attaque sur le Mont Saint Quentin... À ma compagnie, les pertes atteignent 50%, deux de mes grands copains ont été tués à côté de moi, c'est le sort qui décide de tout. Je ne sais pas si nous devons encore y rester, mais le moins sera le meilleur car je t'assure que nous sommes tous à moitié fous par le bombardement.

Sangs encrés, 14-18, Prix « Mission Centenaire 14-18 », ouvrage consacré à un Poilu par une classe de 3e du collège Lucien Cézard de Fontainebleau (Seine-et-Marne), 2015.

2 TÉMOIGNAGE D'ÉCRIVAIN

Blaise Cendrars (1887-1961)
Écrivain suisse engagé volontaire dans l'armée française, blessé en 1915 et amputé du bras droit.

Il faut nettoyer ça (la tranchée ennemie). Et voilà qu'aujourd'hui, j'ai le couteau à la main. « Vive l'humanité ! ». Me voici les nerfs tendus, les muscles bandés, prêt à bondir dans la réalité. J'ai bravé la torpille, le canon, les mines, le feu, les gaz, les mitrailleuses, toute la machinerie anonyme, démoniaque. Je vais braver l'homme, mon semblable. À nous deux maintenant. À coups de poing, à coups de couteau. Sans merci. Je saute sur mon antagoniste. [...] J'ai tué le Boche. Moi, poète, j'ai agi. J'ai tué. Comme celui qui veut vivre.

Blaise Cendrars, *J'ai tué*, éditions G. Crès, 1919.

3 TÉMOIGNAGE D'ARTISTE

Otto Dix (1891-1969)
Peintre et graveur allemand, qui a combattu en France en 1915 et 1916.

Les joueurs de Skat (1920), huile sur toile et collage, 110 x 87 cm, Galerie nationale, Berlin.

Activités

J'analyse les témoignages Doc 1 à 3

1 Définissez la source de ces témoignages (nature, auteur, contexte, date, destinataire).

2 Confrontez les témoignages :

a. Quels souvenirs de leur vécu personnel évoquent ces combattants ?

b. Parmi ces mots, choisissez ceux qui qualifient certains aspects de leur vécu et justifiez vos choix : dévouement, lâcheté, haine, souffrance, courage, peur, patriotisme, indifférence, joie...

Je comprends le travail de l'historien

3 Pourquoi les témoignages de combattants sont-ils indispensables pour écrire l'histoire de la Première Guerre mondiale ? Sont-ils suffisants ?

4 Doc 4. Comment Nicolas Beaupré s'empare-t-il des témoignages pour faire son travail d'historien ?

Aide pour l'argumentation

LE POINT DE VUE DE *l'historien*

4 ENTRETIEN AVEC ...

Nicolas Beaupré
Universitaire et membre du Comité directeur du Centre international de recherche de l'Historial de la Grande Guerre.

college.nathan.fr/22hgo105

« Les personnages centraux de cette mémoire sont ces millions d'hommes qui ont fait la guerre au front et qui […] furent à la fois les acteurs et les narrateurs de leur expérience, contribuant de manière décisive à l'élaboration d'un grand récit mémoriel parvenu jusqu'à nous.
De fait, les historiens ont été très tôt confrontés […] à la parole des témoins [et] le rapport que les historiens ont entretenu avec ce type de prise de parole fut longtemps ambivalent, voire concurrent. Pour autant, il ne saurait se réduire à une simple opposition. »

Nicolas Beaupré,« La Grande Guerre : du témoin à l'historien, de la mémoire à l'histoire ? », *Témoigner. Entre histoire et mémoire,* 118 | 2014, 54-60.

Leçon

Podcast du cours

Civils et militaires dans la Première Guerre mondiale

→ **Comment la Première Guerre mondiale a-t-elle bouleversé les États et les sociétés en Europe ?**

A Une guerre d'une ampleur et d'une violence inédites

1. Durée et extension du conflit

• En 1914, les États espèrent une guerre courte mais, après les grands assauts, les hommes s'enterrent dans les tranchées. **Les Alliés remportent la guerre en 1918**, aidés par les **États-Unis à partir d'avril 1917. 70 millions d'hommes**, de tous les continents, se sont battus. **La guerre a fait plus de 9 millions de morts** et les pertes matérielles sont considérables.

2. Violence des combats

• Des armes de plus en plus destructrices sont mises au point. Les obus, les grenades déciment les bataillons et les gaz font leur apparition en 1915. Les **batailles de Verdun et de la Somme** (1916) sont les symboles de cette **violence extrême des combats**.

3. Conditions matérielles des soldats

• Les poilus survivent dans des milieux **ravagés par les bombardements**, submergés par la boue, au milieu des rats et des poux, luttant contre le froid. Les hommes tiennent pour des **motifs patriotiques**, mais aussi grâce à la **camaraderie** du front (solidarité, entraide, quelques moments de détente) et par crainte de la **répression**.

B Des civils victimes de guerre

1. Bombardements et occupation

• Les **bombardements des villes** terrifient les populations. Certaines régions sont occupées par l'ennemi. La population est obligée de travailler pour l'adversaire. Dans certaines régions occupées, des milliers de civils sont envoyés dans des **camps de travail** ou des **camps d'internement** (Belgique, Nord-Est de la France).

2. Le génocide du peuple arménien

• Entre 1915 et 1916 se déroule le génocide des Arméniens dans l'Empire ottoman. Minorité chrétienne déjà victime de persécutions, ils sont accusés de complicité avec l'ennemi russe. **Plus d'un million d'Arméniens** sont déportés, internés dans des camps et exécutés.

VOCABULAIRE

• **Arrière :** terme désignant les populations qui ne prennent pas part aux opérations militaires mais qui sont soumises à l'effort de guerre.

• **Communisme :** idéologie qui qui veut instaurer, par une révolution immédiate, une société égalitaire, sans différence de richesse et sans propriété privée.

• **Génocide :** extermination programmée d'un peuple en raison de ses origines ou de sa religion.

• **Guerre totale :** conflit armé mobilisant toutes les ressources (économiques…) de l'État et toutes les catégories de sa population.

• **Mutinerie :** révolte des soldats contre l'autorité militaire (généralement refus de combattre).

• **Poilus :** nom donné aux combattants français de la Première Guerre mondiale.

• **Propagande :** ensemble des pratiques (affiches, presse…) visant à encadrer une société pour la convaincre de la supériorité d'une idéologie ou d'une politique.

• **Tranchée :** fossé protégé par des barbelés dans lequel les soldats vivent et combattent.

C Mobiliser toute la population

1. Des sociétés entièrement tournées vers la guerre

- Alors que le conflit s'enlise, **chaque État engage ses économies** dans une guerre totale. La production massive d'armement est assurée par l'arrière. Les **femmes**, et parfois les **travailleurs coloniaux**, sont mobilisés dans les usines. Pour financer cette guerre, les États ont recours aux **emprunts** (auprès de leur population et des États-Unis).
- Les États engagés dans la guerre doivent veiller au « **moral** » des militaires comme des civils. Les **lettres des soldats sont surveillées**, la **presse est censurée**, la propagande est intense : tous doivent rester mobilisés dans l'effort de guerre.

2. Refus, grèves et Révolution russe

- En 1917, l'offensive du Chemin des Dames sacrifie les hommes en vain : des mutineries éclatent, sévèrement réprimées. Des **grèves** et des **revendications pacifistes** apparaissent à l'arrière, après trois ans de mobilisation.
- Dans ce contexte, l'État tsariste est renversé en Russie. Les **bolcheviques**, au pouvoir en octobre 1917, signent un traité de paix en mars 1918. Ils instaurent une **dictature** pour construire un régime communiste.

CHIFFRES CLÉS

70 millions de soldats mobilisés

9 millions de morts

6 millions d'invalides

Le génocide des Arméniens fait **1 million de victimes**

L'HISTOIRE D'UN MOT

Munitionnettes

Les femmes remplacent les hommes partis à la guerre dans les usines d'armement où elles fabriquent les munitions, mais elles sont moins bien payées.

JE RETIENS AUTREMENT

La Première Guerre mondiale (1914-1918)

Les violences au front

- Nouvelles **armes meurtrières** (obus, gaz, mitrailleuses).
- Nombre impressionnant de **morts** et de **blessés**.
- Choc psychologique, guerre d'usure.

Les violences à l'arrière

- Dans les zones occupées, **civils pillés**, condamnés aux **travaux forcés, violentés**.
- **Femmes** particulièrement exposées.
- **Génocide des Arméniens** dans l'Empire ottoman.

Une guerre totale

- **70 millions de soldats mobilisés** (Européens, peuples des colonies, Américains).
- **Économie de guerre** : production d'armes, emprunts, travail des femmes.
- **Propagande**.

Les lendemains de la guerre

- Un bilan très lourd : **9 millions de morts, 6 millions d'invalides**.
- **1917 : révolutions russes** ; premier régime communiste.
- L'Europe est déclassée ; les États-Unis apparaissent comme une grande puissance.

Apprendre à apprendre

Réaliser une fiche de mémorisation

ÉTAPE 1 Je mémorise ma leçon

Je sais situer :
- Les entrées en guerre
- L'armistice
- La bataille de Verdun
- Le génocide des Arméniens
- Les révolutions russes

Je sais définir :
- Alliés
- Empires centraux
- Guerre des tranchées
- Communisme
- Propagande

Je sais expliquer l'essentiel :
- Guerre mondiale
- Violences du front
- Violences de l'arrière
- Génocide des Arméniens
- Révolution d'octobre 1917

Vérifiez que vous avez mémorisé les mots-clés et les notions à l'aide des exercices p. 35.

ÉTAPE 2 Je construis ma fiche de mémorisation

Activité à imprimer

Pour bien mémoriser votre leçon, vous pouvez vous entraîner à répondre à des questions ciblées sur tout le chapitre.

Regardez l'extrait d'une fiche de mémorisation ci-dessous.
Vous pouvez la recopier ou la télécharger et la compléter.
Une fois le tableau complété, cachez les réponses et testez-vous.
Vous pouvez aussi travailler en binôme avec un ou une camarade.

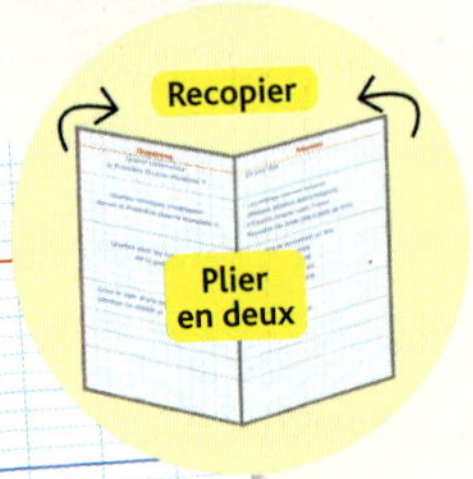

Questions	Réponses
Quand commence la Première Guerre mondiale ?	En août 1914
Quelles alliances s'opposent durant la Première Guerre mondiale ?	- Les empires centraux (empires allemand, ottoman, austro-hongrois) - L'Entente (empire russe, France, Royaume-Uni, États-Unis à partir de 1917)
Quelles sont les trois phases de la guerre ?	1. La guerre de mouvement en 1914 2. La guerre de tranchées entre 1915 et mars 1918 3. La guerre de mouvement de mars à novembre 1918
Citez le nom d'une bataille importante pendant ce conflit et donnez ses dates.	La bataille de Verdun (février à décembre 1916)
	...

Exercices

Exercices interactifs

EXERCICE 1 Je me repère dans le temps ★

Associez chaque date ou période de la Première Guerre mondiale à l'évènement qui lui correspond

① Bataille de Verdun	ⓐ 1915-1918
② Début de la guerre	ⓑ février et octobre 1917
③ Entrée en guerre des États-Unis	ⓒ février à décembre 1916
④ Guerre de tranchées	ⓓ 6 avril 1917
⑤ Les révolutions russes	ⓔ juillet à août 1914

EXERCICE 2 Je classe mes connaissances dans un schéma logique ★★

Recopiez cette carte mentale et complétez ses différentes rubriques avec les mots clés, les acteurs, les dates clés du chapitre.

Carte mentale à imprimer

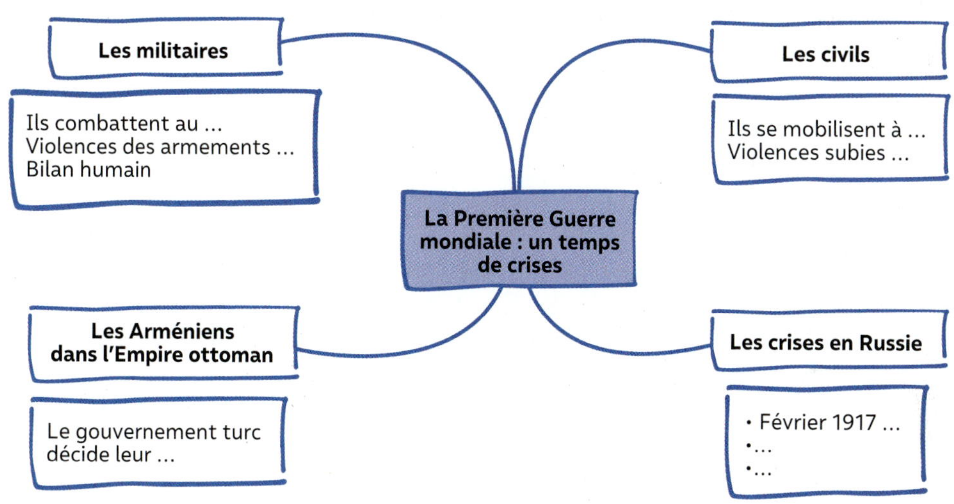

EXERCICE 3 Je justifie mes choix ★★★

Si vous aviez à rédiger un développement construit ayant pour sujet « Les civils pendant la Première Guerre mondiale » :

- quelles informations ci-dessous choisiriez-vous pour illustrer ce sujet ?
- quelles informations connues de vous seraient nécessaires à ajouter ?

a. la bataille de Verdun

b. le génocide des Arméniens

c. l'entrée en guerre des États-Unis

d. l'utilisation des gaz de combat

e. le travail des munitionnettes

f. les bombardements des villes

g. les pénuries

h. la séparation et le deuil dans les familles

i. l'assassinat de l'archiduc François Ferdinand le 28 juin 1914

j. le traité de Versailles

Brevet

Exercice 1

SUJET GUIDÉ

Analyser et comprendre des documents

Samedi 25 mars 1916 (après Verdun).

Ma chère mère, [...]

Par quel miracle suis-je sorti de cet enfer, je me demande encore bien des fois s'il est vrai que je suis encore vivant ; pense donc, nous sommes montés 1200 et nous sommes redescendus 300 ; pourquoi suis-je de ces 300 qui ont eu de la chance de s'en tirer, je n'en sais rien, pourtant j'aurais dû être tué cent fois, et à chaque minute, pendant ces huit longs jours, j'ai cru ma dernière heure arrivée. Nous étions tous montés là-haut après avoir fait le sacrifice de notre vie, car nous ne pensions pas qu'il fût possible de se tirer d'une pareille fournaise. Oui, ma chère mère, nous avons beaucoup souffert et personne ne pourra jamais savoir par quelles transes et quelles souffrances horribles nous sommes passés. À la souffrance morale de croire à chaque instant la mort nous surprendre viennent s'ajouter les souffrances physiques de longues nuits sans dormir : huit jours sans boire et presque sans manger, huit jours à vivre au milieu d'un charnier humain, couchant au milieu des cadavres, marchant sur nos camarades tombés la veille ; ah ! j'ai bien pensé à vous tous durant ces heures terribles, et ce fut ma plus grande souffrance que l'idée de ne jamais vous revoir. [...] Nous portons dans notre cœur le deuil de tous nos camarades tombés à Verdun du 5 au 12 mars. Est-ce un bonheur pour moi d'en être réchappé ? Je l'ignore mais si je dois tomber plus tard, il eut été préférable que je reste là-bas. Tu as raison de prier pour moi, nous avons tous besoin que quelqu'un prie pour nous, et moi-même bien souvent quand les obus tombaient autour de moi, je murmurais les prières que j'ai apprises quand j'étais tout petit [...].

Gaston

Gaston Biron meurt après avoir été blessé en septembre 1916.

D'après J.-P. Guéno et Y. Laplume, *Paroles de Poilus. Lettres de la Grande Guerre*, France Bleu-Tallandier, 2003.

Lettre écrite pendant la Première Guerre mondiale, après une offensive à laquelle a participé son auteur, un soldat français. Acteur de la guerre, ce soldat en est aussi un témoin car sa lettre raconte ce qu'il a vécu lors du combat dont il est sorti vivant.

Paroles de Poilus est un recueil de lettres et de carnets écrits par les soldats pour leurs familles pendant la Première Guerre mondiale.

1 **Extrait d'une lettre écrite par un Poilu, Gaston Biron, à sa mère Joséphine en 1916**

2 **Le rôle des civils dans la guerre**

Jacques Tardi, extrait de *C'était la guerre des tranchées*, Casterman, 1993.

J. Tardi est un auteur de bandes dessinées principalement consacrées à la Première Guerre mondiale. Il n'a pas vécu cette guerre et n'en est donc pas le témoin. Mais il a réalisé ses BD en collaboration avec des historiens.

QUESTIONS

1. **Doc 1 et 2. Nommez** et **datez** la guerre qu'illustrent ces deux documents.

2. **Doc 1. Relevez** dans le texte trois expressions qui montrent que la bataille de Verdun a été un « enfer ».

3. **Doc 1. Citez** un exemple de souffrance morale et un exemple de souffrance physique endurées par ce Poilu.

4. **Doc 2 et 1. Identifiez** le rôle des civils dans la guerre et **indiquez** qu'il ne se limite pas à ce que vous observez.

5. **Doc 1 et 2.** À l'aide des informations des documents, **expliquez** cette affirmation : « La Première Guerre mondiale fut une guerre d'une violence inédite pour les militaires et pour les civils ».

Interrogez-vous sur la signification des verbes utilisés dans les questions.

Vous devez analyser le document de manière critique en montrant « **ce qu'il ne dit pas** » ou « **ce qu'il sous-entend** » (par exemple, nourrir les soldats). Vos connaissances vous permettent d'éclairer les informations des documents.

Lorsqu'une question vous demande d'« **expliquer** », cela signifie que l'on attend de vous la rédaction d'un paragraphe dans lequel vous **argumentez** en associant une ou plusieurs idées générales (violence inédite, militaires, civils), à des informations précises extraites des documents.

Conseils pour s'entraîner

→ Repérez les documents sur lesquels vous devez vous appuyer pour répondre aux questions posées : **doc 1** et **2** pour les questions **1**, **4** et **5** ; **doc 1** pour les questions **2** et **3**.

→ Lorsque le document est un texte, lisez-le attentivement et soulignez les mots et groupes de mots qui vous serviront à répondre aux questions.

→ Lorsque le document est une iconographie, observez-le attentivement et entourez les éléments qui vous serviront à répondre aux questions.

Exercice 2

SUJET BLANC

Maîtriser différents langages

Sous la forme d'un développement construit d'une vingtaine de lignes, décrivez les violences subies par les combattants et les civils lors de la Première Guerre mondiale. Vous prendrez appui sur des exemples étudiés en cours.

Sujets possibles

→ Décrivez et expliquez les violences subies par les soldats pendant la Première Guerre mondiale.

→ Décrivez et expliquez les difficultés et les violences subies par les civils pendant la Première Guerre mondiale.

→ Décrivez les conséquences de la Première Guerre mondiale pour les États d'Europe et leurs sociétés.

Chapitre

2 Démocraties fragilisées et expériences totalitaires en Europe (1919-1939)

→ Pourquoi et comment les démocraties s'affaiblissent-elles en Europe, alors que des régimes totalitaires s'établissent en URSS et en Allemagne ?

1 En Allemagne, un régime totalitaire

Hitler est le Führer qui guide les Allemands, tous unis derrière le drapeau nazi.

Affiche de propagande nazie, « Vive l'Allemagne », 1935.

DANS CE CHAPITRE, DE QUOI VA-T-ON PARLER ?

En analysant les termes du sujet et les documents, je réponds aux questions suivantes :

- De quels régimes politiques est-il question ?
- Quand et où les situer ?

Vu au collège

en 4e
- À la fin du XIXe siècle, la IIIe République rassemble les Français autour des valeurs de la démocratie.

en 3e
- En 1917, en Russie, à la suite de la révolution bolchevique, un régime communiste se met en place sous la direction de Lénine **(chapitre 1)**.

Cours de 4e en PDF

2 En France, une démocratie fragilisée

Le 14 juillet 1935, les partis de gauche organisent une manifestation à Paris face à la montée de l'extrême droite.

Couverture de la brochure souvenir *14 juillet 1935*.

Je me repère

L'Europe de l'entre-deux-guerres (1919-1939)

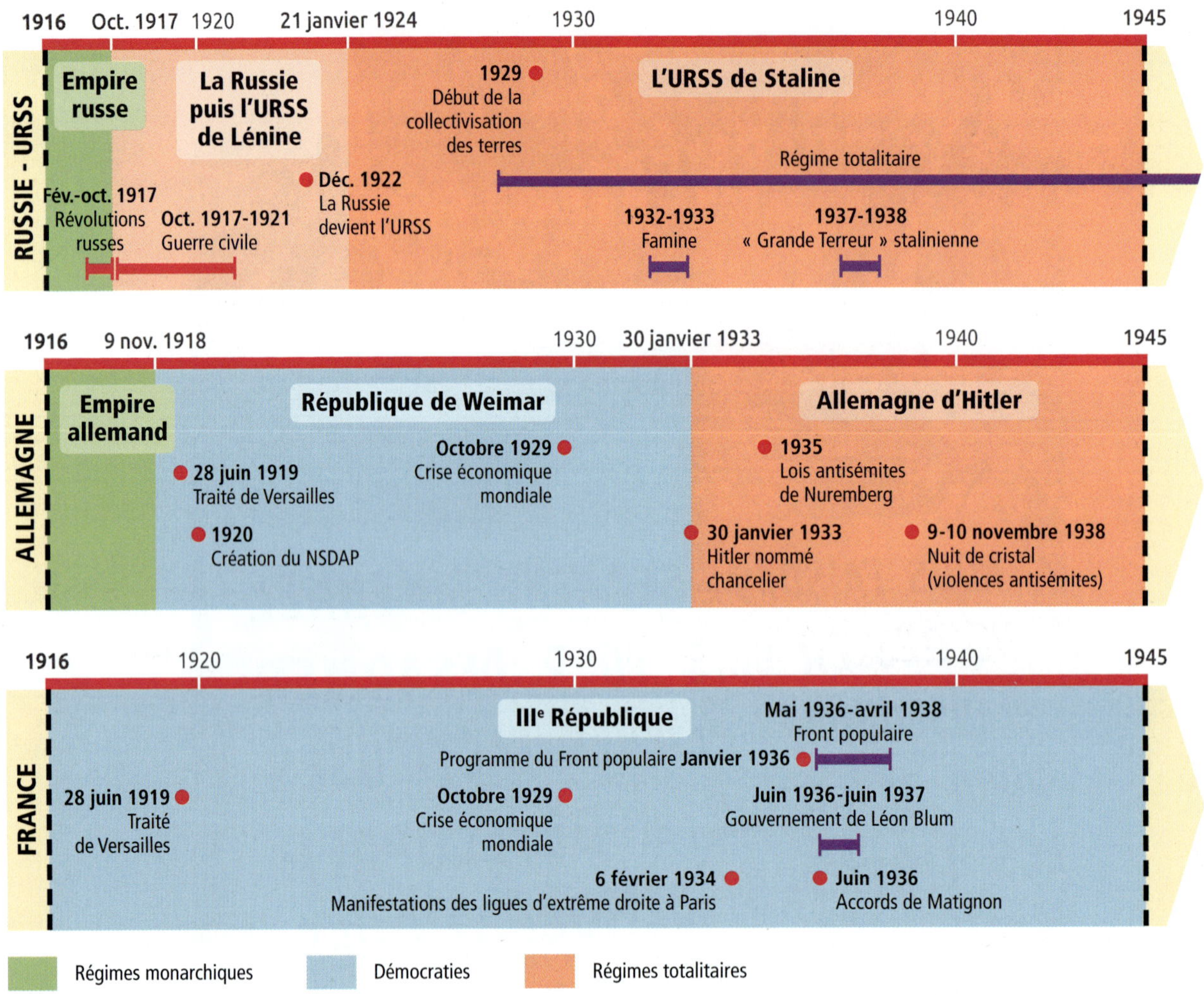

BIOGRAPHIE

Joseph Staline (1879-1953)

Membre du parti communiste de l'URSS, il prend progressivement le pouvoir à partir de la mort de Lénine en 1924. Il fait de l'URSS une dictature et instaure un régime totalitaire.

BIOGRAPHIE

Adolf Hitler (1889-1945)

Fondateur du parti nazi (NSDAP), il profite des crises des années 1930 pour arriver légalement au pouvoir en janvier 1933. Il fait de l'Allemagne une dictature et instaure un régime totalitaire antisémite.

BIOGRAPHIE

Léon Blum (1872-1950)

Dirigeant français du parti socialiste (SFIO), il organise le rassemblement des partis de gauche dans le Front populaire. Après la victoire aux élections de mai 1936, il prend la tête du gouvernement.

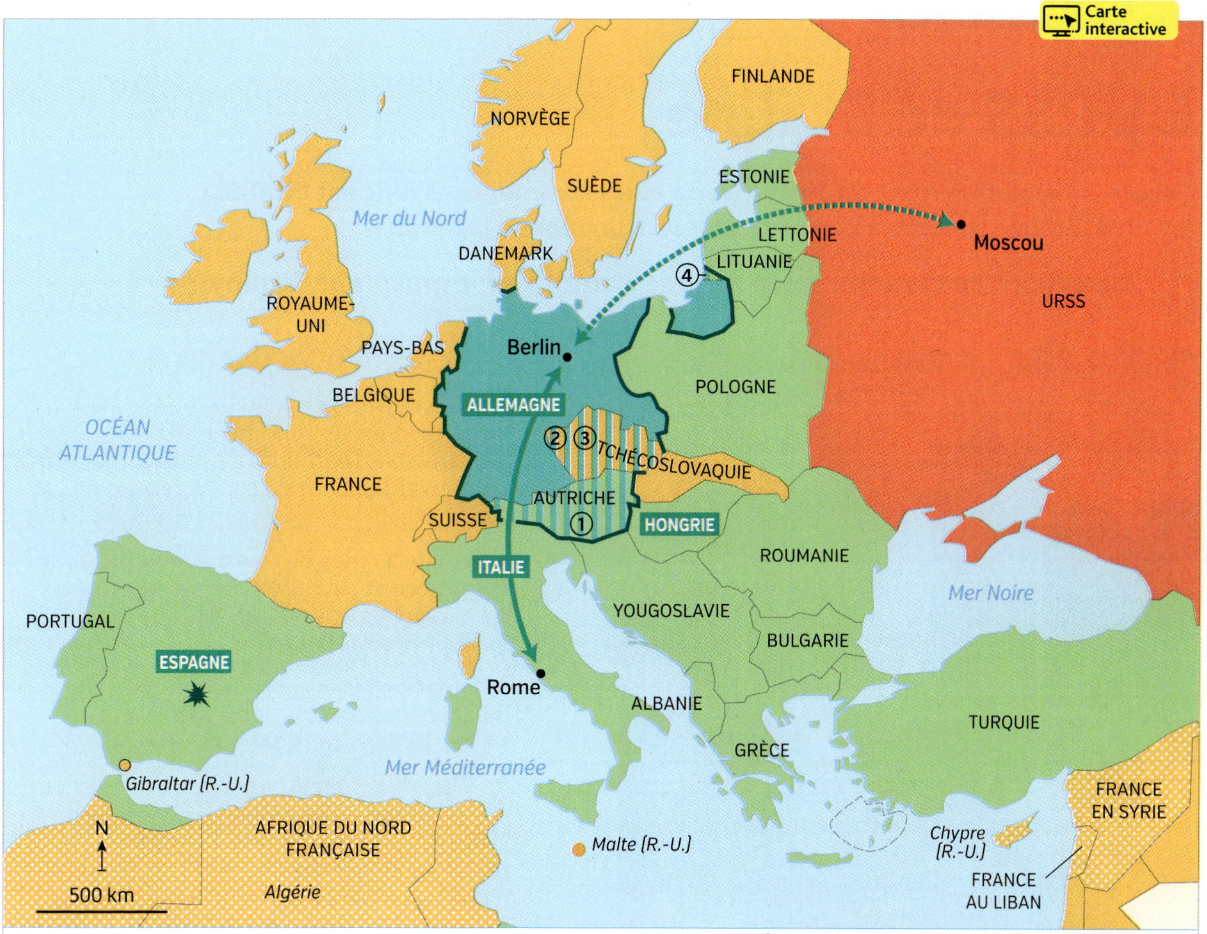

États et régimes politiques

- Démocraties et colonies
- Guerre civile entre Républicains (partisans de la démocratie) et Franquistes (partisans de la dictature)
- Régime communiste
- L'Allemagne nazie en 1937
- Autres dictatures

Les alliances

- Axe Rome-Berlin (novembre 1936)
- ITALIE Pays signataires du pacte anticommuniste
- Pacte de non-agression germano-soviétique (août 1939)

Élargissement territorial de l'Allemagne

- Frontières en 1937
- La Grande Allemagne en 1939
- Annexions :

① AUTRICHE (*Anschluss*, mars 1938)
② Sudètes (octobre 1938)
③ Bohême-Moravie (mars 1939)
④ Memel (mars 1939)

1 L'Europe entre 1918 et 1939

VOCABULAIRE

- **Communisme** : idéologie qui veut instaurer, par une révolution immédiate, une société égalitaire, sans différence de richesse et sans propriété privée.
- **Front populaire** : rassemblement des partis français de gauche (parti radical, SFIO, parti communiste).
- **NSDAP (Parti national-socialiste des travailleurs allemands)** : parti politique dirigé dès 1921 par Adolf Hitler, dont l'idéologie est le nazisme.
- **Régime totalitaire** : régime politique qui cherche à obtenir l'obéissance et la soumission de la population par un encadrement fondé sur la propagande et la terreur.

QUESTIONS

1 **Doc 1.** Citez les États démocratiques, les dictatures et les États totalitaires dans l'Europe de l'entre-deux-guerres et comparez leur nombre.

2 **Doc 1 et frises.** Nommez et datez deux mesures prises par les États totalitaires.

3 **Frises.** Datez l'arrivée au pouvoir du Front populaire et indiquez la durée de ce gouvernement.

Je découvre

L'URSS de Staline

Depuis la révolution russe de 1917, Lénine et les communistes dirigent l'URSS. En 1924, Staline succède à Lénine et instaure un régime totalitaire.

→ Comment se caractérise le régime totalitaire imposé par Staline ?

1 « À toute vapeur sur la voie de l'industrialisation »

Affiche de propagande soviétique des années 1930.

2 Le culte de la personnalité

« Ô grand Staline
Ô chef des peuples
Toi qui fais naître l'homme
Toi qui fécondes la terre
Toi qui rajeunis les siècles
Toi qui fais fleurir le printemps
Toi qui fais vibrer les cordes musicales
Toi splendeur de mon printemps
Soleil reflété par des milliers de cœurs. »

Poème à la gloire de Staline, de Rakhimov, paru en 1936 dans la *Pravda*, journal officiel du parti communiste soviétique.

VOCABULAIRE

- **Collectivisation** : politique visant à la disparition de la propriété privée. Les paysans sont regroupés dans des propriétés collectives (kolkhozes) ou des fermes d'État (sovkhozes).
- **Goulag** : camps de concentration où sont enfermées et soumises aux travaux forcés les personnes considérées comme ennemies du régime soviétique.
- **Koulak** : paysans propriétaires puis toute personne refusant la collectivisation des terres. Ils sont considérés comme des ennemis du peuple.
- **Propagande** : ensemble des pratiques (affiches, presse...) visant à encadrer une société pour la convaincre de la supériorité d'une idéologie ou d'une politique.
- **Régime totalitaire** → p. 41.

3 La dékoulakisation[1]

Mon père ne voulait pas faire partie du kolkhoze[2]. On lui disait qu'il était un agent koulak. Nous avions un cheval, une vache, une petite génisse, cinq moutons, quelques cochons et une grange ; c'est tout. Et puis, un matin, des étrangers sont arrivés à la maison. Il y en avait un qui venait de la Guépéou[3]. Ils ont emporté toutes nos affaires, et les bêtes qui nous restaient ont été emmenées au kolkhoze [...].

On nous fit monter dans des wagons à bestiaux. Puis le train démarra. Personne ne savait où nous allions. Il y en avait qui disait que c'était en Sibérie, d'autres que c'était dans le Grand Nord.

D'après V.-A. Kravtchenko, *J'ai choisi la liberté*, 1947. DR.

1. Répression contre les koulaks.
2. Voir « collectivisation » .
3. Police politique qui ensuite prend le nom de NKVD.

4 Staline et la jeunesse

La jeunesse est encadrée au sein d'organisations comme celle des Pionniers (9-14 ans) et des *Komsmols* (jusqu'à 28 ans).

Affiche de propagande soviétique des années 1950.

① « Gloire au grand Staline, le meilleur ami des enfants ! »

5 La Grande Terreur, sur ordre de Staline

Parole d' historien

En seize mois, d'août 1937 à novembre 1938, environ 700 000 citoyens soviétiques furent exécutés après avoir été condamnés à mort à l'issue d'une parodie de jugement. Soit près de 50 000 exécutions par mois, 1 600 par jour. Durant la Grande Terreur, un Soviétique adulte sur cent fut exécuté. Dans le même temps, plus de 800 000 Soviétiques étaient condamnés à une peine de dix ans de travaux forcés et envoyés au goulag. [...] Quinze ans après l'ouverture des archives soviétiques[1], il est enfin possible de prendre la mesure exacte de ce que fut réellement la Grande Terreur en URSS. [...] Celle des « opérations répressives secrètes de masse » [...] de « purification sociale » visant à liquider définitivement tous les éléments jugés « nuisibles » à la nouvelle société socialiste. [...] Parmi ces purges, celle des dirigeants bolcheviques accusés des pires crimes de trahison. [...] Le NKVD[2] mettait en œuvre des opérations qui visaient les ex-koulaks. [...] Chaque région se voyait attribuer des quotas d'individus à fusiller et à interner en camp.

Nicolas Werth, directeur de recherche à L'Institut du temps présent-CNRS, « La vérité sur la Grande Terreur », *L'Histoire*, n° 324, octobre 2007.

1. Au début des années 1990.
2. Police politique.

Vidéo Goulag, les camps de travail soviétiques

Activités

Parcours 1

Je comprends le sens général des documents

1 **Doc 1 et 3.** Présentez les mesures économiques décidées par Staline et indiquez leur objectif.

2 **Doc 2.** Indiquez à quoi Staline est comparé et donnez un nom à ce type de procédé.

3 **Doc 3 et 5.** Expliquez comment Staline impose la terreur en URSS, et qui est visé par cette politique.

4 **Doc 4.** Nommez les organisations de jeunesse créées par Staline et donnez votre point de vue sur le but recherché.

J'argumente à l'écrit

5 À l'aide des documents et des mots-clés, rédigez un paragraphe d'une dizaine de lignes qui montre que Staline a mis en place un régime totalitaire.

Parcours 2

Je pratique différents langages

Construisez une carte mentale qui présente les caractéristiques du régime totalitaire stalinien.

a. Placez au centre le thème général de votre carte mentale : le régime totalitaire stalinien.
b. Placez ensuite les trois grandes idées qui caractérisent le régime stalinien :
– une société encadrée (**doc 2** et **4**)
– le contrôle de l'économie (**doc 1**)
– la Terreur (**doc 3**, **5** et vidéo)
c. Listez les informations prélevées dans les documents puis complétez votre carte mentale.

Aide à la réalisation de la carte mentale

Je découvre EN ÉQUIPES

REPÈRES p. 40-41

L'Allemagne d'Hitler

Répartis en équipes, vous devez expliquer comment les nazis sont arrivés au pouvoir et comment Hitler a mis en place un État totalitaire. Chaque équipe enregistre un podcast sur un des aspects de ce régime puis le diffuse au reste de la classe.

▸ Coopérer et mutualiser

Coups de pouce

Toutes les équipes traitent de l'arrivée au pouvoir d'Hitler et la mise en place de la dictature.

Chaque équipe traite ensuite l'un des aspects à mettre en valeur dans son podcast :

- **Équipe 1 :** un chef tout-puissant, une société encadrée.
- **Équipe 2 :** un régime raciste et antisémite.
- **Équipe 3 :** une politique de terreur.

Aide à la réalisation du podcast

ÉQUIPES 1, 2 ET 3 — L'arrivée au pouvoir d'Hitler

Que se passe-t-il en Allemagne dans les années 1930 ?
Comment, en quelques mois, Hitler met-il en place une dictature ?

1 L'Allemagne touchée par la Grande Dépression

Nous entendions toujours les adultes parler de tel ou tel de leurs amis qui avait perdu son emploi et ne savait plus comment faire vivre sa famille[1]. [...] De plus, mes parents imputaient tout cela aux réparations que l'Allemagne devait payer à ses anciens adversaires[2] [...]. On ne parlait pas, en revanche, des conséquences de la grande crise économique, qui était durement ressentie partout, pas seulement en Allemagne, au début des années 1930. [...] Ils disaient : « L'Allemagne [...] n'a pas été battue sur le terrain, mais poignardée dans le dos par les crapules qui la gouvernent à présent[3]. » [...] On entendait sans cesse répéter que l'une des raisons de ce triste état de choses était l'influence grandissante des Juifs.

Melita Maschmann, *Ma jeunesse au service du nazisme*, DR, 1967.

1. 1,5 million de chômeurs en 1928, 5,5 millions en 1932.
2. Sanctions financières imposées à l'Allemagne par le traité de Versailles.
3. Depuis 1918, l'Allemagne est une démocratie : la République de Weimar.

2 Affiche électorale pour le NSDAP, 1932

Le NSDAP promet « du travail et du pain » aux électeurs allemands. La croix gammée présente sur l'affiche est le symbole de ce parti.

Les étapes de la dictature nazie

30 janvier 1933	Hitler nommé chancelier (chef du gouvernement).
27 février 1933	Incendie du Reichstag (parlement allemand). Violente répression des communistes accusés faussement par les nazis. Libertés restreintes.
Mars 1933	Pleins pouvoirs accordés à Hitler qui proclame l'Allemagne IIIe Reich.
Juillet 1933	Le NSDAP décrété parti unique.
Août 1934	Hitler proclamé chef de l'État (Führer), fonction cumulée avec celle de chancelier. Fin de la démocratie en Allemagne.

VOCABULAIRE

- **NSDAP :** → p. 41

ÉQUIPE 1

Un chef tout-puissant, une société encadrée

Comment Hitler conçoit-il sa fonction ? Par quels moyens obtient-il l'obéissance, l'adhésion et la soumission de la population ?

3 Le Führer, un chef absolu

Hitler réaffirme l'un des principes essentiels du nazisme, exposé dans son livre Mein Kampf *(« Mon combat »), en 1925.*

Il faut que quelqu'un commande et il ne peut y en avoir plus qu'un ; celui qui commande ordonne et les autres doivent obéir. [...] C'est pourquoi notre État n'est en rien fondé, je tiens à le souligner, sur la consultation populaire ; notre objectif est de convaincre le peuple de la nécessité de ce qui se fait. [...]

Le peuple est aujourd'hui plus heureux en Allemagne que partout ailleurs dans le monde. Il ne se sent dans l'insécurité que lorsqu'il n'a plus de chef. Dès l'instant où il est fermement dirigé, il est heureux ; car il sait très bien qu'il ne comprend rien à tout ça.

Adolf Hitler, discours, 29 avril 1937.

4 L'embrigadement de la jeunesse

Adolf Hitler passe en revue les membres des Jeunesses hitlériennes.

Photographie prise lors du congrès du Parti nazi à Nuremberg, septembre 1934.

5 La jeunesse allemande, selon Hitler

Nous ferons croître une jeunesse devant laquelle le monde tremblera. Une jeunesse intrépide, cruelle. Elle saura supporter la douleur. Je ne veux en elle rien de faible ni de tendre. Je la ferai dresser à tous les exercices physiques. Je ne veux aucune éducation intellectuelle. Le savoir ne ferait que corrompre mes jeunesses. La seule science que j'exigerai de ces jeunes gens, c'est la maîtrise d'eux-mêmes. Ils apprendront à dompter la peur.

D'après Hitler, propos recueillis par Hermann Rauschning en 1933 et 1934, *Hitler m'a dit*, Somogy, 1945.

INFO

Les **Jeunesses hitlériennes** (*Hitlerjugend*) sont un mouvement de jeunesse organisé par les nazis afin de faire adhérer les enfants, à partir de 10 ans, à l'idéologie nazie et de préparer les garçons à la guerre par un entraînement militaire.

6 La propagande

« Toute l'Allemagne entend le Führer, avec le récepteur du peuple. »

Affiche de propagande nazie, 1936.

Je découvre EN ÉQUIPES

ÉQUIPE 2

Un régime raciste et antisémite

Comment Hitler exprime-t-il et diffuse-t-il son idéologie raciste et antisémite ? Quelle législation est appliquée à l'encontre des Juifs ?

7 L'humanité, selon Hitler

Tout ce que nous avons aujourd'hui devant nous de civilisation humaine, de produits de l'art, de la science et de la technique est presque exclusivement le fruit de l'activité créatrice des Aryens[1]. Ce fait permet de conclure [...] qu'ils ont été seuls les fondateurs d'une humanité supérieure.

Par la suite, la voie que devait suivre l'Aryen était nettement tracée. Conquérant, il soumit les hommes de race inférieure [...].

Le Juif forme le contraste le plus marquant avec l'Aryen. [...] Si les Juifs étaient seuls en ce monde, ils étoufferaient dans la crasse et l'ordure ou bien chercheraient dans des luttes sans pitié à s'exploiter et à s'exterminer [...]. L'effet produit par [la présence du peuple juif] est celui des plantes parasites : là où il se fixe, le peuple qui l'accueille s'éteint au bout de plus ou moins longtemps.

Adolf Hitler, *Mein Kampf* (« Mon combat »), 1925.

1. Selon Hitler et les nazis, les Aryens sont une « race supérieure », dont les Allemands, « race germanique », font partie.

VOCABULAIRE

- **Antisémitisme :** haine à l'égard des Juifs, considérés dans l'humanité comme une race ou un groupe humain distinct et inférieur.

8 La propagande antisémite

« Tout ira bien dans les écoles, maintenant que les Juifs ont dû partir. »

Elvira Bauer, illustration d'un livre pour enfants, 1936.

Avril 1933	Loi excluant les Allemands juifs de l'administration allemande. Début du boycott des magasins juifs.
Octobre 1933	Loi obligeant les journaux à licencier les journalistes juifs.
15 sept. 1935	Lois antisémites de Nuremberg. Les Juifs sont exclus de la citoyenneté allemande. Interdiction des mariages entre Juifs et « Aryens ».
1937	Lois interdisant aux Juifs d'exercer de nombreuses professions (médecin, comptable, enseignant...). Confiscation des biens et des entreprises détenus par les Juifs.

9 Les lois de Nuremberg (1935)

Art. 1. Les mariages entre Juifs et sujets de sang allemand ou apparenté sont interdits. [...]

Art. 3. Il est interdit aux Juifs d'employer à des travaux de ménage chez eux des femmes de sang allemand ou assimilé âgées de moins de quarante-cinq ans.

Art. 4. Il est interdit aux Juifs de hisser le drapeau national du Reich [...]. Il leur est en revanche permis de pavoiser[1] aux couleurs juives [...].

Art. 5. Les infractions à l'article 1 seront punies de travaux forcés.

Lois pour la protection du sang et de l'honneur allemands, dites « lois de Nuremberg », 15 septembre 1935.

1. Brandir un drapeau.

ÉQUIPE 3

Une politique de terreur

Quels moyens sont utilisés par Hitler pour mettre en place un régime de terreur ? Qui est visé par cette politique ? Comment et pourquoi ?

10 Les camps de concentration

Le camp de Dachau est ouvert dès 1933. Les détenus, soumis au travail forcé, sont des opposants politiques, des criminels, des homosexuels, des Juifs et des Tsiganes.

11 Une police politique

1 Un policier.

2 Un SS (organisation paramilitaire, milice d'Hitler)

La plupart des SS rejoindront par la suite la Gestapo (police secrète d'État).

Berlin, 1933.

12 La Nuit de cristal (9 au 10 novembre 1938)

Les autorités nazies déclenchent, sur le territoire allemand, une nuit de violences et de destructions contre les Juifs.

Peu d'agents dans les rues, et ceux qu'on pouvait rencontrer assistaient indifférents au terrible pillage. Si des arrestations ont été effectuées, ce sont sur la personne de Juifs essayant de défendre leurs biens. [Des] milliers de magasins, de bureaux et d'entrepôts [...] ont été pillés aujourd'hui. [...]

Toutes les synagogues importantes, aussi bien à Berlin qu'à Hambourg et dans des villes de moindre importance, ont été soit incendiées, soit absolument vidées de tous les objets précieux qu'elles contenaient.

Article paru dans *Le Figaro*, 11 novembre 1938.

INFO

La Nuit de cristal

Elle a causé une centaine de morts, des milliers de blessés et la destruction de plus de 7500magasins et de dizaines de milliers de logements.

30 000 Juifs ont été internés dans des camps de concentration, puis libérés, à condition de quitter l'Allemagne.

Cet événement est qualifié de « Pogrom de novembre » par les historiens allemands, terme qui signifie « détruire, piller ».

Je découvre

TÂCHE COMPLEXE

La démocratie en France : l'expérience du Front populaire

Vidéo
Le Front populaire
college.nathan.fr/22hgo201
jusqu'à 5'05

ENQUÊTE *Réaliser un schéma de synthèse*

Vous devez réaliser un schéma de synthèse qui explique pourquoi et comment le gouvernement du Front populaire a renforcé la démocratie.

▸ Pratiquer différents langages

Coups de pouce

Vous pouvez distinguer trois grandes parties sur votre schéma à l'aide des documents :
- La crise en France (doc 1 et 2)
- La création du Front populaire et sa victoire électorale (doc 3 et 4)
- Les réformes sociales du Front populaire (doc 5 et 6)

Guidage pour la réalisation du schéma

VOCABULAIRE

- **Antiparlementarisme** : hostilité à l'égard du régime politique parlementaire, accusé d'inefficacité.
- **Contrat collectif (ou convention collective)** : accord conclu entre les représentants du patronat et des salariés d'une branche professionnelle sur les conditions de travail et les salaires.
- **Front populaire** : rassemblement des partis de gauche français (parti radical, SFIO, parti communiste).
- **Ligue** : organisation d'extrême droite violemment opposée à la République parlementaire.

2 Une crise économique et sociale

En 1932, 15 % de la population active en France est au chômage.

Marcheurs de la faim, 1933.

1 La République menacée

6 février 1934 : émeutes des ligues d'extrême droite, antiparlementaires, contre la Chambre des députés. Les affrontements avec les forces de l'ordre font 15 morts.

3 Le programme du Front populaire

Les partis[1] et organisations groupant des millions d'êtres humains, qui ont juré de rester unis, aux termes du serment « pour défendre les libertés démocratiques, pour donner du pain aux travailleurs, du travail à la jeunesse, et au monde la grande paix humaine », ont cherché ensemble les moyens pratiques d'une action commune, immédiate et continue. [...]

C'est ainsi que dans l'ordre politique, il définit les mesures indispensables pour assurer le respect de la souveraineté nationale exprimée par le suffrage universel et pour garantir les libertés essentielles (liberté d'opinion et d'expression, libertés syndicales, liberté de conscience et laïcité) [...] et que, dans l'ordre économique et financier, il s'attache à lutter, dans l'intérêt des masses laborieuses et épargnantes[2], contre la crise [...].

Programme du Rassemblement populaire pour les élections législatives de 1936, janvier 1936.

1. SFIO, parti radical et parti communiste.
2. Ouvriers, employés, petits propriétaires.

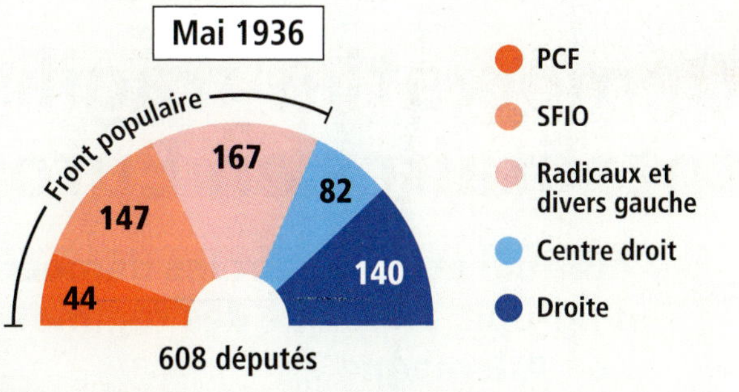

4 La victoire du Front populaire aux élections législatives de mai 1936

INFO

Les grèves de joie

Elles célèbrent la victoire du Front populaire, s'étendent à tout le territoire français (ouvriers et employés) et conduisent le gouvernement à prendre rapidement des mesures sociales (dont les accords de Matignon) pour faire cesser les grèves.

D'autres lois sociales du Front populaire

- Semaine de 40 heures
- 15 jours de congés payés annuels
- Billets de train à tarifs réduits
- Développement des sports et des loisirs

5 Les « grèves de joie »

Couverture de *Miroir du monde*, 6 juin 1936.

6 Les accords de Matignon (7 juin 1936)

Art. 1. La délégation patronale admet l'établissement immédiat de contrats collectifs de travail. [...]

Art. 3. L'observation des lois s'imposant à tous les citoyens, les employeurs reconnaissent la liberté d'opinion, ainsi que le droit pour les travailleurs d'adhérer librement et d'appartenir à un syndicat professionnel [...].

Art. 4. Les salaires réels pratiqués pour tous les ouvriers à la date du 25 mai 1936 seront, du jour de la reprise du travail, rajustés suivant une échelle décroissante commençant à 15 % pour les salaires les moins élevés pour arriver à 7 % pour les salaires les plus élevés. [...]

Art. 5. [...] Dans chaque établissement comprenant plus de dix ouvriers, [...] il sera institué deux ou plusieurs délégués ouvriers selon l'importance de l'établissement. [...]

Extraits des accords de Matignon, signés par le syndicat CGT et le patronat sous la présidence de Léon Blum, chef du gouvernement du Front populaire, 7 juin 1936.

Leçon

Podcast du cours

Démocraties fragilisées et expériences totalitaires en Europe (1919-1939)

→ **Pourquoi et comment les démocraties s'affaiblissent-elles en Europe, alors que des régimes totalitaires s'établissent en URSS et en Allemagne ?**

VOCABULAIRE

- **Collectivisation** : politique visant à la disparition de la propriété privée. Les paysans sont regroupés dans des propriétés collectives (kolkhozes) ou des fermes d'État (sovkhozes).
- **Communisme** : idéologie qui veut instaurer, par une révolution immédiate, une société égalitaire, sans différence de richesse et sans propriété privée.
- **Contrat collectif (ou convention collective)** : accord conclu entre les représentants du patronat et des salariés d'une branche professionnelle sur les conditions de travail et les salaires.
- **Culte de la personnalité** : pratiques utilisées pour convaincre un peuple qu'une personne est supérieure et infaillible.
- **Front populaire** : rassemblement des partis français de gauche (parti radical, SFIO, parti communiste).
- **Goulag** : camps de concentration où sont enfermées et soumises aux travaux forcés les personnes considérées comme ennemies du régime soviétique.

A L'URSS totalitaire de Staline

1. La mise en place d'un régime communiste

- Depuis la révolution de 1917 (→ p. 28-29), les communistes dirigent l'URSS. Successeur de Lénine en 1924, **Staline** domine le Parti communiste en 1928. Seul au pouvoir, il accélère la mise en place du communisme en URSS. Il impose le **contrôle de l'économie**, la collectivisation **de l'agriculture** et une **industrialisation** rapide.

2. Des organisations encadrent toute la société

- La propagande utilise tous les moyens pour convaincre les Soviétiques de la supériorité du régime : radio, presse, cinéma... Elle développe le culte de la personnalité autour de Staline. Des organisations **encadrent tous les groupes de la société** : jeunesse, femmes, ouvriers...
- La violence est un autre moyen de gouverner : une **police politique**, le NKVD, surveille la population. Toute contestation, réelle ou supposée, conduit à l'emprisonnement, au goulag ou à l'élimination.

B L'Allemagne nazie totalitaire d'Hitler

1. L'installation au pouvoir

- De nombreux Allemands reprochent à la République de Weimar, instaurée en 1918, de les avoir trahis en signant le **traité de Versailles**. La **crise économique de 1929** renforce encore l'hostilité à l'égard de ce régime démocratique.
- Adolf Hitler profite de cet état d'esprit. Son parti, le NSDAP, accuse démocrates, Juifs et communistes d'être responsables des maux de l'Allemagne. Le 30 janvier 1933, **Hitler est nommé chancelier**, chef du Gouvernement allemand. Dès mars, il obtient les pleins pouvoirs. Le NSDAP est le seul parti autorisé, les élections sont supprimées et les opposants pourchassés par une police politique, la **Gestapo**.

2. Totalitarisme, racisme et antisémitisme

- Le régime est totalitaire. Propagande et **culte de la personnalité** sont omniprésents. La **société est encadrée** par des organisations (par exemple, les Jeunesses hitlériennes) et l'économie est dirigée par l'État.
- Mais la spécificité du **nazisme** tient à son idéologie. Pour Hitler, **les Aryens, race supérieure, doivent lutter contre les Juifs**, définis comme une race inférieure et dangereuse.

• Il met alors en place une **politique antisémite.** En 1935, les **lois de Nuremberg** définissent les Juifs comme des étrangers et leur interdisent toute relation avec des non-Juifs ; de nombreux emplois leur sont interdits. Des violences éclatent : lors de la Nuit de cristal (9-10 novembre 1938), synagogues, commerces et logements juifs sont détruits, et 30 000 Juifs sont envoyés en **camps de concentration**.

C L'expérience démocratique du Front populaire

1. Une atmosphère de crise

• En France, la crise économique de 1929 provoque chômage et pauvreté, mais aussi une **agitation sociale et politique**. La démocratie est contestée, sous l'influence de ligues d'extrême droite, et des émeutes antiparlementaires éclatent à Paris le 6 février 1934.

2. Élections et réformes

• Les partis de gauche y voient une tentative de coup d'État pour instaurer une dictature. Ils forment alors une **alliance pour les élections législatives :** c'est le Front populaire, victorieux en mai 1936. Des grèves éclatent en soutien au Front populaire.

• Le 7 juin, syndicats et patronat, réunis par **Léon Blum**, chef du Gouvernement, signent les **accords de Matignon** : les salaires sont augmentés, la liberté syndicale assurée, des conventions collectives instaurées. Le temps de travail hebdomadaire passe de 48 à 40 heures et deux semaines de **congés payés** sont accordées aux salariés.

VOCABULAIRE

• **NSDAP (Parti national-socialiste des travailleurs allemands) :** parti politique dirigé dès 1921 par Adolf Hitler, dont l'idéologie est le nazisme.

• **Propagande** : ensemble des pratiques (affiches, presse…) visant à encadrer une société pour la convaincre de la supériorité d'une idéologie ou d'une politique.

• **Régime totalitaire** : régime politique qui cherche à obtenir l'obéissance et la soumission de la population par un encadrement fondé sur la propagande et la terreur.

JE RETIENS AUTREMENT

	Russie puis URSS (en 1922)	Allemagne	France
CONTEXTE	**1917 (Révolution russe)** • Première Guerre mondiale • Mise en place d'un régime communiste, dirigé par **Lénine**	**À partir de 1919** • Traité de Versailles (1919) • **Crise économique** à partir de 1929 • **Crise politique** : contestation de la démocratie par l'extrême droite	**À partir de 1929** • **Crise économique et sociale** • **Crise politique** : contestation de la démocratie par l'extrême droite
ARRIVÉE AU POUVOIR	• **Staline**, successeur de Lénine, à la tête du Parti communiste soviétique 	• Succès électoraux du parti nazi : **Hitler**, chancelier le 30 janvier 1933 	• Victoire du **Front populaire** aux élections législatives en mai 1936 
POLITIQUE MENÉE	**À partir de 1928** • **Régime communiste** : **collectivisation** et **contrôle de l'économie** • Régime totalitaire : société encadrée et terrorisée	**À partir de 1933** • **Régime raciste** et **antisémite** • Régime **totalitaire** : société contrôlée et terrorisée	**À partir de juin 1936** • **Démocratie, gouvernement de gauche** • **Réformes sociales :** semaine de 40 heures, congés payés…

Apprendre à apprendre

Réviser en construisant des « fiches argumentation »

ÉTAPE 1 Je mémorise ma leçon

Je sais situer :
- l'URSS de Staline
- l'Allemagne d'Hitler
- la Grande Terreur
- les lois de Nuremberg
- la victoire du Front populaire

Je sais définir :
- régime totalitaire
- démocratie
- culte de la personnalité
- collectivisation
- ligues

Je sais expliquer l'essentiel :
- le régime totalitaire de Staline
- le régime totalitaire d'Hitler
- le Front populaire en France

Vérifiez que vous avez mémorisé les mots-clés et les notions à l'aide des exercices p. 53.

ÉTAPE 2 Je construis des fiches argumentation

La « fiche argumentation » permet d'expliquer la leçon révisée.

① Observez l'extrait de la fiche argumentation ci-dessous. Elle comprend des dates, des mots-clés, des amorces de phrases qui aideront à construire votre argumentation.

② Recopiez-la ou téléchargez-la, puis complétez ses différentes parties. Une fois les fiches argumentation réalisées, vous pouvez vous interroger à deux et travailler ainsi votre argumentation.

Utilisez les dates et/ou les mots-clés pour développer les arguments.

Fiche à télécharger et à compléter

L'URSS DE STALINE

DATES CLÉS :
- 1924-1953 : Staline au pouvoir
- ...

MOTS CLÉS :
- régime totalitaire
- collectivisation
- Grande Terreur
- goulag
- ...

ARGUMENTATION
- Staline est un dictateur, car...
- Staline contrôle l'économie. C'est pourquoi...
- Staline fait l'objet d'un culte de la personnalité. En effet...
- Staline déclenche la Grande Terreur, c'est-à-dire...
- ...

Exercices

Exercices interactifs

EXERCICE 1 Je me repère dans le temps ★

Associez chaque date à l'événement qui lui correspond.

1. Accession d'Hitler au pouvoir	a. 1924
2. Victoire du Front populaire	b. 1935
3. Staline succède à Lénine.	c. 1929
4. Lois antisémites de Nuremberg	d. Mai 1936
5. Début de la collectivisation en URSS. Grande Dépression.	e. Janvier 1933

EXERCICE 2 Je classe des informations ★★

Recopiez le tableau et classez-y les informations proposées. Certaines informations peuvent être placées dans plusieurs colonnes.

URSS de Staline	Allemagne nazie	Front populaire

a. régime totalitaire b. culte de la personnalité c. kolkhoze d. démocratie e. NKVD

f. accords de Matignon g. Gestapo h. congés payés i. goulag j. NSDAP

k. grèves de joie l. camps de concentration m. crise économique n. Léon Blum

EXERCICE 3 J'explique à partir d'images ★★★

Expliquez quelles idées du chapitre chacun de ces documents évoque.

a « Tous les enfants de 10 ans aux Jeunesses hitlériennes»
Affiche de propagande nazie.

b « Chassons les koulaks du kolkhoze. »
Affiche de propagande soviétique, début des années 1930.

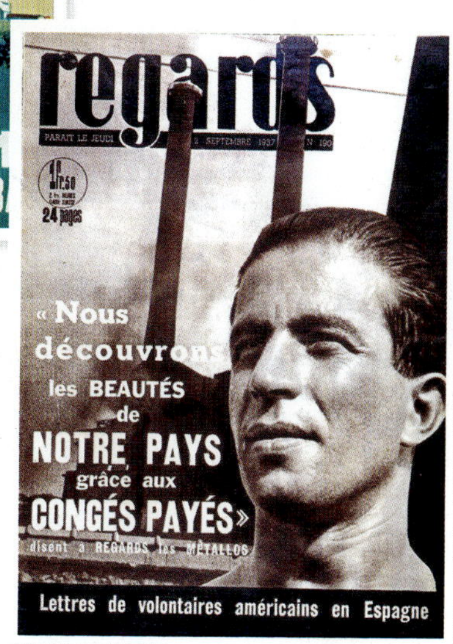

c Les « métallos » sont les ouvriers de l'industrie métallurgique.
Couverture de *Regards*, 2 septembre 1937.

Brevet

Exercice 1

Rédiger un développement construit

SUJET GUIDÉ

Étape 1 **J'analyse le sujet**

Au brouillon

Sous la forme d'un développement construit d'une vingtaine de lignes, décrivez et expliquez le régime totalitaire mis en place par Staline en URSS.

Décrire
Présenter les caractéristiques, détailler précisément.
Expliquer
Donner les éléments nécessaires pour faire comprendre ce qui est décrit.

Qu'est-ce qu'un régime totalitaire ?
Vous pouvez vous reporter à la définition p. 51.
Quels sont les mots en lien avec cette notion ?

Staline
Quand dirige-t-il l'URSS ?
Qu'est-ce que l'URSS ?

Étape 2 **Je mobilise et j'organise mes connaissances**

Au brouillon

Je mobilise mes connaissances
- **Une société soumise et embrigadée :** p. 42-43
- **Le contrôle de l'économie :** p. 42-43
- **La terreur stalinienne :** p. 42-43
- **Leçon :** p. 50-51

Idée n°1 : Un régime de dictature

Je décris	J'explique
- Un chef absolu	- Staline dispose de tous les pouvoirs
- La propagande	- Propagande et culte de la personnalité
- L'embrigadement	- Jeunesse embrigadée et conditionnée

Idée n°2 : Un régime qui contrôle l'économie

Je décris	J'explique
- La collectivisation de l'agriculture et l'industrialisation	- La planification de l'économie, les kolkhozes
- Les koulaks	- La répression contre les koulaks

Idée n°3 : La terreur

Je décris	J'explique
- La Terreur	- La police politique
	- La Grande Terreur
	- Le goulag

Étape 3 **Je rédige mon développement construit**

Sur ma copie

L'introduction : elle présente le sujet en une ou deux phrases

En 1924, Staline succède à Lénine en URSS. Il met en place un régime totalitaire, communiste, qui encadre et contrôle la société.
Quelles sont les caractéristiques du régime totalitaire de Staline en URSS ?

La rédaction du développement
Idée n°1

Staline, dictateur, accélère la mise en place du communisme dans le but d'établir une société sans classe. Les libertés...
Pour obtenir l'adhésion de la population, Staline utilise la propagande...

La suite du développement
Idée n°2

En 1929, Staline impose la collectivisation des terres…
Il dirige et planifie l'économie…
Les koulaks (paysans propriétaires) refusent la collectivisation et subissent une terrible répression…

La suite du développement
Idée n°3

Pour soumettre la population Staline met en place la Terreur… Les personnes suspectes d'opposition au régime sont déportées…

La conclusion : elle fait le bilan du développement en une ou deux phrases

Staline, qui gouverne de 1924 à 1953, instaure un régime communiste totalitaire en URSS basé sur le culte de la personnalité, l'embrigadement et la Terreur.

Sujets possibles

- En vous appuyant sur un exemple étudié en classe, décrivez un État totalitaire dans l'Europe de l'entre-deux-guerres.
- Expliquez pourquoi l'on peut affirmer que le régime totalitaire nazi est un régime raciste et antisémite.
- Expliquez comment le Front populaire est arrivé au pouvoir et quelles réformes il a mis en place.

Entraînez-vous à l'exercice sur les repères historiques p. 93

Exercice 2

Analyser et comprendre un document

SUJET BLANC

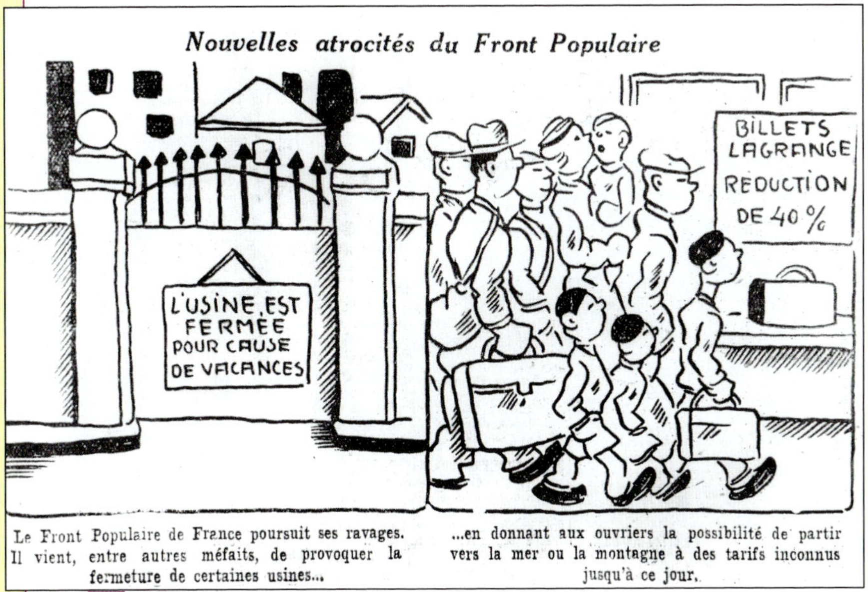

Les lois sociales du Front populaire
Caricature de René Dazy, 1936.

QUESTIONS

1. Définissez le Front populaire et indiquez à quelle date il est au pouvoir en France.
2. Identifiez quelle grande conquête sociale est évoquée par ce document.
3. Relevez les critiques contre le Front populaire présentées sur ce document, et déduisez qui a pu les émettre.
4. Présentez d'autres lois sociales du Front populaire destinées à améliorer la vie des Français.

Chapitre

3 La Seconde Guerre mondiale (1939-1945)

→ Pourquoi peut-on affirmer que la Seconde Guerre mondiale se caractérise par des violences extrêmes et inédites ?

1 Une guerre d'anéantissement : l'arrivée à Auschwitz-Birkenau (Pologne)

Auschwitz-Birkenau est le plus grand centre de mise à mort des Juifs d'Europe. Plus d'un million d'hommes, de femmes et d'enfants y ont trouvé la mort.

Convoi de Juifs hongrois, mai 1944.

DANS CE CHAPITRE, DE QUOI VA-T-ON PARLER ?

En analysant les termes du sujet et les documents, je réponds aux questions suivantes :
- Que va-t-on étudier ?
- Quelle est la période concernée ?
- Où cela se passe-t-il ?

Vu au chapitre 2

- En Allemagne, le régime totalitaire nazi prône une idéologie raciste et antisémite.

2 Une guerre totale, aux dimensions planétaires

« Unis, nous sommes forts. Unis, nous vaincrons. »

Affiche de propagande américaine, vers 1944.

Je me repère

La Seconde Guerre mondiale (1939-1945)

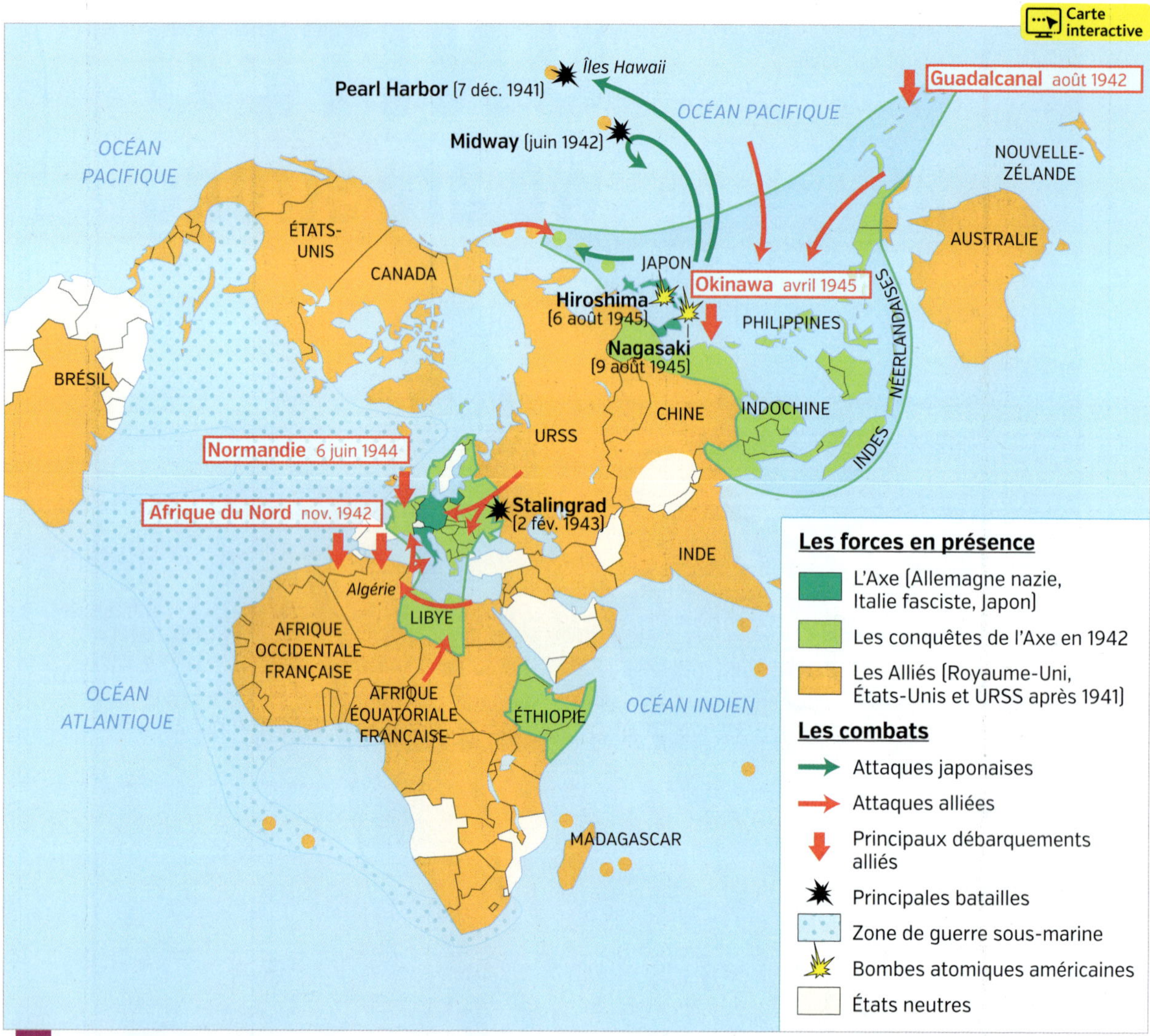

1 Un conflit aux dimensions planétaires

LES ACTEURS DE L'HISTOIRE

- Les **armées** de terre, de mer et de l'air des États en guerre.
- Les **troupes coloniales** des Empires français et britannique.
- Les **résistants au nazisme**, Français, Européens, parmi lesquels des Juifs : civils non armés, combattants armés ne faisant pas partie d'une armée régulière.

QUESTIONS

1 Nommez et définissez les deux grandes alliances qui s'affrontent dans cette guerre.

2 Relevez les informations montrant que cette guerre est mondiale.

3 Quand et comment l'Europe est-elle libérée par les Alliés ?

1er sept. 1939 — 1941 — 1942 — 1943 — 1944 — 1945 — 2 sept. 1945

Les victoires de l'Axe

- **1er sept. 1939** Invasion de la Pologne par l'Allemagne
- **22 juin 1941** Invasion de l'URSS par l'Allemagne
- **7 déc. 1941** Attaque japonaise de Pearl Harbor. Entrée en guerre des États-Unis
- **Janvier 1942** Conférence de Wannsee
- **Sept. 1942-fév. 1943** Bataille de Stalingrad

Les victoires des Alliés

- **6 juin 1944** Débarquement allié en Normandie
- **7-8 mai 1945** Capitulation de l'Allemagne
- **Août 1945** Bombe atomique sur Hiroshima et Nagasaki
- **2 sept. 1945** Capitulation du Japon

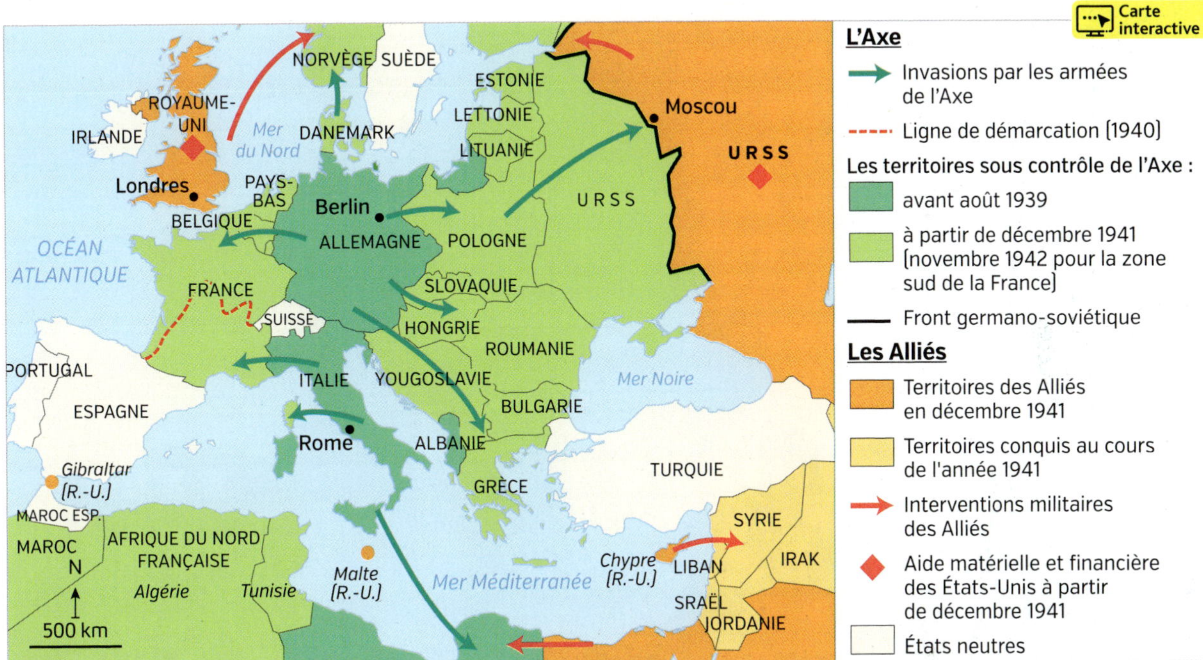

2 L'expansion de l'Allemagne nazie et de l'Italie fasciste en Europe (1939-1942)

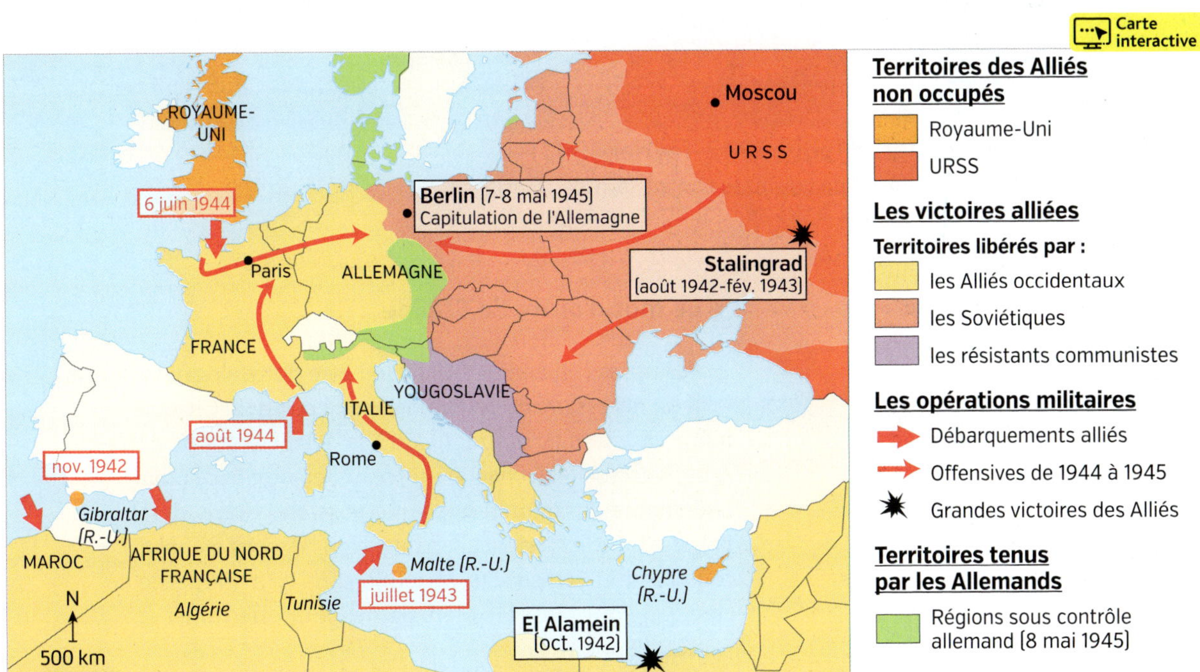

3 La libération de l'Europe par les Alliés (1942-1945)

Je découvre

Une guerre totale

En septembre 1939, l'Allemagne nazie envahit la Pologne. C'est l'extension à l'Europe d'une guerre qui avait commencé en 1937 en Asie, avec l'invasion de la Chine par le Japon.

→ **Comment les combats à Stalingrad, dans le Pacifique et au Japon, illustrent-ils la guerre totale ?**

VOCABULAIRE

- **Guerre totale :** conflit armé mobilisant toutes les ressources d'un État et toute sa population.

1 La bataille de Stalingrad (août 1942-février 1943)
La guerre urbaine : sept mois de combats contre l'armée allemande, rue par rue, au lance-flammes, à tirs de roquettes soviétiques.

CHIFFRES CLÉS

La bataille de Stalingrad

80 % de la ville rasée

Allemands
450 000 morts et blessés
95 000 prisonniers

Soviétiques
490 000 morts
600 000 blessés

2 Le mot d'ordre de Staline

Pas un pas en arrière ! Ceci doit être notre slogan.
Il est nécessaire de défendre chaque position. Chaque mètre de notre territoire, jusqu'à la dernière goutte de sang, s'accrocher à chaque morceau de notre terre pour la défendre aussi longtemps que possible. Notre Mère patrie vit une expérience terrible. Nous devons stopper, repousser et écraser les ennemis sans en regarder le coût. [...] Pour sauver la Mère patrie, pour exterminer et vaincre l'ennemi haï.

Ordre 227, signé par Joseph Staline, 28 juillet 1942.

3 La guerre du Pacifique (7 décembre 1941-2 septembre 1945)

La guerre aéronavale : attaque du porte-avions américain *Hornet* par un avion japonais kamikaze (1942).

4 Gagner à tout prix

« Hier, 7 décembre 1941, les États-Unis d'Amérique ont soudainement été attaqués. Peu importe le temps que cela peut nous prendre pour repousser cette invasion préméditée. Le peuple américain, dans son droit, avec sa force, ira jusqu'à la victoire absolue. »

F.-D. Roosevelt, président des États-Unis. Adresse au Congrès après la destruction par les Japonais, de la base navale américaine de Pearl Harbor dans le Pacifique.

Nous anéantirons les monstres américains par des tirs nourris [...]. Même blessés, au dernier moment, poignardez l'ennemi.

Kuribayashi, général japonais, 1945.

5 Le bombardement de Hiroshima (6 août 1945)

Les États-Unis mettent fin à la guerre contre le Japon par une arme nouvelle, la bombe atomique (explosion d'une bulle de gaz de 3 000 °C), lancée sur la ville japonaise de Hiroshima.

En même temps que leur ville, soixante mille[1] habitants ont été volatilisés au moment de l'explosion de la bombe. Dans les semaines qui ont suivi, soixante mille autres sont morts, soit de leurs blessures, soit par l'effet des radiations atomiques. Une seule bombe et 120 000 humains sont rayés du nombre des vivants.

Ce que fut le centre de Hiroshima, ce n'est plus aujourd'hui que le tracé d'une ville, un plan à l'échelle zéro [...]. Il semble que les maisons aient été aspirées vers les entrailles de la terre. Tout ce qui est friable, la brique, la tuile, le bois, voire le béton, a été réduit en poussière. Tout est pire que détruit ; tout est éteint.

1. Chiffre connu à l'époque.

Le Figaro, 11 décembre 1945.

CHIFFRES CLÉS

Bilan humain de l'explosion des deux bombes atomiques

Hiroshima (6 août 1945)	**Nagasaki** (9 août 1945)
100 000 morts	**40 000** morts
30 000 morts ultérieures, des suites des radiations	**40 000** morts ultérieures, des suites des radiations

Activités

Parcours 1

Je comprends le sens général des documents

1. **Doc 1, 3 et 5.** Situez les combats évoqués dans les documents et nommez les États qui s'affrontent.
2. **Doc 1, 3 et 5.** Citez les armements utilisés et donnez des preuves de l'extrême violence de leurs effets.
3. **Doc 2 et 4.** Identifiez les acteurs concernés par ces combats et analysez leur point de vue.

Je réalise une production graphique

4. En prenant appui sur les combats qui se déroulent à Stalingrad, dans le Pacifique et au Japon, réalisez un schéma de synthèse qui définit ce qu'est la guerre totale lors de la Seconde Guerre mondiale.

Parcours 2

Informer sur des faits historiques

Reporter de guerre pour une agence de presse, vous rédigez des dépêches qui informent sur la guerre totale. Définissez chacun des combats menés :
- la guerre urbaine : Stalingrad ;
- la guerre aéronavale : le Pacifique ;
- la guerre atomique : le Japon.

Aide à l'écriture d'une dépêche

Je découvre

Le front de l'Est et la guerre d'anéantissement

Dans les territoires qu'ils occupent en Europe, les nazis mettent en œuvre leur idéologie raciste et antisémite. Ils planifient le génocide des peuples qu'ils considèrent comme des « sous-hommes » : les Juifs et les Tsiganes.

→ Comment l'Allemagne nazie organise-t-elle le génocide de millions de personnes ?

1 La « solution finale »

La solution finale[1] du problème juif en Europe devra être appliquée à environ onze millions de personnes. [...] Les Juifs doivent être transférés sous bonne escorte à l'Est et y être affectés au service du travail. Formés en colonnes de travail, les Juifs valides, hommes d'un côté, femmes de l'autre, seront amenés dans ces territoires pour construire des routes ; il va sans dire qu'une grande partie s'éliminera tout naturellement par état de déficience physique.

Le résidu qui subsisterait en fin de compte – et qu'il faut considérer comme la partie la plus résistante – devra être traité en conséquence. [...] En vue de la généralisation pratique de la solution finale, l'Europe sera balayée d'Ouest en Est.

Discours de Reinhard Heydrich, responsable de la police SS, à la conférence de Wannsee, 20 janvier 1942.

1. Expression codée employée à partir de 1942 par les nazis pour désigner la destruction des Juifs d'Europe.

Vidéo
La conférence de Wannsee

Vidéo

Ginette Kolinka, témoignage d'une rescapée d'Auschwitz

college.nathan.fr/22hg0301

jusqu'à 0'50, de 3'25 à 6'55

VOCABULAIRE

- ***Einsatzgruppen*** : « groupes d'intervention » nazis chargés, à partir de l'invasion de l'URSS, de fusiller systématiquement les Juifs et les communistes à l'arrière du front russe.
- **Génocide** : extermination programmée et méthodique d'un peuple, en raison de ses origines ou de sa religion.

CHIFFRES CLÉS

Nombre de morts

- **5 à 6** millions de Juifs
- environ **60 %** de la population juive européenne de 1939
- **240 000** Tsiganes
- environ **35 %** de la population tsigane de 1939

2 Les *Einsatzgruppen*

Massacre de Juifs en Ukraine, entre juin et septembre 1941.
Photographie retrouvée dans l'uniforme d'un soldat allemand tué par les Russes.

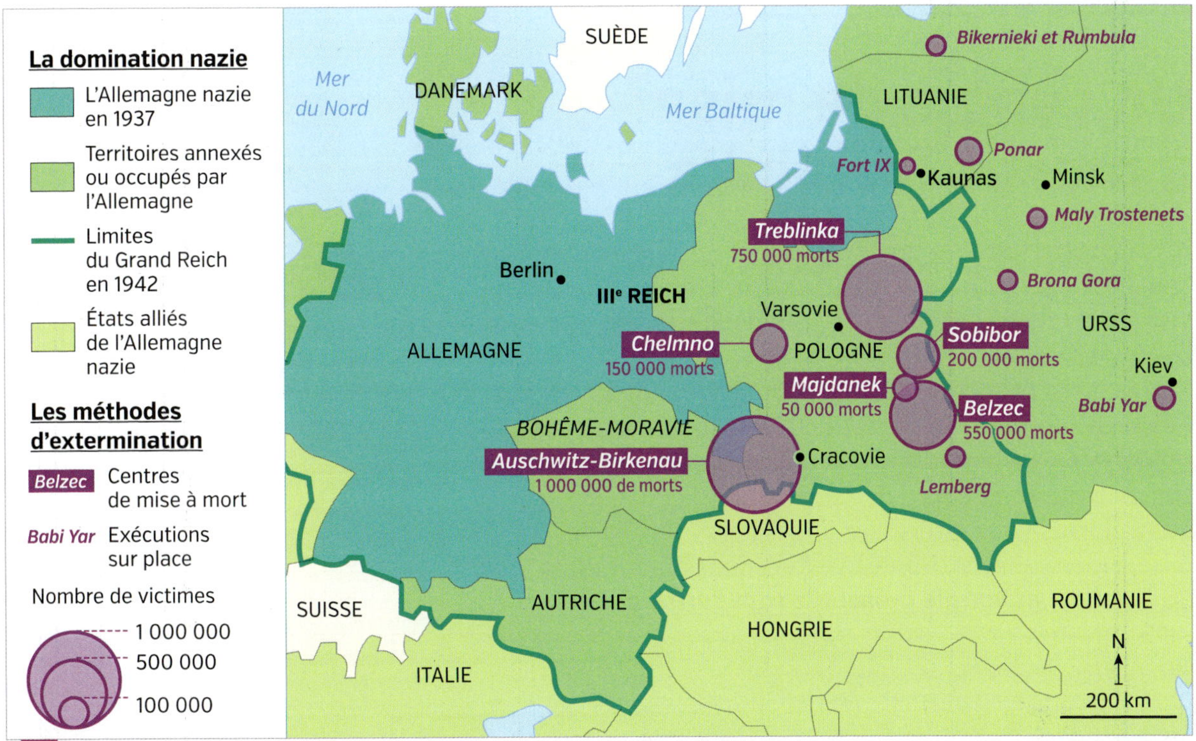

3 Le système d'extermination nazi

« Comment voulez-vous penser dans un camp comme celui d'Auschwitz [...] Une heure après, vous n'êtes pas sûre d'être encore en vie car la mort est toujours sur votre tête. [...] C'était subir les coups, un travail inhumain, les gens qu'on tapait, les soldats avec leurs chiens. [...]
Si je suis là, c'est pour parler de mon histoire. [...] Vous êtes des passeurs de mémoire. »

Ginette Kolinka s'adressant à des élèves visitant Auschwitz, 2015.

4 L'extermination des Tsiganes

Les gardiens SS accompagnés de leurs chiens policiers envahirent les quartiers tsiganes et expulsèrent leurs habitants. On distribua des rations de pain et de salami. On fit croire aux Tsiganes qu'on les envoyait dans un autre camp, et ils le crurent. [...] Personne ne pensa aux crématoires puisque des rations de nourriture avaient été distribuées... La stratégie fonctionna parfaitement. Durant toute la nuit, les cheminées des crématoires I et II envoyèrent des flammes rugissantes vers le ciel.

M. Nyiszli, *Médecin à Auschwitz, souvenirs d'un médecin déporté* (1965), cité dans G. Lewy, *La Persécution des Tsiganes par les nazis*, Les Belles Lettres, 2003.

Activités

Parcours 1

▶ Je comprends le sens général des documents

1 **Doc 1.** À l'aide des informations du document, définissez la « solution finale ».

2 **Doc 2 et 3.** Nommez les victimes de la « solution finale » et indiquez où et par quels moyens s'effectue leur extermination.

3 **Doc 2, 4, citation.** Décrivez ce que nous apprennent ces témoignages au sujet de l'attitude des nazis.

4 **Doc 2, 3, 4, chiffres clés.** Relevez les preuves de la mise en œuvre d'un génocide.

▶ J'écris pour construire mon savoir

5 Dégagez la portée historique de la conférence de Wannsee (**doc 1**) : expliquez par des exemples les différentes applications de la décision prise.

Parcours 2

▶ Je m'engage

Dans le cadre de « La journée de la mémoire des génocides et de la prévention des crimes contre l'humanité », vous devenez un passeur de mémoire, comme le souhaite Ginette Kolinka. Vous préparez un discours qui explique les génocides perpétrés par l'Allemagne nazie. Présentez leur origine et leur mise en œuvre.

Aide à la construction d'un discours

Je découvre

TÂCHE COMPLEXE

Un centre de mise à mort : Treblinka

Vidéo
Treblinka, le camp de l'horreur
college.nathan.fr/22hg0302
jusqu'à 1'28

ENQUÊTE Collaborer à une production visuelle

Votre classe participe au Concours national de la Résistance et de la Déportation (CNRD), dont le thème est « La négation de l'homme dans l'univers concentrationnaire nazi ». Par groupes de trois ou quatre, vous vous intéressez à Treblinka, centre de mise à mort qui contribua à l'extermination des Juifs de Pologne, et vous le présentez sous forme d'affiches.

▸ Pratiquer différents langages

Coups de pouce

Vous pouvez distinguer trois thèmes à l'aide des informations communiquées dans les documents :
- Les déportés de Treblinka et les raisons de leur déportation (Info, doc 1)
- Leur sort à Treblinka (doc 2, 3)
- La découverte de Treblinka et la mémoire des victimes (doc 4, 5)

Guidage pour la réalisation de la tâche complexe

1 Le départ pour Treblinka

Dans le ghetto de Varsovie, la place depuis laquelle les Juifs sont déportés vers le centre de mise à mort de Treblinka, 1942.

Yad Vashem (Institut international pour la mémoire de la Shoah), Jérusalem.

INFO

L'« Aktion Reinhardt » est le nom de code qui désigne l'extermination systématique des Juifs de Pologne, en moins de 18 mois, par les nazis. Elle débute en 1942 et fait entrer le génocide des Juifs dans une phase industrielle avec l'ouverture de centres de mise à mort immédiate, à grande échelle : **Belzec**, **Sobibor**, et le plus important de tous, **Treblinka**.

VOCABULAIRE

- **Ghetto :** quartier isolé du reste de la ville par un mur ou des barbelés dans lequel les nazis forcent les populations juives à vivre.

2 La déportation à Treblinka

Parole d'historien

Mis en chantier à la fin du mois de mai 1942, le centre de mise à mort de Treblinka, destiné à l'assassinat des Juifs de Varsovie et de ses environs, est achevé au début du mois de juillet. Quelques jours plus tard, le ministère des Transports du Reich annonce à Himmler[1] pouvoir assurer le transfert quotidien de 5 000 Juifs du ghetto de Varsovie à destination de Treblinka. Le 22 juillet débute alors la *Grossaktion* (Grande opération), l'une des plus importantes vagues de déportations de la « solution finale ». En huit semaines, 265 000 Juifs sont déportés de Varsovie vers le centre de mise à mort. Les victimes de chaque convoi sont assassinées dès leur arrivée – au total, on estime que le bilan s'élève à 900 000 personnes. Seules quelques dizaines ont survécu à la suite d'une révolte le 2 août 1943.

Olivier Lalieu (dir.), Tall Bruttmann, *La Shoah au cœur de l'anéantissement*, Tallandier, 2021.

1. Chef de toutes les polices de l'État nazi (SS, milices paramilitaires, Gestapo, police secrète), organisateur de l'extermination industrielle des Juifs.

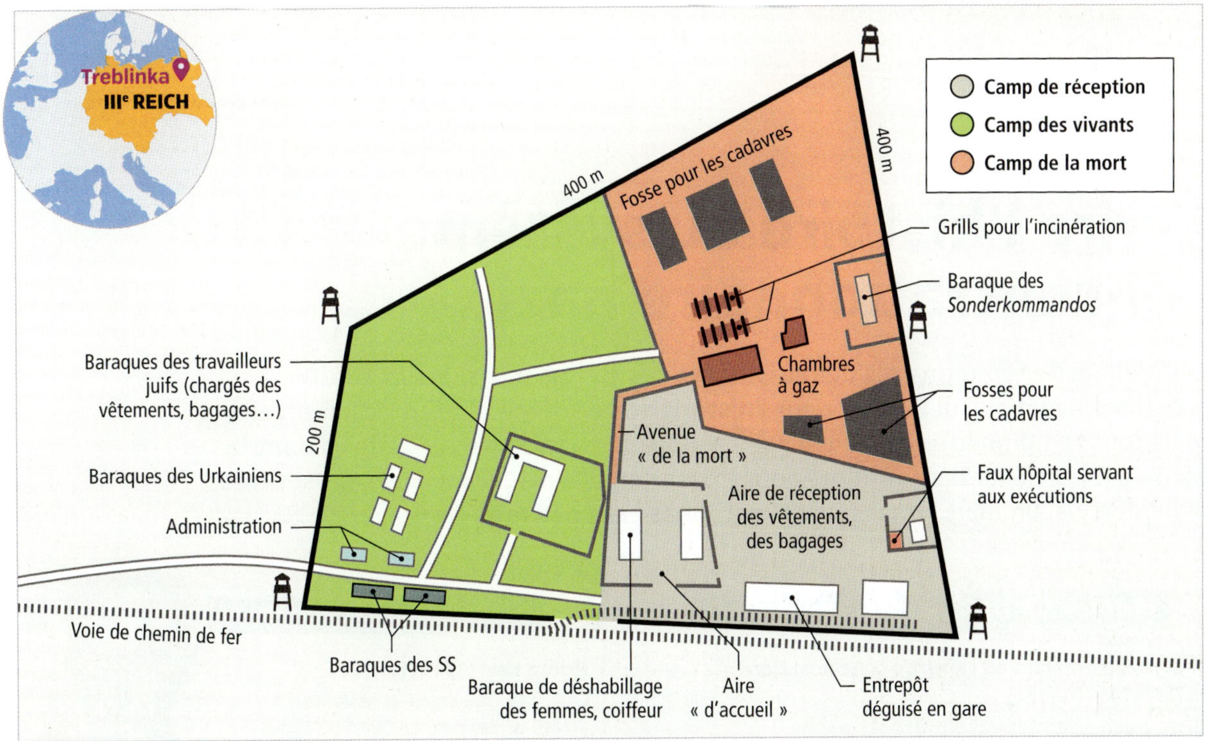

3 Le camp de Treblinka (juillet 1942-septembre 1943)

Le camp est détruit par les nazis afin de faire disparaître les traces. Des milliers de victimes sont alors exhumées des fosses et réduites en cendres.

4 Témoignage d'un survivant

Né en 1909, Avrom Goldfarb est déporté à Treblinka le 20 décembre 1942 avec sa femme et ses quatre enfants de 3 à 10 ans, qui périrent tous. Il participe à l'insurrection du camp, le 2 août 1943, et parvient à s'enfuir.

À Treblinka II, se trouvaient les chambres à gaz [...]. Environ 4 mètres de long sur 4 mètres de large. On faisait s'entasser dans ces chambres de 400 à 450 personnes. Le long du chemin conduisant aux chambres à gaz, [...] les Allemands frappaient à coups de cravache, de barre de fer [...]. Tandis que nous travaillions à brûler les cadavres, nous avons discrètement placé des squelettes entiers dans les parois des fosses, et nous avons décrit sur papier ce que les Allemands étaient en train de commettre à Treblinka. Nous avons mis ces papiers dans des bouteilles [...] près des squelettes [...], dans l'intention de laisser [...] des preuves des crimes allemands, pour le cas où quelqu'un viendrait un jour en chercher les traces.

Témoignage recueilli par Michal HAUSSER-GANS, *Treblinka, 1942-1943, Une usine à produire des morts juifs dans la forêt polonaise*, © Éditions Calmann-Lévy, 2019.

5 Se souvenir de Treblinka

Érigé en mémoire des victimes, le mémorial de Treblinka se compose de 17 000 pierres dressées avec le nom des villes ou des villages des victimes.

CHIFFRES CLÉS

Le camp de Treblinka

- **900 000** morts : Juifs polonais (97,5 %), Juifs allemands, tchèques, autrichiens, slovaques, grecs, Tsiganes.
- Au moins **6 000** à **7 000** mises à mort par jour.
- **65** survivants parmi ceux qui ont pu s'échapper.

L'historienne FACE AUX TÉMOINS

Les outils de l'historien p. 14

Écrire l'histoire du système concentrationnaire nazi

Les milliers de témoignages des survivants des camps nazis, écrits, oraux, artistiques, audiovisuels, sont pour l'historien une source d'information précieuse. Mais tout témoignage est unique car il reflète une vision personnelle et dont la vérité est partielle. Il s'agit alors pour l'historien d'écrire, à partir de ces sources individuelles, un récit historique collectif, basé sur des faits réels.

1 TÉMOIGNAGE D'UN PHOTOGRAPHE NAZI

Déportés travaillant au camp de concentration de Dora (Allemagne).
Photographie de Walter Frentz, photographe et cineaste officiel du IIIe Reich, mars-juillet 1944, Yad Vashem, Jérusalem.

2 TÉMOIGNAGE DE RÉSISTANT

Alfred Balachowsky (1901-1983)
Résistant français et chef d'un réseau d'espionnage britannique, arrêté et déporté à Dora le 10 février 1944. Au procès des grands criminels de guerre devant le tribunal militaire international de Nuremberg (1945), il témoigne de son expérience.

[...] La direction du camp était confiée à des prisonniers qui étaient des criminels. [...] Ils nous battaient du matin au soir. Lever le matin à quatre heures, dans des dortoirs souterrains où s'entassaient 3 000 à 3 500 détenus sur cinq étages de paillasses pourries [...].

Nous étions couverts de poux : dans tout le camp, la vermine pullulait.

Actes du Procès de Nuremberg, Tome VI, p.313, 314, 315.

Vidéo
Mittelbau-Dora : l'histoire du camp

3 TÉMOIGNAGE D'ÉCRIVAIN

Primo Levi (1919-1987)
Chimiste italien juif et résistant, arrêté et déporté en 1944 au camp d'Auschwitz-Monowitz.

Chacun est resté dans son coin, sans oser lever les yeux sur les autres. Il n'y a pas de miroir, mais notre image est devant nous, reflétée par cent visages livides, cent pantins misérables et sordides. Nous voici transformés en ces mêmes fantômes entrevus hier soir. [...] Nous avons touché le fond. [...] Il n'est pas possible de concevoir condition humaine plus misérable que la nôtre. Plus rien ne nous appartient : ils nous ont pris nos vêtements, nos chaussures, et même nos cheveux. [...]

Ici, tout le monde travaille [...]. Nous sommes répartis en 200 *kommandos* [...] commandés par un *kapo*[1]. [...]

Au bout de quinze jours de *lager* [camp], je connais déjà la faim réglementaire, cette faim chronique que les hommes libres ne connaissent pas, qui fait rêver la nuit, et s'installe dans toutes les parties de notre corps. [...] Déjà sont apparues sur mes pieds les plaies infectieuses qui ne guériront pas. Je pousse des wagons, je manie la pelle, je fonds sous la pluie et je tremble dans le vent. Déjà mon corps n'est plus mon corps. J'ai le ventre enflé, les membres desséchés, le visage bouffi le matin et creusé le soir ; chez certains, la peau est devenue jaune, chez d'autres grise. Quand nous restons trois ou quatre jours sans nous voir, nous avons du mal à nous reconnaître.

Primo Lévi, *Si c'est un homme*, Julliard, 1987.

1. Prisonnier recruté pour encadrer les autres prisonniers, choisi principalement parmi les plus violents.

4 TÉMOIGNAGE D'ARTISTE

David Olère (1902-1985)
Peintre et sculpteur français et juif, arrêté lors d'une rafle et déporté au camp d'Auschwitz-Birkenau (1943-1945). Il est employé dans une équipe de *Sonderkommando* du crématoire III.

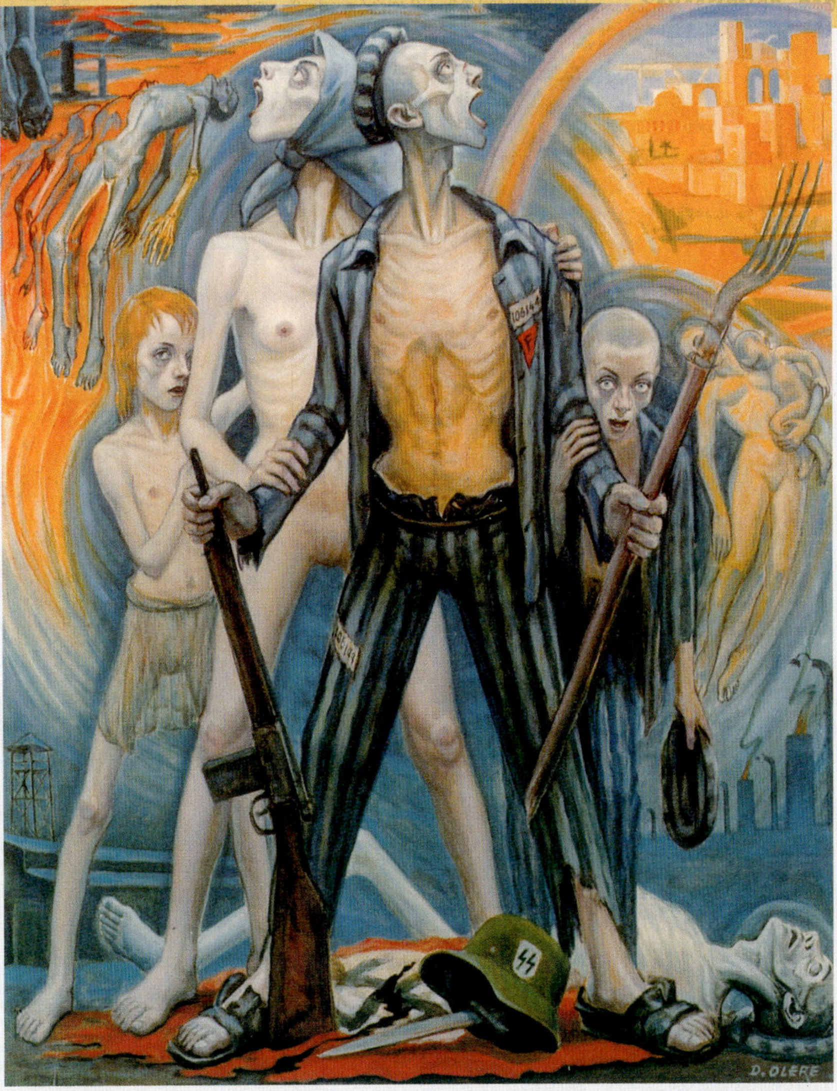

La révolte du Sonderkommando, huile sur toile, sans date, musée de la Résistance nationale, Champigny-sur-Marne.
Les *Sonderkommando* (« commandos spéciaux ») sont des détenus chargés de la crémation des victimes juives, après leur gazage.

LE POINT DE VUE DE *l'historienne*

« **L'objectivité, cela signifie que si on utilise des témoignages dans la perspective d'un récit historique, on les vérifie. Quand on est historien, on recherche la vérité, mais aussi les mots pour le dire.** »

Annette Wieviorka, *L'Heure d'exactitude. Histoire, mémoire, témoignages*, entretiens avec Séverine Nikel, Albin Michel, 2011.

Activités

J'analyse les témoignages
Doc 1 à 4

1 Définissez la source de ces différents témoignages (nature, auteur, contexte, date, destinataire).

2 Confrontez ces différents témoignages.

a. Ces témoins ont-ils la même vision du système concentrationnaire nazi ?

b. À partir des témoignages 2 à 4, expliquez cette expression : « L'univers concentrationnaire nazi : la négation de l'homme ».

Je comprends le travail de l'historienne

3 Pourquoi ces témoignages sont-ils nécessaires pour écrire l'histoire du système concentrationnaire nazi ? Sont-ils suffisants ?

Aide pour l'argumentation

Leçon

Podcast du cours

La Seconde Guerre mondiale (1939-1945)

→ **Pourquoi peut-on affirmer que la Seconde Guerre mondiale se caractérise par des violences extrêmes et inédites ?**

A Une guerre mondiale et totale

1. Une guerre planétaire

• La Seconde Guerre mondiale est une **guerre idéologique**. D'un côté, **l'Allemagne nazie, l'Italie fasciste et le Japon** sont des dictatures fondées sur une idéologie raciste et sur la guerre de conquête. De l'autre, **les États-Unis et le Royaume-Uni** se battent au nom des valeurs de liberté, de démocratie et des droits humains. L'**URSS** rejoint les Alliés en 1941. Il s'agit donc d'une lutte entre **deux visions du monde.**

• Les colonies britanniques et françaises sont mobilisées (soldats, matières premières). Avec **l'entrée en guerre des États-Unis en 1941, le Pacifique devient un théâtre d'opérations majeur** ; le monde entier est en guerre.

2. Une mobilisation totale

• Dans cette guerre totale, tous les **moyens humains et matériels** sont mis en œuvre par les États en guerre pour permettre la victoire finale. La guerre accélère les **innovations scientifiques et techniques** (radar, moteur à réaction…). Un pas décisif est franchi avec la mise au point par les États-Unis de **l'arme nucléaire** en 1945.

B Les violences de guerre

1. Des victimes militaires et civiles

• Des **millions d'hommes sont mobilisés** dans les armées et les batailles, comme celle de Stalingrad, sont d'une grande violence. La modernisation des armements provoque des pertes considérables.

• Les **civils** deviennent les **cibles principales lors de bombardements** massifs comme celui de Londres en 1940 par les Allemands, ou celui de Dresde par les Alliés en 1943.

• L'utilisation de la **bombe atomique** par les Américains contre le Japon détruit les villes de Hiroshima et Nagasaki en août 1945.

2. Résistances au nazisme

• En Europe, dans les pays occupés par les Allemands, des **résistances** s'organisent. Victimes d'une violente répression, les résistants sont déportés dans des **camps de concentration (Buchenwald, Mauthausen…)** où nombre d'entre eux meurent d'épuisement par le travail.

VOCABULAIRE

• **Centre de mise à mort** : espace clos et organisé par les nazis, destiné à l'assassinat immédiat et systématisé des populations juives et tsiganes d'Europe.

• **Déportation** : déplacement forcé de populations pour des motifs raciaux ou politiques.

• ***Einsatzgruppen*** : « groupes d'intervention » nazis chargés, à partir de l'invasion de l'URSS, de fusiller systématiquement les Juifs et les communistes à l'arrière du front russe.

• **Génocide** : extermination programmée et méthodique d'un peuple, en raison de ses origines ou de sa religion.

L'HISTOIRE D'UN MOT

Shoah

Le génocide des Juifs peut être désigné par le terme hébreu « **Shoah** » qui signifie « catastrophe, calamité, désastre ». Dans le monde anglo-saxon, on parle d'**holocauste**. L'expression « **solution finale** » est le terme employé par les nazis.

C Une guerre d'anéantissement

1. Guerre et extermination

- La guerre accélère le **processus d'élimination** de toutes les populations que les nazis jugent inférieures.
- En 1941, l'invasion de l'URSS s'accompagne, à l'arrière du front russe, d'exécutions massives de **populations juives** par les *Einsatzgruppen*. C'est le début de la **guerre d'anéantissement**.

2. La mise en œuvre des génocides

- La décision d'extermination globale est officialisée par les nazis en **1942, lors de la conférence de Wannsee**. Il s'agit d'assassiner les populations juives et les Tsiganes de façon industrielle.
- Les Juifs des **ghettos** de Pologne et les Juifs d'Europe occidentale sont déportés et exterminés dans des centres de mise à mort. À **Treblinka**, à **Auschwitz-Birkenau**... ils sont assassinés de manière immédiate dans des chambres à gaz.
- **5 à 6 millions de Juifs et 240 000 Tsiganes ont ainsi été exterminés en Europe.** La nécessité de **juger ces crimes** a conduit à créer à la fin de la guerre les **notions juridiques de crime de guerre, crime contre l'humanité** et génocide.

CHIFFRES CLÉS

Le bilan de la guerre

- **50 millions** de morts, en majorité des civils.
- **5 à 6 millions** de Juifs et **240 000** Tsiganes sont exterminés.
- L'URSS a perdu **10 %** de sa population de 1939 (26,6 millions de morts) ; la Pologne, **14 %** ; l'Allemagne, **7 à 12 %**.

JE RETIENS AUTREMENT

Une guerre totale

Une guerre idéologique

- **L'Axe** : s'emparer des territoires de l'adversaire pour s'étendre
- **Les Alliés** : détruire les dictatures pour faire triompher la liberté et la démocratie

Une guerre mondiale

- Des combats en Europe, en Afrique, en Asie et dans le Pacifique
- Répression nazie des résistants civils : **camps de concentration**

La mobilisation des économies et des sociétés

- **Mobilisation des populations** : soldats et civils
- **Des armes nouvelles**, armes de destruction massive (bombe atomique…)

Une guerre d'anéantissement

Une extermination raciale de masse

- Conférence de Wannsee (1942) : décision d'élimination des populations dites « inférieures » par les nazis.
- En Europe, génocide des Juifs et des Tsiganes : ***Einsatzgruppen*, centres de mise à mort**
- Tuerie de **5 à 6 millions de Juifs** et de **240 000 Tsiganes**

Un bilan effroyable

Des victimes civiles et des destructions sans précédent

- **Des territoires ravagés** : Europe en ruine, villes japonaises détruites par l'arme atomique
- Plus de **50 millions de morts**, en majorité des **civils**

Apprendre à apprendre

Construire le plan détaillé du chapitre

ÉTAPE 1 Je mémorise ma leçon

Je sais situer :
- le début et la fin de la Seconde Guerre mondiale
- la période des victoires de l'Axe et celle des victoires des Alliés
- les espaces où se déroulent les combats
- Hiroshima et Nagasaki

Je sais définir :
- Alliés
- Axe
- déportation
- centres de mise à mort
- génocide

Je sais expliquer l'essentiel :
- La Seconde guerre mondiale est une guerre planétaire et totale.
- La Seconde Guerre mondiale est une guerre d'anéantissement.

Vérifiez que vous avez mémorisé les mots-clés et les notions à l'aide des exercices p. 71.

ÉTAPE 2 Je construis mon plan détaillé sur la Seconde Guerre mondiale

Le plan détaillé est un bon outil pour mémoriser vos leçons de manière structurée : il est le résumé de la leçon.

① Sélectionnez dans le chapitre les informations qui illustrent votre plan : la question clé du chapitre, les repères chronologiques et spatiaux, les mots-clés, les principaux thèmes du sujet.

② Classez les informations relevées afin de les répartir dans les thèmes : la dimension planétaire de la guerre, la guerre totale, la guerre d'anéantissement.

③ Construisez : donnez un titre à chaque partie et des titres aux sous-parties.

Titre : LA SECONDE GUERRE MONDIALE

Question clé : Pourquoi peut-on affirmer que la Seconde Guerre mondiale se caractérise par des violences extrêmes et inédites ?

Plan :

I. Une guerre planétaire

A. Une guerre idéologique : deux visions du monde

L'Axe / les Alliés : 2 visions du monde

L'Axe : conquête de l'espace vital	Les Alliés : défense de la liberté et de la démocratie

B. Une guerre mondiale

- Lieux des combats / batailles : Europe, Afrique, Asie, sur terre, sur mer, dans les airs.
- Espaces sous occupation nazie et leur libération.

C. Une mobilisation totale

- ...

Exercices

Exercices interactifs

EXERCICE 1 Je me repère dans le temps ★

① Associez chacun de ces faits aux dates ou périodes correspondantes.

Les faits	Les dates et périodes
a. bombe atomique sur Hiroshima	1. 7 décembre 1941
b. conférence de Wannsee	2. 1942
c. bataille de Stalingrad	3. 1942-1943
d. capitulation de l'Allemagne	4. 6 juin 1944
e. attaque japonaise de Pearl Harbour	5. août 1945
f. débarquement allié en Normandie	6. 8 mai 1945

② Classez ces faits dans l'ordre chronologique.

EXERCICE 2 Je sais définir des faits historiques ★★

Identifiez ces images issues du chapitre.
Expliquez-les à partir de ce que vous savez sur la guerre totale et la guerre d'anéantissement qui caractérisent la Seconde Guerre mondiale.

a

b

c

EXERCICE 3 Je confronte un document à mes connaissances ★★★

Le monde entier remarquera que la <u>première bombe atomique a été lâchée sur Hiroshima</u>. [...] Nous savions que nos ennemis faisaient des recherches [...], qu'elles étaient sur le point d'aboutir. [...] Ayant découvert la bombe, <u>nous l'avons utilisée</u> [...] <u>contre ceux qui nous ont attaqués sans prévenir à Pearl Harbor</u>. [...] <u>Nous continuerons</u> jusqu'à ce que nous ayons complètement détruit les forces qui permettent au Japon de faire la guerre. <u>Seule une capitulation nous arrêtera.</u>

Harry S. Truman, président des États-Unis, discours radiodiffusé, 9 août 1945.

a. En prenant appui sur l'auteur et la date du document, nommez l'événement auquel ce discours fait suite.

b. À l'aide de vos connaissances, expliquez chacune des phrases soulignées.

Brevet

Exercice 1

SUJET GUIDÉ

Analyser et comprendre des documents

1 Au lendemain de l'attaque de Pearl Harbor

Maintenant, c'est la guerre à fond, la guerre à mort ; la guerre sans limite dans l'espace, sans limite dans le temps, sans limite dans l'effort. Unanimes avec la Grande-Bretagne et l'URSS, nous déclarons : pas de paix avant que les dictateurs ne gisent sous terre, avant que ne soient anéantis leurs rêves de conquête, avant que ne soient pulvérisées leurs machines de guerre.

Éditorial du *Chicago Sun*, quotidien américain, 8 décembre 1941.

Il s'agit des États qui font partie de l'Axe.

Cette date fait suite à un événement important qui touche les États-Unis : lequel ?

Il s'agit d'une affiche de propagande dont le message est une démonstration de force, à la fois pour rassurer les populations des pays représentés par les drapeaux et pour faire peur aux ennemis combattus.

2 « Les nations unies combattent pour la liberté »
Affiche américaine, 1943.

QUESTIONS

1 Doc 1 et 2. **Nommez** la guerre évoquée dans ces documents et **datez** et **définissez** l'évènement de Pearl Harbor.

2 Doc 1 et 2. **Citez** les principaux États qui s'unissent dans cette guerre et **indiquez** lesquels sont absents de cette union et pourquoi.

3 Doc 1 et 2. **Identifiez** les objectifs de ces nations unies.

4 Doc 1. **Expliquez** le sens de l'extrait souligné dans le texte.

5 Doc 1 et 2. **Argumentez** : quelles informations relevées dans les documents montrent que cette guerre est une guerre totale ?

Interrogez-vous sur la **signification des verbes** utilisés dans les questions.

Analysez les documents de manière critique en indiquant « **ce qu'ils ne disent pas** » ou « **ce qu'ils sous-entendent** » (exemple : le Japon, pour le doc 1).

Lorsqu'une question vous demande d'**expliquer** ou d'**argumenter**, cela signifie que l'on attend de vous une réponse rédigée sous la forme d'un court paragraphe, dans lequel vous illustrez des idées générales par des informations issues des documents, que vous précisez.

Exemple : L'**idée de guerre totale** illustrée par l'information « **sans limite dans l'effort** » précisée par vos connaissances (**arguments / explications** : mobilisation, dans l'effort de guerre, des militaires et des civils...).

Conseils pour s'entraîner

→ Pour répondre aux questions posées, repérez le ou les documents qu'elles interrogent : **doc 1** pour la **question 4** ; **doc 1 et 2** pour les **questions 1, 2, 3 et 5**.

→ Lorsque le document est un texte, lisez-le attentivement et soulignez les mots et groupes de mots qui vous serviront pour répondre aux questions.

→ Lorsque le document est une iconographie, observez-la attentivement et entourez ou fléchez les éléments qui vous serviront pour répondre aux questions.

Exercice 2

SUJET BLANC

Maîtriser différents langages

Sous la forme d'un développement construit d'une vingtaine de lignes, expliquez pourquoi l'on peut affirmer que la Seconde Guerre mondiale est une guerre d'anéantissement.

Sujets possibles

→ Caractérisez, à partir d'exemples, les différentes manifestations de la guerre totale au cours de la Seconde Guerre mondiale.

→ Décrivez et expliquez le génocide des Juifs et des Tsiganes mis en œuvre par l'Allemagne nazie.

→ Présentez l'évolution de la situation des pays d'Europe, à la suite des combats entre 1939 et 1945.

Chapitre

4 La France défaite et occupée : régime de Vichy, collaboration, Résistances (1940-1944)

→ Quelles sont les conséquences de la défaite de 1940 pour la France ?

1 Le régime de Vichy dirigé par le maréchal Pétain

Pour de très nombreux Français de l'époque, le maréchal Pétain est un héros de la Première Guerre mondiale, le « vainqueur de Verdun ». Il prend la tête du gouvernement à la suite de la défaite militaire de 1940 face à l'Allemagne nazie.

Philippe Pétain, suite de douze images, image de propagande, années 1940.

DANS CE CHAPITRE, DE QUOI VA-T-ON PARLER ?

En analysant les termes du sujet et les documents, je réponds aux questions suivantes :

- À quelle situation la France est-elle confrontée ? Et à quelle période ?
- Quel nouveau gouvernement se met en place ?
- Pourquoi le mot Résistances est-il au pluriel ?

Vu au collège

- **en 4e** La Troisième République, née en 1870, a pour but d'unir les Français autour des valeurs de la Révolution française de 1789 (Liberté, Égalité, Fraternité).
- **en 3e** Lors de la Seconde Guerre mondiale, la France est vaincue et occupée par l'Allemagne nazie (**chapitre 3**).

Cours de 4e en PDF

2 L'union des Résistances pour défendre les valeurs républicaines

Après la défaite de 1940, le général de Gaulle crée la « France libre » depuis Londres. Il invite les forces de Résistance en France et hors de France à s'unir pour mettre fin au régime de Vichy, vaincre l'ennemi nazi et rétablir les valeurs de la République.

Affiche de propagande de la France libre, musée de l'Ordre de la Libération, Paris, 1943-1944.

Je me repère

La France dans la guerre (1940-1944)

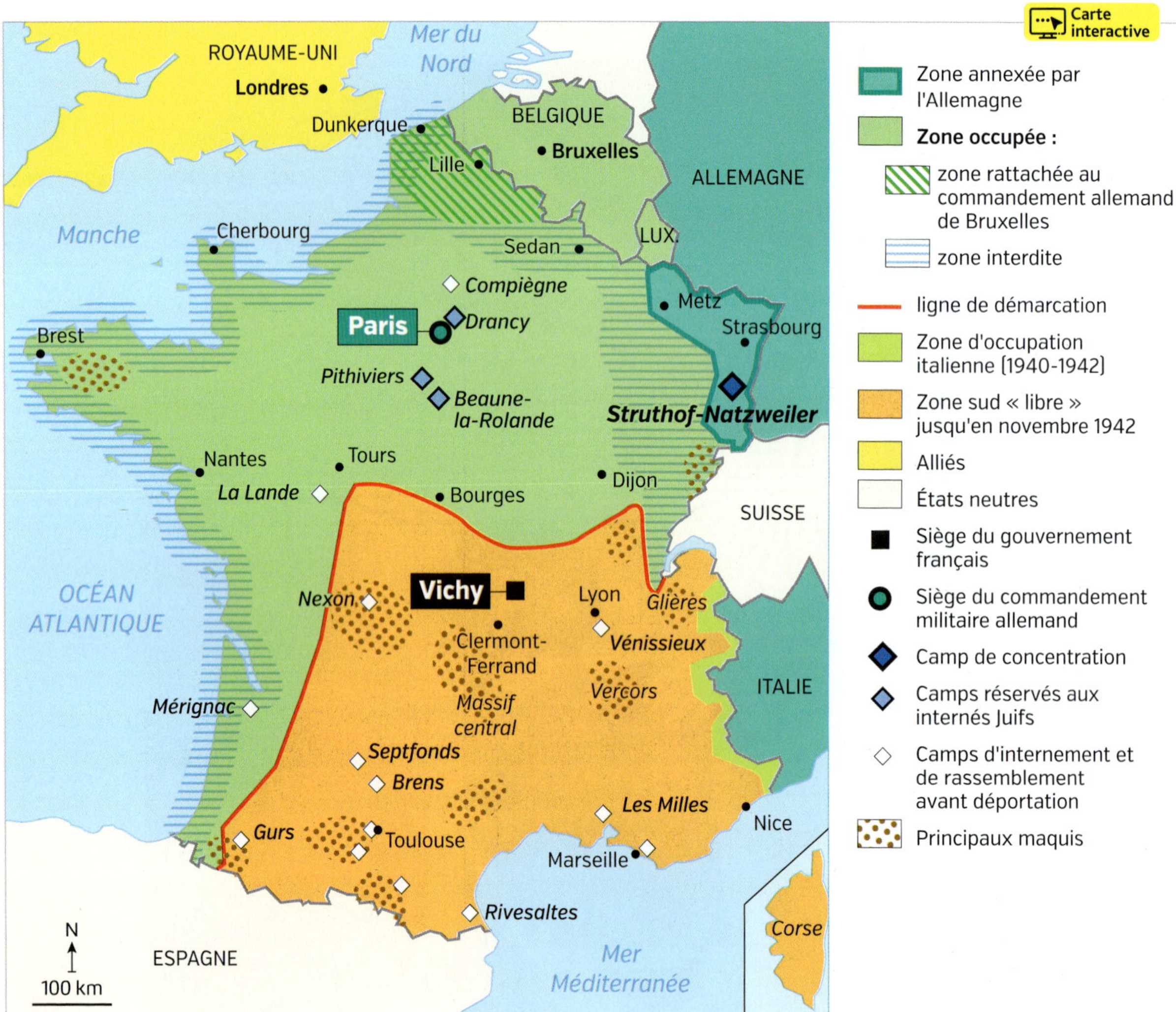

1 La France occupée

BIOGRAPHIE

Philippe Pétain (1856-1951)
En 1940, il signe l'armistice avec l'Allemagne. Il devient le chef de l'État français, appelé aussi « régime de Vichy » et met en œuvre la politique de collaboration.

BIOGRAPHIE

Charles de Gaulle (1890-1970)
Officier, il refuse l'armistice et devient le chef de la France libre après l'appel du 18 juin 1940.
Il devient le chef du Gouvernement provisoire de la République française en 1944.

1940	1941	1942	1943	1944

IIIe République

Mai-juin 1940 Défaite de la France et effondrement de la IIIe République

Régime de Vichy

- **Juillet 1940** Pleins pouvoirs au Mal Pétain
- **Octobre 1940** Premier statut des Juifs - Entrevue de Montoire
- **Juin 1941** Second statut des Juifs
- **Juillet 1942** Rafle du Vel' d'Hiv
- **1943** STO
- **6 juin 1944** Débarquement en Normandie

Les Résistances

- **18 juin 1940** Appel du général de Gaulle
- **1941** Création des premiers mouvements de résistance
- **Novembre 1942** Débarquement en Afrique du Nord
- **1943** CNR
- **25 août 1944** Libération de Paris Gouvernement provisoire de la République française (GPRF)

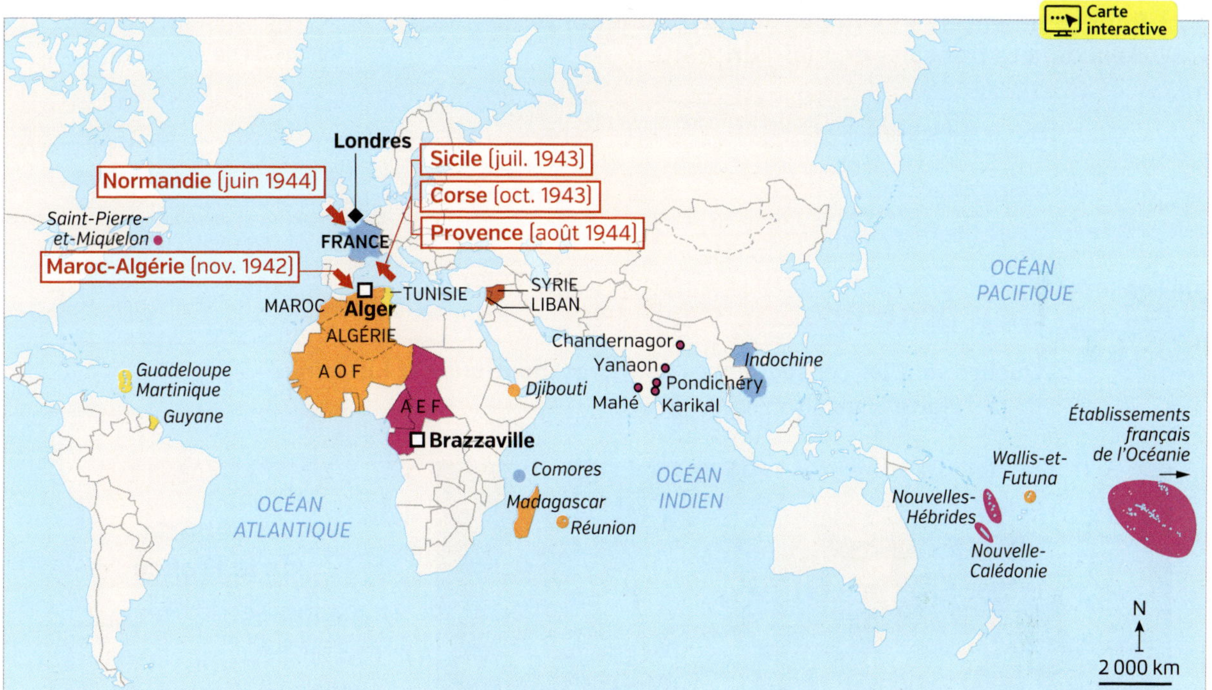

Territoires de l'Empire français ralliés à la France libre

- Territoires sous contrôle du régime de Vichy
- en 1940
- en 1941
- en 1942
- en 1943

- Quartier général de la France libre
- Capitales successives de la France libre

Principales opérations alliées

- Débarquements

2 La France libre et l'Empire (1940-1944)

BIOGRAPHIE

Jean Moulin (1899-1943)

Préfet de Chartres, il rejoint la France libre et est chargé d'unifier les mouvements de résistance intérieure. Il fonde le CNR. Il est arrêté en juin 1943 et meurt après avoir été torturé par les nazis.

QUESTIONS

1 **Doc 1, 2 et frise.** Que se passe-t-il en France entre mai et juillet 1940 ?

2 **Doc 1.** Quelles sont les conséquences de la défaite pour le territoire de la France ?

3 **Doc 2 et frise.** Quand naît la France libre ? Quels territoires sont concernés ?

Je découvre EN ÉQUIPES

Vichy, un régime antirépublicain

- Répartis en équipes, vous montrez que **le régime de Vichy nie les valeurs de la République.** Chaque équipe expliquera à l'oral ce qu'elle a découvert, et les élèves des autres équipes prendront des notes.
- Pour commencer, les équipes découvrent le contexte de la défaite française en mai-juin 1940.

▸ Argumenter à l'oral de façon claire et organisée

Coups de pouce

Toutes les équipes analysent l'effondrement de 1940 (p. 78).
Puis chaque équipe analyse et présente à l'oral l'un des thèmes suivants :
- **Équipe 1 :** un régime autoritaire et réactionnaire (p. 79)
- **Équipe 2 :** un régime de collaboration avec l'Allemagne nazie (p. 80)
- **Équipe 3 :** un régime antisémite (p. 81)

Guidage pour la réalisation de l'exposé

ÉQUIPES 1, 2 ET 3

L'effondrement de 1940

Quelles sont les conséquences militaires, politiques et humaines de la défaite française ?

1 Les Français sur les routes de l'exode
Photographie de Carl Mydans, juin 1940.

CHIFFRES CLÉS

La débâcle de la France

8 millions de civils fuient vers le sud

90 000 enfants perdus pendant l'exode

100 000 soldats français tués

1,8 million de prisonniers de guerre emmenés en Allemagne

audio
college.nathan.fr/22hg0401

2 Le maréchal Pétain s'adresse aux Français, le 17 juin 1940

À l'appel de M. le président de la République, j'assume à partir d'aujourd'hui la direction du gouvernement de la France. [...] Je fais à la France le don de ma personne pour atténuer son malheur. [...] C'est le cœur serré que je vous dis aujourd'hui qu'il faut cesser le combat...

VOIR CARTE p. 76

ÉQUIPE 1

Un régime autoritaire et réactionnaire

Quels sont les pouvoirs du maréchal Pétain ?
Quelles valeurs sont imposées par l'État français ?

3 Les pouvoirs du maréchal Pétain

Nous, Philippe Pétain, maréchal de France, [...]
Déclarons assumer les fonctions de chef de l'État français.
En conséquence, nous décrétons [...] :

Acte constitutionnel n° 2 :

1. Le chef de l'État français a la plénitude du pouvoir gouvernemental, il nomme et révoque les ministres et secrétaires d'État, qui ne sont responsables que devant lui.
2. Il exerce le pouvoir législatif[1], en conseil des ministres.
3. Il promulgue les lois et assure leur exécution.
4. Il nomme à tous les emplois civils et militaires pour lesquels la loi n'a pas prévu d'autre mode de désignation.
5. Il dispose de la force armée.
6. Il a le droit de grâce et d'amnistie[2].

Acte constitutionnel n° 3 :

Le Sénat et la Chambre des députés sont ajournés[3] jusqu'à nouvel ordre.

Extraits des *Actes constitutionnels*, juillet 1940.

1. Pouvoir de créer des lois.
2. Effacement des condamnations judiciaires.
3. Suspendus.

4 Les valeurs de l'État français

Affiche de propagande publiée par le régime de Vichy, 1942.

(1) Devise de l'État français.
(2) Pétain, héros de guerre et chef des Français.
(3) Un retour aux valeurs traditionnelles.

5 Le fonctionnement de l'État français

Le gouvernement	• Pleins pouvoirs au maréchal Pétain • Parlement ajourné • Suppression des partis politiques • Nomination des maires par le gouvernement
Les libertés	• Libertés suspendues • Médias et courriers censurés • Répression et internement des opposants, la plupart communistes • Exclusion des Juifs
Le travail	• Dissolution des syndicats • Grève interdite

VOCABULAIRE

- **Culte de la personnalité** : ensemble de pratiques utilisées pour convaincre un peuple qu'une personne est supérieure et infaillible.
- **Révolution nationale** : idéologie du régime de Vichy fondée sur la devise « Travail, famille, patrie » et qui rompt avec les principes républicains de liberté, d'égalité et de fraternité.

Je découvre EN ÉQUIPES

ÉQUIPE 2

Un régime de collaboration avec l'Allemagne nazie

Quand Pétain engage-t-il la collaboration avec l'Allemagne ? Pourquoi ? Comment ?

6 Pétain engage la France dans la collaboration

Français,

J'ai rencontré jeudi dernier le chancelier du Reich. [...] C'est librement que je me suis rendu à l'invitation du Führer [...]. Une collaboration a été envisagée entre nos deux pays. J'en ai accepté le principe. [...].

C'est dans l'honneur et pour maintenir l'unité française [...] que j'entre aujourd'hui dans la voie de la collaboration. Ainsi, dans un avenir prochain, pourrait être allégé le poids des souffrances de notre pays, amélioré le sort de nos prisonniers, atténuée la charge des frais d'occupation. Ainsi pourrait être assouplie la ligne de démarcation et facilités l'administration et le ravitaillement du territoire.

Discours radiodiffusé du maréchal Pétain, 30 octobre 1940.

Pétain rencontre Hitler à Montoire en octobre 1940.

7 Des Français au service de l'Allemagne

Après la Relève, le Service du Travail Obligatoire (STO) sera instauré en 1943.

Affiche de propagande publiée par le régime de Vichy, 1942.

VOCABULAIRE

- **Collaboration** : politique de coopération volontaire en matière politique, économique et policière avec l'Allemagne nazie.
- **Relève** : libération d'un prisonnier de guerre en échange de l'envoi de trois travailleurs français en Allemagne.
- **Service du Travail Obligatoire (STO)** : réquisition de tous les hommes français de 21 à 23 ans pour travailler en Allemagne.

CHIFFRES CLÉS

La collaboration économique

- En 1943, l'industrie française travaille pour l'Allemagne
  - à **100 %** pour l'industrie aéronautique
  - à **80 %** dans l'industrie des Bâtiments et Travaux Publics
  - à **60 %** pour l'industrie du caoutchouc
- En 1943-1944, **650 000** jeunes Français sont réquisitionnés pour le STO. Près de **50 %** de la population en âge de travailler est au service de l'Allemagne.

ÉQUIPE 3

Un régime antisémite

**Qui sont les acteurs de la politique antisémite du régime de Vichy ?
De quelles mesures discriminatoires sont victimes les Juifs en France ?**

8 Le premier statut des Juifs (3 octobre 1940)

Art. 1er – Est regardé comme juif, pour l'application de la présente loi, toute personne issue de trois grands-parents de race juive ou de deux grands-parents de la même race, si son conjoint lui-même est juif.

Art. 2 – L'accès et l'exercice des fonctions publiques et mandats énumérés ci-après sont interdits aux Juifs :

1. Chef de l'État, membre du gouvernement ; [...] toutes assemblées issues de l'élection [...].

4. Membres des corps enseignants. [...]

Art. 5 – Les Juifs ne pourront, sans condition ni réserve, exercer l'une quelconque des professions suivantes : directeurs, gérants, rédacteurs de journaux, revues, agences ou périodiques [...], gérants de toutes entreprises se rapportant à la radiodiffusion.

Fait à Vichy, le 3 octobre 1940.
Ph. Pétain, maréchal de France, chef de l'État français ;
le vice-président du Conseil, Pierre Laval.

9 Rachel Jedinak, témoin de la rafle du Vel'd'Hiv

Paris, 16-18 juillet 1942 :
12 884 Juifs dont 4 000 enfants sont arrêtés par la police française, enfermés au Vélodrome d'hiver, puis déportés en Allemagne.

Extrait d'un reportage télévisé, France 2, 18 juillet 2004.

10 La propagande antisémite

Affiche de propagande, vers 1942.

CHIFFRES CLÉS

Bilan des déportations des Juifs de France

330 000 **Juifs** vivent sur le sol français en 1940

75 721 **Juifs** ont été déportés vers les centres de mise à mort dont

11 400 **enfants** entre le 27 mars 1942 et le 18 août 1944

3 % d'entre eux ont survécu

VOCABULAIRE

- **Propagande** : ensemble des pratiques (affiches, presse...) visant à encadrer une société pour la convaincre de la supériorité d'une idéologie ou d'une politique.
- **Antisémitisme** : haine à l'égard des Juifs, dans l'humanité comme considérés comme une race ou un groupe humain distinct et inférieur.

Je découvre

VOIR CARTE p. 77

La France libre : résister depuis l'Europe et le monde

Vidéo
La naissance de la France libre
college.nathan.fr/22hg0403
jusqu'à 3'38

Le 17 juin 1940, à la suite de la demande d'armistice du maréchal Pétain, le général de Gaulle refuse ce choix et gagne Londres. Le 18 juin, face au micro de la BBC, il appelle à continuer le combat contre l'ennemi nazi. Au cours de l'été, des milliers de Français le rejoignent…

→ **Comment la France libre organise-t-elle la Résistance hors du territoire de la France métropolitaine ?**

1 L'appel du 18 juin 1940

Certes, nous avons été, nous sommes, submergés par la force mécanique, terrestre et aérienne, de l'ennemi. […] Mais le dernier mot est-il dit ? L'espérance doit-elle disparaître ? La défaite est-elle définitive ? Non ! Croyez-moi, moi qui vous parle en connaissance de cause et vous dis que rien n'est perdu pour la France. […]

Elle a un vaste Empire[1] derrière elle. Elle peut faire bloc avec l'Empire britannique qui tient la mer et continue la lutte. Elle peut, comme l'Angleterre, utiliser sans limites l'immense industrie des États-Unis. Cette guerre n'est pas limitée au territoire malheureux de notre pays. […]. Cette guerre est une guerre mondiale. […]

Moi, général de Gaulle, actuellement à Londres, j'invite les officiers et les soldats français […] j'invite les ingénieurs et les ouvriers spécialistes des industries d'armement, à se mettre en rapport avec moi. Quoi qu'il arrive, la flamme de la résistance française ne doit pas s'éteindre et ne s'éteindra pas.

Général de Gaulle, discours radiodiffusé à la BBC, 18 juin 1940.

1. L'empire colonial français.

VOCABULAIRE

- **Forces françaises libres (FFL)** : créées en 1940, elles rassemblent les combattants volontaires ralliés à de Gaulle.
- **France libre** : ensemble des organisations de Résistance extérieure sous l'autorité du général de Gaulle (Forces françaises libres - FFL).
- **Résistances** : actions menées en France (Résistances intérieures) et dans le monde (France libre) pour lutter contre l'occupation allemande de la France et le régime de Vichy.

2 Le ralliement des colonies à la France libre

Le gouverneur de l'Afrique équatoriale française (AEF), Félix Éboué, et Charles de Gaulle passent en revue les troupes de la France libre à Brazzaville, avril 1941.

3 Les objectifs politiques de la France libre

En même temps que les Français seront libérés de l'oppression ennemie, toutes leurs libertés intérieures devront leur être rendues. Une fois l'ennemi chassé du territoire, tous les hommes et toutes les femmes de chez nous éliront l'Assemblée nationale qui décidera souverainement des destinées du pays. [...]

Et nous voulons en même temps que [...] l'idéal séculaire français de liberté, d'égalité, de fraternité soit désormais mis en pratique chez nous.

Charles de Gaulle, déclaration publiée dans les journaux clandestins en France occupée, 23 juin 1942.

4 Les contacts entre la France libre et la Résistance intérieure

Parole d'historien

Les transmissions revêtent une importance majeure : la BBC permet d'adresser en France des consignes d'action, certaines en clair (campagne appel des V en 1941 ou appels à manifester en 1942), d'autres codées (messages personnels destinés à des groupes d'action en France) ; les transmissions clandestines assurent des échanges dans les deux sens, par télégrammes, entre des centrales anglaises et les postes dissimulés en France. [...] À partir de 1941 sont organisés des parachutages puis des atterrissages clandestins. [...] Ce panorama ne doit toutefois pas faire illusion. [...] Tout se combine pour compliquer la tâche : les difficultés considérables de navigation, même en période de pleine lune ; les aléas de la météo ; les pannes mécaniques qui affectent les avions et surtout les postes radio ; la répression car l'ennemi met en œuvre des moyens importants pour les entraver.

S. Albertelli, « Résistance intérieure, France libre et France combattante », dans Laurent Douzou et Tristan Lecoq (dir.), *Enseigner la Résistance*, Canopé Éditions, 2016.

CHIFFRES CLÉS

Les forces françaises libres (FFL) en 1944

- **73 500** soldats au total
- **30 000** **combattants** originaires de métropole
- **33 000** **soldats coloniaux** dont **27 000 tirailleurs d'AEF**
- **9 000** **soldats étrangers**
- **1 500** **femmes** (employées des services administratifs, de santé...)

Activités

Parcours 1

Je comprends le sens général des documents

1 **Doc 1.** Citez les arguments du général de Gaulle qui indiquent pourquoi il faut refuser la défaite.

2 **Doc 2, 4 et chiffres clés.** Définissez les forces de la France libre et leurs actions.

3 **Doc 1 et 3.** Expliquez comment les informations du **doc 3** illustrent la phrase « la flamme de la résistance française ne doit pas s'éteindre et ne s'éteindra pas » (**doc 1**).

Je complète un tableau de synthèse

La France libre	Documents	L'essentiel à retenir
Un chef et des territoires		
Des volontaires engagés		
Des objectifs politiques		
Des liens avec la Résistance intérieure		

Aide à la réalisation du tableau

Parcours 2

J'analyse un texte historique (doc 1) et le confronte à d'autres sources : l'appel du 18 juin

Aide à l'analyse du document

4 Quelle importance a eu cet appel dans le contexte français de mai-juin 1940 ?

5 Pourquoi cet appel est-il si important, à partir de 1941 (**doc 4**), pour « les Français libérés de l'oppression ennemie » (**doc 3**), et pour vous aujourd'hui ?

MÉTHODE

- **Présentez** d'abord l'auteur et situez précisément le fait historique dans le temps.
- **Relevez** les raisons qui font dire à de Gaulle que « rien n'est perdu pour la France ».
- **Expliquez** comment le général de Gaulle veut organiser la Résistance et dans quels buts.

Je découvre

La Résistance intérieure

Pendant que la Résistance extérieure s'organise à Londres après l'appel du 18 juin 1940, une Résistance intérieure se met en place en France contre l'occupant allemand et le régime de Vichy : actes isolés, création de réseaux, de mouvements et coordination avec la France libre.

Vidéo
« Ceux du maquis »
college.nathan.fr/22hg0404
jusqu'à 3'50

→ **Pourquoi et comment résister sur le sol français ?**

1 S'engager dans la Résistance

VOCABULAIRE

- **FFI (Forces françaises de l'intérieur)** : groupes armés unis en 1944 sous l'autorité du Conseil national de la Résistance.
- **Mouvement de Résistance** : organisation menant des actions militaires mais aussi politiques, par exemple information de la population.
- **Réseau de Résistance** : organisation armée spécialisée dans le renseignement ou le sabotage.

a. S'engager dès 1940

Paris, le 6 août 1940, je me sens devenir folle [...] folle si je ne fais pas quelques choix pour réagir. [...] Le seul remède pour nous est de nous grouper, une dizaine de camarades, pas plus [...]. Nous rencontrer à jour fixe pour nous communiquer des nouvelles, rédiger et diffuser des tracts, donner des résumés de la radio française de Londres.

Paris, 18 août 1940. [...] Nous sommes sûrs maintenant de ne pas être seuls. Il y a d'autres gens qui pensent comme nous, qui souffrent, qui organisent la lutte, bientôt un réseau s'entendra dans toute la France.

Agnès Humbert, *Notre Guerre. Souvenirs de Résistance, 1940-1945*, Tallandier, 2004.

Agnès Humbert (1894-1963)
résistante française, membre du Réseau du musée de l'Homme. Arrêtée le 15 avril 1941, déportée en Allemagne et soumise au travail forcé. Libérée le 4 avril 1945 par les troupes américaines.

b. Colette, agent de liaison

college.nathan.fr/22hg0405

« Femmes résistantes », colloque au Sénat, 2014.

Colette Périès-Martinez (née en 1922)
résistante en Haute-Savoie.

« Être une femme était plutôt une supériorité dans la Résistance car nous passions beaucoup mieux que les hommes. »

c. Pierre, un adolescent résistant

J'avais à peine 14 ans lorsque les troupes allemandes envahirent la France. Ce fut pour moi une grande consternation. [...] Un grand [du lycée] me dit : « Mais est-ce que tu pourrais rendre service, tu aimerais rendre service à ton pays ? » Bien sûr, je peux rendre service mais un garçon de 14 ans ! Qu'est-ce que je peux faire ? [...] À Saint-Malo, ils m'ont confié ce qu'on appelle les « petits boulots ». C'était de faire le relevé des véhicules allemands, savoir reconnaître leurs blasons, [...] et à côté, il y avait des signes avec des numéros, c'étaient les unités, alors ça permettait de savoir qu'est-ce que ces unités faisaient et ce qu'elles avaient fait, parce qu'elles parcouraient la France. [...]

Avec Hélène, une amie de ma classe, on faisait tourner les pancartes ou on inscrivait les V ou « à bas les Boches » [...]. La première grande mission, ça a été de détecter, de savoir où étaient entreposées les bombes qui alimentaient les avions bombardant l'Angleterre.

D'après le témoignage de Pierre Demalvilain diffusé sur le site de l'association des Amis de la Fondation de la Résistance – *Mémoire et Espoirs de la Résistance*.

Pierre Demalvilain, (1926-2015)
résistant breton, agent de liaison du réseau franco-polonais F2.

2 Les mouvements de Résistance

Tract diffusé en France, qui présente les journaux publiés clandestinement par les principaux mouvements de la Résistance intérieure, 1943.

Musée de la Résistance nationale, Champigny-sur-Marne.

3 Le Conseil national de la Résistance (CNR)

Parole d'historiens

Deux historiens présentent le rôle de Jean Moulin, envoyé par de Gaulle en France, afin de créer le CNR en 1943.

Robert Belot – Quand Jean Moulin est parachuté en France en janvier 1942, il est investi d'une autorité : il a vu de Gaulle, il a été chargé d'une mission d'unification de la Résistance, sous l'autorité du chef de la France libre [...]. Moulin parvient à faire accepter l'idée d'un comité de coordination des trois grands mouvements de la zone sud (Combat, Libération, Francs-Tireurs) qui va donner naissance en janvier 1943 aux mouvements unis de résistance (MUR).

Jean-Pierre Azema – L'idée de de Gaulle est de mettre sur pied, pour préparer l'après-guerre, un « Conseil national de la Résistance » [...]. Lorsque Jean Moulin revient en France, en mars 1943, c'est un des projets qu'il veut défendre. Il y parviendra, non sans mal. Le CNR voit le jour, à Paris, le 27 mai 1943[1].

« Le duel Jean Moulin Henri Frenay » de Robert Belot et Jean-Pierre Azéma, publié dans *L'Histoire*, n°275 (avril 2003), p. 75-83.

1. Le 21 juin 1943, Jean Moulin est arrêté par la Gestapo et meurt le 8 juillet des suites de tortures.

4 La répression nazie

Exécution au Mont-Valérien des résistants du groupe Manouchian le 21 février 1944. Ils avaient été arrêtés par des policiers des Brigades spéciales de Vichy et condamnés à mort par un tribunal militaire allemand.

Photographie de Clémens Rüther, 1944.

Activités

Parcours 1

J'extrais des informations pertinentes

1 **Doc 1.b., 2 et 3.** Nommez les acteurs de la Résistance intérieure et décrivez leurs actions.

2 **Doc 1, 3 et 4.** Définissez les risques encourus par les résistants.

3 **Doc 2 et 3.** Expliquez pourquoi et comment la France libre a réuni sous son autorité les Résistances intérieures.

Je dialogue à l'oral

4 Sous la forme de questions-réponses, présentez la Résistance intérieure.

Parcours 2

Je raconte à l'écrit

Conservateur(trice) dans un musée, vous êtes chargé(e) de rédiger un texte qui résume l'exposition « Les Résistances sur le sol français, 1940-1945 » : il s'agit de présenter les engagements des résistants contre l'occupant nazi, leurs actions et les risques encourus.

Aide pour raconter à l'écrit

Leçon

Podcast du cours

La France défaite et occupée : régime de Vichy, collaboration, Résistances (1940-1944)

→ Quelles sont les conséquences de la défaite de 1940 pour la France ?

A Vichy : un régime antirépublicain et collaborateur

1. Le Régime de Vichy, négation de la République

- En **juin 1940**, la France est rapidement **vaincue par l'Allemagne**. Le **maréchal Pétain** est nommé à la tête du gouvernement et signe l'armistice le 22 juin.
- Occupée au Nord, amputée de l'Alsace-Moselle, la France est dirigée depuis la zone dite « libre » par le **gouvernement installé à Vichy**.
- Le 10 juillet, le Parlement vote les pleins pouvoirs à Pétain qui remplace la République par un nouveau régime, « **l'État français** ». Pétain instaure un **régime autoritaire et réactionnaire**. Sa personne fait l'objet d'un **culte de la personnalité.** La **propagande** à son égard met aussi en avant une **idéologie officielle**, la « Révolution nationale » dont la devise est « Travail, famille, patrie ».
- Les libertés sont limitées, les partis et syndicats sont interdits, les médias censurés. Le régime de Vichy est **antisémite**. En octobre 1940, le statut des Juifs organise leur exclusion de la société française.

2. Une soumission à l'Allemagne nazie

- Le maréchal Pétain choisit la collaboration policière, militaire et économique **avec l'Allemagne**. La police de Vichy **rafle les Juifs** dès 1941. Le Service du travail obligatoire (STO) est mis en place en 1943.
- Vichy met ainsi la France au service des nazis et devient le complice du génocide des Juifs.

B Les Résistances et leurs combats

1. Les Résistances intérieures

- Les Résistances sont d'abord le fait d'individus d'une très grande diversité qui refusent tous la soumission à l'Allemagne. Peu nombreux et isolés, ces premiers résistants sont rapidement arrêtés, emprisonnés, déportés ou exécutés. Ceux qui en réchappent entrent dans la **clandestinité**.
- Progressivement, des groupes se structurent dans la clandestinité et forment des **mouvements** comme **Combat** ou **Libération-Sud,** ou bien des **réseaux** de renseignement à destination des Alliés. Leurs actions sont diverses : tracts, sabotages, attentats contre l'occupant, aide à des évadés, création de journaux clandestins...

VOCABULAIRE

- **Armistice :** accord conclu par des pays en guerre pour suspendre les combats.
- **Collaboration :** politique de coopération volontaire en matière politique, économique et policière avec l'Allemagne nazie.
- **Conseil national de la Résistance (CNR) :** institution qui unit les différents mouvements de résistance à partir de 1943.
- **France libre :** ensemble des organisations de Résistance extérieure sous l'autorité du général de Gaulle (Forces françaises libres - FFL).
- **Résistances :** actions menées en France (Résistances intérieures) et dans le monde (France libre) pour lutter contre l'occupation allemande de la France et le régime de Vichy.
- **Révolution nationale :** idéologie du régime de Vichy fondée sur la devise « Travail, famille, patrie » et qui rompt avec les principes républicains de liberté, d'égalité et de fraternité.
- **Service du travail obligatoire (STO) :** réquisition de tous les hommes français de 21 à 23 ans pour travailler en Allemagne.

• À partir de 1943, les effectifs augmentent avec l'arrivée de jeunes qui veulent échapper au **STO**.

2. Les combats politiques de la France libre

• Dans son **appel du 18 juin 1940** prononcé à Londres, le général de Gaulle appelle à la poursuite des combats. Pour lui, la défaite n'est pas définitive car la guerre est mondiale. Il est reconnu comme **chef de la France libre** par les Britanniques.

• Il met alors sur pied une armée de quelques milliers d'hommes, les **Forces françaises libres (FFL)**. Il peut s'appuyer sur le ralliement d'une grande partie de l'Empire colonial français, essentiellement l'**Afrique**. Les **FFL** sont majoritairement composées de soldats coloniaux ou étrangers. Elles participent à des opérations en Afrique du Nord et au Moyen-Orient et montrent ainsi qu'il existe bien une France combattante dans la guerre mondiale.

3. L'unification des Résistances autour du général de Gaulle

• Le général de Gaulle charge **Jean Moulin** d'unifier les mouvements de Résistance. Il crée en 1943 le Conseil national de la Résistance (CNR) afin de **préparer la libération** du pays et la **refondation de la République** (→ chap. 9 p. 170).

• En juin 1944, de Gaulle devient le **chef du Gouvernement provisoire de la République Française (GPRF)** (→ chap. 9 p. 168).

L'HISTOIRE D'UN MOT

Maquis

Région difficile d'accès (forêts, montagnes...) dans laquelle se cachent les résistants pour échapper à la Gestapo et à la milice créée par Vichy. Le mot « maquis » prend alors la signification de groupe de Résistance armée. Les maquis (Vercors, Glières, Morvan) grossissent par l'arrivée des jeunes qui refusent le STO. (→ Carte p. 76).

JE RETIENS AUTREMENT

Défaite de la France

Armistice

Occupation du pays
- Territoire sous occupation nazie, partielle puis totale
- Annexion de l'Alsace-Moselle
- Administration par l'armée allemande

Régime de Vichy
- Régime autoritaire et réactionnaire
- Politique antisémite
- Encadrement et contrôle de la société
- Politique de collaboration

- **Négation de la République**

Refus de l'armistice

Résistance intérieure
- Clandestinité
- Propagande contre Vichy et actions contre l'occupant allemand
- Répression violente contre les résistants

France libre
- De Gaulle (appel du 18 juin 1940)
- Ralliement de l'Empire colonial
- Victoires et débarquement en Afrique du Nord et en France
- Unification politique de la Résistance (CNR)

- **Contribution à la victoire finale avec les Alliés**
- **Refondation de la République**

Réaliser des cartes mémoire

ÉTAPE 1 Je mémorise ma leçon

Je sais situer :
- la demande d'armistice
- l'appel du général de Gaulle
- le régime de Vichy
- le STO
- le CNR

Je sais définir :
- Résistance intérieure
- France libre
- collaboration
- STO
- CNR

Je sais expliquer l'essentiel :
- le régime de Vichy
- les Résistances intérieures
- la France libre

Vérifiez que vous avez mémorisé les mots-clés et les notions à l'aide des exercices p. 89.

ÉTAPE 2 Je réalise mes cartes mémoire

Pour bien mémoriser votre leçon, vous pouvez vous entraîner à répondre à des questions ciblées sur tout le chapitre.

① Sur les cartes, écrivez les deux thèmes :
– 18 juin : l'appel du général de Gaulle
– Les Résistances et leurs combats

② Sous le titre, dessinez ou collez une ou plusieurs illustrations ou photographies appropriées. Légendez-les.

③ Sur le verso de chaque carte, notez les idées essentielles. Vous pouvez le faire sous forme de texte ou de schéma, cela dépend de votre manière d'apprendre.

Les Résistances et leurs combats

18 juin 1940 :
L'appel du général de Gaulle

Les Résistances et leurs combats

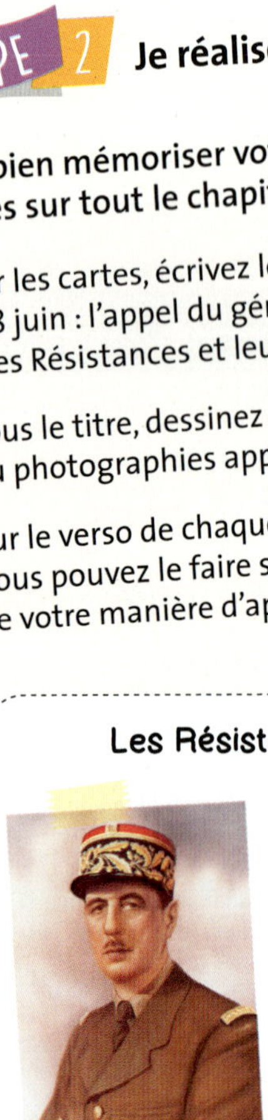

Résistance extérieure : de Gaulle chef de la France Libre, depuis Londres

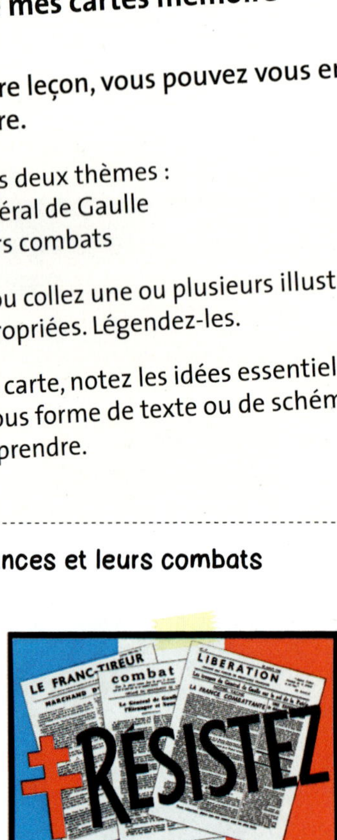

Résistances intérieures : mouvements et réseaux de Résistance en France, en lien avec la France libre

18 juin 1940 :
L'appel du général de Gaulle

→ Les Forces françaises libres (FFL)
Combattants volontaires, Français, soldats des colonies...

→ Les Forces françaises de l'intérieur (FFI)
Union des groupes armés de la Résistance intérieure

→ Le Conseil national de la Résistance (CNR) : 1943

Exercices

Exercices interactifs

EXERCICE 1 Je classe mes connaissances dans un tableau ★

	Noms	Date	Mots-clés	Documents du chapitre
Le régime de Vichy				
La France libre				
Les Résistances intérieures				

EXERCICE 2 J'effectue des choix ★★

Si vous aviez à rédiger un développement construit ayant pour sujet « Le régime de Vichy nie les valeurs républicaines » :

① quelles informations ci-dessous choisiriez-vous pour illustrer ce sujet ?

② quelles connaissances pourriez-vous ajouter ?

a. le statut des Juifs
b. la Résistance intérieure
c. le contrôle des médias
d. un régime démocratique
e. une nouvelle devise
f. la collaboration
g. un régime autoritaire
h. l'État français
i. la Résistance
j. la rafle du Vel'd'Hiv
k. la IIIe République
l. le culte du chef

EXERCICE 3 J'argumente ★★★

À l'aide des informations des documents et de vos connaissances, nommez et expliquez les faits de l'année 1940 évoqués dans chacun des textes.

« Je tourne le bouton du poste radio. L'aiguille est sur Londres. On annonce un appel d'un général français dont le nom m'échappe. Le général demande aux Français de se regrouper autour de lui, de continuer la lutte. »

Agnès Humbert, *Notre Guerre. Souvenirs de Résistance, 1940-1945*, Tallandier, 2004.

a

« À mesure que les Allemands se rapprochent de Paris, l'inquiétude monte... Nous avons enfourché nos bicyclettes en route chez notre oncle en Auvergne à 450 km d'ici. C'était épuisant ! Je suis désespérée, apeurée... lorsque que les avions allemands piquent vers nous, j'abandonne mon vélo, me jette dans un fossé. »

Odile Benoist-Lucy et Michèle Agniel, entretiens avec Sophie Carquain – *Nous étions Résistantes*, Alisio, 2020.

b

La première fois que je l'entends, c'est lorsqu'il dit à la radio : "C'est le cœur serré que je vous dis aujourd'hui qu'il faut cesser le combat." Dès le premier mot, je suis surpris par sa voix chevrotante. Elle ne correspond pas à l'idée que je me fais du chef. Je me précipite vers l'escalier, je monte dans ma chambre pour dissimuler mes larmes. Ainsi la France est morte sans que j'aie combattu ! Comment est-ce possible ?

D'après Daniel Cordier, *Alias Caracalla*, Gallimard, 2009.

c

Brevet

Exercice 1

Rédiger un développement construit

SUJET GUIDÉ

Étape 1 J'analyse le sujet

Au brouillon

Sous la forme d'un développement construit d'une vingtaine de lignes, et en vous appuyant sur des exemples étudiés en classe, décrivez et expliquez les Résistances en France contre le régime de Vichy et l'occupant nazi.

Décrire
Je présente un fait, un personnage, **je raconte.**
Expliquer
J'argumente pour faire **comprendre** ce que je décris.

Qui ? Où ?
Quand ? Comment ?
Pourquoi ? Avec qui ?
Quel résultat ?

Quel contexte en France ?
Qui exerce le pouvoir ?
De quelle manière ?
Quelles relations avec les Résistances ?

Étape 2 Je mobilise et j'organise mes connaissances

Au brouillon

Je mobilise mes connaissances
- **La situation de la France :** p. 76 et 78
- **Le régime de Vichy et l'occupant allemand :** p. 78-81
- **La Résistance intérieure** p. 84 et 85 ; son lien avec la France libre p. 82
- **Leçon :** p. 86-87

Idée n°1: Refuser le régime de Vichy et l'occupant allemand

Je décris	J'explique pourquoi refuser
-Le régime de Vichy	- le rejet d'un gouvernement autoritaire et réactionnaire
-L'occupant allemand	- le refus de la soumission à l'Allemagne nazie

Idée n°2: Résister contre le régime de Vichy et l'occupant allemand

Je décris	J'explique pourquoi et comment résister
- L'organisation de la Résistance intérieure	- Pourquoi des mouvements et des réseaux de Résistance
- Les actions	- Contre qui ? dans quel but ? quels dangers ?
- Le lien avec la France libre	- Pourquoi cette union ?

Étape 3 Je rédige mon développement construit

Sur ma copie

L'introduction : elle présente le sujet en une ou deux phrases

- Pourquoi dès 1940, des Résistances s'organisent-elles en France contre le régime de Vichy et l'occupant nazi ?

- En juin 1940, la France est vaincue par l'Allemagne et le nouveau gouvernement français se soumet à l'occupant nazi. Pourquoi des Français refusent-ils cette situation. ?

La rédaction du développement
Idée n°1

L'État français est antirépublicain... Des Français n'acceptent pas la limitation des libertés ...

L'armée allemande occupe et contrôle le territoire de la France... la France collabore avec l'Allemagne nazie (ex : STO) ...

La suite du développement
Idée n°2

Les résistants se structurent en mouvements (ex :...) sur l'ensemble du territoire...
Les actions des résistants sont diverses (ex :...), et réprimées par l'occupant (ex :...)...
Des relations sont établies avec la France libre (ex :...)... L'objectif est... (rôle de de Gaulle, Jean Moulin ...)...

La conclusion : elle fait le bilan du développement en une ou deux phrases

En 1944, la France est libérée par les Alliés et les Résistances, et le général de Gaulle devient le chef du Gouvernement provisoire de la République française.

Entraînez-vous à l'exercice sur les repères historiques p. 93

Brevet

Exercice 2

Analyser et comprendre un document

SUJET BLANC

La rafle du « Vel' d'Hiv' »

Circulaire de la préfecture de police de Paris ordonnant la rafle du « Vel' d'Hiv' » des 16 et 17 juillet 1942.

À messieurs les commissaires [...].
Paris, le 13 juillet 1942.
Les autorités occupantes ont décidé l'arrestation et le rassemblement d'un certain nombre de Juifs étrangers. [...] [La mesure] concerne tous les Juifs étrangers, quel que soit leur sexe, pourvu qu'ils soient âgés de 16 à 60 ans. Les enfants de moins de 16 ans seront emmenés en même temps que les parents[1]. [...]
Vous constituerez des équipes d'arrestation. Chaque équipe sera composée d'un gardien en tenue et d'un gardien en civil ou d'un inspecteur de Renseignements Généraux ou de la Police Judiciaire. [...]
Les équipes chargées des arrestations devront procéder avec le plus de rapidité possible, sans paroles inutiles et sans commentaire. [...] Des autobus seront mis à disposition. Lorsque vous aurez un contingent suffisant pour remplir un autobus, vous dirigez :
a) Sur le Camp de Drancy les individus ou familles n'ayant pas d'enfant de moins de 16 ans.
b) Sur le Vélodrome d'Hiver : les autres.
En ce qui concerne le Camp de Drancy, le contingent prévu doit être de 6 000. [...]
La garde du Vélodrome d'Hiver sera assurée, tant à l'intérieur qu'à l'extérieur par la gendarmerie de la région parisienne et sous sa responsabilité.
Le directeur de la police municipale, Hennequin.

Archives de la police, sorties à l'occasion d'une exposition organisée par la mairie du IIIe arrondissement de Paris, 2012.

1. En réalité, la rafle s'est portée sur tous les Juifs, français comme étrangers de tout âge.

QUESTIONS

1. **Présentez** la situation de la France en 1942 en vous aidant de l'expression soulignée.
2. **Relevez** dans le texte les mots et groupes de mots qui définissent ce qu'est une rafle.
3. **Identifiez** les personnes qui mettent en œuvre la rafle et les personnes qui en sont les victimes.
4. **Nommez** les valeurs qui sont niées dans le cadre de cette rafle.
5. **Expliquez** comment cette rafle illustre la collaboration de l'État français avec l'occupant.

Réviser le THÈME 1

L'Europe, théâtre majeur des guerres totales (1914-1945)

Définir les notions du thème

À l'aide des connaissances acquises dans les chapitres 1 à 4, complétez la carte mentale qui caractérise l'Europe entre 1914 et 1945.

Carte mentale à imprimer

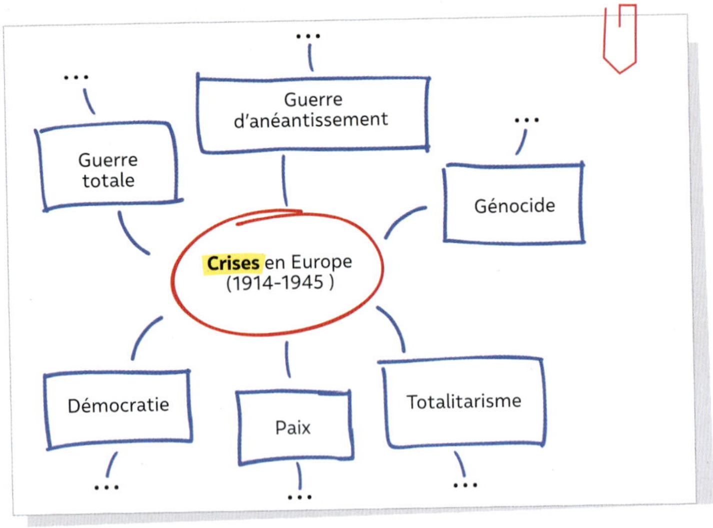

Maîtriser les repères chronologiques du thème

1. Dans chaque cadre bleu, **indiquez l'évènement** auquel correspond la période historique représentée.

2. **Indiquez les dates** de chaque événement en orange, puis reliez chacun de ces événements à l'axe chronologique en les représentant par une croix.

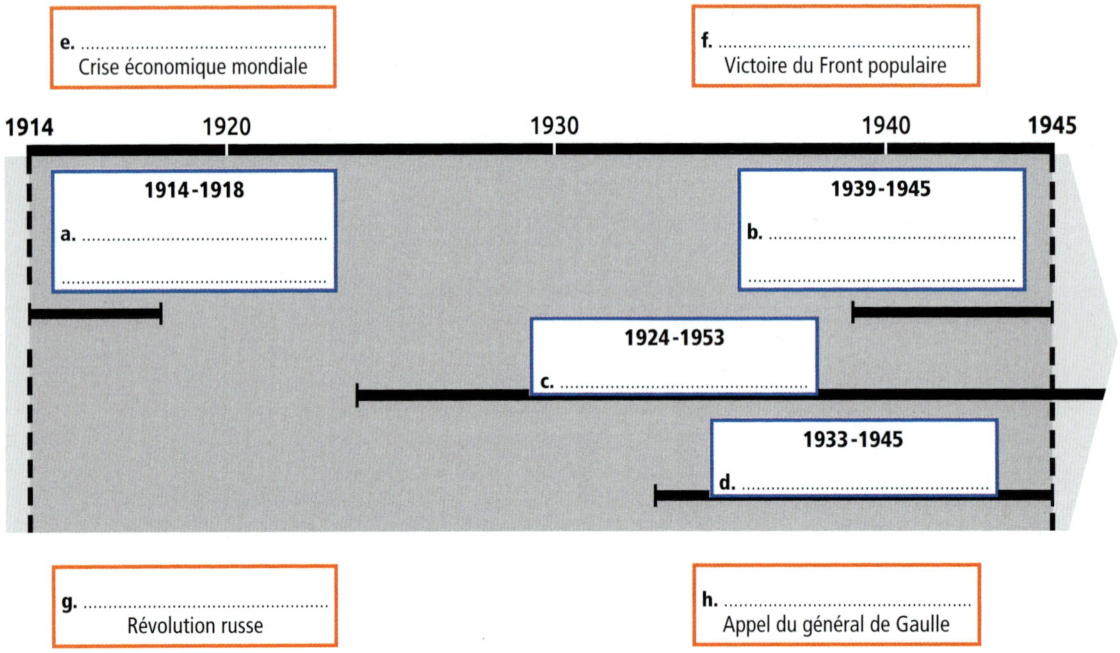

Frise à imprimer

Vers le lycée

Analyser un document

Au lycée, vous poursuivez l'étude de documents. Leur analyse est plus ou moins guidée par des questions, selon la voie choisie : professionnelle, technologique, ou générale.

Doc a.

Les faits

Nous avons pris la côte des Éparges[1]. [...] À cinq heures le bombardement allemand commençait. [...] Nous avons reçu des grenades, des bombes, un tas d'engins infernaux qui affolent les hommes. [...] Nous avons perdu les tranchées conquises. Mais le soir, à quatre heures, nous les occupions de nouveau. [...] Cette guerre est ignoble ; j'ai été pendant quatre jours souillé de terre, de sang. [...] Je suis écœuré, saoul d'horreur. Je sais que je resterai ; il faut que je reste. J'accepte la responsabilité qui m'échoit.

M. Genevoix, *Lettre à Paul Dupuy*, directeur de l'École normale supérieure, 23 février 1915 (Mémorial de Verdun).

1. Région de la Meuse, sur le front de l'Ouest.

Le point de vue de l'auteur

Chapitre 1
Civils et militaires dans la Première Guerre mondiale
> p. 28-29
> p. 32-33

Doc b.

Le point de vue de l'auteur

Ils seront les morts du début, ceux de 14. Il y en aura tellement d'autres ! [...] Puisque la guerre, décidément, s'accroche au monde comme un chancre, qui sait si ne viendra pas un temps où le monde aura pris l'habitude de continuer à vivre avec cette saleté sur lui.

M. Genevoix, *Ceux de 14, Récits écrits entre 1916 et 1923*, Flammarion.

Chapitre 2
Démocratise fragilisées et expériences totalitaires (1919-1939)
> p. 42-45
> p. 50-51

Chapitre 3
La Seconde Guerre mondiale (1939-1945)
> p. 56-73

Parcours 1

Rédiger des réponses courtes à des questions précises

1 **Doc a.** Identifiez l'auteur de ce document et nommez l'évènement dans lequel s'inscrit son récit.

2 **Doc a.** Décrivez le lieu, les faits, le rôle des acteurs dans la situation racontée.

3 **Doc a et b.** À l'aide des informations des documents, définissez la notion de « guerre totale ».

4 **Doc a et b.** Expliquez le point de vue de l'auteur sur cette guerre.

Parcours 2

Rédiger des réponses développées en s'aidant de ses connaissances

1 Identifiez le contexte de ces deux récits.

2 Nommez les personnes impliquées et décrivez leur vécu.

3 Analysez le point de vue l'auteur en montrant qu'il est contradictoire.

4 À l'aide de vos connaissances et du **doc a.**, justifiez la phrase soulignée.

Parcours 3

Rédiger une réponse à une consigne

- En analysant les documents, montrez que Maurice Genevoix, combattant et écrivain de la Grande Guerre, dénonce la guerre.
- L'analyse des documents constitue le cœur de votre travail et nécessite pour être menée la mobilisation de vos connaissances.

THÈME 2
Le monde depuis 1945

BIOGRAPHIE

Léon Herschtritt (1936-2020)

Photographe français, il réalise en 1958 son premier reportage en Algérie, *Les gosses*. En décembre 1961, il se rend à Berlin-Ouest pour témoigner de l'absurdité du « mur » qui sépare des familles entières. En 1963, en mission en Afrique subsaharienne, il réalise des milliers de photos sur la décolonisation.

Diaporama

Noël à Berlin

www.college.nathan.fr/22hg0500

Parcours Arts

Analyse de l'œuvre et préparation à l'oral du brevet

« Noël à Berlin : sur le toit ». Couple saluant par-delà le mur depuis le secteur français (Berlin-Ouest), décembre 1961.

Photographie de Léon Herschtritt.

Chapitre

5 La guerre froide : un monde bipolaire (1947-1991)

→ *Comment s'organisent les relations internationales au temps de la guerre froide ?*

1 L'affrontement entre l'URSS et les États-Unis au lendemain de la guerre

« Duel à têtes d'épingles », caricature de Leslie G. Illingworth publiée dans le journal britannique *Daily Mail* en 1948.

1. Harry Truman, président des États-Unis de 1945 à 1953.
2. Joseph Staline, dirigeant de l'URSS de 1924 à 1953.
3. À cette date, seuls les États-Unis possèdent l'arme atomique.
4. Ruines de Berlin après la Seconde Guerre mondiale.

DANS CE CHAPITRE, DE QUOI VA-T-ON PARLER ?

En analysant les termes du sujet et les documents, je réponds aux questions suivantes :

- Quels mots ou expressions caractérisent la situation du monde après la Seconde Guerre mondiale ?
- Quelle période concernent-ils ?
- Qui s'affronte durant cette période ? Où principalement ?

Vu au chapitre 3

- Les États-Unis et l'URSS sont alliés contre les nazis pendant la Seconde Guerre mondiale.
- L'Europe est libérée par les Alliés, à l'Est par l'URSS, à l'Ouest par les États-Unis et leurs alliés.

2 Berlin et l'Allemagne, au cœur de la confrontation entre l'URSS et les États-Unis

Depuis 1945, Berlin est divisée en deux zones d'occupation, l'une sous contrôle de l'URSS (« l'Ours russe ») et l'autre sous contrôle des Alliés (les drapeaux). Une route relie Berlin à la partie ouest de l'Allemagne, sous contrôle des Alliés.

« Comment fermer la brèche ? », Dessin de Derek Fitzpatrick, paru dans le *Saint-Louis Post Dispatch* (journal américain), juin 1948.

Je me repère

La guerre froide (1947-1991)

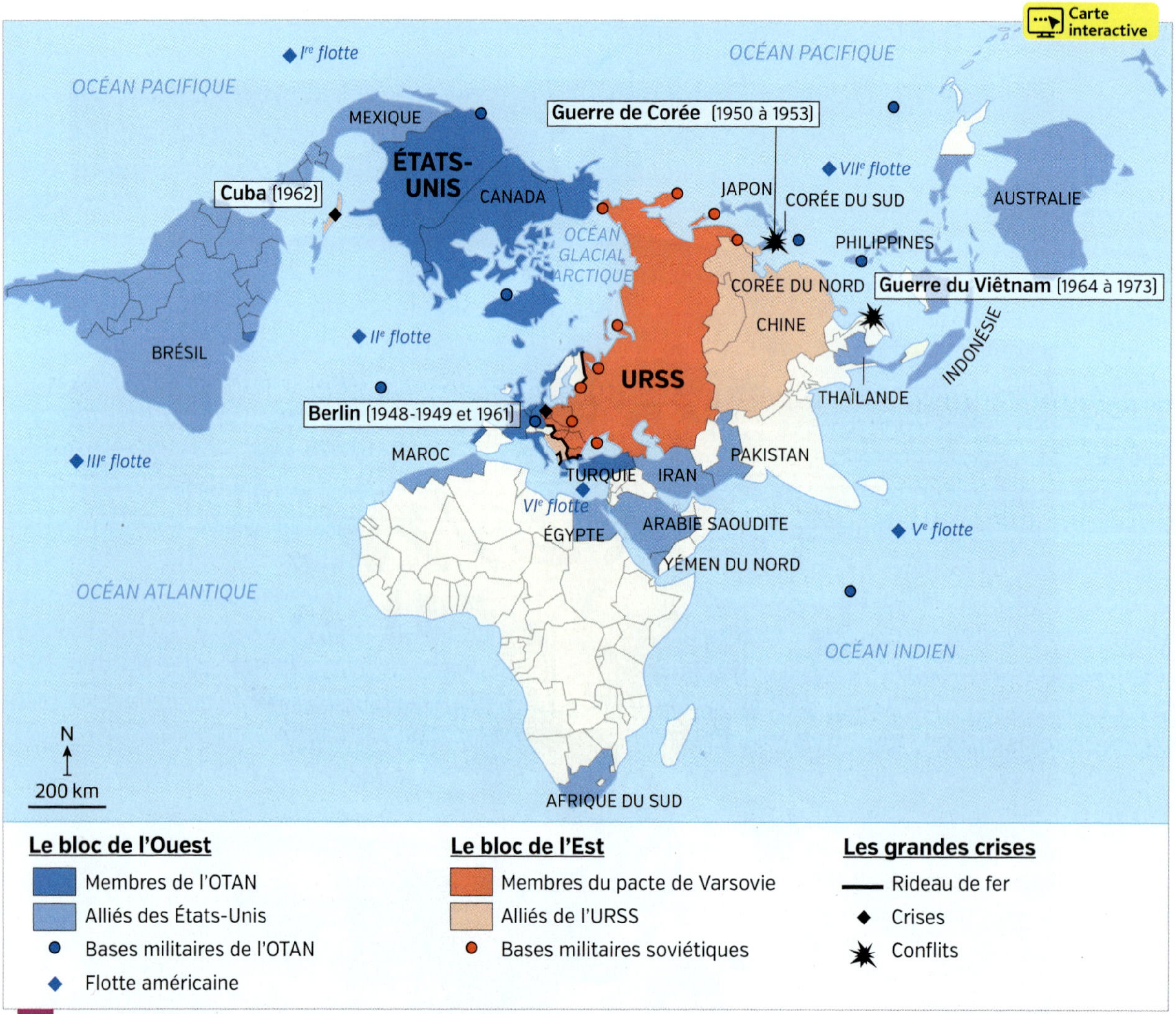

1 Un monde bipolaire (1947 - années 1970)

VOCABULAIRE

- **Plan Marshall** : plan d'aide économique et financière proposé par les États-Unis aux pays européens en 1947. Il est rejeté par l'URSS et ses alliés.
- **RDA (République démocratique allemande), RFA (République fédérale d'Allemagne)** : ce sont les deux pays issus de la partition de l'Allemagne en 1949. La RDA est l'alliée de l'URSS, la RFA des États-Unis.
- **Rideau de fer** : frontière symbolique séparant, à partir de 1946, les pays du bloc de l'Ouest (démocraties libérales) des pays communistes du bloc de l'Est, et coupant ainsi l'Europe en deux jusqu'en 1989.

L'HISTOIRE D'UN MOT

Guerre froide

Cette expression désigne, à partir de 1947, la situation de forte tension, mais sans affrontement direct, entre les États-Unis et l'URSS. Elle désigne aussi la période 1947-1991 où les relations internationales sont dominées par ces deux superpuissances.

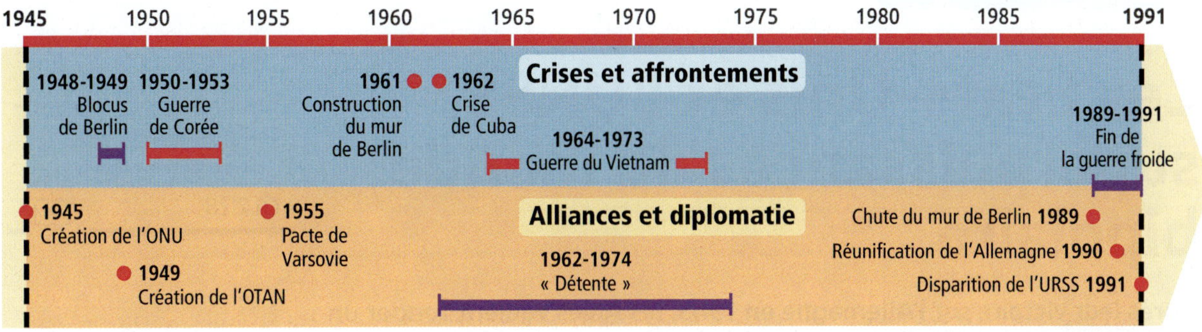

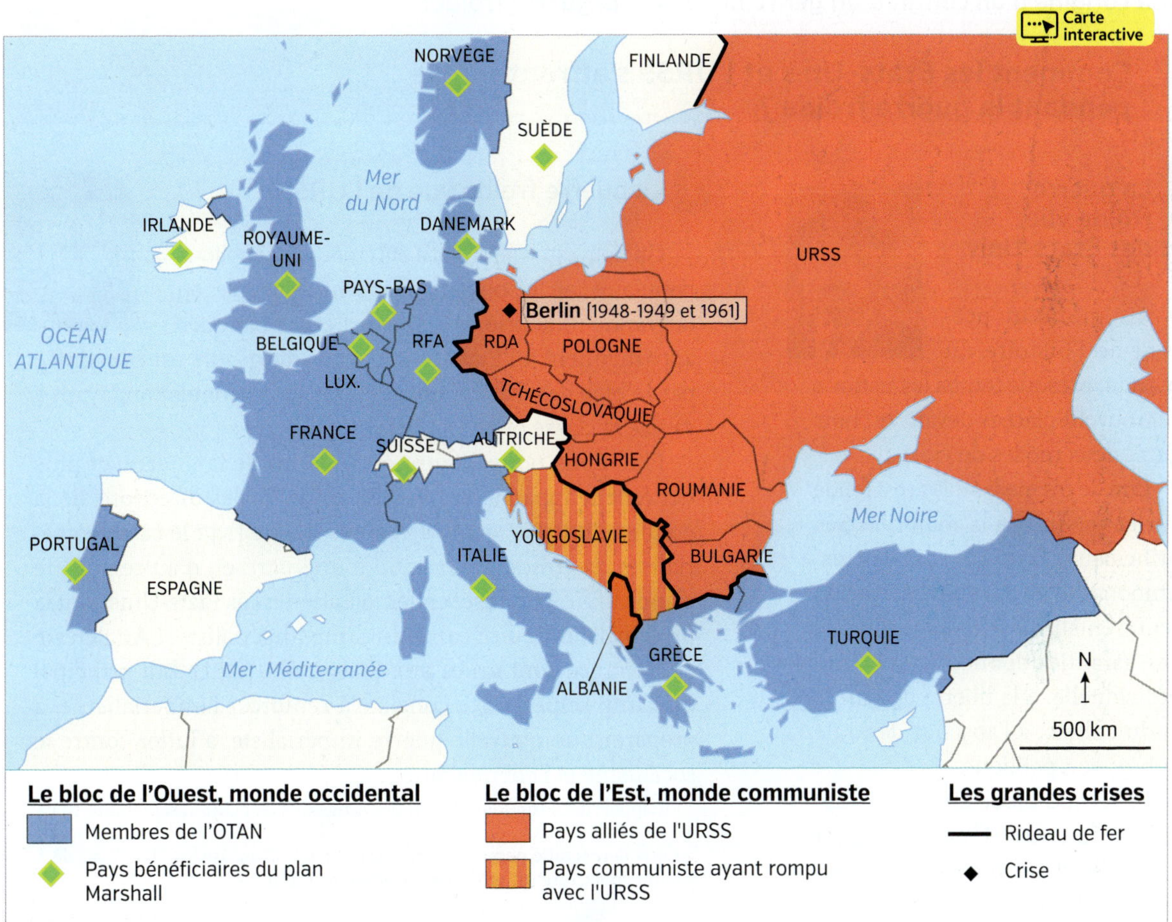

2 L'Europe dans la guerre froide (1947-1989)

LES ACTEURS DE L'HISTOIRE

- **Des chefs d'État :**
  États-Unis :
  Truman (1945-1952),
  Kennedy (1961-1963),
  URSS :
  Staline (jusqu'en 1953),
  Khrouchtchev (1953-1964).
- **Des alliances militaires** : **l'OTAN** réunit les États du « **bloc de l'Ouest** » derrière les États-Unis. Le **pacte de Varsovie** réunit les États du « **bloc de l'Est** » derrière l'URSS.
- **Des agences d'espionnage :** CIA (États-Unis), KGB (URSS).

QUESTIONS

1 **Frise et doc 1.** Nommez les deux États qui s'affrontent au cours de la guerre froide, et indiquez ce qui les oppose.

2 **Doc 1 et 2.** Situez et définissez les deux parties du monde qui s'opposent pendant la guerre froide.

3 **Frise, doc 1 et 2.** Citez et datez les crises de la guerre froide, ainsi que la fin celle-ci.

Je découvre

Les États-Unis et l'URSS, superpuissances du monde bipolaire

Vidéo
Les tensions américano-soviétiques en 1948
college.nathan.fr/22hg0501
2'28

Après leur victoire sur l'Allemagne en 1945, les Alliés veulent fonder un nouvel ordre mondial, plus sûr. Mais les États-Unis et l'URSS défendent des idéologies opposées, et leur rivalité pour la domination du monde est à l'origine d'un conflit d'un genre nouveau : la guerre froide.

→ Comment les États-Unis et l'URSS s'affrontent-ils pendant la guerre froide ?

1 La guerre froide vue des États-Unis

Au moment présent de l'histoire du monde, presque toutes les nations se trouvent placées devant le choix entre deux modes de vie. [...]

L'un de ces modes de vie est fondé sur la volonté de la majorité. Ses principaux caractères sont des institutions libres, des gouvernements représentatifs, des élections libres, des garanties données à la liberté individuelle, à la liberté de parole et du culte et à l'absence de toute oppression politique.

Le second mode de vie [...] s'appuie sur la terreur et l'oppression, sur une radio et une presse contrôlées, sur des élections dirigées et sur la suppression de la liberté personnelle.

Je crois que les États-Unis doivent pratiquer une politique d'aide aux peuples libres [...]. Je crois que notre aide doit se manifester en tout premier lieu sous la forme d'une assistance économique et financière [c'est le plan Marshall].

Discours du président américain Harry Truman, 12 mars 1947.

2 La guerre froide vue de l'URSS

Un nouveau type d'État a été créé : la République populaire[1], où le pouvoir appartient au peuple, où la grande industrie, le transport et les banques appartiennent à l'État et où la force dirigeante est constituée par le bloc des classes travailleuses de la population, ayant à sa tête la classe ouvrière. [...]

Plus nous nous éloignons de la fin de la guerre, et plus nettement apparaissent les deux principales directions de la politique internationale de l'après-guerre [...] : le camp impérialiste[2] et antidémocratique d'une part, et, d'autre part, le camp anti-impérialiste et démocratique. Les États-Unis sont la principale force dirigeante du camp impérialiste. L'Angleterre et la France sont unies aux États-Unis. [...] Le but principal du camp impérialiste consiste à renforcer l'impérialisme, à préparer une nouvelle guerre impérialiste, à lutter contre le socialisme et la démocratie.

Rapport d'Andreï Jdanov, l'un des dirigeants de l'URSS, septembre 1947.

1. Ou « démocratie populaire » (p. 94). 2. L'URSS accuse les États-Unis de vouloir construire un empire économique en Europe.

3 La guerre du Vietnam

1964-1973 : intervention militaire des États-Unis pour empêcher les communistes du Nord-Vietnam de s'emparer du Sud-Vietnam et de réunifier le pays sous leur autorité. C'est un échec.

Tomi Ungerer, encre de Chine et lavis couleur sur papier, musée Tomi Ungerer-Centre international de l'illustration, Strasbourg, 1967.

L'arme de la dissuasion nucléaire

- **1945** Les États-Unis seuls détenteurs de l'arme nucléaire.
- **1949** L'URSS détentrice d'une bombe A.
- **1952** Les États-Unis détenteurs d'une bombe H, 100 fois plus puissante que la bombe A.
- **1954** À son tour, l'URSS se dote de la bombe H.
- **1957** Premiers satellites artificiels lancés dans l'espace par l'URSS (Spoutnik I et II), capables de lancer des missiles sur les États-Unis.
- **1958** Premier satellite artificiel lancé dans l'espace par les États-Unis.
- **1963** Crise de Cuba (voir p. 102).
- **1972 et 1979** Accords SALT entre les États-Unis et l'URSS : limitation des arsenaux nucléaires.

3 La conquête spatiale, enjeu de la guerre froide

Mission américaine Apollo 11. En 1969, Buzz Aldrin et Neil Armstrong sont les premiers êtres humains à marcher sur la Lune.

INFO

En 1961, le russe Youri Gagarine est le premier être humain à effectuer un vol dans l'espace.

En 1966, la sonde spatiale soviétique Luna-9 envoie ses premières images de la Lune : « Nous ne lâcherons pas la Lune aux Américains » (N. Khrouchtchev).

Activités

Parcours 1

▸ Je comprends le sens général des documents

1 **Doc 1 et 2.** Expliquez ce que Truman reproche au bloc de l'Est, puis ce que Jdanov reproche au bloc de l'Ouest.

2 **Doc 3, 4 et chronologie.** Citez trois manières par lesquelles les États-Unis et l'URSS s'affrontent pendant la guerre froide.

3 **Chronologie.** Expliquez comment se manifeste la rivalité dans le domaine nucléaire entre les États-Unis et l'URSS, et quel sens vous donnez à l'expression « dissuasion nucléaire ».

▸ Je réalise une production graphique

4 Réalisez une carte mentale qui présente les différentes manières par lesquelles s'affrontent les États-Unis et l'URSS pendant la guerre froide : idéologique, militaire, technologique.

Aide à la réalisation de la carte mentale

Parcours 2

▸ Je rédige un récit historique

À l'aide des documents, vous rédigez un récit qui définit la guerre froide en montrant qu'elle est :

– un affrontement idéologique,

– une compétition militaire,

– une rivalité technologique.

Votre récit mentionnera les lieux et les dates de la guerre froide.

Aide à la construction du récit historique

Je découvre

La crise de Cuba (1962)

En 1959, Fidel Castro s'empare du pouvoir à Cuba et met en place un régime communiste, proche de celui de l'URSS qui lui apporte son soutien. En octobre 1962, des missiles nucléaires soviétiques capables de frapper les États-Unis sont implantés sur l'île. La réaction américaine est immédiate et le monde tremble dans la crainte d'une guerre atomique.

Vidéo
La crise des missiles de Cuba
college.nathan.fr/22hg0502
5 min

→ **Pourquoi la crise de Cuba est-elle un moment de tension extrême pendant la guerre froide ?**

1 La crise de Cuba

Au cours de la dernière semaine, nous avons eu des preuves incontestables de la construction de plusieurs bases de fusées dans cette île opprimée. [...]

J'ai donné des instructions pour que soient prises immédiatement les mesures initiales suivantes :

• [...] Une stricte quarantaine[1] sera appliquée sur tout l'équipement militaire offensif à destination de Cuba [...].

• Les États-Unis auront pour politique de considérer tout lancement d'un engin nucléaire à partir de Cuba contre une nation quelconque du continent américain comme une attaque de l'Union soviétique contre les États-Unis, attaque exigeant une riposte sur une grande échelle contre l'Union soviétique [...].

• Conformément à la charte des Nations unies, nous demandons ce soir une réunion d'urgence du Conseil de sécurité[2] [...].

• Je fais appel à M. Khrouchtchev afin qu'il mette fin à cette menace [...]. Je lui demande d'abandonner cette politique de domination mondiale et de participer à un effort historique en vue de mettre fin à une périlleuse course aux armements et de transformer l'histoire de l'Homme.

Discours du président américain John F. Kennedy, 22 octobre 1962.

1. Le blocus. 2. De l'ONU.

VOCABULAIRE

• **Blocus** : isolement d'un territoire en coupant toute communication et tout ravitaillement venus de l'extérieur.

2 Les États-Unis menacés par des missiles soviétiques

3 Le bras de fer entre l'URSS et les États-Unis

« D'accord, monsieur le Président, discutons », caricature de Leslie G. Illingworth, *Daily Mail*, 29 octobre 1962.

(1) Nikita Khrouchtchev, dirigeant de l'URSS de 1953 à 1964.

(2) John F. Kennedy, président des États-Unis de 1961 à 1963.

(3) Bombes nucléaires.

4 Vers la « détente » (28 octobre 1962)

Lettre de Khrouchtchev à Kennedy.

Nous serions heureux de poursuivre notre échange de vues sur l'interdiction des armes atomiques et thermonucléaires, sur le désarmement[1] général et autres problèmes visant à la détente internationale.

Lettre de Kennedy à Khrouchtchev.

Je crois comme vous que nous devons consacrer de toute urgence notre attention au problème du désarmement.

Robert Kennedy (frère du président Kennedy), *13 jours. La crise des missiles de Cuba*, Grasset et Fasquelle, 2001.

1. Novembre 1962 : les missiles nucléaires soviétiques sont démontés à Cuba.

4 La résolution du conflit vue par N. Khrouchtchev

Le président Kennedy, dans un ultimatum, exigea que nous retirions les fusées et les bombardiers amenés à Cuba. [...] Je compris qu'il devenait urgent de reconsidérer notre position. Camarades, dis-je, il nous faut trouver un moyen de sortir de ce conflit sans nous humilier. En même temps, bien sûr, nous devons prendre garde à ne pas compromettre la situation de Cuba[1].

Une note fut envoyée aux Américains dans laquelle nous nous déclarions prêts à évacuer les fusées et les bombardiers si le président nous donnait l'assurance que Cuba ne ferait l'objet d'aucune invasion de la part des États-Unis ou de tout autre pays. Finalement, Kennedy céda et accepta de faire une déclaration dans laquelle il prenait cet engagement.

Jean-Pierre Vivet, *Les Mémoires de l'Europe. L'Europe moderne*, Robert Laffont, 1973.

1. C'est-à-dire préserver le régime communiste de Fidel Castro, allié de l'URSS.

Activités

Parcours 1

J'analyse des documents de manière critique

1 **Doc 1 et 2.** Présentez l'événement qui déclenche le blocus de l'île de Cuba par les États-Unis.

2 **Doc 1 à 5.** Expliquez pourquoi cette crise fait courir un risque de guerre nucléaire au monde entier.

3 **Doc 4 et 5.** Indiquez à quoi s'engagent les Soviétiques et les Américains afin de mettre fin à leur conflit.

J'argumente à l'oral

4 Vous réalisez un exposé oral qui explique en quoi la crise de Cuba est un moment de tension extrême pendant la guerre froide.

Aide à la réalisation de l'exposé

Parcours 2

Je réalise un tableau explicatif

Pourquoi la crise de Cuba est-elle un moment de tension extrême pendant la guerre froide ?

À l'aide des documents, complétez le tableau ci-dessous.

Pourquoi la crise de Cuba se déclenche-t-elle ?	Quels arguments montrent la tension extrême entre les États-Unis et l'URSS ?	Comment la crise de Cuba est-elle résolue ?

Aide pour compléter un tableau explicatif

Je découvre

TÂCHE COMPLEXE

VOCABULAIRE p. 108

Berlin, symbole de la guerre froide (1945-1990)

Vidéo
La chute du mur de Berlin
college.nathan.fr/22hg0503

ENQUÊTE *Construire une frise chronologique*

À l'occasion de l'anniversaire de la chute du mur de Berlin le 9 novembre, vous réalisez une frise chronologique illustrée et commentée, qui montre que l'Allemagne et Berlin sont au cœur de la guerre froide.

▸ Pratiquer différents langages

Coups de pouce

Vous pouvez diviser votre travail en trois étapes :
- Choisir les dates essentielles montrant que Berlin est au cœur de la guerre froide.
- Commenter et justifier brièvement le choix de ces dates.
- Associer chaque date à une illustration choisie dans les documents du chapitre.

Guidage pour la réalisation de la tâche

Le blocus de Berlin

1948	Fusion des 13 zones de l'Ouest en vue de créer un État.
1948-1949	Réaction de l'URSS : blocus des routes d'accès à Berlin. Riposte des États-Unis : pont aérien pour ravitailler Berlin-Ouest.
1949	Levée du blocus par l'URSS. Création de la RFA (République fédérale d'Allemagne) et de la RDA (République démocratique allemande).

Carte interactive

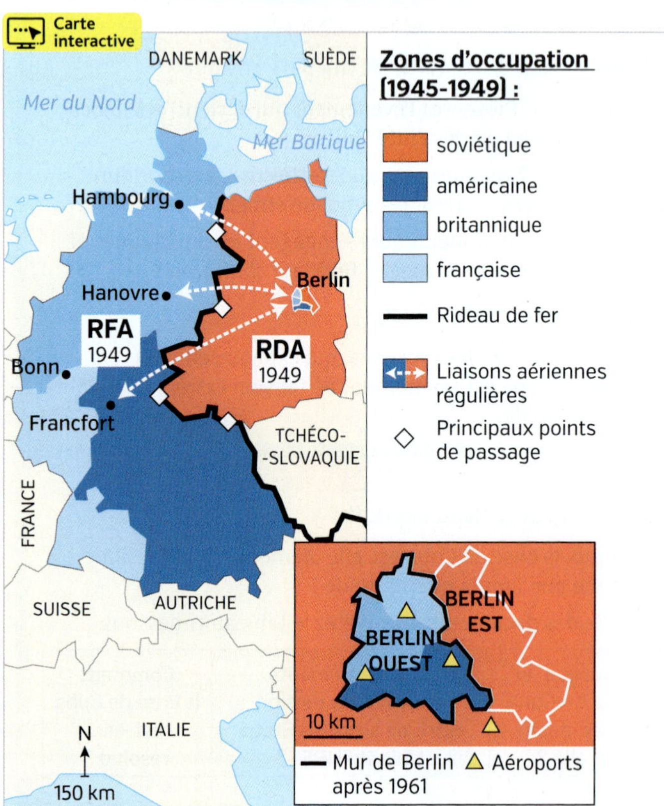

1 Berlin et l'Allemagne après 1945

2 1961, la construction du mur de Berlin

Les Berlinois de l'Ouest découvrent le mur, construit dans la nuit du 12 au 13 août 1961.
(1) Berlin-Ouest (RFA): mise en place du poste-frontière «Check-point Charlie» (secteur américain)
(2) Berlin-Est (RDA): secteur soviétique

3 1963, discours de Kennedy à Berlin-Ouest

Il ne manque pas de personnes au monde qui ne veulent pas comprendre ou qui prétendent ne pas vouloir comprendre quel est le litige entre le communisme et le monde libre. Qu'elles viennent donc à Berlin. D'autres prétendent que le communisme est l'arme de l'avenir. Qu'ils viennent eux aussi à Berlin [...].

Notre liberté éprouve certes beaucoup de difficultés et notre démocratie n'est pas parfaite. Cependant nous n'avons jamais eu besoin, nous, d'ériger un mur pour empêcher notre peuple de s'enfuir. [...] Le mur fournit la démonstration éclatante de la faillite du système communiste. Cette faillite est visible aux yeux du monde entier. Nous n'éprouvons aucune satisfaction en voyant ce mur, car il constitue à nos yeux une offense non seulement à l'histoire mais encore une offense à l'humanité. [...]

Tous les Hommes libres, où qu'ils vivent, sont citoyens de cette ville de Berlin-Ouest et, pour cette raison, en ma qualité d'homme libre, je dis : « *Ich bin ein Berliner* ».

Discours du président américain John F. Kennedy à Berlin-Ouest, 26 juin 1963.

4 La chute du mur de Berlin, un « événement immense » ?

Parole d'historien

Au moment précis, dans la nuit du 9 au 10 novembre 1989, où s'ouvre le mur qui sépare Berlin-Est de Berlin-Ouest, un formidable symbole s'écroule : l'incarnation [...] de la coupure qui déchire l'Europe en deux et fige un monde bipolaire. [...] Le regard s'étonne, dès l'instant de cet épisode inouï, de découvrir non pas seulement qu'il surgit et s'accomplit sans massacre, mais qu'il n'est marqué par aucune violence physique. [...] Tout Berlin-Est s'allume et marche vers les pierres et les barbelés, vers cette ligne tant haïe que franchissent des milliers de piétons émus et incrédules. [...] La guerre froide est finie. Il ne faudra plus que quelques mois pour que l'évidence s'en impose.

« La chute du mur de Berlin », de J.-N. Jeanneney, publié dans *L'Histoire* n° 487 (septembre 2002), p.54-55

Jean-Noël Jeanneney, historien et universitaire.

college.nathan.fr/22hg0504

CHIFFRES CLÉS

155 km **longueur du mur** [dont 43 km entre Berlin-Est et Berlin-Ouest]

Environ 5 000 évasions réussies

3,60 m **hauteur** maximale du mur

14 000 **gardes-frontières**

136 fugitifs abattus (chiffre incertain)

5 La chute du mur de Berlin (9 novembre 1989)

Les outils de l'historien p. 14

Comment le « combat des propagandes » a-t-il contribué à écrire l'histoire de la guerre froide ?

Au cœur de la guerre idéologique que se livrent les États-Unis et l'URSS, les médias sont un outil de propagande particulièrement efficace. Une véritable « guerre » des images, de la radio et du cinéma, dont le but est de s'assurer le soutien des populations et de susciter le rejet de l'ennemi.

1 LA VISION DE L'URSS SUR LES ÉTATS-UNIS

Affiche soviétique de propagande, 1960.
« Aux États-Unis, l'abondance seulement pour les riches. En URSS, nous veillons à l'abondance pour tous. »

2 L'USAGE DES MÉDIAS DE MASSE

Les États-Unis et l'Union soviétique ont intensivement utilisé la propagande durant la guerre froide, principalement par le biais des médias de masse (cinéma, télévision et radio), dans le but d'étendre au maximum leur zone d'influence [...], de s'assurer le soutien des populations et susciter le rejet, voire la haine de l'ennemi. [...]

D'un côté comme de l'autre, des journalistes, des écrivains, des artistes, des savants, des cinéastes furent mobilisés. [...] Le moyen privilégié pour « approcher les masses » était la radio : les ondes radiophoniques étaient assez facilement accessibles par de nombreux pays dans le monde ; acheter une radio était abordable à un grand nombre de foyers [...].

Parmi les moyens d'information financés par le gouvernement soviétique : Radio Moscou, Radio Paix et Progrès, l'Agence télégraphique TASS, l'agence de presse Novosti, etc. Du côté américain, Voice of America, Radio Free Europe et Radio Liberty. Voice of America prit le relais pour diffuser en Europe du jazz, puis du rock'n roll. L'impact fut immense.

Charlotte Lepri (chercheuse à l'IRIS), *De l'usage des médias à des fins de propagande pendant la guerre froide*, *Revue internationale et stratégique*, IRIS Éditions, n° 78, février 2010.

3 LA VISION DES ÉTATS-UNIS SUR L'URSS

Le champion de boxe américain Rocky Balboa sort vainqueur du combat contre Ivan Drago, boxeur géant entraîné et dopé par l'URSS.

Affiche du film *Rocky IV*, 1985.

La femme de Drago aux Américains :
Vous avez l'intime conviction que vous êtes mieux que nous, [...] que votre pays est tellement bon, et le nôtre, tellement mauvais.

Le représentant de l'URSS :
Tout ça, c'est de la fausse propagande, pour soutenir votre gouvernement violent.

Pauly, beau-frère de Rocky :
Oh, la violence, c'est tout de même pas mon peuple qui a bâti le mur de Berlin, non ?

Extraits du film *Rocky IV*, 1985.

Activités

J'analyse les documents Doc 1 à 3

1 Définissez la source de ces documents (nature, auteur, contexte, date, destinataire).

2 Confrontez les sujets développés dans ces documents :

a. Par quels moyens les États-Unis et l'URSS s'affrontent-ils ?

b. Quels sont leurs objectifs ?

c. Pourquoi pensent-ils les atteindre ?

Je comprends le travail de l'historien

3 Pourquoi ces documents contribuent-ils à écrire l'histoire de la guerre froide ? Sont-ils suffisants ?

4 Comment Pierre Grosser s'empare-t-il des médias au temps de la guerre froide, pour faire son métier d'historien ?

Aide pour l'argumentation

LE POINT DE VUE DE *l'historien*

4 ENTRETIEN AVEC ...

Pierre Grosser
Historien, chercheur et professeur au Centre d'Histoire de Sciences Po Paris, spécialiste de l'histoire de la guerre froide et des relations internationales.

college.nathan.fr/22hg0505

« La guerre froide fonctionna comme la continuation de la Seconde Guerre mondiale... avec ses propagandes de masse. Elles se jouaient autant dans un championnat du monde d'échecs que dans le contenu et les destinations d'un spectacle de ballet [...]. Un tunnel fut creusé à Berlin par les Américains, pour « écouter » en zone soviétique : les Soviétiques et les Est-Allemands le découvrent en avril 1956 et en font un instrument de propagande anti-américaine. »

Pierre Grosser, *La Guerre froide*, La Documentation photographique n° 8055, 2007.

Leçon

Podcast du cours

La guerre froide, un monde bipolaire (1947-1991)

→ Comment s'organisent les relations internationales au temps de la guerre froide ?

A Aux origines de la guerre froide

1. Deux puissances, deux idéologies

- Dès la fin de la Seconde Guerre mondiale, des **tensions** apparaissent entre les États-Unis et l'URSS, les deux grands vainqueurs. Chacun cherche à étendre sa zone d'influence. Leurs **idéologies** sont incompatibles : **démocratie libérale et capitalisme** pour les États-Unis, **communisme** pour l'URSS.

2. Le début de la guerre froide

- Après-guerre, l'URSS dirigée par **Staline** impose des dictatures communistes dans les pays d'Europe de l'Est. On parle alors d'un « rideau de fer » qui coupe l'Europe en deux.

- En 1947, le président des États-Unis, **Harry Truman**, critique la volonté d'expansion du communisme. Afin de la contrer, notamment en Europe, il propose le plan Marshall, une aide aux États pour se reconstruire. L'URSS de Staline dénonce la volonté des États-Unis de dominer économiquement le monde.

B Deux blocs rivaux

1. La création d'un monde bipolaire

- Deux blocs d'alliances opposées s'organisent : le **bloc de l'Ouest**, derrière les États-Unis, dont les membres sont alliés militairement dans l'OTAN, et le **bloc de l'Est**, derrière l'URSS, dont les membres sont unis par le pacte de Varsovie.

- Le but de chaque camp est de consolider sa zone d'influence et d'empêcher l'extension du camp opposé. Pourtant, en 1949, le bloc de l'Est se renforce avec l'arrivée au pouvoir du communiste Mao Zedong en Chine.

- En 1961, la construction du **mur de Berlin** est le symbole de ce monde bipolaire.

2. L'« équilibre de la terreur »

- En 1945, les États-Unis disposent de l'arme atomique. En 1949, l'URSS se dote à son tour de l'arme atomique. Grâce à la dissuasion nucléaire, le conflit n'éclate jamais directement entre les deux grandes puissances, au risque de voir leurs territoires entièrement détruits.

3. Compétition et propagande pendant la guerre froide

- Les États-Unis et l'URSS rivalisent dans tous les domaines. Ils mènent une **guerre idéologique et culturelle** (radio, cinéma, télévision, BD, etc.).

VOCABULAIRE

- **Dissuasion nucléaire :** doctrine qui part du principe qu'une guerre nucléaire provoquerait la destruction totale des deux camps.
- **Monde bipolaire :** expression qui permet de décrire l'état du monde au temps de la guerre froide.
- **OTAN :** (organisation du traité de l'Atlantique Nord) alliance militaire défensive, créée en 1949, regroupant autour des États-Unis leurs alliés du bloc de l'Ouest (Canada et Europe occidentale).
- **Pacte de Varsovie :** alliance militaire créée en 1955 regroupant autour de l'URSS ses alliés d'Europe centrale et orientale (bloc de l'Est).
- **Plan Marshall :** plan d'aide économique et financière proposé par les États-Unis aux pays européens en 1947. Il est rejeté par l'URSS et ses alliés.
- **Rideau de fer :** frontière symbolique séparant, à partir de 1946, les pays européens du bloc de l'Ouest (démocraties libérales) des pays communistes du bloc de l'Est, et coupant ainsi l'Europe en deux jusqu'en 1989.

La conquête spatiale est utilisée comme un **outil de propagande**. En 1961, les Soviétiques envoient le premier homme dans l'espace, mais en 1969, ce sont les Américains qui marchent sur la Lune.

C Crises et tensions pendant la guerre froide

1. Les crises de la guerre froide

- Si l'URSS et les États-Unis ne s'affrontent pas directement, il existe entre eux de nombreuses **crises et guerres locales**. Entre 1950 et 1953, les deux puissances se combattent indirectement en Corée. En 1962, la crise de **Cuba,** qui oppose **J.-F. Kennedy** à N. **Khrouchtchev** met le monde au bord d'une guerre mondiale nucléaire.

2. La Détente

- Après la crise de Cuba, Kennedy et Khrouchtchev comprennent la nécessité de renforcer le dialogue entre les deux blocs. S'ensuit une période de « **Détente** » qui n'exclut cependant pas des conflits indirects, comme l'intervention américaine au Vietnam entre 1964 et 1973, contre l'avancée du communisme.

3. La fin de la guerre froide

- Au milieu des années 1980, l'URSS est épuisée économiquement par la course à l'armement.
- La guerre froide se termine avec la **chute du mur de Berlin** en 1989, suivie par la **réunification allemande**. En 1991, **l'URSS disparaît**.

BIOGRAPHIE

Harry Truman (1884-1972)
Président des États-Unis de 1945 à 1953.

BIOGRAPHIE

John Fitzgerald Kennedy (1917-1963)
Président des États-Unis de 1961 à 1963.

BIOGRAPHIE

Nikita Khrouchtchev (1894-1971)
Principal dirigeant de l'URSS de 1953 à 1964.

JE RETIENS AUTREMENT

La guerre froide : un monde bipolaire (1947-1991)

Bloc occidental
Dominé par les **États-Unis**
- Démocratie libérale et capitalisme
- Plan Marshall (1947)
- OTAN (1949)

« Équilibre de la terreur »

Bloc soviétique
Dominé par l'**URSS**
- Communisme
- Pacte de Varsovie (1955)

Des affrontements indirects
- **Guerre de Corée** (1950-1953)
- **Mur de Berlin** (1961-1989)
- **Crise de Cuba** (1962)

La fin de la guerre froide (1989-1991)
- **Effondrement du bloc soviétique** : chute du mur de Berlin (1989) ; disparition de l'URSS (1991)
- **Les États-Unis sortent vainqueurs de la guerre froide**

Apprendre à apprendre

Formuler des questions-réponses

ÉTAPE 1 Je mémorise ma leçon

Je sais situer :
- Le début et la fin de la guerre froide
- La construction et la chute du mur de Berlin
- La crise de Cuba
- Berlin
- Le rideau de fer

Je sais définir :
- Monde bipolaire
- Rideau de fer
- Dissuasion nucléaire
- Plan Marshall
- OTAN

Je sais expliquer l'essentiel :
- Guerre froide
- Affrontements entre les deux grandes puissances
- Berlin et l'Allemagne au cœur de la guerre froide

Vérifiez que vous avez mémorisé les mots-clés et les notions à l'aide des exercices p. 111.

ÉTAPE 2 Pour mémoriser ma leçon, je reformule en m'enregistrant

Vous allez travailler en binôme pour vous interroger mutuellement.
Vous jouerez successivement les rôles d'« interrogateur » et d'« interrogé ».

① **Quelles sont les missions de « l'interrogateur » ?**
- Il pose une question et connaît les éléments de réponse.
- Il évalue, d'une à cinq étoiles, la qualité de la réponse de l'« interrogé ».

② **Quelles sont les missions de « l'interrogé » ?**
- Il enregistre sa réponse.
- Il inclut dans sa réponse au moins un élément de chacun des post-it (étape 1). Plus il y a d'éléments, plus la réponse est de qualité.
- Il explique les éléments choisis, avec clarté et de manière compréhensible, en soignant son expression orale.
- En fonction de son évaluation, il retravaille les éléments insuffisamment acquis.

→ Les élèves passent tour à tour du rôle d'interrogateur à celui d'interrogé.

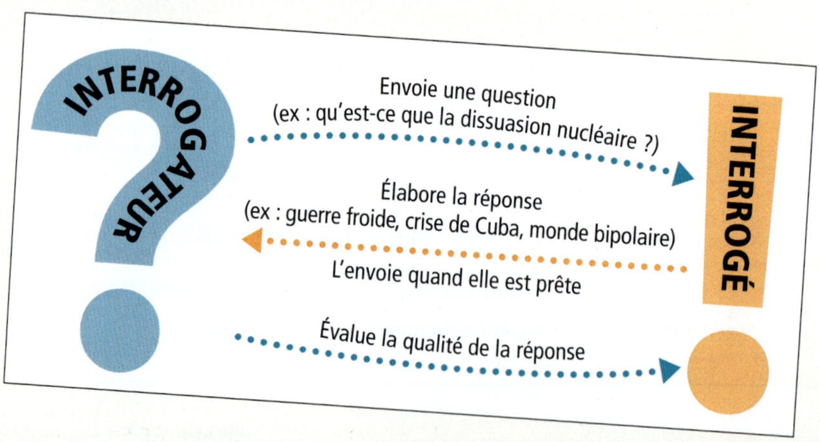

Exercices

Exercices interactifs

EXERCICE 1 Je me repère dans le temps et dans l'espace ★

À l'aide de vos connaissances, indiquez la (ou les) bonne(s) réponse(s), et justifiez-les.

① Les conflits de la guerre froide se situent :
- a. aux États-Unis
- b. en Allemagne
- c. en Asie

② La frontière qui sépare l'Europe en deux pendant la guerre froide s'appelle :
- a. le mur de Berlin
- b. le rideau de fer
- c. la ligne Marshall

③ Le mur de Berlin a été construit en :
- a. 1947
- b. 1961
- c. 1989

④ Le mur de Berlin chute en :
- a. 1989
- b. 1990
- c. 1991

EXERCICE 2 Je classe le vocabulaire d'un sujet étudié ★★

Complétez le tableau du monde bipolaire avec les mots de la liste ci-dessous.

a. capitalisme — b. premier homme sur la Lune — c. pacte de Varsovie — d. RFA — e. communisme — f. premier homme dans l'espace — g. Cuba — h. plan Marshall — i. OTAN — j. RDA — k. bombe A — l. bombe H — m. Berlin-Ouest — n. Berlin-Est — o. démocratie libérale

Bloc de l'Ouest	Bloc de l'Est

EXERCICE 3 J'explique un document à l'aide de mes connaissances ★★★

Expliquez dans un paragraphe rédigé, puis à l'oral, l'événement illustré par cette photographie :
- Décrivez l'image : qu'est-ce que vous voyez ?
- Contextualisez l'image : qu'est-ce que vous savez ?
- Interprètez l'image : qu'est-ce que vous en déduisez au sujet des conséquences de l'événement évoqué ?

Brevet

Exercice 1

Rédiger un développement construit

SUJET GUIDÉ

Étape 1 **J'analyse le sujet**

Au brouillon

Sous la forme d'un développement construit d'une vingtaine de lignes, et en vous appuyant sur des exemples étudiés en classe, montrez comment deux blocs s'opposent et s'affrontent pendant la guerre froide.

- pendant la guerre froide → Quelles sont les bornes chronologiques du sujet ?
- montrez → Décrire et expliquer avec des arguments.
- deux blocs → Définir précisément cette expression.
- s'opposent et s'affrontent → Ces deux termes signifient que l'opposition n'est pas uniquement un affrontement militaire.

Étape 2 **Je mobilise et j'organise mes connaissances**

Au brouillon

Je mobilise mes connaissances
- **Un monde bipolaire :** p. 98-101
- **Les crises :** Cuba p. 102-103, Berlin p. 104-105
- **Un affrontement culturel et technologique :** p. 101, 106-107
- **Leçon :** p. 108-109

Idée n°1: Un monde divisé en deux blocs opposés

Je décris	J'explique les oppositions
- deux idéologies rivales : États-Unis / URSS	- démocratie libérale et capitalisme / communisme
- un monde bipolaire	- bloc de l'Ouest et bloc de l'Est, Europe coupée en deux par le « rideau de fer »
- dans chaque camp, des alliances	- alliance militaire : OTAN, Pacte de Varsovie

Idée n°2: Des tensions et des crises entre les États-Unis et l'URSS

Je décris	J'explique leurs causes, leurs conséquences
- l'arme nucléaire	- une arme de dissuasion, « équilibre de la terreur »
- les crises de Berlin (1961) et de Cuba (1962)	- Pourquoi le mur de Berlin et quel effet ? Pourquoi des missiles à Cuba et quel résultat ?

Je montre
- une guerre « froide » avec des affrontements indirects
- un équilibre de la terreur en raison de la dissuasion nucléaire
- des crises fortes : Berlin en 1961 (construction du mur), crise de Cuba en 1962

Idée n°3: D'autres formes d'affrontements

Je décris	J'explique le rôle des deux Grands
- les guerres locales (Corée, Vietnam...)	- empêcher / appuyer l'expansion du communisme
- la guerre des propagandes	- technologiques (conquête spatiale), culturelle (médias...)

Étape 3 **Je rédige mon développement construit**

Sur ma copie

L'introduction : elle présente le sujet en une ou deux phrases

Dès la fin de la Seconde Guerre mondiale, des tensions apparaissent entre les États-Unis et l'URSS : la guerre froide commence.
Comment les deux blocs s'affrontent-ils pendant la guerre froide ?

La rédaction du développement Idée n°1

À partir de 1947, on parle d'un monde bipolaire...
L'Europe est divisée par un rideau de fer...

Idée n°2
- Les États-Unis et l'URSS ne s'affrontent jamais directement...
- De graves crises existent cependant...

Idée n°3
- Des conflits locaux...
- Les deux grands s'affrontent enfin dans une guerre technologique et de propagande...

La conclusion : elle fait le bilan du développement en une ou deux phrases

Le monde bipolaire voit donc s'affronter deux grands blocs d'alliance menés par les États-Unis et l'URSS. Cette opposition prend fin après la chute du mur de Berlin en 1989 puis la dislocation de l'URSS en 1991.

Entraînez-vous à l'exercice sur les repères historiques p. 162

Brevet

Exercice 2

Analyser et comprendre un document

SUJET BLANC

L'Allemagne au temps de la guerre froide

Au cours de la guerre froide, la famille Berdau (composée de quatre soeurs – Käthe, mariée à Heinz, Traute, Rose-Marie et Anneliese – ainsi que leurs parents) est séparée par les événements.

En 1959, en RDA, Heinz et Käthe Krause sont arrêtés, accusés d'avoir voulu fuir à l'Ouest. Le jeune géologue est condamné à douze mois de prison, elle [Käthe, sa femme] est détenue vingt-quatre heures et perd son travail.

[...] Heinz et Käthe sont décidés. Ils vivent « avec une valise sous le lit ». Le jeune couple demande l'autorisation de partir en vacances sur la presqu'île de Hela, en Pologne. En réalité ils vont à Berlin. En 1960, le mur n'a pas encore été construit et un train régional circule entre deux destinations de l'Est, avec quelques arrêts très surveillés dans Berlin-Ouest. « Mon mari était très courageux, il a pris l'initiative », raconte Käthe, les yeux brillants. Au premier arrêt dans le district ouest, il dit à sa femme : « On sort ! ». Ils descendent sans rien dire, attendant qu'on les arrête, mais on ne les remarque pas. [...]

Quand le Mur est construit en 1961, Traute vit à Hambourg (RFA), Rose-Marie en Autriche, Käthe à Waiblingen (RFA); seule Anneliese est restée à Greifswald (RDA) avec leur mère. « On était séparés, peut-être pour toujours ». Anneliese et Käthe restent très proches. « On échangeait des photos, mais les lettres étaient contrôlées. On ne pouvait pas parler de nos vies. Les paquets étaient fouillés. En trente ans, les visites se comptent sur les doigts d'une main. [...] En 1989, on n'avait pas idée que le Mur pouvait tomber. On ne se rendait pas compte que c'était proche. »

N. Lacube, « En Allemagne, les soeurs Berdau ont vécu au rythme de l'histoire », *La Croix*, 15 janvier 2011.

QUESTIONS

1. À l'aide de vos connaissances, citez les acteurs à l'origine de la guerre froide en Allemagne.
2. **Définissez** les termes soulignés dans le texte en montrant qu'ils symbolisent le monde bipolaire de la guerre froide.
3. **Mettez** en relation la décision prise par Heinz et Käthe et la construction du Mur : comment peut se justifier cette construction ?
4. **Relevez** et **datez** l'événement qui met fin à la guerre froide.
5. **Montrez** comment ce témoignage illustre l'atmosphère de guerre froide au quotidien.

Chapitre

6 Indépendances et construction de nouveaux États

→ Comment, dans la seconde moitié du XXe siècle, les colonies accèdent-elles à l'indépendance et deviennent-elles des États souverains ?

1 L'indépendance du Tanganyika (1961)

Le leader nationaliste Julius Nyerere lors de la proclamation de « l'indépendance complète » du Tanganyika, colonie britannique de l'Afrique de l'Est, aujourd'hui appelée Tanzanie.

DANS CE CHAPITRE, DE QUOI VA-T-ON PARLER ?

En analysant les termes du sujet et les documents, je réponds aux questions suivantes :
- Quels faits historiques sont évoqués ?
- Où et quand ?
- Quelles en sont les conséquences ?

Vu au collège

en 4e
- De nouvelles conquêtes coloniales renforcent la domination européenne, dont celle de la France, sur le monde.

en 3e
- Les peuples des colonies participent aux deux guerres mondiales **(chapitres 1 et 3)**

Cours de 4e en PDF

2 L'indépendance de l'Algérie (3 juillet 1962)

Alger, 3 juillet 1962 : des nationalistes algériens brandissent le drapeau de l'Algérie indépendante.

Je me repère

Décolonisation et émergence du tiers-monde

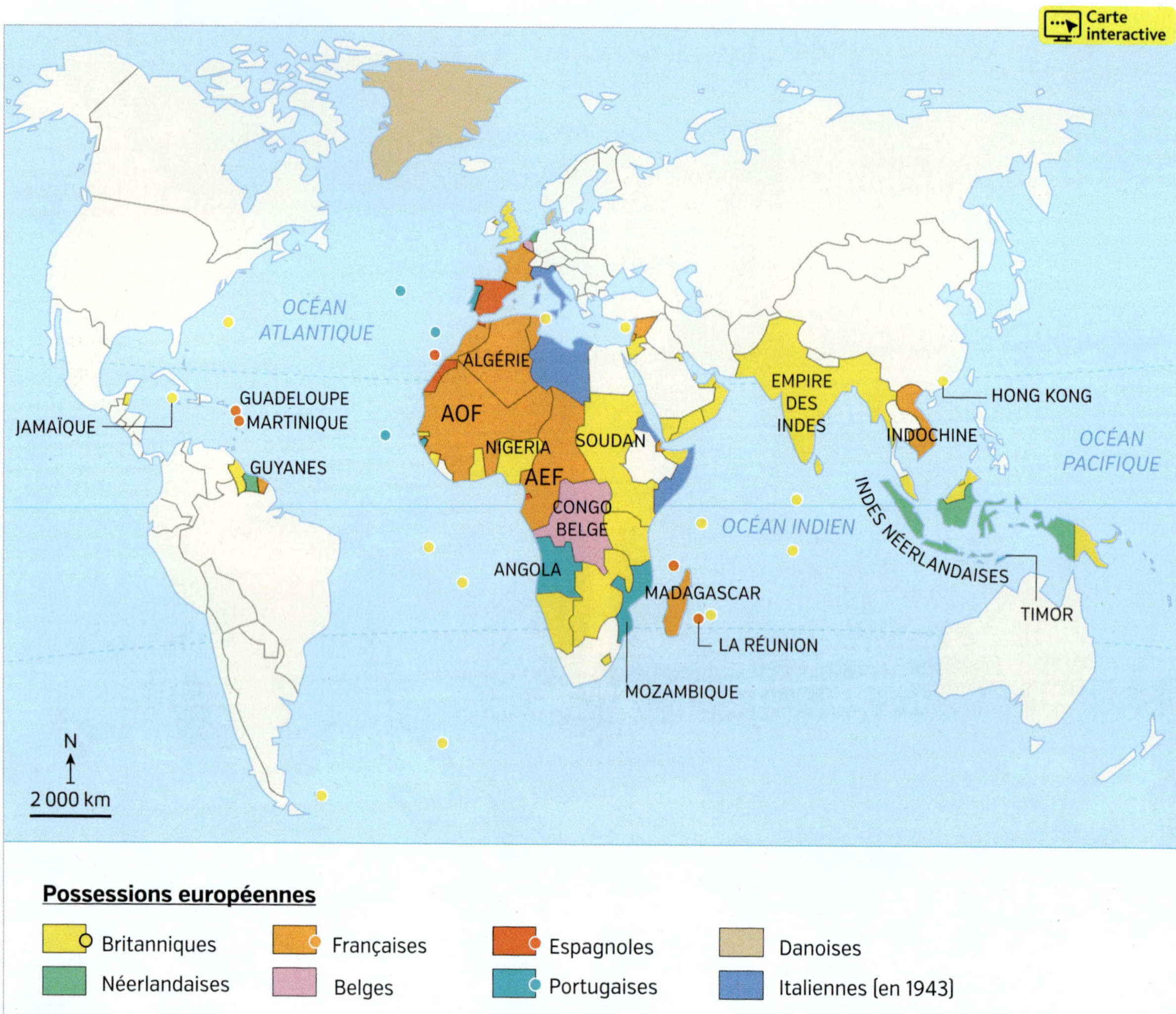

1 Les empires coloniaux

LES ACTEURS DE L'HISTOIRE

- **Les chefs nationalistes des colonies :** leaders d'un mouvement politique qui souhaitent un État souverain
- **Les peuples colonisés**
- **Les gouvernements des États européens** colonisateurs
- **Les colons :** Européens installés dans les colonies

QUESTIONS

1 **Doc 1.** Nommez les puissances coloniales et situez leurs colonies.

2 **Doc 2 et frise.** Situez dans le temps et dans l'espace les grandes périodes de la décolonisation.

3 **Doc 2 et frise.** Localisez les pays du tiers-monde et indiquez les moments où ils s'affirment.

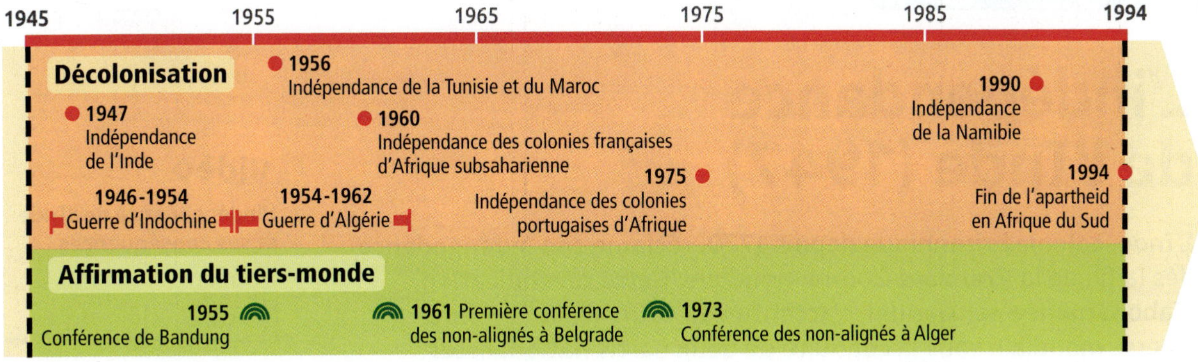

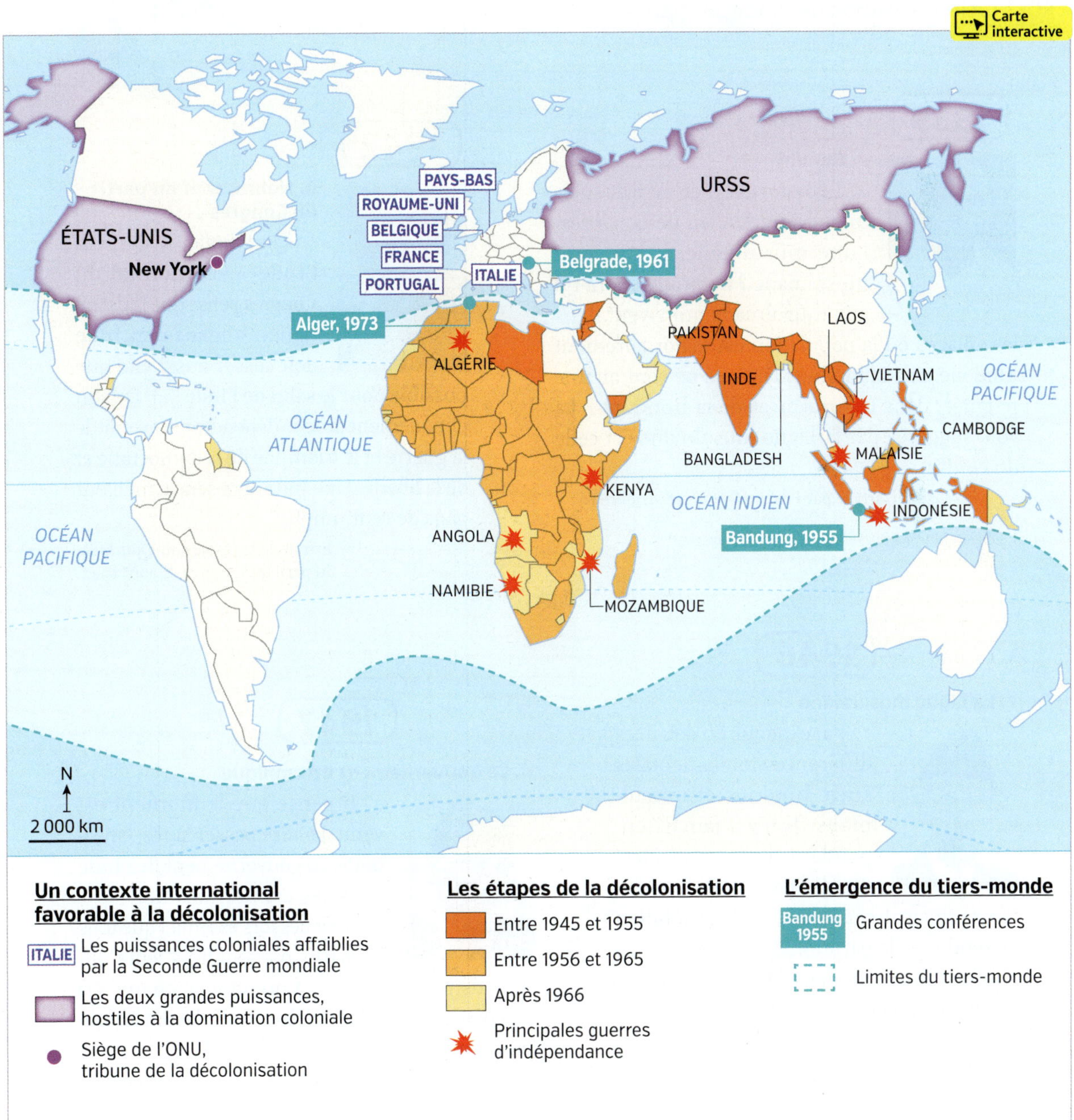

2 La décolonisation et l'émergence du tiers-monde

Je découvre

LEÇON p. 124

L'indépendance de l'Inde (1947)

L'Inde, colonie britannique depuis 1770, réclame son indépendance dès la fin de la Première Guerre mondiale. Cette revendication, d'abord menée par Gandhi, s'accentue au cours de la Seconde Guerre mondiale sous la conduite de deux partis nationalistes.

Vidéo
L'indépendance de l'Inde et ses conséquences
college.nathan.fr/22hg0601
jusqu'à 1'15

→ Dans quelles conditions l'Inde britannique accède-t-elle à l'indépendance ?

1 Plusieurs visions de l'indépendance

1939

a. Gandhi

Le destin de l'Inde est-il de subir une vivisection[1] en deux parties, l'une musulmane, l'autre non musulmane ? Et qu'adviendra-t-il aux musulmans qui vivent dans les villages où la population est majoritairement hindoue, et aux hindous là où ils ne sont qu'une poignée, dans les provinces de la frontière ? La voie suggérée par la Ligue musulmane est celle du conflit.

Gandhi, article paru dans *Harijan*, 28 octobre 1939.

1. Dissection pratiquée sur un animal vivant.

1942

b. Nehru, chef du parti du Congrès

Quit India, « Quittez l'Inde ». Le Comité du Congrès pense que la domination anglaise en Inde doit cesser aussi vite que possible pour le salut de l'Inde [...]. De son dénouement proche dépendront l'avenir de la guerre et le triomphe de la démocratie et de la liberté. Une Inde libre sera le meilleur gage de ce triomphe.

Extrait de la résolution *Quit India* du parti du Congrès, 8 août 1942.

1946

c. La Ligue musulmane

J'ai expliqué en détail les différences fondamentales entre hindous et musulmans. Il n'y a jamais eu, pendant tous ces siècles, d'unité politique entre ces deux principales nations. [...] Notre solution se fonde sur la partition du territoire de ce sous-continent en deux États souverains : l'Hindoustan et le Pakistan.

Discours d'Ali Jinnah, dirigeant de la Ligue musulmane, 7 avril 1946.

1947

d. Le gouvernement britannique

Il pense que le moment est venu de faire passer la responsabilité du gouvernement de l'Inde dans des mains indiennes.

Il est dès lors essentiel que tous les partis mettent fin à leurs différends pour être prêts à prendre en charge les grandes responsabilités qui leur incomberont l'année prochaine.

Déclaration du Premier ministre britannique, Clément Attlee, à la Chambre des communes, 20 février 1947.

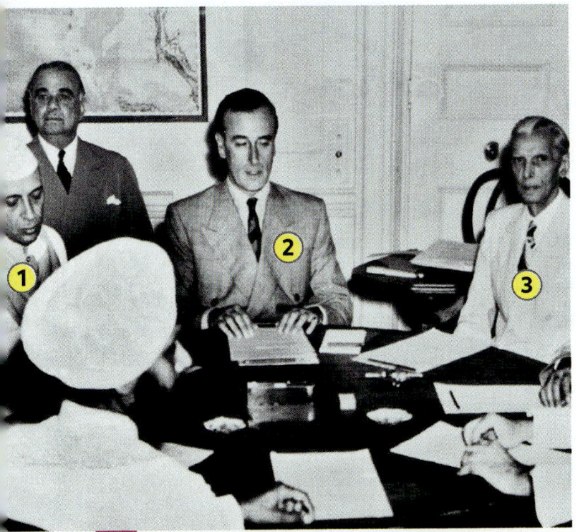

2 La conférence sur la partition de l'Inde (New Delhi, 2 juin 1947).

1. Jawaharlal Nehru, leader du Parti du Congrès, puis Premier ministre de l'Union indienne de 1947 à 1964.
2. Lord Mountbatten, vice-roi des Indes britanniques.
3. Ali Jinnah, chef nationaliste qui a fondé la Ligue musulmane en 1906. Gouverneur général du Pakistan de 1947 à 1948.

4 Les déplacements de population après la partition

Entre 1947 et 1948, 10 à 15 millions de personnes traversent les frontières des nouveaux États, entraînant entre 200 000 et 1 million de morts.
Gare d'Amritsar, 1947.

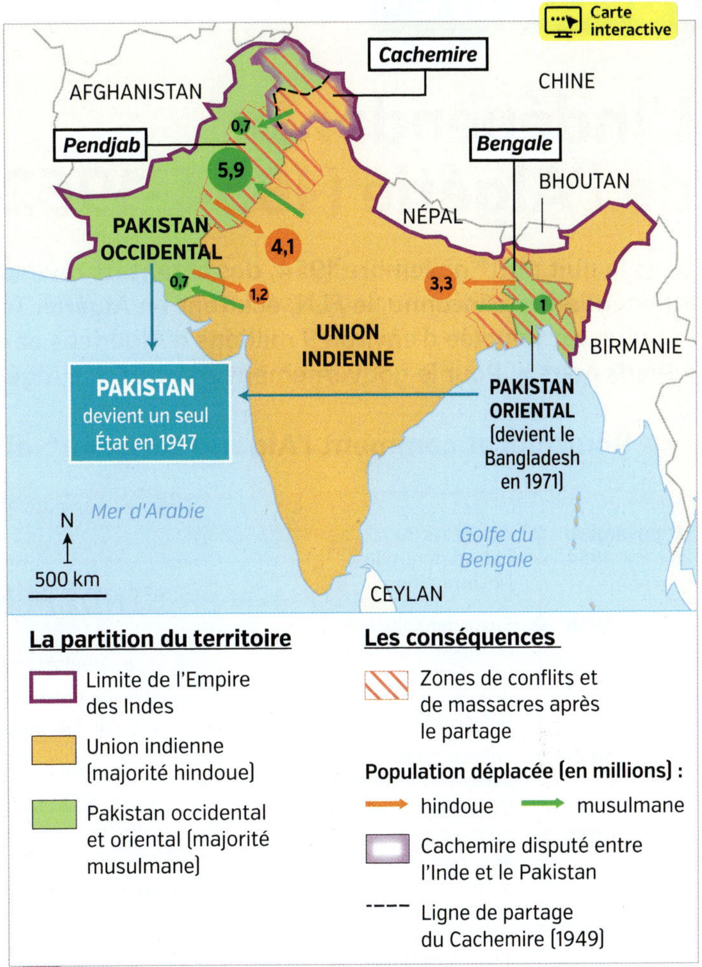

3 La partition de l'Inde en 1947

Activités

Parcours 1

J'extrais des informations pertinentes

1. **Doc 1.** Nommez les acteurs engagés dans l'indépendance de l'Inde et présentez le point de vue de chacun d'eux.
2. **Doc 3.** Présentez le territoire de l'Inde à la suite de son accès à l'indépendance.
3. **Doc 2 à 4.** Expliquez les conséquences humaines de la partition.

J'argumente à l'oral

4. Vous réalisez un exposé qui explique comment l'Inde britannique a accédé à l'indépendance.

Tableau de synthèse à imprimer

Parcours 2

Je confronte un document à ce que je connais du sujet étudié

– **Doc 1 a.** Présentez les inquiétudes de Gandhi au sujet de l'avenir de l'Inde.

– **Doc 1 c et d.** Comparez le point de vue de Gandhi à celui des acteurs de l'indépendance : est-il partagé ?

Aide à l'analyse de document

Je découvre

L'indépendance de l'Algérie (1954-1962)

Dans la nuit du 1er novembre 1954, des attentats revendiqués par un mouvement indépendantiste inconnu, le FLN, éclatent en Algérie. Territoire français depuis 1830, l'Algérie est peuplée d'environ 9 millions d'Algériens et d'un million d'Européens, les « Pieds noirs ». Pour le gouvernement français, « L'Algérie, c'est la France ».

Pourquoi et comment l'Algérie conquiert-elle son indépendance ?

- **1er novembre 1954** : Attentats du FLN et début de l'insurrection.
- **1956** : Envoi des soldats du contingent en Algérie, les « Appelés », dans le cadre de leur service militaire.
- **1958** : Émeutes des partisans de l'Algérie française à Alger.
- **1961** : De Gaulle, président de la République, propose un référendum sur l'autodétermination algérienne. Le « oui » l'emporte.
- **18-19 mars 1962** : Accords d'Évian et fin des combats.
- **3 juillet 1962** : Proclamation de l'indépendance de l'Algérie.

Vidéo

BUT :
L'INDÉPENDANCE NATIONALE par :

1. La restauration de l'État algérien souverain, démocratique et social dans le cadre des principes islamiques.
2. Le respect de toutes les libertés fondamentales sans distinction de race ni de confession. [...]

La lutte sera longue mais l'issue est certaine. [...]

Algérien, nous t'invitons à méditer cette Charte. Ton devoir est de t'y associer pour sauver notre pays et lui rendre sa liberté. Le Front de libération nationale est ton front. Sa victoire est la tienne.

1 Les revendications du Front de libération nationale
Extrait de la proclamation du Front de libération nationale (FLN), 1er novembre 1954.

VOCABULAIRE

- **Autodétermination** : détermination du statut politique d'un pays par ses habitants.
- **FLN (Front de libération nationale)** : mouvement algérien fondé en 1954 pour conquérir l'indépendance de l'Algérie.
- **Harkis** : Algériens enrôlés comme auxiliaires dans l'armée française.

2 La guerre « franco-algérienne »
Opération militaire menée par l'armée française (militaires et appelés du contingent) contre « les fellaghas » (combattants du FLN). Aurès, 1955.

3 Témoignage de Jean-Paul Grauffel, « appelé » en Algérie

À 22 ans, il passe 10 mois à Colomb-Béchar, le long de la frontière algéro-marocaine.

De nuit, on sortait en blindé, avec des fusées éclairantes, pour voir s'il n'y avait pas d'obstruction dans le barrage électrifié ! Et la hantise que nous avions, c'est-à-dire de ne pas se faire capturer, parce qu'on en a vu, des appelés[1] qui ont été mutilés. Il fallait voir à un tel point, ce n'était pas beau à voir !

Ceux (les Algériens) qui étaient capturés, vous aviez une section spéciale d'officiers de renseignement[2] qui les interrogeaient, et ils avaient certaines méthodes assez brutales !

Des choses qui marqueront toujours, c'est sûr, mais à qui voulez-vous parler de ça ?

D'après le témoignage de Jean-Paul Grauffel, France 3 Alsace, 13 mars 2012.

1. Les appelés sont les Français faisant leur service militaire. 2. Les D.O.P. : « détachements opérationnels de protection » pratiquent la torture.

Vidéo La mémoire des appelés

INFO

En 1999, la France a officiellement reconnu l'appellation « **guerre d'Algérie** » pour ce conflit d'indépendance qu'elle qualifiait d'« **événements** ».
Pendant un demi-siècle, ce fut une « **guerre sans nom** ».

4 Une guerre aux multiples visages

Parole d'historien

L'extension de la rébellion algérienne et l'envoi du contingent français en 1956 vont faire basculer l'Algérie dans une guerre totale. À la faveur des ratissages dans le bled ou de la lutte contre le terrorisme urbain, les Algériens sont devenus des suspects [...]. La généralisation de la torture visait [...] à terroriser. [...]

Pour punir les Algériens qui contrevenaient à leurs ordres, le FLN et son bras armé, l'ALN (Armée de Libération nationale), ont souvent utilisé la force sous forme d'assassinats ou de mutilations pour « l'exemple ». Durant l'été 1962 au moment de l'indépendance, des harkis dont le nombre est certainement supérieur à 10 000 ont été exécutés pour trahison à la cause nationale.

Bernard Droz, « La décolonisation », *La Documentation photographique* n° 8062, mars-avril 2008.

college.nathan.fr/22hg0602

5 Vers l'indépendance

Activités

Parcours 1

J'extrais des informations pertinentes

1. **Doc 1.** Citez les objectifs du FLN.
2. **Doc 2, 3, 4 et chronologie.** Combien de temps dure la guerre d'indépendance ? Quelles en sont les acteurs ?
3. **Doc 2, 3 et 4.** Définissez les moyens utilisés par les adversaires de cette guerre.
4. **Doc 5 et chronologie.** Expliquez comment l'Algérie accède à l'indépendance.

Je classe les informations dans un tableau

5. En groupes, classez dans un tableau les informations sur la guerre d'indépendance algérienne : Pourquoi ? Quand ? Qui ? Comment ? Quel résultat ? Ensuite, comparez-les oralement.

Parcours 2

Je construis un récit historique

À partir des informations des documents, rédigez le déroulement de la guerre d'indépendance algérienne.

– Votre récit peut être organisé de manière chronologique : les débuts, les années de guerre, l'accès à l'indépendance.

– Votre récit peut être organisé de manière thématique : pourquoi la guerre ? Quels comportements des acteurs de la guerre ? Quelle issue de la guerre ?

Aide à la rédaction du récit

Je découvre

TÂCHE COMPLEXE

Les nouveaux États indépendants et l'émergence du tiers-monde

ENQUÊTE *Réaliser un diaporama*

Votre classe a pour projet de réaliser un diaporama qui présente les États nouvellement indépendants et leurs aspirations dans le cadre du tiers-monde. Par groupes de trois ou quatre, vous êtes chargés de rédiger les commentaires de documents qui illustrent l'émergence du tiers-monde.

▸ Pratiquer différents langages

Coups de pouce — Guidage pour la réalisation de la tâche complexe

Vous pouvez distinguer trois thèmes à l'aide des informations communiquées dans les documents :

- Les revendications des États du tiers-monde (doc 3, 4 et 5)
- La construction des nouveaux États indépendants (doc 1 et 2)
- Les moyens du tiers-monde pour se faire entendre sur la scène internationale (doc 3, 4 et 5)

1 Construire l'Inde indépendante

Chers compatriotes,

Je me trouve devant vous parce que telle était votre volonté. Nous sommes aujourd'hui un peuple libre et souverain [...]. Mais la route est encore longue. Notre longue soumission ainsi que la guerre mondiale et ses conséquences font qu'aujourd'hui notre peuple manque de nourriture, d'habits et d'autres nécessités. [...] Notre objectif premier et immédiat sera de mettre fin à toutes les querelles internes et les violences qui minent la cause de la liberté. [...] Nous devons rapidement promouvoir l'industrialisation. Le gouvernement indien examine actuellement différents grands projets pour le développement des vallées fluviales par le contrôle du flux des rivières grâce à la construction de barrages, de réservoirs et de structures d'irrigation.

Discours radiodiffusé de Jawaharlal Nehru, Premier ministre indien, le 15 août 1947 à l'occasion de l'accès à l'indépendance de l'Inde.

2 Construire l'Algérie indépendante

Timbre célébrant le 1er anniversaire de l'indépendance, 1963, dessin de Ali Khodja. Inscriptions en arabe, de haut en bas : « République algérienne démocratique populaire » ; « Première commémoration de l'indépendance ».

(1) La colombe et l'olivier, symboles de la paix – (2) Derrick de pétrole – (3) L'étoile et le croissant, sur fond vert, symboles de l'islam – (4) Brin de blé et roue dentée, symboles de l'agriculture et de la mécanisation.

3 1955 : la conférence de Bandung et la naissance du tiers-monde

Bandung a été au cours de cette semaine le point de mire, la capitale devrais-je dire, de l'Asie et de l'Afrique.

Nous avons pris du retard. Nous avons été distancés dans la course du monde mais nous sommes résolus à rattraper notre retard. Nous sommes résolus à n'être d'aucune façon dominés par aucun pays, par aucun continent. Nous sommes de grands pays du monde et nous voulons vivre libres sans recevoir d'ordres de personne.

Nous attachons de l'importance à l'amitié des grandes puissances, mais à l'avenir, nous ne coopérerons avec elles que sur un pied d'égalité. Nous élevons notre voix contre le colonialisme, dont beaucoup d'entre nous ont souffert pendant longtemps. Et c'est pourquoi nous devons veiller à ce qu'aucune autre forme de domination ne nous menace. [...] Il appartient à l'Asie d'aider l'Afrique au mieux de ses possibilités car nous sommes des continents frères.

Nehru, discours de clôture de la conférence de Bandung, 24 avril 1955.

Vidéo

4 Le tiers-monde à l'ONU

Le tiers-monde a compris qu'il devait parler d'une seule voix aux sessions de la conférence des Nations unies sur le commerce et le développement[1], et dans les autres réunions consacrées aux problèmes économiques mondiaux. [...]

Nous nous étions rendu compte que nos efforts individuels visant à développer notre économie nationale se brisaient sur un mur massif de puissance, la puissance des nations riches et des sociétés transnationales. C'est pourquoi nous nous sommes rassemblés pour négocier avec les États industrialisés les changements à apporter aux règles régissant les finances et les échanges mondiaux. Il en résulte que le groupe des nations industrialisées tient les finances et les échanges internationaux [...].

Nous, le tiers-monde, nous exigeons maintenant que l'on change les systèmes qui enrichissent les riches et appauvrissent les pauvres.

Discours à l'ONU de Julius Nyerere, président de la Tanzanie, devant le « groupe des 77 » (pays du tiers-monde), 12 février 1979.

1. La CNUDED, organisation de l'ONU créée en 1964, chargée de mieux intégrer le tiers-monde dans le commerce international.

5 1961 : le mouvement des non-alignés

1 Nehru (Inde)
2 Kwame Nkrumah (Ghana)
3 Nasser (Égypte)
4 Sukarno (Indonésie)
5 Tito (Yougoslavie), réunis pour la conférence de Belgrade.

VOCABULAIRE

- **Mouvement des non-alignés** : mouvement créé en 1961 qui prône l'indépendance des nouveaux États face aux deux blocs de la guerre froide et soutient les mouvements nationalistes.
- **Tiers-monde** : ensemble de pays souvent issus de la décolonisation qui ont en commun un faible niveau de développement et cherchent à s'affirmer sur la scène internationale.

L'HISTOIRE D'UN MOT

Tiers-monde

L'expression « tiers-monde » est apparue dans les années 1950 en référence au tiers état qui, avant la Révolution française, regroupait les non-privilégiés, privés de participation à la vie politique. Dans le contexte de guerre froide, il renvoie à un troisième groupe de pays, distinct du bloc soviétique et du bloc occidental (→ chap. 5 p. 98).

Leçon

Podcast du cours

Indépendances et construction de nouveaux États

→ **Comment, dans la seconde moitié du xxe siècle, les colonies accèdent-elles à l'indépendance et deviennent-elles des États souverains ?**

VOCABULAIRE

- **Décolonisation :** processus d'accession à l'indépendance des territoires colonisés.
- **Mouvement nationaliste :** mouvement qui lutte pour la libération des populations et des territoires colonisés.
- **Mouvement des non-alignés :** mouvement créé en 1961 qui prône l'indépendance des nouveaux États face aux deux blocs de la guerre froide et soutient les mouvements nationalistes.
- **Tiers-monde :** ensemble de pays souvent issus de la décolonisation qui ont en commun un faible niveau de développement et cherchent à s'affirmer sur la scène internationale.

BIOGRAPHIE

Mohandas Gandhi (1869-1948)
Avocat indien qui se consacre à la lutte contre la présence britannique par des méthodes non violentes (grèves, boycott des produits anglais…).

A Un contexte favorable à la décolonisation

1. Des empires fragilisés par la Seconde Guerre mondiale

- La défaite de la France, des Pays-Bas et de la Belgique face à l'Allemagne, dès 1940, révèle les **faiblesses des puissances coloniales**. La guerre menée au nom de la liberté contre le nazisme a mobilisé les populations colonisées et **favorisé leurs revendications de liberté**.
- Cette situation renforce les mouvements nationalistes dans les colonies, qui réclament notamment le départ des Britanniques en Inde dès 1942 et proclament l'indépendance du Vietnam, colonie de la France, en 1945.

2. Un nouveau contexte international

- Les États-Unis et l'**URSS**, grands vainqueurs de la guerre, sont favorables à la **décolonisation**. L'**ONU**, créée en 1945, soutient les indépendances au nom **du droit des peuples à disposer d'eux-mêmes**.
- Si la plupart des États s'opposent à l'indépendance de leurs colonies, ils n'ont plus les moyens de maintenir leur domination.

B Les étapes et les modalités de la décolonisation

1. La décolonisation débute en Asie

- La première vague de décolonisation se déroule **entre 1945 et les années 1950**. En **Inde**, l'indépendance est obtenue par la négociation en **1947**. Elle donne naissance à deux États : **l'Union indienne et le Pakistan**, dans un contexte de violences entre hindous et musulmans.
- Aux Indes néerlandaises et en Indochine, les Pays-Bas et la France refusent les indépendances proclamées en 1945 et se lancent dans des **guerres de reconquête qui échouent**. Le combat de la France en Indochine se solde par l'**indépendance du Vietnam, du Laos et du Cambodge, en 1954.**

2. La décolonisation du continent africain

- La décolonisation s'étend à **l'Afrique au milieu des années 1950**. Après une période de troubles, la France accorde l'indépendance au **Maroc** et à la **Tunisie** en 1956. En 1961, le **Tanganyika** devient, à son tour, indépendant. En 1962, c'est l'**Algérie** qui acquiert l'indépendance, après une **guerre sanglante** de huit ans, provoquant le départ de très nombreux Français d'Algérie vers la métropole (→ chap. 10).

• En Afrique subsaharienne, la décolonisation est plus tardive et plus pacifique. Dès 1957, la *Gold Coast* britannique devient indépendante sous le nom de **Ghana**. La France accorde l'indépendance à ses colonies en 1960. Mais des affrontements ont aussi lieu : le Portugal renonce à l'**Angola** et au **Mozambique** en 1975, au terme de conflits meurtriers.

C L'émergence du tiers-monde

1. La naissance du tiers-monde à Bandung

• Le tiers-monde regroupe des pays pauvres, très peu industrialisés, qui sont confrontés à une forte croissance démographique.

• Les États décolonisés font entendre la voix du tiers-monde en 1955, lors de la **conférence de Bandung** (Indonésie). Ils y condamnent la domination coloniale, réclament des mesures en faveur du développement et dénoncent la guerre froide.

2. Les revendications du tiers-monde

• En **1961**, à **Belgrade**, 25 pays fondent le mouvement des non-alignés et affirment leur volonté de n'appartenir à aucun des deux blocs.

• En **1973**, réunis à **Alger**, les non-alignés réclament la fin de la domination économique des pays riches sur les pays pauvres.

BIOGRAPHIE

Jawaharlal Nehru (1889-1964)
Avocat et disciple de Gandhi, dirigeant du Parti du Congrès, il milite pour l'indépendance de l'Inde. Il est l'une des grandes figures du tiers-monde et du non-alignement.

BIOGRAPHIE

Gamal Abdel Nasser (1918-1970)
Dirigeant de l'Égypte de 1954 à sa mort, il est l'un des principaux leaders du mouvement des non-alignés.

JE RETIENS AUTREMENT

Un contexte favorable à la décolonisation
- Métropoles affaiblies par la Seconde Guerre mondiale
- Essor des mouvements nationalistes luttant pour l'indépendance
- Les États-Unis, l'URSS et l'ONU soutiennent la décolonisation

Le processus de décolonisation

Les étapes
- **1re étape : Asie** (1945-années 1950)
- **2e étape : Afrique** (milieu des années 1950-fin des années 1970)

Les modalités
- **Décolonisation négociée et relativement pacifique** (Inde, Afrique subsaharienne française, Tunisie, Maroc…)
- **Guerres d'indépendance** (Indochine, Algérie…)

L'émergence du tiers-monde
- Affirmation politique : conférence de Bandung (1955), mouvement des non-alignés (1961)
- Revendication d'une organisation plus juste de l'économie mondiale (Alger, 1973)

Apprendre à apprendre

Construire un tableau de synthèse

ÉTAPE 1 Je mémorise ma leçon

Je sais situer :
- la principale période de la décolonisation
- l'indépendance de l'Inde
- l'indépendance de l'Algérie
- la décolonisation de l'Afrique subsaharienne
- la conférence de Bandung

Je sais définir :
- décolonisation
- mouvement nationaliste
- tiers-monde
- mouvement des non-alignés

Je sais expliquer l'essentiel :
- le contexte de la décolonisation
- les lieux de la décolonisation
- les différentes voies d'accès à l'indépendance
- les revendications du tiers-monde

Vérifiez que vous avez mémorisé les mots-clés et les notions à l'aide des exercices p. 127.

ÉTAPE 2 Je construis mon tableau de synthèse

Le tableau de synthèse regroupe les idées principales, les repères ainsi que le vocabulaire important.

① Classez dans le tableau les éléments de la leçon qui vous permettent de comprendre et d'expliquer ce qu'est la décolonisation.

② Pour chacun des faits historiques cités :
– fixez des repères dans le temps et dans l'espace ;
– nommez les acteurs et définissez les actions menées ;
– caractérisez le résultat de ces actions.

Exemple :

Situations historiques	Repères chronologiques et spatiaux	Acteurs et actions menées	Conséquences des indépendances
Indépendance de l'Inde	- 1947 -	- Les leaders / les chefs nationalistes -	- Partition - ....
Indépendance de l'Algérie	- Territoire français d'Afrique du Nord -	- FLN - Les appelés -	- Construction d'un nouvel État - ....
Émergence du tiers-monde	- Bandung -	- Nehru - Conférences -	- ....

Exercices interactifs

EXERCICE 1 Je me repère dans le temps ★

Placez les repères suivants sur la frise chronologique.

1. guerre d'Algérie
2. indépendance des pays d'Asie
3. indépendance de l'Inde
4. indépendance des pays d'Afrique
5. conférence de Bandung
6. conférence de Belgrade

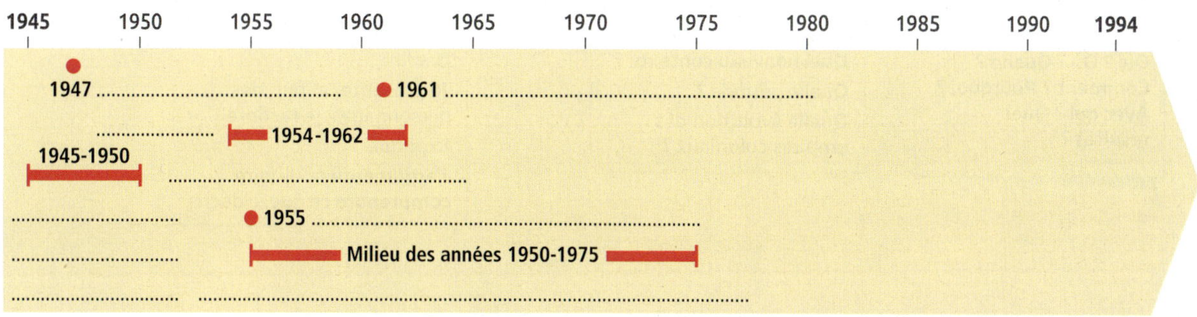

EXERCICE 2 Je me pose des questions à propos de situations historiques ★★

Indiquez la ou les bonnes réponses et justifiez vos choix.

① **La décolonisation de l'Asie :**

a. est négociée et pacifique.
b. précède la décolonisation de l'Afrique.
c. se caractérise par des guerres d'indépendance et des indépendances négociées.

② **La décolonisation en Afrique :**

a. entraîne la France dans un conflit contre les nationalistes algériens de 1947 à 1962.
b. donne lieu à des affrontements dans les colonies portugaises.
c. ne concerne pas le Royaume-Uni.

③ **Le tiers-monde :**

a. regroupe des pays issus, pour la plupart, de la décolonisation.
b. se rallie à l'un ou l'autre des deux blocs de la guerre froide.
c. veut s'affirmer sur le plan international.

④ **La conférence de Bandung :**

a. dénonce la domination coloniale.
b. est présidée par les États-Unis.
c. ne réunit que les représentants des mouvements nationalistes africains.

EXERCICE 3 J'analyse des documents ★★★

À l'oral et en prenant appui sur vos connaissances, identifiez chaque document et expliquez ce qu'il signifie.

a

b

c

Brevet

Exercice 1

Rédiger un développement construit

SUJET GUIDÉ

Étape 1 **J'analyse le sujet**

Au brouillon

Sous la forme d'un développement construit d'une vingtaine de lignes, et en vous appuyant sur des exemples étudiés en classe, décrivez et expliquez l'effondrement des empires coloniaux après 1945.

Qui ? Où ? Quand ? Comment ? Pourquoi ? Avec qui ? Quel résultat ?

Quel nouveau contexte ? Quelle période ? Quelle évolution des empires coloniaux ?

Décrire
Je présente un fait, des personnages, **je raconte**
Expliquer
J'argumente pour faire **comprendre** ce que je décris

Étape 2 **Je mobilise et j'organise mes connaissances**

Au brouillon

Je mobilise mes connaissances

- **Les empires coloniaux :** p.116
- **Le contexte favorable à la décolonisation :** p.118, 120, 122, 123
- **La décolonisation :** p.117, 118-119, 120-121
- **Les nouveaux Etats :** p.122-123
- **Leçon :** p.124-125

Idée n°1 : Un contexte favorable à la décolonisation

Je décris	J'explique pourquoi
- Le nouveau contexte - Les mouvements nationalistes	- États-Unis et URSS favorables à la décolonisation - Le soutien de l'ONU

Idée n°2 : L'accès des colonies à leur indépendance

Je décris	J'explique comment
- D'abord en Asie - Puis en Afrique	- L'Inde, une décolonisation négociée - L'Algérie, une guerre sanglante

Étape 3 **Je rédige mon développement construit**

Sur ma copie

L'introduction : elle présente le sujet en une ou deux phrases

La Seconde Guerre mondiale a fragilisé les puissances coloniales (Royaume-Uni et France), et renforcé, dans les colonies, les mouvements nationalistes. Pourquoi et comment s'effondrent les empires coloniaux après 1945 ?

La rédaction du développement Idée n°1

Grands vainqueurs de la guerre, les États-Unis et l'URSS s'engagent contre la colonisation...
L'ONU soutient les indépendances au nom du des droit des peuples à disposer d'eux-mêmes...

La suite du développement Idée n°2

En Asie, l'Inde obtient son indépendance par la négociation entre le Royaume-Uni et les chefs des mouvements nationalistes (Nehru, Jinnah),...
En Afrique, l'indépendance de l'Algérie est obtenue par le FLN, après une guerre sanglante de 8 ans...

La conclusion : elle fait le bilan du développement en une ou deux phrases

Les décolonisations s'effectuent principalement au cours des années 1950 et 1960. Les nouveaux États indépendants font entendre leur voix dans le cadre du tiers-monde.

Entraînez-vous à l'exercice sur les repères historiques p. 162

Exercice 2

Analyser et comprendre un document

SUJET BLANC

La conférence de Bandung

La conférence afro-asiatique déclare appuyer totalement les principes fondamentaux des droits de l'homme tels qu'ils sont définis dans la Charte des Nations unies. [...]

En ce qui concerne la situation instable en Afrique du Nord et le refus persistant d'accorder aux peuples d'Afrique du Nord leurs droits à disposer d'eux-mêmes, la conférence afro-asiatique déclare appuyer les droits des peuples d'Algérie, du Maroc et de Tunisie à disposer d'eux-mêmes et à être indépendants, et <u>elle presse le gouvernement français d'aboutir sans retard à une solution pacifique de cette question</u>.

La conférence afro-asiatique [...] est d'accord :

1. pour déclarer que le colonialisme, dans toutes ses manifestations, est un mal auquel il doit être mis fin rapidement ;

2. pour déclarer que la question des peuples soumis à l'assujettissement à l'étranger, à sa domination et à son exploitation constitue une négation des droits fondamentaux de l'homme, est contraire à la Charte des Nations unies et empêche de favoriser la paix et la coopération mondiales ;

3. pour déclarer qu'elle appuie la cause de la liberté et de l'indépendance de ces peuples.

Extrait du communiqué final de la conférence de Bandung, 24 avril 1955.

QUESTIONS

1. À l'aide vos connaissances, **indiquez** ce que signifie la conférence « afro-asiatique » de Bandung, et nommez les pays absents de cette conférence.
2. **Relevez** dans le texte les expressions qui correspondent aux objectifs de la conférence de Bandung.
3. **Expliquez** la phrase soulignée dans le texte en la reliant au contexte auquel la France est confrontée.
4. **Justifiez** l'importance de cette conférence pour les colonies qui accèdent à l'indépendance.

Chapitre 7

Affirmation et mise en œuvre du projet européen depuis 1945

→ Comment évolue la construction européenne depuis 1945 ?

1 La Communauté économique européenne

En 1957, le traité de Rome crée la Communauté économique européenne (CEE), qui supprime les barrières douanières et permet la libre circulation des personnes et des marchandises au sein des États membres.

Papier buvard distribué dans les écoles, 1957.

DANS CE CHAPITRE, DE QUOI VA-T-ON PARLER ?

En analysant les termes du sujet et les documents, je réponds aux questions suivantes :

- Que va-t-on étudier ?
- Quels sont les objectifs ?
- Quelle est la période concernée ?

Vu au collège

en 4e
- Napoléon 1er (1804-1915) devient le maître d'un empire qui couvre la moitié de l'Europe.
- La « Révolution industrielle » bouleverse les sociétés européennes au XIXe siècle.

en 3e
- L'Europe est un théâtre majeur des deux guerres mondiales **(chapitres 1 et 3)**.
- L'Europe est au cœur de la guerre froide **(chapitre 5)**.

Cours de 4e en PDF

2 Le programme européen Erasmus pour la mobilité étudiante

Créé en 1987, le programme Erasmus s'élargit en 2014 et devient Erasmus+.
12 millions de personnes en ont bénéficié depuis sa création.

Assemblée générale annuelle de l'ESN (Erasmus Students Network ou Réseau des étudiants Erasmus), Costa Brava (Espagne), 2018.

Je me repère

La construction européenne depuis 1945

Carte interactive

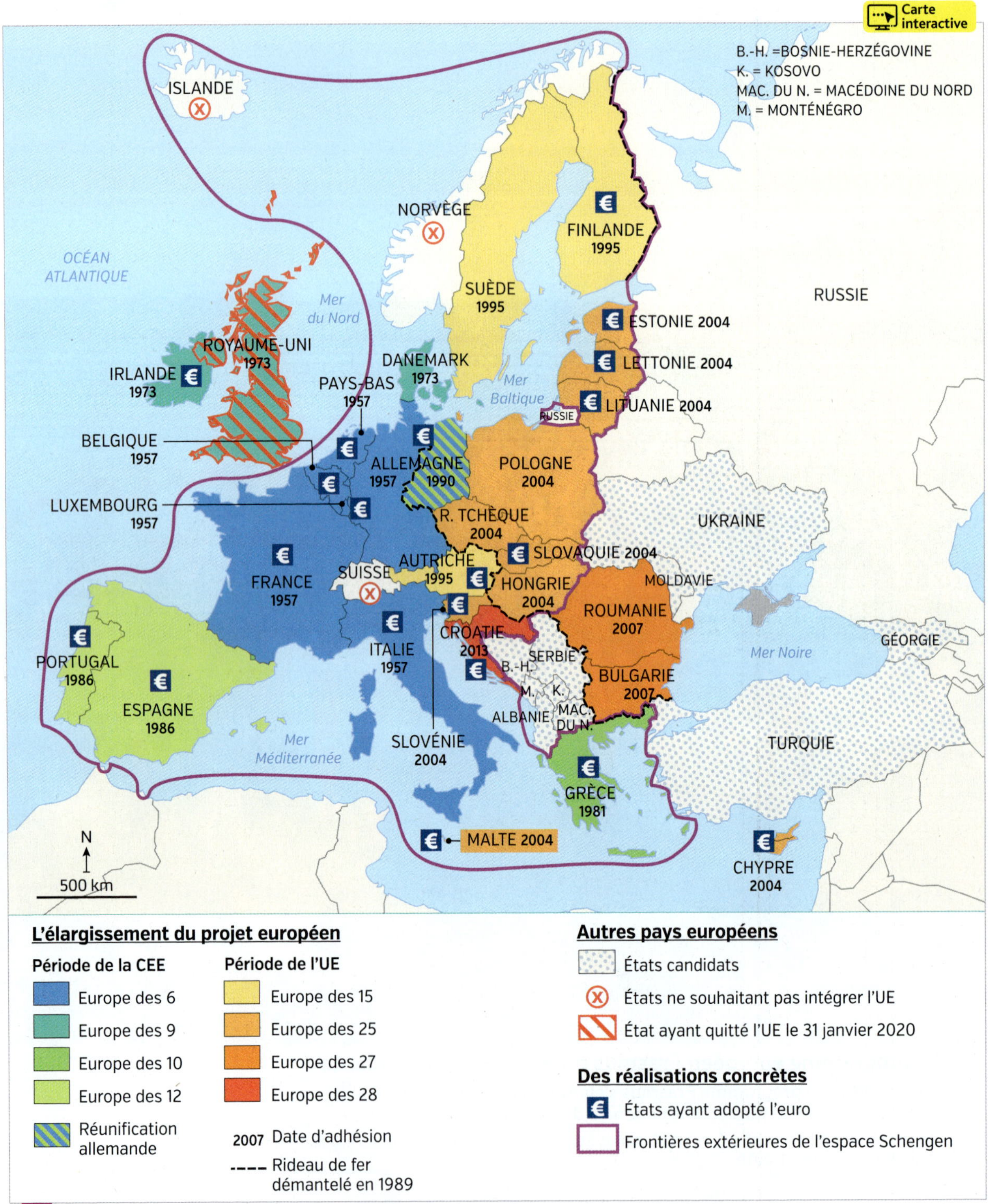

1 L'élargissement du projet européen depuis 1957 : de la CEE à l'UE

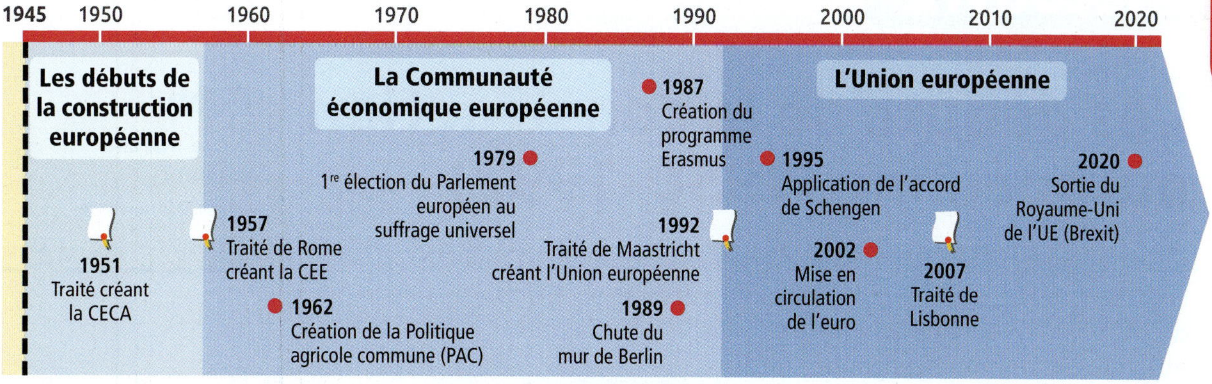

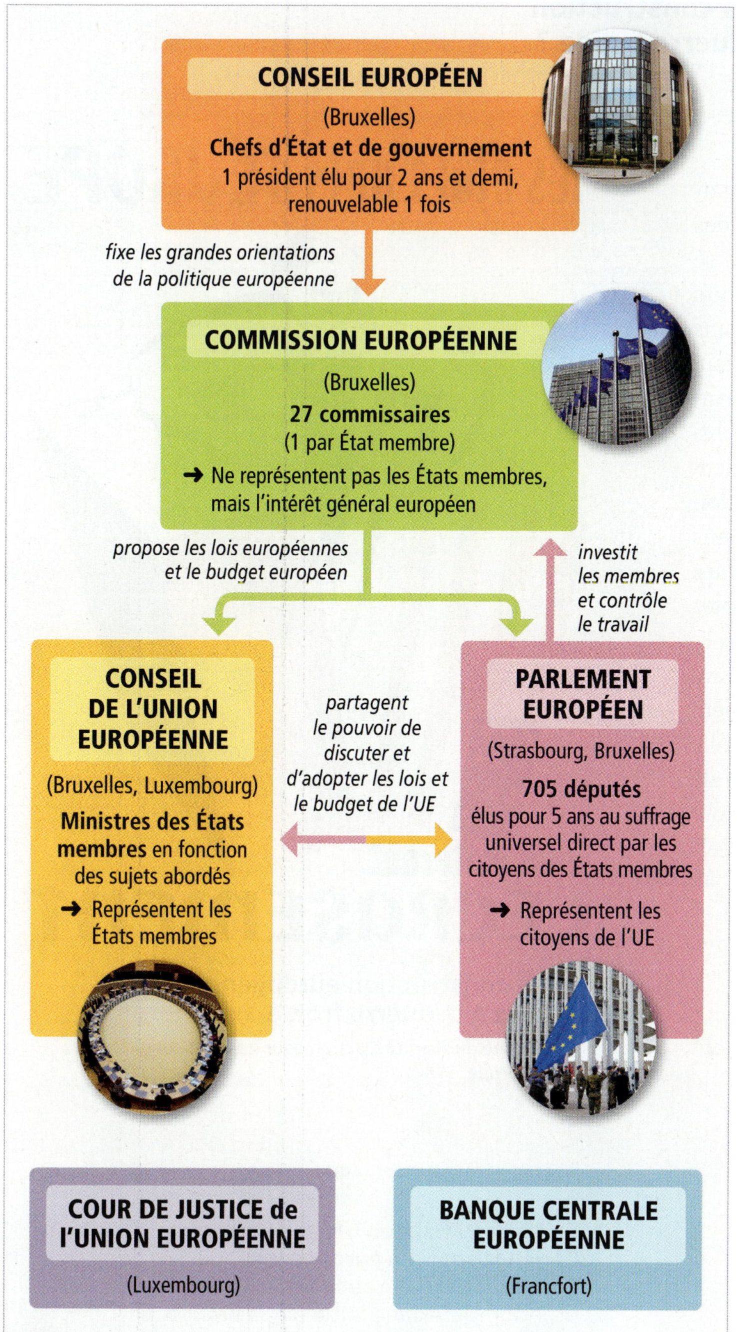

2 Les institutions de l'Union européenne depuis le traité de Lisbonne et le Brexit

VOCABULAIRE

- **Approfondissement** : intensification des liens et de la coopération entre les États européens.
- **CECA** : Communauté européenne du charbon et de l'acier (1951).
- **CEE** : Communauté économique européenne (1957).
- **Citoyen européen** : toute personne qui a la nationalité d'un État membre de l'Union européenne.
- **Élargissement** : ouverture de la CEE, puis de l'Union européenne, à de nouveaux États membres.
- **Espace Schengen** : espace de libre circulation des personnes défini lors de l'accord de Schengen, entré en application en 1995.
- **UE :** Union européenne (1992).

QUESTIONS

1 **Frise.** Datez et nommez les deux grandes périodes de la construction européenne.

2 **Doc 1.** Citez les États à l'origine de la construction européenne. Indiquez ensuite dans quelles directions elle s'élargit entre 1957 et 1989, puis entre 1989 et 2013.

3 **Doc 2.** Expliquez le rôle central du Parlement européen dans le fonctionnement de l'Union européenne.

Je découvre

VOCABULAIRE p. 133

Les débuts de la construction européenne (1950-1992)

Vidéo
1957, le marché commun ?
college.nathan.fr/22hg0701
2 min

L'Europe sort ruinée de la Seconde guerre mondiale et divisée en deux par la guerre froide. Dans ce contexte, six États d'Europe de l'Ouest décident de s'associer pour la paix et leur développement économique.

→ Sur quelles bases se fonde la construction européenne au cours de la guerre froide ?

1 La création de la CECA[1]

La paix mondiale ne saurait être sauvegardée sans des efforts créateurs à la mesure des dangers qui la menacent. [...] L'Europe ne se fera pas d'un coup, ni dans une construction d'ensemble : elle se fera par des réalisations concrètes, créant d'abord une solidarité de fait. [...] La mise en commun des productions de charbon et d'acier assurera immédiatement l'établissement de bases communes de développement économique, première étape de la Fédération européenne, et changera le destin des régions longtemps vouées à la fabrication des armes de guerre dont elles ont été les plus constantes victimes. La solidarité de production qui sera ainsi nouée manifestera que toute guerre entre la France et l'Allemagne devient non seulement impensable, mais matériellement impossible. L'établissement de cette unité puissante de production ouverte à tous les pays qui voudront y participer, [...], jettera les fondements réels de leur unification économique.

Déclaration de Robert Schuman, ministre des Affaires étrangères français, 9 mai 1950.

1. Communauté européenne du charbon et de l'acier.

Vidéo
Signature du plan Schuman créant la CECA

2 La construction européenne face à la guerre froide

Affiche du Comité d'action pour les États-Unis d'Europe, 1960.

CHIFFRES CLÉS

De 1958 à 1972 Les échanges commerciaux entre les pays de la CEE sont **multipliés par 6**.

Années 1970 La CEE atteint **l'autosuffisance alimentaire**, un objectif de la politique agricole commune (PAC) mise en place en 1962.

INFO

En 1975, 11 pays européens fondent ensemble l'**Agence spatiale européenne** (ou ESA, *European Space Agency*). L'agence finance en partie le programme Ariane initié par la France. En 1979, la première fusée Ariane décolle depuis la base de Kourou (Guyane française).

3 Le traité de Rome instituant la CEE[1]

Art. 1er. Par le présent Traité, les Hautes Parties Contractantes[2] instituent entre Elles une Communauté Économique Européenne.

Art. 2. La Communauté a pour mission [...] de promouvoir un développement harmonieux des activités économiques dans l'ensemble de la Communauté, une expansion continue et équilibrée, une stabilité accrue, un relèvement accéléré du niveau de vie, et des relations plus étroites entre les États qu'elle réunit.

Art. 3. L'action de la Communauté comporte [...] :

a) l'élimination, entre les États membres, des droits de douane et des restrictions quantitatives à l'entrée et à la sortie des marchandises [...],

b) l'établissement d'un tarif douanier commun et d'une politique commerciale commune envers les États tiers[3],

c) l'abolition, entre les États membres, des obstacles à la libre circulation des personnes, des services et des capitaux,

d) l'instauration d'une politique commune dans les domaines de l'agriculture [...].

Traité de Rome, 1957.

1. Un second traité signé à Rome le même jour institue la Communauté européenne de l'énergie atomique (CEEA ou Euratom).
2. États signataires de ce traité. Ce sont les mêmes que ceux qui ont fondé la CECA (Europe des Six).
3. États non membres de la CEE.

4 Le couple franco-allemand

Charles de Gaulle et Konrad Adenauer à Bonn (Allemagne), 1962.

INFO

Du 4 au 9 septembre 1962, le président français Charles de Gaulle parcourt l'Allemagne en prononçant une dizaine de discours, dont six en allemand appris par cœur, afin de célébrer le rapprochement des deux pays. Dans les années 1980, François Mitterrand, président de la République, et Helmut Kohl, chancelier allemand, poursuivent cette volonté commune.

5 Premier lancement de la fusée Ariane, le 24 décembre 1979

Activités

Parcours 1

Je comprends le sens général des documents

1. **Doc 1 à 4 et p. 132.** Identifiez les États à l'origine de la construction européenne.
2. **Doc 1 et 2.** Indiquez l'objectif premier de la construction européenne, dans le contexte de la guerre froide.
3. **Doc 1.** Décrivez le premier projet européen.
4. **Doc 3.** Montrez comment la construction européenne s'approfondit en 1957.

J'argumente à l'écrit

5. À l'aide de vos réponses aux questions 1 à 4, racontez les débuts de la construction européenne pendant la guerre froide.

Parcours 2

Je réalise une frise chronologique

Sur une frise chronologique allant de 1950 à 1992, présentez les grandes étapes de la construction européenne. Chaque date choisie doit être expliquée.

Aide à la réalisation de la frise

Je découvre

TÂCHE COMPLEXE

Le traité de Maastricht et la naissance de l'Union européenne

Vidéo
Le traité de Maastricht
college.nathan.fr/22hg0702
3 min

→ **Comment l'Union européenne approfondit-elle la construction européenne ?**

ENQUÊTE *Réaliser un podcast de révision*

Pour réviser plus librement (par exemple sur le trajet du collège), vous allez réaliser une présentation audio sous la forme d'un podcast de 2 à 3 minutes, qui définit l'Union européenne et montre comment ses actions vont plus loin que la CEE dans l'intégration européenne.

▸ Travailler l'expression orale

Coups de pouce

À l'aide des documents, vous pouvez distinguer plusieurs thèmes :
- la volonté de relance, pour faire le poids (doc 1 et 2),
- une intégration économique plus poussée (doc 1 et 5),
- le renforcement des droits des citoyens (doc 1 et 3),
- l'élargissement à de nouveaux États (doc 4).

Guidage pour la réalisation de la tâche complexe

1 L'approfondissement de la construction européenne

a. Un projet pour la relance de la construction européenne

En 1986 est ratifié l'Acte unique européen sur la proposition de Jacques Delors, président de la Commission européenne entre 1985 et 1995.

Il fallait rechercher le levier d'une relance d'autant plus nécessaire que l'élargissement de la Communauté à l'Espagne et au Portugal allait conférer à la Communauté des responsabilités accrues. [...] J'ai choisi cette finalité d'un grand marché sans frontières et proposé au Parlement européen, en janvier 1985, puis aux chefs d'État et de gouvernement, de supprimer d'ici à 1992 tous les obstacles à la libre circulation des personnes, des biens, des services et des capitaux dans la Communauté, de réaliser un espace économique sans frontières, un véritable marché domestique de 320 millions de consommateurs qui serait le plus puissant du monde.

Jacques Delors (Président de la Commission européenne de 1985 à 1995), discours au Palais des Congrès, 18 juin 1987.

b. La création de l'Union européenne

[Les chefs d'État des douze pays membres de la CEE] [...], résolus à renforcer leurs économies et à établir une Union économique et monétaire, comportant, conformément aux dispositions du présent traité, une monnaie unique et stable, déterminés à promouvoir le progrès économique et social de leurs peuples [...], résolus à établir une citoyenneté commune aux ressortissants de leurs pays, résolus à mettre en œuvre une politique étrangère et de sécurité commune, [...] renforçant ainsi l'identité de l'Europe et son indépendance afin de promouvoir la paix, la sécurité et le progrès [...] réaffirmant leur objectif de faciliter la libre circulation des personnes, [...] ont décidé d'instituer une Union européenne.

Préambule du traité de Maastricht, 7 février 1992.

Les grands projets soutenus ou réalisés par l'Union européenne

- **1994** Inauguration du tunnel sous la Manche entre la France et le Royaume-Uni.
- **2014** Lancement d'Erasmus+, qui élargit le programme Erasmus de mobilité étudiante créé en 1987.
- **2016** Mise en place de *Galileo*, le système de navigation par satellite européen.
- **2018** Adoption du Règlement général sur la protection des données (RGPD), qui encadre le traitement des données personnelles dans l'UE.
- **2019** Pacte vert pour l'Europe : adoption d'un budget pour la neutralité climatique à l'horizon 2050.
- **2021** Adoption d'un budget de relance sociale et économique face à la Covid-19 pour la période 2021-2027.

VOIR CARTE ET FRISE p. 132-133

2 **Les enjeux du traité de Maastricht**

Affiche du parti socialiste français à l'occasion du référendum sur le traité de Maastricht, 1992.

VOCABULAIRE

- **Approfondissement :** intensification des liens et de la coopération entre les États européens.
- **Élargissement** : → p. 133.

3 **La création d'une citoyenneté européenne**

Art. 8-1. Il est institué une citoyenneté de l'Union. Est citoyen de l'Union toute personne ayant la nationalité d'un État membre.

Art. 8A-1. Tout citoyen de l'Union a le droit de circuler et de séjourner librement sur le territoire des **États membres** [...].

Art. 8B-1. Tout citoyen de l'Union résidant dans un État membre dont il n'est pas ressortissant a le droit de vote et d'éligibilité aux élections municipales dans l'État membre où il réside, dans les mêmes conditions que les ressortissants de cet État [...]

Art. 8B-2. [...] Tout citoyen de l'Union résidant dans un État membre dont il n'est pas ressortissant a le droit de vote et d'éligibilité aux élections au Parlement européen dans l'État membre où il réside, dans les mêmes conditions que les ressortissants de cet État.

Traité de Maastricht, 7 février 1992.

4 **L'élargissement de l'Union européenne**

Le 21 septembre 2003, à Riga, les Lettons célèbrent la victoire du « oui » au référendum d'adhésion de leur pays à l'UE. La Lettonie en devient membre le 1er mai 2004.

LA DÉPÊCHE du Midi

Bonne année bon €uro

304 millions d'Européens ont fêté, cette nuit, l'année nouvelle mais surtout le passage à l'euro. Une révolution monétaire sans précédent, mais aussi un événement historique qui devrait donner un nouvel élan à l'Europe. Passés les douze coups de minuit beaucoup de fêtards se sont rués sur les distributeurs automatiques de billets pour découvrir leur nouvelle monnaie. Chronique d'une nuit de la Saint-Sylvestre un peu particulière. Et derniers conseils pour bien passer l'euro.

5 **La mise en circulation d'une monnaie unique**

Une de *La Dépêche du Midi*, 1er janvier 2002.

Je découvre

Les défis actuels de l'Union européenne

Depuis 15 ans, l'Union européenne doit faire face à un certain nombre de crises : rejet de la Constitution européenne, crise migratoire, Brexit, crise sanitaire... Cette situation, source de critiques et de remises en cause de la construction européenne, alimente l'euroscepticisme.

→ À quels défis l'Union européenne est-elle confrontée et comment y fait-elle face ?

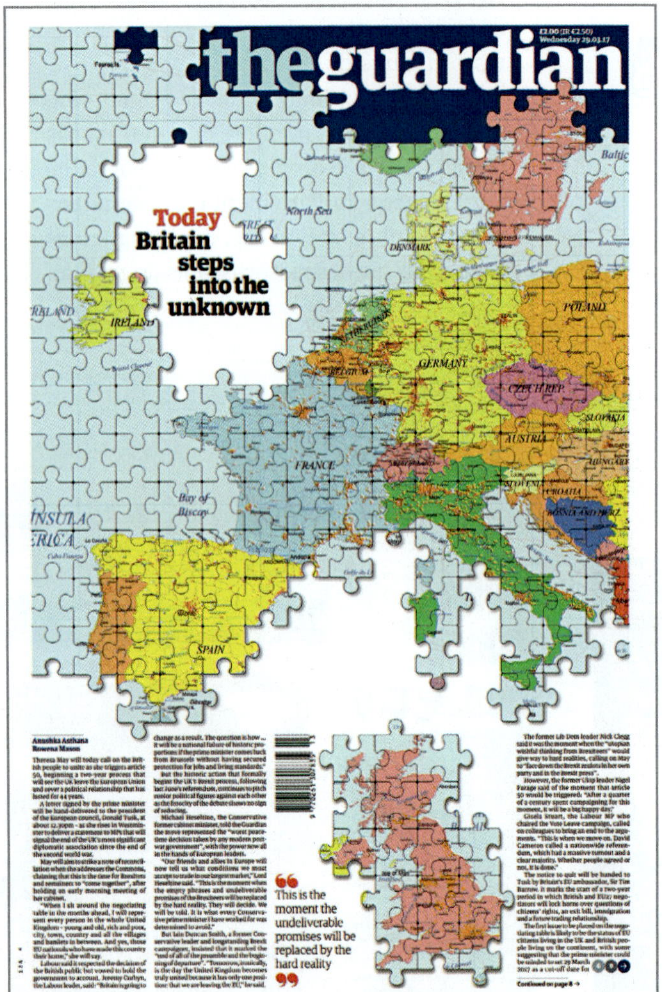

1 Le départ d'un État membre

« Aujourd'hui, la Grande-Bretagne entre dans l'inconnu. »

Une de *The Guardian*, 28 mars 2017.

INFO

Lors du référendum du 23 juin 2016, les citoyens britanniques ont voté à 51,9 % pour la sortie du Royaume-Uni de l'Union européenne. Déclenché le 29 mars 2017, ce retrait est devenu définitif le 31 janvier 2020. Il est familièrement nommé « Brexit », contraction de *British* et *exit*.

2 L'Union européenne face à la crise migratoire

Depuis les années 2010, l'Europe connaît une forte augmentation du nombre de migrants venus d'Afrique ou d'Asie fuyant la misère, la dictature ou la guerre.

2015 a vu l'Europe confrontée aux mouvements migratoires les plus importants qu'elle ait connus depuis l'immédiat après-guerre. [...]

La Commission européenne a cherché à atténuer le fardeau pesant de façon disproportionnée sur les pays de première arrivée des migrants – principalement l'Italie et la Grèce [...] : elle a proposé à cette fin un schéma [...] de réinstallation de 120 000 demandeurs d'asile de ces deux pays vers d'autres membres de l'Union européenne à l'horizon de 2017. [...] On sait la suite : les divisions acrimonieuses des pays membres sur ce plan, le refus de la Pologne, de la Slovaquie, de la République tchèque et de la Hongrie de l'appliquer, la lenteur générale à le mettre en œuvre. [...]

Au total, la crise des migrants a révélé un état d'esprit du chacun pour soi, dans une affaire dont la nature appelait à l'évidence une réponse coordonnée à l'échelle européenne. [...]

L'Italie et la Grèce éprouvent un sentiment d'isolement largement justifié. L'Europe en est ressortie plus divisée, entre ces deux pays et leurs partenaires, comme entre ses membres à l'Est et à l'Ouest.

Gilles Andréani, « Les crises et la nécessité », *Questions internationales* n° 88, © DILA 2017.

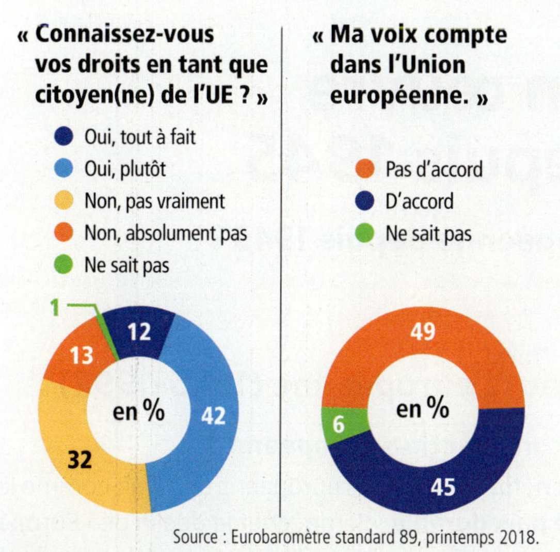

Source : Eurobaromètre standard 89, printemps 2018.

3 Une faible adhésion des citoyens ?

4 Sur la scène internationale, l'Union européenne désunie

Depuis 2011, la Syrie est ravagée par une guerre civile dans laquelle sont intervenus les États-Unis, la France, la Russie, l'Iran, la Turquie.

Caricature de Oli, www.humeurs.be, 28 août 2013.

VOCABULAIRE

- **Euroscepticisme** : méfiance vis-à-vis de l'Union européenne.

5 Après la Covid-19, une Europe plus intégrée ?

Parole d' historiens

S'il n'y avait pas eu cette stratégie d'achats groupés de vaccins, les États membres de l'Union européenne auraient passé leurs commandes en ordre dispersé et se seraient concurrencés entre eux. Certains pays auraient acheté énormément [...] tandis que d'autres se seraient trouvés démunis. En revanche les négociations avec les laboratoires pharmaceutiques ont pris plus de temps que celles menées par les États-Unis, Israël et le Royaume-Uni, parce que la Commission a cherché à obtenir les prix les plus bas possible.

Le plan de relance[1] est un budget extraordinaire de 750 milliards d'euros. [...] Ce plan de relance est un approfondissement de la construction européenne en soi. La controverse qui divisait les Européens entre eux depuis trente ans a été tranchée en trois mois [...]. On se disputait sur le fait de savoir s'il fallait un budget fédéral commun et sur le fait de financer ou non un tel budget par l'émission d'une dette commune.

Sylvain Kahn, *Histoire de la construction de l'Europe depuis 1945*, PUF, octobre 2021.

1. En décembre 2020, l'Union européenne a décidé d'un budget spécial pour atténuer les conséquences économiques et sociales de la pandémie et rendre les économies européennes plus durables.

Activités

Parcours 1

Je comprends le sens général des documents

1. **Doc 1 à 4.** Nommez les défis auxquels l'Union européenne est confrontée.
2. **Doc 2 et 4.** Présentez les situations qui divisent les États européens.
3. **Doc 5.** Expliquez dans quelles circonstances les États de l'Union européenne renforcent leur unité, et de quelle manière.
4. **Doc 3.** Argumentez : que pensent les citoyens européens au sujet de leur place dans l'UE ?

J'argumente à l'écrit

5. Rédigez une synthèse dans laquelle vous expliquez, d'une part, que l'Union européenne doit faire face à de nombreux défis, et d'autre part, qu'elle semble se renforcer.

Parcours 2

J'argumente à l'oral

Par groupe de 4, vous participez à un débat sur le thème : l'Union européenne est-elle en crise ?

Les sujets à débattre seront :
- Qu'est-ce qu'une « crise » dans le cadre de l'UE ?
- L'UE est-elle en crise ou se renforce-t-elle ?

Aide à la conduite du débat et à la présentation des conclusions

Leçon

Podcast du cours

Affirmation et mise en œuvre du projet européen depuis 1945

→ **Comment évolue la construction européenne depuis 1945 ?**

A La Communauté européenne (1945-1992)

1. Les débuts de la construction européenne

• Après 1945, le rapprochement des États européens apparaît comme le moyen de **garantir une paix durable**, d'empêcher le déclin de l'Europe dans un monde dominé par les États-Unis et l'URSS et de **faire rempart à la menace communiste** dans le contexte de la guerre froide.

• En 1950, les Français **Jean Monnet** et **Robert Schuman** proposent de mettre en commun la production et la consommation de charbon et d'acier dans le cadre d'une organisation européenne. C'est ainsi qu'en **1951**, la RFA, la France, l'Italie, la Belgique, les Pays-Bas et le Luxembourg signent le **traité de Paris instituant la Communauté européenne du charbon et de l'acier (CECA).**

2. La création de la CEE

• En **1957**, les six pays de la CECA concluent le **traité de Rome** qui donne naissance à la **Communauté économique européenne (CEE)**. Son objectif est de réaliser un **marché commun** où circuleraient librement les marchandises, les services, les capitaux et les personnes.

• La CEE met en œuvre une **Politique agricole commune (PAC)** en 1962. En 1975, elle crée le Fonds européen de développement régional (FEDER) pour réduire les inégalités entre régions. En 1985, les **accords de Schengen** prévoient la création d'un espace de libre circulation des personnes en application depuis 1995. En 1987, le programme Erasmus favorise la circulation des étudiants des pays membres.

• La CEE devient une **puissance économique et commerciale** attractive. Elle s'élargit au Royaume-Uni, à l'Irlande et au Danemark en 1973, puis à la Grèce, à l'Espagne et au Portugal dans les années 1980.

B L'Union européenne (depuis 1992)

1. Naissance et élargissement de l'Union européenne

• **Le traité de Maastricht**, signé en **1992,** crée l'Union européenne (UE) et étend son action à de nouveaux domaines comme l'éducation, la culture, l'environnement, la politique étrangère, la justice. Il crée le statut de **citoyen européen**. Il prévoit la création d'une monnaie unique (le futur euro) qui sera mise en circulation en 2002.

• À partir de 1989, avec l'effondrement du bloc soviétique, la construction européenne peut désormais s'étendre à l'ensemble du continent. En 1995, l'UE accueille l'Autriche, la Suède et la Finlande. Entre 2004 et 2013, 13 nouveaux États, majoritairement d'anciens pays communistes,

VOCABULAIRE

• **Approfondissement :** intensification des liens et de la coopération entre les États européens.

• **Citoyen européen :** personne qui a la nationalité d'un État membre de l'Union européenne.

• **Élargissement :** ouverture de la CEE, puis de l'Union européenne, à de nouveaux États membres.

• **Espace Schengen :** espace de libre circulation des personnes entre 27 pays européens, entré en application depuis 1995.

• **Marché commun :** espace économique caractérisé par la libre circulation des marchandises et des services entre les États membres.

• **Politique étrangère et de sécurité commune (PESC) :** politique qui encourage la coopération des États membres dans les domaines de la diplomatie et de la Défense.

intègrent l'UE. Ces élargissements soulèvent des débats : jusqu'où l'Europe peut-elle s'étendre ? Comment concilier élargissement et approfondissement ?

2. Enjeux et défis de la construction européenne

- La construction européenne a créé un espace de **paix et de prospérité**, marqué par une coopération accrue entre les États. Mais malgré l'instauration d'une Politique étrangère et de sécurité commune en 1992, l'UE a encore du mal à s'imposer comme une puissance sur la scène internationale.
- Elle se heurte aussi à des **divisions internes et à des résistances**, notamment de la part de ceux qui y voient une menace pour leur indépendance nationale. Ainsi le Royaume-Uni reste à l'écart de l'euro et de l'espace Schengen. En janvier 2020, il quitte l'Union européenne.
- Les opinions publiques manifestent une **méfiance grandissante** envers l'UE. C'est pourquoi le **traité de Lisbonne**, en 2007, **réforme les institutions** pour faciliter la prise de décision dans une Europe élargie et se rapprocher des citoyens.
- Face à la **crise sanitaire de la Covid-19**, l'Union européenne s'engage dans un nouveau domaine, celui de la santé. En accord avec tous les États membres, elle finance un plan de relance social et économique contre les conséquences de la pandémie.

BIOGRAPHIE

Jean Monnet (1888-1979)
L'un des « Pères fondateurs » de la construction européenne. Ses cendres ont été transférées au Panthéon en 1988.

JE RETIENS AUTREMENT

Un contexte favorable après 1945
- Volonté de garantir la **paix** et la **prospérité**
- Faire **rempart à la menace communiste** durant la guerre froide

La construction européenne depuis 1945

Les traités
- **CECA** (traité de Paris, 1951)
- **CEE** (traité de Rome, 1957)
- **Union européenne** (traité de Maastricht, 1992, traité de Lisbonne, 2007)

Des élargissements
- D'une Europe des 6 à une Europe des 28 puis des 27
- 5 États candidats à l'adhésion

Des approfondissements
- **Marché commun**, politiques communes (PAC, PESC…), **espace Schengen**, création de l'**euro**…

Des défis
- Concilier **élargissement** et **approfondissement**
- Faire face aux **divisions internes**, à la méfiance des opinions publiques
- **Peser dans le monde** face aux autres grandes puissances (États-Unis, Russie, Chine)

Apprendre en réalisant une affiche

ÉTAPE 1 Je mémorise ma leçon

Je sais situer :
- le traité instituant la CECA
- le traité de Rome
- le traité de Maastricht
- le début de l'élargissement à l'est de l'Europe

Je sais définir :
- élargissement
- approfondissement
- espace Schengen
- citoyen européen

Je sais expliquer l'essentiel :
- les étapes de la construction européenne
- les contextes qui ont favorisé la construction européenne
- des réalisations concrètes de la construction européenne
- l'élargissement de la construction européenne

Vérifiez que vous avez mémorisé les mots-clés et les notions à l'aide des exercices p. 143.

ÉTAPE 2 J'apprends en réalisant une affiche

Réaliser des affiches vous permet de développer votre créativité et de renforcer votre compréhension de la leçon. En les présentant à l'oral, vous développez votre capacité à vous exprimer et à argumenter.

① Répartissez-vous les thèmes du chapitre : chaque équipe réalise une affiche sur l'un des thèmes étudiés.

② Présentez les affiches à l'oral.

Chaque membre de l'équipe présente son affiche au reste du groupe qui pose des questions et donne son avis.

Vous pouvez ensuite échanger les affiches et expliquer celles des autres pour vérifier que vous avez bien mémorisé le cours.

Le traité de Maastricht, 1992

Objectifs et enjeux

→ Objectifs du traité

....

....

....

....

....

....

→ La citoyenneté européenne

....

....

....

→ Une monnaie unique

MOTS CLÉS À RETENIR

→ **UE :** Union européenne

→ **Citoyenneté européenne :**

....

....

Exercices

Exercices interactifs

EXERCICE 1 Je maîtrise le vocabulaire historique ★

Citez pour chaque définition le mot-clé correspondant, lié à la construction européenne.

a. Espace économique caractérisé par la libre circulation des marchandises et des services entre les États membres.

b. Ouverture de la CEE puis de l'Union européenne à de nouveaux États membres.

c. Intensification des liens et de la coopération entre les États membres.

d. Donne le droit de circuler et de séjourner librement sur le territoire des États membres et d'y bénéficier du droit d'éligibilité et de vote aux élections municipales et européennes.

EXERCICE 2 Je classe les informations et je justifie mes choix ★★

Associez chaque traité à la réalisation correspondante.

1. Traité de Paris
2. Traité de Rome
3. Traité de Maastricht

a. Marché commun
b. Politique agricole commune
c. Politique étrangère et de sécurité commune
d. Mise en commun de la production de charbon et d'acier
e. Citoyenneté européenne
f. Euro

EXERCICE 3 Je me repère dans la construction européenne ★★★

À l'aide de vos connaissances, complétez la légende du croquis.

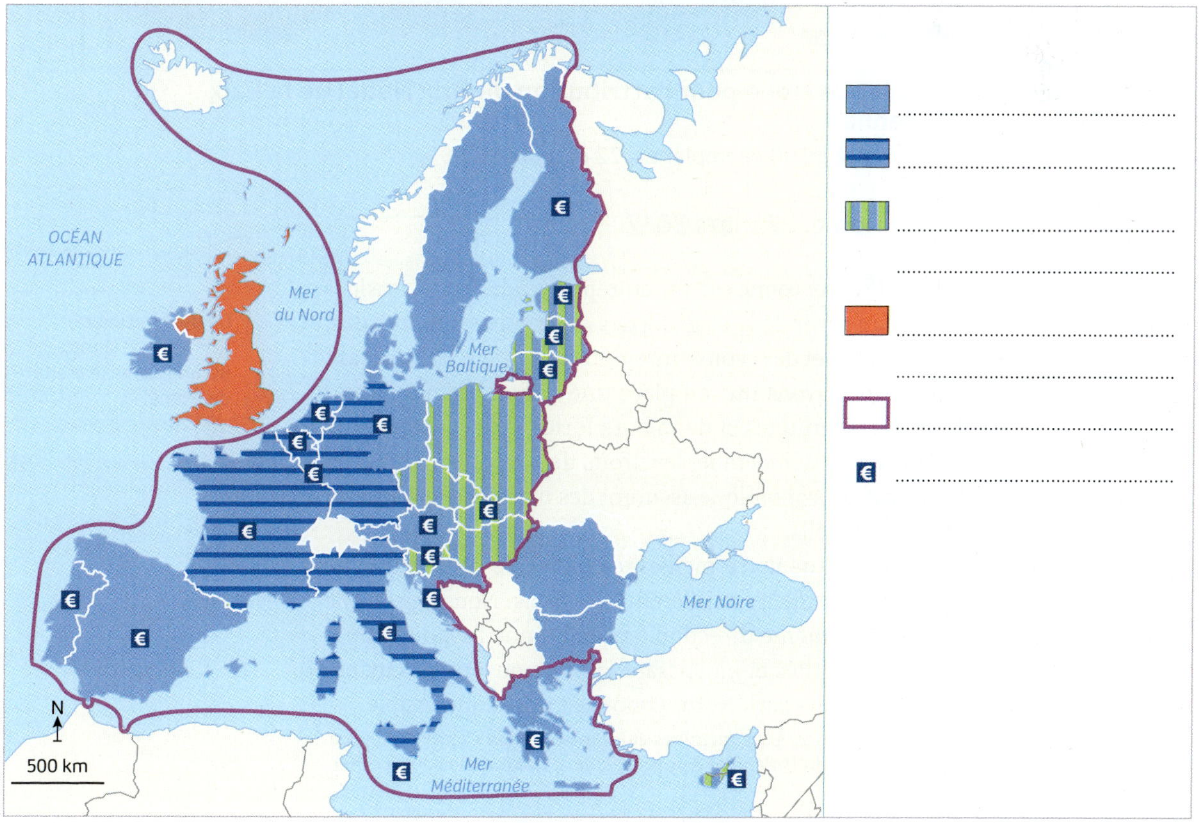

Brevet

Exercice 1

SUJET GUIDÉ

Analyser et comprendre des documents

Chaque mois, le Parlement se réunit 4 jours à Strasbourg. Le timbre a été émis à cette occasion.

Le prix Nobel de la paix récompense « la personnalité ou la communauté ayant le plus ou le mieux contribué au rapprochement des peuples, à la suppression ou à la réduction des armées permanentes, à la réunion et à la propagation des progrès pour la paix ».

Le timbre est émis par la République française.

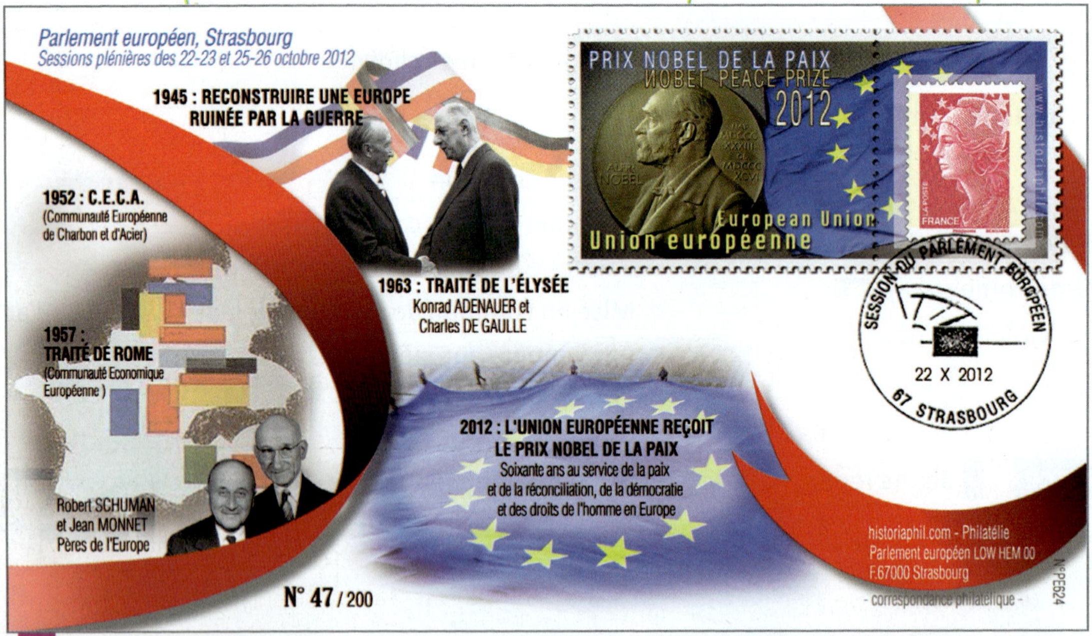

1 **Enveloppe philatélique créée pour l'attribution du Prix Nobel de la Paix à l'Union européenne**

J.-L. Staedel, tirage limité à 200 exemplaires, 22 octobre 2012.

2 **La déclaration de Rome, 27 mars 2017**

La déclaration de Rome a été signée 60 ans après le traité de Rome.

La construction de l'unité européenne est une entreprise audacieuse et visionnaire. Il y a soixante ans, au sortir de la tragédie des deux guerres mondiales, nous avons décidé de nous lier et de reconstruire notre continent en le faisant renaître de ses cendres. Nous avons mis en place une Union unique en son genre, dotée d'institutions communes et de valeurs fortes, une communauté fondée sur la paix, la liberté, la démocratie, les droits de l'homme et l'État de droit, et une grande puissance économique assurant des niveaux de protection sociale et de bien-être sans pareils.

Faire front ensemble constitue notre meilleure chance de peser sur cette dynamique et de défendre nos valeurs et intérêts communs. Nous agirons de concert, [...] avançant dans la même direction, comme nous l'avons fait par le passé, conformément aux traités et en laissant la porte ouverte à ceux qui souhaitent se joindre à nous plus tard. Notre Union est une et indivisible.

Les dirigeants des 27 États membres et les membres du Conseil européen, du Parlement européen et de la Commission européenne.

Citez entre guillemets les extraits qui montrent le but recherché dès les origines de la construction européenne et le résultat obtenu.

Expliquez ce que montre le traité de l'Élysée sur le fonctionnement de l'Union européenne (**doc 1**) puis comment sont mises en place les politiques communes (**doc 2**).

QUESTIONS

1 Doc 1 et 2. **Relevez** un des objectifs de la construction européenne et **montrez** qu'il a été atteint.

2 Doc 1 et 2. **Nommez** les valeurs sur lesquelles s'est construite l'Union européenne.

3 Doc 1 et 2. **Identifiez** les grandes étapes de la construction européenne.

4 Doc 1 et 2. **Expliquez** la manière dont se fait la construction européenne.

Relevez le nom des principaux traités et des organisations et montrez qu'il y un approfondissement et un élargissement.

Conseils pour s'entraîner

Pour bien comprendre le sens des documents, identifiez :

→ la nature des **docs 1 et 2** : des documents qui fixent des objectifs, des valeurs, des étapes (questions **1**, **2**, **3**) ;

→ le message des **docs 1 et 2** : des documents qui expriment la volonté de réaliser « une Union unique en son genre » (questions **1**, **2**, **4**) ;

→ les destinataires des **docs 1 et 2** : pourquoi et comment s'adresser ainsi aux citoyens (questions **1**, **2**, **3** et **4**) ?

Exercice 2

SUJET BLANC

Maîtriser différents langages

Rédigez un développement construit d'une vingtaine de lignes pour expliquer les différentes étapes et les objectifs de la construction européenne depuis 1951.

Sujets possibles

→ Expliquez les étapes et les enjeux de la construction européenne pendant la guerre froide.

→ Présentez les enjeux de la création de l'Union européenne et les défis auxquels elle doit faire face.

→ Montrez que le projet de construction européenne a rapproché les États européens et renforcé leur coopération.

Chapitre

8 Enjeux et conflits dans le monde après 1989

→ À quels nouveaux types de conflits et à quelles menaces le monde est-il confronté depuis 1989 ?

1 De nouvelles conflictualités

La guerre en Syrie : guerre civile depuis 2011 et guerre contre l'État islamique depuis 2014.

À Raqqa (août 2017), des femmes membres des FDS (Forces démocratiques syriennes, soutenues par les États-Unis) participent à la reprise de la ville aux mains du groupe État islamique (Daech).

DANS CE CHAPITRE, DE QUOI VA-T-ON PARLER ?

En analysant les termes du sujet et les documents, je réponds aux questions suivantes :

- De quel espace est-il question ?
- Que s'y passe-t-il ?
- À quelle période ?

Vu au chapitre 5

- Les conflits de la guerre froide (1947-1991) sont à l'origine d'un nouvel ordre mondial, divisé en deux blocs.
- La chute du mur de Berlin puis la disparition de l'URSS mettent fin à la guerre froide.

2 Le monde « marche pour le climat »

Glasgow (COP 26), 6 novembre 2021, près de 50 000 manifestants pour le climat, et des dizaines de milliers d'autres partout sur la planète : ils exigent des dirigeants des actions face au dérèglement climatique qui menace l'humanité.

Je me repère

Le monde depuis 1989

VOCABULAIRE

- **Islamisme** : idéologie politique qui veut fonder l'organisation de la société et de l'État sur les préceptes de textes religieux, principalement le Coran.
- **ONU (Organisation des Nations unies)** : organisation créée en 1945 dont la mission est de maintenir la paix et la sécurité. Siégeant à New York, elle regroupe 193 États en 2016.
Les principales décisions sont prises par un Conseil de sécurité de 11 membres dont 5 permanents (Chine, États-Unis, France, Royaume-Uni, Russie).
- **Terrorisme** : ensemble d'actes de violence commis par une organisation pour créer parmi la population un climat de terreur et d'insécurité, et faire ainsi pression sur un État.

LES ACTEURS DE L'HISTOIRE

- Les **États-Unis**, la superpuissance mondiale.
- La **Chine**, puissance émergente, 2e puissance économique mondiale.
- L'**ONU** (organisation des Nations unies).
- Les **ONG** (organisations non gouvernementales) : associations humanitaires engagées auprès des civils victimes des conflits.
- **Les organisations terroristes islamistes :** Al-Qaïda, Daech (mouvement qui veut instaurer un État islamiste au Proche-Orient), etc.
- Les **citoyens** qui s'engagent contre le terrorisme, le dérèglement climatique, etc.

QUESTIONS

1. Nommez les États qui dominent le monde dans les années 1990 et depuis les années 2000.
2. Citez deux conflits dans lesquels une force internationale est intervenue pour rétablir la paix.
3. Expliquez quelle nouvelle menace pèse sur la sécurité internationale depuis le 11 septembre 2001.

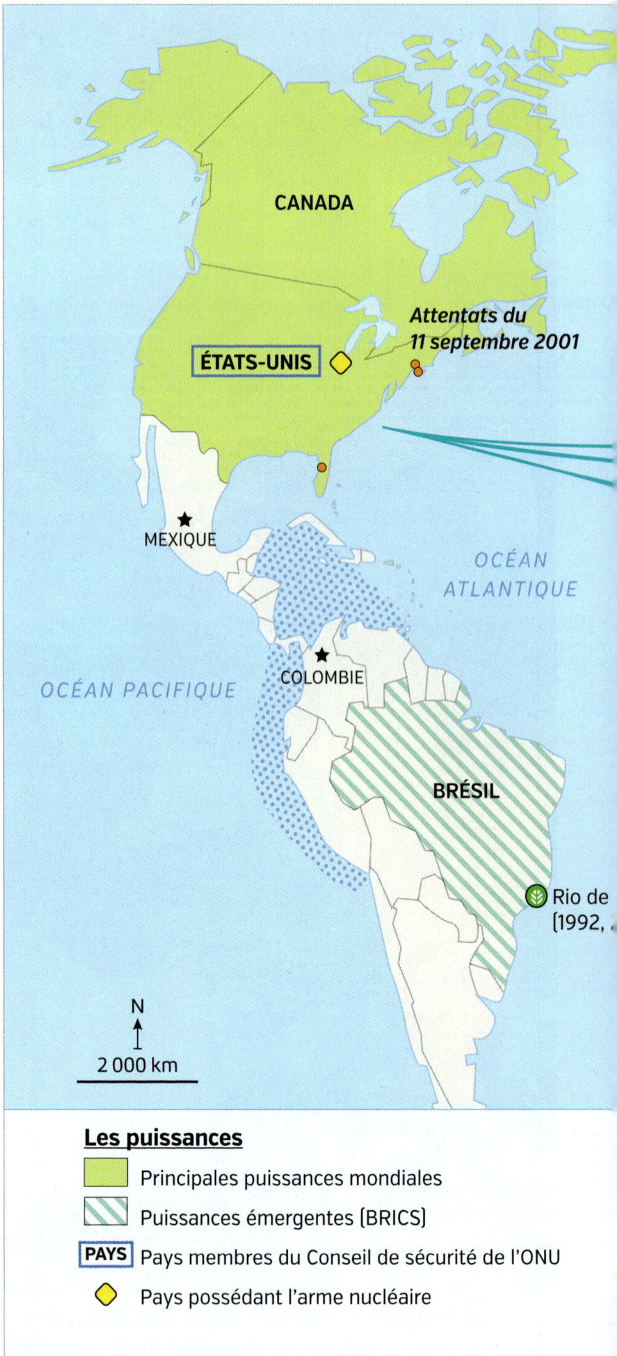

Les conflits dans le monde depuis le début des années 1990

1989 · 1995 · 2000 · 2005 · 2010 · 2015 · 2020

Le monde dominé par les États-Unis

- **1989** Fin de la guerre froide
- **1991** Disparition de l'URSS
- **1990-1991** Guerre du Golfe
- **1991-1999** Guerres en ex-Yougoslavie
- **11 sept. 2001** Attentats islamistes à New York et Washington

Un monde multipolaire

- **2001-2014** Guerre d'Afghanistan
- **2009** 1er sommet des BRICS
- **2011** Début de la guerre en Syrie
- **2015** COP21 et Accord de Paris sur le climat
- **2015-2016** Attentats islamistes à Paris, Bruxelles, Berlin, Istanbul…
- **2019** Défaite de l'État islamique (Daech) en Syrie
- **2022** Invasion de l'Ukraine par la Russie

Carte interactive

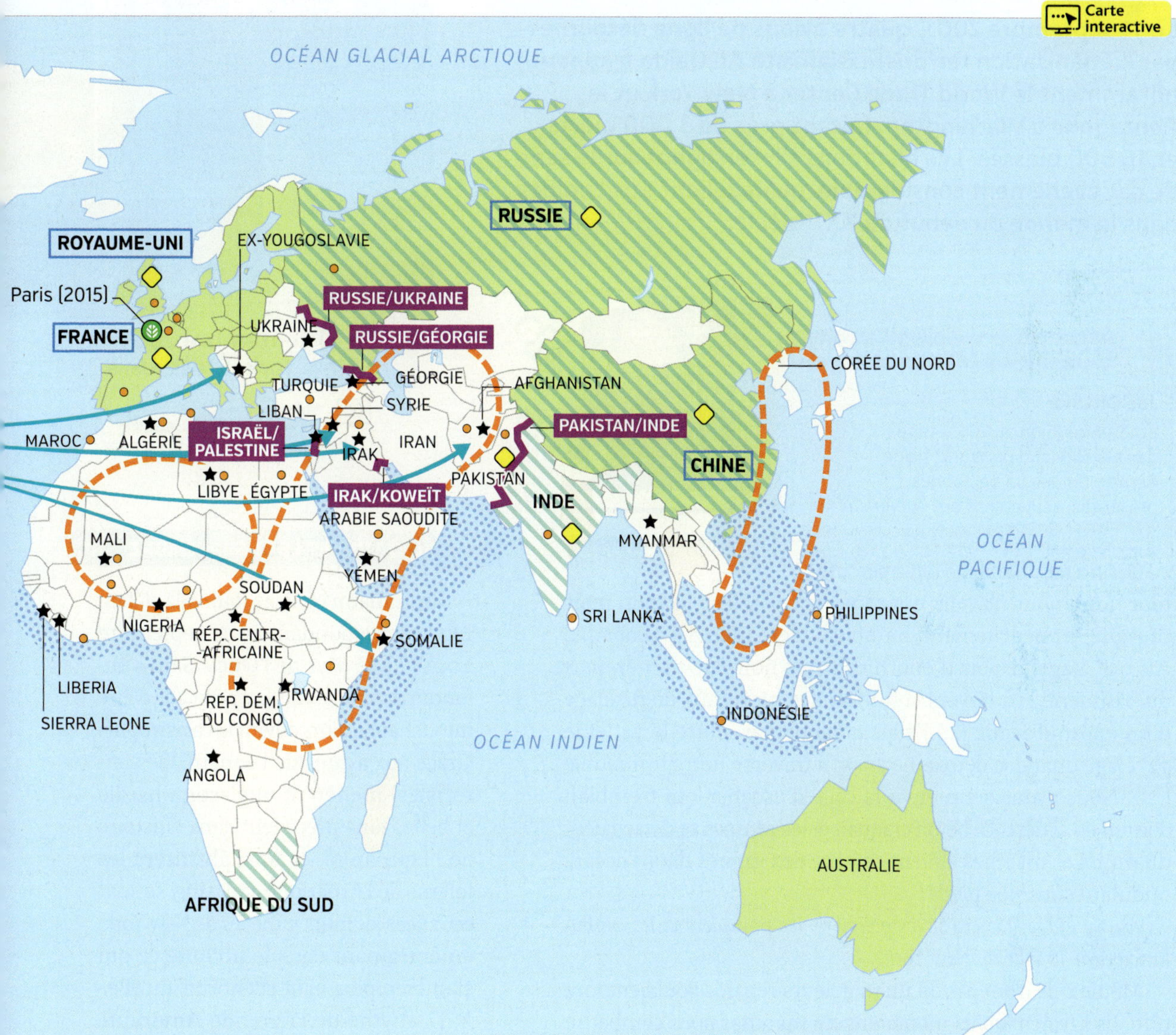

Tensions et conflits

- Zones de fortes tensions
- Guerres civiles
- Conflits interétatiques
- Principaux engagements internationaux pour l'environnement
- Zones de piraterie maritime
- Attentats revendiqués par le terrorisme islamiste
- Principales interventions militaires des États-Unis

Les outils de l'historien p. 14

11 septembre 2001, l'entrée dans une nouvelle ère de conflits

Le 11 septembre 2001, quatre avions de ligne détournés par l'organisation terroriste islamiste Al-Qaïda frappent notamment le World Trade Center à New York et le Pentagone à Washington, faisant près de 3 000 morts et 16 500 blessés. Les historiens s'interrogent sur le sens de cet événement considérable, qu'ils relient aux conflits dans le monde du début du XXIe siècle.

1 Le 11 septembre 2001 à New York, États-Unis

Vidéo Les attentats du 11 septembre

2 TÉMOIGNAGE D'UN SURVIVANT

Joe Dittmar
était en réunion au 105e étage dans la tour sud du World Trade Center. Sur les 54 personnes présentes, seules sept ont survécu.

college.nathan.fr/ 22hg08o1

Quand un premier avion a percuté la tour nord, nous n'avons pas compris ce qu'il se passait, mais presque immédiatement, on nous a demandé d'évacuer. [...] Au 90e étage, je vois d'énormes trous noirs de part en part du bâtiment, et à travers la fumée, des morceaux de fuselage d'un énorme avion. [...] J'étais quelque part entre le 74e et le 72e étage quand le deuxième avion a traversé notre immeuble [...]. Nous avons senti et vu la cage d'escalier qui tremblait d'avant en arrière. Le béton craquait et les rampes se détachaient du mur. Les marches étaient comme des vagues dans l'océan, ondulant sous nos pieds.

Au 35e étage, Joe croise les policiers, les pompiers et les ambulanciers de la ville de New York.

Même s'ils n'ont pas dit un mot, leurs regards voulaient tout dire. Ils savaient qu'ils montaient ces marches pour combattre un feu qu'ils ne pourraient pas éteindre, sauver des vies qu'ils ne pourraient pas sauver. Ils savaient qu'ils montaient et qu'ils ne reviendraient jamais.

Elsa Péault, « L'incroyable témoignage d'un survivant des attentats du World Trade Center », ladepeche.fr, 11 septembre 2021.

3 AL-QAÏDA ET LE 11-SEPTEMBRE

En ce mardi béni, 23 Joumada al-Tani 1422 correspondant au 11 septembre 2001 [...], le pays de l'Oncle Sam s'enfonçait dans le péché, [...] persuadé d'être intouchable, alors advint la catastrophe. Grâce aux avions de l'ennemi, [les terroristes] menèrent une action hardie et belle, sans précédent dans l'histoire de l'Humanité, et ainsi abattirent les totems de l'Amérique. [...] Ainsi se sont écroulées les tours jumelles de New York, en entraînant dans leur chute ce qui était bien plus haut et énorme qu'elle.

Le mythe de la grande Amérique s'est écroulé !

Le mythe de la démocratie s'est écroulé !

Le mythe de la terre de la liberté s'est effondré !

Oussama Ben Laden, « Recommandations tactiques », texte qui daterait de décembre 2002. Cité dans Gilles Kepel, Jean-Pierre Milelli (dir.), *Al-Qaïda dans le texte*, PUF, 2008.

4 LE PRÉSIDENT DES ÉTATS-UNIS FACE AU 11-SEPTEMBRE

20 septembre 2001

Le 11 septembre, les ennemis de la liberté ont commis un acte de guerre contre notre pays. [...]

Les éléments de preuve que nous avons rassemblés désignent tous un réseau d'organisations terroristes [...], connu sous le nom d'Al-Qaïda. [...]

Nous poursuivrons les nations qui assurent une aide ou un asile au terrorisme. [...]

Cette lutte est celle du monde entier, [...] de tous ceux qui croient [...] au pluralisme, à la tolérance et à la liberté. [...]

[...] J'ai demandé à nos forces armées de se tenir en alerte [...]. L'heure arrive où l'Amérique va agir [...].

Extrait du discours du président G.-W. Bush devant le Congrès des États-Unis, 20 septembre 2001.

29 janvier 2002

En quatre mois seulement, notre pays a su [...] réunir une grande coalition[1], capturer, arrêter et débarrasser le monde de milliers de terroristes, détruire des camps d'entraînement de terroristes en Afghanistan [...]. Ce soir, nous gagnons la guerre contre le terrorisme. [...] Nos ennemis voient le monde entier comme un champ de bataille, et nous devons les poursuivre où qu'ils soient.

Extrait du *Discours sur l'état de l'Union* du président G.-W. Bush, 29 janvier 2002.

1. Autorisée par l'ONU, elle intervient en Afghanistan et compte plus de 130 000 hommes provenant de 51 pays membres de l'OTAN, dont la France. L'OTAN se retire d'Afghanistan en 2014.

Vidéo Vingt ans de guerre en Afghanistan

5 LES ATTENTATS ISLAMISTES DANS LE MONDE DEPUIS 2001

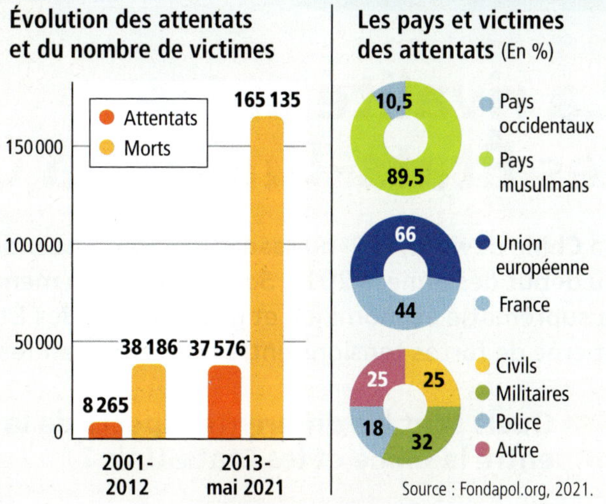

Source : Fondapol.org, 2021.

Activités

J'analyse l'événement

1 **Doc 1 à 3.** Présentez l'événement du 11 septembre 2001 : les faits et les lieux – les acteurs – les anonymes

2 **Doc 1, 2, 4 et 5.** Expliquez pourquoi les attentats du 11-septembre correspondent à un événement historique.

Je comprends le travail de l'historien

3 Sur quelles sources Jean-Pierre Filiu s'est-il appuyé pour expliquer l'évènement du 11-septembre ?

4 Comment Jean-Pierre Filiu interprète-t-il les conséquences du 11-septembre dans l'ordre mondial du début du XXIe siècle ?

Aide pour réaliser la synthèse de l'interview

INFO

Un événement historique, c'est :

- un fait d'une intensité considérable
- un fait imprévisible
- un fait au retentissement planétaire
- un fait avec des conséquences sur l'ordre mondial

LE POINT DE VUE DE *l'historien*

6 ENTRETIEN AVEC ...

Jean-Pierre Filiu
Professeur des universités en histoire du Moyen-Orient contemporain à l'IEP de Paris et à l'École de Paris des affaires internationales.

college.nathan.fr/22hg0802

« Georges W. Bush a lancé, en riposte aux attentats du 11 septembre 2001, « une guerre globale contre la terreur ». Les membres d'Al-Qaïda n'étaient alors qu'un ou deux milliers. Dix-huit années plus tard, [...] les partisans d'Al-Qaïda, de Daech et de leurs organisations affiliées sont désormais des dizaines de milliers, avec des centaines de milliers de sympathisants présents dans le monde entier. »

Extrait du blog de l'historien Jean-Pierre Filiu, site du journal *Le Monde*, 15 septembre 2019.

Je découvre

La rivalité entre les États-Unis et la Chine

La Chine devient, la 2e puissance économique mondiale au début des années 2010. Son essor rapide menace la suprématie économique et géopolitique des États-Unis et crée de fortes tensions entre ces deux grandes puissances.

Vidéo
Chine/États-Unis, rivaux ou partenaires ?
college.nathan.fr/22hg0803
jusqu'à 5'20

→ Quels sont les différents aspects de la rivalité entre la Chine et les États-Unis ?

1 Une rivalité commerciale et militaire

La Chine et les États-Unis sont d'abord les deux pays les plus riches de la planète, les deux premiers PIB. Mais la Chine rattrape progressivement les États-Unis et pourrait les doubler avant 2030. [...] Les investisseurs chinois sont, et de loin, les premiers créanciers de l'économie américaine : Washington vit à crédit, un crédit chinois. [...]

Il y a deux grandes catégories de contentieux entre les deux pays.

Le premier [...], c'est la bataille commerciale. En 2018, Washington a imposé toute une série de taxes sur les produits chinois [...]. La Chine a rétorqué en faisant à peu près la même chose. La bataille s'est intensifiée sur la téléphonie et le numérique, la 5G, les cartes mémoires, Huawei, Tik Tok, accusés par Washington d'être des outils potentiels d'espionnage pour le pouvoir chinois. Les choses ont fini par se calmer avec un accord commercial [...].

Le deuxième contentieux est relatif à Taïwan et plus globalement à la situation en mer de Chine méridionale. [...] La Chine ne cesse d'ailleurs de s'étendre militairement dans toute la zone située au sud de Taïwan [...]. La tension militaire y est croissante : c'est par excellence la région du monde où le président chinois Xi Jinping montre ses muscles aux États-Unis. [...]

D'après Jean-Marc Four et Franck Ballenger, « Les États-Unis aux yeux de la Chine : un rival à détrôner... et un partenaire », franceculture.fr, 24 janvier 2021.

2 Chine/États-Unis, le rapport de force

3 Les tensions en mer de Chine

26 août 2020 : tir de quatre missiles balistiques par la Chine en mer de Chine, « en réponse aux risques apportés par la présence de plus en plus fréquente d'avions de combats et de navires militaires américains », dans une zone interdite de navigation.

Une de *Courrier international*, 30 septembre - 6 octobre 2021.

INFO

La Chine a envoyé le 1er « taïkonaute » dans l'espace en 2003 et une station spatiale est lancée en 2011. En 2019, une sonde chinoise s'est posée sur la face cachée de la Lune dans le but de l'explorer. La Chine prévoit d'envoyer, dans les prochaines années, une **mission habitée** sur la Lune afin d'y exploiter les ressources minières.

4 La rivalité spatiale entre la Chine et les États-Unis

Dessin publié le 4 janvier 2019, le lendemain de l'alunissage de la sonde spatiale chinoise Chang'e 4.

Dessin de Shadi Ghanim, *The National* (Émirats arabes unis).

Activités

Parcours 1

Je comprends le sens général des documents

1 **Doc 1, 2 et 4.** Citez deux facteurs de puissance des États-Unis et deux facteurs de puissance de la Chine.

2 **Doc 1, 2 et 4.** Identifiez les domaines économiques au cœur de la rivalité entre les États-Unis et la Chine.

3 **Doc 1, 2 et 3.** Relevez les informations qui évoquent la rivalité militaire entre les États-Unis et la Chine.

Je classe des informations dans un tableau

4 Afin d'identifier rigoureusement la rivalité entre la Chine et les États-Unis, je distingue ce qui les oppose dans le tableau ci-dessous.

	Une rivalité économique et technologique	Une rivalité militaire et diplomatique
Les faits		
Les explications des faits		

Aide à l'élaboration d'un tableau explicatif

Parcours 2

J'argumente à l'écrit

À l'aide des informations relevées dans les documents, vous rédigez un paragraphe qui identifie et explique les types de rivalités entre la Chine et les États-Unis.

Argumentez en illustrant les faits évoqués par des données chiffrées, en citant les lieux concernés, etc.

Aide à la rédaction du paragraphe argumenté

Je découvre

TÂCHE COMPLEXE

Une conférence mondiale sur le climat : la COP21 (2015)

ENQUÊTE *Faire une présentation orale*

Engagé(e) dans une association luttant contre le changement climatique, vous avez assisté à la COP21 qui a eu lieu en France en 2015 et a abouti à l'Accord de Paris. En 2021, on vous demande d'expliquer cette conférence aux nouveaux membres de l'association.

▸ Pratiquer différents langages

Coups de pouce

Vous pouvez distinguer trois thèmes à l'aide des informations communiquées dans les documents :

- Ce qu'est une COP et les acteurs de la COP21 (doc 1, Vocabulaire)
- L'Accord de Paris et les engagements pris (doc 2, 3 et 4)
- Les limites de l'Accord et la mobilisation actuelle contre le changement climatique (doc 5 et 6)

Guidage pour la réalisation de la tâche complexe

- **1987** Rapport Brundtland : définition de la notion de « développement durable »
- **1992** Sommet de la Terre (Rio de Janeiro) : accords sur la biodiversité, les effets du changement climatique (désertification).
- **1995** 1re COP : objectif de diminution des émissions de gaz à effet de serre (GES).
- **1997** Protocole de Kyoto : engagement de 37 pays industrialisés à réduire leur GES (55 pays en 2002).
- **2015** COP21 et Accord de Paris : premier traité mondial contre le changement climatique.

1 Les participants à la COP21

La COP21 en 2015 a réuni les délégations officielles de 195 États et de l'Union européenne, représentants d'État et négociateurs mais aussi des organisations non-étatiques, représentant la société civile : ONG, entreprises, syndicats, collectivités locales, organisations de protection de l'environnement, peuples autochtones, instituts de recherche... [...]

Enfin, les médias ont été largement présents avec plus de 3 000 journalistes du monde entier pour relayer les débats et les événements. Au total, c'est plus de 40 000 personnes qui ont participé à la COP21 et 88 700 visiteurs. [...]

Le 12 décembre 2015, la COP21 s'est conclue sur un premier accord qui prévoit de limiter l'augmentation de la température à 2 °C, voire d'aller vers l'objectif de 1,5 °C par rapport à l'ère préindustrielle.

D'après l'Agence parisienne du climat, apc-paris.com/cop-21, décembre 2021.

1. François Hollande, président de la République française
2. Laurent Fabius, président de la COP21
3. Ban-Ki Moon, secrétaire général de l'ONU
4. Christiana Figueres, représentante de l'ONU
5. Laurence Tubiana, ambassadrice de la France pour les négociations sur le climat

Vidéo

2 Changement climatique, le défi

Ministère de l'Environnement, de l'énergie et de la mer.

COP21

29 articles | 31 pages

195 pays étaient appelés à adopter le texte.

1. **Limitation du réchauffement à 1,5 °C**
Contenir l'élévation de la température mondiale en-dessous des 2 °C.
2. **Objectif « neutralité carbone »**
Engagement à entreprendre des actions de réduction des gaz à effet de serre.
3. **100 milliards de dollars/an**
Versés par les pays du Nord aux pays du Sud pour accélérer leurs mesures climatiques et leur développement.
4. **Évaluation de l'accord tous les 5 ans**
5. **Pertes et préjudices**
Mesures de compensation des dommages subis par les pays les plus exposés.

Ouest-France, 4 novembre 2016.

3 L'Accord de Paris, un accord historique

Pays ayant ratifié ou signé l'Accord de Paris sur le climat,
en date du 22 avril 2021

- **2016** : 175 États signent l'Accord de Paris au siège de l'ONU.
- **2021** : 195 États ont signé l'Accord de Paris.

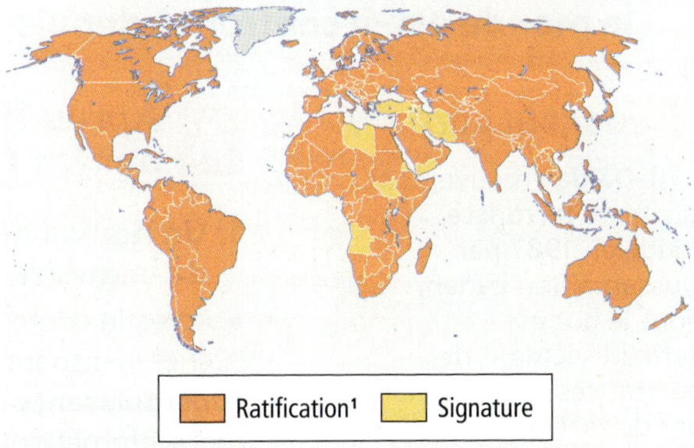

[1] Vote de l'Accord de Paris par le parlement de chaque État, en plus de leur signature.

UNFCC, Statista.

4 L'entrée en vigueur de l'Accord de Paris

5 La COP26 (2021)

Ce rendez-vous suffira-t-il à éteindre le feu ? Depuis deux semaines, tous les regards étaient tournés vers Glasgow, en Écosse, pour cette 26e Conférence des Nations unies qui devait être un moment historique, « la réunion de la dernière chance » comme on avait pu l'entendre ! Repoussée d'un an en raison de la pandémie de Covid-19, cette COP26 restera un rendez-vous en demi-teinte, laissant un goût de déception du côté des citoyens, des ONG, ou de certains scientifiques. Mais, pour les acteurs officiels, elle aura eu le mérite d'obtenir sur le papier un peu plus d'efforts dans la lutte contre le changement climatique. Même si l'ambition de ne pas dépasser les 2 °C de réchauffement climatique par rapport à l'ère préindustrielle, voire de rester à 1,5 °C, n'est pas encore atteint.

« COP26 : et maintenant... », franceculture.fr, 26 novembre 2021.

VOCABULAIRE

- **Changement climatique** : modification des caractéristiques du climat en un endroit donné. Actuellement, c'est une augmentation des températures moyennes qui modifie les équilibres météorologiques et les écosystèmes.
- **COP** : « Conference of Parties » (195 pays et l'Union européenne). Conférence internationale sur le climat qui réunit les États engagés depuis 1992 par la Convention cadre des Nations unies sur les changements climatiques (CCNUCC). Elle fait le point sur l'application de la Convention et négocie les nouveaux engagements.
- **Développement durable** : « développement qui répond aux besoins des générations du présent sans compromettre la capacité des générations futures à répondre aux leurs » (Rapport Brundtland, ONU, 1987).

Les jeunes marchent pour le climat
6 000 à Lille, 5 700 à Rennes, 5 000 à Strasbourg et Montpellier, 3 000 à Nantes, Marseille et Bordeaux… Dans le monde, les jeunes mobilisés dans plus de 200 pays.

Vidéo

6 La grève des jeunes pour le climat (2019)

Leçon

Podcast du cours

Enjeux et conflits dans le monde après 1989

→ **À quels nouveaux types de conflits et à quelles menaces le monde est-il confronté depuis 1989 ?**

A Après 1989, un monde dominé par les États-Unis

1. Un nouvel ordre mondial au lendemain de la guerre froide

• Après la chute du mur de Berlin en 1989, l'effondrement du bloc de l'Est et la disparition de l'URSS en 1991, **les États-Unis restent la seule superpuissance mondiale**. Ils ont gagné la guerre froide, et un nouvel ordre international se met en place sous leur conduite et celle de l'**ONU**.

• En 1991, les États-Unis et leurs alliés interviennent militairement pour libérer le Koweït envahi par l'Irak dans le cadre de la **guerre du Golfe**.

2. Les conflits de l'après-guerre froide

• La fin de la guerre froide voit resurgir des conflits en Europe, notamment en **ex-Yougoslavie** (1991-1999). Au Moyen-Orient, le conflit entre Israéliens et Palestiniens ne trouve pas de solution.

• L'Afrique, elle, connaît des **guerres civiles** liées à des causes ethniques, territoriales et économiques. En 1994, au **Rwanda**, les Tutsis sont victimes d'un **génocide** qui fait plus de 800 000 victimes.

• L'**ONU** intervient de plus en plus dans le règlement des conflits et pour maintenir la paix. Mais de nouvelles menaces apparaissent : la **prolifération nucléaire** inquiète tandis que le **terrorisme islamiste** s'en prend de plus en plus violemment aux intérêts américains dans le monde.

B Depuis 2001, nouveaux conflits, nouvelles rivalités, nouveaux enjeux

1. Le 11 septembre 2001, un traumatisme mondial

• Le **11 septembre 2001**, les États-Unis sont frappés pour la première fois sur leur sol, victimes de **l'attentat le plus meurtrier** de l'histoire. L'organisation terroriste **Al-Qaïda** veut ainsi démontrer au monde entier que les États-Unis ne sont pas invulnérables.

• **Les interventions américaines en Afghanistan en 2001,** autorisées par l'ONU, puis en Irak en 2003, sans son accord, sont des réponses à ces attaques. Mais les États-Unis s'enlisent dans ces conflits, apparaissant comme des envahisseurs aux yeux des populations locales. Ils retirent leurs troupes d'Irak (2011) et d'Afghanistan (2021).

2. Un monde devenu **multipolaire**

• Même si les États-Unis demeurent aujourd'hui la plus grande superpuissance, ils doivent faire face à **l'émergence de nouveaux concurrents** : les **pays émergents. La Chine menace la suprématie américaine** dans les domaines économique et militaire.

VOCABULAIRE

• **Al-Qaïda :** mouvement islamiste terroriste, fondé en 1987 par Oussama Ben Laden, dont le but est l'affaiblissement des puissances occidentales par des attentats meurtriers sur leur sol.

• **COP** → p. 155

• **Multipolaire :** se dit de l'organisation du monde dans laquelle la puissance est partagée entre plusieurs pôles, en opposition au temps de la guerre froide où le monde était dit « bipolaire »

• **ONU** → p. 148

• **Prolifération nucléaire :** augmentation du nombre de pays possédant l'arme atomique.

• **Terrorisme** → p. 148

BIOGRAPHIE

Joe Biden (né en 1942)
Président des États-Unis élu en 2020. Il réintègre les États-Unis dans l'Accord de Paris sur le climat, quitté en 2019 sur décision de son prédécesseur Donald Trump. En 2021, il ordonne le retrait des troupes américaines d'Afghanistan.

• Quant à **l'Union européenne** élargie à 28 depuis les années 1990, puis réduite à 27 après le **Brexit en 2020**, elle est une **puissance économique majeure**, mais elle peine à parler d'une seule voix. Cependant, elle affirme son unité par des mesures communes face au Covid-19 et au conflit naissant en Ukraine (2022).

3. La multiplication des conflits et nouvelles menaces

• Ces dernières années, les conflits se multiplient, provoquant des **migrations massives de populations fuyant les zones de guerre.** C'est le cas en **Afrique subsaharienne,** au **Moyen-Orient** et en **Afrique du Nord** où les révolutions arabes de 2011 ont débouché sur des **guerres civiles** (Syrie, Libye...). Depuis février 2022, c'est aussi le cas des Ukrainiens face à l'intervention militaire de la Russie.

• Depuis les années 2000, le **terrorisme islamiste** frappe régulièrement les pays en guerre (Irak, Afghanistan, Syrie, etc.) et les pays occidentaux (États-Unis, Royaume Uni, Espagne, France, Belgique, Australie...) faisant de nombreuses victimes, civiles et militaires.

• Enfin, face au **changement climatique** qui menace l'avenir de la planète, la communauté internationale s'est mobilisée, poussée par les ONG et l'opinion publique. L'**Accord de Paris**, premier traité mondial contre le changement climatique adopté en 2015 par la COP21, a engagé les États à réduire leurs émissions de gaz à effet de serre. Il a été signé par 195 États, mais les engagements ne sont pas tous honorés.

BIOGRAPHIE

Xi Jinping (né en 1953)
Président de la République populaire de Chine. En 2018, il fait supprimer l'article de la Constitution qui limitait le nombre de mandats présidentiels.

L'HISTOIRE D'UN MOT

Islamisme

L'**islamisme** est une idéologie politique qui veut fonder l'organisation de la société et de l'État sur les préceptes de textes religieux, principalement le Coran.

Ne pas confondre ce terme avec celui d'**islam** (la religion) ni avec celui d'**islamique** (la civilisation de l'**Islam**).

JE RETIENS AUTREMENT

Aux origines du monde actuel 1989-2001

La fin de la guerre froide (1989)

- Dislocation du bloc communiste et **disparition de l'URSS**
- Les États-Unis, **une superpuissance sans rival**

Un désordre mondial

- **De nombreux conflits**
  - Guerre civile en ex-Yougoslavie (1991-1999)
  - Guerres civiles en Afrique et génocide au Rwanda (1994)
- **Des menaces**
  - Prolifération des armes de destruction massive
  - Terrorisme islamiste

11 septembre 2001 : attentats islamistes aux États-Unis

Le monde actuel depuis 2001

Un monde multipolaire

- **Les États-Unis, une superpuissance contestée**
  - Attentats islamistes (2001), guerres sans victoire en Afghanistan (2001-2014) et en Irak (2003-2011)
- **De nouvelles puissances régionales**
  - L'Union européenne élargie à l'Est (27 États depuis 2020.)
  - Puissances émergentes : Russie, Chine, la grande rivale des États-Unis

Multiplication des conflits, nouvelles menaces

- **Le Moyen-Orient**
  Conflit israélo-palestinien, guerres civiles en Afghanistan et en Irak, révoltes des « Printemps arabes » (2011)

- **L'Afrique : de nouveaux terrains de conflits**
- **Expansion mondiale du terrorisme islamiste**
- **Changement climatique et COP**

Apprendre à apprendre

Réaliser une carte mentale numérique

ÉTAPE 1 Je mémorise ma leçon

Je sais situer :
- les attentats islamistes contre le World Trade Center et le Pentagone
- la COP21
- les révolutions arabes
- les principales zones de fortes tensions dans le monde

Je sais définir :
- ONU
- changement climatique
- COP
- islamisme
- monde multipolaire

Je sais expliquer l'essentiel :
- l'événement du 11 septembre 2001
- les tensions entre la Chine et les États-Unis
- les risques actuels pour la sécurité mondiale
- les actions face au changement climatique

Vérifiez que vous avez mémorisé les mots-clés et les notions à l'aide des exercices p. 159.

ÉTAPE 2 Je construis une carte mentale numérique

Pour bien mémoriser votre leçon, vous pouvez vous entraîner à construire une carte mentale reprenant les points essentiels du chapitre.

- Les cartes mentales peuvent être réalisées numériquement sur des logiciels gratuits (Mindmup, Xmind, Framindmap...).
- Exemple avec le logiciel Framindmap :
  Sur le logiciel, cliquez sur l'onglet « Nouvelle », inscrivez au centre de votre page le thème du sujet puis, au fur et à mesure de votre réflexion, insérez des sous-thèmes.
  Utilisez les éléments de l'**étape 1** : essayez de les placer dans votre carte mentale.

Vous avez la possibilité d'ajouter des couleurs et, sur certains logiciels, d'ajouter des images.

- Un exemple de carte mentale (inachevée) :

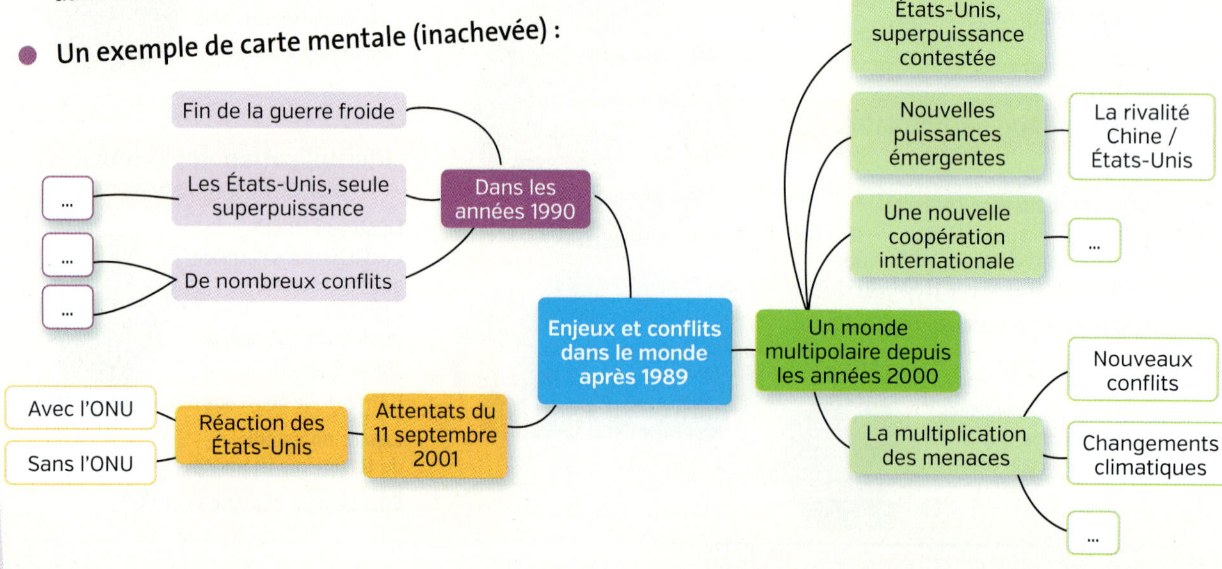

Exercices

Exercices interactifs

EXERCICE 1 Je me repère dans le temps et dans l'espace ★

Indiquez la (ou les) bonne(s) réponse(s).

① Pour répondre aux attentats du 11 septembre 2001, les États-Unis ont :
a. déclenché la guerre du Golfe.
b. lancé une intervention militaire en Afghanistan en 2001.
c. poursuivi et tué Ben Laden, le chef d'Al-Qaïda.

② La rivalité entre la Chine et les États-Unis est :
a. économique
b. militaire
c. culturelle

③ Les puissances émergentes sont :
a. la Libye
b. l'Inde
c. la Chine

④ Les principales menaces qui pèsent sur la sécurité mondiale sont aujourd'hui :
a. le changement climatique.
b. une guerre nucléaire entre les États-Unis et la Russie.
c. le terrorisme islamiste.

EXERCICE 2 Je pratique différents langages ★★

Rédigez une ou deux phrases afin d'expliquer ce que ces documents issus du chapitre vous ont appris sur les conflits, les menaces et les enjeux dans le monde depuis 1989.

a

b

c

EXERCICE 3 Je m'informe sur Internet ★★★

① Relevez et classez les informations qui définissent ce nouveau type de guerre (vidéo à partir de 4 min 30) :
– La guerre civile : acteurs et actions
– La guerre confessionnelle : acteurs, dont Daech
– Le conflit international : la Coalition, les Kurdes, la Russie
– Le bilan en 2020 : le gouvernement de la Syrie, les Syriens, l'économie syrienne.

② Selon vous, pourquoi ce magazine peut-il être considéré comme une source fiable ?

college.nathan.fr/22hgo804

Le dessous des cartes, magazine géopolitique de la chaîne de télévision franco-allemande ARTE, réalisé par des géographes et des géopolitologues, 2021.

Brevet

Exercice 1

Analyser et comprendre des documents

SUJET GUIDÉ

1 L'Accord de Paris sur le climat

Nous sommes en effet parvenus à un projet d'accord ambitieux et équilibré. [...] Le projet d'accord proposé est différencié, juste, durable, dynamique, équilibré et juridiquement contraignant. [...] Il confirme notre objectif central, vital même, de contenir l'augmentation de la température moyenne [...], ce qui permettrait de réduire significativement les risques et les impacts liés au changement climatique. [...]. Il prévoit les moyens nécessaires pour permettre l'accès de tous au développement durable. [...] Il prévoit tous les cinq ans un bilan collectif de nos progrès. [...] S'il est adopté, ce texte sera donc un tournant historique.

Laurent Fabius[1], discours de clôture de la COP21, 12 décembre 2015.

1 Laurent Fabius, ministre français des Affaires étrangères, est président de la COP21.

Mettre en relation « l'Accord de Paris » et la «COP21 »

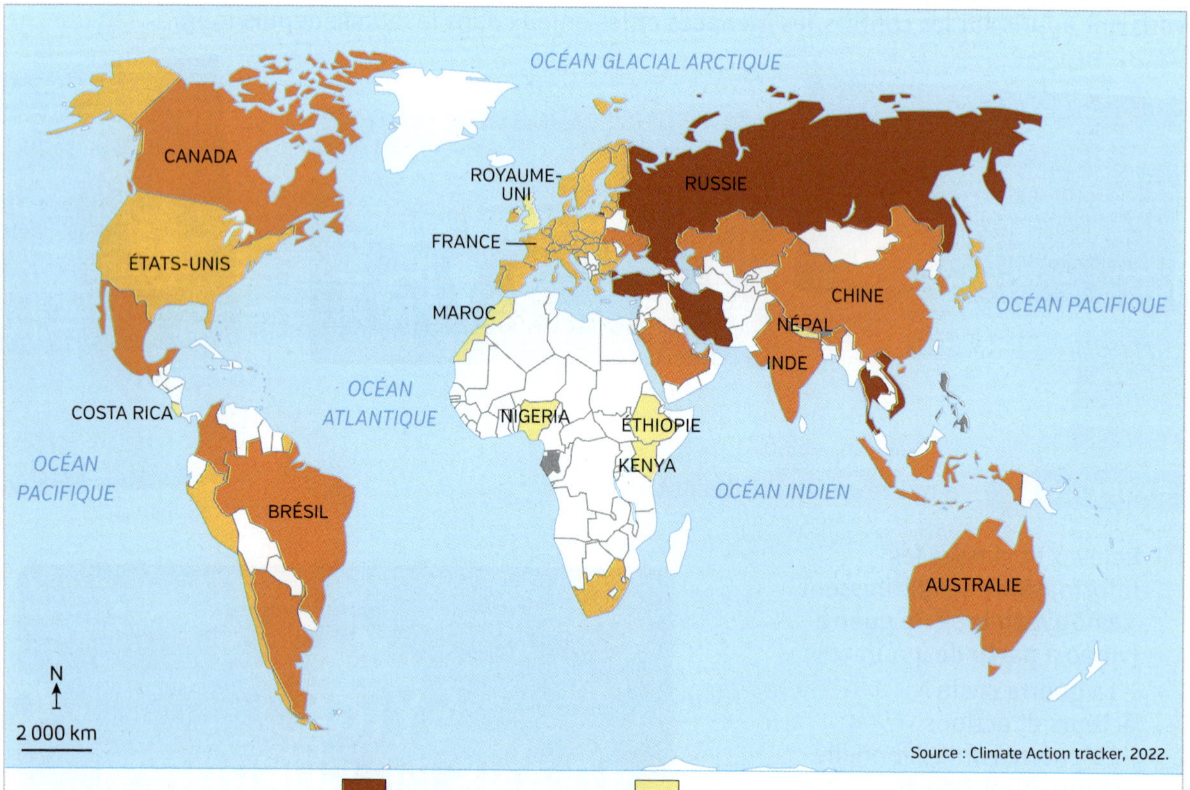

2 L'application de l'Accord de Paris par les États

Carte du « Climate Action Tracker », qui suit l'action gouvernementale en matière de lutte contre le changement climatique et la compare à l'objectif de l'Accord de Paris.

Groupe de recherche indépendant qui suit l'action des gouvernements dans leur réduction des émissions de gaz à effet de serre, conformément aux accords internationaux sur le climat.

QUESTIONS

Interrogez-vous sur la signification des verbes utilisés dans les questions.

Répondez à ces questions à l'aide de vos connaissances.

Vous devez dégager le sens des mots-clés de la question, en les mettant en relation et en les expliquant avec des arguments relevés dans les documents.

1. **Doc 1. Définissez** ce qu'est une COP et **datez** la COP21.
2. **Doc 1. Relevez** les objectifs de la COP21.
3. **Doc 1 et 2. Indiquez** qui est le « nous » évoqués par le président de la COP21.
4. **Doc 1. Expliquez** ce qu'est l'Accord de Paris présenté dans la phrase soulignée.
5. **Doc 1 et 2. Montrez** l'écart entre l'engagement pris par la COP21 de « contenir l'augmentation de la température moyenne » et la situation de la planète en 2022.

Conseils pour s'entraîner

→ Repérez les documents sur lesquels vous devez vous appuyer pour répondre aux questions posées : **doc 1** pour les **questions 1, 2 et 4** ; **doc 1 et 2** pour les **questions 3 et 5**.

→ Lorsque le document est un texte, lisez-le attentivement et soulignez les mots et groupes de mots qui vous serviront à répondre aux questions.

→ Lorsque le document est une carte, observez-la attentivement en la mettant en relation avec les éléments de la légende, puis classez les informations relevées en les associant à l'élément de la légende qu'elles illustrent.

Exercice 2

SUJET BLANC

Maîtriser différents langages et utiliser des repères historiques

• Sous la forme d'un développement construit d'une vingtaine de lignes et en prenant appui sur un ou plusieurs exemples étudiés en classe, décrivez et expliquez la nature des conflits et rivalités dans le monde depuis 1989.

• Datez les faits suivants et classez-les dans l'ordre chronologique:

– les attentats islamiques à New York et Washington
– le génocide au Rwanda
– la COP21

Sujets possibles

→ Montrez que les conflits se multiplient dans le monde (années 1990 et 2000).

→ Montrez que la puissance des États-Unis est une puissance contestée dans le monde depuis les années 2000.

→ Montrez que le monde est multipolaire depuis les années 2000.

→ Expliquez comment s'organise la coopération internationale pour lutter contre le changement climatique et quelles sont les limites de cette coopération.

Réviser le THÈME 2 Le monde depuis 1945

Définir les notions du thème

À l'aide des connaissances acquises dans les chapitres 5 à 8, complétez les notions clés de la carte mentale qui caractérisent les relations internationales depuis 1945.

Carte mentale à imprimer

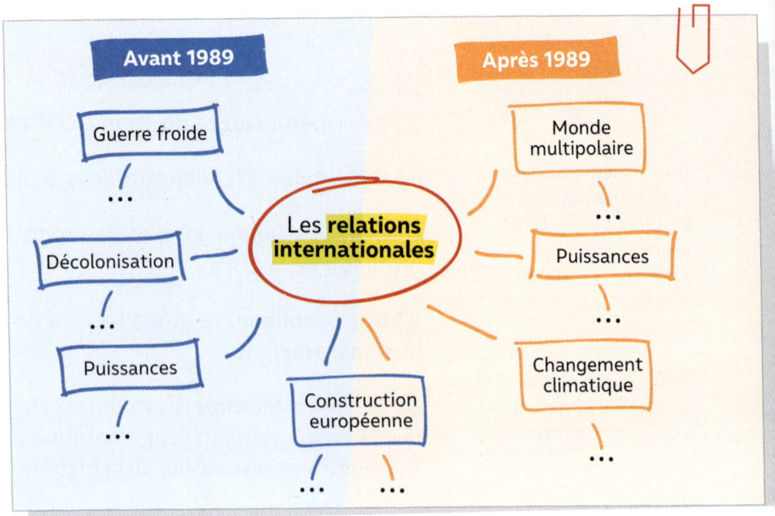

Maîtriser les repères chronologiques du thème

1 Identifiez le fait historique correspondant à chacune de ces images ou définition.

1

2

Période de forte tension sans affrontements directs entre États.

3

4

5

6

2 Associez chaque fait à la date ou à la période correspondante sur la frise chronologique.

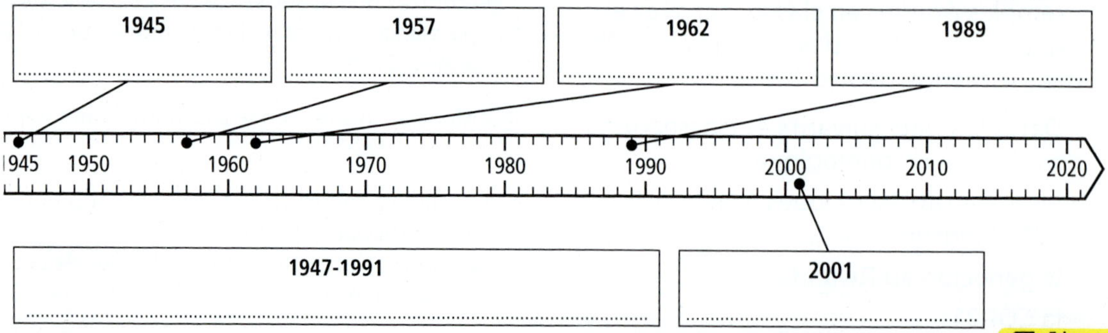

Frise à imprimer

Vers le lycée

Répondre à des questions de connaissances

Tout comme au collège, au lycée vous devez avant tout maîtriser votre cours. Les examens des voies professionnelles et technologiques comportent des épreuves qui ont pour objectif de vérifier vos connaissances.

A Maîtriser et utiliser des repères chronologiques

1 Recopiez et complétez le tableau suivant.

a. Nommez les acteurs à l'origine de ces événements.

b. Parmi les dates suivantes, choisissez celle qui concerne chacun de ces événements, et reportez-la dans le tableau. Attention une date peut correspondre à deux événements.

1957 – 1962 – 1947

Evènements	Acteurs	Dates
Ce président de la République française a contribué à l'indépendance de l'Algérie.		
Ces deux chefs d'État s'affrontent lors de la crise de Cuba.		
Ce « père de l'Europe » français est à l'origine de la création de la CEE.		
Ce chef du Parti du Congrès a négocié l'indépendance de l'Inde.		

2 À l'aide d'un exemple de votre choix, définissez ce qu'est la décolonisation.

B S'approprier les démarches historiques

1 En quelques lignes, **racontez la première étape de la construction européenne,** puis **expliquez son importance historique.**

2 En quelques lignes, **racontez l'évènement du 11 septembre 2001,** puis **expliquez son importance historique.**

C Formuler des réponses courtes à des questions

1 **Datez et situez** la conférence de Bandung.

2 **Citez quatre pays d'Europe orientale** qui entrent dans l'Union européenne après 1991.

3 **Définissez la notion** de guerre froide.

4 **Caractérisez,** par deux exemples**, les deux types de décolonisation.**

5 **Donnez deux arguments montrant que depuis 2001,** le monde est devenu multipolaire.

6 **Justifiez** l'affirmation suivante : « L'Accord de Paris est un accord historique sur le climat ».

THÈME 3

Françaises et Français dans une République repensée

BIOGRAPHIE

Elisabeth Cibot (née en 1960)
Sculptrice française, elle réalise plusieurs sculptures monumentales, dont trois de Charles de Gaulle : à Drancy (2007), Calais (2013) et Metz (2021).

Stuart Franklin (né en 1956)
Photographe britannique connu pour ses photographies des événements de 1989 en Chine, dont celle de l'homme bloquant seul les chars chinois près de la place de Tian'anmen.

Diaporama
Les statues de De Gaulle
www.college.nathan.fr/22hg0900

Parcours Arts
Analyse de l'œuvre et préparation à l'oral du brevet

Place d'Armes, Calais.
Photographie de Stuart Franklin, 2014.
Statue en bronze de Charles et Yvonne de Gaulle par Elisabeth Cibot, 2013.

Chapitre

9 En France, refonder la République, redéfinir la démocratie (1944-1947)

→ Comment, à la Libération, la République restaurée renforce-t-elle la démocratie ?

1 Les femmes votent pour la deuxième fois en octobre 1945

Le 21 avril 1944, le général de Gaulle, qui dirige le Comité français de libération nationale, octroie le droit de vote aux femmes. Elles votent pour la première fois en 1945.

DANS CE CHAPITRE, DE QUOI VA-T-ON PARLER ?

En analysant les termes du sujet et les documents, je réponds aux questions suivantes :

- Quelle période est concernée ?
- Quels mots qualifient le gouvernement de la France ?
- Quelles actions sont envisagées ?

Vu au collège

en 4e
- La IIe République proclame le suffrage universel masculin en 1848.
- La IIIe République veut unir les Français autour des symboles et des valeurs de la Révolution française de 1789.

en 3e
- Le gouvernement de Vichy (1940-1944) est antirépublicain.
- Pendant la Seconde Guerre mondiale, les résistants français combattent au nom des valeurs de la République **(chapitre 4)**.

2 La Libération et le retour de la République

« Le 14 juillet est plus que jamais fête nationale puisque la France y fête sa victoire en même temps que sa liberté » (général Charles de Gaulle). L'image associe les lieux, les symboles et les valeurs de la République.

Couverture de la revue *Regards*, 14 juillet 1945.

Je me repère

Libération et refondation de la République (1944-1947)

Carte interactive

1 La libération du territoire français

QUESTIONS

1. **Doc 1.** Décrivez les étapes de la libération de la France et nommez ses acteurs.
2. **Doc 2 et 3.** Présentez la situation de la France libérée et les actions menées.
3. **Frise.** Montrez le lien entre refondation, République et Résistance.

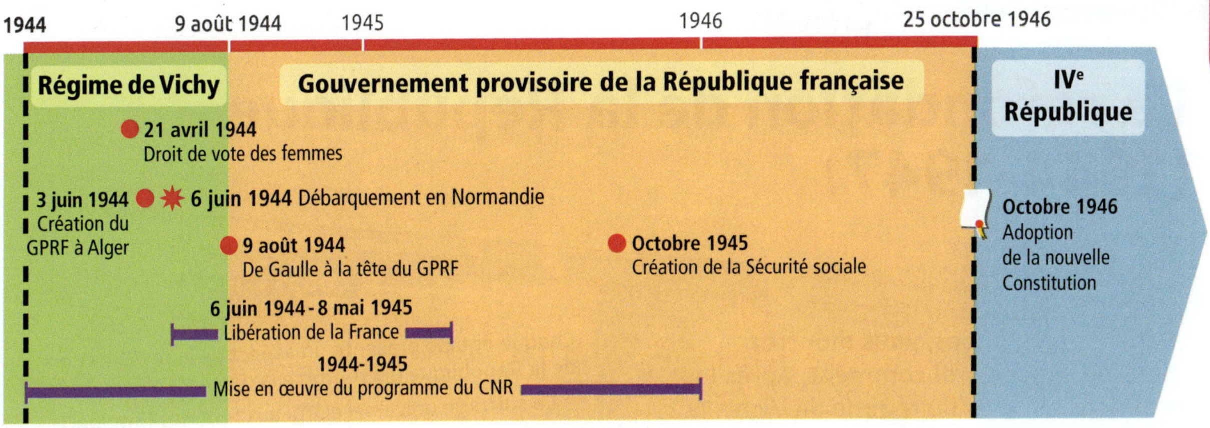

74 départements sur 90 très endommagés, des villes et villages bombardés

Une grande partie des habitations détruites : **20 % du capital immobilier**

1 million de ménages sans abri

14 % des surfaces agricoles détruites

50 % du réseau de voies ferrées détruit

2 1944 : Une France à reconstruire

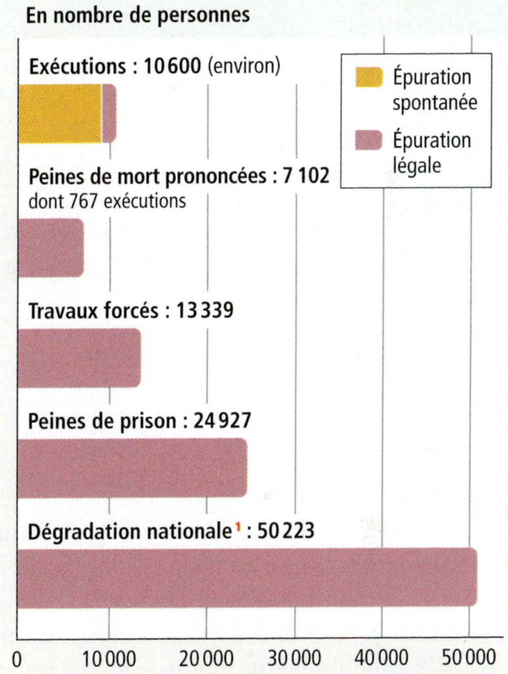

1. Perte des droits civiques (vote, éligibilité et exclusion de certaines professions, notamment la fonction publique).

Source : *Les Collections de l'Histoire*, n° 28, 2005.

3 Le bilan de l'épuration

VOCABULAIRE

- **Constitution** : loi suprême de la République. Expression de la souveraineté nationale, elle organise les pouvoirs politiques et garantit les droits fondamentaux des individus.
- **Conseil national de la Résistance (CNR)** : institution qui unit les différents mouvements de Résistance à partir de 1943.
- **Épuration** : processus visant à punir les personnes ayant collaboré avec l'occupant allemand. D'abord sauvage et spontanée, elle devient légale, sous l'autorité des tribunaux.

LES ACTEURS DE L'HISTOIRE

- Les **Alliés** (Américains, Britanniques, Canadiens).
- Les hommes et femmes de la **Résistance** (FFL, FFI).
- Les **troupes coloniales**.
- **De Gaulle** et les membres du **GPRF**.

Je découvre EN ÉQUIPES

La refondation de la République (1944-1947)

Répartis en équipes, vous montrez dans un exposé oral comment, après les « années noires » du régime de Vichy, la République est restaurée et fait naître une France nouvelle, fondée sur les valeurs défendues par les résistants.

▸ Coopérer et mutualiser

Coups de pouce

Chaque équipe présente un aspect de la restauration de la République qui renforce la démocratie :

- Le suffrage universel élargi aux femmes (**Équipe 1**)
- La mise en place de l'État-Providence (**Équipe 2**)
- La reconstruction économique de la France (**Équipe 3**)

Guidage pour la réalisation de l'exposé.

ÉQUIPES 1, 2 ET 3

Une République plus démocratique

Quels textes officiels fondent la République restaurée ?
Quelles mesures montrent les progrès de la démocratie ?

1 Le programme démocratique et social du CNR

Le CNR proclame :

4) Afin d'assurer :

– l'établissement de la démocratie la plus large en rendant la parole au peuple français par le rétablissement du suffrage universel ; la pleine liberté de pensée, de conscience et d'expression.

– l'égalité absolue de tous les citoyens devant la loi.

5) Afin de promouvoir les réformes indispensables :

b) Sur le plan social :

– le droit au travail et le droit au repos [...]

– un rajustement important des salaires [...] qui assure à chaque travailleur et à sa famille la sécurité, la dignité [...] ;

– un plan complet de sécurité sociale, visant à assurer à tous les citoyens des moyens d'existence [...] ;

– une retraite permettant aux vieux travailleurs de finir dignement leurs jours.

Programme du Conseil national de la Résistance, 15 mars 1944.

2 La Constitution de la IVe République

3. La loi garantit à la femme, dans tous les domaines, des droits égaux à ceux de l'homme. [...]

5. Chacun a le devoir de travailler et le droit d'obtenir un emploi. [...]

9. [...] Toute entreprise, dont l'exploitation a les caractères d'un service public national [...] doit devenir la propriété de la collectivité.

10. La Nation assure à l'individu et à la famille les conditions nécessaires à leur développement.

11. Elle garantit à tous, notamment à l'enfant, à la mère et aux vieux travailleurs, la protection de la santé, la sécurité matérielle, le repos et les loisirs. Tout être humain qui, en raison de son âge, de son état physique ou mental, de la situation économique, se trouve dans l'incapacité de travailler a le droit d'obtenir de la collectivité des moyens convenables d'existence.

Extraits du préambule de la Constitution de 1946.

ÉQUIPE 1 La démocratie politique : les femmes deviennent citoyennes

Quels droits politiques les femmes obtiennent-elles en 1944 ?
Que ressentent-elles avec l'obtention de ces droits politiques ?

3 **Les femmes, un nouvel électorat pour les partis politiques**
Affiche du Parti communiste français (PCF), *Femmes de France : faites confiance au Parti communiste français*, R. Frappier, 1946.

> **« Les femmes sont électrices et éligibles dans les mêmes conditions que les hommes. »**
> Article 17 de l'ordonnance du 21 avril 1944.

Le droit de vote accordé aux femmes

- **20 avril 1945** : Lors des élections municipales, 12 millions de femmes votent.
- **21 octobre 1945** : Élection de l'Assemblée nationale chargée de rédiger la Constitution de la IVe République : 33 femmes élues sur 586 députés.
- **14 juin 1946** : Premières élections législatives de la IVe République. Madeleine Braun, première femme élue vice-présidente de l'Assemblée nationale.

Vidéo La première Assemblée nationale constituante

4 **Les femmes votent pour la première fois**

Née en 1922, Solange Ducol vote pour la première fois le 29 avril 1945.

Je me souviens avoir ressenti la fin d'une injustice. J'ai pris ma décision seule et, par la suite, je n'ai jamais eu besoin de personne pour me dire ce qu'il fallait que je fasse. Il y en avait certaines qui n'avaient pas acquis une certaine indépendance politique et elles étaient sous la coupe du mari. C'est du reste une des raisons qu'invoquaient ceux qui étaient contre le droit de vote des femmes. Les femmes vont voter comme leur mari ou comme le curé ! J'ai souvent entendu cette réflexion.

En 1944-1945, il devenait difficile, et même impossible de refuser aux femmes le droit de vote car elles s'étaient battues et personne n'aurait compris. Depuis, je n'ai jamais raté une élection. On nous a donné le droit de vote, on nous a donné le droit de nous exprimer, eh bien il faut utiliser ce droit.

M.-A. Lescure, « Droit de vote des femmes », France-Inter, 28 avril 2015.

Je découvre EN ÉQUIPES

ÉQUIPE 2

La démocratie sociale : l'État-providence

Qui est à l'origine de la création de la Sécurité sociale ? Pourquoi peut-on affirmer que la Sécurité sociale instaure une société plus juste et solidaire ?

5 La création de la Sécurité sociale

Ambroise Croizat, ancien ouvrier de la métallurgie, devenu ministre du travail entre novembre 1945 et mai 1947, met en place la Sécurité sociale.

Le problème qui se pose aujourd'hui [...] est de garantir à tous les éléments de la population qu'en toute circonstance ils jouiront de revenus suffisants pour assurer leur subsistance familiale.

La Sécurité sociale est une. [...] Quel que soit le but particulier auquel peuvent tendre ses diverses institutions, qu'elles aient pour objet de couvrir les charges de la maladie, de fournir des retraites de vieillesse ou des pensions d'invalidité professionnelle, ou d'alléger les charges de familles nombreuses, il s'agit toujours d'opérer un prélèvement sur les revenus de la masse pour couvrir l'insuffisance des ressources de certains. L'unité de la Sécurité sociale n'est à cet égard que l'affirmation d'une solidarité nationale indiscutable. [...] Il s'agit toujours soit de garantir des soins, soit de répartir des revenus. »

Ambroise Croizat, discours prononcé devant l'Assemblée nationale, 8 août 1946.

6 Les valeurs de la Sécurité sociale
Affiche, 1947.

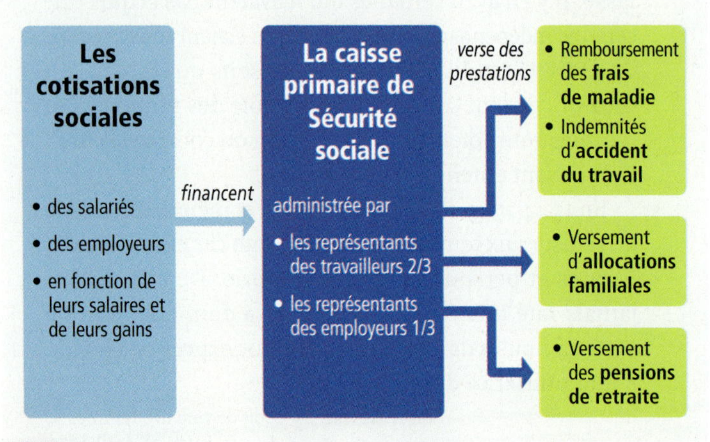

7 Le fonctionnement de la Sécurité sociale

« Garantir les travailleurs et leurs familles contre les risques de toute nature susceptibles de réduire ou de supprimer leur capacité de gain. »

Ordonnance du 4 octobre 1945

VOCABULAIRE

- **État-providence** : ensemble des dispositifs par lesquels l'État intervient dans l'économie et la société, protégeant les individus et redistribuant les richesses.

ÉQUIPE 3

La démocratie économique : la reconstruction de la France

Selon quels principes se mettent en place les réformes économiques du programme du CNR ? Qui participe à la reconstruction de la France et comment ?

8 L'effort de la Nation

Un ouvrier (en bleu), un cadre (en blanc) et un paysan (en rouge) unis pour la Reconstruction.

Carte postale de 1945.

VOCABULAIRE

- **Nationalisation** : opération par laquelle l'État prend le contrôle d'une entreprise privée et en devient le propriétaire.

9 Le rôle de l'État : nationaliser les secteurs clés de l'économie

Les nationalisations (1944-1946)	
L'énergie	• Houillères du Nord et du Pas-de-Calais • Création d'Électricité de France (EDF), de Gaz de France, des Charbonnages de France
L'industrie	• Usines Renault
Les transports	• Air France
Les banques	• Banque de France, Crédit Lyonnais, Société générale, Banque nationale du commerce et de l'industrie (actuelle BNP)
L'assurance	• 34 sociétés d'assurance • Caisse des dépôts et consignations

Leçon

Podcast du cours

En France, refonder la République, redéfinir la démocratie (1944-1947)

→ Comment, à la Libération, la République restaurée renforce-t-elle la démocratie ?

VOCABULAIRE

- **Conseil national de la Résistance (CNR) :** institution qui unit les différents mouvements de Résistance à partir de 1943.
- **Constitution :** loi suprême de la République. Expression de la souveraineté nationale, elle organise les pouvoirs politiques et garantit les droits fondamentaux des individus.
- **Épuration :** processus visant à punir les personnes ayant collaboré avec l'occupant allemand. D'abord sauvage, elle devient légale, sous l'autorité des tribunaux.
- **État-providence :** ensemble des dispositifs par lesquels l'État intervient dans l'économie et la société, protégeant les individus et redistribuant les richesses.
- **Nationalisation :** opération par laquelle l'État prend le contrôle d'une entreprise privée et en devient le propriétaire

A La restauration de la République

1. La libération du territoire

- Les **débarquements alliés** en Normandie (6 juin 1944) puis en Provence (15 août 1944) marquent le début de la **libération du territoire** qui s'achève en mai 1945. L'action des Résistances contribue à cette victoire, mais au prix de terribles représailles allemandes contre les résistants et les civils, comme à Oradour-sur-Glane (→ p. 168).
- À **Paris**, une insurrection populaire associée aux groupes de résistants contribue à la libération de la ville le 25 août 1944. Le lendemain, **le général de Gaulle est acclamé par une foule immense**. Il devient le chef du Gouvernement provisoire de la République française (GPRF).

2. Le rétablissement des principes républicains

- Le Gouvernement provisoire commence par **rétablir les libertés fondamentales** (liberté de la presse, de réunion, de conscience). Il met aussi en place des **tribunaux** d'épuration pour juger les complices de la collaboration avec l'occupant allemand. La **République est restaurée** et des élections sont à nouveau organisées (conseils municipaux, députés). Ainsi, en octobre 1945, une assemblée est élue pour préparer une nouvelle Constitution.
- Désormais, les **femmes votent et sont éligibles** grâce à l'ordonnance de **1944**. C'est l'aboutissement d'un long combat pour l'égalité des droits politiques. Mais, si elles participent massivement aux élections, elles sont peu nombreuses à être élues.

3. Une nouvelle République

- **La Constitution de la IVe République** est approuvée par **référendum** en **octobre 1946**. Dans son préambule sont reconnus des **droits sociaux**, le droit au travail, le droit à l'instruction, le droit à la santé et aux loisirs.
- Pour la première fois, la Constitution garantit aux **femmes**, dans tous les domaines, des **droits égaux à ceux des hommes.**

B La fondation d'une démocratie sociale

1. Le programme de la Résistance

• Tous les courants politiques qui ont été actifs dans la Résistance (communistes, socialistes, centristes, gaullistes...) participent en mars 1944 à **l'élaboration du programme du CNR**. Tous veulent renforcer la démocratie par des **réformes** économiques et sociales ambitieuses afin d'améliorer **les conditions de vie de tous** ; ils poursuivent ainsi l'œuvre sociale entamée par le Front populaire en 1936 (→ chap. 2 p. 48). Ce programme est appliqué dès la **Libération**.

2. Le nouveau rôle de l'État dans l'économie

• Les destructions matérielles dues à la guerre et les pénuries persistantes imposent à l'État des efforts rapides de reconstruction. Pour les réaliser dans l'esprit de la Résistance, des nationalisations sont effectuées en 1944-1946 dans les secteurs clés de l'économie : **énergie** (charbon, électricité, gaz), **industrie**, **transports** (Air France), **banques** et **assurances**.

3. La mise en œuvre de l'État-providence

• **Le Gouvernement provisoire crée en 1945 la Sécurité sociale**, un organisme de protection qui **prend en charge les frais de santé** (maladies, accidents du travail), verse des **allocations familiales** et met en place un système de **pensions de retraites**. Ces **droits sociaux**, qui **améliorent les conditions de vie** sont inscrits dans le préambule de la Constitution de 1946.

INFO

Le procès de Philippe Pétain (août 1945)

Dans le cadre de l'épuration légale, Philippe Pétain et les principaux responsables du régime de Vichy sont jugés en 1945 pour « collaboration avec l'ennemi », par la Haute cour de justice (créée en 1944). Il est condamné à mort, mais sa peine est commuée en détention à perpétuité par le général de Gaulle.

JE RETIENS AUTREMENT

La Libération (1944-1945)

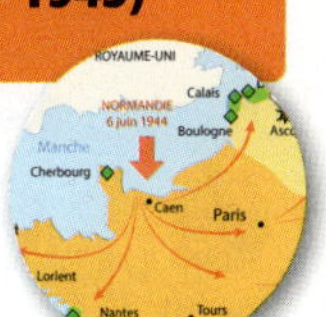

- **Débarquements alliés** (Normandie et Provence)
- **Libération du territoire**

→ **Libération de Paris**
Temps fort de la Libération
Rôle des résistants, de la population, des Alliés

- **Mise en place du GPRF**
Sous l'autorité du général de Gaulle

Le retour de la République (1944-1945)

- **Rétablissement des principes républicains** par le Gouvernement provisoire :
  - les libertés
  - l'égalité
  - la démocratie (extension du droit de vote aux femmes)

- De Gaulle fait élire une assemblée pour préparer une **nouvelle Constitution**

La fondation d'une République sociale (1945-1947)

- **Réformes** adoptées par le gouvernement et l'Assemblée, inspirées du programme du CNR :
  - **l'État intervient dans l'économie** (nationalisations)
  - **l'État protège les personnes** (État-providence) : Sécurité sociale, droits sociaux reconnus par la Constitution de 1946

Apprendre à apprendre

Réviser en équipe

ÉTAPE 1 Je mémorise ma leçon

Je sais situer :
- la Libération de la France
- le droit de vote des femmes
- le programme du CNR
- la création de la Sécurité sociale
- l'adoption de la Constitution de la IVe République

Je sais définir :
- Conseil national de la Résistance
- Constitution
- Épuration
- État-providence
- Nationalisation

Je sais expliquer l'essentiel :
- les étapes de la libération de la France
- le programme politique du CNR
- la nouvelle place des femmes dans la République restaurée
- les réformes économiques et sociales de 1945 à 1946

Vérifiez que vous avez mémorisé les mots-clés et les notions à l'aide des exercices p. 177.

ÉTAPE 2 Je révise en équipe

Travailler en équipe, c'est pouvoir s'encourager les uns les autres et s'entraîner en se posant des questions.

- Ensemble, révisez la leçon et dégagez ce qu'il faut retenir.
- **Organisez des défis.** Faites deux groupes. Chaque groupe prépare des questions sur le thème du chapitre et les pose au groupe adverse. Chaque question rapporte des points en fonction de la qualité des réponses.
- Reproduisez le tableau ci-dessous, puis à vous de jouer !

Niveaux de difficulté	Exemples de questions	Aïe ! 0 point	À revoir 1 point	Bien 2 points	Bravo 3 points
NIVEAU 1 Questions sur des connaissances précises	• Date de l'adoption de la Constitution de la IVe République • Définition de « nationalisation » • ...				
NIVEAU 2 Questions de synthèse (Les points comptent double)	• Comment le Gouvernement provisoire rétablit-il la République ? • Quelles réformes économiques et sociales sont mises en œuvre ?				

- Après les défis, faites le point sur les parties du cours qui ne sont pas encore maîtrisées ; vous pouvez recommencer jusqu'à ce que vous ayez parfaitement compris et retenu le chapitre !

Exercices

Exercices interactifs

EXERCICE 1 Je me repère dans le temps ★

Associez chaque événement à la date qui lui correspond.

① Droit de vote accordé aux femmes.
② Les femmes votent pour la première fois.
③ Élaboration du programme du CNR.
④ Naissance de la IVᵉ République.
⑤ Débarquements alliés en France.

ⓐ 1944
ⓑ 1945
ⓒ 1946

EXERCICE 2 Je sélectionne des arguments pour justifier une affirmation ★★

Choisissez parmi les arguments suivants ceux qui permettent de justifier cette affirmation :

À la Libération, une République sociale est mise en place.

a. L'État intervient dans l'économie.

b. Le territoire français est libéré par les Alliés.

c. La Sécurité sociale est créée.

e. De nouveaux droits sont reconnus.

f. Une assemblée est élue pour rédiger une Constitution.

f. Un Gouvernement provisoire de la République française est mis en place.

EXERCICE 3 Je raconte à partir d'images ★★★

Décrivez ces images issues du manuel et, à l'aide de vos connaissances, rédigez une légende qui explique pourquoi chacune illustre un des progrès de la démocratie dans la République refondée entre 1944 et 1946.

a

b

c

Brevet

Exercice 1

SUJET GUIDÉ

Analyser et comprendre des documents

1 Une rue rebaptisée à Saint-Denis, 1944

À la Libération, les communes dont l'une des rues portait le nom du maréchal Pétain sont débaptisées.

Le contexte : un changement de régime politique

La Constitution est la loi suprême de la République française. Elle est réécrite en 1946. Son préambule fait référence aux droits et libertés reconnus par la Déclaration des droits de l'homme et du citoyen de 1789. Il est également réécrit en 1946.

2 Extraits du Préambule de la Constitution de 1946

Au lendemain de la victoire remportée par les peuples libres sur les régimes qui ont tenté d'asservir et de dégrader la personne humaine, le peuple français proclame à nouveau que tout être humain, sans distinction de race, de religion ni de croyance, possède des droits inaliénables et sacrés. Il réaffirme solennellement les droits et libertés de l'homme et du citoyen consacrés par la Déclaration des droits de 1789 et les principes fondamentaux reconnus par les lois de la République. Il proclame, en outre, comme particulièrement nécessaires à notre temps, les principes politiques, économiques et sociaux ci-après :

– La loi garantit à la femme, dans tous les domaines, des droits égaux à ceux de l'homme.

– Chacun a le devoir de travailler et le droit d'obtenir un emploi. [...] Nul ne peut être lésé, dans son travail ou son emploi, en raison de ses origines, de ses opinions ou de ses croyances.

– Tout homme peut défendre ses droits et ses intérêts par l'action syndicale et adhérer au syndicat de son choix.

– [...] Toute entreprise, dont l'exploitation a ou acquiert les caractères d'un service public national [...] doit devenir la propriété de la collectivité.

– La Nation assure à l'individu et à la famille les conditions nécessaires à leur développement.

– Elle garantit à tous, notamment à l'enfant, à la mère et aux vieux travailleurs, la protection de la santé, la sécurité matérielle, le repos et les loisirs. Tout être humain qui, en raison de son âge, de son état physique ou mental, de la situation économique, se trouve dans l'incapacité de travailler a le droit d'obtenir de la collectivité des moyens convenables d'existence.

●●●

QUESTIONS

1. Doc 1 et 2. **Nommez** la période et le régime politique rétabli en France au lendemain de la Seconde Guerre mondiale, et **indiquez** à quel régime politique il met fin.

2. Doc 2. **Confrontez** la phrase soulignée à vos connaissances et **citez** le nouveau droit accordé aux femmes, garanti par la Constitution de 1946.

3. Doc 2. **Sélectionnez** l'extrait du Préambule qui illustre les nationalisations et **définissez**-les.

4. Doc 2. **Expliquez** par quelles mesures la Constitution de 1946 garantit la sécurité de l'individu et de sa famille.

5. Doc 1 et 2. **Justifiez** par vos connaissances les informations des documents qui montrent que la République restaurée renforce la démocratie.

Interrogez-vous sur la signification des verbes utilisés dans les questions.

Aidez-vous d'un élément de l'image, de sa date, et de la 1re phrase du Préambule.

Lorsqu'une question vous demande de **justifier**, cela signifie que vous devez illustrer des idées générales (ici, la démocratie) avec des exemples précis qui montrent que votre réponse est correcte (ici, démocratie politique et droit de vote des femmes, etc.)

Conseils pour s'entraîner

→ Repérez les documents sur lesquels vous devez vous appuyer pour répondre aux questions posées.

→ Lorsque le document est une iconographie, observez-le attentivement et entourez les éléments qui vous serviront à répondre aux questions.

→ Lorsque le document est un texte, lisez-le attentivement et soulignez les mots et groupes de mots qui vous serviront à répondre aux questions.

Exercice 2

SUJET BLANC

Maîtriser différents langages

Sous la forme d'un développement construit d'une vingtaine de lignes, et en vous appuyant sur des exemples étudiés en classe, vous montrerez comment la République a été refondée sur des bases démocratiques entre 1944 et 1947.

Sujets possibles

→ Présentez les différentes réformes mises en œuvre par la République restaurée à partir de 1944.

→ Décrivez et expliquez les différentes étapes de la refondation de la République, de la libération du territoire à la nouvelle Constitution de 1946.

Chapitre

10 La Vᵉ République de 1958 aux années 1980 : de la République gaullienne à l'alternance et à la cohabitation

→ *Comment évoluent les institutions et les pratiques politiques de la Vᵉ République ?*

1 **4 septembre 1958, présentation de la Constitution de la Vᵉ République**
Place de la République, Charles de Gaulle, président du Conseil, présente la nouvelle Constitution. Les Français l'approuvent par référendum le 28 septembre 1958.

DANS CE CHAPITRE, DE QUOI VA-T-ON PARLER ?

En analysant les termes du sujet et les documents, je réponds aux questions suivantes :

- Que va-t-on étudier ?
- Quelle est la période concernée ?
- Quels termes qualifient cette République ?

Vu au collège

en 4e

- Les principes et symboles de la IIIe République (1870-1914) demeurent ceux de la République française d'aujourd'hui.

en 3e

- Le gouvernement du Front populaire en France (1936) renforce la démocratie **(chapitre 2)**.
- La République refondée (1944-1947) approfondit les réformes démocratiques héritées du Front populaire **(chapitre 9)**.

Cours de 4e en PDF

2 1981, l'alternance, François Mitterrand élu président de la République

Après son investiture officielle, François Mitterrand se rend au Panthéon pour fleurir les tombeaux de Victor Schœlcher, Jean Jaurès et Jean Moulin.

Je me repère

La Ve République, 1958-années 1980

Charles de Gaulle, 1958-1969

Georges Pompidou, 1969-1974

Valéry Giscard d'Estaing, 1974-1981

François Mitterrand, 1981-1995

1 Les présidents de la Ve République (1958-années 1980)

VOCABULAIRE

- **Cohabitation** : situation politique où le président de la République appartient à un parti politique opposé à celui du Premier ministre.
- **Constitution** : loi suprême de la République. Expression de la souveraineté nationale, elle organise les pouvoirs politiques et garantit les droits fondamentaux des individus.
- **Pouvoir exécutif** : pouvoir de faire exécuter les lois. C'est aussi le pouvoir de mener les politiques publiques.
- **Pouvoir législatif** : pouvoir de faire des lois.
- **Référendum** : consultation des citoyens sur un projet de loi ou de Constitution ; les citoyens répondent par oui ou par non à la question posée.
- **Souveraineté nationale** : le pouvoir politique appartient à la nation, c'est-à-dire à l'ensemble des citoyens.

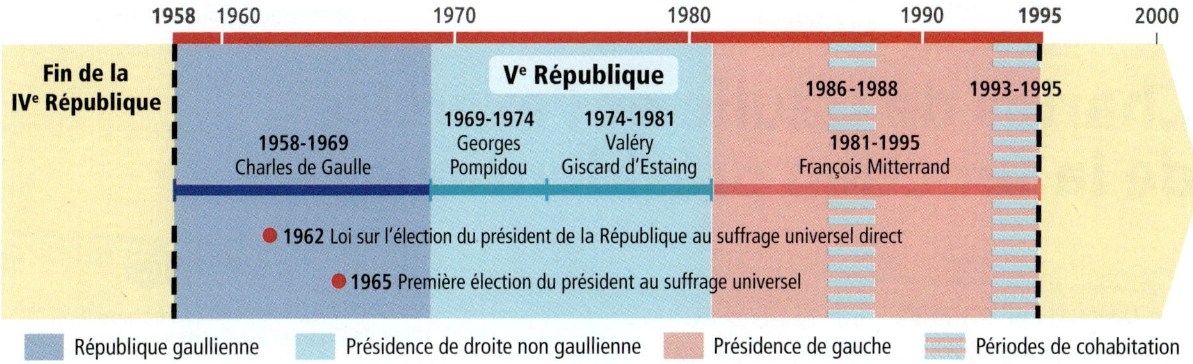

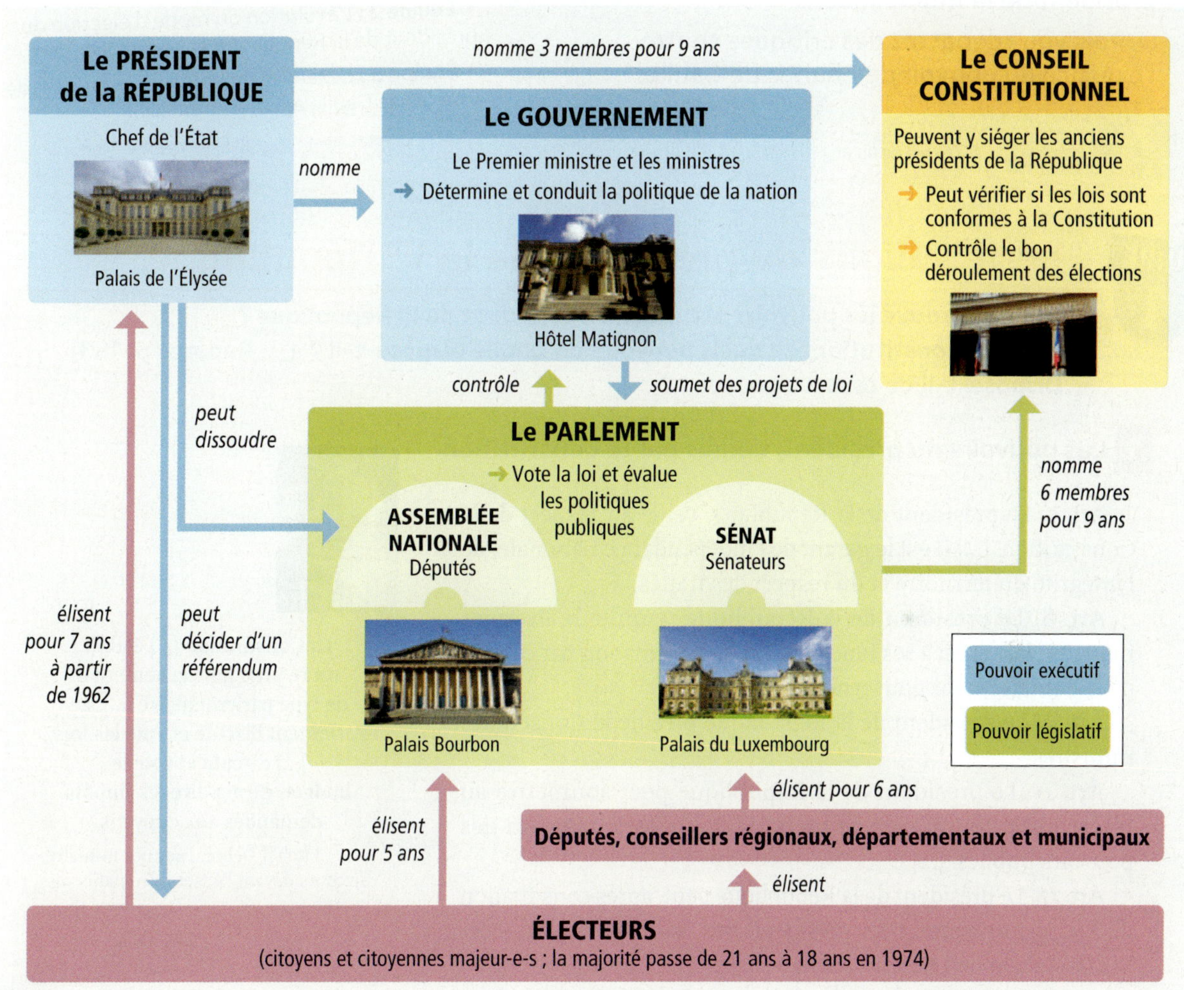

2 Les institutions de la Ve République (1958-années 1980)

LES ACTEURS DE L'HISTOIRE

- **Les élus de la nation :** le président de la République, les députés, les maires et les conseillers municipaux...
- **La communauté nationale :** les citoyens et citoyennes.

QUESTIONS

1 **Doc 1 et frise.** Nommez les présidents de la Ve République et indiquez leur appartenance politique.

2 **Doc 2.** Définissez les pouvoirs du président et ceux du Parlement.

3 **Doc 2 et frise.** Pourquoi peut-on dire que les institutions de la Ve République sont démocratiques ?

Je découvre EN ÉQUIPES

VOCABULAIRE
Constitution, pouvoir exécutif p. 182

Charles de Gaulle et l'exercice de la fonction présidentielle

- Répartis en équipes, vous réalisez et présentez à la classe une infographie qui définit les pouvoirs de Charles de Gaulle, président de la République.
- Puis vous débattez des critiques contre l'exercice du pouvoir de Charles de Gaulle.

▸ Échanger des informations et faire preuve d'esprit critique.

Coups de pouce

Dans un premier temps, chaque équipe lit la biographie de Charles de Gaulle p. 413.
- **Équipe 1 :** Les pouvoirs du président de la Vᵉ République et l'origine de leur légitimité.
- **Équipe 2 :** L'évolution du mode d'élection du président de la République et son explication.
- **Équipe 3 :** L'exercice du pouvoir : le rapport de Charles de Gaulle avec les Français.

ÉQUIPE 1 Les pouvoirs du président de la Vᵉ République

Qui a approuvé les pouvoirs attribués au président de la République ?
Selon la Constitution, de quels pouvoirs de Gaulle dispose-t-il ? (→ Repères p. 183)
Dispose-t-il de tous les pouvoirs ?

1 Les pouvoirs du président, définis par la Constitution

Art. 5. Le président de la République veille au respect de la Constitution. [...] Il est le garant de l'indépendance nationale, de l'intégrité du territoire et du respect des traités.

Art. 8. Le président de la République nomme le Premier ministre. Il met fin à ses fonctions sur la présentation par celui-ci de la démission du gouvernement. [...]

Art. 9. Le président de la République préside le Conseil des ministres.

Art. 11. Le président de la République peut soumettre au référendum tout projet de loi portant sur l'organisation des pouvoirs publics. [...]

Art. 12. Le président de la République peut, après consultation du Premier ministre et des présidents des Assemblées prononcer la dissolution de l'Assemblée nationale.

Art. 15. Le président de la République est le chef des armées. [...]

Art. 16. Lorsque les institutions de la République, l'indépendance de la nation, l'intégrité de son territoire ou l'exécution de ses engagements internationaux sont menacées d'une manière grave et immédiate et que le fonctionnement régulier des pouvoirs publics constitutionnels est interrompu, le président de la République prend les mesures exigées par ces circonstances, après consultation officielle du Premier ministre, des présidents des assemblées ainsi que du Conseil constitutionnel.

Art. 17. Le président de la République a le droit de faire grâce.

Extrait de la Constitution de la Vᵉ République, 1958.

« La Constitution [...] établit un régime gouvernemental de type parlementaire [...]. Le Parlement discute et vote les lois, [...] discute et vote le budget, c'est-à-dire les impôts demandés aux citoyens. »

Michel Debré, Premier ministre, discours devant l'Assemblée nationale, 15 janvier 1959.

Approuvez-vous la Constitution qui vous est proposée par le gouvernement de la République ?

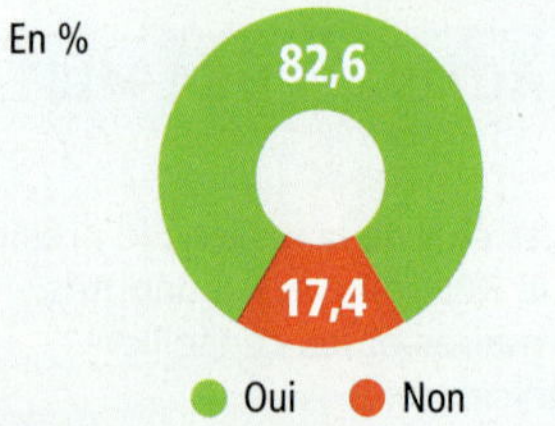

2 Référendum du 28 septembre 1958

De Gaulle et la réforme de l'élection présidentielle (1962)

ÉQUIPE 2

Quelle réforme est adoptée en 1962 et pourquoi ?
Comment renforce-t-elle le pouvoir du président de la République ?

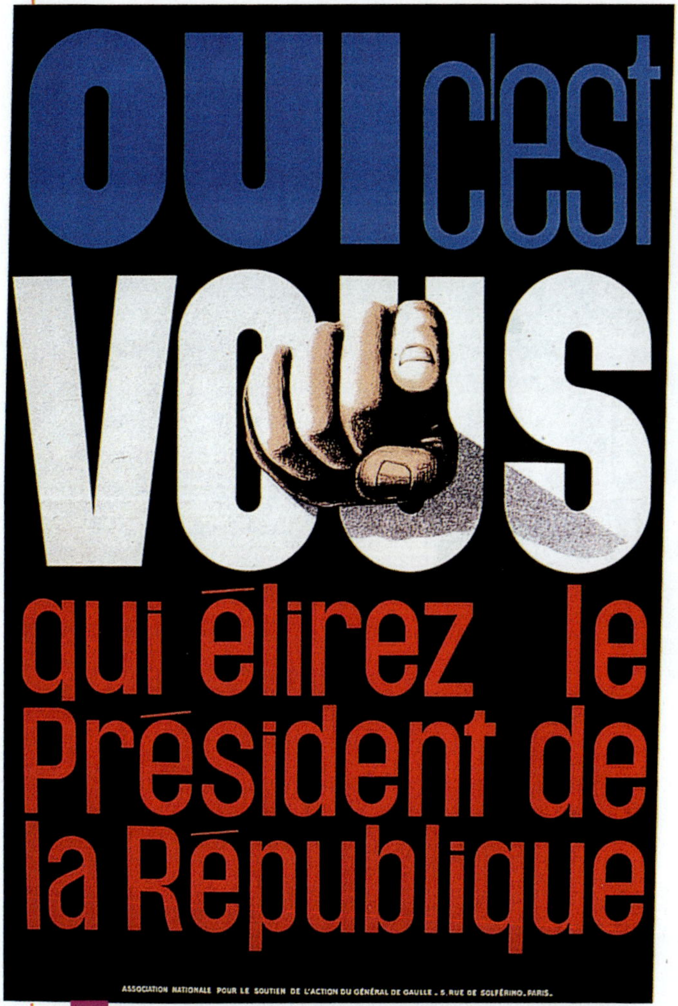

3 Un référendum pour réformer l'élection du président de la République

À la question soumise aux citoyens : « Approuvez-vous le projet de loi [...] relatif à l'élection du président de la République au suffrage universel ? », le « oui » l'emporte à 62,25 %.

Affiche pour le « oui » au référendum du 28 octobre 1962.

INFO

- Le 21 décembre 1958, Charles de Gaulle est élu président de la République, au **suffrage universel indirect** (au premier tour avec 78,5 % des suffrages exprimés), par un collège de 80 000 grands électeurs (députés et sénateurs, élus départementaux et municipaux).
- Le 19 décembre 1965, il est élu au **suffrage universel direct**, par les citoyens (au second tour avec 54,5 % des suffrages exprimés).

4 Donner une légitimité plus forte au président

La clé de voûte de notre régime, c'est l'institution d'un président de la République désigné par la raison et le sentiment des Français pour être le chef de l'État et le guide de la France. [...] La Constitution lui confère, à présent, la charge insigne du destin de la France et celui de la République.

Cependant, pour que le président de la République puisse porter et exercer effectivement une charge pareille, il lui faut la confiance explicite de la nation. [...]

Si ce mode de scrutin ne pouvait [...] fixer mes responsabilités à l'égard de la France, ni exprimer à lui seul la confiance que veulent bien me faire les Français, la question serait très différente pour ceux qui [...] viendront après moi prendre le poste que j'occupe à présent. Ceux-là, pour qu'ils soient entièrement en mesure de porter la charge suprême, quel que puisse être son poids, et qu'ainsi notre République continue d'avoir une bonne chance de demeurer solide, efficace et populaire [...], il faudra qu'ils en reçoivent directement mission de l'ensemble des citoyens.

Je crois donc devoir faire au pays la proposition que voici : quand sera achevé mon propre septennat, [...] le président de la République sera dorénavant élu au suffrage universel.

Allocution radiodiffusée et télévisée prononcée par le président de Gaulle, 20 septembre 1962.

VOCABULAIRE

- **Référendum** : consultation des citoyens sur un projet de loi ou de Constitution ; les citoyens répondent par oui ou par non à la question posée.

Je découvre EN ÉQUIPES

ÉQUIPE 3

De Gaulle et la pratique du pouvoir

Quels rapports de Gaulle souhaite-t-il entretenir avec le peuple français ? Sur quels moyens s'appuie-t-il ?

5 De Gaulle et les Français

Bain de foule du président de la République Charles de Gaulle à Tartas dans les Landes, le 12 avril 1961.

Archives *Sud-Ouest*.

6 La télévision, nouvel outil de communication politique

C'est au peuple lui-même, et non seulement à ses cadres, que je veux être lié par les yeux et par les oreilles. Il faut que les Français me voient et m'entendent, que je les entende et les voie. La télévision et les voyages publics m'en donnent la possibilité. [...] Voici que la combinaison du micro et de l'écran s'offre à moi au moment même où l'innovation commence son foudroyant développement. Pour être présent partout, c'est là soudain un moyen sans égal [...]. Par le son et l'image, je suis proche de la nation.

À présent, les téléspectateurs regardent de Gaulle sur l'écran en l'entendant sur les ondes. Pour être fidèle à mon personnage, il me faut m'adresser à eux comme si c'était les yeux dans les yeux, sans papier et sans lunettes.

Charles de Gaulle, *Mémoires d'espoir, 1958-1962*, Plon, 1962.

INFO

Entre 1958 et 1969, Charles de Gaulle intervient **81 fois** à la radio et à la télévision par des discours, messages, entretiens ou conférences de presse.

7 De Gaulle et la presse

Conférence de presse du président de la République Charles de Gaulle dans la salle des Fêtes du palais de l'Élysée, Paris, 9 septembre 1965.

ÉQUIPES 1, 2 ET 3

La critique de l'exercice du pouvoir

Quelles sont les critiques formulées à l'encontre de l'exercice du pouvoir du général de Gaulle ? D'après vous, sont-elles fondées ?

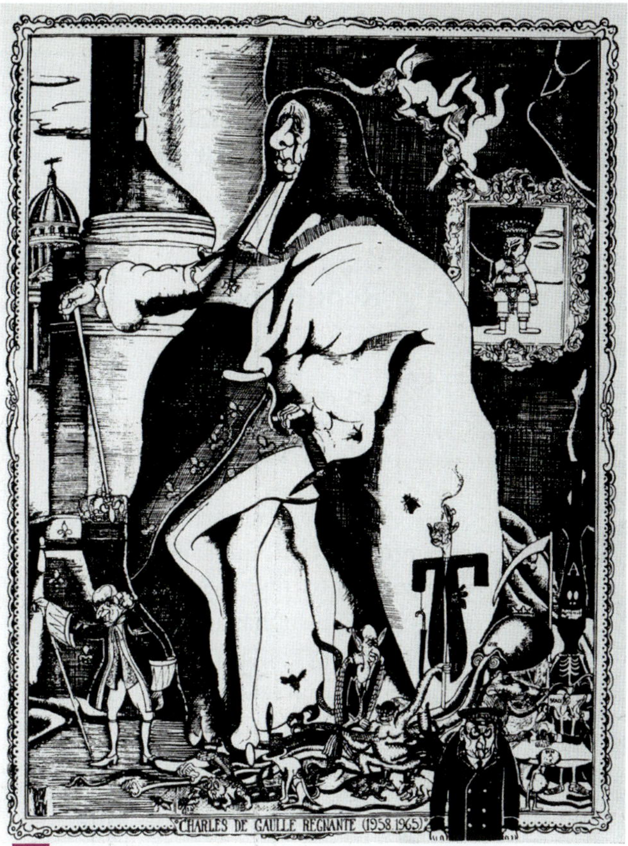

8 De Gaulle, un nouveau monarque ?

Caricature de Moisan, parue dans le *Canard enchaîné*, 1er décembre 1965.

9 Mai 68, l'opposition à de Gaulle

L'exercice du pouvoir par de Gaulle est au cœur de la contestation de mai 1968.

Affiche de l'atelier populaire de l'école des Beaux-Arts.

10 Le point de vue d'hommes politiques de gauche

a. Pierre Mendès-France

Membre du parti radical, il a été président du Conseil sous la IVe République, régime parlementaire dans lequel le président était sans réel pouvoir.

Sous la Ve République, il n'y a qu'un pouvoir : l'exécutif, le gouvernement ou plutôt le président ; l'Assemblée ne joue aucun rôle, sinon de pure figuration. On est passé d'un extrême à l'autre. Je ne pense pas qu'il soit sain et démocratique de donner, comme aujourd'hui, des moyens aussi larges et aussi incontrôlés à un seul homme et pour sept ans. Un homme élu par trente millions d'électeurs est forcément très puissant.

Pierre Mendès-France, *Choisir*, Stock, 1974.

b. François Mitterrand

Qu'est-ce que la Ve République sinon la possession du pouvoir par un seul homme ? [...] Et qui est-il, lui, de Gaulle ? Duce, Führer, Caudillo [...] ? J'appelle le régime gaulliste dictature parce que, tout compte fait, c'est à cela qu'il ressemble le plus parce que c'est vers un renforcement continu du pouvoir personnel qu'inéluctablement il tend, parce qu'il ne dépend plus de lui de changer de cap. Ce n'est pas la première fois qu'un homme d'un grand éclat suscite l'amour des foules. Un passé glorieux, une bonne technique de la propagande et une police vigilante représentent trois atouts maîtres.

François Mitterrand, *Le Coup d'État permanent* (1964), Les Belles Lettres, 2010.

Je découvre

VOCABULAIRE
Alternance, cohabitation p. 190

François Mitterrand président : alternance et cohabitation

Vidéo
Pourquoi l'alternance de 1981 est si importante ?
college.nathan.fr/22hg1001

Le 10 mai 1981, le socialiste François Mitterrand est élu président de la République. Premier président de gauche de la Vᵉ République, il incarne l'alternance. Il est aussi le premier président à expérimenter la cohabitation, en 1986.

→ Pourquoi l'élection de François Mitterrand en 1981, est-elle considérée comme un tournant dans la Vᵉ République ?

Page 2
- Les législatives par Pierre SAINDERICHIN
- Le programme économique par Roger LAURENT

Page 3
- « En 1936, c'était comme ça » par Jacques de DANNE
- Les réactions

Page 4
- GISCARD : « Je continuerai à défendre les intérêts de mon pays »
- Chirac appelle au rassemblement

Pages 5, 6, 7, 8, 9, 10, 11
- Les résultats

Dernière page
- Les Mitterrand par Yvon SAMUEL et Paul JOLY

France-Soir

N° 11.424

Paris, lundi 11 mai 1981
100, rue Réaumur, 75002 – Tél. 508-28-00 — 2,50 F

courses toute dernière

Mitterrand 52,06 %
Giscard 47,94 %

Selon la dernière statistique publiée par le ministère de l'Intérieur, les résultats étaient les suivants :
Inscrits : 35.830.506 ; Votants : 30.915.441 ;
Exprimés : 30.036.112 ; Abstent. : 13,71 %.
Ont obtenu :
Giscard d'Estaing 14.396.439 voix (47,94 %).
Mitterrand .... 15.639.673 voix (52,06 %).

François Mitterrand, premier socialiste élu président au suffrage universel

La victoire historique

- Passation des pouvoirs sans doute le 25 mai
- Puis formation d'un gouvernement
- Législatives : 21 et 28 juin

EDITORIAL
Les yeux ouverts

a. 11 mai 1981 : l'élection présidentielle

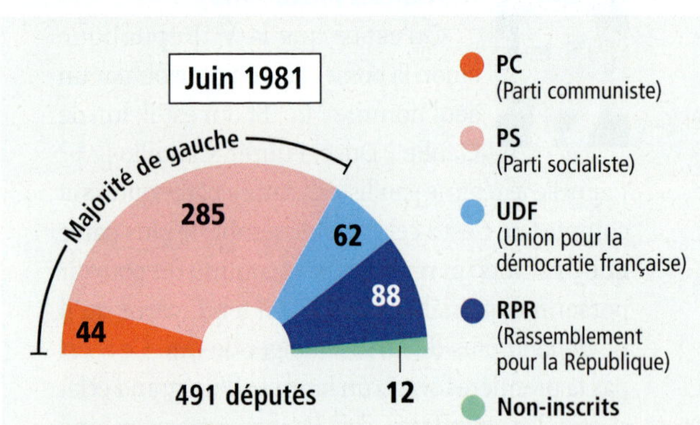

b. 14 et 21 juin 1981 : les élections législatives
François Mitterrand dissout l'Assemblée nationale à majorité de droite et ordonne de nouvelles élections législatives.

1 1981, l'alternance

2 Les réactions face à l'arrivée de la gauche au pouvoir

Parole d'historienne

L'étonnant est peut-être l'étonnement précisément, qui saisit la France au soir du 10 mai 1981 ; même ceux et celles qui souhaitaient la victoire de la gauche n'y croyaient pas. [...] L'explosion de joie qui saisit les hommes et les femmes de gauche, au soir du 10 mai, s'impose telle une libération soudaine. Comme si la Bastille n'était plus à prendre, des dizaines de milliers de personnes – jusqu'à 200 000 peut-être – y convergent, mêlant *La Marseillaise* à *L'Internationale*, les drapeaux tricolores aux drapeaux rouges. [...] L'heure, toute lumineuse qu'elle paraît pour celles et ceux qui espèrent en Mitterrand, se révèle lugubre pour les perdants.

Un journaliste du *Figaro* ne cache pas son désarroi : « Depuis ce matin, écrit Antoine-Pierre Mariano, tous ceux qui ont la rage de gagner et d'entreprendre ont les jambes coupées ». Le 11 mai, la Bourse de Paris vit une folle journée : les actions ne peuvent être cotées en raison du nombre extraordinaire d'ordres de vente.

Ludivine Bantigny, *La France à l'heure du monde. De 1981 à nos jours*, Seuil, 2013.

Ludivine Bantigny, **historienne et universitaire.**
college.nathan.fr/22hg1002

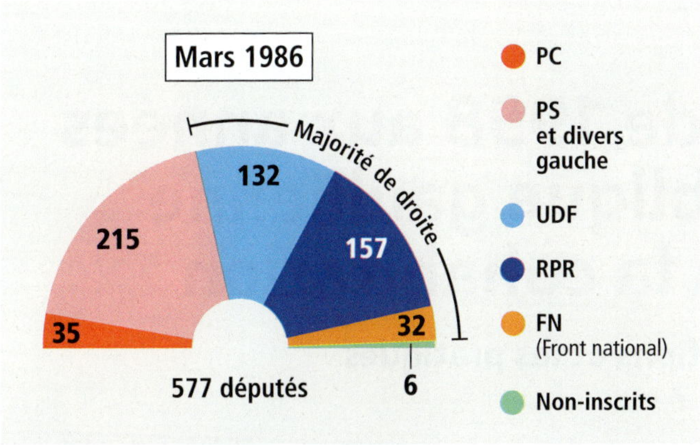

a. Les élections législatives de 1986

b. Déclaration de François Mitterrand

Les Français avaient choisi en 1981 l'alternance politique. Ils viennent en majorité de marquer à nouveau, mais en sens contraire, leur volonté de changement. [...]

Pour la première fois, la majorité parlementaire relève de tendances politiques différentes de celles qui s'étaient rassemblées lors de l'élection présidentielle, ce que la composition du gouvernement exprime comme il se doit [...].

Beaucoup de nos concitoyens se posent la question de savoir comment fonctionnent les pouvoirs publics. À cette question, je ne connais qu'une seule réponse, la seule conforme aux intérêts de la nation : la Constitution, rien que la Constitution, toute la Constitution. Je rappellerai seulement que la Constitution attribue au chef de l'État des pouvoirs que ne peut en rien affecter une consultation électorale où sa fonction n'est pas en cause.

Discours de François Mitterrand devant le Parlement, 8 avril 1986.

c. Le Premier ministre Jacques Chirac (parti RPR) (1) et le président de la République François Mitterrand (2) représentent la France lors du sommet France/Afrique de Lomé (Togo), 1986.

3 1986, la première cohabitation

Activités

Parcours 1

Je comprends le sens général des documents

1 Doc 1. Présentez l'alternance qui fait suite aux élections des 11 mai et 21 juin 1981.

2 Doc 3. À l'aide des documents, définissez la cohabitation.

3 Doc 1 et 3. Justifiez l'attitude de François Mitterrand après sa victoire à l'élection présidentielle de 1981 et à la suite des résultats des élections législatives de 1986.

4 Doc 2 et 3b. Expliquez le rôle des citoyens dans ces deux moments de la vie politique de la Vᵉ République.

Je réalise un schéma de synthèse

5 À l'aide des informations et des mots-clés des documents, réalisez un schéma qui définit l'alternance et la cohabitation dans le gouvernement de la Vᵉ République des années 1980.

Parcours 2

Je pratique différents langages : le billet radio

Rédigez un texte sur l'alternance et la cohabitation lors de la présidence de François Mitterrand. Puis, présentez oralement à la classe votre billet radio, en deux minutes :
– l'arrivée de la gauche au pouvoir et les réactions face à cet événement ;
– la cohabitation et le fonctionnement du gouvernement.

Un billet radio est un écrit construit, fait pour être dit. Il doit être clair et précis, afin d'informer au mieux l'auditeur.

Comment rédiger un billet radio ?

Leçon

Podcast du cours

La Vᵉ République de 1958 aux années 1980 : de la République gaullienne à l'alternance et à la cohabitation

→ **Comment évoluent les institutions et les pratiques politiques de la Vᵉ République ?**

VOCABULAIRE

- **Alternance :** changement de majorité, de la droite à la gauche (ou inversement), après une élection présidentielle ou législative (élection de l'Assemblée nationale).
- **Cohabitation :** situation politique où le président de la République appartient à un parti politique opposé à celui du Premier ministre.
- **Gouvernement :** institution, formée du Premier ministre et des ministres, qui détermine la politique de la nation.
- **Référendum :** consultation des citoyens sur un projet de loi ou de Constitution ; les citoyens répondent par oui ou par non à la question posée.
- **Régime parlementaire :** régime dans lequel le gouvernement est responsable devant l'Assemblée nationale qui peut le renverser.

A La fin de la IVᵉ République

1. Les difficultés de la IVᵉ République

- Face à la **guerre d'Algérie**, le gouvernement est de plus en plus **paralysé** par les divisions entre les partisans et les adversaires de l'indépendance algérienne. À Alger, en mai 1958, une **manifestation** violente des partisans de l'Algérie française fait craindre un coup d'État militaire et une guerre civile en France.

2. L'appel à Charles de Gaulle

- Le **général de Gaulle**, retiré de la vie politique depuis 1946, mais dont le nom a été acclamé par les manifestants d'Alger, est « prêt à assumer les pouvoirs de la République ». Le président de la République, René Coty, fait alors appel à lui pour **former un gouvernement**. En juin 1958, l'Assemblée nationale lui accorde les **pleins pouvoirs** pour rétablir l'ordre et préparer une **nouvelle Constitution**.

B La République gaullienne (1958-1969)

1. Un régime parlementaire…

- La nouvelle **Constitution** est adoptée par référendum par les Français, le 28 septembre 1958. La **Vᵉ République** est proclamée.
- Le **pouvoir législatif** appartient au **Parlement** formé de l'Assemblée nationale et du Sénat ; il discute et vote les lois. L'Assemblée nationale, élue par les citoyens, contrôle aussi l'action du gouvernement et peut le renverser sous certaines conditions.

2. … mais un pouvoir exécutif fort

- **Le gouvernement, dirigé par le Premier ministre**, détermine et conduit la politique du pays. Il propose des lois et peut compter sur le soutien d'une majorité stable à l'Assemblée, grâce au **scrutin majoritaire uninominal**.
- Ce sont surtout les **pouvoirs du président de la République**, élu pour 7 ans, qui sont renforcés. Chef de l'État et des armées, il peut organiser un **référendum, dissoudre l'Assemblée**, prendre des mesures exceptionnelles (art. 16) en cas de menaces graves. La réforme de 1962, qui établit l'élection du président au **suffrage universel**, renforce son autorité. Le président est désormais choisi directement par les Français.

C Des institutions qui s'adaptent (1969-1988)

1. La continuité (1969-1981)

• Après la démission du général de Gaulle en 1969, les présidents **Georges Pompidou** puis **Valéry Giscard d'Estaing**, élus des partis de droite, ne remettent pas en cause les institutions.

2. L'alternance (1981)

• L'élection de **François Mitterrand en 1981**, premier président socialiste depuis 1958, montre qu'une alternance est possible. En juin 1981, l'élection d'une Assemblée nationale majoritairement de gauche complète le changement.

• Les **réformes économiques et sociales** proposées lors de la campagne électorale sont alors adoptées. Mais, bien qu'il ait critiqué la Ve République, **François Mitterrand ne modifie ni la Constitution ni les pouvoirs du président.**

3. La cohabitation (1986)

• En 1986, les élections législatives amènent une **majorité de droite** à l'Assemblée nationale. Cela crée une situation nouvelle : la cohabitation entre un président de gauche, François Mitterrand, et un Premier ministre de droite, Jacques Chirac. Malgré des tensions, cela ne paralyse pas la vie politique.

BIOGRAPHIE

Charles de Gaulle (1890-1970)
En 1958, il revient au pouvoir à condition de changer la Constitution et de renforcer le pouvoir exécutif. Élu président de la République en 1958 et réélu en 1965, il quitte le pouvoir en 1969 à la suite d'un « non » à un référendum.

BIOGRAPHIE

François Mitterrand (1916-1996)
Socialiste, il s'engage en politique sous la IVe République. En 1958, il est défavorable au retour au pouvoir du général de Gaulle. Élu président de la République en 1981, réélu en 1988, il est le premier chef d'État de gauche sous la Ve République.

JE RETIENS AUTREMENT

1958 : une grave crise politique

- Gouvernement de la IVe République **affaibli** par la guerre d'Algérie
- **De Gaulle** appelé au pouvoir, devient chef du gouvernement avec les **pleins pouvoirs**

→ Préparation d'une **nouvelle Constitution**

1958-1969 : la République gaullienne

- Nouvelle Constitution adoptée par référendum ; **proclamation de la Ve République** en **octobre 1958**

→ **Régime parlementaire**, mais pouvoirs du président renforcés

- **1962** : élection du président au **suffrage universel**

1969-1988 : les évolutions de la République

- **1981** : élection de François Mitterrand ; première **alternance**
- **1986-1988** : **cohabitation** entre François Mitterrand et Jacques Chirac

Apprendre à apprendre

Réaliser une émission de radio en équipe

ÉTAPE 1 Je mémorise ma leçon

Je sais situer :
- la naissance de la Vᵉ République.
- le référendum sur l'élection du Président au suffrage universel direct
- la première élection de François Mitterrand
- la première cohabitation

Je sais définir :
- alternance
- cohabitation
- référendum
- Constitution
- Régime parlementaire

Je sais expliquer l'essentiel :
- Pourquoi une nouvelle République est fondée en 1958.
- Pourquoi la Vᵉ République est une démocratie.
- Quels sont les pouvoirs du président de la République.

Vérifiez que vous avez mémorisé les mots-clés et les notions à l'aide des exercices p. 193.

ÉTAPE 2 Je m'enregistre pour retenir la leçon

Pour apprendre son cours, on peut s'enregistrer. Expliquer le cours, à voix haute, permet de mieux le comprendre et de se l'approprier. On peut ensuite l'écouter pour mieux le mémoriser.

- **Préparez votre enregistrement.**
Classez les connaissances du chapitre dans différentes séquences. N'oubliez pas les repères chronologiques, ainsi que les mots-clés de la leçon.

- **Enregistrez-vous.**
– Vous pouvez utiliser votre téléphone portable, un dictaphone, un MP3 ou un ordinateur (grâce à des logiciels comme Audacity).
– Lorsque vous vous enregistrez, faites des phrases claires et audibles ; ne parlez pas trop vite, il faut que cela soit agréable à écouter. Jouez le rôle du professeur qui explique à la classe les éléments essentiels de la leçon.

1. La fin de la IVᵉ République
Séquence interview d'une historienne
-> Préparez des questions sur cette partie de la leçon et leurs réponses.

2. La République gaullienne (1958-1969)
Expliquez la leçon à la manière d'une chronique.
-> Utilisez les mots-clés suivants :
Constitution | Vᵉ République | Président | suffrage universel direct | 1962 | 1958 | pouvoirs du président | régime parlementaire

3. La République et la présidence de François Mitterrand
À la manière d'un reportage, expliquez cette partie de la leçon.
-> Comment fonctionne le gouvernement de la Vᵉ République, lors de l'alternance, puis lors de la cohabitation ?

EXERCICE 1 Je me repère dans le temps ★

Classez les événements suivants par ordre chronologique, en précisant pour chacun l'année qui lui correspond.

a. Première cohabitation

b. Naissance de la Vᵉ République

c. Alternance

d. Référendum sur l'élection du président au suffrage universel

e. Retour du général de Gaulle au pouvoir

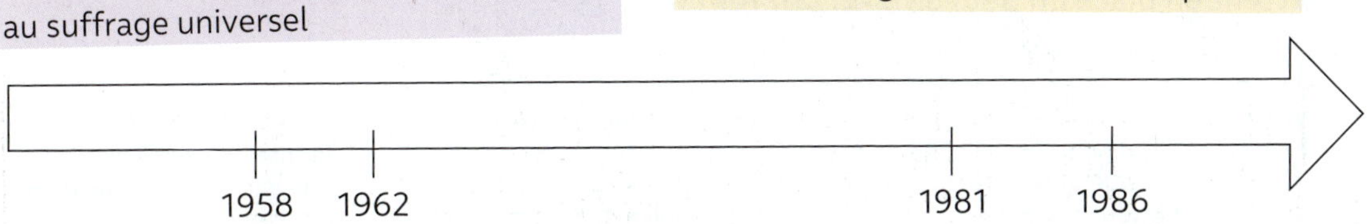

EXERCICE 2 Je sélectionne des informations et je justifie mes choix ★★

Si vous aviez à rédiger un développement construit ayant pour sujet « Les relations de Charles de Gaulle, président de la République, avec les Français » :

- **Quelles informations ci-dessous choisiriez-vous pour illustrer ce sujet ?**
- **Quelles connaissances personnelles pourriez-vous ajouter ?**

a. De Gaulle est appelé au pouvoir en 1958.

b. Il veut être lié à son peuple par les yeux et les oreilles.

c. Il fait rédiger la Constitution de la Vᵉ République.

d. En 1958, il obtient les pleins pouvoirs.

e. Il peut dissoudre l'Assemblée nationale.

f. Il recherche les bains de foule.

g. En 1965, il est élu avec 55,2 % des voix.

h. Il est le chef des Armées.

i. François Mitterrand est son principal opposant.

EXERCICE 3 Je construis des hypothèses d'interprétation et je les vérifie ★★★

Caricature de Plantu, *Le Monde*, novembre 1986.

① **Observez ces deux scènes qui illustrent la première cohabitation, et formulez des hypothèses à l'aide de vos connaissances.**

a. Selon vous, qui sont ces personnages politiques ? Pouvez-vous leur donner un nom ? Une fonction ?

b. Selon vous, quel est le sujet de cette réunion ?

c. Pourquoi un personnage semble mécontent, et pourquoi un autre semble content ?

② **Vérifiez vos hypothèses à l'aide de vos connaissances.**

Vos hypothèses sont-elles vraies ou fausses ? Pourquoi ?

Exercice 1

Rédiger un développement construit

SUJET GUIDÉ

Étape 1 J'analyse le sujet

Au brouillon

Sous la forme d'un développement construit d'une vingtaine de lignes montrez comment la Constitution de la Ve République et l'exercice du pouvoir par Charles de Gaulle mettent en place un pouvoir exécutif renforcé.

Qu'est-ce qu'une Constitution ? Quand la Ve République est-elle mise en place ? Dans quel contexte ?

Qu'est-ce que le pouvoir exécutif ? Quelles relations avec les autres pouvoirs de la République ? Comment et pourquoi de Gaulle renforce-t-il ce pouvoir ?

Qui est Charles de Gaulle ? Comment exercice-t-il son pouvoir ? Au cours de quelle période ?

Étape 2 Je mobilise et j'organise mes connaissances

Au brouillon

Je mobilise mes connaissances

- **1958, une nouvelle Constitution :** p. 184
- **la réforme de l'élection présidentielle (1962) :** p. 183, 185
- **les pouvoirs du président dans la nouvelle Constitution :** p. 184
- **la pratique gaullienne du pouvoir et ses critiques :** p. 186-187
- **leçon :** p. 190-191

Idée n°1 : Une nouvelle Constitution qui accorde de larges pouvoirs au président

Je décris	J'explique la nature des pouvoirs
- 1958, la Constitution de la Ve République - Le pouvoir exécutif, pouvoir du président	- Loi suprême de la République, expression de la souveraineté nationale - Ce que disent les articles de la Constitution

Idée n°2 : Une pratique gaullienne du pouvoir qui privilégie la relation avec les Français

Je décris	J'explique les formes de relations
- Le référendum - La stratégie de communication	- Objectif des référendums de 1958 et de 1962 - Voyages en province, interventions à la télévision...

Étape 3 Je rédige mon développement construit

Sur ma copie

L'introduction

En 1958, Charles de Gaulle revient au pouvoir et fait rédiger une nouvelle Constitution. Élu président de la Ve République, quels pouvoirs lui attribue la Constitution, et comment les exerce-t-il ?

La rédaction du développement Idée n°1

La Constitution de la Ve République accorde d'importants pouvoirs au président de la République : nommer le Premier ministre, dissoudre l'Assemblée nationale... En 1962, la réforme par référendum de l'élection fait du président l'élu des Français.

La suite du développement Idée n°2

De Gaulle établit des contacts directs avec les Français, qu'il consulte par référendum, et à qui il s'adresse par la télévision.

La conclusion

Charles de Gaulle demeure président de la Vᵉ République jusqu'en 1969. Mais sa pratique du pouvoir est critiquée par les partis d'opposition.

Entraînez-vous à l'exercice sur les repères historiques p. 214

Brevet

Exercice 2

Analyser et comprendre un document

SUJET BLANC

La cohabitation selon François Mitterrand

Pourquoi les Français m'ont-ils élu ? [...] Parce qu'un président de la République devient tout aussitôt autre chose que le représentant d'un parti : il devient le Président de tous les Français. [...] Il assure la continuité de l'État. On n'assure pas la continuité de l'État si, lorsqu'il y a un événement électoral, on s'en va. [...] Donc assurer la continuité de l'État, <u>c'est ce que j'ai fait le 17 mars lorsque j'ai annoncé aux Français que j'appellerai un représentant éminent de la nouvelle majorité, ce que j'ai fait le 18 mars</u> [...]. Le président de la République est le garant de l'indépendance nationale [...]. Il est le chef des armées [...]. Il doit veiller aux grands principes sur lesquels se fonde la République. Je respecte le rôle du gouvernement. Je n'interviens que lorsque se trouve en cause l'une des trois responsabilités que je viens d'énumérer.

François Mitterrand, entretien télévisé, 29 mars 1987.

QUESTIONS

1. **Indiquez** la fonction de François Mitterrand à la date de cet entretien télévisé, puis identifiez « l'évènement électoral » auquel il fait allusion.
2. À l'aide de vos connaissances, **expliquez** le lien entre la phrase soulignée et « l'évènement électoral » évoqué.
3. **Relevez** les arguments de François Mitterrand qui justifient sa décision de rester au pouvoir alors qu'il n'appartient plus à la « nouvelle majorité ».
4. Dans le cadre de cette nouvelle situation politique, **expliquez** qui exerce réellement le pouvoir exécutif.

Sujets possibles

→ **Présentez** les difficultés auxquelles est confronté le président Charles de Gaulle (1958-1969), et donnez-en les raisons.

→ **Définissez** le fonctionnement de la Vᵉ République lors de la présidence de François Mitterrand.

Chapitre
11 Femmes et hommes dans la société française (années 1950-1980)

→ Quelles sont les grandes évolutions de la société française dans les années 1950-1980 ?

1 Les premiers « Grands ensembles »

Au lendemain de la guerre, le nombre de logements n'est pas suffisant. Des programmes de construction de HLM (habitations à loyer modéré) sont lancés à la fin des années 1950.

Sarcelles (Val-d'Oise), 1963.

DANS CE CHAPITRE, DE QUOI VA-T-ON PARLER ?

En analysant les termes du sujet et les documents, je réponds aux questions suivantes :

- De qui va-t-on parler ?
- Pendant quelle période ?
- Quels sujets allons-nous aborder ?

Vu au collège

en 4e
- Au XIXe siècle, les femmes sont juridiquement inférieures aux hommes, exclues de la vie politique.

en 3e
- Les femmes se sont engagées dans les deux guerres mondiales : économie de guerre, Résistance aux nazis **(chapitres 1 et 3)**.
- En 1944, elles obtiennent le droit de vote **(chapitre 9)**.

Cours de 4e en PDF

2 Le combat des femmes

Manifestation pour les droits des femmes à Paris, 19 avril 1974.

Je me repère

Le nouveau visage de la société française (années 1950-1980)

VOCABULAIRE

- **Baby-boom** : période de forte croissance de la natalité dans les pays occidentaux pendant les années 1950-1960 (en France : 1945-1965).
- **Dépression économique** : longue période de ralentissement et d'instabilité de la croissance économique.
- **Solde migratoire** : différence entre le nombre de personnes qui sont entrées sur le territoire et le nombre de personnes qui en sont sorties au cours d'une année.
- **Trente Glorieuses** : expression qui désigne la période de forte croissance économique que connaissent les pays occidentaux entre 1945 et 1973.

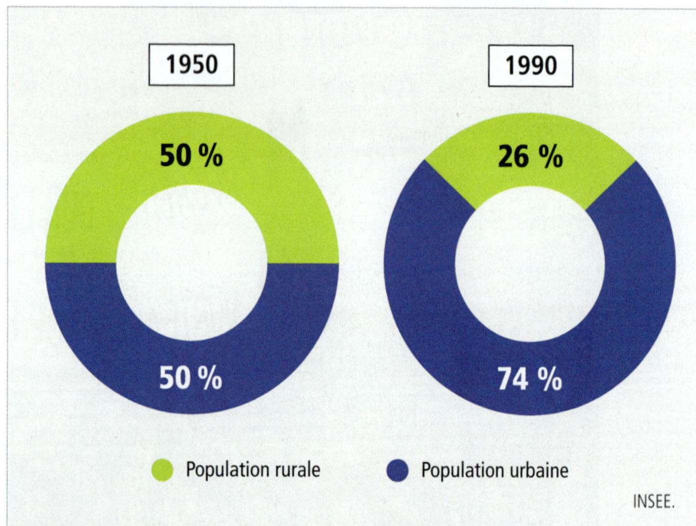

1 Évolution de la population urbaine et rurale en France (1950-1990)

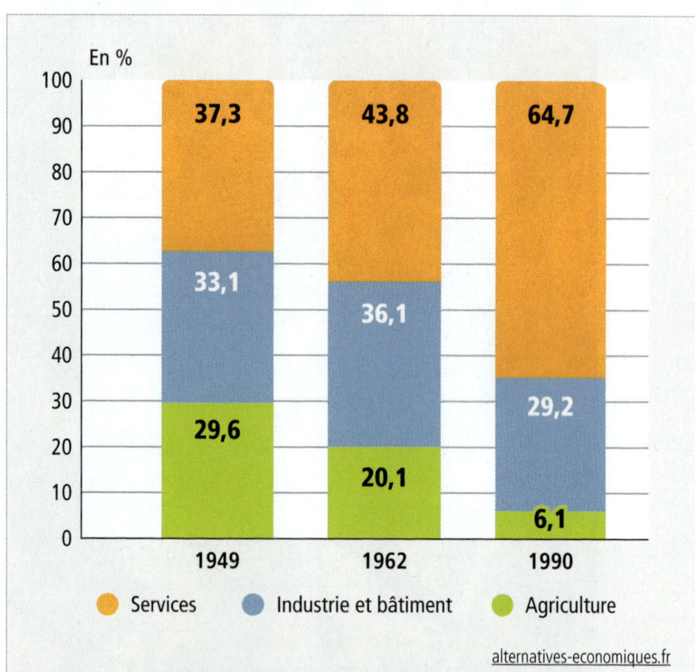

2 Répartition de la population active par secteur (1949-1990)

QUESTIONS

1. **Frise.** Nommez et datez les deux périodes économiques qui se succèdent entre 1950 et 1990.
2. **Doc 1 à 3.** Relevez les évolutions majeures de la société française.
3. **Doc 4 et 5.** Montrez que la population française se transforme.

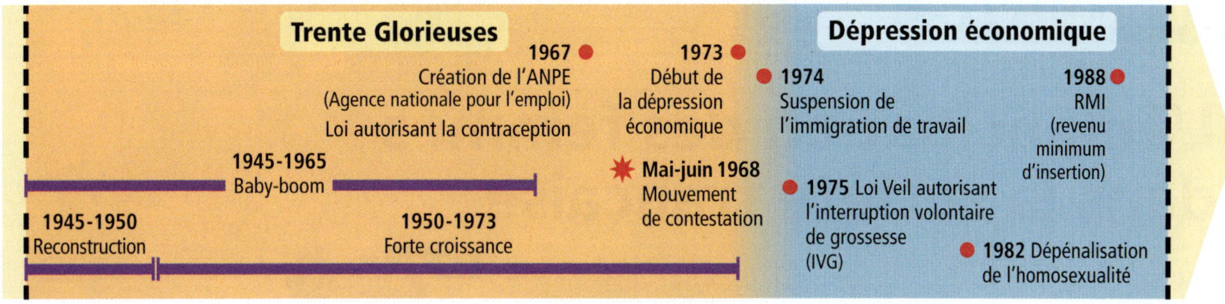

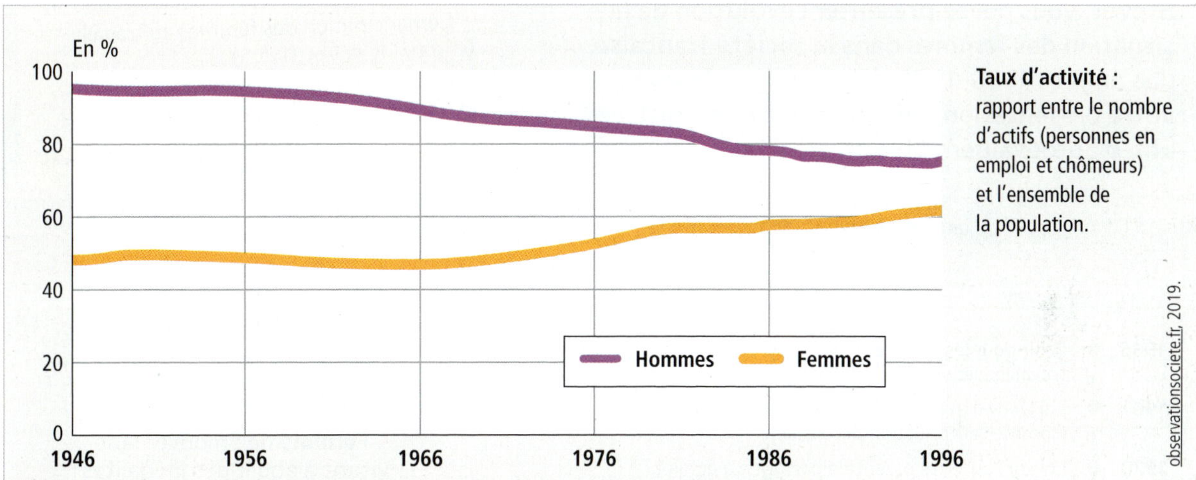

3 Évolution des taux d'activité femmes-hommes (1946-1996)

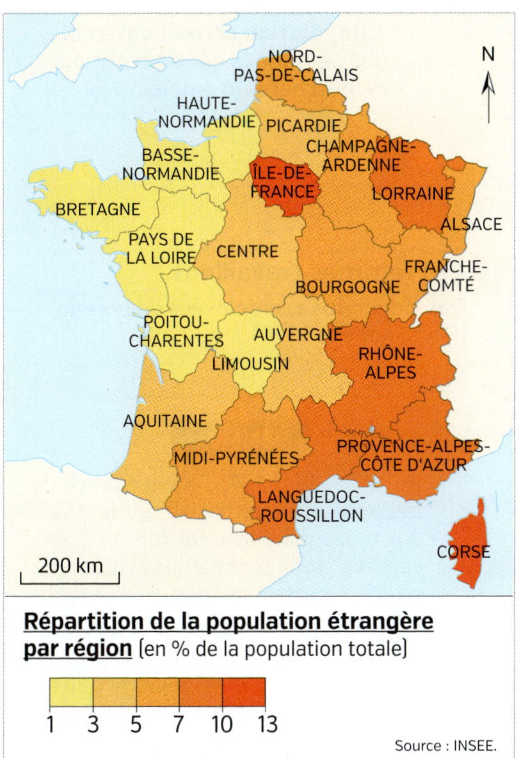

4 Les étrangers en France en 1975

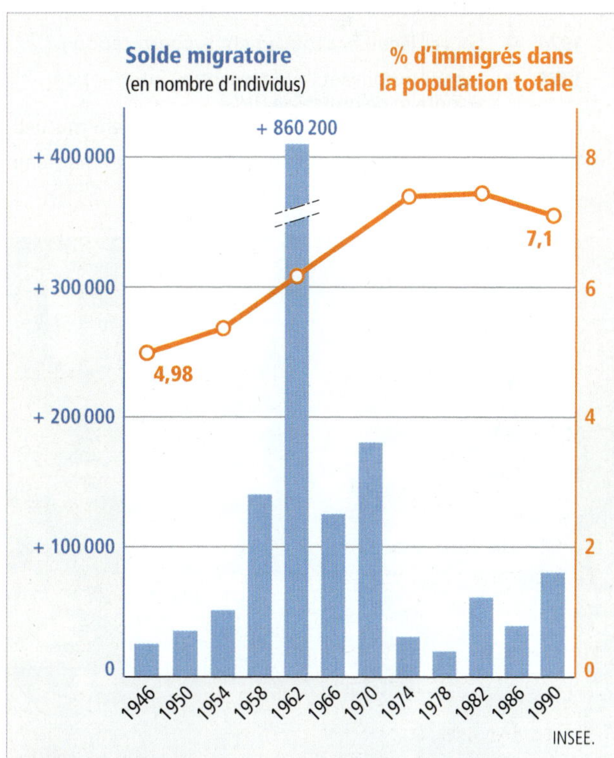

5 L'immigration en France (1946-1990)

Je découvre

TÂCHE COMPLEXE

L'émancipation des femmes dans la société française

ENQUÊTE *Réaliser un enregistrement audio*

Dans le cadre d'un entraînement à l'oral du Brevet, vous devez présenter l'évolution de la situation des femmes dans la société française des années 1950-1980. Vous rédigez le texte de votre présentation, puis vous vous enregistrez afin d'autoévaluer votre prestation.

▸ Réaliser une production sonore et verbale

Coups de pouce

À l'aide des informations communiquées dans les documents, vous pouvez développer les thèmes suivants :
- L'émancipation des femmes dans la famille et au quotidien (chronologie, doc. 4)
- L'émancipation des femmes au travail (chronologie, doc. 1 et 5)
- L'émancipation par les lois Neuwirth et Veil (chronologie, doc. 2 et 3)

Guidage pour la réalisation de la tâche complexe

1965	Droit pour les femmes d'ouvrir un compte bancaire et de travailler sans l'accord de leur mari.
1967	Loi Neuwirth autorisant la contraception sous conditions (comme l'autorisation parentale).
1970	Loi sur l'autorité parentale partagée à égalité entre la mère et le père. Naissance du MLF (Mouvement de libération des femmes).
1973	Naissance du MLAC (Mouvement pour la liberté de l'avortement et de la contraception).
1974	Loi Veil légalisant totalement la contraception.
1975	Loi Veil autorisant l'avortement ou interruption volontaire de grossesse (IVG). Loi instaurant le divorce par consentement mutuel.
1983	Loi Roudy sur l'égalité professionnelle femme-homme.

VOCABULAIRE

- **Contraception** : moyen utilisé pour contrôler les naissances.
- **Féminisme** : mouvement visant à abolir des inégalités dont les femmes sont victimes et à établir l'égalité complète des droits entre les hommes et les femmes.
- **Population active** : ensemble des personnes qui exercent ou recherchent un emploi.

1 Les femmes travaillent

Des « dactylos », employées de bureau, (Paris, années 1970).

INFO

Entre 1968 et 1975, la **croissance de la population active** est alimentée aux trois quarts par les femmes, en lien avec leur accès à des études plus longues.

L'obtention d'un diplôme professionnel leur permet de trouver un emploi dans le **secteur tertiaire** en plein essor (emplois de bureau, dans la vente, les services, etc.).

2 **Une revendication féministe**

Affiche du MLAC (Mouvement pour la liberté de l'avortement et de la contraception), 1974.

3 La légalisation de l'avortement

Ces femmes [qui avortent], ce ne sont pas nécessairement les plus immorales ou les plus inconscientes. Elles sont 300 000 chaque année. Ce sont celles que nous côtoyons chaque jour et dont nous ignorons la plupart du temps la détresse et les drames. C'est à ce désordre qu'il faut mettre fin. C'est cette injustice qu'il convient de faire cesser [...].

Je voudrais tout d'abord vous faire partager une conviction de femme – je m'excuse de le faire devant cette Assemblée presque exclusivement composée d'hommes : aucune femme ne recourt de gaieté de cœur à l'avortement. Il suffit d'écouter les femmes. C'est toujours un drame et cela restera toujours un drame. C'est pourquoi, si le projet qui vous est présenté tient compte de la situation de fait existante, s'il admet la possibilité d'une interruption de grossesse, c'est pour la contrôler et, autant que possible, en dissuader la femme.

Discours de Simone Veil, ministre de la Santé, à l'Assemblée nationale, le 26 novembre 1974.

Vidéo Extrait du discours

4 Les femmes se libèrent

Parole de sociologue

Les paysannes voient partout autour d'elles déferler la révolution domestique [...]. La femme cherche d'abord l'allègement des tâches ménagères. Elle supprime le feu de cheminée pour la cuisinière, puis la gazinière... Elle demande la machine à laver qui supprime le lavoir. [...] La femme a dû batailler pour chaque nouvelle conquête. [...] Jeunes mariées, nouvelles retraitées mènent le mouvement qui s'accélère depuis 1960-1962. [...] Les femmes du bourg ont une garde-robe variée [...] ; les jeunes filles choisissent chandails, jupes, pulls dans les magasins de la ville. [...] La nouvelle coquetterie n'est pas, comme l'ancienne, limitée aux jours de fête. [...] La femme n'hésite pas à s'aventurer sur les terrains masculins. Le pantalon, conquis d'abord par les adolescentes, puis adopté par les jeunes femmes en 1956-1960 n'est pas seulement le symbole d'une nouvelle modernité... C'est aussi la victoire d'un sans-culottisme[1] féminin, qui entend désormais abolir les privilèges de l'homme, en les partageant.

Edgar Morin, sociologue et philosophe, *Commune de France : la métamorphose de Plodémet,* Librairie Arthème Fayard, 1967.

1. Mouvement révolutionnaire d'hommes issus du petit peuple des villes, qui se battent pour l'égalité lors de la Révolution de 1789.

5 **Affiche de la CFDT**

Affiche éditée par le syndicat CFDT (Confédération française démocratique du travail), vers 1975.

Je découvre

Les immigrés dans la société française (années 1950-1980)

Vidéo
Deux siècles d'histoire de l'immigration
college.nathan.fr/22hg1101
8'46 (1945-1974)
9'11 (1974-2006)

Pendant les Trente Glorieuses (1945-1973), face à la forte croissance économique, l'État recourt à l'immigration pour pallier le manque de main-d'œuvre. Se pose alors la question de l'intégration des immigrés dans la société française. À partir de 1974, la politique d'immigration est remise en cause par la dépression économique.

→ Quelle est la place des immigrés dans la société française ?

- **1946-1973** Les Trente Glorieuses. Immigration massive de main-d'œuvre.
- **1973** Début de la dépression économique.
- **1974** Suspension de l'immigration du travail.
- **1976** Autorisation du regroupement familial.
- **1977** Dispositif d'aide au retour pour les étrangers souhaitant regagner leur pays d'origine.
- **1986** Loi Pasqua durcissant l'accueil des étrangers.

1 L'immigration lors des Trente Glorieuses
Ouvriers immigrés sur le chantier de la tour Montparnasse à Paris (1971). En 1975, 45 % de la population active et 75 % de la population immigrée travaillent dans l'industrie.

VOCABULAIRE

- **Étranger** : personne qui n'a pas la nationalité de l'État dans lequel elle réside, même si elle est née dans ce pays.
- **Immigré** : personne née dans un pays différent de celui dans lequel elle s'est installée.
- **Intégration** : processus d'insertion des immigrés dans la société d'accueil (emploi, école...) et de participation à la vie sociale et civique.

2 Le regroupement familial (1976)

Changer la société française, la rendre plus juste, plus généreuse, bâtir pour l'an 2000 une société d'égalité et une société de justice, c'est impossible si on exclut complètement les étrangers. [...]

Le souci du gouvernement est de faire que les immigrés bénéficient peu à peu de l'égalité la plus large, pratique dans les faits avec la population française, et en particulier en ce qui concerne leur droit à vivre normalement chez nous avec leur famille. Aujourd'hui, nous lançons une politique de l'immigration familiale qui va permettre aux immigrés de faire venir leur famille lorsque ces familles pourront convenablement s'insérer en France, lorsqu'elles auront un logement, lorsqu'elles pourront bénéficier d'un revenu stable.

Paul Dijoud, secrétaire d'État aux Travailleurs immigrés, 29 avril 1976.

3 Regard sur l'immigré

Taoufik Bestandji, né en 1957 à Constantine (Algérie), arrive en France en 1978.

En arrivant à Grenoble, j'ai découvert les immigrés. Chez nous, ceux qu'on appelait les immigrés revenaient au bled une fois par an, ils arrivaient avec de l'argent, ils étaient bien habillés alors que nous n'avions même pas un jean. On avait l'image de gens complètement épanouis dans l'immigration et on découvrait, en arrivant en France, qu'ils étaient aussi dans la misère. Ils logeaient dans des endroits insalubres[1], certains étaient au chômage, certains buvaient, c'était vraiment la misère sociale. Pourquoi est-ce qu'ils en étaient là ? Et puis on a découvert aussi leurs enfants : des gens complètement déchirés qui ne parlaient pas arabe comme nous, qui comprenaient quelques mots. Et quand on jouait, ils disaient : « Qu'est-ce que c'est qu'ça ? » Ils ne comprenaient rien du tout. Par contre, leurs pères étaient dans la nostalgie, ça leur rappelait le bled.

Témoignage de Taoufik Bestandji, recueilli en 2005 et publié sur le site du musée de l'Immigration, histoire-immigration.fr.

1. Logement qui présente des risques pour la santé..

4 Le bidonville du Chaâba, 1960

Le Chaâba (« patelin lointain », « trou »), situé dans la banlieue lyonnaise, a accueilli une vingtaine de familles, principalement d'origine algérienne, entre 1954 et 1968.

5 La marche pour l'égalité et contre le racisme, 1983

Partis peu nombreux de Marseille, le 15 octobre 1983, les participants sont 100 000 à leur arrivée à Paris, le 3 décembre.

Activités

Parcours 1

Je comprends le sens général des documents

1 Chronologie et doc 2. Présentez les deux grandes phases de l'immigration en France, ainsi que les mesures gouvernementales à l'égard des immigrés.

2 Doc 1 et vidéo. Nommez les secteurs d'activités dans lesquels les immigrés travaillent.

3 Doc 2 à 4. Décrivez les conditions de vie des immigrés et comparez-les à l'objectif que s'est fixé le gouvernement (doc 2).

4 Doc 2 et 5. Argumentez : dans les années 1980, l'intégration des immigrés dans la société française est-elle réelle ?

Je m'exprime à l'oral de façon claire et organisée

5 Préparez un exposé oral de 5 minutes dans lequel vous présentez la place des immigrés dans la société française : étapes de l'immigration, mesures du gouvernement, intégration économique, sociale...

Parcours 2

J'argumente à l'écrit

Rédigez un développement construit qui présente l'immigration en France au cours des années 1950-1980. Vous pouvez distinguer deux phases.

Aide à la rédaction

Je découvre

La société française face à la dépression économique

Vidéo
Les nouveaux pauvres dans les années 1980
college.nathan.fr/22hg1102
3'07

À partir de 1973, la croissance économique ralentit. Elle s'accompagne d'une très forte progression du chômage qui touche majoritairement les jeunes, les femmes et les ouvriers.

→ Quel est l'impact du chômage de masse sur la société française ?

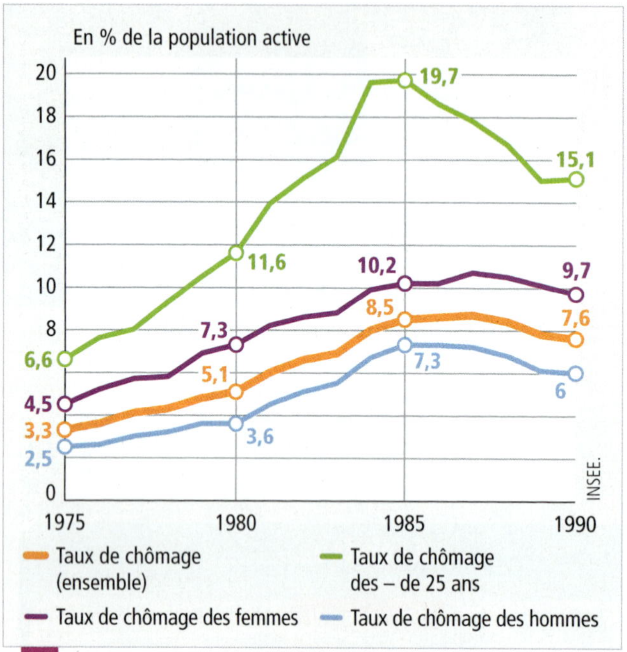

1 L'évolution du chômage en France métropolitaine (1975-1990)

2 Le chômage de masse
Chômeurs devant une agence de l'ANPE (Agence nationale pour l'emploi), 1975. L'ANPE a été créée en 1967 afin de mettre en relation chômeurs et entreprises.

VOCABULAIRE

- **Chômeur** : personne sans emploi, à la recherche d'un emploi et disponible pour travailler.
- **État providence** : ensemble des dispositifs par lesquels l'État intervient dans l'économie et la société, protégeant les individus et redistribuant les richesses.
- **Population active** : ensemble des personnes qui exercent ou recherchent un emploi.
- **RMI** : revenu minimum d'insertion, instauré en 1988, qui garantit des ressources minimales aux personnes à faibles revenus.

3 L'État providence : le RMI

L'espoir, c'est aussi permettre à ceux qui sont les plus durement frappés, que notre société laisse partir à la dérive, que la marginalité guette, d'avoir droit à une deuxième chance. Tel est le sens profond du revenu minimum d'insertion. Instaurer un droit au revenu minimum est une innovation d'une portée considérable. Après la création de la sécurité sociale, puis sa généralisation, après l'instauration du minimum vieillesse et des allocations-chômage, c'est construire le dernier étage [de l'État providence] […].

La solidarité n'est pas la bonne conscience de la modernisation, elle est la condition de sa réussite. Parce qu'elle donne tout son sens au respect de l'autre, au respect de la dignité humaine. Oh, certes, le montant de l'aide sera insuffisant au regard du souhaitable. Mais il offrira à tous ceux qui en disposeront une nouvelle chance, un nouvel espoir. Une chance d'échapper à la misère.

Discours du Premier ministre Michel Rocard à l'Assemblée nationale, 29 juin 1988.

4 Le *blues* du chômeur

Le grand chef du personnel
L'a convoqué à midi
J'ai une mauvaise nouvelle
Vous finissez vendredi
Une multinationale
S'est offert notre société
Vous êtes dépassé
Et du fait vous êtes remercié
Il n'a plus d'espoir plus d'espoir
Il ne rentre pas ce soir
Il s'en va de bar en bar
Il n'a plus d'espoir plus d'espoir
Il ne rentre pas ce soir
Il se décide à traîner
Car il a peur d'annoncer
À sa femme et son banquier
La sinistre vérité
Être chômeur à son âge
C'est pire qu'un mari trompé
Il ne rentre pas ce soir

« Il ne rentre pas ce soir ». Paroles : Claude Moine (Eddy Mitchell), musique : Pierre Papadiamandis. © 1979 Universal Music Publishing France.

5 Manifestation de chômeurs, Paris, 1977

Les initiales « CGT » signifient « Confédération générale du travail » ; il s'agit d'un syndicat.

6 La création des Restos du cœur (1985)

Créés par Coluche, les Restos du cœur sont une association venant en aide aux plus démunis.

Activités

Parcours 1

Je comprends le sens général des documents

1 **Doc 1.** Décrivez l'évolution du chômage entre 1975 et 1990 et indiquez quelle catégorie de la population est la plus touchée.

2 **Doc 2 et 3.** Citez les actions de l'État pour lutter contre la montée de la pauvreté.

3 **Doc 4 et 5.** Montrez que le chômage inquiète la société française.

4 **Doc 6.** Définissez cette action et indiquez son but.

J'argumente à l'écrit

5 Rédigez un article de presse qui explique l'impact du chômage de masse sur la société française.

Aide à la rédaction d'un article de presse

Parcours 2

Je réalise une production graphique

Construisez un schéma de synthèse qui montre le chômage de masse et ses conséquences sur la société française.

Votre schéma permettra de visualiser :
- la définition du chômage de masse ;
- les personnes touchées par le chômage ;
- les facteurs d'explication du chômage ;
- les conséquences du chômage de masse ;
- le rôle de l'État dans la lutte contre le chômage.

Je découvre

TÂCHE COMPLEXE

Les jeunes dans la société française (années 1950-1980)

ENQUÊTE *Réaliser un diaporama*

Votre classe a pour projet la réalisation d'un diaporama qui présente les nouvelles aspirations de la jeunesse au cours des années 1950-1980. En groupes, vous élaborez son contenu : textes, images, schémas...

▸ Pratiquer différents langages

Coups de pouce

À l'aide des documents, vous pouvez distinguer les thèmes suivants :
- La part de la jeunesse dans la société française (chiffres clés)
- La culture jeune et la culture de masse (doc 1, 2 et 4)
- Les revendications et les révoltes de la jeunesse (doc 3 et 5)
- La réponse politique (doc 3 et 5)

Guidage pour la réalisation de la tâche complexe

Vidéo
Le mouvement yé-yé

1 Un magazine pour les jeunes

Magazine à succès, paru à partir de 1962, centré sur la musique et les artistes de la génération yé-yé (Johnny Hallyday, Sylvie Vartan, Les Beatles...). *Salut les copains* est associé à l'émission de radio du même nom, diffusée sur Europe 1.

Salut les copains, n° 31, février 1965.

CHIFFRES CLÉS

Le baby-boom

Les 15-24 ans :

6 millions en 1958

8 millions en 1968

VOCABULAIRE

- **Culture de masse** : pratiques culturelles diffusées à un large public par les médias et les industries de la communication et du divertissement.

2 La musique au cœur de la culture jeune

Parole d'historienne

Spécialiste de la jeunesse en France, l'historienne Ludivine Bantigny présente dans cet ouvrage les nouvelles formes de la culture populaire des jeunes dans les années 1980.

La musique n'est évidemment pas séparable de ces nouvelles technologies et des pratiques culturelles qui y sont associées. Il en va ainsi de son interaction avec la radio et la télévision : les années 1980 consacrent le succès de stations et de chaînes purement musicales, chez les jeunes en particulier. Outre les émissions de variété qui se renouvellent dans leur présentation – images saturées et montages nerveux –, les clips – le mot entre dans le dictionnaire en 1986 – proposent des habillages visuels qui forment comme un écrin aux airs qu'ils mettent en scène. Des émissions leur sont tout entières dédiées qui établissent le classement des ventes (« Top 50 » à partir de 1984) et alimentent le marché. Des spectacles à vocation humanitaire (« Les Enfoirés » lancés par Coluche en 1986) réunissent des vedettes rassemblées pour l'occasion et qui chantent à l'unisson. [...] L'écoute est un peu plus encore individualisée, grâce au Walkman (le terme s'introduit dans le dictionnaire en 1982) [...].

Ludivine Bantigny, *La France à l'heure du monde. De 1981 à nos jours*, © Éditions du Seuil, 2013.

a. **La jeunesse, en lutte contre le pouvoir, réclame plus de libertés.**
Sérigraphie, atelier populaire de l'école des Beaux-Arts de Paris, mai-juin 1968.

INFO

En mai-juin 1968, un vaste **mouvement de contestation** éclate, porté par les étudiant-e-s. Ils dénoncent les **inégalités sociales, la rigidité des mœurs et manifestent pour plus de libertés**.
Opposés à de Gaulle alors au pouvoir, ils aspirent aussi à des **transformations politiques**.

b. **Affrontement entre les étudiants et les forces de l'ordre à Paris dans le Marais, le 6 mai 1968.**

3 La révolte de la jeunesse (mai 1968)

Vidéo
La Grande explication – Mai 68

4 Les jeunes, cibles de la publicité

Publicité pour Coca-Cola, 1968.

5 Le droit de vote à 18 ans (1974)

Jeunes de 18 ans brandissant leur carte d'électeur devant une urne, juillet 1974. Jusqu'à cette date, la majorité électorale était fixée à 21 ans.

Leçon

Podcast du cours

Femmes et hommes dans la société française (années 1950-1980)

→ Quelles sont les grandes évolutions de la société française dans les années 1950-1980 ?

A La France du baby-boom

1. Une croissance démographique inédite

- Entamée pendant la guerre, la **croissance démographique** s'accélère. La forte natalité traduit l'optimisme en l'avenir et s'accompagne d'un net recul de la mortalité, notamment infantile : c'est le « baby-boom ».

- Mais, à partir de 1965, la baisse de la fécondité et l'augmentation de l'espérance de vie entraînent un **vieillissement de la population** française.

2. L'immigration en hausse

- L'appel massif à une **main-d'œuvre** immigrée, venue d'**Europe du Sud** et de plus en plus du **Maghreb** et d'**Afrique subsaharienne**, contribue pour un tiers à cette augmentation de population.

- L'arrivée de ces travailleurs étrangers, couplée à un fort exode rural, révèle le manque criant de logements : les **bidonvilles** se multiplient. Pour répondre à ce problème, l'État lance des programmes de construction d'**habitations à loyer modéré** (HLM).

- Cependant, face à la dépression économique qui débute en 1973, le gouvernement décide de **fermer les frontières aux immigrés de travail** (1974). Les immigrés sont contraints de choisir entre le **retour au pays** ou l'installation définitive. Pour faciliter leur intégration, le droit au **regroupement familial** est reconnu en 1976.

B De la croissance à la dépression économique

1. Les mutations de la population active

- Pendant les Trente Glorieuses, la population active augmente et se transforme : baisse du nombre de paysans, augmentation de celui des **ouvriers**. Les **classes moyennes** incarnent la nouvelle société, composée des cadres et des femmes qui s'émancipent par des emplois dans les bureaux.

2. La dépression économique

- Dans une France qui vit à l'heure de la mondialisation, la **crise économique** des années 1970 a de fortes répercussions. Le nombre d'ouvriers baisse et des industries ferment leurs portes.

- Le nombre de chômeurs augmente nettement à partir de 1975. Au sein des entreprises, les **conflits sociaux** deviennent plus difficiles et vifs. Face à la montée de la **pauvreté**, qui touche en particulier les femmes, les jeunes et les immigrés, le gouvernement crée en 1988 le RMI.

VOCABULAIRE

- **Baby-boom** : période de forte croissance de la natalité dans les pays occidentaux pendant les années 1950-1960 (en France : 1945-1965).
- **Chômeur** : personne sans emploi, à la recherche d'un emploi et disponible pour travailler.
- **Dépression économique** : longue période de ralentissement et d'instabilité de la croissance économique.
- **Étranger** : personne qui n'a pas la nationalité de l'État dans lequel elle réside, même si elle est née dans ce pays.
- **Féminisme** : mouvement visant à abolir des inégalités dont les femmes sont victimes et à établir l'égalité complète des droits entre les femmes et les hommes.
- **Immigré** : personne née dans un pays différent de celui dans lequel elle s'est installée.
- **Intégration** : processus d'insertion des immigrés dans la société d'accueil (emploi, école…) et de participation à la vie sociale et civique.
- **Population active** : ensemble des personnes qui exercent ou recherchent un emploi.
- **RMI** : revenu minimum d'insertion, instauré en 1988, qui garantit des ressources minimales aux personnes à faibles revenus.

C Une société en mouvement

1. Les contestations de la jeunesse

- La génération du baby-boom est la première à accéder massivement aux études supérieures. Confrontée à un modèle familial fondé sur l'autorité du père, hostile au pouvoir gaulliste, cette jeunesse réclame **plus de liberté et descend dans la rue en mai et juin 1968**. En 1974, l'**abaissement de la majorité électorale à 18 ans** permet aux jeunes de s'exprimer davantage politiquement.

2. Les combats pour les droits des femmes

- Les femmes, à travers le féminisme, revendiquent le droit à l'autonomie. Face au conservatisme social et religieux, beaucoup se mobilisent pour le droit à la contraception et à l'avortement. En 1967, la loi Neuwirth autorise l'accès à la **contraception**, mais celle-ci n'est entièrement autorisée qu'à partir de 1974. En 1975, la loi Veil légalise l'**avortement** (IVG).
- Si le taux d'activité des femmes et leur niveau de qualification n'ont cessé d'augmenter depuis les années 1960, les discriminations dans le monde du travail restent fortes. La loi Roudy est adoptée en 1983 pour **lutter contre les inégalités salariales et professionnelles.**

L'HISTOIRE D'UN MOT

« Trente Glorieuses »

L'expression est apparue dans une étude publiée en 1979 par l'économiste Jean Fourastié.
Elle désigne la période de forte croissance économique que connaissent les pays occidentaux entre 1945 et 1973.

CHIFFRES CLÉS

- De **1954** à **1968**, le nombre des **15-24 ans** passe de **6 à 8 millions**.
- Le taux de chômage passe de **3,3 %** de la population active en **1975** à **8,4 %** en **1988** (France métropolitaine).

JE RETIENS AUTREMENT

Femmes et hommes dans la société française (années 1950-1980)

Une société qui évolue

- Croissance puis dépression économique
- Baby-boom
- Vieillissement de la population
- Augmentation de l'immigration
- Hausse du chômage
- Nouvelles revendications de la jeunesse

Des luttes sociales

- Années 1960-1970 : les combats féministes
- Mai-juin 1968 (manifestations étudiantes, grèves…)
- Manifestations, conflits sociaux, chômage de masse
- Lutte contre la pauvreté (ex. Restos du cœur)

Des réponses politiques

- Majorité à 18 ans (1974)
- Fermeture des frontières (1974)
- Regroupement familial (1976)
- Lois en faveur du droit des femmes (loi Veil autorisant l'avortement, 1975)
- RMI (1988)

Apprendre à apprendre

Réaliser un livret illustré

ÉTAPE 1 Je mémorise ma leçon

Je sais situer :
- les Trente Glorieuses
- la dépression économique
- la principale révolte de la jeunesse
- la loi qui légalise l'avortement
- la période de l'immigration de main-d'œuvre

Je sais définir :
- Trente Glorieuses
- baby-boom
- féminisme
- immigrés

Je sais expliquer l'essentiel :
- les conséquences de la dépression économique sur la société.
- l'immigration en France dans les années 1950-1980.
- les étapes de l'émancipation des femmes.
- la place des jeunes dans la société

Vérifiez que vous avez mémorisé les mots-clés et les notions à l'aide des exercices p. 211.

ÉTAPE 2 Je réalise mon livret

Ce livret illustré et personnalisé comportera le nombre de pages que vous voulez. Il vous permettra de rassembler les informations à retenir et de les mémoriser.

① Regroupez les informations du chapitre : repères chronologiques, définitions, idées importantes.

② Construisez votre livret. Présentez les informations sous forme d'articles illustrés, de feuilles à déplier, d'enveloppes remplies de fiches... Laissez libre cours à votre créativité !

BOÎTE À IDÉES

- Baby-boom
- Immigration
- Droits des femmes : les combats féministes
- La jeunesse des années 1960
- Dépression économique

BOÎTE À OUTILS

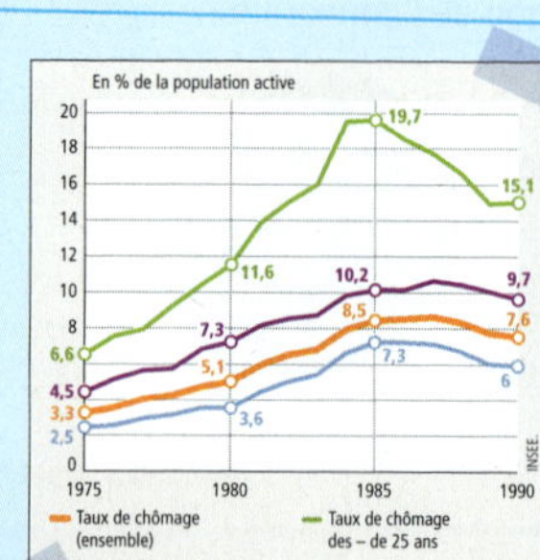

EXERCICE 1 Je vérifie mes connaissances ★

Indiquez la bonne réponse, puis justifiez votre choix.

① Les Trente Glorieuses correspondent à :
- a. une période de dépression économique.
- b. une période de faible immigration.
- c. une période de forte croissance économique.

② La loi Veil de 1975 légalise :
- a. l'interruption volontaire de grossesse.
- b. l'égalité salariale entre les femmes et les hommes.
- c. l'autorité parentale partagée.

③ La croissance du chômage s'accélère :
- a. à partir des années 1950.
- b. à partir des années 1960.
- c. à partir de la seconde moitié des années 1970.

④ La majorité passe de 21 à 18 ans en :
- a. 1946.
- b. 1968.
- c. 1974.

EXERCICE 2 J'analyse des documents à l'aide de mes connaissances ★★

À l'aide du vocabulaire de la leçon, rédigez une légende qui explique chacun de ces documents issus du manuel.

a

b

c

EXERCICE 3 Je m'informe sur Internet ★★★

Rendez-vous sur le site du musée de l'Histoire de l'immigration histoire-immigration.fr.
- Cliquez sur « Ressource » puis sur « Explorer les collections ».
- Choisissez une photographie et présentez-la à la classe (date, contexte, événement, message).

› LE MUSÉE NUMÉRIQUE

Collections

Le Musée national de l'histoire de l'immigration est chargé de constituer une collection représentative de l'histoire, des arts et des cultures de l'immigration.

Explorer les collections

Méthode pour commenter une image

Brevet

Exercice 1

SUJET GUIDÉ

Analyser et comprendre des documents

Le titre

Le slogan

Le visuel

L'auteur

Créé en 1956, ce mouvement diffuse l'information sur le contrôle des naissances et lutte pour le droit à la contraception et à l'avortement.

1 **Le « Mouvement français pour le Planning familial »**
Affiche, 1974.

2 **Les dispositions de la loi Veil**

La loi porte le nom de la femme qui l'a défendue à l'Assemblée nationale.

« L'interruption volontaire de grossesse est décidée par la femme enceinte concernée lorsqu'elle estime que sa grossesse la place dans une situation de détresse.

L'intervention doit être réalisée par un médecin, dans un cadre hospitalier, avant la fin de la dixième semaine de grossesse. La femme doit réaliser des démarches obligatoires destinées à son information et à sa réflexion préalablement à l'intervention. Deux consultations médicales sont prévues avec un délai de réflexion d'une semaine entre les deux. Les risques et les alternatives à l'avortement sont présentés par les médecins. Une consultation psycho-sociale est également prévue. [...]

Le médecin et le personnel de santé disposent d'une clause de conscience. Ils ne sont pas obligés de pratiquer l'intervention mais doivent, dans ce cas, en informer immédiatement la femme.

L'interruption volontaire de grossesse pour motif thérapeutique est autorisée, sans condition de délai, si deux médecins attestent que sa continuation met en péril grave la santé de la femme ou qu'il y a une forte probabilité que l'enfant à naître soit atteint d'une affection d'une particulière gravité reconnue comme incurable au moment du diagnostic. »

D'après la loi du 17 janvier 1975 relative à l'interruption volontaire de grossesse.

Dans quels cas décider d'une IVG ?

Quelles obligations avant l'IVG ?

Avant cette loi, l'avortement était un délit.

QUESTIONS

1. **Doc 1 et 2. Identifiez** les personnes de ces deux documents.
2. **Doc 1 et 2. Présentez** le sujet commun de leur revendication.
3. **Doc 1 et 2. Caractérisez** la manière utilisée par ces personnes pour faire aboutir leur revendication.
4. **Doc 1 et 2. Citez** les conditions d'application de la loi de 1975 et **indiquez** si elles répondent au slogan du document 1.
5. **Doc 1 et 2.** À l'aide des informations des documents et de vos connaissances, **expliquez** ce que signifie l'émancipation des femmes en France dans les années 1950-1980.

Interrogez-vous sur la signification des verbes utilisés.

Caractériser, cela signifie que vous devez définir avec précision, en mettant en relief les traits dominants d'un fait, d'une personne.

Il s'agit d'analyser les documents de manière critique : « **ce qu'il dit** » et « **ce qu'il ne dit pas** ».

Conseils pour s'entraîner

→ Repérez les documents sur lesquels vous devez vous appuyer pour répondre aux questions posées. Les deux documents sont toujours questionnés ensemble.

→ Lorsque le document est une iconographie, observez-la attentivement et entourez les éléments qui vous serviront à répondre aux questions.

→ Lorsque le document est un texte, lisez-le attentivement et soulignez les mots et groupes de mots qui vous serviront à répondre aux questions.

Exercice 2

SUJET BLANC

Maîtriser différents langages

Sous la forme d'un développement construit d'une vingtaine de lignes et en vous appuyant sur des exemples étudiés en classe, expliquez quelles sont les évolutions de la société française des années 1950 aux années 1980.

Sujets possibles

→ Montrez la place des immigrés dans la France des Trente Glorieuses et dans la France de la dépression économique.

→ Caractérisez la place de la jeunesse dans la société française des années 1950-1980.

Réviser le THÈME 3

Françaises et Français dans une République repensée

Définir les notions du thème

À l'aide des connaissances acquises dans les chapitres 9 à 11, complétez les notions clés de la carte mentale qui caractérise la période 1944-1989 en France.

Carte mentale à imprimer

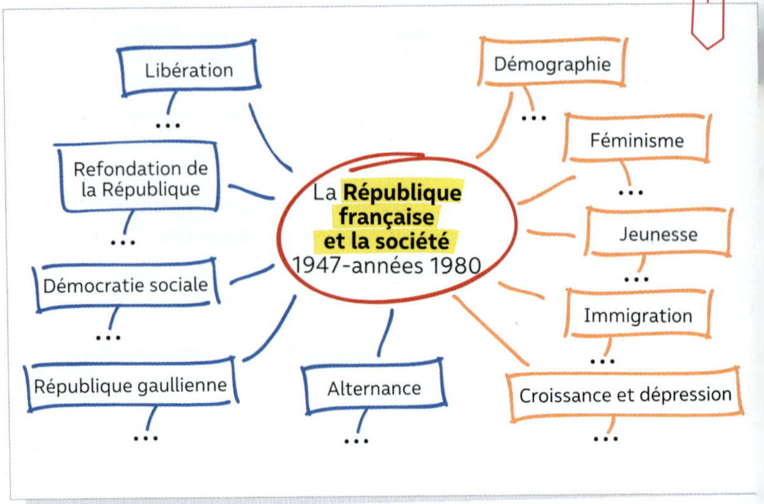

Maîtriser les repères chronologiques du thème

1 **a.** **Sur l'axe chronologique, représentez et datez la période de la Libération ainsi que la période de la Ve République.**
b. **Reliez ces périodes à l'encadré correspondant.**

2 **Situez les dates suivantes sur l'axe chronologique et indiquez à quel évènement correspond chacune d'entre elle.**

1944 – 1962 – 1975 – 1981

.... Libération

.... Ve République

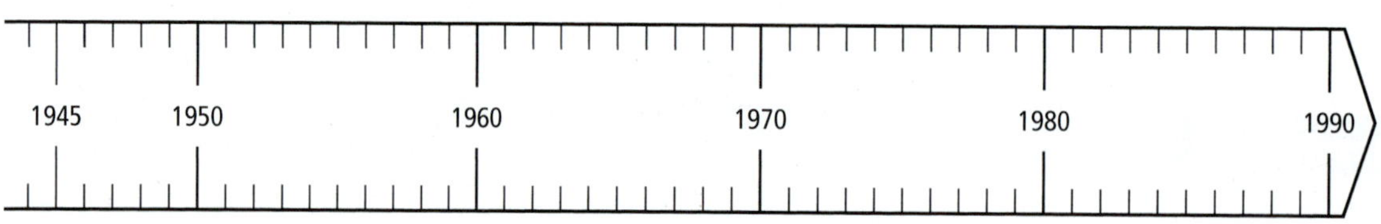

1944	1962	1975	1981
....	....	....	....
....	....	....	....
....	....	....	....

Frise à imprimer

Vers le lycée

Répondre à une question problématisée

Cet exercice est proposé dans la voie générale du lycée. C'est un approfondissement du développement construit que vous travaillez déjà au collège.

Que signifie « problématiser » ?
C'est identifier le « problème » derrière une question posée et le résoudre par étapes en argumentant.

Sujet

Comment la République française est-elle refondée entre 1944 et 1947 ?

- Comment : Débarquements, Libération, épuration, Charles de Gaulle, gouvernement provisoire...
- République française : Nouvelle République, élections, Constitution, démocratie
- refondée : Libertés fondamentales, droit de vote des femmes, démocratie sociale, État-providence,...
- 1944 et 1947 : CNR, élections, Constitution de 1946, Sécurité sociale, nationalisations...

Étapes 1 et 2 J'analyse le sujet et j'organise mes connaissances

Au brouillon

1 **Je m'interroge** sur les termes de la question et **je les associe** à ce que je sais à leur sujet (voir encadrés ci-dessus).

2 **Je classe** mes connaissances « en vrac » de l'étape 1 : dates, faits, acteurs, idées, mots-clés... Je les utiliserai pour argumenter.

Étape 3 Je construis mon plan détaillé

Au brouillon

Un plan peut être : chronologique, thématique, mixte...

Exemple de plan thématique

I. La Libération
1. La libération du territoire de la France
2. Le Gouvernement provisoire

II. La République restaurée
1. L'organisation des élections
2. La Constitution de la IVe République

III. La démocratie refondée
1. Le droit de vote et d'éligibilité pour les femmes
2. La démocratie sociale

Étape 4 Je rédige la réponse à la question problématisée :

Sur ma copie

→ **Je définis** les termes de la question et je rappelle la question problématisée.

→ **Je rédige** ma réponse argumentée.

→ **Je formule** des transitions avec des connecteurs logiques afin de montrer la logique de mon raisonnement.

→ **Je conclus** en résumant par une phrase la réponse à la problématique de la question.

THÈME 4

Dynamiques territoriales de la France contemporaine

L'aire urbaine de Grenoble (700 000 habitants) et le Parc naturel régional du Vercors
Ce territoire d'innovation associe attractivité environnementale, scientifique et industrielle au cœur de massifs montagneux alpins qui offrent un large éventail d'activités de pleine nature.

Quels sont les effets de la mondialisation sur les dynamiques des territoires en France ?

L'urbanisation et la mondialisation sont sources de dynamiques pour les...

Parole de géographe

Que nous apprend cette photographie sur les dynamiques territoriales de la France ?

www.college.nathan.fr/22hg1200

La réponse de **Magali Talandier**, professeure en études urbaines et régionales à l'université Grenoble-Alpes.

Chapitre 12

Les aires urbaines, géographie d'une France mondialisée

→ *Quelle influence les villes exercent-elles sur le territoire français ? Quel rôle y joue la mondialisation ?*

Vu au collège

en 6e
- Les habitants et leurs activités se concentrent dans les métropoles. Les déplacements quotidiens s'en trouvent influencés.

en 4e
- Les villes sont les lieux privilégiés de la mondialisation. Reliées entre elles, elles constituent de véritables réseaux de communication et d'échanges.

Cours de 6e et de 4e en PDF

RÉVISION 1 Les repères géographiques

Exercice interactif

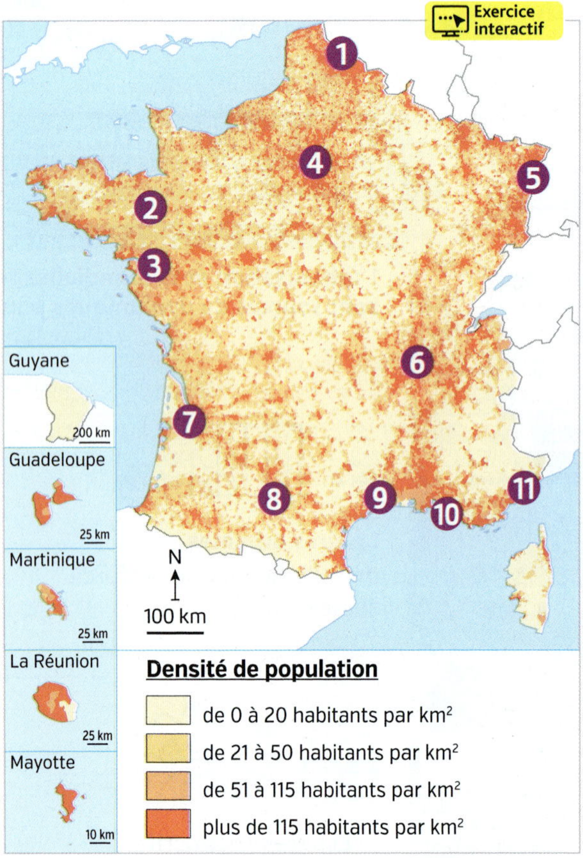

① **Associez les métropoles numérotées sur la carte à leur nom.**

a. Paris
b. Marseille
c. Lyon
d. Toulouse
e. Nice
f. Nantes
g. Montpellier
h. Strasbourg
i. Bordeaux
j. Lille
k. Rennes

② **Indiquez si les affirmations suivantes sont vraies ou fausses.**

a. Cette carte montre le nombre d'habitants par km² en France. ☐ Vrai ☐ Faux

b. Les régions en rouge sont les moins peuplées. ☐ Vrai ☐ Faux

c. Les vallées fluviales et les littoraux sont souvent fortement peuplés. ☐ Vrai ☐ Faux

d. Une zone de faible peuplement traverse la France du Nord-Est au Sud-Ouest. ☐ Vrai ☐ Faux

RÉVISION 2 Le vocabulaire géographique

Exercice interactif

Identifiez la notion qui se cache derrière chacune de ces définitions.

a. Processus de diffusion continue de la ville au détriment des espaces ruraux environnants.

b. Grande ville concentrant population et activités, et qui exerce une influence sur des territoires étendus.

c. Travailleurs qui font l'aller-retour quotidien entre leur domicile et leur lieu de travail.

DANS CE CHAPITRE, DE QUOI VA-T-ON PARLER ?

En analysant les termes du sujet, je réponds aux questions suivantes :

- Quels sont les espaces de notre sujet ?
- Sur quel territoire et dans quel contexte géographique abordons-nous notre sujet ?

Zoom sur...

	Bordeaux	
	Aire urbaine*	Commune
Nombre d'habitants (2018)	1 341 775 (6e rang)	257 068
Densité (hab./km²)	212,5	5 208
Croissance annuelle moyenne de la population entre 2013 et 2018	1,4 %	1,1 %

*275 communes, définition INSEE depuis 2021

Bordeaux, une aire urbaine qui se développe

La Cité du vin (agence XTU) et son nouveau quartier attractif dans le pôle urbain bordelais concentrent les activités et les transports en commun.

Étude de cas

VOCABULAIRE Pôle urbain p. 230

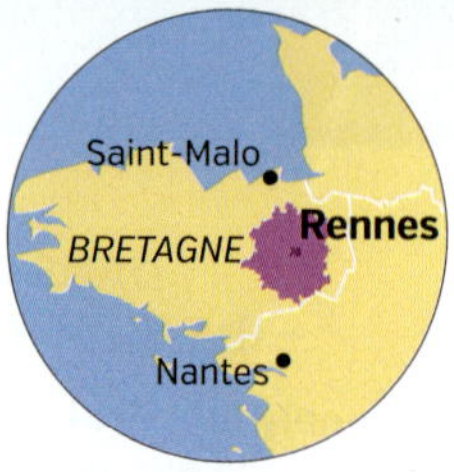

L'aire urbaine de Rennes

L'aire urbaine rennaise est la troisième aire urbaine française en termes de croissance démographique. Cette attractivité se traduit par un fort étalement géographique et engendre de nouvelles mobilités.

→ **Quels espaces composent l'aire urbaine ? Quelles dynamiques les caractérisent ?**

Zoom sur…	Aire urbaine de Rennes*	Rennes
Nombre d'habitants (2018)	747 156 (10e rang)	217 228
Densité (hab./km²)	196	4 320
Croissance annuelle moyenne de la population entre 2013 et 2018	1,1 %	0,6 %

*183 communes, définition INSEE depuis 2021

1 Les espaces de l'aire urbaine rennaise

a. Rennes, ville-centre

- **Densité (hab./km²) :** 4 320
- **Maisons individuelles :** 13 %
- **Actifs travaillant dans leur commune de résidence :** 64 %
- **Croissance de la population (2013-2018) :** + 0,6 % par an
- **Mobilités :** 48 % utilisent la voiture pour aller travailler

b. Cesson-Sévigné, dans la banlieue de Rennes

- **Densité (hab./km²) :** 538
- **Maisons individuelles :** 50 %
- **Actifs travaillant dans leur commune de résidence :** 36 %
- **Croissance de la population (2013-2018) :** + 0,6 % par an
- **Mobilités :** 70 % utilisent la voiture pour aller travailler

c. Noyal-sur-Vilaine, dans la couronne périurbaine

- **Densité (hab./km²) :** 198
- **Maisons individuelles :** 67 %
- **Actifs travaillant dans leur commune de résidence :** 22 %
- **Croissance de la population (2013-2018) :** + 1,7 % par an
- **Mobilités :** 81 % utilisent la voiture pour aller travailler

2 Les mobilités dans l'aire urbaine

La gare de Rennes et les autres gares de la métropole constituent des lieux d'intermodalité pour les déplacements quotidiens bien connectés au réseau de bus et de métro. Ces gares et haltes ferrées constituent le point d'entrée de voyageurs se déplaçant depuis des territoires périurbains de l'aire urbaine et des territoires encore plus éloignés. Avec ses fonctions métropolitaines et son bassin d'emploi dynamique, Rennes attire de nombreux actifs résidant à l'extérieur de ses limites.

Malgré l'offre BreizhGo (TER et cars), la part des actifs résidant dans la couronne de l'aire urbaine et se déplaçant en transports collectifs pour aller travailler ne dépasse pas les 5 %. L'étalement important de l'aire urbaine, conjugué à une bonne desserte routière, explique en partie le fort usage de l'automobile. Ces déplacements ont un coût financier pour les ménages et un impact sur l'environnement, le climat et leur santé.

Plan de déplacements urbains 2019-2030 (PDU), Rennes Métropole, 2020.

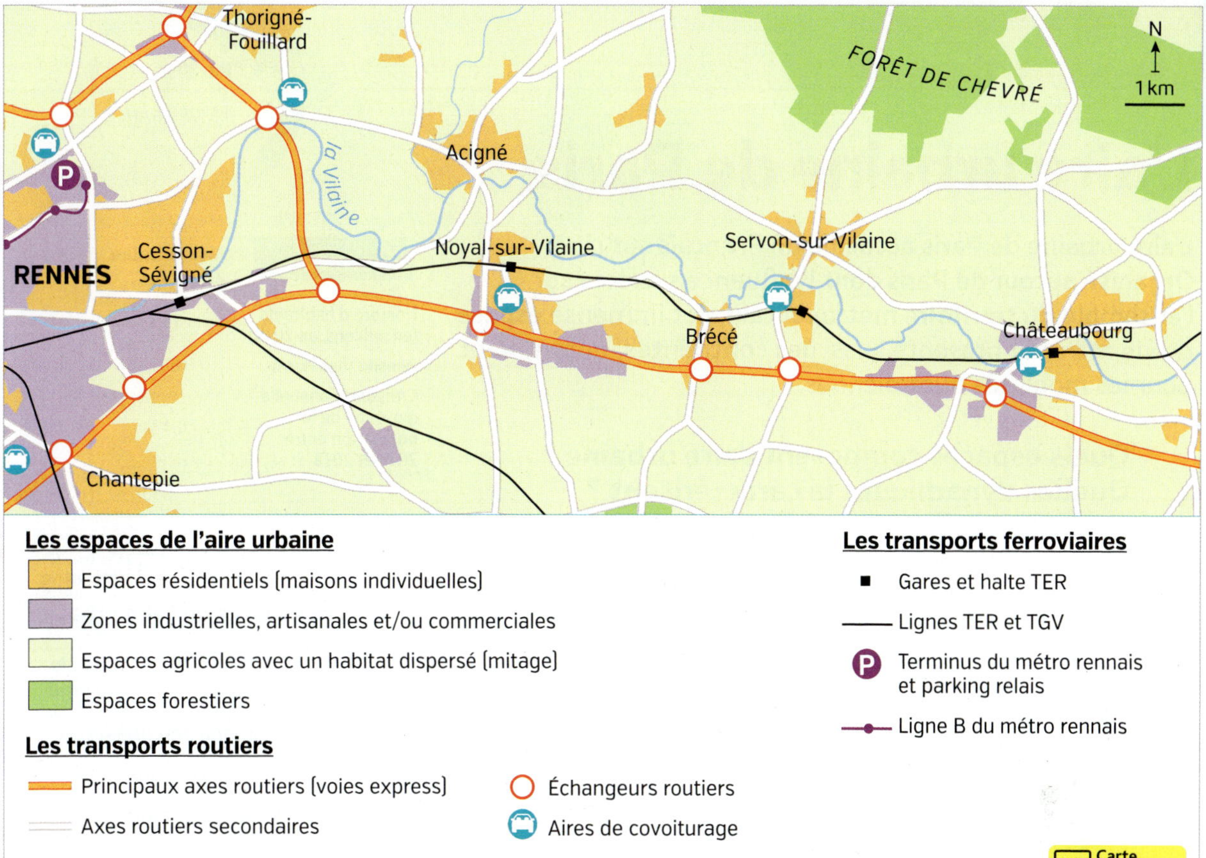

Carte interactive

3 L'organisation de l'aire urbaine de Rennes

4 Témoignage d'une famille périurbaine

Parole d'habitants

« Pierre-François et moi sommes originaires d'Ille-et-Vilaine, mais on s'est rencontrés à Paris où nous avons trouvé notre premier emploi. En 2015, nous avons décidé de quitter Paris. Notre choix s'est porté sur Rennes car nous recherchions une ville avec un bassin d'emploi dynamique, mais aussi la proximité de nos familles. Pierre-François a continué à travailler sur Paris en alternant télétravail et présentiel grâce au TGV (Rennes-Paris en 1h25). Nous avons donc choisi un appartement à proximité de la gare. En 2019, Pierre-François a intégré une entreprise rennaise pour laquelle il continuait à voyager sur Paris et à l'étranger. Nous sommes restés dans le centre de Rennes, mais la vie en appartement devenait compliquée avec nos deux enfants. Après le premier confinement en 2020, nous avons recherché une maison avec jardin pour améliorer notre confort de vie. Nous l'avons trouvée à Noyal-sur-Vilaine. Plusieurs éléments nous ont décidés : le prix des maisons y est nettement plus abordable qu'à Rennes, la proximité immédiate de l'école, des commerces et surtout la présence d'une gare pour rejoindre Rennes en 9 minutes. »

Propos recueillis par Guillaume Sarcel en août 2021.

Activités

Parcours 1

Je comprends le sens des documents

1 **Doc. 1, 3 et Zoom.** Présentez l'aire urbaine rennaise : région, habitants, transports, etc.

2 **Doc 1, 3, 4 et Zoom.** Montrez que les trois communes de Rennes, Cesson-Sévigné et Noyal-sur-Vilaine ont des caractéristiques et des fonctions très différentes.

3 **Doc 1 à 4.** Décrivez et expliquez les déplacements quotidiens des habitants de la couronne périurbaine.

Je rédige un développement construit

4 Décrivez l'organisation de l'aire urbaine rennaise et ses dynamiques.
– Montrez d'abord les fonctions et les dynamiques du pôle urbain.
– Décrivez ensuite les caractéristiques de la couronne périurbaine.
– Expliquez enfin que l'aire urbaine s'étale en augmentant les mobilités.

Aide à la rédaction

Parcours 2

Je réalise une production graphique

Complétez le croquis de l'aire urbaine de Rennes.

Activité à imprimer

Étude de cas

L'aire urbaine de Paris

L'aire urbaine de Paris accueille un Français sur cinq. Organisé autour de Paris dont l'influence s'exerce sur l'ensemble du territoire métropolitain, cet immense espace de vie attractif présente aussi des contraintes, notamment pour les mobilités quotidiennes.

→ **Quels espaces composent l'aire urbaine ? Quelles dynamiques la caractérisent ?**

Zoom sur…	Aire urbaine de Paris*	Paris
Nombre d'habitants (en millions, en 2018)	13,1	2,1
Densité (hab./km²)	689	20 641
Croissance annuelle moyenne de la population entre 2013 et 2018	0,4 %	– 0,5 %

Source : INSEE 2021

Carte interactive

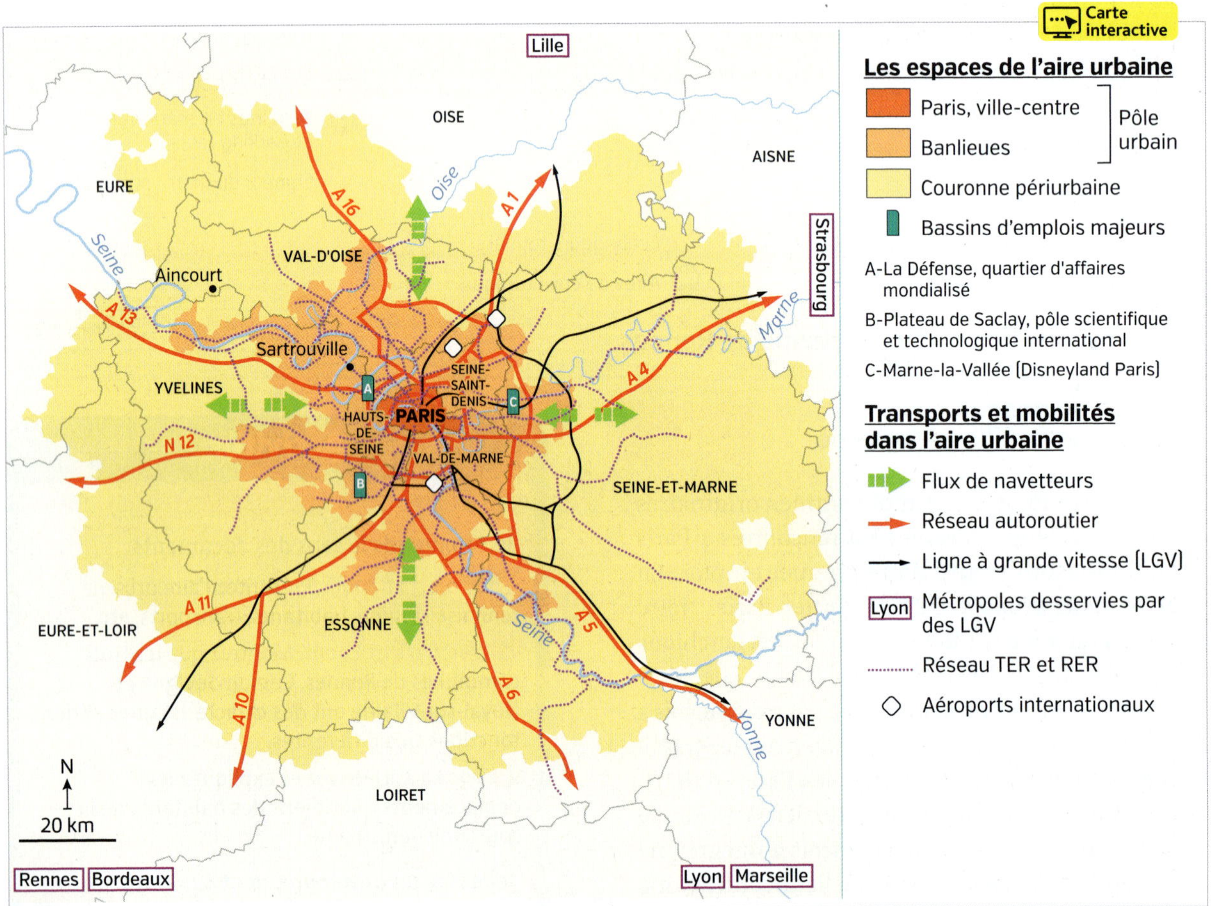

1 L'aire urbaine de Paris

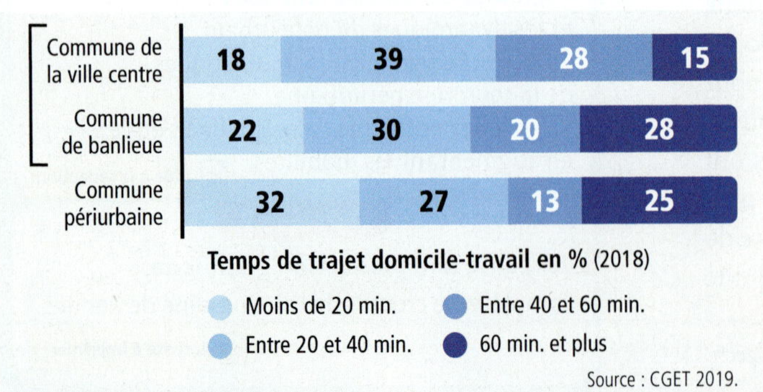

2 Les **navettes** domicile-travail en Île-de-France

VOCABULAIRE

- **Navetteur** : personne qui effectue des déplacements quotidiens domicile-travail, des « navettes », qualifiées aussi de **mobilités pendulaires**.

Aincourt
- **Population :** 901 habitants en 2018 (622 en 1990)
- **Densité :** faible
- **Habitat :** 75 % de maisons individuelles
- **Distance de Paris centre :** 62 km / + 1 h en voiture / 2 h en transports en commun.
- **Mobilités :** 81 % des actifs utilisent la voiture pour se rendre au travail.

Sartrouville
- **Population :** 52 269 habitants en 2018 (51 599 en 2013)
- **Densité :** forte
- **Habitat :** 62 % d'appartements
- **Distance de Paris centre :** 22 km / 50 min. en voiture / 40 min. en transports en commun.
- **Mobilités :** 41 % des actifs utilisent la voiture pour se rendre au travail.

Source : INSEE, 2021.

3 Paysages de l'aire urbaine parisienne

4 L'Île-de-France, une région métropolitaine contrastée

Parole de géographe

L'Île-de-France est la région la plus intégrée aux flux de la mondialisation. Paris concentre des fonctions de commandement de rayonnement international dans tous les domaines. La métropolisation ne se limite pas au territoire de la ville-centre (dite Paris intra-muros), mais s'étend jusqu'aux espaces périurbains. Paris concentre les institutions politiques et culturelles. Les fonctions économiques, de transport et scientifiques sont plutôt situées dans les communes périphériques. La métropolisation parisienne s'incarne notamment dans le quartier des affaires de La Défense et le pôle de recherche du plateau de Saclay. Le rayonnement francilien repose enfin sur son attractivité touristique (musée du Louvre, château de Versailles, Disneyland Paris). [...]

La région est structurée par de fortes inégalités socio-économiques. Les populations défavorisées sont reléguées dans les territoires les moins bien dotés, pas uniquement situés dans des communes de la proche banlieue parisienne, mais aussi dans des territoires ruraux éloignés du rayonnement économique parisien.

Pascale Nédélec, agrégée et docteur en géographie, *La France. Atlas géographique et géopolitique*, Autrement, 2020.

Activités

Parcours 1

Je comprends le sens des documents

1. **Doc. 1, 4 et Zoom.** Présentez l'aire urbaine de Paris et son rayonnement à toutes les échelles.
2. **Doc. 1, 3 et 4.** Relevez les caractéristiques de chacun des trois espaces de l'aire urbaine parisienne : la ville-centre, la banlieue et la couronne périurbaine.
3. **Doc. 1 à 3.** Décrivez et expliquez les déplacements quotidiens des habitants de l'aire urbaine parisienne.

Je rédige un développement construit

4. Décrivez l'organisation de l'aire urbaine parisienne et ses dynamiques.
– Montrez d'abord les fonctions et les dynamiques du pôle urbain.
– Décrivez ensuite les caractéristiques de la couronne périurbaine.
– Expliquez enfin l'organisation des transports et les mobilités quotidiennes.

Aide à la rédaction

Parcours 2

Je réalise une production graphique

En vous appuyant sur le document 1, réalisez un schéma décrivant l'organisation de l'aire urbaine de Paris.

Activité différenciée à imprimer

Je découvre

TÂCHE COMPLEXE

Quelles sont les conséquences de l'étalement urbain ?

ENQUÊTE *Réaliser une affiche*

Le conseil municipal d'une commune périurbaine s'interroge sur le caractère durable de ses projets urbanistiques. Pour traiter cet enjeu, il fait appel à vous. Vous devez réaliser une affiche qui présentera et expliquera l'un des principaux effets de l'étalement urbain : l'artificialisation des sols en France.

▸ Conduire un projet

Coups de pouce

Votre affiche peut s'organiser en trois parties.

- **Doc 1 et 3** Présentez d'abord le processus d'artificialisation des sols en France dans un contexte d'étalement urbain.
- **Doc 2 et 3** Analysez ensuite les conséquences environnementales, économiques et sociales de l'artificialisation des sols.
- **Doc 4 et 5** Expliquez enfin les solutions envisagées pour limiter aujourd'hui l'artificialisation des sols, ainsi que leurs limites.

Aide pour la réalisation de l'affiche

L'occupation du sol en France métropolitaine (2018)

Sols artificialisés **9,3 %** (5,5 % en 1982)

dont :

- Habitat **41,9 %**
- Réseaux routiers **27,8 %**
- Services et loisirs **16,2 %**

Espaces naturels **39,7 %**

Sols agricoles **51 %**

Source : d'après le ministère de l'Agriculture, 2021.

1 Une artificialisation généralisée

INFO

- **L'artificialisation** est la transformation d'un sol naturel, agricole ou forestier par des opérations d'aménagement urbain ou de transport (habitat, activités, commerces, routes, équipements publics...).
- L'artificialisation des sols qui accompagne l'**étalement urbain** en France a progressé (+ 1,3 % par an depuis 1992).

2 Des actions contre l'urbanisation massive de l'Île-de-France

Manifestation pour la défense des terres agricoles d'Île-de-France devant l'hôtel de ville de Paris, 10 octobre 2021. Environ 1 500 hectares de terres agricoles sont transformés chaque année en espaces urbains, estime la chambre d'agriculture d'Île-de-France.

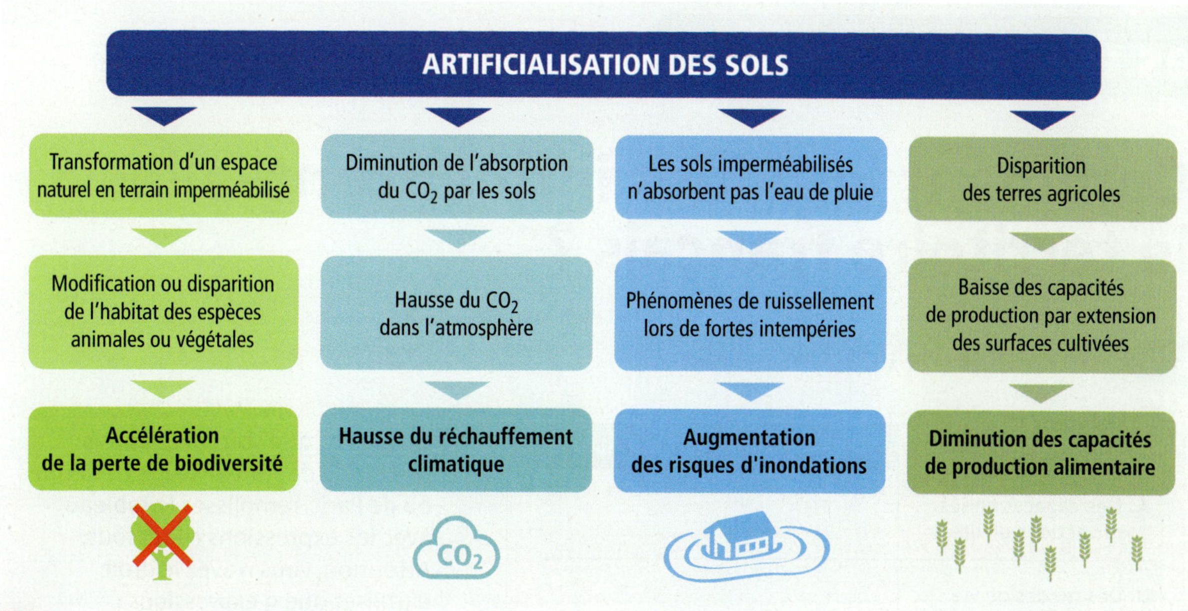

3 Les effets de l'artificialisation des sols

4 L'objectif « Zéro artificialisation nette »

Zéro Artificialisation Nette (ZAN) est un objectif à 2050 fixé par la loi Climat et résilience de 2021 qui doit permettre à la France de réduire ses émissions de gaz à effet de serre de 40 % d'ici 2030 et lutter contre le réchauffement climatique. Elle demande d'abord aux territoires de baisser de 50 %, d'ici à la fin de la décennie, le rythme d'artificialisation et de consommation des espaces naturels, agricoles et forestiers. Le ZAN devra être atteint d'ici 2050.

Le ZAN a comme objectif inédit et ambitieux de lutter contre l'artificialisation croissante des terres naturelles, agricoles et forestières. Le concept est relativement simple : limiter et réduire au maximum la consommation d'espace à des fins d'urbanisation, et compenser l'artificialisation des terres qui ne peut être évitée par des surfaces équivalentes d'espaces agro-naturels ; ceci afin d'atteindre un équilibre.

D'après l'AUAT (Agence d'urbanisme et d'aménagement Toulouse aire métropolitaine), *Comprendre l'objectif « Zéro Artificialisation Nette » des sols*, avril 2021.

5 Limiter l'artificialisation, des solutions à nuancer

Parole de géographe

Depuis le début des années 2010, divers textes sont venus encadrer assez strictement les ouvertures à l'urbanisation [...], jusqu'au reclassement de terrains urbanisables pour les réserver à des usages agricoles ou pour les rendre à la nature. [...]

L'attention portée à l'artificialisation des sols soulève quelques questions. Dans un contexte de croissance démographique, empêcher l'extension de l'urbanisation a une conséquence : la densification. [...] Pourtant, remplacer quelques maisons par des petits immeubles dans un village présente un intérêt limité. Les nouveaux habitants restent dépendants de leur voiture pour leurs déplacements et leur qualité de vie s'en trouve diminuée, puisqu'ils sont privés de jardin. [...] Pour une urbanisation moins dévastatrice pour l'environnement, pousser les gens à habiter des immeubles à la campagne n'est guère utile. [...]

Donner la priorité à la densification et à la lutte contre l'étalement urbain revient aussi à figer dans leur état bâti les territoires les plus ruraux. [...] Une éventuelle redynamisation passe d'abord par la construction de maisons individuelles. [...]

Empêcher une telle redynamisation peut paraître désirable pour qui veut préserver les campagnes de l'urbanisation. Cela pose malgré tout question. Comment en effet dénier à des milliers de villages le droit de reprendre vie en attirant de nouveaux habitants ? La chose est moralement et politiquement difficile à justifier.

Éric Charmes, géographe et directeur de recherche à l'École de l'aménagement durable des territoires (ENTPE), *La Revanche des villages. Essai sur la France périurbaine*, Éditions du Seuil et La République des idées, 2019.

Éric Charmes,
géographe et directeur de recherche.

college.nathan.fr/22hg1201

Des études de cas... MISE EN PERSPECTIVE

Comment les villes influencent-elles le territoire français ?

ÉTAPE 1 Je caractérise une aire urbaine

① Recopiez le tableau suivant.

	Caractéristiques des aires urbaines
A. Des espaces variés aux fonctions diverses	• ... • ... • ...
B. Des modes de vie sous influence urbaine	• ... • ... • ...
C. Une influence urbaine renforcée par la mondialisation	• ... • ... • ...

② D'après ce que vous avez appris de l'étude de l'aire urbaine de Rennes ou de Paris, remplissez le tableau avec les expressions ci-dessous. Attention, vous n'avez le droit d'utiliser que 9 expressions : choisissez-les bien pour qu'elles résument le mieux possible les caractéristiques de l'aire urbaine que vous avez étudiée.

A — Des espaces variés aux fonctions diverses

1. couronne périurbaine : urbanisation discontinue, résidentielle et qui s'étale
2. agglomération urbanisée de façon continue et aux nombreux emplois
3. couronne périurbaine : entièrement urbanisée, résidentielle et qui s'étale
4. banlieue urbanisée résidentielle et d'activités
5. quartier d'affaires
6. centre-ville animé mais peu habité
7. ville-centre qui regroupe les activités
8. campagne résidentielle et de loisirs
9. banlieue-dortoir

B — Des modes de vie sous influence urbaine

1. temps de transport limité
2. mobilités en forte croissance
3. mode de vie urbain, parfois à la campagne
4. déplacements quotidiens fréquents
5. temps de transport important
6. nouveaux lotissements
7. étalement urbain, habitats loin du travail
8. achats de proximité
9. transports en commun pour tous
10. déplacements routiers difficiles

C — Une influence urbaine renforcée par la mondialisation

1. carrefour de communication
2. espace mal desservi
3. concentration des activités (emplois, achats, loisirs)
4. espace pollué peu attractif
5. métropoles interconnectées
6. nombreux transports en commun
7. carrefour multimodal
8. agglomération attractive
9. concentration des flux
10. espaces délaissés

ÉTAPE 2 Je formule des hypothèses

③ À partir de l'étude de cas travaillée et du tableau ci-dessus, rédigez, pour chacune de ces idées, une phrase permettant de comprendre l'influence des villes sur le territoire français.

1. Les principaux espaces des aires urbaines sont...
2. Les modes de vie dans les aires urbaines sont...
3. Les raisons de l'attraction des aires urbaines sont...

ÉTAPE 3 Je vérifie si mes hypothèses sont justes

④ Indiquez à quelle hypothèse de l'étape 2 p. 226 correspond chacun de ces documents et justifiez votre choix.

1 Un centre commercial multifonctionnel, Marseille, 2020

Les « Terrasses du Port » à Marseille comptent plus de 170 boutiques, restaurants, logements et autres services.
Le centre commercial accueille plus de 10 millions de visiteurs par an.

2 La complémentarité ville-campagne Parole de géographe

La vieille opposition entre villes et campagnes continue à dominer nos représentations, alors qu'elle ne donne plus sens aux réalités vécues. [...]

Le périurbain, c'est la campagne placée dans l'orbite d'une ville. [...]

Ce phénomène est aujourd'hui massif. Depuis la fin des années 1960, de plus en plus de citadins se sont installés dans un village ou une petite ville, tout en continuant à travailler dans une ville plus grande.

Les villes se sont ainsi progressivement étendues dans leurs périphéries rurales, la frontière entre les banlieues et les campagnes ne devenant plus que paysagère, affaire principalement de cadre de vie. Redisons-le, ces citadins des campagnes représentent aujourd'hui près d'un quart de la population française.

Éric Charmes, géographe et directeur de recherche à l'École de l'aménagement durable des territoires (ENTPE), *La Revanche des villages. Essai sur la France périurbaine*, Éditions du Seuil et La République des idées, 2019.

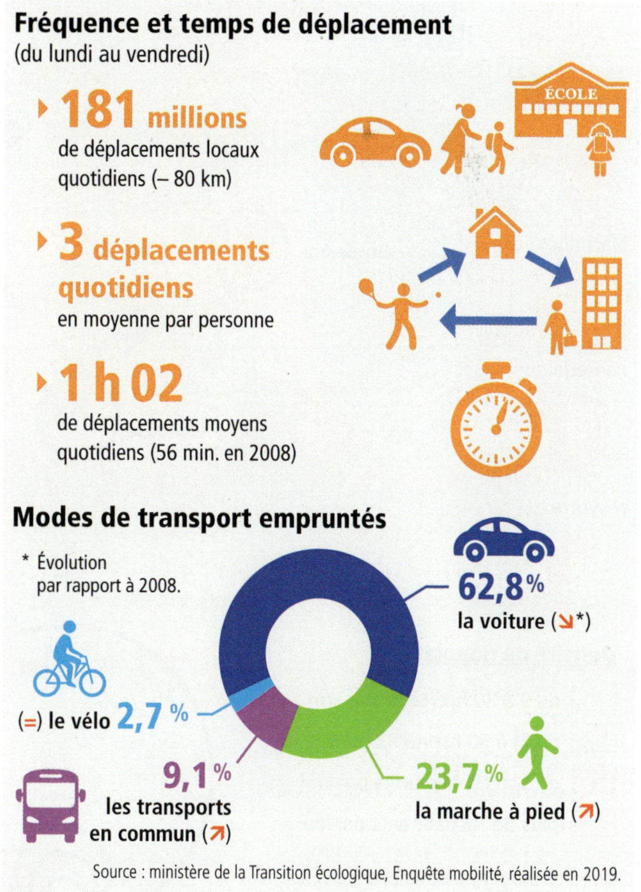

3 Les mobilités quotidiennes des Français

Cartes

Des territoires français sous influence urbaine

Carte interactive

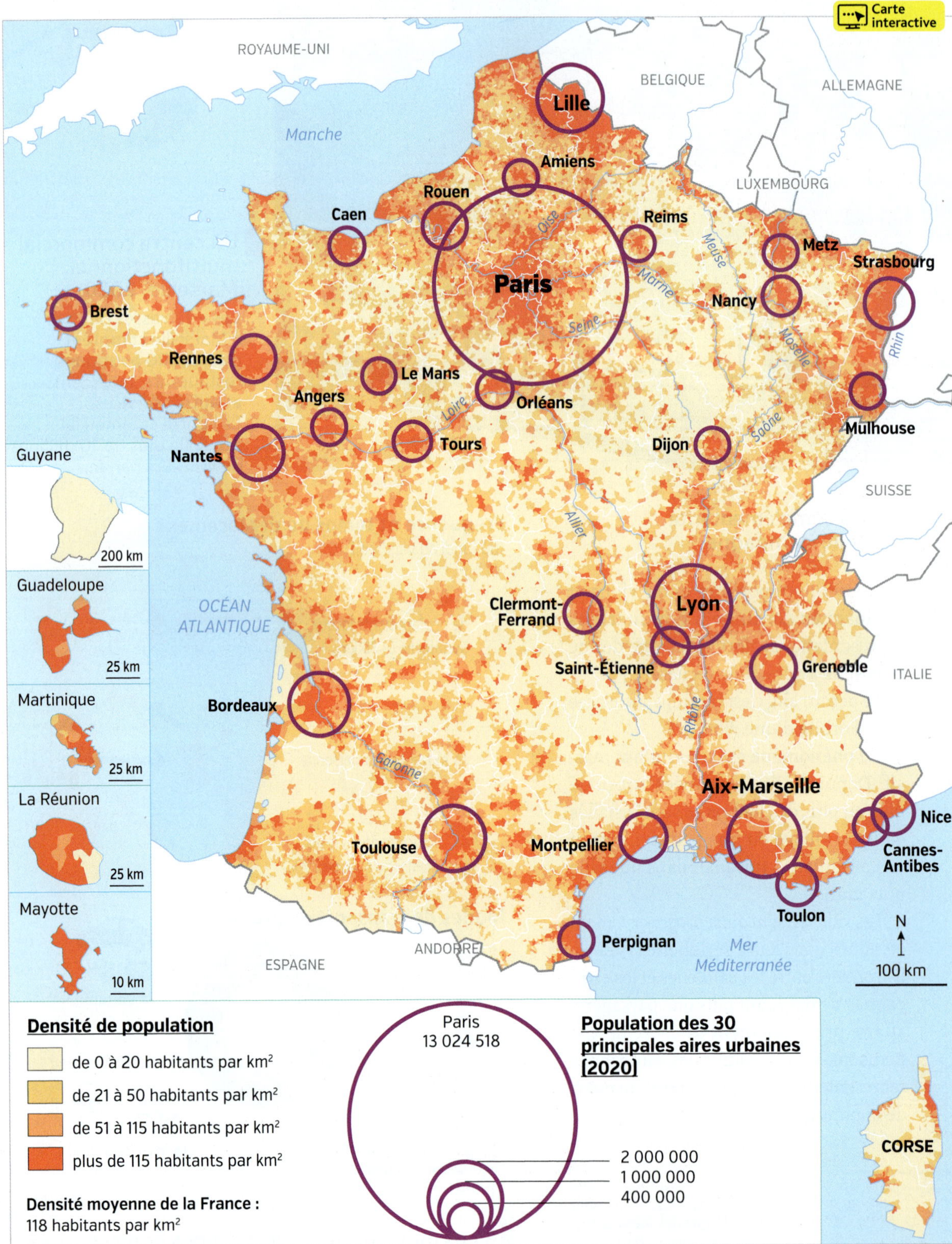

1 Population et grandes aires urbaines

Pôle urbain : espace qui concentre le plus d'emplois et de services

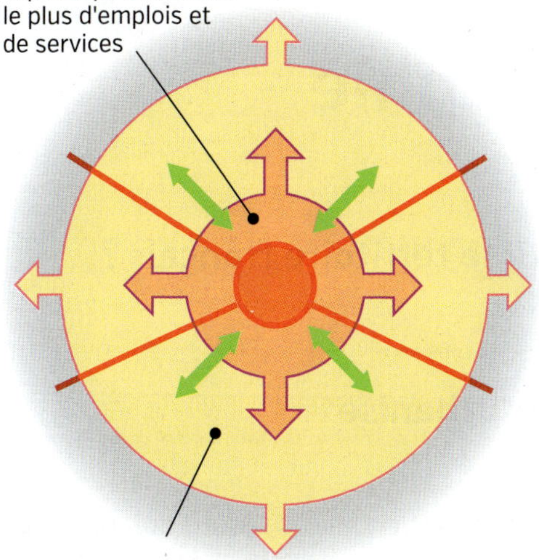

Couronne périurbaine : espace en plus forte croissance démographique

L'aire urbaine
(espace sous influence d'un pôle urbain)

Pôle urbain : Ville-centre, Banlieue
Couronne périurbaine
Espace hors d'attraction du pôle urbain

Espaces urbanisés de façon continue
⊕ Densité de population ⊖

Déplacements quotidiens
plus de 15 % des habitants actifs travaillent dans le pôle urbain

Dynamique d'étalement urbain, périurbanisation

Axes de transport permettant de circuler au sein de l'aire urbaine et de relier les autres aires urbaines

2 Schéma de l'aire urbaine

Carte interactive

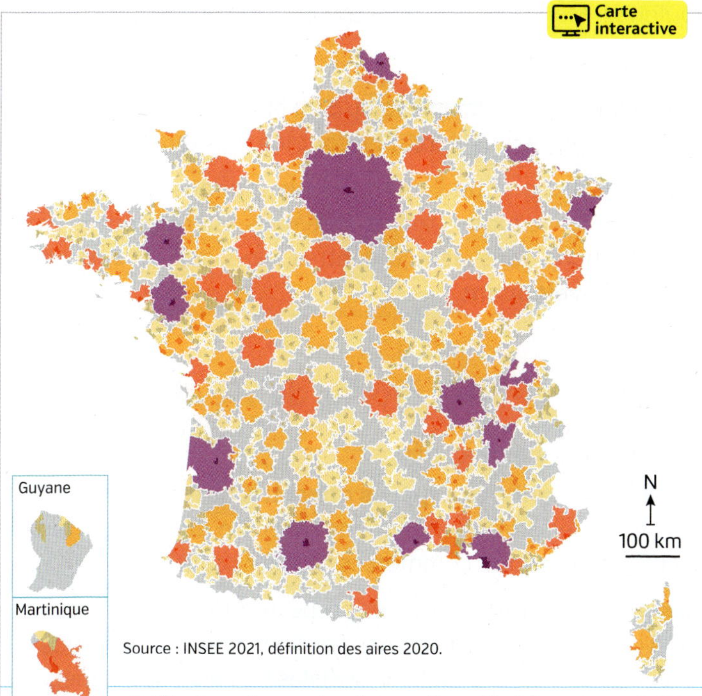

Source : INSEE 2021, définition des aires 2020.

Taille des aires selon le nombre d'habitants en 2017

700 000 habitants ou plus
Pôle — Couronne

200 000 à moins de 700 000 habitants
Pôle — Couronne

50 000 à moins de 200 000 habitants
Pôle — Couronne

Moins de 50 000 habitants
Pôle — Couronne

Espaces ruraux qui échappent à l'attraction des villes

3 La France des aires urbaines

CHIFFRES CLÉS

Population des 10 principales aires urbaines (2020)

Paris	**13 024 518**
Lyon	**2 238 656**
Marseille-Aix-en-Provence	**1 851 736**
Lille (partie française)	**1 498 143**
Toulouse	**1 414 936**
Bordeaux	**1 323 402**
Nantes	**983 310**
Strasbourg (partie française)	**838 566**
Montpellier	**775 862**
Rennes	**739 974**

Source : INSEE 2021

QUESTIONS

1 **Doc 1.** Localisez les zones de fortes densités en France métropolitaine (plus de 115 habitants par km²). À quels types d'espaces correspondent-elles ?

2 **Doc 1 à 3.** Montrez que le territoire français est majoritairement sous influence des aires urbaines.

3 **Doc 1.** De quel pôle urbain le territoire de votre collège est-il sous influence ?

Leçon

Podcast du cours

Les aires urbaines, géographie d'une France mondialisée

→ **Quelle influence les villes exercent-elles sur le territoire français ? Quel rôle y joue la mondialisation ?**

A Un territoire qui s'urbanise

1. De plus en plus d'urbains

- En 1945, 53 % des Français vivaient en ville. Aujourd'hui, on estime que **93 % des Français vivent dans des aires urbaines**, c'est-à-dire dans un pôle urbain ou une couronne périurbaine à proximité d'une ville.
- L'étalement urbain se fait aux dépens des espaces agricoles ou naturels. Les **campagnes autour des villes s'urbanisent** d'autant plus que l'aire urbaine est importante : c'est le cas autour de Lyon, Nantes, Rennes, Toulouse, Montpellier, Bordeaux ou Marseille.

2. Des évolutions variées

- Les aires urbaines des métropoles du Sud et de l'Ouest, où le cadre de vie est perçu comme plus agréable, sont les plus dynamiques.
- L'augmentation des prix de l'immobilier, le manque de logements et des conditions de vie jugées moins agréables ralentissent la croissance des populations dans les ville-centres, alors que les **couronnes périurbaines se développent**.

B Des espaces et des modes de vie diversifiés

1. Des pôles urbains attractifs

- Les **pôles urbains sont des espaces attractifs** qui concentrent l'essentiel des emplois et offrent une grande diversité de services (administration, éducation, santé, commerces et loisirs culturels).
- Les **banlieues** en périphérie des pôles accueillent des zones d'activités commerciales ou industrielles, des zones pavillonnaires et des grands ensembles, et connaissent des situations sociales très diverses et inégales.

2. L'urbanisation des campagnes

- De nombreux citadins, et notamment des familles, s'installent dans les communes de la **couronne périurbaine** pour pouvoir vivre dans une maison avec jardin et profiter de la « vie à la campagne ».
- La croissance de ces communes accentue l'étalement urbain et conduit peu à peu à l'**artificialisation des sols** et à la disparition des espaces agricoles ou naturels à proximité des villes.

3. L'augmentation des mobilités

- La croissance de la population dans les couronnes périurbaines s'accompagne d'une croissance continue des mobilités quotidiennes. **L'utilisation massive de la voiture et le développement des axes**

VOCABULAIRE

- **Aire urbaine :** espace composé d'un pôle urbain et des communes environnantes sous son influence, formant une couronne périurbaine.
- **Couronne périurbaine :** espace qui regroupe des communes où une part des habitants ayant un emploi (15 %, INSEE 2020) travaille dans le pôle urbain et s'y déplace régulièrement.
- **Étalement urbain :** augmentation de la superficie d'une ville et diminution de sa densité de population. C'est une des manifestations spatiales de la périurbanisation.
- **Métropole :** grande ville concentrant population, activités et richesses et qui exerce son aire d'influence sur des territoires étendus : région, pays, monde entier.
- **Mobilités quotidiennes :** déplacements d'une population dans son espace de vie. Il s'agit notamment des déplacements quotidiens des **navetteurs** (voir p. 222) entre leur domicile et leur lieu de travail.
- **Pôle urbain :** espace urbanisé comprenant une ville-centre très peuplée et sa banlieue. Le pôle urbain est l'espace central d'une aire urbaine. Il concentre les emplois et les services.

routiers desservant les pôles urbains permettent à de plus en plus de personnes de vivre éloignées de leur lieu de travail, jusqu'à 30 ou 50 km selon les aires urbaines. Les **transports en commun** sont développés au sein des pôles, mais restent marginaux dans les espaces périurbains.

C Une influence renforcée par la mondialisation

1. Un territoire dominé par l'aire urbaine de Paris

- Paris est l'aire urbaine la plus vaste et la plus peuplée de France. Parfaitement **connectée au reste du monde**, bénéficiant d'un rayonnement culturel international et d'un réel pouvoir économique et politique, Paris est la seule « **ville mondiale** » française. Son influence s'exerce donc bien au-delà des limites de son aire urbaine.

2. Un réseau d'aires urbaines secondaires bien reliées entre elles

- Une dizaine de **métropoles régionales** fortement connectées à Paris se répartissent sur le territoire. Elles concentrent les services spécialisés et de commandement. Leur développement est renforcé par la **mondialisation** qui avantage les territoires les plus attractifs.

- Si les réseaux de transport et de communication renforcent l'attractivité de Paris, ils permettent aussi aux métropoles régionales d'étendre leur influence et de développer les liens entre elles.

INFO

Depuis 2020, l'INSEE utilise la notion d'**aire d'attraction des villes** en remplacement de l'aire urbaine (2010). La couronne périurbaine est désormais constituée des communes dont au moins 15 % des actifs occupés travaillent dans le pôle (et non plus 40 %).

CHIFFRES CLÉS

- → **699** aires urbaines en France
- → **93 %** des Français vivent dans une aire urbaine
- → **51 %** des Français vivent dans un pôle urbain
- → **36 %** des Français vivent dans les 10 plus grandes aires urbaines

Source : INSEE, 2021

JE RETIENS AUTREMENT

Croquis interactif

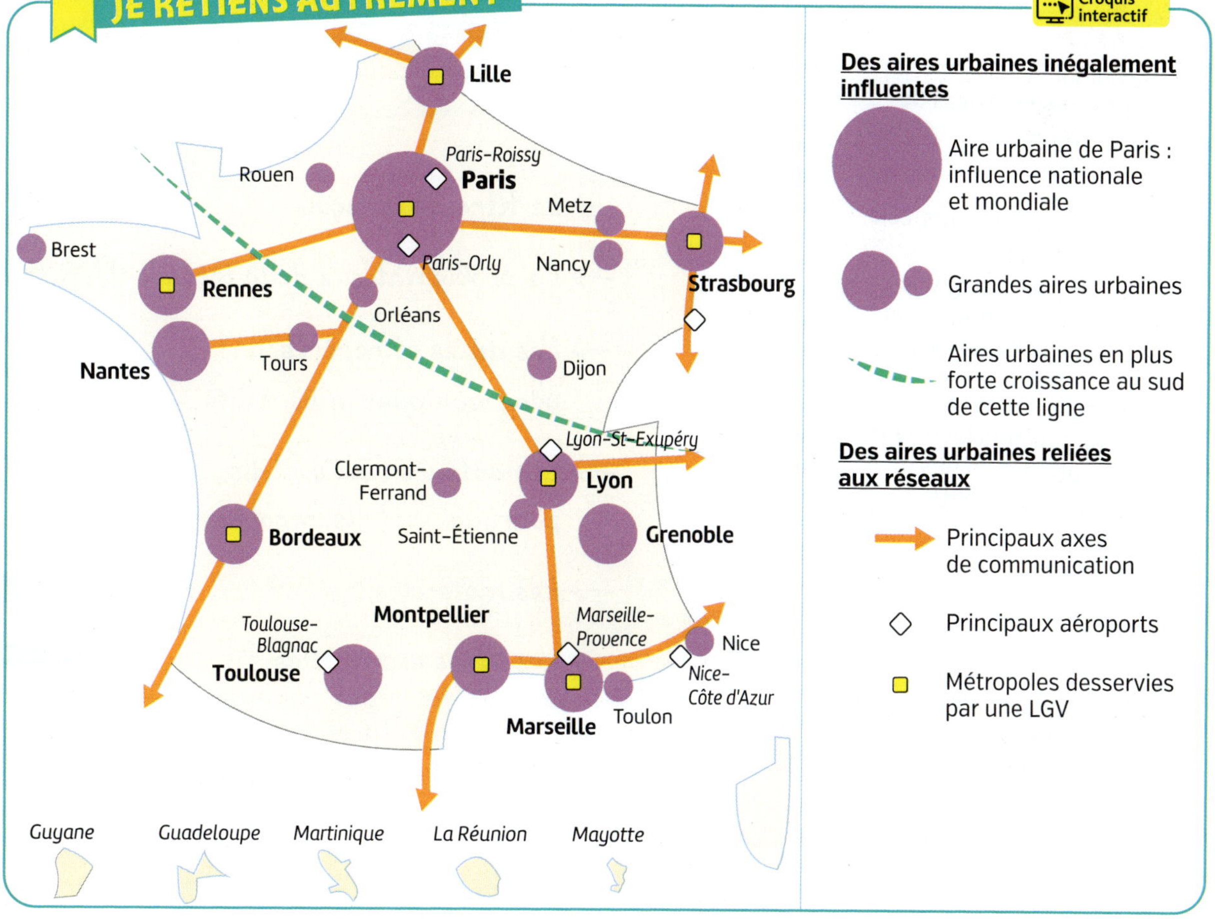

Apprendre à apprendre

Réaliser un carnet de révisions

ÉTAPE 1 Je mémorise ma leçon

Je sais utiliser dans une phrase :
- aire urbaine
- étalement urbain
- navetteur

Exercices 2 p. 233 et 4 p. 234

Je sais situer :
- les dix premières aires urbaines en France
- les espaces d'une aire urbaine

Exercices 1 et 3 p. 233

Je sais expliquer :
- la croissance des aires urbaines en France
- l'apparition de nouveaux modes de vie, notamment périurbains
- le rôle de la mondialisation, qui favorise les grandes aires urbaines

Exercices 5 et 6 p. 234

ÉTAPE 2 J'apprends ma leçon en réalisant un carnet de révisions

① Listez des idées. Soyez concis(e) : ne faites pas de phrases complètes, n'utilisez pas de verbes.

② Suivez le plan du cours, cela peut vous aider. N'oubliez pas : il s'agit de trier les informations pour ne noter que l'essentiel.

③ Abrégez les mots et utilisez un code couleurs identique pour toutes vos fiches : titres, mots-clés, dates…

→ *Le titre de la leçon*
→ *La problématique de la leçon*
→ *Les dates et repères géographiques importants*
→ *Les acteurs (qui sont-ils, pourquoi sont-ils importants ?)*
→ *Les mots-clés*
→ *Les idées essentielles*

Appliquez-vous pour que votre carnet soit agréable à lire !

EXERCICE 1 Je vérifie mes connaissances ★

Associez chacun des espaces des aires urbaines ci-contre à une photographie.

a. Ville-centre
b. Banlieue
c. Couronne périurbaine

Un lotissement à Châteaugiron, à l'est de Rennes, Ille-et-Vilaine

La cité des Indes à Sartrouville, Yvelines, Île-de-France

Le centre commercial « Les Terrasses du Port » à Marseille, Bouches-du-Rhône

EXERCICE 2 Je connais le vocabulaire de la leçon ★★

Associez chaque mot à sa définition.

- Étalement urbain
- Couronne périurbaine
- Aire urbaine
- Navetteur
- Métropole

a. Personne qui effectue des déplacements quotidiens domicile-travail, des « navettes », qualifiés aussi de mobilités pendulaires (va-et-vient).
b. Espace continu qui se compose d'une ville-centre, de ses banlieues immédiates et d'une couronne périurbaine.
c. Grande ville concentrant population, activités et richesses et qui exerce son aire d'influence sur des territoires étendus : région, pays, monde entier.
d. Elle regroupe des communes situées dans l'aire d'influence d'un pôle urbain et d'une ville-centre.
e. Expansion des agglomérations et des constructions urbaines, le long des routes et en milieu rural.

EXERCICE 3 Je sais situer à l'échelle locale ★★

① À quoi correspond la zone en violet foncé sur ce schéma ?
② Comment est représentée la couronne périurbaine ?
③ À quoi correspondent les espaces à l'intérieur du trait en pointillés orange ?
④ Que représentent les traits et flèches orange ?

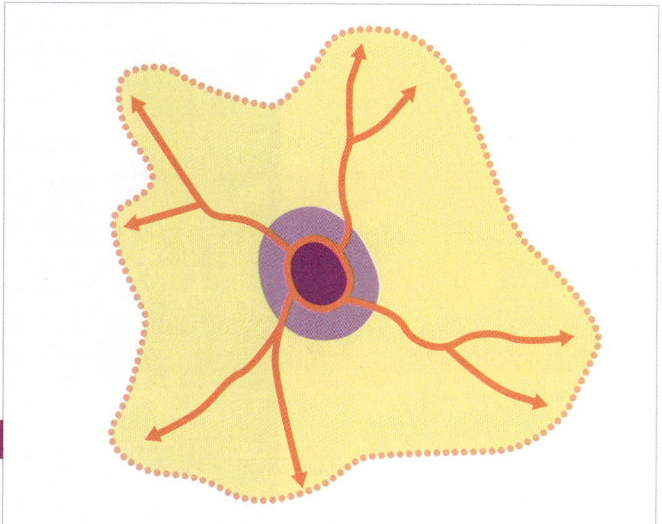
Schéma d'une aire urbaine

Exercices

EXERCICE 4 Je connais mes repères à l'échelle nationale ★★

① Associez le bon figuré aux informations suivantes. Attention, il y a un intrus !

- Aire urbaine en plus forte croissance au sud de cette ligne
- Axes de transports reliant Paris aux principales métropoles
- Principales aires urbaines
- Influence européenne et mondiale de Paris

② Nommez les repères numérotés sur ce croquis.

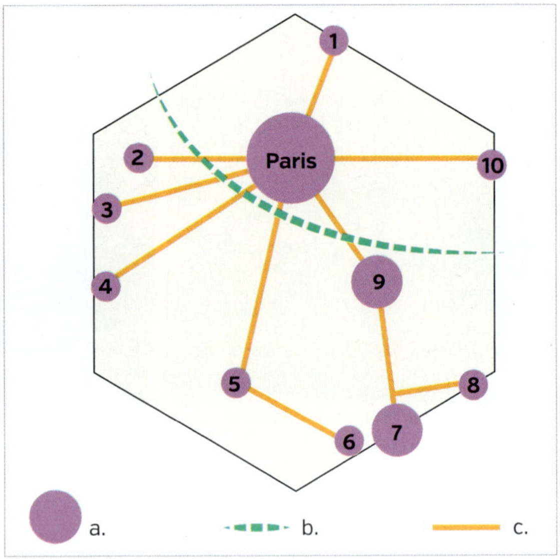

EXERCICE 5 Je justifie mes réponses ★★★

Indiquez si ces phrases sont vraies ou fausses, puis proposez à l'écrit ou à l'oral une correction pour les phrases fausses.

① Aujourd'hui, 93 % des Français vivent dans une aire urbaine. ☐ Vrai ☐ Faux

② Une aire urbaine est formée d'une ville-centre et de ses banlieues. ☐ Vrai ☐ Faux

③ Le mode de vie des urbains se caractérise par une grande mobilité. ☐ Vrai ☐ Faux

④ Les grandes aires urbaines françaises sont toutes des villes mondiales. ☐ Vrai ☐ Faux

EXERCICE 6 Je sais expliquer l'influence d'une métropole ★★★

Votre camarade ne comprend pas pourquoi ce document nous apprend que Lyon est une métropole influente. Expliquez-lui oralement en quelques phrases.

PROCHAINS DÉPARTS

Transporteur	N°	Heure	Destination
SNCF TER	886735	16:54	ST ETIENNE
SNCF TER	889382	16:54	BOURG EN B.
SNCF TGV	9864	17:00	BRUXELLES
SNCF TGV	9868	17:00	BRUXELLES
inOui TGV INOUI	6619	17:01	PERRACHE
inOui TGV INOUI	6626	17:04	PARIS
inOui TGV INOUI	9830	17:06	MARSEILLE
SNCF TER	886618	17:08	ROANNE
SNCF TER	17988	17:08	AIX LES B.
inOui TGV INOUI	9879	17:10	MONTPELLIER

Départs des trains à la gare Lyon Part-Dieu [en ligne en temps réel], Lyon, 2022.

Exercice 1

Analyser et comprendre un document

SUJET GUIDÉ

Méthode

Brevet

L'impact environnemental des mobilités périurbaines : un débat scientifique

Les impacts environnementaux de la mobilité périurbaine sont un sujet de controverse scientifique.

Une première position dans la lignée des travaux de Peter Newman et Jeffrey Kenworthy consiste à soutenir que les espaces peu denses impliquent une plus grande demande de transport. Demande de mobilité plus importante et préférence à la voiture s'associeraient pour faire des espaces périurbains des formes urbaines particulièrement polluantes. Des travaux établissent un lien entre la densité de population et la consommation de carburant pour la mobilité quotidienne des personnes. Ces travaux conduisent à rejeter l'étalement urbain et donc la périurbanisation pour retrouver un urbanisme dense et compact proche des villes historiques forgées par la marche et non par l'automobile.

À l'inverse, certains chercheurs comme Orfeuil et Soleyret, observent qu'à revenu égal, les habitants des centres-villes, qui se déplacent assez peu localement, auraient finalement tendance à se déplacer plus souvent et plus loin pour leur mobilité de loisir, c'est-à-dire lors des week-ends et durant les vacances, que les habitants des zones plus périphériques. En d'autres termes, il existerait une sorte de compensation de la mobilité quotidienne vers la mobilité de loisirs et la mobilité longue distance. À revenu identique, les urbains habitant les centres-villes ont une plus grande tendance à se déplacer sur de longues distances durant les fins de semaine par comparaison avec les habitants de la couronne périurbaine. Les périurbains auraient un accès facile aux espaces verts et auraient donc moins besoin de se déplacer pendant leurs loisirs que les habitants de la ville dense. Cette hypothèse théorique a été nommée « l'effet barbecue ». Si la ville compacte entraîne une mobilité de compensation, rompre avec la périurbanisation n'est pas une solution durable.

D'après *Réinventer la mobilité dans le périurbain : Pour une proximité soutenable*, Terra Nova, 2020.
Par Hadrien Bajolle, urbaniste spécialisé dans les mobilités.

Peter Newman et Jeffrey Kenworthy (1989) défendaient le modèle d'une ville dense, compacte et bien desservie par les transports en commun. Ils luttaient contre l'étalement périurbain.

Dans quel espace de l'aire urbaine trouve-t-on des espaces peu denses en termes de population ?

Les véhicules motorisés fonctionnent encore largement aux énergies fossiles et représentent 30 % des émissions globales de gaz à effet de serre en France (ADEME 2018).

Jean-Pierre Orfeuil, économiste, est professeur émérite de l'université Paris-Est ; Danièle Soleyret est chercheuse à INRETS de Lyon.

C'est-à-dire à plus de 100 kilomètres du domicile.

Un urbaniste est un spécialiste qui conçoit et organise la ville pour offrir aux habitants un cadre de vie agréable et fonctionnel. Il répond aux demandes des élus.

L'« effet barbecue » décrit le fait que les personnes qui vivent dans une maison individuelle en périurbain utilisent plus leur voiture en semaine, mais partent moins en fin de semaine parce qu'elles profitent d'un jardin.

QUESTIONS

1. Présentez le document et son auteur.
2. Décrivez les mobilités des habitants des villes denses et celles des habitants des espaces périurbains.
3. Relevez deux raisons qui expliquent que les mobilités périurbaines ont un impact important sur l'environnement.
4. Pourquoi les mobilités des habitants des villes denses ont-elles aussi un impact environnemental ?
5. Expliquez à quelle condition limiter la périurbanisation et densifier les villes existantes pourrait être une solution durable.

La fonction de l'auteur valorise-t-elle ce qu'il écrit ou met-elle en doute la qualité de ses idées ?

Organisez votre réponse en 2 temps.

Montrez que, pour limiter l'impact environnemental des espaces périurbains, il est nécessaire de transformer aussi les mobilités des habitants des villes denses.

Brevet

Exercice 2

Maîtriser différents langages

SUJET GUIDÉ

1. Rédiger un développement construit

Sous la forme d'un développement construit d'une vingtaine de lignes, et en vous appuyant sur des exemples étudiés en classe…

décrivez et expliquez les espaces des aires urbaines françaises.

verbes d'action — objectif — connaissances à utiliser

Décrire
Présenter ce que l'on voit de façon précise, sans donner d'explication.
Expliquer
Faire comprendre ce qui a été décrit en reliant la cause et la conséquence.

Les espaces
C'est le cœur du sujet. On attend de votre développement une présentation des différents types d'espace.

Aires urbaines françaises
Le complément du nom permet ici de délimiter le sujet. C'est sur ce thème qu'il faut mobiliser vos connaissances.

Sujets possibles

→ Montrez l'organisation et les dynamiques d'une aire urbaine en France. (DNB 2019)

→ Décrivez les espaces qui composent une aire urbaine et leurs dynamiques : paysages, population et activités, mobilités.

2. Repères géographiques

De quel espace de l'aire urbaine de Toulouse chaque paysage est-il l'illustration ? Pour répondre, indiquez la lettre du paysage dans la bonne case sur le schéma.

a — Colomiers, aire urbaine de Toulouse, Haute-Garonne

b — Toulouse, aire urbaine de Toulouse, Haute-Garonne

c — Montlaur, aire urbaine de Toulouse, Haute-Garonne

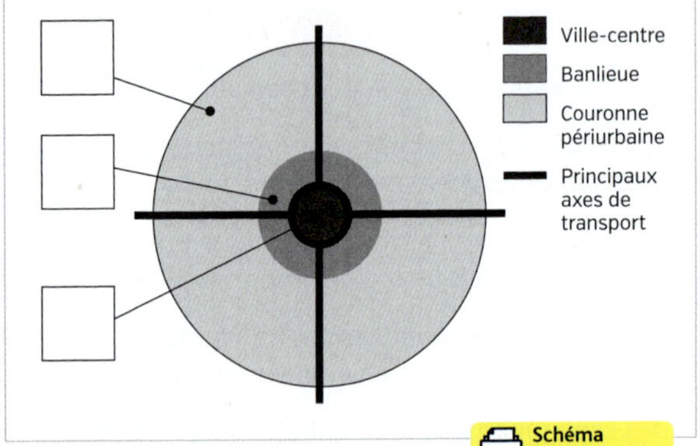

Schéma à imprimer

Exercice 1

Analyser et comprendre un document

SUJET BLANC

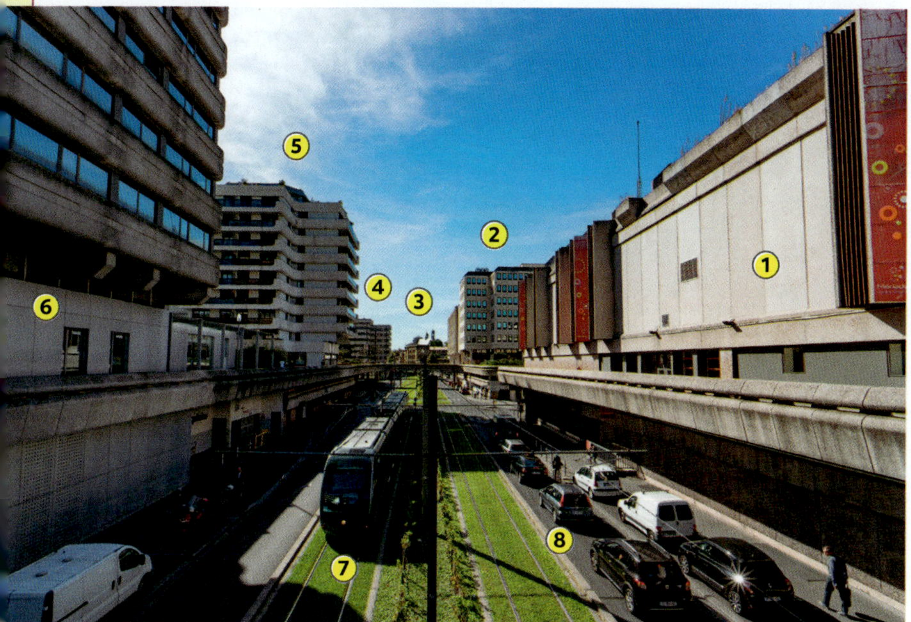

Le quartier de Mériadeck, Bordeaux

1. Centre commercial Mériadeck (66 boutiques)
2. Le Guyenne (bureaux de Bordeaux-Métropole)
3. Église historique de Saint-Bruno
4. La Croix des Fontaines (bureaux du Conseil régional)
5. Immeuble Le Cardinal (60 logements)
6. Tour Cristal (Préfecture)
7. Tram Ligne A
8. Avenue Claude Bonnier

QUESTIONS

1. Décrivez les bâtiments et expliquez leur fonction.
2. Relevez les moyens de transports photographiés.
3. En justifiant votre choix, associez la photographie à l'un des trois espaces de l'aire urbaine bordelaise : ville-centre ; banlieue ; couronne périurbaine.
4. À l'aide de vos connaissances et de la photographie, expliquez pourquoi le quartier de Mériadeck alimente d'importantes mobilités quotidiennes dans l'aire urbaine bordelaise.

Exercice 2

Maîtriser différents langages

SUJET BLANC

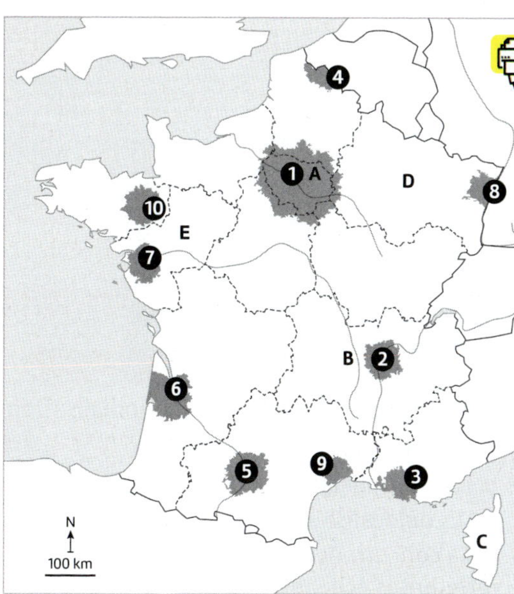

Carte à imprimer

QUESTIONS

1. Rédigez un développement construit, d'environ vingt lignes, montrant que l'urbanisation du territoire français a modifié les modes de vie et redistribué les populations et les activités économiques.
2. a. Nommez les 10 premières aires urbaines françaises localisées sur la carte par un numéro.
   b. Nommez trois fleuves de votre choix représenté sur la carte.
   c. Nommez les quatre façades maritimes de la France métropolitaine.
   d. Nommez les 5 régions localisées par une lettre sur la carte.

Chapitre 13

Les espaces productifs et leurs évolutions

→ Comment les activités économiques sont-elles distribuées sur le territoire français et pourquoi ?

Vu au collège

- **en 4e** La mondialisation favorise la concentration des activités dans les métropoles.
- **en 3e** L'urbanisation a modifié la répartition de la population et des activités **(chapitre 12)**.

Cours de 4e en PDF

RÉVISION 1 Les repères géographiques

Exercice interactif

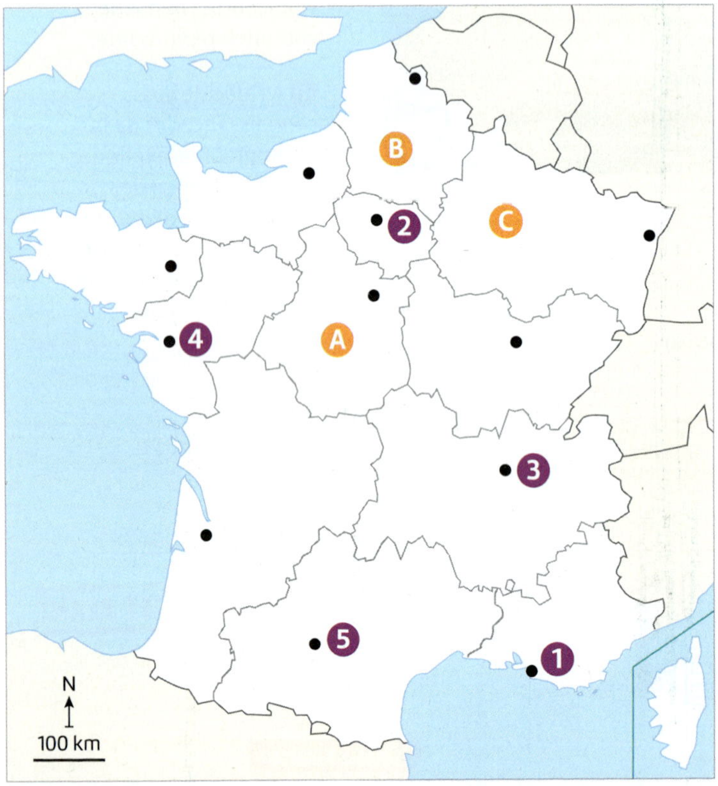

① Nommez les régions repérées par les lettres A, B et C.

② Nommez les métropoles numérotées de 1 à 5.

③ Quelles sont les trois façades maritimes de la France ?

RÉVISION 2 Le vocabulaire géographique

Exercice interactif

① À quel mot de vocabulaire correspond cette définition ?

> Mise en relation des différentes parties du monde par le biais des échanges (marchandises, capitaux, informations) ou des déplacements de population.

② Que signifie l'acronyme FTN ?
a. Flux de toute nature
b. Firme transnationale
c. Fabrication toute nouvelle

③ Nommez un objet symbolique de la mondialisation.

④ Quels sont les effets de la mondialisation ?
a. Le renforcement des frontières
b. La multiplication des différents flux
c. Les délocalisations
d. La concurrence entre les territoires à différentes échelles

DANS CE CHAPITRE, DE QUOI VA-T-ON PARLER ?

En analysant les termes du sujet, je réponds aux questions suivantes :

- De quels espaces parle-t-on ?
- Quelles dynamiques constate-t-on ?

Zoom sur...	Euroméditerranée
Surface de bureaux	1 million de m² (4e rang national)
Nombre d'emplois	43 500
Entreprises installées	5 300

Source : euromediterranee.fr, 2020.

Vue depuis la tour La Marseillaise (136 mètres), Marseille, 2021

La tour La Marseillaise, dessinée par l'architecte Jean Nouvel, est un immeuble de bureaux situé dans le nouveau quartier d'affaires Euroméditerranée à Marseille.

Étude de cas EN ÉQUIPES

Un espace industriel innovant : la Cosmetic Valley

ÉQUIPE 1

Répartis en équipes, vous montrez comment chacun des espaces étudiés est un espace productif ouvert aux échanges mondiaux. À l'oral, chaque équipe présente l'espace qu'elle a étudié.

▸ Coopérer et mutualiser

Coups de pouce

Votre équipe étudie la Cosmetic Valley, montrez :
- son organisation et ses atouts (Doc 1 et 3) ;
- ses acteurs mobilisés pour dynamiser l'espace (Doc 1, 2 et 4) ;
- ses dynamiques et ses perspectives (Doc 1, 2 et 5).

Guidage pour la réalisation de l'exposé

Carte interactive

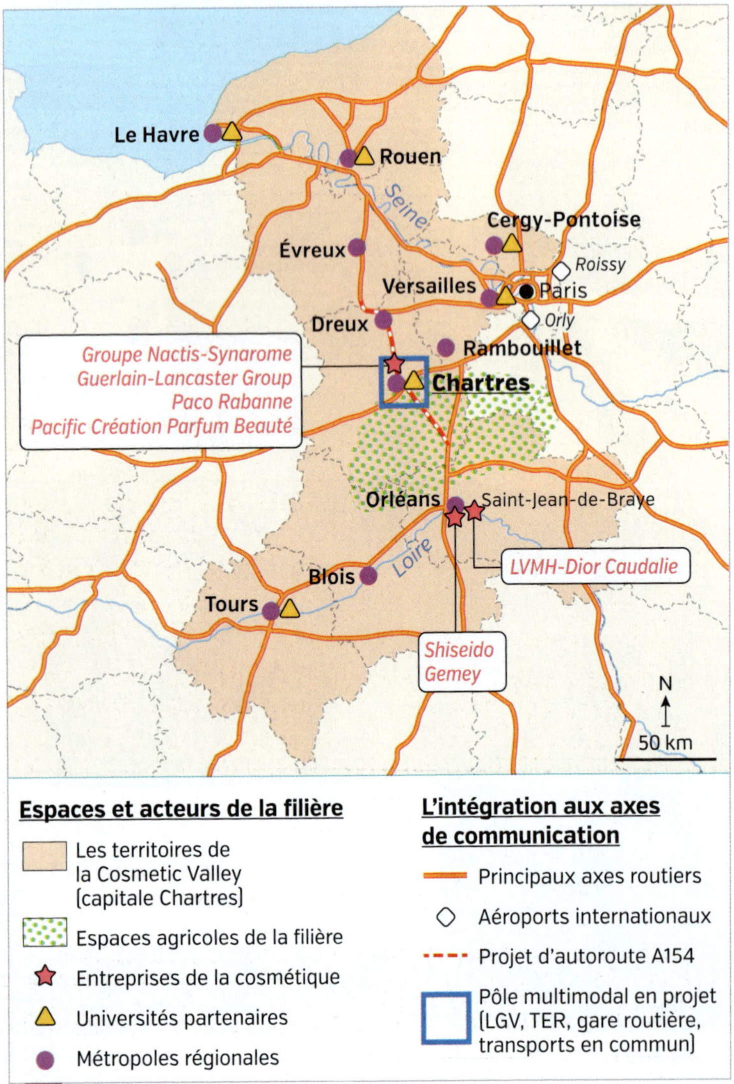

1 Le territoire de la Cosmetic Valley

CHIFFRES CLÉS

La Cosmetic Valley

1er centre mondial de la parfumerie-cosmétique

Poids dans la filière nationale

18 % des entreprises françaises

28 % des salariés français

53 % du chiffre d'affaires

2 L'innovation valorise les territoires

Parole de géographe

Les pôles de compétitivité sont lancés par l'État en 2004. Ils réunissent des entreprises, des centres de recherche, des organismes de formation sur un périmètre donné autour d'une thématique commune. Ce type de structure associe la spécificité du lieu avec celle des entreprises. Il valorise l'innovation par l'intégration entre les activités industrielles et de services. Il cumule les qualités du local, en termes de proximité et d'échanges, et l'ouverture à la mondialisation.

D'après Magali Reghezza-Zitt, géographe et professeure à l'École normale supérieure, *La France dans ses territoires*, A. Colin, 2019.

3 La filière de la cosmétique

L'association Cosmetic Valley, créée en 1994, est labellisée pôle de compétitivité dès 2005. Elle est mandatée par l'État depuis 2014 pour coordonner la filière nationale des parfums et cosmétiques. Avec le soutien des collectivités territoriales, elle anime un réseau d'entreprises, grandes marques de luxe et PME[1], de centres de recherche et d'établissements de formation engagés dans une démarche partenariale autour d'une dynamique d'innovation et de conquête des marchés internationaux.

Le territoire de la Cosmetic Valley s'étend sur la France entière (3 200 entreprises, 246 000 emplois et 45 milliards d'euros de chiffre d'affaires), avec 3 régions historiques (Centre-Val de Loire, Normandie et Île-de-France).

Le marché des parfums cosmétiques à l'échelle mondiale devrait connaître d'ici 2025 une croissance moyenne annuelle de l'ordre de 5 %. Sur ce marché, la France est le premier exportateur mondial avec des chiffres records en 2019.

Site Internet officiel de la Cosmetic Valley, 2022.

1. Petites et moyennes entreprises.

Champ de pavots blancs, Beauce.

AMONT

Activités agricoles (cultures de plantes médicinales ou aromatiques...)

Activités de services (R&D)

L'usine Gemey à Ormes, Loiret.

FILIÈRE PARFUMERIE-COSMÉTIQUE

Activités industrielles (fabrication, conditionnement...)

Une gamme L'Oréal pour homme.

AVAL

Activités de services (logistique, marketing, commercialisation...)

4 Des activités diversifiées et complémentaires

VOCABULAIRE

- **Filière** : ensemble des activités qui interviennent dans la fabrication d'un produit fini.
- **Innovation** : capacité à créer de la nouveauté pour renforcer la compétitivité.
- **R&D (Recherche et Développement)** : activités visant à réaliser une découverte ou invention, et à en assurer sa production industrielle.

5 La fabrication des Météorites Guerlain de fond de teint

Les Météorites demeurent un produit cosmétique innovant qui contribue à la renommée internationale de la maison Guerlain.

Étude de cas EN ÉQUIPES

Cette étude de cas vise à étudier les dynamiques d'un espace productif agricole mondialisé. Il est interdit de vendre de l'alcool à des mineurs, l'abus d'alcool est dangereux pour la santé.

La Champagne : un espace viticole productif et mondialisé

ÉQUIPE 2

Répartis en équipes, vous montrez comment chacun des espaces étudiés est un espace productif ouvert aux échanges mondiaux. À l'oral, chaque équipe présente l'espace qu'elle a étudié.

▸ Coopérer et mutualiser

Coups de pouce

Votre équipe étudie la Champagne, montrez :
- son organisation et ses atouts (Doc 1, 4 et 5) ;
- ses acteurs mobilisés pour dynamiser l'espace (Doc 2, 3 et 4) ;
- ses dynamiques et ses perspectives (Doc 2 et 4).

Guidage pour la réalisation de l'exposé

Carte interactive

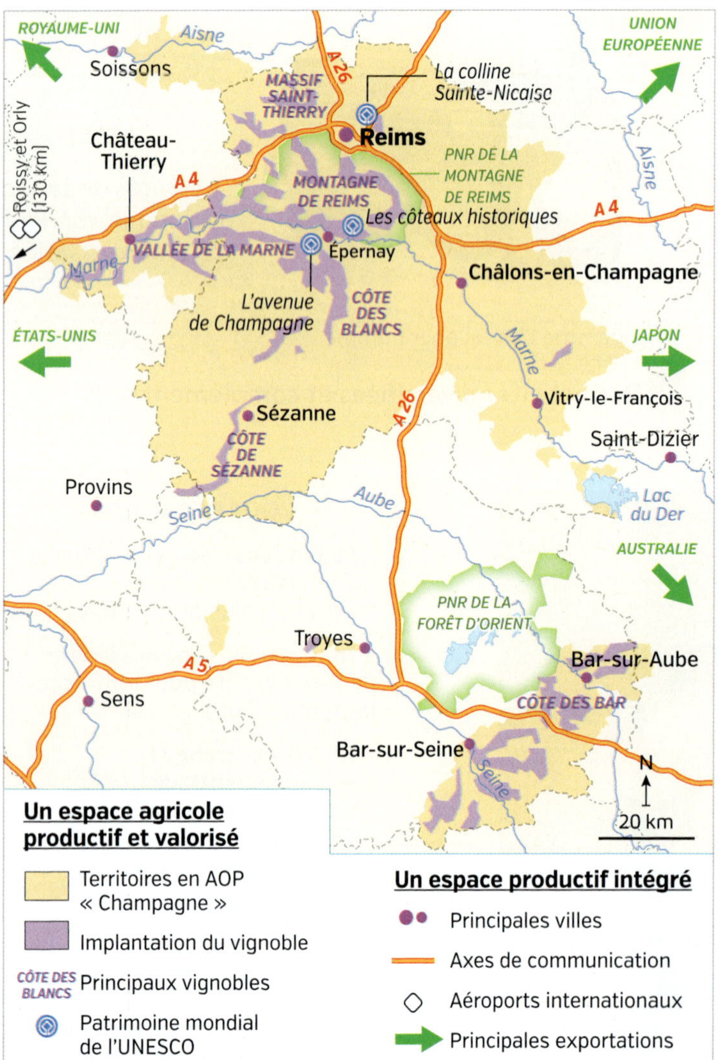

1 La Champagne, un espace viticole

2 La région Grand Est et la viticulture

Le contrat de filière viticulture du Grand Est (2019-2021) signé par la région et les représentants des organisations professionnelles définit trois axes stratégiques.

• **La compétitivité et la durabilité des exploitations agricoles** : soutenir le développement des exploitations et promouvoir l'innovation pour répondre aux enjeux de durabilité de la viticulture.

• **L'export** : promouvoir la présence des vins du Grand Est à l'international pour renforcer la compétitivité des entreprises et l'attractivité du territoire.

• **L'œnotourisme** : promouvoir et vendre les vins avec les viticulteurs en développant l'accueil touristique dans les exploitations.

D'après un communiqué de presse de la région Grand Est, 2019.

VOCABULAIRE

• **Agriculture productiviste :** agriculture commerciale dont les rendements reposent sur un recours aux techniques et aux progrès scientifiques.

Une tonnellerie à Cauroy-lès-Hermonville, Marne.

AMONT
Activités industrielles (fabrication du matériel, des composants, des engrais…)

Usine de mise en bouteille automatisée.

FILIÈRE CHAMPAGNE
Industrie agroalimentaire (viticulture, pressurage, fermentation, tirage…)

Vente de champagne chez Astor Wine & Spirits, New York.

AVAL
Activités de services (stockage, transport, marketing, négoce…)

3 Des activités diversifiées et complémentaires

5 Un vignoble champenois, Charly-sur-Marne, 2017

Un vigneron entretient une parcelle de vigne dans un vignoble de Champagne.

4 Une agriculture productiviste et commerciale

Parole de géographe

Les grandes exploitations concentrent 81 % de la surface agricole cultivée en Champagne-Ardenne. La mécanisation et la concentration économique des exploitations se sont traduites depuis le milieu du XXe siècle par une forte baisse des emplois agricoles et un fort exode rural, reflets d'un système agro-industriel performant et moderne.

Le champagne est une boisson de prestige dont plus de la moitié de la production est exportée. Le champagne est une appellation d'origine protégée (AOP) promue et étroitement surveillée par le Comité interprofessionnel du vin de Champagne. Ce grand vignoble est contrôlé pour l'essentiel par 300 maisons de négoce qui disposent de leurs propres vignes, rachètent des raisins à de petits producteurs, produisent dans leurs chais[1] et commercialisent celui-ci. Plus de la moitié des expéditions sont réalisées par seulement douze grands groupes. Cinq d'entre eux, appartenant parfois à des grandes firmes de luxe, sont dominants : LVMH, Vranken-Pommery, Lancon-BBC, Laurent-Perrier et Pernod Ricard.

Alexandra Monot, géographe à l'université de Strasbourg, *La France des 13 régions*, A. Colin, 2017.

1. Lieu en sous-sol où l'on entrepose les fûts ou tonneaux de vin.

CHIFFRES CLÉS

- **1re** production AOC viticole mondiale (en chiffre d'affaires)
- **0,5 %** de la surface du vignoble mondial
- **33 %** de la consommation mondiale de vins effervescents (en valeur)
- **244** millions de bouteilles expédiées dont 54 % à l'export

Étude de cas EN ÉQUIPES

Lille métropole, un espace culturel touristique européen

ÉQUIPE 3

Répartis en équipes, **vous montrez comment chacun des espaces étudiés est un espace productif ouvert aux échanges mondiaux.** À l'oral, chaque équipe présente l'espace qu'elle a étudié.

▸ Coopérer et mutualiser

Coups de pouce

Votre équipe étudie la métropole européenne de Lille, montrez :

- son organisation et ses atouts (Doc 1, 3 et 4) ;
- ses acteurs mobilisés pour dynamiser l'espace (Doc 2 à 5) ;
- ses dynamiques et ses perspectives (Doc 2 et 5).

Guidage pour la réalisation de l'exposé

Carte interactive

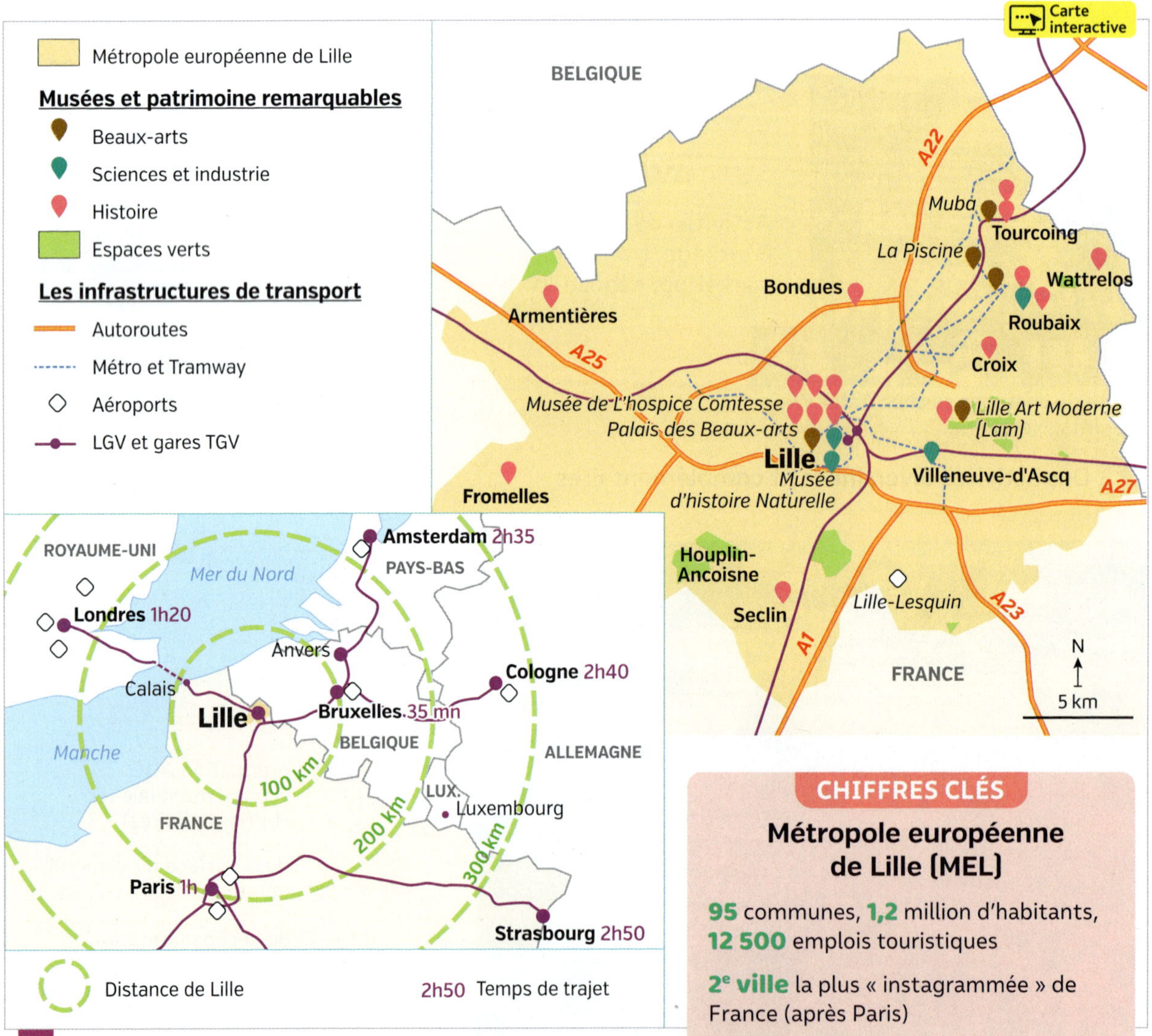

1 Lille, un carrefour urbain et touristique

CHIFFRES CLÉS

Métropole européenne de Lille (MEL)

95 communes, **1,2** million d'habitants, **12 500** emplois touristiques

2e ville la plus « instagrammée » de France (après Paris)

Festival Eldorado : plus de **2,5 millions** de visiteurs (2019)

2 Le tourisme urbain, un levier de développement

Le tourisme urbain se porte bien : tourisme culturel, tourisme gastronomique, tourisme événementiel (concerts, expositions...), shopping, etc.

Le faible coût des transports, la forte progression des city breaks[1], et la mobilisation politique ont métamorphosé les métropoles. Autant les habitants que les touristes de passage profitent de l'aménagement, des infrastructures et des événements établis par les municipalités. C'est tout un territoire qui profite de l'attractivité de sa métropole.

L'attractivité d'une ville passe par la revalorisation du centre urbain et du patrimoine, reconversion des sites industriels, création de rendez-vous annuels... Tout ce qui permet à la réputation d'une ville de s'installer durablement, de croître via le partage sur les réseaux sociaux et de rayonner sur la scène internationale.

Ainsi, Lille a réussi le pari de la transformation !

D'après Precom Services & Collectivités, 17 juin 2019.

1. City break : courte période passée dans une ville.

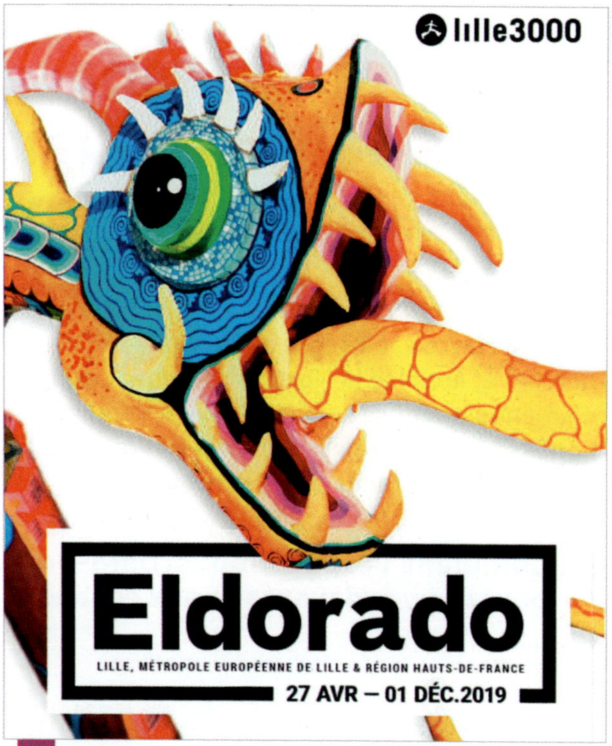

3 Le festival Eldorado, Lille, 2019

L'association lille3000 organise depuis 2004 des événements culturels européens.

4 La Piscine, « musée d'art et d'industrie », Roubaix

Une piscine art déco des années 1920 et une usine de textile du XIXe siècle ont été réhabilitées pour accueillir le musée.

5 La culture à Lille, des bienfaits à nuancer

Parole de chercheurs

Au tournant des années 2000, patronat et élus locaux décident de convoquer les arts et la culture afin de consolider le projet de métropolisation. Le tournant est historiquement et symboliquement marqué par l'obtention du label « Capitale européenne de la culture » par la ville de Lille, en 2004, prolongé depuis par Lille 3000 et ses saisons thématiques, lesquelles structurent désormais la politique culturelle municipale et métropolitaine : Bombaysers de Lille (2006), Europe XXL (2009), Fantastic (2012) et Renaissance (2015). Ces manifestations artistiques permettent à Lille de rejoindre la liste des grandes agglomérations françaises et européennes ayant misé sur la culture afin d'asseoir leur notoriété et, au-delà, leur développement économique et social.

Plusieurs travaux de recherche en montrent les limites. L'agglomération lilloise continue à rencontrer des difficultés pour attirer les grandes entreprises extra-régionales. Les événements lillois et les lieux réhabilités ou bâtis relèvent d'un projet de transformation de la ville dont l'orientation au profit des catégories supérieures fait débat.

Collectif Degeyter, *Sociologie de Lille*, La Découverte, 2017.

Étude de cas

VOCABULAIRE Compétitivité p. 254

Le Havre, un espace industrialo-portuaire dans la mondialisation

Situé sur une route maritime mondiale, le port du Havre est intégré à une vaste région portuaire, appelée la Northern Range. Les projets d'aménagement se sont multipliés, depuis les années 1960, pour permettre au Havre de se hisser parmi les plus grands ports européens.

Zoom sur…	Le Havre (2019)
Trafic maritime (volume de conteneurs)	1er port français, 9e européen, 69e mondial
Emplois portuaires	30 000
Chiffre d'affaires (en millions d'euros)	168,4

Source : Lloyd's List ; Haropa Port du Havre, 2020.

Comment l'espace industrialo-portuaire du Havre évolue-t-il pour s'ouvrir davantage aux échanges mondiaux ?

Carte interactive

Un port intégré aux échanges

- Grande route maritime
- Principales métropoles
- Échanges commerciaux
- Arrière-pays relié aux ports

Un port en concurrence

- Façade maritime de la Northern Range
- Ports de conteneurs et leur rang mondial
- Grands ports maritimes (GPM) français et leur rang national en volume de marchandises (Marseille 1er, Le Havre 2e)

1 Un port dans la mondialisation

leHavre

Le port du Havre

1 100 entreprises installées : Lubrizol, Siemens, Renault, EDF, Total, Exxon…

600 millions d'euros d'investissements (2020-2027)

Un pôle commercial relié à 600 ports, sur 5 continents
Spécialisé dans le trafic de conteneurs, des ressources énergétiques, des véhicules, des vins…

Un pôle industriel
Chimie, automobile, mécanique, aéronautique, énergie
2e pôle pétrochimique français

Un pôle de services
Assurance, ingénierie, transport maritime (35 km de quais), stockage (25 000 m²
de hangars), relation client

D'après le site officiel de la ville du Havre, www.lehavre.fr, 2022.

2 Un espace productif industriel et de services

3 Le terminal Port 2000 du Havre inauguré en 2006

Port 2000 peut accueillir les plus grands porte-conteneurs mondiaux.

(1) Estuaire de la Seine (2) Bassin eau profonde (3) Digue de protection courbée pour favoriser les manœuvres des grands navires (4) Portiques de déchargement (5) Stockage des conteneurs (terre-plein) (6) Stockage des hydrocarbures (7) Accès aux autoroutes A13 et A29

4 Se réformer pour gagner en compétitivité

Parole de géographe

Les 11 plus grands ports français, qui traitent 80 % du commerce maritime de marchandises en France, ont le statut de Grand Port Maritime (GPM) depuis 2008. Les acteurs publics sont omniprésents dans leur gestion, même si on observe une ouverture croissante aux acteurs du privé, notamment dans la gestion des terminaux.

Les GPM peinent à s'inscrire dans la compétition logistique européenne et à structurer leurs arrière-pays (*hinterland*) malgré la modernisation des terminaux à conteneurs comme au Havre, avec l'opération Port 2000.

Les aires portuaires concentrent un important appareil industriel de transformation à l'image de la pétrochimie au Havre. Cette industrialisation conduit les ports à s'étendre spatialement, voire à mettre en réseau des sites aux activités complémentaires. Aujourd'hui, ce sont les ports maritimes et fluviaux du Havre, Rouen et Paris qui se regroupent au sein d'Haropa, un groupement d'intérêt économique, faisant de la Seine un corridor portuaire et logistique.

D'après Kévin Sutton, géographe à l'université de Grenoble, dans S. Beucher et F. Smits (dir.), *La France, atlas géographique et géopolitique*, Autrement, 2020.

Activités

Parcours 1

Je comprends le sens des documents

1 **Doc 1 à 3.** Montrez que Le Havre est un espace productif à la fois industriel et de services.

2 **Doc 1.** Situez l'activité portuaire du Havre à l'échelle nationale, européenne et mondiale.

3 **Doc 2 à 4.** Décrivez et expliquez les aménagements ainsi que les politiques mis en œuvre pour permettre au port du Havre d'être plus compétitif.

Je rédige un développement construit

4 À l'aide de vos réponses, rédigez un développement construit montrant comment l'espace productif industrialo-portuaire du Havre se transforme pour échanger avec le monde.

Aide à la rédaction

Parcours 2

Je réalise un croquis de paysage

- À l'aide du document 3, identifiez et délimitez, dans un cadre, les différentes zones.
- Associez à chaque élément le figuré le plus pertinent pour élaborer votre légende.
- Réalisez le croquis.
- Donnez-lui un titre.

Activité différenciée à imprimer

Les espaces productifs français

Carte interactive

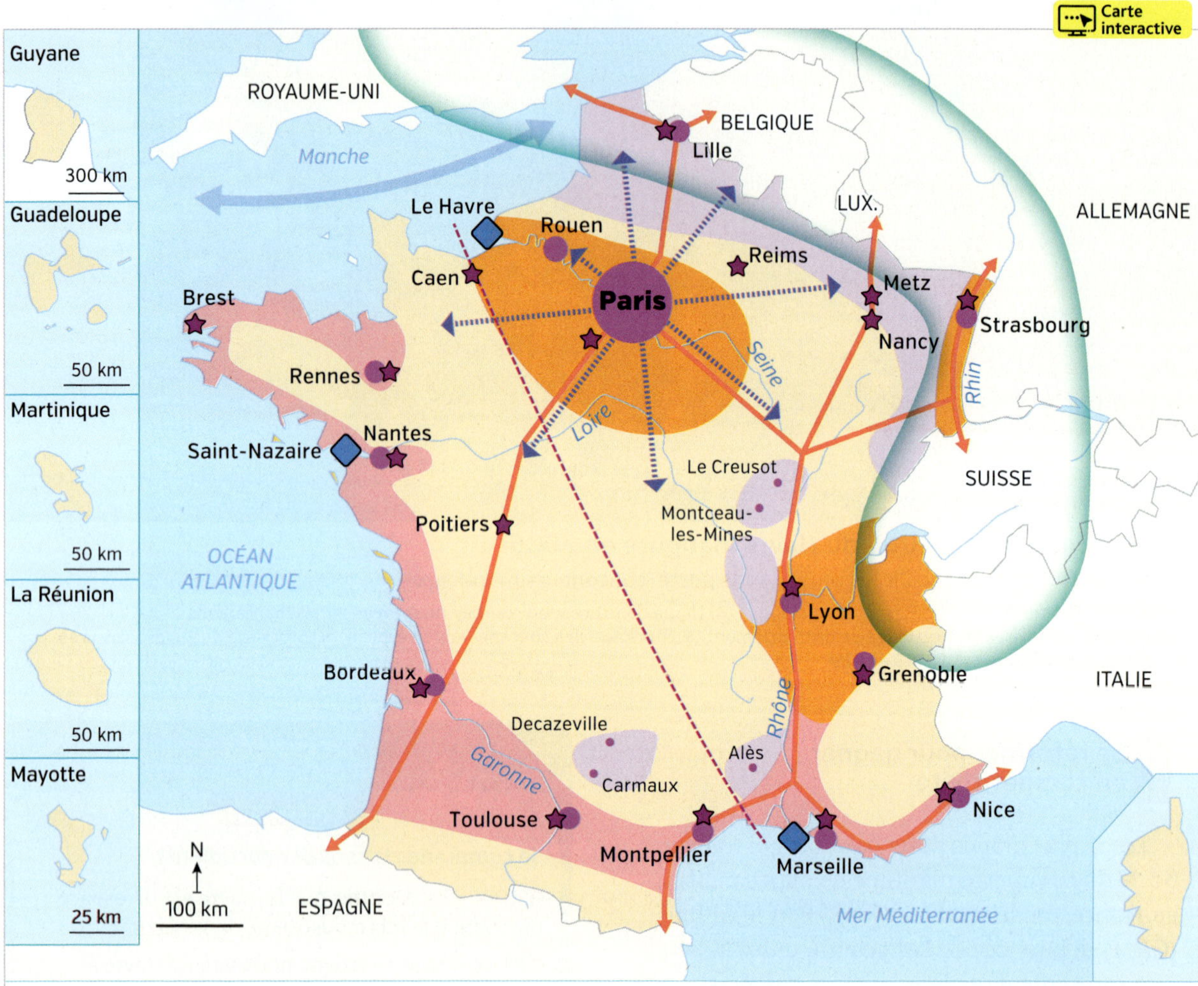

Des activités industrielles inégalement réparties

- Plus de 2/3 des emplois industriels à l'est de cette ligne
- Espaces anciennement industrialisés et dynamiques
- Espaces industriels dynamiques de hautes technologies
- Espaces en voie de désindustrialisation ou en reconversion
- Espaces sous-industrialisés

Des facteurs de dynamisme et de localisation

- Déconcentration industrielle des années 1960-1970
- Proximité de la mégalopole européenne
- Métropoles attractives et innovantes
- Principaux technopôles

Des espaces reliés au monde

- Axe maritime majeur
- Zones industrialo-portuaires

1 Les espaces productifs industriels

QUESTIONS

1. Où se situent les principaux espaces industriels en voie de désindustrialisation ou en reconversion ?
2. Dans quels types d'espaces trouve-t-on des activités industrielles innovantes ?
3. Pourquoi peut-on dire que les activités industrielles se redistribuent sur le territoire ?
4. À quel type d'espace industriel le territoire de votre collège appartient-il ?

Espaces agricoles spécialisés à forte productivité

- Grandes cultures intensives (blé, maïs, betteraves)
- Élevage intensif (vaches laitières, élevage hors sol ovin, porcin)
- Vignoble, cultures maraîchères, arboriculture, horticulture
- Cultures tropicales (canne à sucre, bananes)

Espaces agricoles à faible productivité

- Région à l'agriculture peu rentable : élevage extensif, polyculture

Espaces agricoles dans la mondialisation

- Ports d'exportation de céréales
- Exportations
- Importations

2 Les espaces productifs agricoles

QUESTIONS

1. Citez les quatre types d'agriculture les mieux intégrés dans l'économie mondiale.
2. Quelles régions font de la France un grand pays agricole ? Relevez trois exemples.
3. Quelle est la situation agricole dans les zones de montagne ?
4. À quel type d'espace agricole le territoire de votre collège appartient-il ?

Des cartes au croquis

Carte interactive

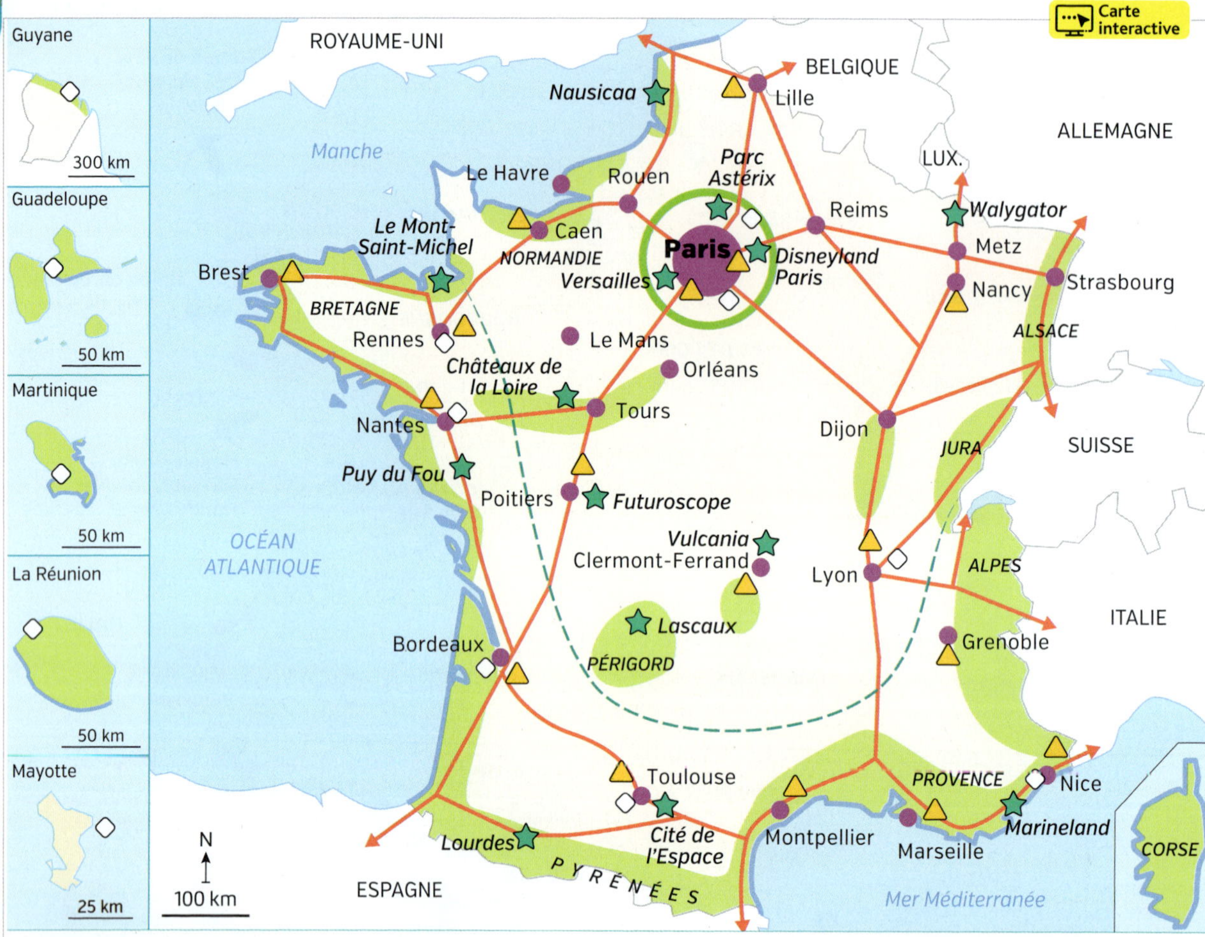

Les espaces des affaires
- Paris, métropole mondiale
- Métropoles régionales
- Centres de recherche, universités

Les espaces du tourisme
- Principal pôle touristique mondial
- Sites touristiques majeurs
- Régions touristiques (tourisme balnéaire, de montagne, culturel)

Les facteurs de localisation des activités de services
- Axes de communication majeurs
- Aéroports internationaux
- Littoraux attractifs
- Qualité de vie attractive au sud de cette ligne (environnement, climat)

3 Les espaces productifs de services

QUESTIONS

1. Quelle est la première destination touristique française ?
2. Où se situent les principales régions touristiques en France ?
3. Dans quel type d'espace se concentrent les activités dites d'affaires (activités de services) ?
4. Relevez deux raisons qui expliquent la localisation des activités de services en France.

ÉTAPE 1 J'identifie les espaces productifs et leurs dynamiques

① **Doc 1 à 3 p. 248 à 250.** Où se situent les espaces les plus dynamiques ?

② **Doc 1 à 3 p. 248 à 250.** Où se situent les espaces les plus en difficulté ?

③ **Doc 1 à 3 p. 248 à 250.** Relevez des éléments expliquant le dynamisme de ces territoires.

ÉTAPE 2 Je construis la légende du croquis

④ Associez chaque information cartographiée sur les deux cartes ci-dessous à sa description .

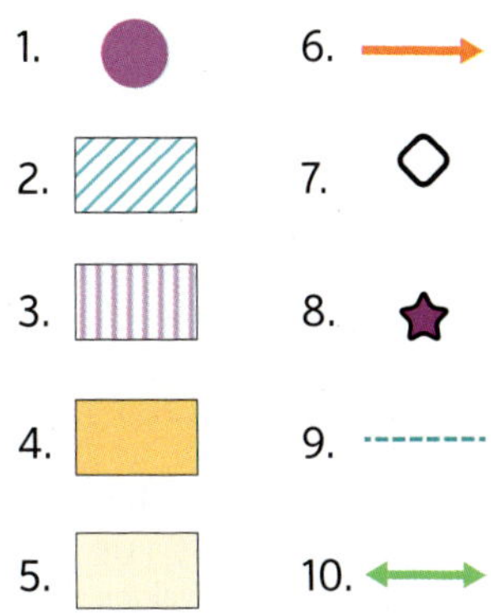

a. Échanges avec l'Europe et le monde
b. Pôles de services qui se renforcent
c. Espaces isolés peu mondialisés
d. Principaux axes de communication
e. Ports et aéroports
f. Ancienne région industrielle en reconversion
g. Cadre de vie attractif au sud de cette ligne
h. Espaces touristiques et de services
i. Espaces ruraux dynamiques à agriculture productive
j. Principaux technopôles

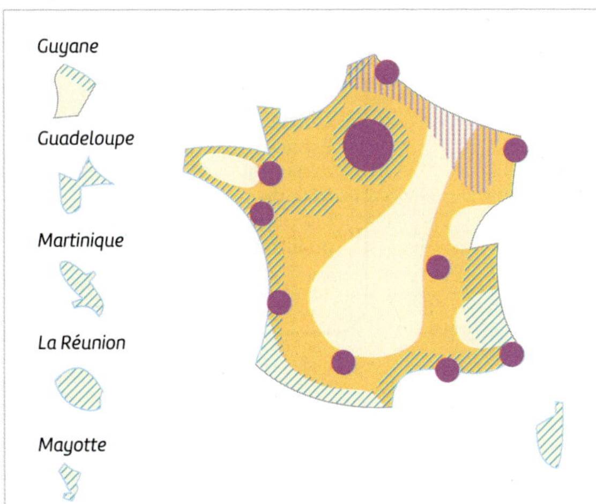

1. Des espaces productifs en mutation

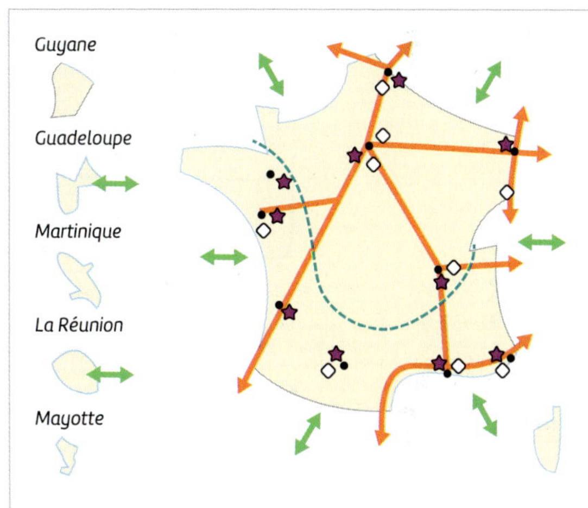

2. Facteurs de localisation et dynamiques

ÉTAPE 3 Je passe au croquis

Support cartographique à imprimer

⑤ Recopiez et organisez en deux parties les différentes informations en légende, en vous aidant de l'étape 2 :
1. Des espaces productifs en mutation
2. Facteurs de localisation et dynamiques

⑥ Complétez le fond de carte : dessinez et coloriez les figurés ponctuels, linéaires et les figurés de surface.

⑦ Nommez les métropoles et donnez un titre au croquis.

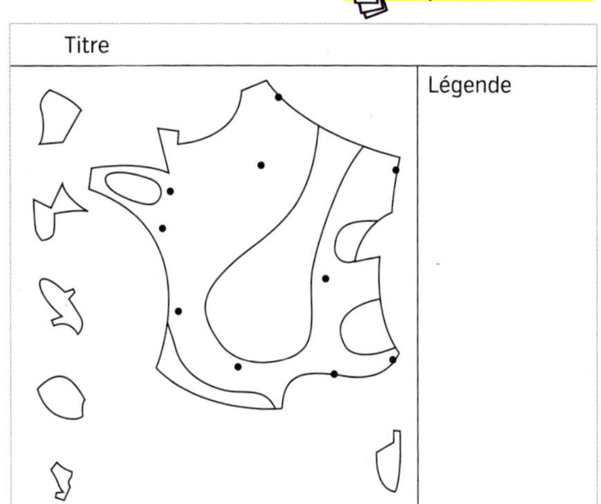

Des études de cas...

MISE EN PERSPECTIVE

Quelles évolutions connaissent les espaces productifs français ?

ÉTAPE 1 Je fais le point sur l'espace que je viens d'étudier

a. D'après ce que vous avez découvert des espaces productifs, réalisez une carte mentale à l'aide des expressions qui vous semblent le mieux caractériser les espaces étudiés.

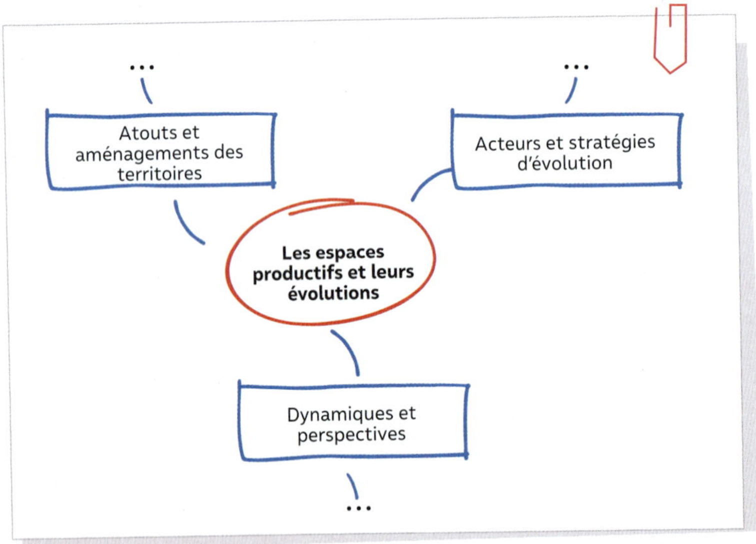

Boîte à mots
- Financement de l'UE
- Recherche-développement et innovation
- Attractivité des métropoles qui concentrent les services
- Proximité des grandes métropoles
- Intégration des espaces productifs à la mondialisation
- Soutien de l'État et des collectivités locales
- Espaces agricoles productivistes, dynamiques et exportateurs
- Pôle de compétitivité
- Présence d'une main-d'œuvre qualifiée

Liste complète des expressions

ÉTAPE 2 Je formule des hypothèses

b. À l'aide des exemples étudiés, des cartes p. 248 à 250 et de votre carte mentale (étape 1), rédigez une phrase pour comprendre les évolutions des différents espaces productifs.

1. Les principales évolutions des espaces industriels français sont...
2. Les principales évolutions des espaces agricoles français sont...
3. Les principales évolutions des espaces de services français sont...

ÉTAPE 3 Je vérifie si mes hypothèses sont justes

c. Confrontez vos hypothèses formulées à l'étape 2 aux trois documents p. 253. Que constatez-vous ? Sont-elles vérifiées ? Justifiez vos réponses.

… à la France

1 Dernière récolte de betteraves à sucre, plaine de Limagne, Puy-de-Dôme, 2019
La fermeture en 2020 de la sucrerie de Bourdon, près de Clermont-Ferrand, a marqué la fin d'une filière industrielle présente depuis 1835 et celle de la culture de la betterave sucrière dans le Massif central.

2 L'État, un acteur de la réindustrialisation

Parole de géographes

Créer un environnement économique favorable par l'amélioration de la compétitivité et de l'attractivité, diversifier l'emploi, promouvoir des activités porteuses, réduire les importations coûteuses, favoriser l'innovation, attirer les investissements étrangers, etc. constituent les principaux objectifs qui motivent les États en matière industrielle.

Les situations de crise sont plus propices aux actions et aux politiques d'aides publiques. En France, le programme « Territoires d'industrie », initié par l'État en novembre 2018, fournit une illustration du rôle désormais reconnu des territoires dans la dynamique contemporaine de réindustrialisation. Son objectif est d'accompagner et de soutenir 146 territoires industriels qui bénéficieront de moyens financiers importants (environ 1,3 milliard d'euros), leur permettant de renforcer leur attractivité et d'encourager l'innovation.

François Bost et Dalila Messaoud, chercheurs en géographie économique et industrielle, « L'industrie-monde », *Documentation photographique* n° 8140, CNRS Éditions, mai 2021.

3 Une nouvelle organisation de l'espace productif

Parole de géographe

Les transformations économiques récentes, le développement des services et la métropolisation ont largement modifié la répartition spatiale des activités héritées des différentes industrialisations.

Le développement des services, secteur majeur de nos jours, s'est surtout fait dans et autour des grandes villes et en premier lieu de Paris. Il a renforcé le phénomène de métropolisation : sans conteste, ce sont les principales agglomérations qui organisent aujourd'hui l'espace économique.

La mondialisation, entraînant une spécialisation des pays développés dans les activités de conception et de commandement, joue aussi un rôle grandissant dans l'organisation contemporaine de l'espace productif. Les activités économiques se regroupent de plus en plus là où les échanges sont facilités (près des lignes TGV, des grands aéroports et des principaux nœuds de communication) et là où le cadre de vie paraît le plus agréable (héliotropisme).

La France possède les infrastructures d'une grande puissance économique largement engagée dans le processus de mondialisation qui lui permettent de valoriser et de renforcer l'attractivité de son territoire. Elle ne pourrait pas être le premier pays touristique au monde si elle n'était pas largement intégrée aux divers réseaux européens et mondiaux de communication, qu'ils soient physiques ou virtuels.

Vincent Adoumié, agrégé de géographie, professeur en classes préparatoires, *Géographie de la France*, Hachette Supérieur, 2020.

Leçon

Podcast du cours

Les espaces productifs et leurs évolutions

→ **Comment les activités économiques sont-elles distribuées sur le territoire français et pourquoi ?**

A Des espaces industriels qui se transforment

1. Des espaces productifs industriels en mutation

• La France est une **puissance industrielle** (3e rang européen, 8e rang mondial) ; elle est cependant touchée par la désindustrialisation (2,4 millions d'emplois perdus entre 1970 et 2019). Les raisons en sont variées : perte de **compétitivité**, délocalisation, concurrence étrangère, automatisation des productions.

• Les mutations de l'industrie provoquent des recompositions territoriales majeures : l'Île-de-France, la région Rhône-Alpes, l'Alsace ou la Basse-Seine, qui combinent différentes générations d'industries, demeurent dynamiques ; à l'inverse, les anciens bassins industriels de la Lorraine ou du Nord cherchent à se reconvertir.

2. Les espaces industriels s'adaptent à la mondialisation

• **La mondialisation renforce la concurrence** entre les territoires. Les métropoles sont de plus en plus attractives pour les entreprises de très haute technologie. Elles y trouvent une main-d'œuvre qualifiée, des établissements d'enseignement supérieur et des réseaux de communication performants.

• En soutenant l'innovation au sein des pôles de compétitivité, l'État joue un rôle majeur dans la distribution des nouvelles industries sur le territoire. Les investissements étrangers peuvent également renforcer l'attractivité de certaines régions.

B Des espaces agricoles inégalement intégrés

1. Une agriculture intégrée aux marchés internationaux

• La France est la **première puissance agricole de l'Union européenne** et le 6e exportateur mondial de produits agricoles. Cependant, la concurrence mondiale est de plus en plus intense.

• La mondialisation et la politique agricole commune (PAC) ont conduit les agriculteurs français à **moderniser leurs activités** (mécanisation, irrigation, engrais...) et à **spécialiser leurs productions** (céréaliculture, viticulture, élevage...). Cette agriculture productiviste a des conséquences sur l'environnement (pollution de l'eau, risque sanitaire). Progressivement, la volonté de tendre vers un développement plus durable se renforce.

2. Des dynamiques régionales contrastées

• Les espaces agricoles sont intégrés au sein de filières mondialisées avec de puissantes **industries agroalimentaires**, premier secteur industriel français.

VOCABULAIRE

• **Agriculture productiviste** : agriculture commerciale dont les rendements reposent sur un recours aux techniques et aux progrès scientifiques.

• **Compétitivité** : capacité à faire face à la concurrence dans le cadre de la mondialisation.

• **Délocalisation** : transfert d'une production vers des pays étrangers aux coûts moins importants.

• **Désindustrialisation** : diminution ou disparition de l'activité industrielle.

• **Espace productif** : espace aménagé et mis en valeur pour une activité économique.

• **Filière** : ensemble des activités qui interviennent dans la fabrication d'un produit fini.

• **Industrie** : activité économique qui produit des biens grâce à la transformation de matières premières.

• **Innovation** : capacité à créer de la nouveauté pour renforcer la compétitivité.

• **Recherche et développement (R&D)** : → p. 241

• **Services** : activité économique sans transformation de matière.

● La **concurrence internationale** renforce la spécialisation des espaces productifs agricoles mais aussi les **inégalités entre les territoires** bien intégrés aux marchés européens et mondiaux (Grand Ouest, Bassin parisien, région viticole) et d'autres qui le sont beaucoup moins (régions montagneuses d'élevage extensif et de polyculture).

C Une forte concentration des services

1. Des espaces privilégiés : les métropoles

● Les **activités de** services emploient plus de 3 Français sur 4 et créent une part très importante de la richesse nationale. Elles sont **massivement implantées dans les métropoles** qui concentrent **les pouvoirs de décision (préfectures, sièges sociaux), les activités de recherche (universités), les services spécialisés (hôpitaux).** Pour améliorer leur image et attirer les investisseurs, les grandes métropoles ont recours à des agences de publicité.

2. Les espaces du tourisme, un atout majeur

● La France est la **première destination touristique mondiale** en nombre de visiteurs (3e place en termes de recettes). Elle peut s'appuyer sur la **richesse et la diversité de son patrimoine culturel, paysager** et sur la qualité de ses équipements de loisirs. Les villes, au premier rang desquelles se trouve Paris, sont également des destinations d'accueil, par exemple pour le tourisme d'affaires ou pour des séjours de courte durée.

CHIFFRES CLÉS

La France productive

Industrie :
3e rang européen
8e rang mondial
20 % du PIB
18 % des emplois

Agriculture :
1re puissance agricole de l'UE
3 % du PIB
2 % des emplois

Services :
77 % du PIB
80 % des emplois

Tourisme :
1re destination touristique mondiale (**89,3 millions** de touristes étrangers)

Île-de-France :
30 % du PIB
28 % des emplois
40 % des dépenses de R&D

JE RETIENS AUTREMENT

Croquis interactif

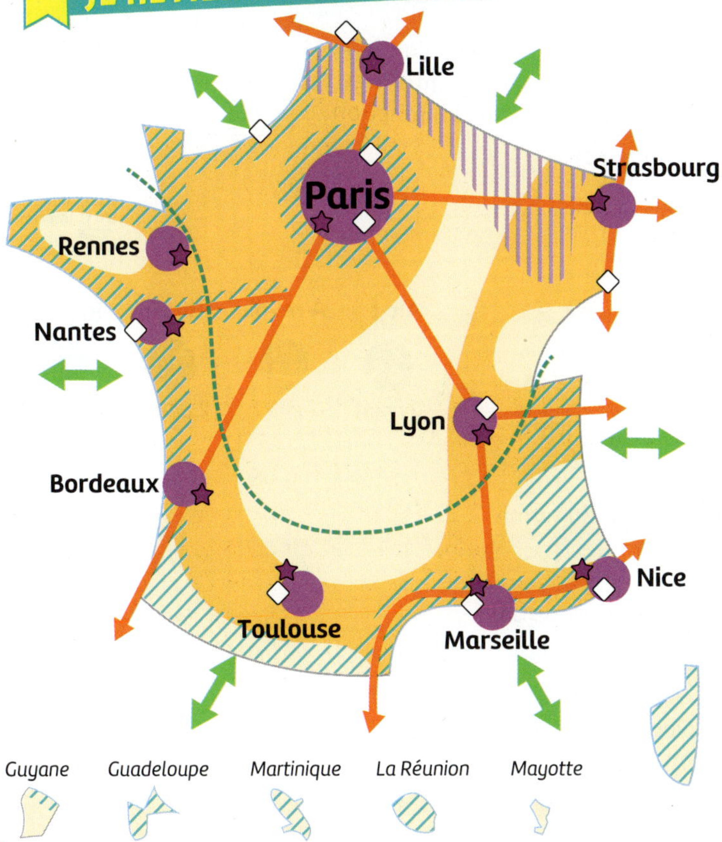

Des espaces productifs en mutation
- Pôles de services qui se renforcent
- Espaces touristiques et de services
- Espaces ruraux dynamiques à agriculture productive
- Ancienne région industrielle en désindustrialisation
- Espaces isolés peu mondialisés

Facteurs de localisation et dynamiques
- Principaux axes de communication
- Ports et aéroports
- Pôles majeurs de l'innovation
- Cadre de vie attractif au sud de cette ligne
- Échanges avec le monde et l'Europe

Apprendre à apprendre

Réviser en équipe

ÉTAPE 1 Je mémorise ma leçon

Je sais utiliser dans une phrase :
- espace productif
- filière
- industrie
- innovation
- services
- compétitivité

Exercice 1 p. 257

Je sais situer :
- les espaces productifs agricoles, industriels et de services les plus dynamiques
- les grandes métropoles

Exercices 2 p. 257 et 4 p. 258

Je sais expliquer :
- les atouts, les acteurs et les dynamiques d'un espace productif
- l'intégration des activités dans une filière
- le lien entre les espaces productifs et la mondialisation

Exercices 3 p. 257 et 5 et 6 p. 258

ÉTAPE 2 Je révise en équipe

① Ensemble, révisez la leçon et sélectionnez ce qu'il faut retenir.

② **Organisez des défis.**
Répartissez-vous en trois équipes. Chaque équipe est spécialiste d'un type d'espace productif (espace industriel, agricole ou de services) et interroge les deux autres équipes. Chaque question rapporte des points en fonction du niveau des questions et de la qualité des réponses.

③ Reproduisez le tableau ci-dessous, puis à vous de jouer !

Tableau à imprimer

Niveaux de difficulté	Exemples de questions	Aïe ! 0 point	À revoir 1 point	Bien 2 points	Bravo 3 points
NIVEAU 1 Questions simples sur des connaissances précises	• Qu'est-ce qu'un espace productif ? • Donnez la définition du terme « industrie ».				
NIVEAU 2 Questions de compréhension	• Situez les grandes régions de l'agriculture productiviste.				
NIVEAU 3 Questions de synthèse	• Décrivez la place des activités de services en France.				

Exercices

Exercices interactifs

EXERCICE 1 Je révise le vocabulaire ★

Associez chacun des mots suivants à leur signification.

① Espace productif
② Filière
③ Industrie
④ Innovation
⑤ Compétitivité
⑥ Services

ⓐ Ensemble des activités qui interviennent dans la fabrication d'un produit.
ⓑ Activité économique sans transformation de matière.
ⓒ Espace aménagé et mis en valeur pour une activité économique.
ⓓ Activité économique qui produit des biens grâce à la transformation de matières premières.
ⓔ Introduction sur le marché d'un procédé ou d'un produit nouveau pour augmenter les ventes.
ⓕ Capacité à vendre un bien ou un service sur un marché concurrentiel.

EXERCICE 2 J'identifie des espaces productifs ★

Associez chacun des espaces productifs ci-dessous à la photographie qui lui correspond.

1

2

3

a. Espace productif de services, Val Thorens

b. Espace productif agricole, Oléron

c. Espace productif industriel, Fos-sur-Mer

EXERCICE 3 Je justifie mes choix ★★

Indiquez si ces phrases sont vraies ou fausses, puis justifiez votre réponse à l'aide d'exemples issus du chapitre.

1. L'État et les collectivités territoriales stimulent la compétitivité des espaces productifs. ☐ Vrai ☐ Faux
2. L'industrie et l'agriculture sont peu fragilisées par la concurrence internationale. ☐ Vrai ☐ Faux
3. Les inégalités sont faibles entre les espaces agricoles. ☐ Vrai ☐ Faux
4. Le dynamisme des métropoles est lié à leur capacité d'innovation. ☐ Vrai ☐ Faux
5. La France n'est pas touchée par la désindustrialisation. ☐ Vrai ☐ Faux
6. La concurrence mondiale incite les territoires à renforcer leur attractivité. ☐ Vrai ☐ Faux

Exercices

EXERCICE 4 Je révise les repères spatiaux ★★

① Situez les espaces productifs que vous avez découverts dans ce chapitre.

② À l'aide de vos connaissances et/ou du manuel, recherchez trois exemples d'espaces productifs dynamiques : industriel, agricole, de services. Associez chacun d'eux à une région sur la carte.

EXERCICE 5 J'utilise mes connaissances ★★★

Expliquez à votre camarade de classe pourquoi cet espace productif est très dynamique dans la mondialisation.

Château de Disneyland, Paris.

EXERCICE 6 Je sais expliquer ★★★

Complétez le schéma à l'aide des informations suivantes (un bloc par case).

Schéma à compléter

1
- Ouverture des échanges
- Importance des réseaux de transport
- Concurrence entre espaces

2
- Espaces agricoles peu productifs, polyculture
- Vieilles régions industrielles en difficulté
- Espaces peu urbanisés et mal desservis

3
- Spécialisation agricole
- Désindustrialisation, innovation industrielle
- Croissance des activités de services

4
- Métropoles
- Pôles d'innovation
- Espaces d'agriculture productive
- Régions touristiques

Mondialisation ? → Mutations des espaces productifs français ? → Espaces productifs dynamiques ? / Espaces productifs en difficulté ?

Exercice 1

Analyser et comprendre des documents

SUJET GUIDÉ

Un **pôle de compétitivité** est un regroupement reconnu par l'État, sur un territoire, d'entreprises, d'écoles et de centres de recherche, engagé autour de projets innovants dans un secteur d'activité donné.

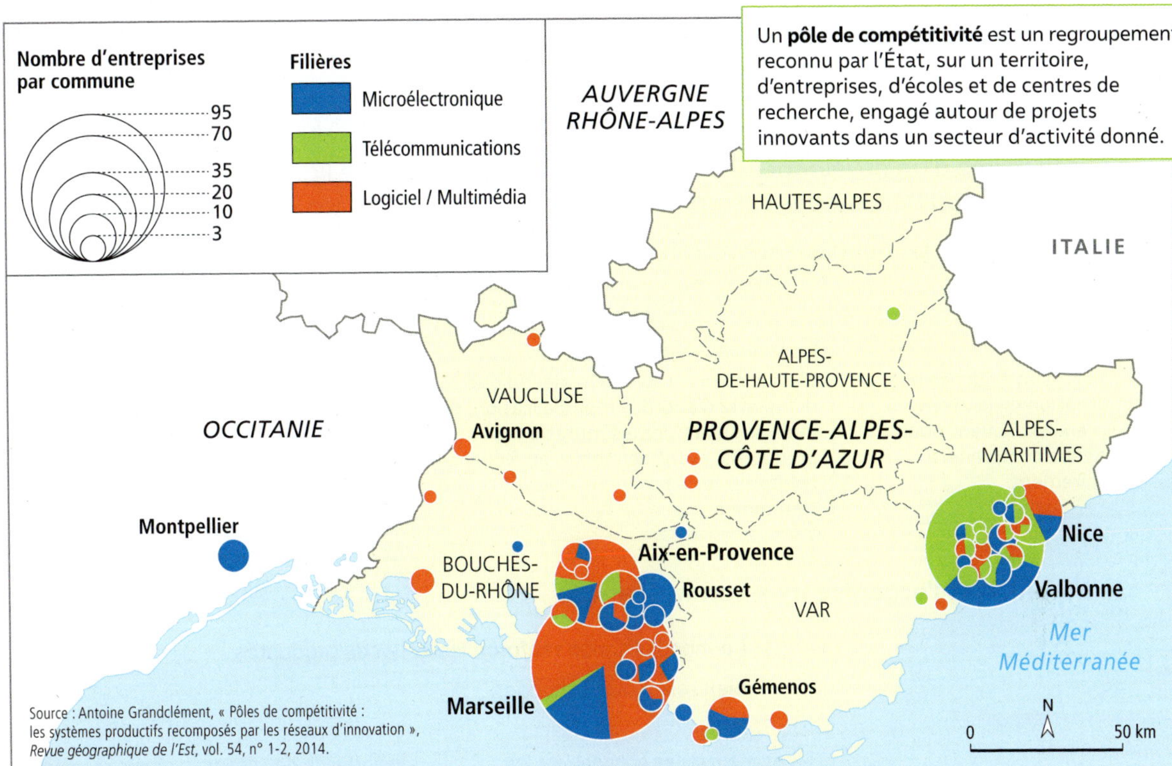

Source : Antoine Grandclément, « Pôles de compétitivité : les systèmes productifs recomposés par les réseaux d'innovation », *Revue géographique de l'Est*, vol. 54, n° 1-2, 2014.

1 Le pôle de compétitivité SCS en Provence-Alpes-Côte d'Azur

2 Les missions du pôle de compétitivité SCS

Le pôle de compétitivité « Solutions communicantes sécurisées (SCS) » en région Provence-Alpes-Côte d'Azur (PACA), a été créé à l'initiative du gouvernement en 2005. Il regroupe toutes les compétences issues des métiers liés aux nouvelles technologies de l'information et de la communication (NTIC) : composants électroniques, logiciels et systèmes de communication pour la mise en œuvre d'échanges entre personnes, entre objets et de personnes à objets. Il favorise les relations entre laboratoires de recherche, universités et entreprises.

La mission du Pôle est de fédérer les énergies, de soutenir les entreprises et d'accompagner l'innovation et la croissance par une aide à la recherche de financements, mais aussi en communication, en développement et en gestion.

Site Internet de la commune de Rousset (Bouches-du-Rhône), 2019.

Localiser, c'est dire à quel endroit précis ça se trouve.

QUESTIONS

1 **Doc 1** Localisez les territoires où les activités du pôle de compétitivité SCS sont principalement implantées.

2 **Doc 1 et 2** Relevez les secteurs d'activités des entreprises du pôle de compétitivité.

3 **Doc 2** Quelles sont les missions remplies par le pôle de compétitivité ?

4 Montrez que le pôle de compétitivité SCS est un espace productif industriel qui s'adapte à la mondialisation.

Avant de répondre à la question, vous pouvez relire le paragraphe A.2. de la leçon page 254. Revenez sur l'attractivité des métropoles, sur l'innovation et sur le rôle de l'État pour être compétitif dans un contexte de forte concurrence mondiale.

L'**innovation** est la capacité à créer de la nouveauté. Elle joue un rôle central dans la concurrence entre territoires.

Brevet

Brevet

Exercice 2

Maîtriser différents langages

SUJET GUIDÉ

1. Rédiger un développement construit

Étape 1 **J'analyse le sujet**

Au brouillon

Sous la forme d'un développement construit d'une vingtaine de lignes, et en vous appuyant sur des exemples étudiés en classe…

… montrez que la mondialisation transforme les espaces productifs.

verbe d'action — objectif — connaissances à utiliser

Montrer
Mettre en évidence une situation en la décrivant et en l'expliquant pour la faire comprendre clairement.

La mondialisation transforme
C'est le cœur du sujet. On attend que vous définissiez d'abord la mondialisation, puis que vous analysiez les mutations des espaces productifs, avant de mettre en évidence les territoires les plus dynamiques et ceux qui le sont moins.

Espaces productifs
Le complément d'objet direct permet ici de délimiter votre sujet. C'est sur ce thème qu'il faut mobiliser vos connaissances.

Étape 2 **Je mobilise et j'organise mes connaissances**

Au brouillon

Je mobilise mes connaissances
- La définition de « mondialisation » (Révision 2) : p. 238
- Les études de cas : p. 240 à 247
- Les espaces productifs à l'échelle nationale : p. 248 à 251
- Les évolutions des espaces productifs français : p. 252-253
- Leçon : p. 254-255

Idée n°1 : La mondialisation renforce les espaces productifs bien reliés aux échanges

Je décris une transformation	Je l'explique pour la faire comprendre
- Les métropoles concentrent les activités	- Importance des services et des réseaux (Lille)
- Les littoraux sont des espaces productifs attractifs	- Développement du commerce maritime et des zones industrialo-portuaires (Le Havre)
- Des espaces productifs marginalisés : espaces ruraux isolés	- Espaces productifs peu intégrés aux marchés européens et mondiaux (montagnes, diagonale des faibles densités)

Idée n°2 : La mondialisation favorise les espaces productifs les plus compétitifs et innovants

Je décris une transformation	Je l'explique pour la faire comprendre
- Innovation dans les pôles de compétitivité (Cosmetic Valley)	- Importance de la R&D, haute technologie, main-d'œuvre qualifiée, réseau d'acteurs dynamique
- Spécialisation des espaces productifs agricoles (Champagne)	- Filière compétitive, innovation, productions pour l'international, valorisation touristique
- Des inégalités croissantes entre les territoires : désindustrialisation, agricultures peu modernisées	- Perte de compétitivité, délocalisation, concurrence étrangère

2. Repères géographiques

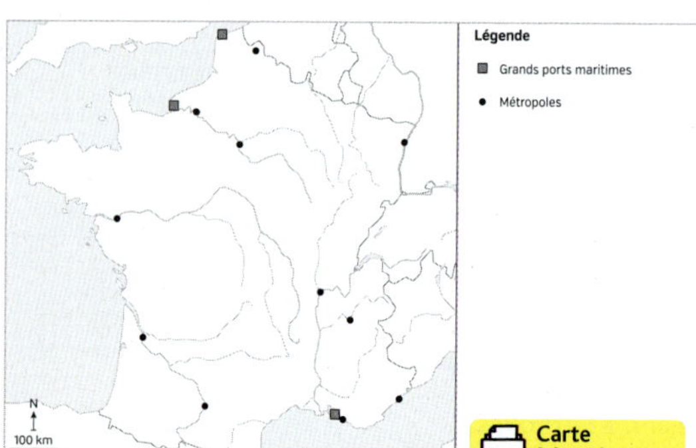

Carte à imprimer

QUESTIONS

1. En utilisant la légende, localisez et nommez sur la carte :
– deux grands ports maritimes
– six métropoles

2. Placez sur la carte la principale façade maritime française ouverte sur le monde et reportez le figuré choisi en légende.

Exercice 1

Analyser et comprendre un document

SUJET BLANC

Les logiques d'implantation des sites Amazon en France

Le secteur de la logistique marque [...] de plus en plus [...] de son empreinte les paysages. Dans une société de consommation dominée par les services et le commerce, l'organisation du territoire répond aux impératifs de la [chaîne d'approvisionnement] et aux besoins des acteurs du e-commerce, qui pèsent d'un poids sans cesse plus important dans l'économie et dans nos vies. Cette tendance de fond a été encore amplifiée par la crise du Covid-19 [...]. Ainsi, le déploiement rapide d'une entreprise comme Amazon sur notre sol et les modalités de son implantation constituent des symptômes très parlants de cette entrée dans la France nouvelle. [...]

Amazon ayant l'ambition de servir ses millions de clients à J +1, l'accès à un réseau routier rapide est absolument décisif [dans le choix des sites]. [...] L'implantation d'Amazon [...] a été pensée à l'échelle internationale, dans la [mégalopole européenne], cet espace très urbanisé allant de Londres à Milan et concentrant près de 60 % du pouvoir d'achat européen. [...] Amazon a d'abord privilégié la partie la plus densément peuplée du territoire national et celle qui est, par ailleurs, en connexion avec les autres grands bassins de population européens. [...] C'est vrai des principaux entrepôts d'Amazon comme de la quasi-totalité de ses dix-sept plateformes secondaires, qui sont quasiment toutes implantées sur un axe de flux international de première importance.

[...] Amazon [s'inscrit souvent dans des lieux correspondant à] d'anciens sites industriels, [...] durement éprouvés par le chômage. S'implanter ici permet de bénéficier d'un vaste foncier disponible à des prix compétitifs, mais aussi [d'aides financières] des collectivités locales [...] au nom de la reconversion des bassins d'emplois en crise. [...]

D'après Jérôme Fourquet et Jean-Laurent Cassely, *La France sous nos yeux*, © Éditions du Seuil, 2021.

• Centres de distribution Amazon en France

QUESTIONS

1. Identifiez l'activité et l'entreprise décrites dans ce document.
2. Pourquoi le contexte est-il favorable au développement de cette activité ?
3. Où sont implantés les sites de cette entreprise ?
4. Comment expliquer le choix des sites retenus par cette entreprise ?
5. À l'aide du document et de vos connaissances, expliquez pourquoi l'implantation d'Amazon témoigne des transformations des espaces productifs en France.

Exercice 2

Maîtriser différents langages

SUJET BLANC

En vous appuyant sur un exemple étudié en classe, rédigez un développement construit montrant que les métropoles sont des espaces productifs dynamiques.

Sujets possibles

→ Les espaces productifs et leurs évolutions. (DNB 2017)

→ Montrez que la mondialisation transforme les espaces productifs français (DNB 2017).

→ Décrivez les évolutions de l'espace productif industriel français.

Chapitre

14 Les espaces de faible densité et leurs atouts

→ Quels sont les dynamiques et les atouts des espaces de faible densité en France ?

Vu au collège

en 4e

- Les grandes métropoles sont les territoires les mieux intégrés dans les réseaux de la mondialisation. Les espaces ruraux moins peuplés sont les plus en marge.

Cours de 4e en PDF

RÉVISION 1 Les!repères!géographiques !!

Exercice interactif

Associez chaque numéro sur la carte au bon espace.

Les grands fleuves :

- a Garonne
- b Loire
- c Rhône
- d Seine
- e Rhin

Les grands ensembles montagneux :

- a Alpes
- b Jura
- c Massif central
- d Pyrénées
- e Vosges

RÉVISION 2 Le!vocabulaire!géographique! !

Exercice interactif

Associez chaque mot à sa définition.

1. Campagne
2. Densité
3. Déprise
4. Agriculture
5. Exode rural
6. Tourisme

- a Abandon progressif de l'activité d'agriculture ou d'élevage.
- b Départ des habitants des campagnes vers les villes.
- c Déplacement temporaire hors des lieux du quotidien.
- d Espace peu urbanisé mais marqué par les activités humaines, notamment agricoles et d'élevage.
- e Nombre d'habitants par km².
- f Activités visant la production de végétaux et d'animaux utiles aux sociétés.

DANS CE CHAPITRE, DE QUOI VA-T-ON PARLER ?

En analysant les termes du sujet, je réponds aux questions suivantes :

- Quels sont les espaces de notre sujet ?
- Quel lien existe-t-il entre faible densité et atouts ?
- Quelles sont les raisons de leurs dynamiques ?

Zoom sur…	La Haute-Ariège
Population (2017)	7 159 habitants
Densité de la population (2017)	6,3 habitants au km²
Dynamique de la population (entre 2012 et 2017)	– 1,0 % par an
Logements (2017)	65,9 % de résidences secondaires

INSEE 2021.

Canoë sur la rivière Ariège dans le piémont pyrénéen, Occitanie, 2020.

Étude de cas

Le massif du Morvan, un territoire rural isolé

Le massif du Morvan est une grande région naturelle de moyennes montagnes, confrontée aux nombreux défis d'un espace rural isolé mais non dénué d'atouts.

→ Le territoire rural du Morvan est-il en déclin ?

Zoom sur…	Le Morvan	La France
Densité	20,9 hab./km²	105,1 hab./km²
Part des emplois dans l'agriculture	18 %	6 %
Habitants 1968 2017	 171 839 121 762	 51,18 millions 66,99 millions

RGPP 2017, INSEE 2021.

Carte interactive

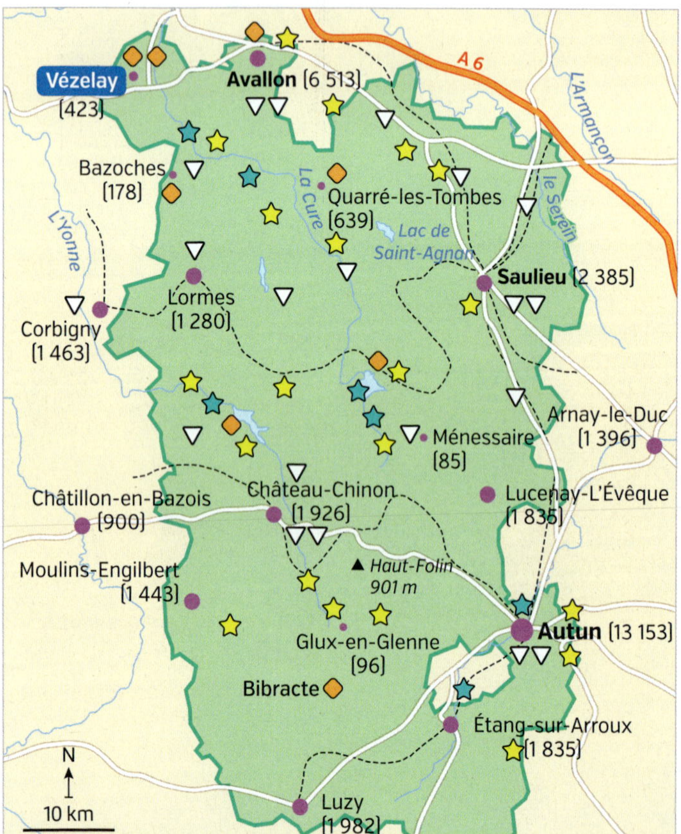

Un déclin des services essentiels

- Villages ou villes — [900] Nombre d'habitants
- Réseau autoroutier
- ▽ Services publics fermés depuis 2000 (postes, tribunaux, maternités, gare SNCF)
- ------ Voie ferrée fermée

Les atouts du Morvan

- Parc naturel régional du Morvan
- Musées et patrimoine remarquable (châteaux, églises)
- Site inscrit au patrimoine mondial de l'Unesco
- ☆ VTT, pêche, ski de fond — ☆ Canoë, kayak, rafting

1 Activités et dynamiques économiques du Morvan

VOCABULAIRE

- **Atout :** avantage d'un espace qui facilite les activités humaines.
- **Déprise :** abandon progressif de l'activité d'agriculture ou d'élevage.
- **Néoruraux :** nouveaux habitants d'origine urbaine en zone rurale.

2 Les atouts du Morvan

Le Morvan est qualifié de « territoire hyper rural » en raison de sa très faible densité de population, d'un taux d'emploi significativement faible et d'une présence réduite ou des accès difficiles à des services essentiels (santé, éducation, commerces, emplois…). Or, pour un bon nombre de ménages, de plus en plus sensibles aux atouts ruraux, le choix de s'installer, ou de rester dans le Morvan, repose moins sur ces difficultés, que sur des choix de vie.

L'occupation de l'espace est typiquement rurale avec autant de forêts que d'espaces agricoles très largement dédiés à l'élevage extensif, et de façon plus originale à la culture des sapins de Noël. Le Morvan est une destination touristique en progression depuis dix ans. Cette activité économique, essentielle pour le territoire, repose sur la qualité de ses espaces, de ses paysages à deux heures de l'Île-de-France et de la région lyonnaise.

Charte 2020-2035 du Parc naturel régional du Morvan.

3 Affiche promotionnelle pour le Morvan, 2019

4 Une déprise à nuancer

Parole de géographe

Le Morvan voit décroître sa population de près d'un tiers depuis 1968. Le Morvan apparaît comme un territoire qui se vide de sa population. Sur le plan de l'activité agricole, le Morvan connaît une décroissance généralisée du nombre d'exploitations sur le territoire. Mais il existerait des formes de relais à la disparition des activités économiques, notamment agricoles. Les associations jouent un rôle stratégique dans le fonctionnement de l'activité agricole promouvant les circuits-courts, l'agriculture biologique. Les retraités néo-ruraux, qui ont le plus souvent grandi dans le secteur et reviennent pour la qualité de vie après quelques décennies passées en contexte urbain, ont un rôle important dans la réussite de ces projets agricoles. Le faible prix du foncier[1] donne au Morvan une attractivité potentielle.

Étienne Cossart, « Le Morvan est-il maudit ? », *Territoire en mouvement, Revue de géographie et d'aménagement*, avril 2021.

1. Prix du terrain pour construire une habitation ou développer une activité économique.

Étienne Cossart, géographe, est chercheur à l'université de Lyon.

college.nathan.fr/22hg1401

Activités

Parcours 1

Je comprends le sens des documents

1 **Doc. 1, 2, 4 et Zoom sur.** Montrez que le Morvan est un territoire rural de faible densité qui connaît des difficultés.

2 **Doc. 1 à 4.** Quelles sont les activités économiques pratiquées dans le Morvan et leurs dynamiques ?

3 **Doc. 1 à 4.** Quels atouts attirent les populations et de nouveaux acteurs économiques dans le Morvan ?

Je rédige un développement construit

4 Le territoire rural du Morvan est-il en déclin ?
– Montrez d'abord les dynamiques de déclin et les contraintes territoriales du Morvan.
– Analysez ensuite les atouts et les nouvelles dynamiques de ce territoire rural.

Aide à la rédaction

Parcours 2

J'argumente à l'oral

Enquêtez pour évaluer les dynamiques rurales du Morvan tant négatives que positives en matière de développement. À l'aide d'une carte mentale, présentez votre réponse à oral et confrontez-la à celle des autres élèves.

Aide à la préparation de l'oral

Étude de cas

TÂCHE COMPLEXE

Quels sont les atouts et les dynamiques du territoire rural cévenol ?

Zoom sur…	Les Cévennes	La France
Densité	24 hab./km²	105,1 hab./km²
Part des emplois dans l'agriculture	9 %	6 %
Part des 65 ans ou plus	28 %	20,5 %
Habitants		
1999	70 600	51,18 millions
2017	71 290	66,99 millions

RGPP 2017, INSEE 2021.

ENQUÊTE Réaliser une affiche

Les Cévennes sont un ensemble de moyennes montagnes méditerranéennes, à l'intersection de trois départements. C'est un territoire rural dynamique protégé et valorisé par un Parc national créé en 1970. Vous devez réaliser une affiche présentant les dynamiques et les atouts des espaces ruraux cévenols aux habitants des grandes métropoles françaises.

▸ Pratiquer différents langages

Coups de pouce

Vous pouvez distinguer trois thèmes à l'aide des informations communiquées dans les documents :
- Les Cévennes, un espace de faible densité (doc 1 et Zoom sur)
- Les activités économiques pratiquées dans les Cévennes et leurs atouts (doc 1 à 4 et Info)
- Les atouts qui attirent les populations dans les Cévennes (doc 1 à 4)

Aide pour créer une affiche

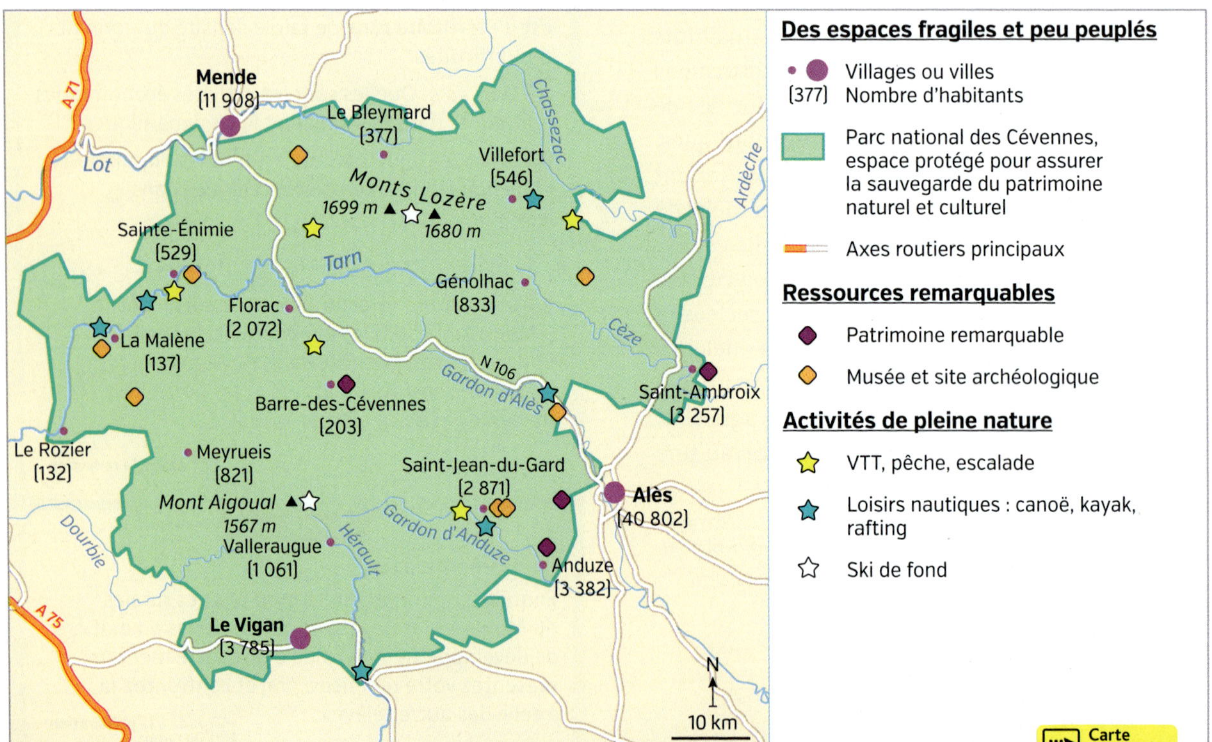

Carte interactive

1 Activités et dynamiques économiques des Cévennes

2 Le village de la Malène, gorges du Tarn, 2020

3 Quitter la ville pour les Cévennes

« **Laurie, Sainte-Énimie**

Après avoir passé ces dix dernières années en région parisienne, où se mêlent stress et anxiété, cette région me proposait un équilibre tout autre, en adéquation avec la nature, les grands espaces. J'ai créé une entreprise de service administratif aux agriculteurs, artisans et dirigeants de petites entreprises.

« **Christine et Valérian, Fraissinet-de-Lozère**

Je suis dessinateur de BD originaire de Belgique et Christine, lilloise, a un atelier de poterie. Aujourd'hui, avec le recul, c'est exactement ce qu'on recherchait : les Cévennes offrent de nombreuses balades, du calme, une nature magnifique et un sentiment de liberté qui flotte dans l'air !

« **Julie, Guillaume et leur fille, Quézac**

Guillaume est originaire du Nord et moi de la région parisienne. L'idée d'aller vivre dans les Cévennes nous trottait dans la tête depuis un petit moment. Les paysages, le cadre de vie et les souvenirs de vacances nous ont motivé.

Site du Conseil départemental de la Lozère, lozerenouvellevie.com, 2022.

INFO

Une AOC pour la châtaigne cévenole

Comme le Pélardon ou l'oignon doux des Cévennes, la châtaigne a obtenu l'appellation d'origine contrôlée (AOC), le 24 septembre 2020, synonyme de reconnaissance d'un produit, d'un savoir-faire et d'un territoire.

4 Les dynamiques du territoire cévenol

Parole de géographe

Attractif pour les touristes, le parc national des Cévennes l'est aussi pour les nouvelles populations qui choisissent de s'y installer chaque année. [...] Le territoire gagne de nombreux retraités, plutôt de jeunes retraités.

Les activités destinées à satisfaire les besoins de la population résidente, qu'elle soit permanente ou touristique, sont au cœur de l'économie. Plus des trois quarts des emplois relèvent de ces activités dites « présentielles[1] ». L'économie du parc national des Cévennes est dynamique. Le secteur tertiaire (administrations, services, commerces...) est le moteur de cette croissance. Il compense largement les pertes d'emplois dans les autres secteurs, notamment l'agriculture. Le tourisme occupe une place importante dans l'emploi.

Insee Analyses Occitanie, n° 97, septembre 2020.

1. Activités « consommées » sur place par des résidents, touristes et autre population présente sur le territoire : commerces de détail, services à la personne, éducation, santé, etc.

Des études de cas...

MISE EN PERSPECTIVE

Quels sont les atouts et les dynamiques des espaces de faible densité en France ?

Activité à imprimer

ÉTAPE 1 Je fais le point sur l'espace que je viens d'étudier

a. D'après ce que vous avez découvert d'un espace de faible densité, dans le Morvan ou dans les Cévennes, complétez la carte mentale avec des expressions qui vous semblent le mieux caractériser l'espace étudié.

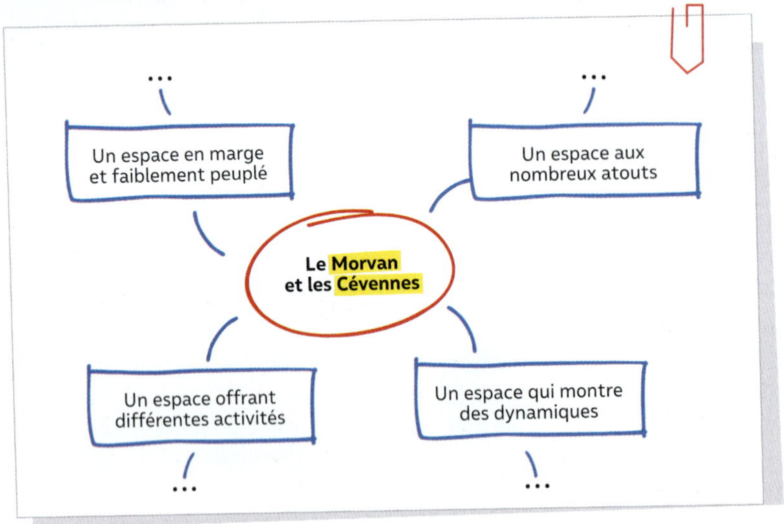

Boîte à mots

- Habitats anciens
- Forte densité
- Faible densité
- Parc naturel national
- Communauté villageoise
- Paysages naturels
- Agriculture
- Vallée touristique
- Station de ski
- Néoruraux
- Produits agricoles valorisés

etc.

Liste complète des expressions

ÉTAPE 2 J'en déduis des hypothèses

b. À l'aide de la carte mentale, choisissez ci-dessous les quatre hypothèses qui vous semblent le mieux compléter la phrase suivante.
Les espaces de faible densité sont...

① des territoires ruraux isolés, composés de grands paysages naturels ou agricoles.
② des territoires complémentaires des aires urbaines pour se reposer et profiter de son temps libre.
③ des territoires bien connectés aux réseaux de transport à toutes les échelles.
④ des territoires dynamiques qui attirent de nouveaux résidents.
⑤ des territoires en marge, sans véritable ressource et en voie d'abandon, de désertification.
⑥ des territoires productifs agricoles mais proposant aussi de nombreuses activités.

ÉTAPE 3 Je vérifie si mes hypothèses sont justes

c. Indiquez à quelle hypothèse retenue à l'étape 2 correspondent les documents 1 à 3 p. 269.

1 Affiche promotionnelle pour les Hautes-Alpes, 2020

2 La relation entre ville et campagne aujourd'hui

Parole de géographe

Face à la pandémie de Covid-19, certains voient une revanche des campagnes et l'avènement possible d'un nouvel équilibre territorial. La ville repoussoir a trouvé son pendant dans la campagne refuge. Cette utopie rurale s'ancre sur les liens affectifs, familiaux, récréatifs, résidentiels, que les Français entretiennent légitimement avec le monde rural. Pour autant, si dans un monde post-Covid-19 certains facteurs semblent à même de provoquer un exode sanitaire vers les campagnes, il est, d'une part, beaucoup trop tôt pour s'en assurer et, d'autre part, assez risqué de s'en réjouir trop rapidement.

L'urbanisation a bien sûr ses limites, mais plus qu'une simple question de densité humaine ou de revanche des campagnes, les enjeux se posent en termes de qualité des lieux, de reconnexion des espaces de vie, d'apaisement des mobilités, de la place de la nature et du respect de la biodiversité. En aucun cas, les approches opposant ville et campagne, centre et périphérie ne nous feront avancer. S'il doit y avoir un nouveau modèle spatial, c'est sur le couple villes-campagnes, qu'il doit se construire.

Magali Talandier, chercheuse, professeure à l'université Grenoble-Alpes, *Le Monde*, 1er juin 2020.

3 Paysage agricole à Chatuzange-le-Goubet (Drôme), 2019

De la carte au croquis

Les espaces de faible densité

ÉTAPE 1 Je repère les atouts et les dynamiques des espaces de faible densité

Je situe dans l'espace

① Où les espaces de faible densité sont-ils situés en France ?

② Montrez que ces espaces connaissent des dynamiques très différentes.

③ D'après la carte, quels sont les principaux atouts des espaces de faible densité ?

④ Identifiez sur la carte l'espace de faible densité le plus proche de chez vous. Quels sont ses atouts ?

Des espaces de faible densité

Densités de population :

- Plus de 30 hab./km²
- Entre 10 et 30 hab./km²
- Inférieures à 10 hab./km²
- Diagonale des faibles densités

Des dynamiques de renouvellement

- Migrations de néoruraux
- Principales aires urbaines
- Parcs naturels régionaux et nationaux
- Stations de sports d'hiver
- Quelques grands sites naturels

Une grande diversité d'espaces

- RÉGION Grandes régions d'agriculture productiviste
- RÉGION Exemples de tourisme vert actif
- RÉGION Principales régions touristiques de montagne
- RÉGION Espaces menacés par le dépeuplement

ÉTAPE 2 J'identifie les espaces de faible densité

D'après la carte p. 270, à quel type d'espaces de faible densité chacun de ces paysages correspond-il ?

1 La station alpine de Pralognan-la-Vanoise

Savoie, Auvergne-Rhône-Alpes, 2018.

2 Sury-en-Vaux et le vignoble Sancerre, dans le Berry

Cher, Centre-Val de Loire, 2019.

3 Aprey (185 habitants) dans le Parc national des forêts

Haute-Marne, Grand Est, 2019.

4 Le village médiéval de Castelnau-sur-l'Auvignon, étape sur le chemin de Compostelle

Gers, Nouvelle-Aquitaine, 2020.

ÉTAPE 3 Je passe au croquis

Construisez la légende de ce croquis

⑤ Recopiez et organisez les différentes informations :
- Diagonale des faibles densités
- Stations de sports d'hiver
- Migration de néoruraux
- Attraction des territoires au Sud
- Espaces de faible densité
- Parcs régionaux et nationaux

⑥ Dessinez les bons figurés cartographiques devant chacune des informations.

Support cartographique à imprimer

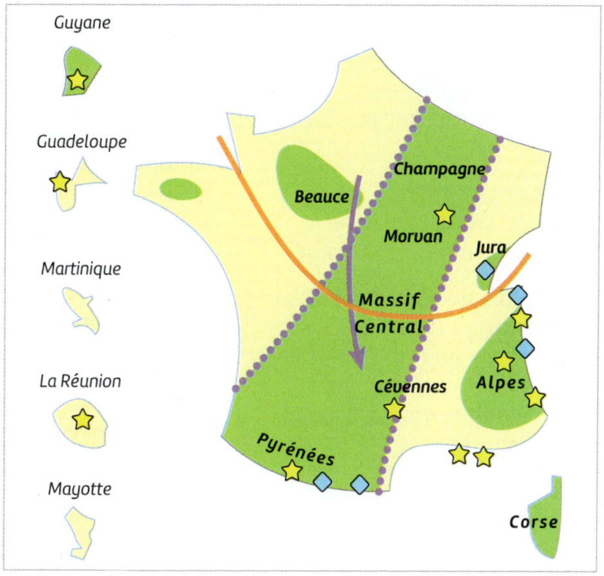

Leçon

Podcast du cours

Les espaces de faible densité et leurs atouts

→ **Quels sont les dynamiques et les atouts des espaces de faible densité en France ?**

CHIFFRES CLÉS

Les espaces de faible densité

- → **Moins de 30 habitants** par km²
- → **118** en France métropolitaine (105,5 en France)
- → **45 %** du territoire national
- → **6,5 %** de la population métropolitaine

VOCABULAIRE

- **Agriculture productiviste:** agriculture commerciale dont les rendements reposent sur un recours aux techniques et aux progrès scientifiques.
- **AOC / AOP :** l'appellation d'origine contrôlée (AOC) protège le savoir-faire d'une région pour fabriquer un produit alimentaire. L'appellation d'origine protégée (AOP) est l'équivalent européen de l'AOC.
- **Déprise :** abandon progressif de l'activité d'agriculture ou d'élevage.
- **Espace de faible densité :** en France, l'Insee qualifie un espace de faible densité quand il compte moins de 30 habitants par km².
- **Néoruraux :** nouveaux habitants d'origine urbaine en zone rurale.

A Des espaces attractifs

1. Des espaces peu peuplés

• Le territoire français comprend de vastes espaces de faible densité de peuplement. C'est notamment le cas dans la **diagonale des faibles densités** qui s'étend des **Ardennes aux Pyrénées**, mais également dans les principaux massifs montagneux : Alpes, Pyrénées, Massif central, Vosges et Ardennes.

2. De nouveaux habitants

• Dans **certaines régions**, ces espaces de faible densité connaissent une **légère reprise démographique** : dans le **Sud**, des néoruraux et des résidents secondaires s'installent dans ces zones rurales délaissées. À l'inverse, le **vieillissement** et le **dépeuplement** se poursuivent encore dans la moitié **Nord** de la France.

3. Des usages variés

• Ces territoires peu peuplés **attirent des populations** à la recherche d'une meilleure **qualité de vie**, pour les vacances ou pour la retraite, dans une résidence secondaire et parfois pour y vivre de manière permanente. Cette attractivité s'est accrue avec la crise de la Covid-19. La diversité des habitants provoque parfois des conflits d'usage et fait du « **vivre ensemble** » un réel défi.

B Des espaces fortement marqués par l'agriculture

1. Les espaces peu peuplés de l'agriculture productiviste

• L'agriculture productiviste marque fortement les **paysages de grands champs ouverts**. Les densités de population y sont très faibles, parfois inférieures à 10 hab./km², comme dans la **région céréalière de la Champagne**. Cette activité assure aux agriculteurs des revenus élevés et maintient le peuplement malgré l'absence de **services de proximité**.

2. Des espaces en déprise agricole

• L'agriculture ne s'est pas modernisée partout et, dans certaines régions, la diversification des activités agricoles est limitée. Les **difficultés s'accumulent** malgré des atouts dans les **espaces de moyennes montagnes qui se dépeuplent** (Morvan) : diminution des surfaces cultivées, baisse et vieillissement de la population, fermeture de commerces et de services.

3. Des dynamiques agricoles nouvelles

• La **valorisation de savoir-faire locaux anciens** permet parfois de **revitaliser** certains de ces **territoires agricoles**. La demande croissante de **produits de qualité**, souvent **labellisés** AOC et AOP, comme la châtaigne cévenole, encourage l'installation de jeunes producteurs.

C Des espaces en mutation

1. Des territoires aux activités diversifiées

• Le développement des **activités récréatives** valorise le **patrimoine culturel et naturel** de ces espaces peu peuplés. Le tourisme vert **se développe**, comme dans les Cévennes. La haute montagne alpine ou pyrénéenne connaît une **forte fréquentation saisonnière**.

2. La faible densité, un atout touristique

• L'activité touristique recherche de **grandes réserves d'espaces peu transformés**. Des aménagements ont mis en valeur ces espaces, à l'image des **parcs naturels régionaux** et des parcs nationaux. Les campagnes publicitaires ont également participé à la construction d'une image nouvelle et positive de certains espaces de faible densité.

3. Des politiques pour un renouveau

• L'**État** soutient les **Zones de revitalisation rurale (ZRR)** où les entreprises peuvent bénéficier d'avantages importants. Le manque de services de proximité est atténué par des **politiques régionales d'équipement** en nouvelles technologies de communication, enjeu de télétravail dont le développement s'est accéléré avec la crise sanitaire du coronavirus.

VOCABULAIRE

• **Parc national :** territoire géré et protégé par l'État en raison de la richesse de son patrimoine naturel et culturel.

• **Résidence secondaire :** logement utilisé pour les week-ends, les loisirs ou les vacances.

• **Télétravail :** activité professionnelle effectuée entièrement ou en partie hors des locaux de l'entreprise, grâce aux outils de télécommunication.

• **Tourisme vert :** tourisme durable centré sur la découverte de la nature, les activités de plein air et le respect de l'environnement.

JE RETIENS AUTREMENT

Croquis interactif

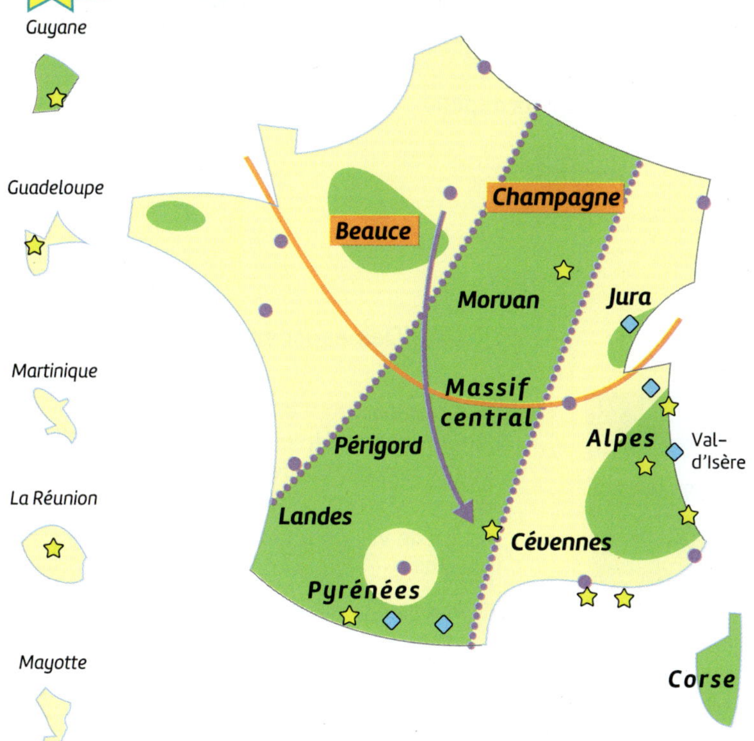

- Espaces de faible densité
- Diagonale des faibles densités
- Principales aires urbaines
- Beauce Agriculture productiviste
- Stations de sports d'hiver
- Parcs nationaux
- Attractivité des territoires au sud
- Migrations des néoruraux

Apprendre à apprendre

Apprendre avec des cartes-mémoire

ÉTAPE 1 Je mémorise ma leçon

Je sais utiliser dans une phrase :

- espace de faible densité
- tourisme vert
- déprise
- résidence secondaire
- néorural

Exercices 2 p. 275 et 3 p. 276

Je sais situer :

- la diagonale des faibles densités
- les grands ensembles du relief
- un exemple de parc national

Exercice 1 p. 275

Je sais expliquer :

- la diversité des espaces de faible densité : espaces ruraux, agricoles, touristiques.
- pourquoi les espaces de faible densité attirent de nouveaux types d'habitants.
- les dynamiques et les atouts des espaces de faible densité : activités agricoles et touristiques.

Exercices 4 et 5 p. 276

ÉTAPE 2 Je prépare une carte par thème de la leçon

1. Sur les cartes, j'écris les trois thèmes :
   - Des espaces attractifs
   - Des espaces fortement marqués par l'agriculture
   - Des espaces en mutation
2. Sous le titre, je dessine ou colle une ou plusieurs illustrations ou photographies appropriées. Je les légende.
3. Sur le verso de chaque carte, je note les idées essentielles. Je peux le faire sous forme de texte ou de schéma, cela dépend de ma manière d'apprendre.

Des espaces attractifs

Des espaces fortement marqués par l'agriculture

Des espaces en mutation

Des espaces attractifs

La Malène, dans les Cévennes : des espaces naturels et une belle qualité de vie

Des urbains en quête de nature

Des espaces attractifs

NOUVEAUX HABITANTS

Légère reprise démographique dans le Sud (néoruraux, résidences secondaires)

→ Populations à la recherche d'une meilleure qualité de vie, pour les vacances ou pour la retraite

→ Possibles conflits d'usage

Exercices

Exercices interactifs

EXERCICE 1 J'identifie le type d'espace de faible densité sur chaque photographie ★

a. Grand massif forestier de montagne

b. Village touristique, espace rural

c. Plaine de l'agriculture productiviste

EXERCICE 2 Je maîtrise les repères spatiaux ★★

① Nommez chacun des repères localisés sur la carte :
- en marron, les 5 principaux ensembles de relief ;
- en bleu, les 5 principaux fleuves ;

② Les deux espaces étudiés dans ce chapitre :
- nommez chacun des deux espaces localisés en violet.
- lequel des deux est protégé et valorisé par un parc national ?

③ Identifiez quel type d'espace délimitent les deux traits en pointillés violets.

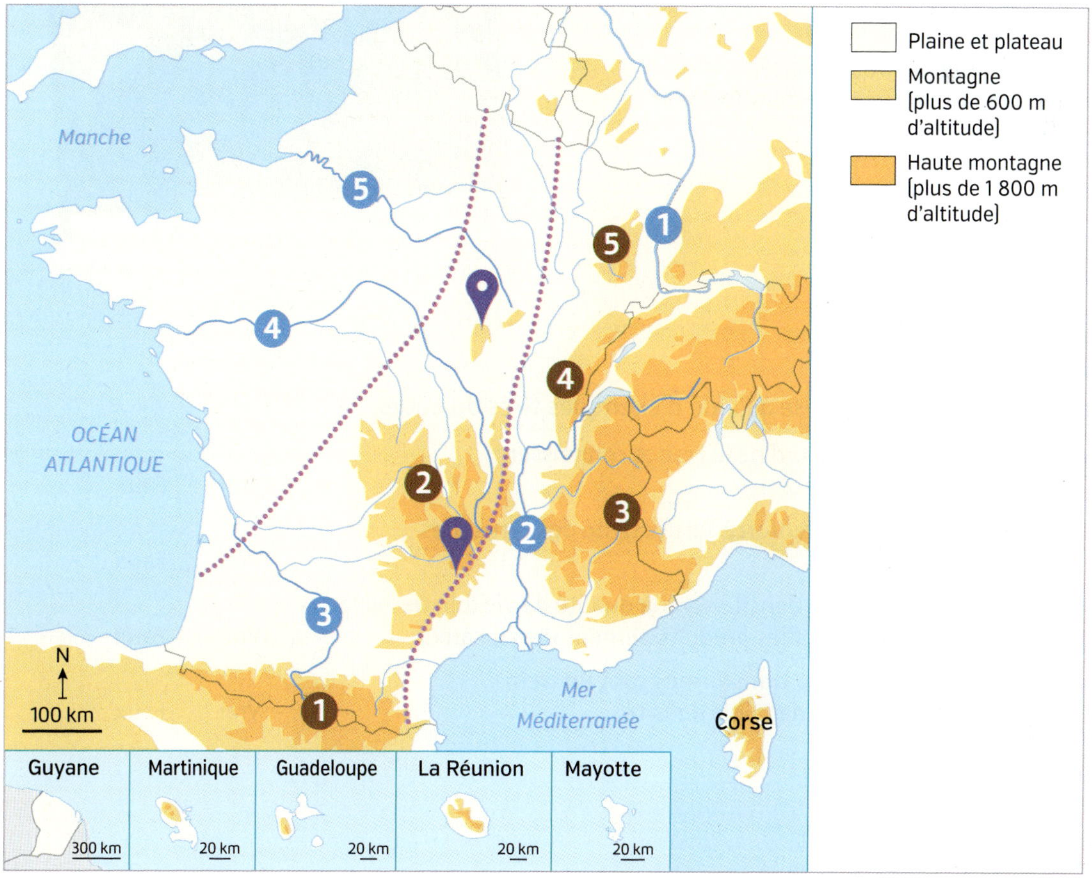

Exercices

EXERCICE 3 Je maîtrise le lexique géographique ★★

Associez chacun de ces mots à sa définition.

① Espace de faible densité
② Tourisme vert
③ Déprise
④ Résidence secondaire
⑤ Parc national
⑥ Néoruraux

ⓐ Abandon progressif de l'activité d'agriculture ou d'élevage.
ⓑ Tourisme durable centré sur la découverte de la nature, les activités de plein air et le respect de l'environnement.
ⓒ Espace rural peu peuplé (moins de 30 hab./km²).
ⓓ Logement utilisé pour les week-ends, les loisirs ou les vacances.
ⓔ Nouveaux habitants d'origine urbaine en zone rurale.
ⓕ Territoire géré et protégé par l'État en raison de la richesse de son patrimoine naturel et culturel.

EXERCICE 4 Je caractérise un espace ★★★

L'office du tourisme du Périgord souhaite publier une photo sur Instagram. Il voudrait y ajouter une légende et des mots-clés.

① Rédigez une légende qui vous semble appropriée pour la photographie ci-contre.
② Quels #hashtags pourriez-vous ajouter à la légende pour assurer un bon référencement à cette publication ?

EXERCICE 5 Vrai ou faux ? ★★★

Vrai ou faux ? Justifiez votre réponse à l'aide d'exemples tirés du cours.

① Les espaces de faible densité du Nord de la France connaissent une légère reprise démographique. ☐ Vrai ☐ Faux
② La crise sanitaire de la Covid-19 a renforcé l'attractivité des territoires de faible densité. ☐ Vrai ☐ Faux
③ Les atouts des territoires de faible densité sont la qualité de vie loin des villes, le patrimoine culturel et naturel, et les produits alimentaires locaux. ☐ Vrai ☐ Faux
④ Les grandes réserves d'espaces peu transformés sont un frein au développement des territoires de faible densité. ☐ Vrai ☐ Faux

Exercice 1

Analyser et comprendre des documents

SUJET GUIDÉ

Brevet

1 Le Parc naturel régional du Vercors, Drôme, 2020

La course nature, ou trail, en montagne est une pratique sportive et de loisir en progression.

Un **Parc naturel régional** est un aménagement pour valoriser et protéger les richesses naturelles, culturelles et paysagères d'un territoire.

Les zones montagneuses de l'est de la **Drôme** forment un espace peu densément peuplé, avec une densité inférieure à une dizaine d'habitants au km², mais en légère croissance démographique.

Le **trail** est une activité sportive de course à pied en pleine nature. Parapente, VTT, kayak, canyoning, escalade, randonnée, etc. sont aussi des activités de pleine nature en développement.

2 Des territoires ruraux aux dynamiques contrastées

C'est-à-dire aux évolutions différentes.

Il existe d'un côté des milieux ruraux dits attractifs, qui se repeuplent et parviennent à attirer de nouveaux habitants et, de l'autre, des milieux ruraux qui se dépeuplent et s'appauvrissent, que l'on appelle « campagnes en déclin ».

Dans les territoires ruraux dits attractifs, la population augmente, les constructions et rénovations de maisons vont bon train. On y retrouve une mixité sociale assez comparable à celle d'une ville moyenne, avec une part importante de professions intermédiaires puis de cadres et professions intellectuelles supérieures, notamment parmi les néoruraux. Ceux qui le peuvent y achètent volontiers une maison secondaire et ceux qui y vivent valorisent parfois le fait d'être du pays en s'appuyant sur l'image « authentique » d'un « territoire » devenu patrimoine.

Par opposition, les campagnes en déclin ne se prêtent pas à un usage touristique et contemplatif. En partie de ce fait, elles sont relativement mal connues. L'emploi et la population y diminuent continuellement, les jeunes diplômés partent faire leur vie ailleurs dans des proportions assez semblables au dernier exode rural d'après-guerre. Dans cette logique de tri scolaire, ceux qui restent sont plutôt celles et ceux qui n'ont pas les ressources nécessaires pour être mobiles.

Benoît Coquard, sociologue et chercheur à l'Institut National de Recherche pour l'agriculture, l'alimentation et l'environnement (INRAE). *Ceux qui restent. Faire sa vie dans les campagnes en déclin*, La Découverte, 2019.

Pour argumenter, appuyez-vous sur les propos du chercheur. Pour cela, citez quelques extraits de son texte dans vos réponses en n'oubliant pas de mettre des guillemets.

Lisez l'intégralité des questions avant de commencer à y répondre.

QUESTIONS

1. Doc 2. **Relevez** deux caractéristiques qui définissent, d'après l'auteur, les milieux ruraux attractifs et les campagnes en déclin.
2. Doc 1. **Situez** et **décrivez** cet espace de faible densité.
3. Doc 1 et 2. **Expliquez** quels sont les atouts du Vercors que ne possèdent pas les campagnes en déclin.
4. À l'aide de vos réponses aux questions et de vos connaissances, **montrez** que les espaces de faible densité connaissent des dynamiques variées.

« **Expliquer** » et « **montrer** » nécessitent un raisonnement et un développement plus approfondi. Ces deux questions seront notées sur un plus grand nombre de points.

Exercice 2

Rédiger un développement construit

SUJET GUIDÉ

Étape 1 J'analyse le sujet

Au brouillon

Sous la forme d'un développement construit d'une vingtaine de lignes, et en vous appuyant sur des exemples étudiés en classe, montrez les contraintes et les atouts des espaces de faible densité.

verbes d'action — objectif — connaissances à utiliser

Montrer : mettre en évidence une situation en la **décrivant** et en l'**expliquant** pour la faire comprendre clairement.

Atout : avantage d'un espace qui facilite les activités humaines.

Étape 2 Je mobilise et j'organise mes connaissances

Au brouillon

Décrivez par des mots, des expressions et sans faire de phrase chacun de ces aspects et illustrez-les d'exemples précis.

Je mobilise mes connaissances

- **Le massif du Morvan, un territoire rural isolé :** p. 264-265
- **Quels sont les atouts et les dynamiques du territoire rural cévenol ? :** p. 266-267
- **Les espaces de faible densité :** p. 270-271
- **Leçon :** p. 272-273

I. Contraintes	II. Atouts
1. L'isolement : ...	1. Des espaces préservés :
2. La déprise démographique et agricole : ...	2. Les activités touristiques et agroalimentaires : ...
3. Le manques de services : ...	3. Un nouveau lien avec les villes : ...

Étape 3 Je rédige mon développement construit

Sur ma copie

Rédigez chacune des idées notées dans le tableau en portant un soin particulier au vocabulaire. Puis illustrez chacune d'elle par un ou plusieurs exemples précis.

Idée principale — L'isolement est une contrainte pour les espaces de faible densité. Ces espaces sont souvent mal reliés aux réseaux de transport et de communication.

Exemple pour prouver l'idée — Aucune autoroute ne dessert les Cévennes ou le Morvan. Ces deux territoires sont aussi dépourvus de ligne à grande vitesse et de gare TGV. Dans le cas du Morvan, certaines lignes ferroviaires ont par ailleurs fermé.

Idée principale — Ces contraintes d'isolement sont accentuées par le caractère montagneux de nombreux espaces de faible densité en France.

Exemple pour prouver l'idée — C'est le cas par exemple du massif des Vosges, du massif du Morvan, du Massif central, des Alpes du Sud et de certaines vallées pyrénéennes.

Sujets possibles

→ **Décrivez** la diversité et les atouts des espaces de faible densité en France (DNB 2018).

→ Les espaces de faible densité (espaces ruraux, montagnes, secteurs touristiques peu urbanisés) et leurs atouts (DNB 2019).

→ **Présentez** un espace de faible densité : ses atouts et ses contraintes (DNB 2019).

Brevet

Exercice 1

Analyser et comprendre des documents

SUJET BLANC

1 La nouvelle attractivité des espaces de faible densité

La campagne redevient aujourd'hui un lieu de vie désirable. Les flux migratoires s'inversent progressivement en faveur des espaces ruraux. Discrètement, un nouveau peuplement s'esquisse. Que désirent véritablement ceux qui rêvent de campagne ?

Le moteur du développement des territoires serait un désir résidentiel porté par l'imaginaire du tourisme, du fait de l'augmentation du temps libre. Se sentir comme en vacances tout le temps et en tout lieu : tel serait notre idéal collectif actuel.

À l'échelle du territoire français, les territoires touristiques attirent aujourd'hui les actifs et les entreprises libérés grâce à l'Internet, sans parler des possibilités à venir du télétravail. Les environnements de vie touristiques et attirants sont les restes de nature vaguement sauvage et les campagnes de haute qualité paysagère et environnementale. On rêve de lieux totalement préservés de l'ère de la modernité. Le tourisme est l'exploitation marchande de ce désir.

Valérie Jousseaume, géographe, chercheuse spécialiste de la ruralité à l'université de Nantes. *Plouc Pride. Un nouveau récit pour les campagnes*, Éditions de l'aube, 2021.

2 Affiche promotionnelle pour la Creuse, 2021
Campagne menée par le département de la Creuse et la région Nouvelle-Aquitaine, affichée dans le métro parisien.

QUESTIONS

1. **Doc 1.** Quelles populations le département de la Creuse cherche-t-il à attirer et à retenir ?
2. **Doc 1.** Quels sont ses atouts pour cela ?
3. **Doc 2.** **Expliquez** pourquoi la campagne est redevenue « un lieu de vie désirable ».
4. **Doc 1 et 2.** **Montrez** que la préservation et la protection des espaces de faible densité permet de les valoriser.

Exercice 2

Maîtriser différents langages

SUJET BLANC

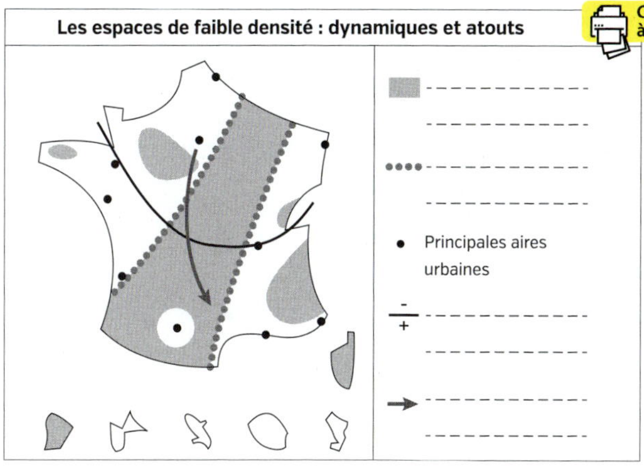

Carte à imprimer

QUESTIONS

1. Rédigez un développement construit, d'environ vingt lignes, décrivant les espaces de faible densité en France métropolitaine : leur répartition, leurs dynamiques et la valorisation de leurs atouts.
2. En légende, complétez les informations manquantes. Puis, sur le fond de carte, localisez et nommez :
– quatre ensembles montagneux ;
– dix principales aires urbaines.

Réviser le THÈME 4

Dynamiques territoriales de la France contemporaine

SYNTHÈSE

• Le territoire français se transforme et se recompose. Les **dynamiques** de la France d'aujourd'hui sont liées aux effets de la mondialisation et de l'urbanisation qui renforcent l'influence des villes, transforment les **espaces productifs** et modifient la répartition de la population française.

• 93 % des Français vivent aujourd'hui soit en ville soit dans des espaces sous influence urbaine appelés **aires urbaines**. Les villes s'étalent, les **mobilités quotidiennes** augmentent provoquant des difficultés de circulation et une dégradation de l'environnement.

• La mondialisation renforce **l'attractivité** des espaces bien reliés aux réseaux de communication et ouverts au monde, et dont le cadre de vie offre un certain confort (littoraux, ensoleillement). Mais elle accentue les inégalités en délaissant les territoires plus isolés comme les **espaces de faible densité** aux atouts pourtant nombreux.

La France : dynamiques territoriales

Des territoires qui se transforment

- Métropoles innovantes et reliées aux échanges de la mondialisation
- Espaces dynamiques bien reliés à l'Europe et au monde
- Anciennes régions industrielles en reconversion et bien reliées à l'Europe
- Espaces peu productifs et relativement isolés

Des dynamiques et leur facteurs

- Principaux aéroports
- Principaux ports
- Échanges avec le monde et l'Europe
- Attractivité plus forte au sud de cette ligne (cadre de vie, haute technologie)
- Flux migratoires, reflet de l'attractivité
- Diagonale des faibles densités

LES POINTS CLÉS DU THÈME

À l'aide de la synthèse et de la carte, dites si ces affirmations sont vraies ou fausses.

ⓐ Les métropoles régionales organisent le territoire de la France, mais il reste dominé par Paris, ville mondiale. ☐ Vrai ☐ Faux

ⓑ 93 % des Français vivent en ville aujourd'hui, et une minorité à la campagne. ☐ Vrai ☐ Faux

ⓒ L'attractivité des espaces productifs est liée à la capacité des territoires à se connecter au monde pour effectuer des échanges. ☐ Vrai ☐ Faux

ⓓ Les territoires les plus attractifs pour les populations et les entreprises sont aujourd'hui les régions les plus ensoleillées et les plus isolées. ☐ Vrai ☐ Faux

Vers le lycée

Bac professionnel

Aurélia, lycéenne à Perpignan

« **En Première professionnelle**, on étudie un thème qui s'intitule « La recomposition du territoire urbain en France : métropolisation et périurbanisation ». On s'intéresse particulièrement à la périurbanisation et à ses conséquences sur les modes de vie, les formes d'habitat et sur les mobilités au quotidien. »

Bac technologique

Victor, lycéen à Compiègne

« **En Première technologique**, on approfondit la notion de métropolisation notamment à travers l'exemple des mutations de la métropole de Lyon. Comme en 3e, nous traitons ensuite des dynamiques des principaux espaces productifs. Enfin, on travaille sur les espaces ruraux français dont les fonctions sont de plus en plus variées. »

Bac général

Leïla, lycéenne à Cahors

« **En Première générale**, chacun des grands thèmes de géographie consacre une partie aux dynamiques qui recomposent le territoire français : la métropolisation et ses effets, les systèmes productifs, les espaces ruraux multifonctionnels. Ces dynamiques sont étudiées à l'échelle nationale, locale et tout en observant les effets de l'ouverture européenne et mondiale. »

ZOOM sur un métier

Conseillère en mobilité

Claire, 25 ans, Lille.

En quoi consiste votre métier ?

Je conseille principalement les entreprises publiques et privées qui doivent réaliser un Plan de Mobilité (Loi de Transition Énergétique) pour améliorer les déplacements quotidiens générés par l'activité d'une entreprise. Ainsi j'aide les travailleurs à réduire leur utilisation quotidienne de l'automobile et à mieux penser leurs déplacements.

Comment devient-on Conseiller en mobilité ?

Après mon bac technologique STMG, j'ai suivi un BUT Gestion des Entreprises et des Administrations (3 ans), puis un Master 1 Urbanisme et Aménagement et un Master 2 en Environnements urbains.

Que vous ont apporté vos études de géographie dans votre vie professionnelle ?

Les études de géographie m'accompagnent tous les jours dans ma vie professionnelle. Connaître et analyser un territoire permet d'améliorer les mobilités quotidiennes des populations et de la qualité environnementale des territoires desservis.

POUR ALLER PLUS LOIN

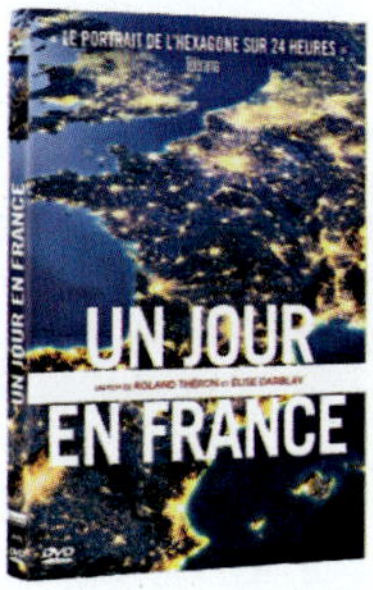

Un jour en France

Ce documentaire, nourri d'impressionnantes images aériennes, révèle les multiples facettes du territoire français. Une vue d'ensemble du pays et de ses mutations, engagé dans la course à la concurrence internationale.

Réalisation : Roland Théron et Elise Darblay.
Année : 2018

Mon Impact Transport (ADEME)

Un logiciel en ligne gratuit pour estimer les émissions de CO2 de vos déplacements https://monimpacttransport.fr/

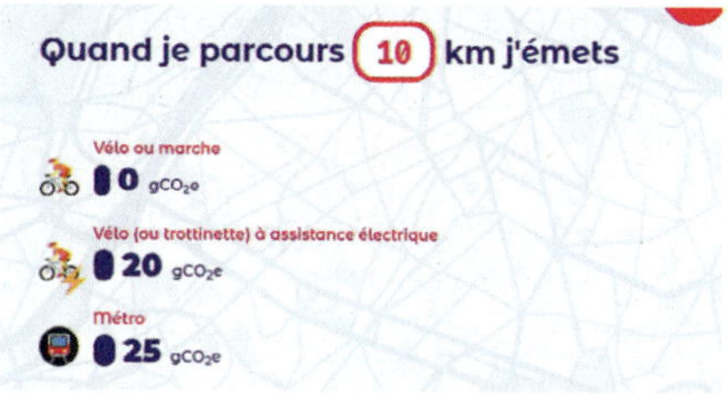

THÈME 5

Pourquoi et comment aménager le territoire ?

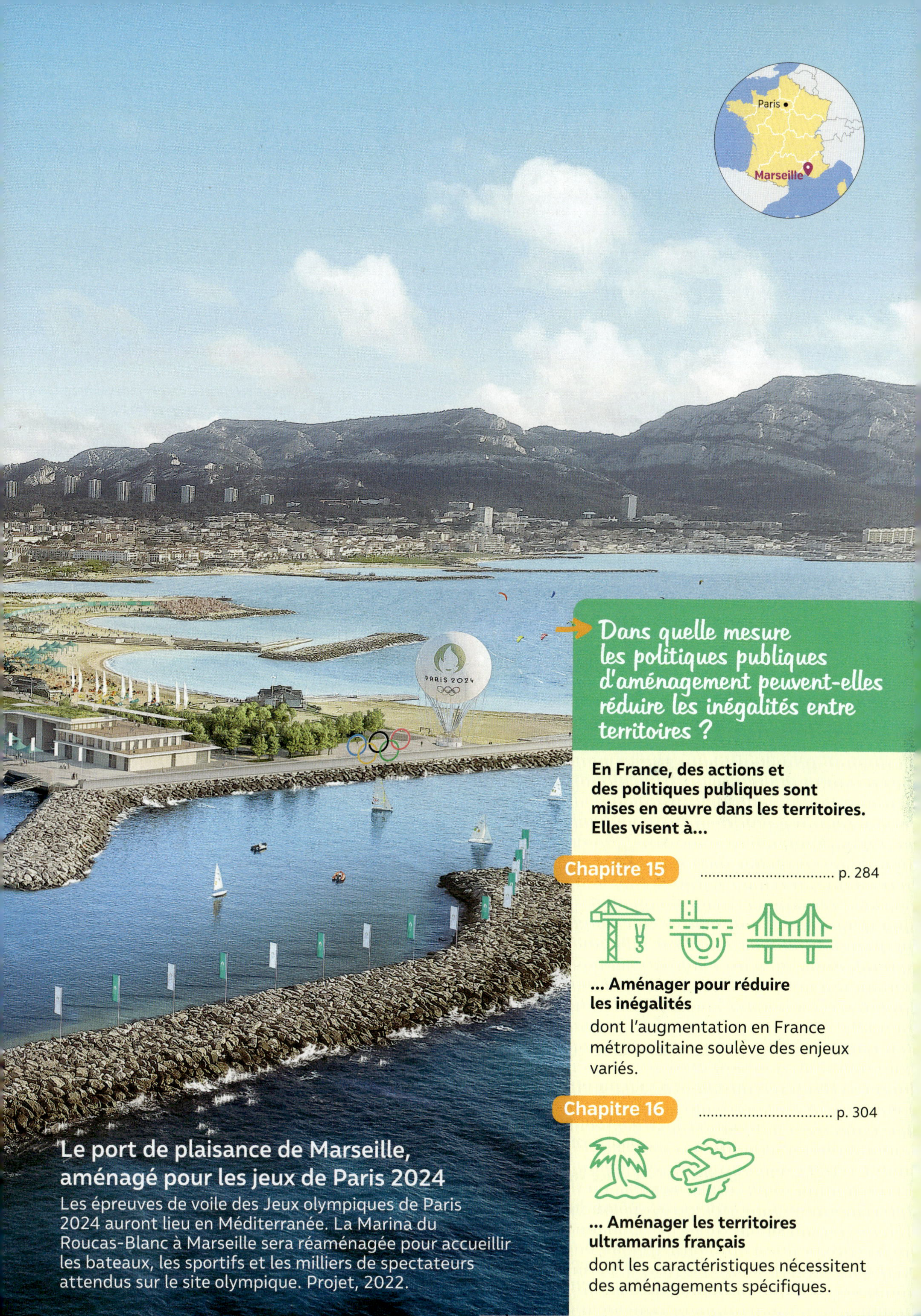

Dans quelle mesure les politiques publiques d'aménagement peuvent-elles réduire les inégalités entre territoires ?

En France, des actions et des politiques publiques sont mises en œuvre dans les territoires. Elles visent à...

Le port de plaisance de Marseille, aménagé pour les jeux de Paris 2024
Les épreuves de voile des Jeux olympiques de Paris 2024 auront lieu en Méditerranée. La Marina du Roucas-Blanc à Marseille sera réaménagée pour accueillir les bateaux, les sportifs et les milliers de spectateurs attendus sur le site olympique. Projet, 2022.

Chapitre

15 Aménager pour réduire les inégalités croissantes

→ Quelles sont les inégalités entre les territoires français ? Comment l'aménagement du territoire peut-il les réduire ?

Vu au collège

en 5e
- Les inégalités de développement et de richesse existent à toutes les échelles, y compris dans les pays les plus développés comme la France.

en 4e
- La mondialisation profite à certains espaces bien connectés aux réseaux d'échanges, tandis que d'autres restent à l'écart.

Cours de 5e et de 4e en PDF

RÉVISION 1 Les repères géographiques

Exercice interactif

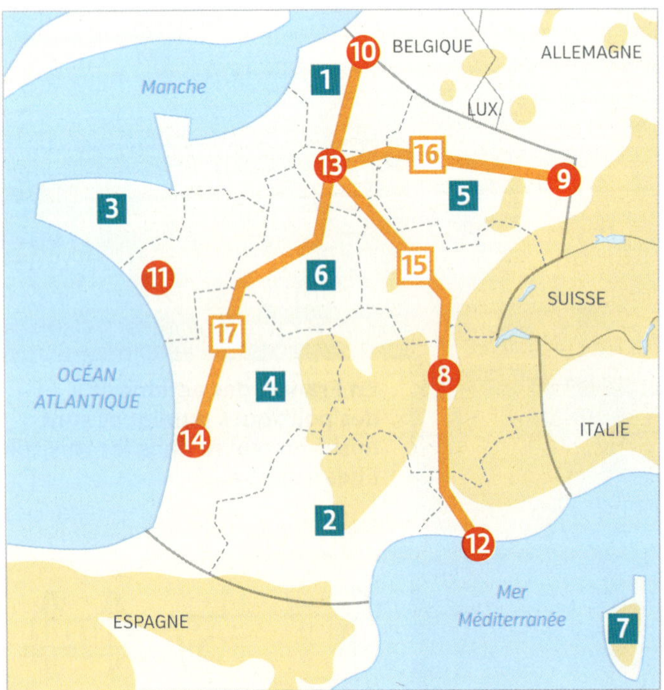

Associez chaque lettre au bon numéro.

- Les régions françaises :
  - a. Hauts-de-France
  - b. Occitanie
  - c. Nouvelle-Aquitaine
  - d. Centre-Val de Loire
  - e. Grand Est
  - f. Bretagne
  - g. Corse
- Les métropoles :
  - a. Lyon
  - b. Strasbourg
  - c. Lille
  - d. Bordeaux
  - e. Nantes
  - f. Marseille
  - g. Paris
- Les axes de communication :
  - a. Paris-Lyon-Marseille
  - b. Paris-Strasbourg
  - c. Lille-Paris-Bordeaux

RÉVISION 2 Le vocabulaire géographique

Exercice interactif

Associez chaque mot à sa définition.

1. Acteur
2. Développement durable
3. Prospective
4. Territoire

a. Individu, groupe de personnes ou organisation agissant sur l'espace pour l'aménager ou le développer.

b. Espace vécu et approprié par ses habitants.

c. Démarche géographique qui consiste à envisager les futurs possibles d'un territoire.

d. Développement qui répond aux besoins du présent sans compromettre la capacité des générations futures à répondre aux leurs.

DANS CE CHAPITRE, DE QUOI VA-T-ON PARLER ?

En analysant les termes du sujet, je réponds aux questions suivantes :
- Quelles actions va-t-on étudier ?
- Pour quel objectif ?

Zoom sur...	La LGV Sud Europe Atlantique
Longueur Tours-Bordeaux	302 km
Durée du trajet Paris-Bordeaux	2 h 04 min
Nombre de passagers par an	10 millions

Des aménagements favorisant les mobilités

Ligne à grande vitesse (LGV) Sud Europe Atlantique, mise en service en 2017, reliant Paris à Poitiers et Bordeaux. Photographie prise à Cubzac-les-Ponts (Gironde), 2017.

Étude de cas

Grande-Synthe, un territoire en transition

Grande-Synthe a vécu une industrialisation massive puis un chômage important dans les années 1970-1980. Des aménagements orientent aujourd'hui son développement vers une transition écologique et sociale.

→ En quoi les actions réalisées à Grande-Synthe permettent d'améliorer le territoire et de réduire les inégalités entre les habitants ?

Zoom sur…	Grande-Synthe	France
Nombre d'habitants		
1982	26 231	55 569 542
2012	21 166	65 241 241
2018	22 777	66 732 538
Taux de chômage / de pauvreté (2018)	27,8 % / 32 %	13,4 % / 14,8 %
Énergies renouvelables (% consommation totale 2020)	**75 %**	**19,1 %**

RGPP 2018, INSEE 2021.

A Aménager pour surmonter les difficultés

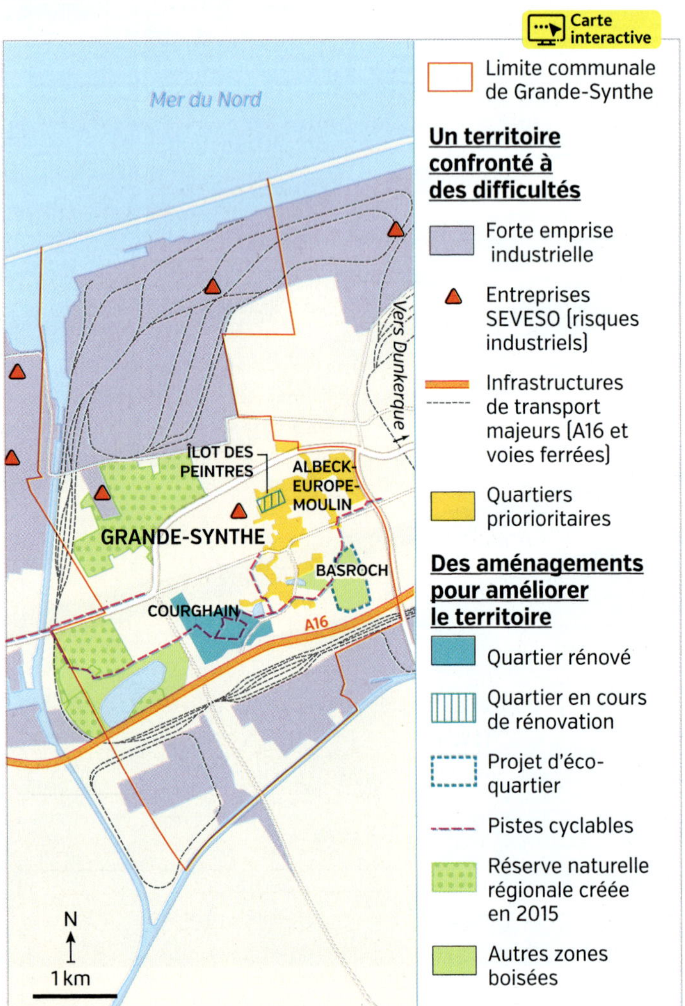

1 Un territoire industriel à aménager

2 Vers un développement plus durable

Parole de géographe

Les initiatives citoyennes sont largement encouragées par la commune de Grande-Synthe. La ville n'est pas attractive : il s'agit d'une ancienne cité-dortoir HLM, limitée au nord par le complexe sidérurgique qui l'a fait sortir de terre dans les années 1960. Le taux de chômage reste supérieur à 10 %, et 31 % des habitants vivent avec moins de 1 060 euros par mois. Néanmoins, grâce à une démarche volontariste, la ville est devenue le modèle d'une écologie sociale en action : les quartiers ont été repensés et aérés, les bâtiments rénovés afin d'être économes en énergie, les bus sont gratuits, un réseau de 23 km de pistes cyclables a été conçu. Surtout, la ville a accompagné la création de jardins partagés au pied des barres d'immeubles et mis en valeur sans pesticides par les habitants impliqués dans le projet.

Stéphanie Beucher, géographe, chercheuse associée à l'université de Reims Champagne-Ardenne. *Documentation photographique*, n° 8139, 2021.

Financement de l'aménagement
Montant total de l'opération :
67,5 millions d'euros

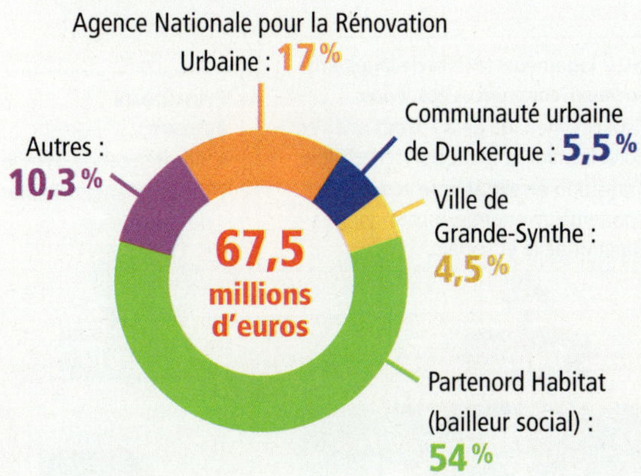

Mairie de Grande-Synthe.

Depuis 2010, **l'Îlot des peintres** connaît une rénovation urbaine : barres et tours démolies et progressivement remplacées par des petits bâtiments collectifs équipés de **panneaux solaires**, de **toitures végétalisées**, de systèmes de **récupération d'eau de pluie** et de **jardins partagés**.

Des jardins partagés au pied des immeubles rénovés.

3 La rénovation urbaine de l'Îlot des peintres

4 Une action pour les mobilités douces (depuis 2017)

Activités

Parcours 1

Je comprends le sens des documents

1 **Doc. 1, 2 et « Zoom sur ».** Montrez que le territoire de Grande-Synthe connaît des difficultés.

2 **Doc. 1 à 4.** Relevez les aménagements mis en œuvre et les acteurs qui interviennent pour réduire ces difficultés.

3 **Doc. 1 à 3 et « Zoom sur ».** Expliquez les objectifs et les enjeux de ces aménagements.

Je rédige un développement construit

4 Rédigez l'introduction et la conclusion d'un développement construit décrivant les aménagements réalisés à Grande-Synthe pour améliorer le territoire et réduire les inégalités.

Aide à la rédaction

Parcours 2

J'organise des informations dans un tableau (étape 1)

Reproduisez ce tableau puis complétez-le pour décrire les actions réalisées à Grande-Synthe.

Aspects	Économique et social	Environnemental
Les difficultés du territoire	Doc 1, 2	Doc 1, 2 et « Zoom sur »
Les aménagements et les acteurs	Doc 1 à 3	Doc 1 à 4
Les limites et les perspectives	Doc 1 et 3 et pages 288-289.	Doc 1 et pages 288-289.

B L'aménagement de Grande-Synthe : limites et perspectives

6 Un bilan contrasté

Parole de géographe

Grâce aux économies générées par le recours à 75 % aux énergies renouvelables, la ville souhaite, depuis le printemps 2020, assurer chaque mois à ses 17,2 % d'habitants les plus précaires un minimum social garanti. Il s'agit d'expérimenter à l'échelle locale l'idée du revenu universel[1] qui n'a pas été retenue à l'échelle nationale. Le maire écologiste de la ville a en outre porté plainte contre l'État en 2019 pour « non-respect de ses engagements climatiques ». Néanmoins le modèle a ses limites : les choix de la municipalité, s'ils sont une vitrine à l'échelle nationale, ne correspondent pas toujours aux besoins des populations. Enfin, le paradoxe ou la fragilité de Grande-Synthe est que l'action de la municipalité est financée largement par les richesses générées par les industries polluantes dont le modèle de transition cherche à s'extraire.

Documentation photographique, n° 8139, « Les transitions », CNRS, 2021.

1. Allocation versée à toute personne en situation de pauvreté.

Stéphanie Beucher, géographe, chercheuse associée à l'université de Reims Champagne-Ardenne.

college.nathan.fr/22hg1501

Quoi ?

- **500** logements (**40 %** de logements sociaux), commerces et services.
- Espace aménagé de **21 hectares** en zone humide (espace naturel sensible).
- Transition **énergétique** et **sociale** : économe en énergie, mixité fonctionnelle et sociale.

Qui ?

Principaux acteurs :
- Ville de Grande-Synthe
- Communauté urbaine de Dunkerque

Le futur écoquartier de Basroch comptera 500 logements et des espaces verts. Économe en énergie, il favorisera aussi la mixité fonctionnelle et sociale. (Source : Ville de Grande-Synthe.)

Quand ?

- **2014** Concertation sur le projet de la Zone d'aménagement concerté (ZAC)
- **2017** Dépôt d'un dossier « Loi sur l'eau » (demande d'autorisation obligatoire quand un projet a un impact direct ou indirect sur le milieu aquatique)
- **2021** Avis défavorable : refus du Conseil national de préservation de la nature

6 L'écoquartier de Basroch, un projet d'aménagement retardé

Région Hauts-de-France

Le **SRADDET** de la région Hauts-de-France (2020-2040) considère qu'un aménagement de qualité, comme ceux de Grande-Synthe, est un facteur d'attractivité pour les territoires.

Constats	Forte pression urbaine sur les terres agricoles, la biodiversité et les ressources naturelles	Trajectoires de développement différenciées selon les territoires	Mutations économiques et sociales	Région soumise au changement climatique et à ses impacts potentiels
Ambition	Concilier impératifs de développement et préservation des ressources			
Potentialités	Dynamiques d'innovation au cœur des processus de développement	La qualité de vie devient un levier d'attractivité territoriale	Principe de développement durable Éviter-Réduire-Compenser (ERC)	

D'après Agence Hauts-de-France 2020-2040, *Les Fiches du SRADDET*, n° 11, mars 2021.

7 Les expériences menées à Grande-Synthe inspirent la Région

8 Des habitants racontent

a

Julien, 29 ans, auto-entrepreneur sur le Web.

« C'est un peu cliché, non ? Chaque personne devrait s'intéresser à l'écologie, car tout le monde est concerné. » Il a un lombricomposteur sur son balcon, offert par la mairie. Il apprécie sa ville, et c'est vrai qu'elle est agréable, avec ses pistes cyclables, où on voit pédaler de vieux messieurs en djellaba. Quelques tristesses architecturales subsistent, là où l'ANRU (Agence nationale pour la rénovation urbaine) n'a pas œuvré. « J'ai vécu à Montfermeil [en Seine-Saint-Denis], je peux vous dire qu'ici, c'est presque la campagne. Vous sortez le soir, il n'y a personne dans les rues. »

b

Sylvie, 60 ans, secrétaire à la retraite.

« La piscine municipale est à 1 euro l'entrée et l'aquagym à 15 euros les dix séances, ce n'est rien du tout ! Le cinéma est le moins cher à la ronde, la médiathèque est gratuite. Et la carte pour les écoles de musique, de danse, de théâtre coûte 15 euros à l'année.

c

Antonio, rencontré dans son potager, depuis quarante-cinq ans à Grande-Synthe.

« C'est une belle ville maintenant, mais les nouveaux logements sont plus chers, 800 euros de loyer par mois. Moi, je paye 400.

Témoignages recueillis par Stéphanie Maurice, *Libération*, 29 mai 2018.

VOCABULAIRE

- **Écoquartier** : quartier d'une ville aménagé pour répondre à des objectifs de développement durable.
- **Mixité fonctionnelle** : diversification des fonctions d'un quartier (logements, travail, achats, loisirs). Elle permet de limiter les déplacements quotidiens.
- **Mixité sociale** : diversification de la composition sociale d'un quartier pour lutter contre la séparation spatiale des habitants selon leur niveau de vie.
- **SRADDET** : schéma régional d'aménagement, de développement durable et d'égalité des territoires. Il précise, à l'échelle de chaque région, les objectifs dans plusieurs domaines de l'aménagement du territoire : économie, transports, énergie, environnement et cadre de vie.

Activités

Parcours 1

▶ Je comprends le sens des documents

1 **Doc. 5, 6 et 8.** Relevez les actions et politiques menées sur le territoire pour réduire les inégalités entre les habitants.

2 **Doc. 5, 6 et 8.** Identifiez les limites à la mise en place de ces actions et politiques.

3 **Doc. 7.** Montrez que les aménagements réalisés à Grande-Synthe influencent les futurs aménagements de la région.

▶ Je rédige un développement construit

4 En quoi les actions réalisées à Grande-Synthe permettent d'améliorer le territoire et de réduire les inégalités entre les habitants ?

À l'aide de vos réponses, rédigez l'introduction et la conclusion d'un développement construit dans lequel vous décrivez les aménagements réalisés à Grande-Synthe pour améliorer le territoire et réduire les inégalités entre les habitants.

Aide à la rédaction

Parcours 2

▶ J'organise des informations dans un tableau (étape 2)

Terminez de compléter le tableau commencé p. 287 pour décrire les actions réalisées à Grande-Synthe.

Aspects	Économique et social	Environnemental
Les difficultés du territoire	p. 286-287	p. 286-287 + doc 5
Les aménagements et les acteurs	p. 286-287	p. 286-287 + doc 5 à 8
Les limites et les perspectives	p. 286-287 + doc 5 à 8	p. 286-287 + doc 5 à 7

Je découvre

TÂCHE COMPLEXE

Pourquoi et comment réduire la fracture numérique en France ?

ENQUÊTE *Réaliser un papier radio*

Résoudre la fracture numérique représente un défi majeur pour la cohésion des territoires et la vie quotidienne de leurs habitants. C'est l'une des trois priorités de l'aménagement du territoire français. Vous devez réaliser un papier radio expliquant pourquoi et comment réduire la fracture numérique en France.

▸ Mener une démarche d'investigation

Coups de pouce

Vous pouvez imaginer deux parties à l'aide des informations issues des documents :
- La fracture numérique en France (doc 1 à 5 et chiffres clés).
- L'aménagement du territoire pour réduire la fracture numérique (doc 1, 2 et 3).

Guidage pour la réalisation de la tâche complexe

Carte interactive

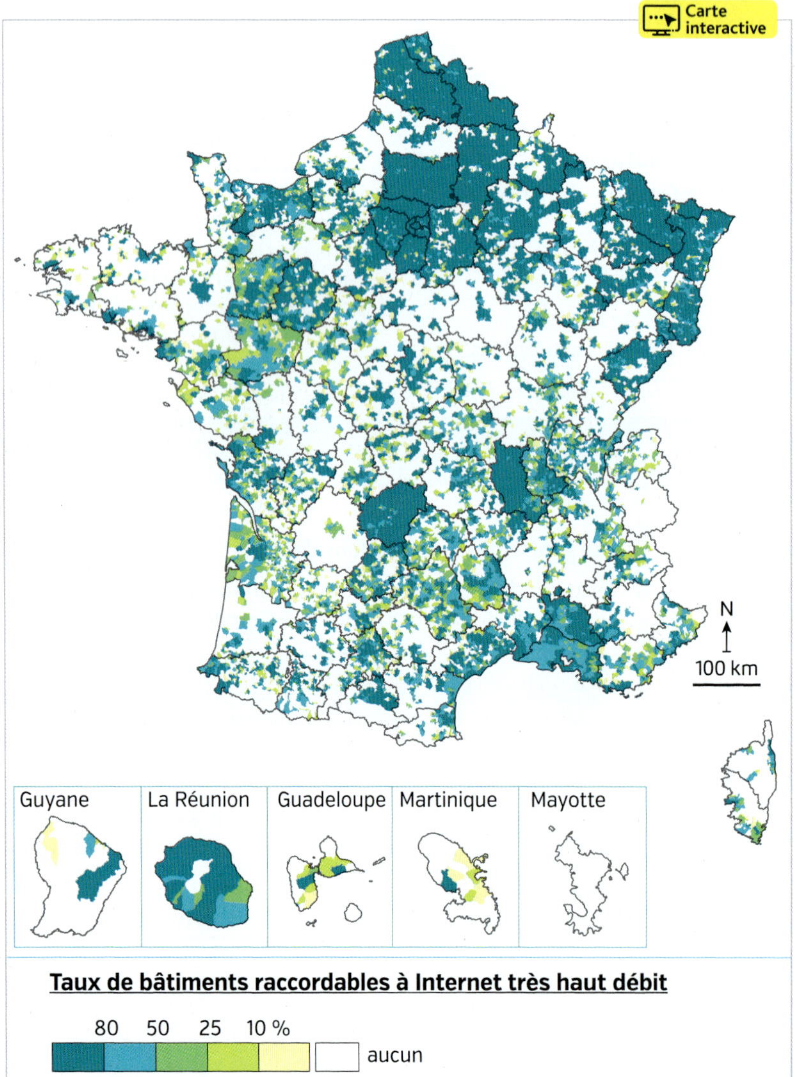

1 L'inégal accès au très haut débit en France
Source : cartefibre.arcep.fr

MÉTHODE

Le **papier radio** est un article court enregistré (25 lignes maximum). Sa durée : **moins de 1 minute**. Le papier a une structure : un début, un milieu, une fin, ainsi qu'une phrase d'accroche et une chute. Il répond à la question « Comment/Pourquoi ? ».

CHIFFRES CLÉS

17 % des Français concernés par l'illectronisme

Part de la population qui n'a pas utilisé Internet sur l'année :

15 % en métropole

11,9 % à Paris

16,7 % dans les communes rurales

24,4 % dans les DROM (hors Mayotte)

INSEE, 2019.

VOCABULAIRE

- **Fracture numérique :** disparité d'accès aux technologies informatiques, notamment Internet.
- **Illectronisme :** contraction d'illettrisme et d'électronique. Qualifie une population en difficulté pour utiliser un ordinateur, une tablette, naviguer sur Internet.

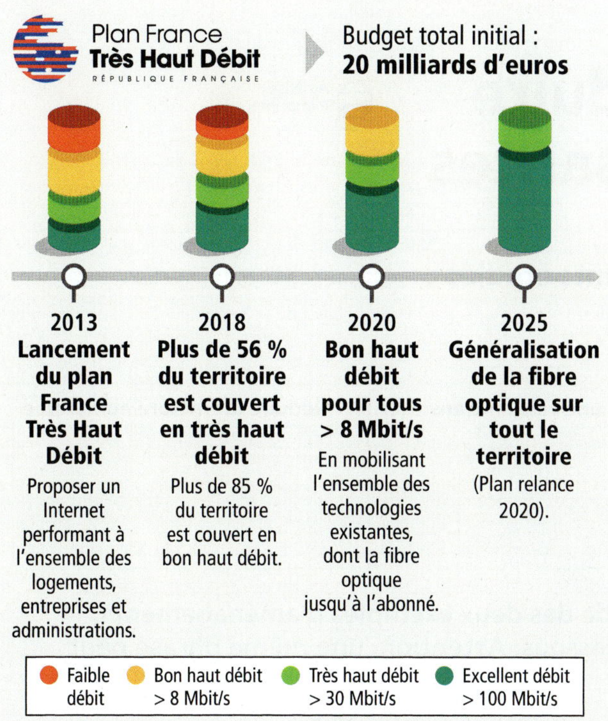

amenagement-numerique.gouv.fr, 2021.

2 Le déploiement du Plan France Très Haut Débit

Lancé en 2013, ce programme a pris du retard puisque les déploiements devraient s'étaler jusqu'en 2030 et son coût est passé de 20 milliards d'euros à 35 milliards.

3 Le numérique, un facteur d'exclusion

Parole d'expert

Le Covid-19 met en lumière les inégalités : 12 % des Français n'ont pas Internet. Trois populations sont particulièrement concernées : les jeunes, pour des raisons financières ; les personnes âgées par manque d'intérêt, et le monde rural pour des questions de qualité du réseau et d'équipement.

Les efforts à mener pour réduire cette fracture sont donc multiples et surtout urgents. Nous devons en faire une priorité sociétale, en familiarisant aux usages du numérique les personnes âgées, les patients isolés, les enfants de milieux défavorisés. Et cela impliquera un effort considérable de formation, pas seulement pour les plus jeunes. L'inégalité devant le numérique devient un facteur majeur d'exclusion et appelle une priorité politique.

D'après *Le Monde*, 13 mai 2020.
Par Paul Hermelin, ex-président de l'entreprise Capgemini, spécialisée dans les services informatiques.

4 Habiter un territoire mal connecté

Certaines communes n'ont même pas la 3G, ni de réseau de téléphonie mobile. À Sury-aux-Bois, les habitants vont dehors, au milieu de la route, le bras levé en l'air, pour trouver du réseau. Pour les jeunes du village, la pilule est difficile à avaler. « On n'est pas des dinosaures, mais pas loin ! Au lycée, on capte à fond. Et quand on rentre chez nous, on est coupés du monde », racontent Tom, Cylian et Jannick, 16 ans tous les trois. En janvier 2018, l'Arcep et le gouvernement annonçaient des engagements des opérateurs pour accélérer la couverture mobile des territoires métropolitains : le New Deal mobile[1]. En 2022, l'ensemble des sites mobiles des opérateurs devrait donc être en 4G. « De larges parties du Loiret, en zones rurales, ne sont pas couvertes. C'est un gros souci auquel le New Deal ne répond que partiellement. On est encore loin du compte ! », tempête Frédéric Néraud, vice-président du département, en charge de l'aménagement numérique.

La République du Centre, 3 mars 2020.

1. En janvier 2018, l'État et les opérateurs de la téléphonie mobile (Bouygues Telecom, Free, Orange et SFR) sont parvenus à un accord historique « le New Deal mobile » visant à généraliser la couverture mobile de qualité pour tous les Français.

5 Une action de l'Agence nationale de la cohésion des territoires

Des études de cas...

MISE EN PERSPECTIVE

Aménager pour réduire les inégalités croissantes

Activité à imprimer

ÉTAPE 1 Je compare les deux aménagements étudiés

a. Recopiez le tableau suivant.

	Grande-Synthe, une ville en transition	Réduire la fracture numérique
Des inégalités entre les territoires et les habitants		
Des politiques, des projets d'aménagements et des acteurs		

b. D'après ce que vous avez appris de l'étude des deux exemples d'aménagements, remplissez le tableau avec les phrases ci-dessous. Attention, une même phrase peut correspondre à plusieurs cas !

1. Des quartiers rénovés, des jardins partagés, des transports urbains repensés.
2. Des zones rurales mal connectées.
3. Des programmes numériques prioritaires : France Très Haut Débit, France Mobile.
4. Un territoire à risques.
5. Des populations fragilisées (jeunes, personnes âgées, chômeurs).
6. Politique urbaine (ANRU).
7. Des activités et emplois peu présents.
8. L'aménagement numérique des territoires.
9. Des initiatives citoyennes.
10. Partenariats publics et privés.
11. Soutien de l'État et des collectivités locales.
12. Des inégalités facteurs d'exclusion.
13. Des difficultés d'accès aux services publics.
14. Une ancienne région industrielle en désindustrialisation.

c. Entourez dans le tableau les phrases communes aux deux colonnes.

ÉTAPE 2 Je formule des hypothèses

À partir du tableau ci-dessus, rédigez trois phrases expliquant les inégalités entre les territoires et comment elles doivent être compensées par l'aménagement du territoire.

1. Les inégalités entre les territoires se manifestent par...
2. L'aménagement du territoire recherche...
3. Les acteurs de l'aménagement des territoires sont...

ÉTAPE 3 Je vérifie si mes hypothèses sont justes

Prenez connaissance des **documents 1 à 3** ci-contre.
Indiquez à quelle hypothèse retenue dans l'étape 2 correspond chacun de ces documents.

VOCABULAIRE
Région ultrapériphérique p. 337

... à la France

1 Lutter contre les inégalités

Parole de géographe

En France, la lutte contre les inégalités passe notamment par des politiques de territoires. L'ensemble des aides vise à soutenir et développer les espaces considérés comme défavorisés.

Afin de favoriser le développement local et les embauches dans les zones de revitalisation rurales et les quartiers prioritaires, les entreprises qui souhaitent s'y implanter bénéficient d'avantages fiscaux.

L'Union européenne intervient également *via* ses différents fonds, notamment le Fonds européen de développement régional (FEDER) pour aider par exemple les régions ultrapériphériques et soutenir les projets d'investissement.

Néanmoins, sur la durée, ces dispositifs d'aides demeurent souvent impuissants à modifier la géographie des inégalités. Politique de la ville, aides à l'Outre-mer, etc. sont ainsi critiquées pour leur relative inefficacité.

D'après Cécile Gintrac, géographe, chercheuse à l'université de Reims, *La France, Atlas géographique et géopolitique*. Autrement, 2020.

Carte interactive

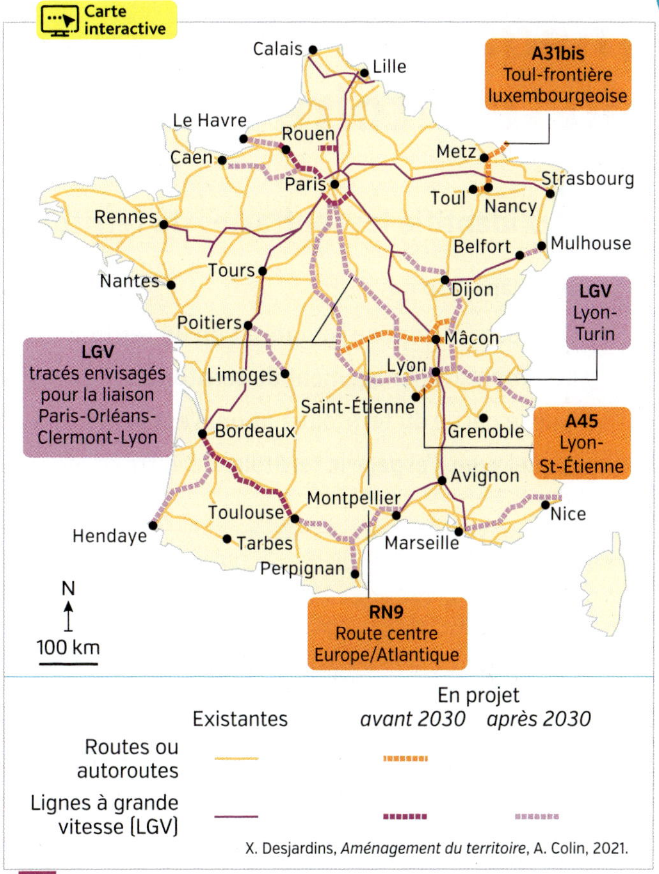

X. Desjardins, *Aménagement du territoire*, A. Colin, 2021.

2 L'aménagement du réseau de transport français

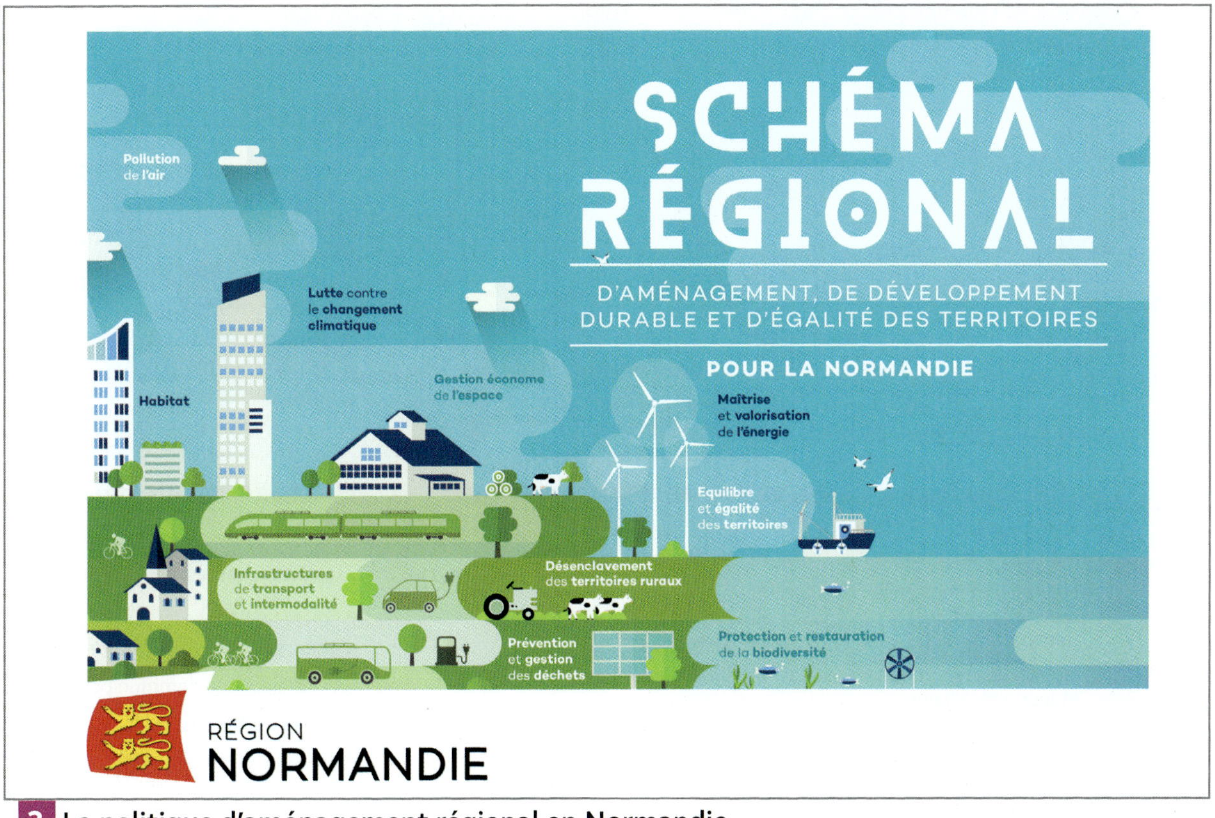

3 La politique d'aménagement régional en Normandie

Des cartes au croquis

Inégalités et aménagement du territoire français

ÉTAPE 1 J'identifie les contrastes du territoire et les aménagements

Je situe dans l'espace

① Quel espace domine l'organisation du territoire français ?

② Comment l'aménagement du territoire compense-t-il les inégalités ? Relevez trois exemples.

③ Quelle partie du territoire national est bien intégrée à l'Union européenne ?

④ À quel type d'espace le territoire de votre collège appartient-il ?

Carte interactive

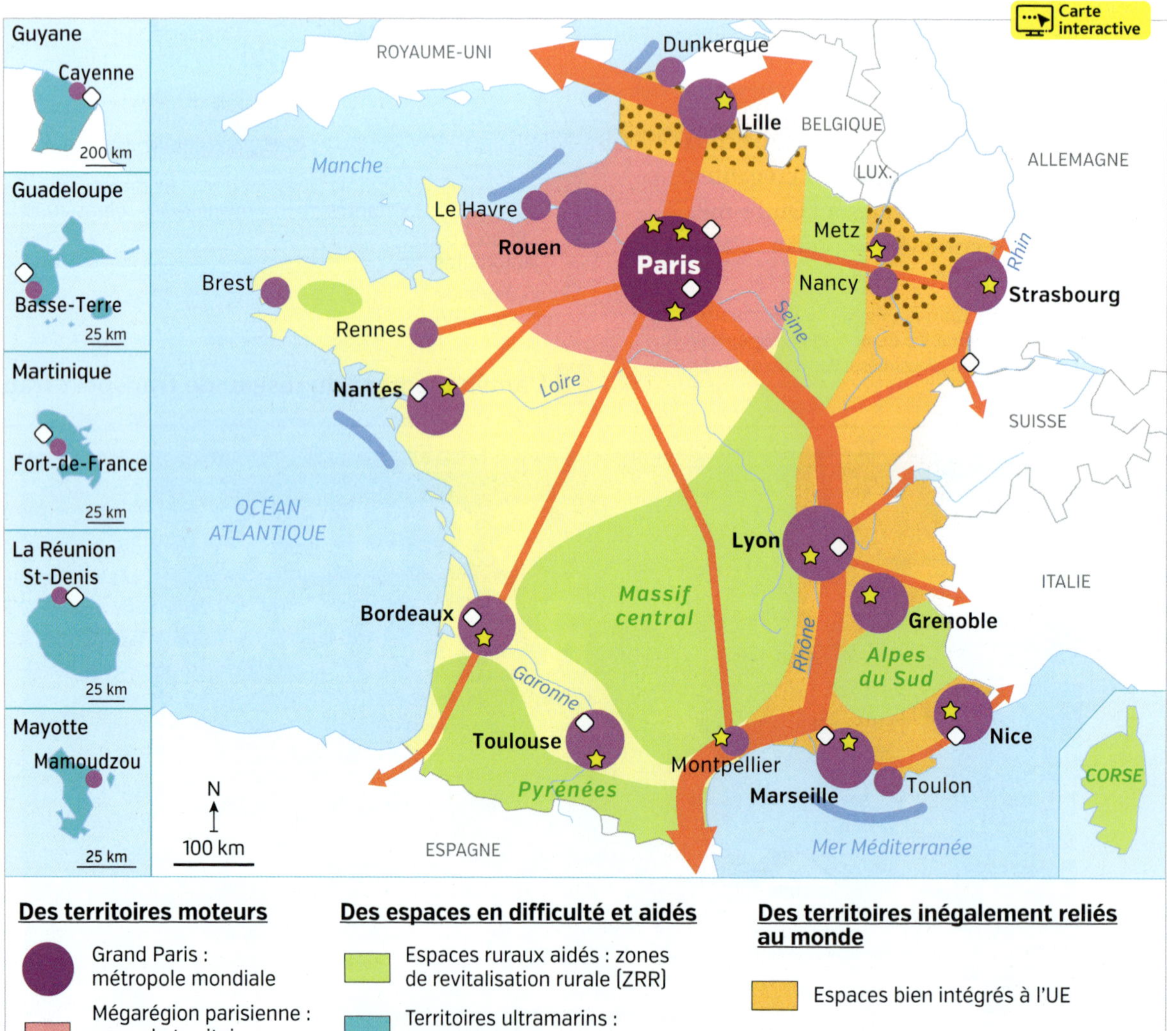

Des territoires moteurs

- Grand Paris : métropole mondiale
- Mégarégion parisienne : cœur du territoire national
- Métropoles régionales et leur aire urbaine

Des espaces en difficulté et aidés

- Espaces ruraux aidés : zones de revitalisation rurale (ZRR)
- Territoires ultramarins : aides de l'UE aux régions périphériques
- Régions industrielles anciennes : aides à la reconversion
- Quartiers prioritaires : politique de cohésion urbaine

Des territoires inégalement reliés au monde

- Espaces bien intégrés à l'UE
- Espaces dynamiques en cours d'intégration par les transports (LGV)
- Axes majeurs de communication
- Façades portuaires
- Aéroports internationaux

1 L'organisation du territoire français

Carte interactive

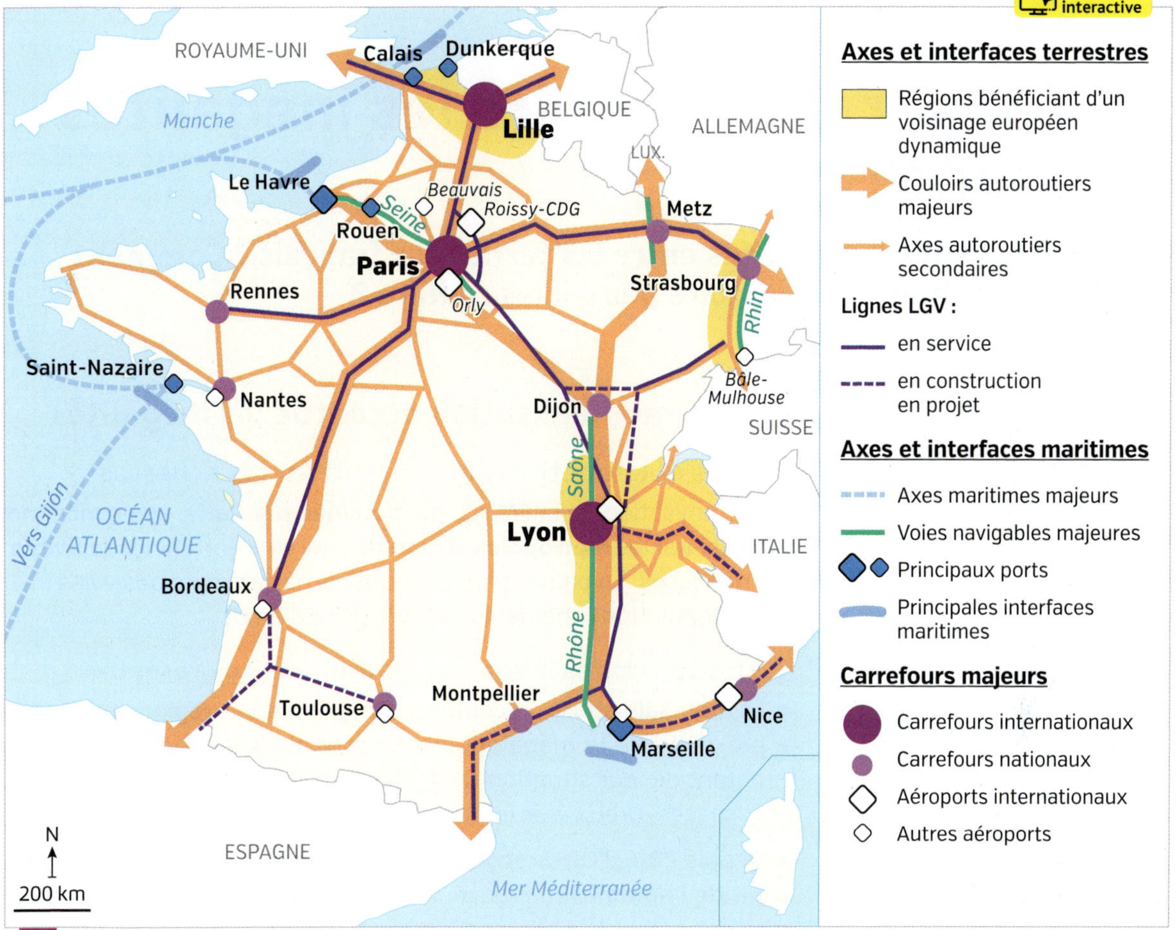

2 Le réseau de transport de l'espace français

ÉTAPE 2 Je passe au croquis

En vous aidant des **cartes 1 et 2**, identifiez chacun des figurés cartographiques utilisés sur ces trois schémas. Puis construisez la légende du croquis disponible sur le site élève. Chacun des petits schémas correspond à une partie de la légende.

MÉTHODE

- Pour réaliser le croquis, réunissez les informations cartographiées sur ces trois schémas.
- Ajoutez le nom des grands repères géographiques (métropoles, régions, mers et océan...).
- Donnez un titre à votre croquis.

Support cartographique à imprimer

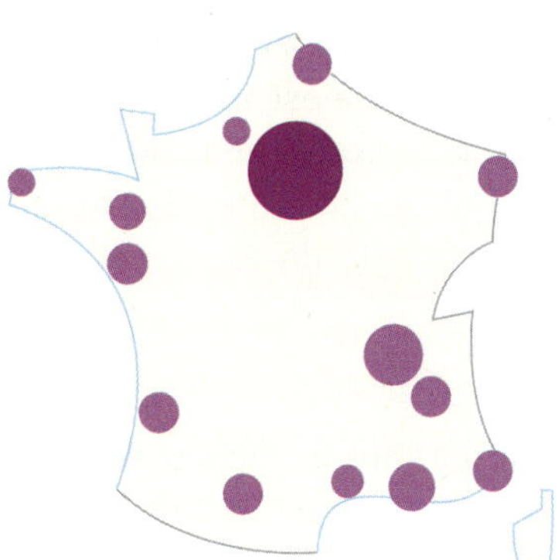

1. Un réseau dominant de métropoles

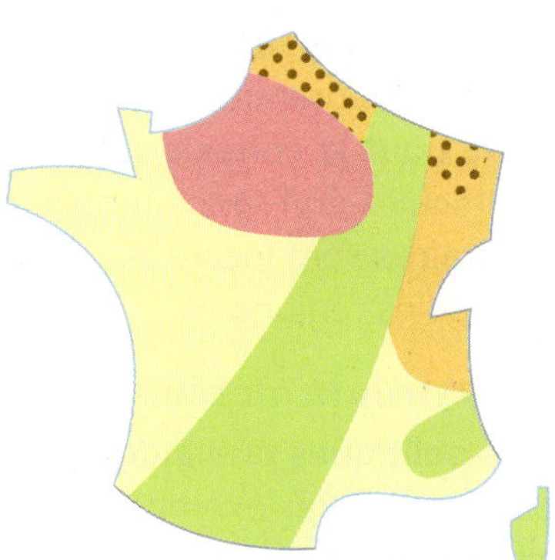

2. Des contrastes spatiaux

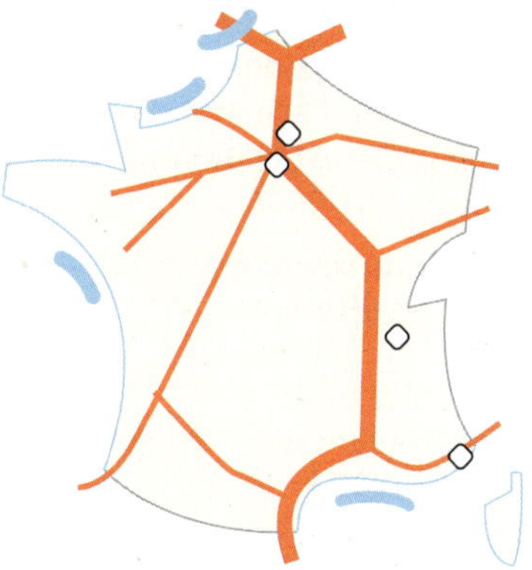

3. Des disparités de transports

Leçon

Podcast du cours

Aménager pour réduire les inégalités croissantes

→ **Quelles sont les inégalités entre les territoires français ? Comment l'aménagement du territoire peut-il les réduire ?**

CHIFFRES CLÉS

18 régions dont **13 régions** métropolitaines

5 DROM

101 départements dont **96** en France métropolitaine

34 965 communes (2021)

VOCABULAIRE

- **Aménagement :** ensemble des actions et/ou des politiques mises en œuvre pour réduire les inégalités entre les territoires.
- **Collectivités territoriales :** communes, départements, régions.
- **Décentralisation :** transfert de compétences de l'État vers les collectivités territoriales (communes, départements, régions).
- **Interface :** zone de contacts et d'échanges privilégiés entre deux espaces distincts.
- **Ligne ferroviaire à grande vitesse (LGV) :** ligne ferroviaire construite pour des trains roulant au-delà des 220 km/h et nécessitant un tracé et une signalisation spécifiques.

A La mondialisation accentue les inégalités

1. Paris et les métropoles concentrent les richesses

• L'organisation de la France est **dominée par Paris**, seule **ville mondiale**, et par les **métropoles régionales** qui concentrent les **activités** et les **richesses**. La pauvreté n'est toutefois pas absente des villes : 34 % de la population urbaine est pauvre (INSEE 2021).

2. Des territoires inégalement intégrés aux réseaux

• La **mondialisation** a accentué les **inégalités**. Les **régions frontalières** à proximité de la mégalopole européenne et les **façades littorales** profitent de leur situation d'interface pour se développer, tandis que les espaces ruraux, mal intégrés aux réseaux, sont souvent en déprise.

• Depuis 2016, l'ONU reconnaît le droit d'accès **à Internet comme un droit de l'homme**. En France, résoudre la fracture numérique en permettant à chacun d'accéder à Internet à très haut débit est aujourd'hui une priorité de l'aménagement du territoire (→ voir p. 290-291).

B Les enjeux de l'aménagement du territoire

1. Réduire les difficultés des espaces ruraux

• Les **espaces ruraux** sont soutenus par une politique de **zones de revitalisation rurale (ZRR)** pour limiter leur déclin économique et démographique (→ chap. 14).

• Près de 1 500 guichets **France Service** sont mis en place depuis 2021 pour répondre aux besoins des citoyens éloignés des services publics.

2. Assurer la mixité sociale dans les aires urbaines

• Une **politique urbaine** vise à améliorer la vie dans certains quartiers pauvres des grandes villes où la **mixité sociale** est très faible. La **politique pour la cohésion urbaine et la ville soutient 1 514 quartiers** en difficulté en France métropolitaine et ultramarine. Ces **quartiers prioritaires** sont localisés principalement en Île-de-France et dans les métropoles régionales.

3. Garantir la mobilité pour tous

• Les **politiques publiques** souhaitent garantir les **déplacements** des populations. Par exemple, l'ouverture de l'autoroute A75 a pour objectif de désenclaver le Massif central. Les politiques urbaines locales financent des **transports en commun** : tramway à Avignon, Besançon, Tours, Dijon ou Brest par exemple.

- Pour rapprocher les territoires, l'UE et la France aménagent des **lignes ferroviaires à grande vitesse** (LGV).

C Les acteurs de l'aménagement du territoire

1. Une politique nationale et européenne

- L'UE est le premier financeur de **l'aménagement du territoire français**. Créée en 2019, l'**Agence nationale de la cohésion des territoires (ANCT)** a pour mission d'accompagner les collectivités territoriales dans leur lutte contre les inégalités territoriales, mais aussi de coordonner l'utilisation des aides européennes.

2. La région, un acteur majeur de l'aménagement

- Les collectivités territoriales sont des acteurs de plus en plus impliqués. La décentralisation donne aux régions françaises des compétences plus grandes en matière d'aménagement du territoire : gestion des lycées, transport ferroviaire, etc.

3. Les habitants participent à l'aménagement local

- Les **habitants** sont des **acteurs** influents dans l'**aménagement local.** Ils interviennent lors des enquêtes publiques ou dans les conseils de quartier pour exprimer leurs opinions et parfois leurs oppositions.

VOCABULAIRE

- **Région :** territoire administratif intermédiaire situé entre l'échelle locale et l'échelle nationale. Collectivité territoriale depuis 1982, elle est dirigée par un conseil régional.
- **Territoire :** espace vécu et approprié par ses habitants.

REPÈRES

Les 13 régions métropolitaines

→ Atlas p. 434

JE RETIENS AUTREMENT Croquis interactif

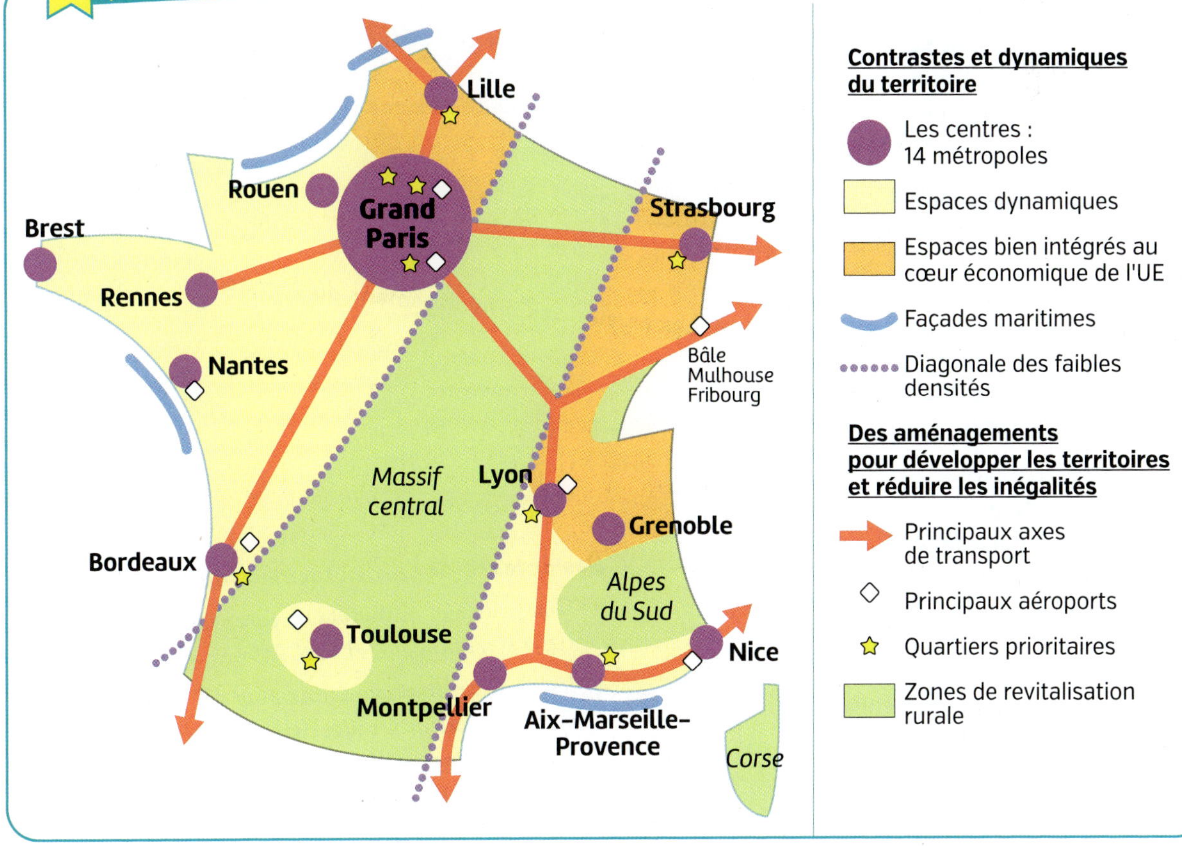

Apprendre en s'enregistrant

ÉTAPE 1 Je mémorise ma leçon

Je sais utiliser dans une phrase :
- aménagement
- territoire
- région
- décentralisation
- collectivités territoriales

Exercices 1 p. 299 et 5 p. 300

Je sais situer :
- les 13 régions métropolitaines
- les principales métropoles
- les grands axes de communication
- les grands traits de l'organisation du territoire métropolitain

Exercice 4 p. 300

Je sais expliquer :
- l'organisation du territoire
- les inégalités au sein du territoire français
- la nécessité d'aménager pour réduire les inégalités

Exercices 2 et 3 p. 299, 4 et 5 p. 300

ÉTAPE 2 J'apprends ma leçon en m'enregistrant

Parfois, on retient mieux ce que l'on entend. Pour mémoriser le cours, on peut s'enregistrer en train de réciter sa leçon, puis s'écouter plusieurs fois.

① Pour commencer, il faut vous assurer que vous avez bien compris votre leçon. Classez les connaissances du chapitre en trois parties.

② Enregistrez-vous pendant que vous lisez ou racontez votre leçon. Pour cela, vous pouvez utiliser votre téléphone portable, un dictaphone ou un ordinateur (et des logiciels comme Audacity).

③ Pour écouter votre enregistrement, mettez-vous au calme et concentrez-vous.

Lorsque vous vous enregistrez, faites des phrases claires et audibles. Ne parlez pas trop vite, il faut que cela soit agréable à écouter.

a. La mondialisation accentue les inégalités

b. Les enjeux de l'aménagement du territoire

c. Des acteurs de l'aménagement du territoire
- Une politique nationale et européenne : UE = 1er financeur et ANCT.
- La décentralisation donne plus de compétences aux collectivités territoriales : rôle important de la région.
- Les habitants, acteurs de leur territoire.

EXERCICE 1 Qui suis-je ? ★

Trouvez le mot correspondant à chaque définition.

Je suis un territoire administratif comme les communes, départements, régions.

Je suis un ensemble d'actions mises en œuvre pour réduire les inégalités entre les territoires.

Je suis un territoire administratif intermédiaire situé entre l'échelle locale et l'échelle nationale.

Je suis un espace vécu et approprié par ses habitants.

EXERCICE 2 J'organise mes idées dans un schéma ★★

Reproduisez le schéma et complétez-le en replaçant au bon endroit les idées découvertes dans le chapitre.

- Des espaces centraux : les métropoles, les littoraux et les régions frontalières
- Des contrastes sociaux dans les villes
- Coût des aménagements
- Permettre la mixité sociale et fonctionnelle dans les villes
- Une concurrence accrue par la mondialisation
- Des acteurs publics : UE, État, collectivités
- Des régions rurales isolées et en difficulté
- Favoriser un développement durable
- Des acteurs privés : entreprises, habitants
- Réduire les inégalités et renforcer la compétitivité des territoires
- Contestation par les habitants

Aménager le territoire

- Les inégalités : …
- Des acteurs : …
- Des enjeux : …
- Des difficultés : …

EXERCICE 3 J'explique à partir de photographies ★★

Associez chaque photographie à l'enjeu d'aménagement auquel elle correspond.

1

2

3

a. Réduire les difficultés des espaces ruraux

b. Garantir la mobilité de tous

c. Rénover durablement les aires urbaines

Exercices

EXERCICE 4 J'utilise mes repères géographiques ★★★

① Aidez le cartographe à terminer son croquis.

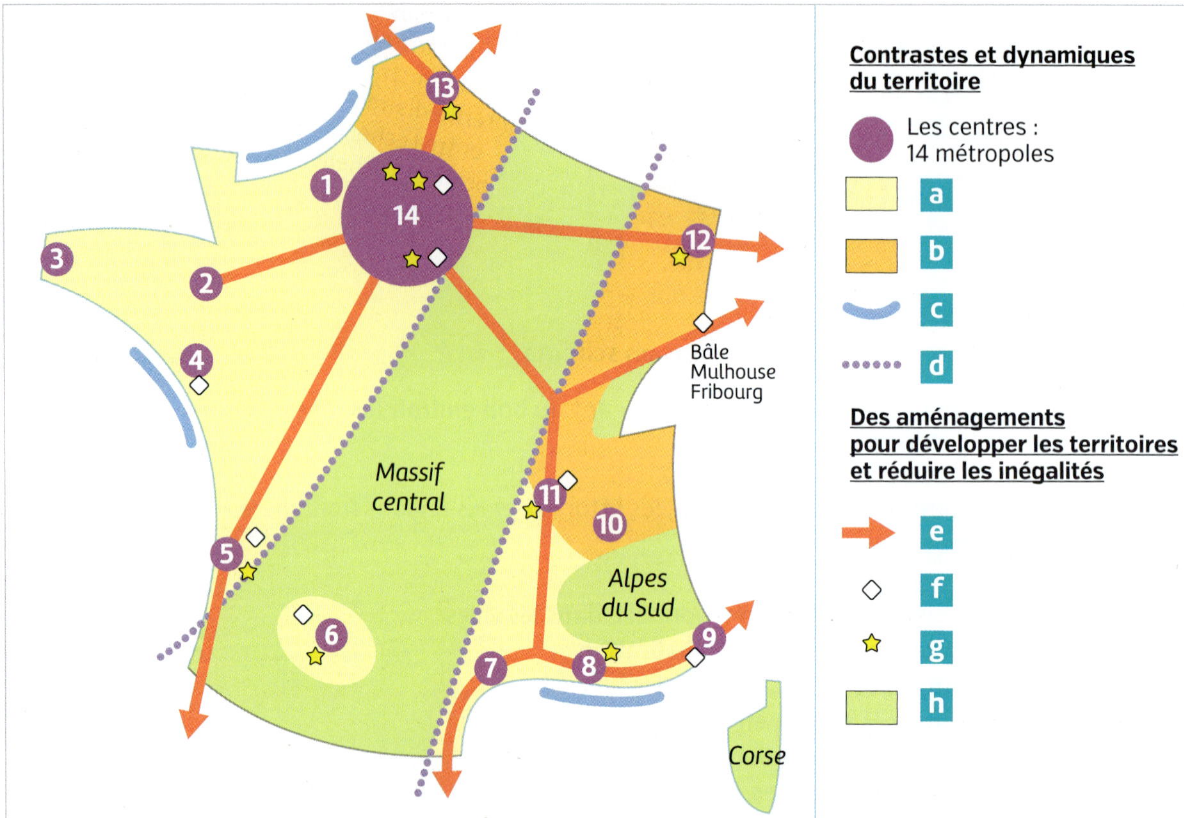

② Associez chaque figuré numéroté de la légende à la bonne description (lettres).

1. Espaces bien intégrés au cœur économique de l'UE
2. Zones de revitalisation rurale
3. Quartiers prioritaires
4. Principaux aéroports
5. Principaux axes de transport
6. Diagonales des faibles densités
7. Façades maritimes
8. Espaces dynamiques

③ Nommez les 14 grandes métropoles françaises numérotées sur la carte.

④ Donnez un titre à ce croquis.

EXERCICE 5 J'analyse un dessin de presse ★★★

Décrivez les acteurs présents sur ce dessin de presse et expliquez quel regard porte son auteur sur l'aménagement du territoire.

Dessin de Yakana publié dans le journal *Le Ravi*, Marseille, 2013.

Exercice 1

Analyser et comprendre des documents

SUJET GUIDÉ

Méthode

1 L'aménagement urbain dans la métropole lyonnaise

La politique de la ville désigne la politique mise en place par les pouvoirs publics afin de revaloriser les zones urbaines en difficulté et de réduire les inégalités entre les territoires. Elle lie plusieurs partenaires et agit simultanément sur toutes les difficultés qui peuvent toucher un quartier (développement social et culturel, revitalisation économique, emploi, rénovation urbaine, amélioration du cadre de vie, sécurité, prévention de la délinquance, santé, etc.).

L'État arrête les orientations, définit des programmes et répartit les moyens alloués à la mise en œuvre de la politique de la ville sur les territoires dans le cadre de contrats de ville signés avec les collectivités territoriales.

Signé à l'échelle de la Métropole du Grand Lyon avec l'État, la Région, les communes et autres partenaires institutionnels, le contrat de ville définit pour 6 ans les priorités, les objectifs et les engagements de chacun. Il combine des actions visant à améliorer l'accès à l'éducation et à l'emploi, à promouvoir le vivre ensemble à toutes les échelles.

Site Internet du Grand Projet de Ville (GPV) Lyon La Duchère, consulté en 2022.

La **Métropole du Grand Lyon** est une collectivité à statut particulier exerçant à la fois les compétences d'un département et celles d'une métropole. Elle regroupe 59 communes pour 1,4 millions d'habitants (2018).

Un **écoquartier** est un quartier d'une ville aménagé pour répondre à des objectifs de développement durable.

2 L'écoquartier de La Duchère à Lyon

En 15 ans, 1 711 logements ont été démolis pour construire un écoquartier : mixité sociale plus grande, desserte par les transports en commun, pistes cyclables, espaces verts, équipements et bureaux neufs.

Édifiée dans les années 1960, **La Duchère** est devenue progressivement le quartier le plus pauvre et le moins attractif de Lyon.
En 2013, La Duchère est labellisée « ÉcoQuartier ».

Relever, c'est chercher dans un texte une ou plusieurs informations et les présenter dans une phrase reformulée.

Citer, c'est mettre entre guillemets dans votre réponse une information, une expression prélevée dans un document.

Expliquer, c'est exposer les informations nécessaires et précises pour comprendre une situation. Cela nécessite un raisonnement et un développement plus approfondi.
Cette question sera notée sur un plus grand nombre de points.

QUESTIONS

1. **Doc 1** Relevez les deux objectifs de la politique de la ville.
2. **Doc 1** Nommez les acteurs intervenant dans le cadre d'un contrat de ville.
3. **Doc 2** Citez deux éléments qui ont justifié la création de l'écoquartier de La Duchère.
4. **Doc 2** Identifiez les aménagements qui transforment le quartier de La Duchère.
5. **Doc 1 et 2** À l'aide de vos réponses et de vos connaissances, expliquez que les aménagements réalisés à La Duchère remplissent les objectifs de la politique de la ville.

Exercice 2

Maîtriser différents langages

SUJET GUIDÉ

1. Rédiger un développement construit

Sous la forme d'un développement construit d'une vingtaine de lignes, et en vous appuyant sur des exemples étudiés en classe...

verbes d'action — connaissances à utiliser

montrez les **inégalités entre les territoires français** et **expliquez** les **moyens mis en œuvre pour les réduire.**

objectif

Montrer
Faire constater, mettre en évidence.

Expliquer
Faire comprendre ce qui a été décrit en reliant la cause et la conséquence.

Moyens mis en œuvre pour les réduire
C'est la 2e partie de votre sujet. Il faut mobiliser vos connaissances concernant les politiques mises en œuvre, les dispositifs existants et les acteurs engagés dans l'aménagement du territoire.

Les inégalités entre les territoires français
On attend que le développement montre que certains territoires profitent de la mondialisation, alors que d'autres restent à l'écart. Montrez que ces inégalités se retrouvent à plusieurs échelles.

2. Repères géographiques

QUESTIONS

1. Complétez la légende des figurés A, B, C et D en choisissant des couleurs adaptées pour montrer les inégalités de dynamisme des quatre espaces.
2. Coloriez la carte à l'aide de la légende.
3. Localisez et nommez quatre aires urbaines de votre choix.
4. Expliquez le choix du figuré pour les façades maritimes.

Sujets possibles

- Pourquoi et comment aménager le territoire ? (DNB 2019)
- Expliquez pourquoi et comment des politiques d'aménagement sont mises en œuvre à l'échelle des territoires français.
- Décrivez un aménagement du territoire français de votre choix et expliquez ses objectifs.

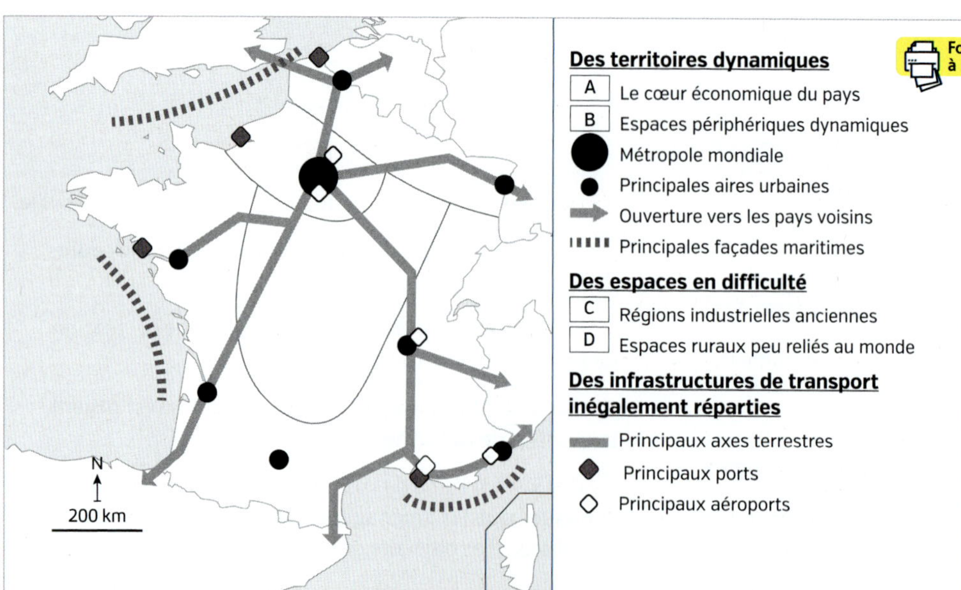

Fond de carte à imprimer

Exercice 1

Analyser et comprendre un document

SUJET BLANC

Aménagement du territoire, aménagement « des territoires »

Les sociétés humaines aménagent l'espace dans lequel elles vivent, produisent, échangent. Elles doivent s'organiser, par exemple, pour gérer leurs systèmes d'échange et de transport, leurs ressources en eau, leurs déchets, etc. L'aménagement du territoire désigne aujourd'hui l'action publique qui s'efforce d'orienter la répartition des populations, leurs activités, leurs équipements dans un espace donné et en tenant compte de choix politiques globaux. L'aménagement est l'une des formes de l'appropriation d'un territoire.

Les champs d'application des politiques d'aménagement du territoire peuvent être divers : armatures et réseaux urbains ; planification et priorités en matière d'infrastructures et de grands équipements considérés comme « structurants » ; développement, localisation, relocalisation des activités productives ; définition et localisation de pôles d'innovation et de recherche et développement ; aménagement des régions à spécialisation territoriale (tourisme, montagne, littoral) ; prise en compte des dimensions supranationales et transfrontalières ; préoccupations dites de « développement durable ». [...]

Les formes prises par l'aménagement du territoire ont une composante idéologique, dans la mesure où celui-ci consiste à réaliser un projet politique : favoriser les territoires les plus compétitifs pour attirer les entreprises et créer de l'emploi, ou maintenir une offre de services publics dans tous les territoires et pour tous les habitants, sont deux orientations différentes, même si elles ne sont pas nécessairement contradictoires.

Jean-Benoît Bouron, glossaire de Géoconfluences, « Aménagement du territoire, aménagement des territoires », 2022.

QUESTIONS

1. À l'aide du document, définissez l'aménagement du territoire.
2. Relevez trois domaines d'intervention de l'aménagement du territoire.
3. À l'aide de vos connaissances, donnez un exemple précis pour chacun de ces domaines d'intervention.
4. À l'aide du document et d'exemples issus de vos connaissances, expliquez comment l'aménagement du territoire vise à réduire les inégalités.
5. Montrez que l'aménagement du territoire peut aussi accroître les déséquilibres nationaux existants.

Exercice 2

Maîtriser différents langages

SUJET BLANC

Fond de carte à imprimer

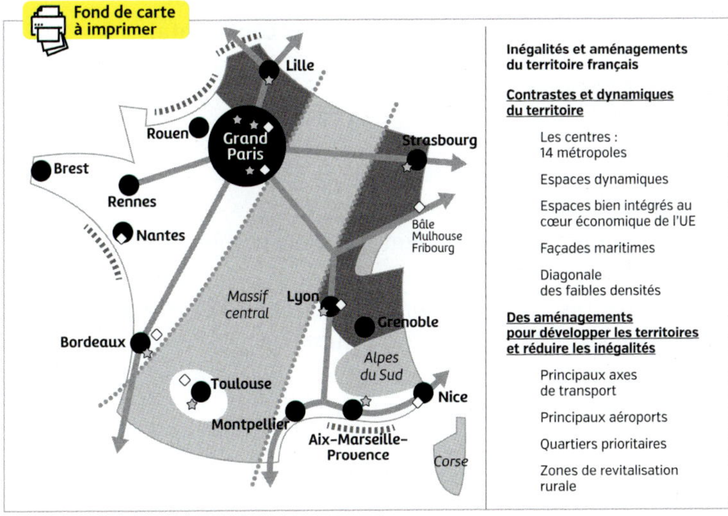

QUESTIONS

1. Sous la forme d'un développement construit d'une vingtaine de lignes, et en vous appuyant sur des exemples étudiés en classe, décrivez un aménagement du territoire français de votre choix et expliquez ses objectifs.
2. Observez le croquis et complétez sa légende avec les bons figurés.

Chapitre

16 Aménager les territoires ultramarins français

→ Quelles particularités ces territoires ultramarins présentent-ils ? Quelles en sont les conséquences sur leur aménagement ?

Vu au collège

en 5e
- Pour répondre aux effets du changement global, les sociétés réfléchissent à la façon d'aménager leur territoire.

en 4e
- La mondialisation accentue les inégalités entre les territoires à toutes les échelles.

Cours de 5e et de 4e en PDF

RÉVISION 1 Les repères géographiques

Exercice interactif

Associez chaque numéro au bon espace.

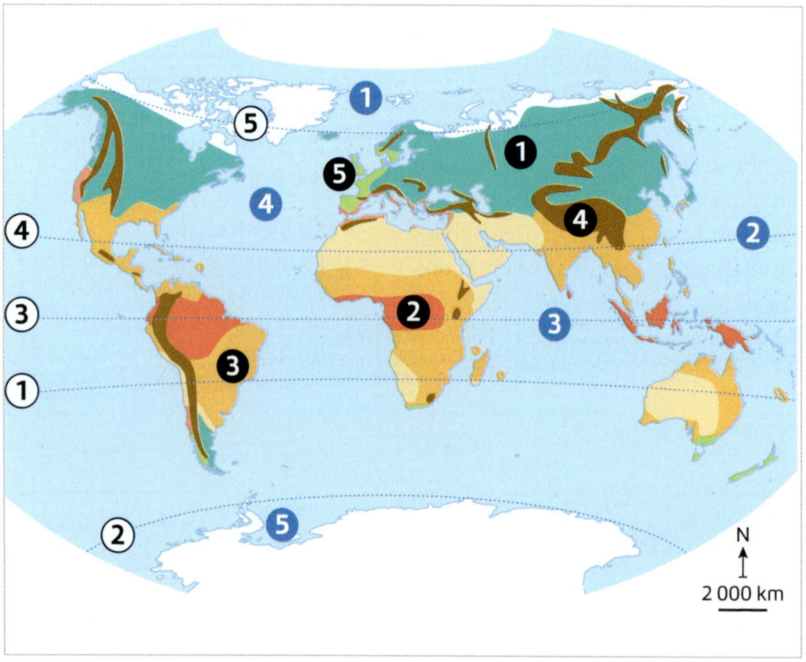

Les océans :
a. Océan Atlantique
b. Océan Indien
c. Océan Pacifique
d. Océan Glacial antarctique
e. Océan Glacial arctique

Les lignes imaginaires :
a. Tropique du Cancer
b. Équateur
c. Cercle polaire arctique
d. Cercle polaire antarctique
e. Tropique du Capricorne

Les principaux climats :
a. Climat tropical
b. Climat équatorial
c. Climat montagnard
d. Climat océanique
e. Climat continental

RÉVISION 2 Le vocabulaire géographique

Exercice interactif

Associez chaque mot à sa définition.

1. Écotourisme
2. Biodiversité
3. Contrainte naturelle
4. Ressource
5. Archipel
6. Risque

a. Danger qui peut menacer un groupe humain.
b. Richesse nécessaire pour le fonctionnement d'une économie, d'un territoire, d'une collectivité.
c. Nombre d'espèces et d'êtres vivants sur un espace donné. La richesse biologique est sensible aux effets de l'activité humaine.
d. Forme de tourisme durable qui respecte, préserve et met durablement en valeur les ressources d'un territoire pour les touristes.
e. Ensemble d'îles.
f. Obstacle posé par la nature qui limite l'implantation des humains et la mise en valeur de leur espace.

DANS CE CHAPITRE, DE QUOI VA-T-ON PARLER ?

En analysant les termes du sujet, je réponds aux questions suivantes :

- Quelle action va-t-on étudier ?
- De quels espaces va-t-on parler ?

Zoom sur…	Saint-Barthélemy
Population (2021)	10 248 hab.
Touristes (2018)	70 000 par an
Croisiéristes en escale (2018)	63 324 par an

Des aménagements favorisant le tourisme

Saint-Barthélemy est une île française des Antilles. C'est une collectivité d'outre-mer dont l'économie est essentiellement axée sur le tourisme de luxe. L'île est desservie par un aéroport, un port de plaisance et un port de commerce.

Cartes

Les territoires ultramarins de la France

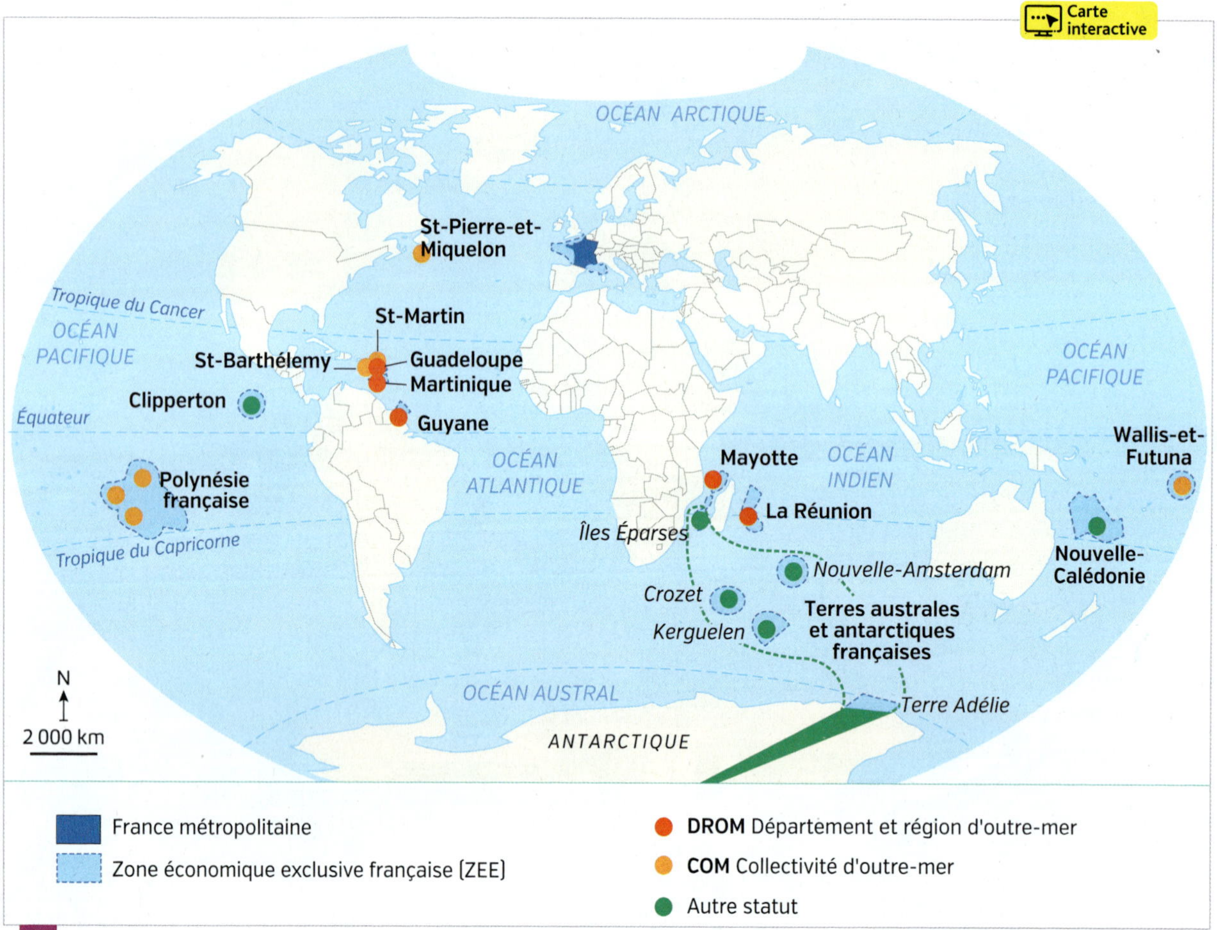

1 Les territoires ultramarins

VOCABULAIRE

- **COM (collectivités d'outre-mer)** : elles regroupent d'anciens territoires d'outre-mer (TOM), ainsi que d'autres collectivités territoriales à statut particulier.
- **DROM (départements et régions d'outre-mer)** : ces collectivités territoriales disposent du même statut qu'un département ou une région métropolitaine : les lois et règlements français s'y appliquent.
- **ZEE (zone économique exclusive)** : espace maritime sur lequel un État possède des droits d'exploitation et d'usage des ressources. Une ZEE s'étend jusqu'à 370 kilomètres d'un littoral, voire 648 km en cas d'extension.

QUESTIONS

1. **Doc 1.** Montrez que les territoires ultramarins assurent une présence française dans tous les océans du globe.
2. **Doc 1** et **vocabulaire.** Pourquoi la France est-elle la 2e puissance maritime mondiale grâce à ses territoires ultramarins ?
3. **Doc 2.** Sur quelles parties du territoire de chaque DROM se concentre la population ? Pourquoi ?
4. **Doc 2.** Quelles activités économiques sont présentes dans les DROM ?

Carte interactive

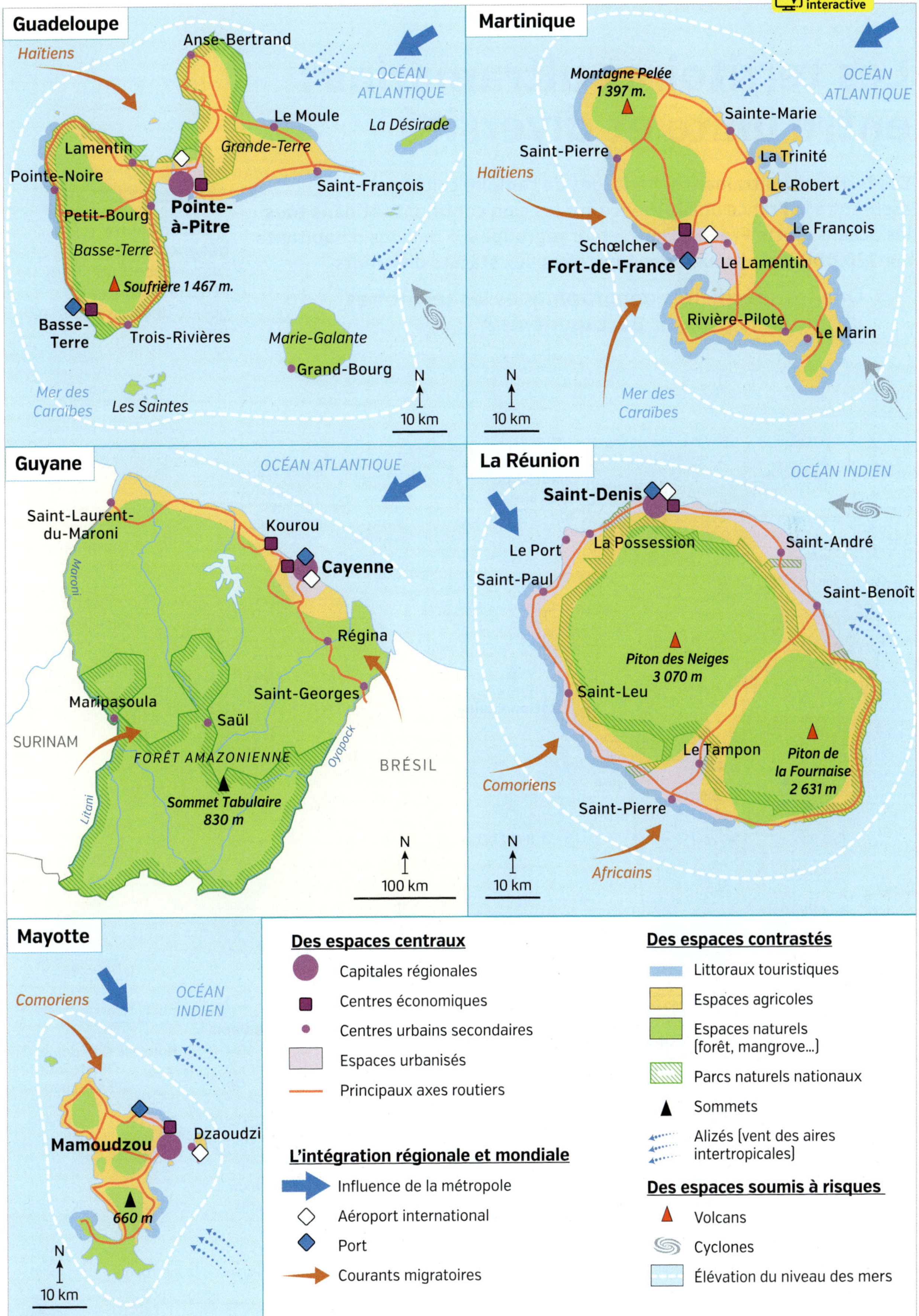

2 Les DROM

Je découvre

Les territoires ultramarins : entre unité et diversité

Les territoires ultramarins, héritages de l'empire colonial, assurent à la France une présence sur les cinq continents et dans tous les océans. Cette France d'outre-mer regroupe 2,6 millions d'habitants sur 120 000 km² et réunit des territoires aux statuts différents.

→ **Quelles spécificités géographiques les territoires ultramarins français partagent-ils ?**

VOCABULAIRE

- **Discontinuité géographique :** rupture géographique liée à la distance, un océan, une immense forêt…

Carte interactive

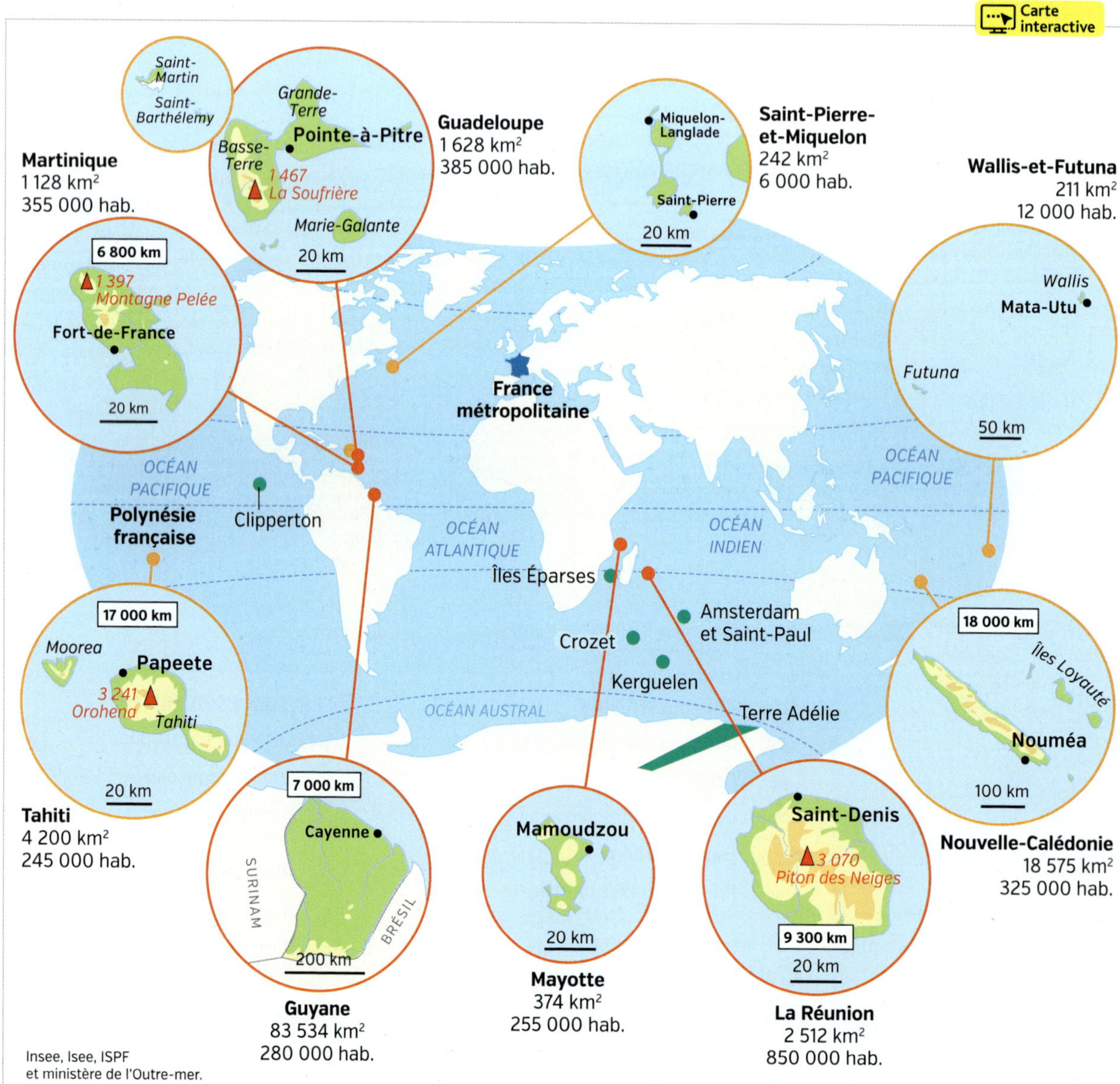

- DROM : Département et région d'outre-mer
- COM : Collectivité d'outre-mer
- TAAF : Terres australes et antarctiques françaises (pas d'habitants permanents)

km : Distance par rapport à la métropole

Relief (en mètres) : 0 – 500 – 1 000

1 Des territoires marqués par une forte discontinuité géographique

2 Points communs des territoires ultramarins

Parole de géographe

L'outre-mer présente de nombreux traits communs : la tropicalité, l'insularité, des problèmes récurrents de développement, mais aussi une indéniable valeur stratégique. Excepté la Guyane et la Terre Adélie, les territoires sont insulaires.

L'une des caractéristiques géographiques majeures de l'outre-mer est son éloignement de la métropole. Au-delà de la distance linéaire, c'est l'accessibilité (distance-temps, distance-coût) qui est fondamentale. Les plus grandes îles sont globalement désenclavées par rapport à la métropole avec qui elles effectuent la quasi-totalité de leur trafic marchandises et passagers, mais les liens avec les pays voisins sont assez peu développés.

D'après Vincent Adoumié, *Géographie de la France,* Hachette Supérieur, 2019.

3 Saint-Pierre-et-Miquelon et son port

La pêche est l'une des activités principales de cette collectivité d'outre-mer située au nord de l'océan Atlantique à proximité des côtes canadiennes.

4 Les spécificités des milieux ultramarins

Parole de géographe

Les territoires ultramarins, en dehors de Saint-Pierre-et-Miquelon et des TAAF, sont caractérisés par la tropicalité. Le climat est marqué par une température minimale moyenne de 18 °C et des précipitations suffisantes pour permettre des cultures non irriguées.

Exception faite de la Guyane, les territoires ultramarins de la zone intertropicale[1] sont des îles. Elles sont soumises aux alizés, vents chargés en humidité, qui provoquent de fortes pluies : on observe une division très nette des îles entre la côte au vent et la côte sous le vent, plus abritée et moins arrosée. Le relief est souvent volcanique : le centre de l'île est alors occupé par des montagnes aux pentes raides et aux versants formés par des coulées de lave. Les territoires ultramarins offrent de vastes massifs forestiers. La Guyane est ici un cas particulier puisque 90 % du territoire est couvert par une forêt tropicale humide, qui appartient à la forêt amazonienne.

D'après M. Reghezza-Zitt, professeure à l'École normale supérieure, *La France dans ses territoires,* Armand Colin, 2017.

1. Zone située entre les tropiques du Cancer et du Capricorne.

Activités

Parcours 1

Je comprends le sens des documents

1 **Carte 2 p. 307 et doc 1 et 3.** Situez chacun des territoires ultramarins français : continent, océan, pays voisin(s).

2 **Doc 1 à 3.** Quels sont les points communs des territoires ultramarins ?

3 **Doc 1 à 4.** Quelles sont les différences entre tous ces territoires ?

Je rédige un développement construit

4 À l'aide de vos réponses, rédigez un développement construit montrant les spécificités communes aux territoires ultramarins français :
- des spécificités liées à leur situation
- des spécificités liées à leur environnement

Aide à la rédaction

Parcours 2

Je complète un schéma

Aide à la réalisation du schéma

À l'aide des documents, complétez le schéma suivant.

UNITÉ (points communs) ← Territoires ultramarins français → DIVERSITÉ (différences)

Je découvre

Les territoires ultramarins dans leur espace régional

Les territoires ultramarins accusent un retard de développement par rapport à la France métropolitaine dont ils sont fortement dépendants. Les enjeux de l'aménagement du territoire sont nombreux, notamment pour favoriser un développement durable à l'échelle régionale.

Zoom sur...	Territoires ultramarins	France métropolitaine
PIB/hab (2018)	15 300 € (Guyane)	33 000 €
Taux de chômage (2019)	30 % (Mayotte)	8,1 %
Taux de pauvreté (2017)	34,5 % (Guadeloupe)	14,1 %

Source : INSEE, 2018.

→ L'aménagement des territoires ultramarins permet-il une meilleure intégration dans leur espace régional ?

1 Le pont sur l'Oyapock entre la Guyane et le Brésil

Parole d'expert

Un fleuve n'est jamais une frontière naturelle. Et l'Oyapock, dont il est écrit qu'il sépare la Guyane française du Brésil, ne fait pas exception à la règle ; une frontière ne fait souvent que filtrer et canaliser des relations entre des espaces qui existaient avant elle et continuent d'exister sans elle.

Un fleuve est une artère de vie, un espace mouvant [...]. Mais c'est surtout un espace que l'on traverse, un espace que se partagent ses riverains : chacun traverse à sa guise pour acheter en face ce qu'il ne trouve pas, ou trop cher, sur sa rive ; chaque jour, des Brésiliens traversent pour se rendre à leur travail sur la rive française, des enseignants français ayant choisi d'habiter sur la rive brésilienne se rendent dans leur école française.

Et le pont binational ? Qu'en est-il de ce pont qui [...] devrait relier deux univers, le Brésil (donc l'Amérique latine et le Mercosur) et la Guyane (donc la France et l'Union européenne) ? [...] Le joli pont haubané existe. Mais de route, point. Chacun sait qu'aller de Cayenne à Macapá relève encore de la prouesse. Les riverains, eux, passent sous le pont en pirogue pour joindre une rive ou l'autre. Comme avant.

Françoise Grenand, anthropologue de l'Amazonie au CNRS, *Oyapock et Maroni. Portraits d'estuaires amazoniens*, Éditions Quæ, 2021.

2 Port de Jarry (Guadeloupe)

L'aménagement du Grand Port Maritime de Guadeloupe sur le site de Jarry Baie-Mahault, doit permettre de désenclaver la Guadeloupe et de capter le trafic maritime des grands porte-conteneurs en provenance et en direction d'Europe et de la Zone Caraïbe Amérique latine.

Vidéo

L'aménagement du pont transfrontalier sur l'Oyapock a coûté 50 millions d'euros (ouverture en 2017).

① Oiapoque (Brésil) – ② Fleuve Oyapock
③ Rive française (St-Georges-de-l'Oyapock est à 5 km).

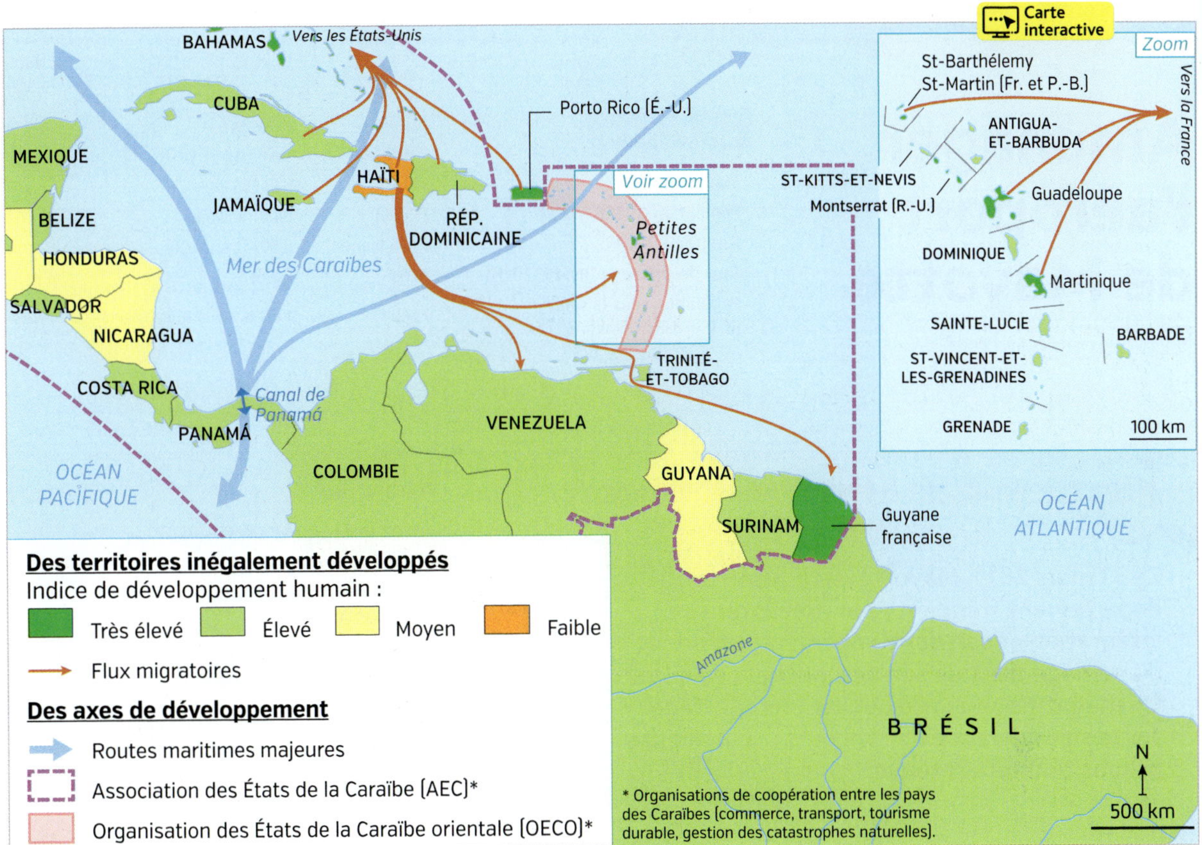

3 Les territoires ultramarins dans l'espace caribéen

4 Des territoires attractifs

Parole de géographe

Certains DROM connaissent une sensible augmentation de leur population étrangère. Faibles aux Antilles, ces migrations sont historiquement importantes à La Réunion (Comoriens, Malgaches, etc.) du fait de l'attrait qu'exerce l'île dans un environnement régional de misère ou instable. Mayotte fait figure d'« eldorado » pour les habitants de l'archipel des Comores : importance des mobilités et de la population clandestine (26 % de la population, 40 % de « population étrangère » dont 95 % de Comoriens). Quant à la Guyane, ce mouvement est plus récent. La population étrangère – officielle ou clandestine – y est estimée à plus de 30 % de la population totale.

Laurent Carroué, *La France des 13 régions*, Armand Colin, 2017.

Activités

Parcours 1

▶ Je comprends le sens des documents

1 **Doc 4 et Zoom.** Quelles sont les spécificités socio-économiques des territoires ultramarins par rapport à la métropole ?

2 **Carte 2 p. 307, doc 3 et 4.** Quelles sont les particularités des territoires ultramarins dans leur environnement régional ?

3 **Carte 2 p. 307, doc 1 à 3.** Quels types d'aménagements la France réalise-t-elle dans ces territoires pour favoriser leur intégration régionale ? Est-ce efficace ?

▶ Je rédige un développement construit

4 À l'aide de vos réponses, rédigez un développement construit d'une vingtaine de lignes expliquant en quoi l'aménagement des territoires ultramarins, territoires spécifiques, permet une meilleure intégration dans leur espace régional.

- Des territoires spécifiques par rapport à la métropole.
- Des territoires spécifiques dans leur environnement régional.
- Des aménagements favorisant l'intégration régionale, plus ou moins réussis.

Aide à la rédaction

Parcours 2

▶ Je réalise une carte mentale

À l'aide de vos réponses, réalisez une carte mentale qui montrera comment l'aménagement des territoires ultramarins permet une meilleure intégration dans leur espace régional.

Aide à la réalisation de la carte mentale

Étude de cas

TÂCHE COMPLEXE

Aménager l'aéroport de Mayotte

Zoom sur…	Mayotte (DROM)	France métropolitaine
Superficie	374 km²	543 965 km²
Population (INSEE, 2019)	255 000	64,81 millions
IDH (ONU, 2019)	0,645 (moyen)	0,901 (très élevé)
Taux de chômage (INSEE, 2019)	30 %	8,1 %
Population sous le seuil de pauvreté (INSEE, 2019)	77 %	14,5 %

ENQUÊTE — *Réaliser un reportage dans un magazine*

Le 31 mars 2011, Mayotte est devenu le 101e département français. Pour améliorer son intégration et son développement, un projet d'aménagement de son aéroport est en débat. Un magazine souhaite publier un reportage sur le sujet. Il lance un concours : la meilleure proposition sera retenue.

▸ Conduire un projet

Coups de pouce

- Présentez le projet d'aménagement.
- Expliquez comment ce projet d'aménagement peut réduire les inégalités à Mayotte.
- Montrez pourquoi les avis divergent sur le bien-fondé de cet aménagement.

Aide à la réalisation de la tâche complexe

1 Accessibilité et insularité

Parole de géographe

Fréquence et régularité des liaisons aériennes et maritimes font que toutes les sociétés insulaires ne sont pas logées à la même enseigne. Si plusieurs vols par jour autorisent une continuité des liaisons entre la métropole et La Réunion, Mayotte ne dispose que de quatre vols directs en moyenne par semaine vers la métropole. Le reste du temps les passagers continuent de transiter par La Réunion ou via Antananarivo [Madagascar].

Ainsi certaines îles connaissent un déficit d'accessibilité, lorsque d'autres sont au cœur de la dynamique des échanges. Or, les types de desserte ont des incidences sur les niveaux de peuplement, l'économie et la qualité de vie des îles. L'insuffisance ou l'absence des infrastructures de transport, le manque de liaisons peuvent accentuer l'enclavement.

M.-A. Lamy-Giner, *Accessibilité et insularité*, 2019.

Marie-Annick Lamy-Giner, **géographe** à l'université de La Réunion.

college.nathan.fr/22hg1601

2 Le projet de piste longue à l'aéroport de Mayotte

① Ville de Pamandzi – ② Infrastructures aéroportuaires – ③ Piste actuelle
④ Récif corallien (parc naturel marin) – ⑤ Scénario d'allongement 1
⑥ Scénario d'allongement 2

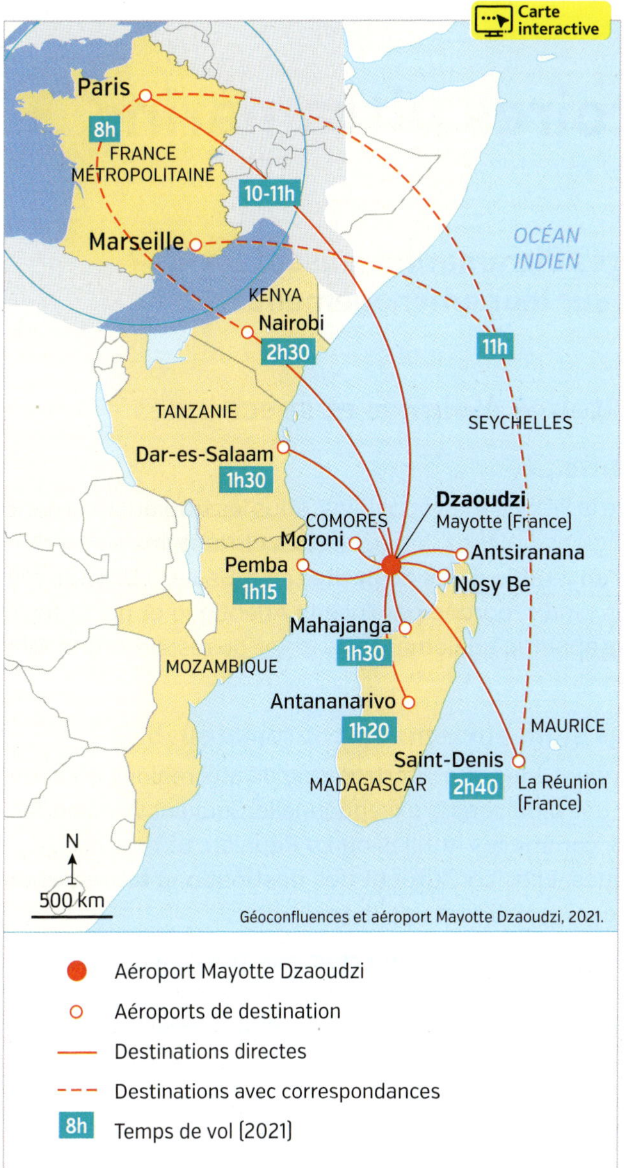

3 Les relations aéroportuaires de Mayotte

5 Présentation officielle du projet d'aménagement

4 Un projet d'aménagement contesté

« Ali Madi, président de la Fédération mahoraise des associations environnementales

La piste longue est un projet structurant pour Mayotte. Nous le soutenons fortement mais pas au détriment de l'environnement. Nous nous battrons pour que ce projet soit fait en respectant l'environnement.

« Abdou S. Dahalani, président du Conseil économique, social et environnemental de Mayotte

Disposer d'une piste longue capable d'accueillir des avions gros-porteurs constitue un intérêt supérieur pour le développement économique et touristique de Mayotte. Les préoccupations environnementales constituent des points de vigilance sans pour autant remettre en cause les intérêts supérieurs du territoire et de ses habitants.

« Franck Charlier, membre de l'association Oulanga na Nyamba de défense de l'environnement

Cette construction qui favoriserait le tourisme, le fret, la concurrence entre les compagnies aériennes coûterait aussi cher à la faune et la flore du lagon. Celles et ceux qui ont une vision plus large sont très prudents vis-à-vis de ce projet.

« Ben Issa Ousseni, président du Conseil départemental

Cette réalisation marque une attente très forte des Mahorais. Toutes les collectivités sont mobilisées : le Conseil départemental a ainsi débloqué une enveloppe de 80 millions d'euros d'investissement. Les retombées économiques directes et indirectes sont importantes, pour ne pas dire majeures.

Articles publiés dans la presse locale mahoraise (mayottehebdo.com et linfokwezi.fr), 2021.

Leçon

Podcast du cours

Aménager les territoires ultramarins français

→ **Quelles particularités ces territoires ultramarins présentent-ils ? Quelles en sont les conséquences sur leur aménagement ?**

CHIFFRES CLÉS

Les territoires ultramarins de la France

5 DROM
- Guadeloupe (385 000 hab.)
- Guyane (280 000 hab.)
- Martinique (355 000 hab.)
- Mayotte (255 000 hab.)
- La Réunion (850 000 hab.)

5 COM
- Polynésie française (277 000 hab.)
- Saint-Barthélemy (10 000 hab.)
- Saint-Martin (36 000 hab.)
- Saint-Pierre-et-Miquelon (6 000 hab.)
- Wallis-et-Futuna (12 000 hab.)

3 territoires à statut particulier
- Clipperton (inhabité)
- Nouvelle-Calédonie (325 000 hab.)
- TAAF : Terres australes et antarctiques françaises (inhabitées)

INSEE, 2021.

VOCABULAIRE

- **Biodiversité :** nombre d'espèces et d'êtres vivants sur un espace donné. La richesse biologique est sensible aux effets de l'activité humaine.
- **COM (collectivités d'outre-mer) :** elles regroupent d'anciens territoires d'outre-mer (TOM), ainsi que d'autres collectivités territoriales à statut particulier.

A Des territoires éloignés et spécifiques

1. La discontinuité géographique

• Très éloignés de la France métropolitaine, sous les tropiques ou dans les océans des régions polaires, les territoires ultramarins sont composés **d'îles ou d'ensemble d'îles de petite taille**. Seule la **Guyane** fait figure d'exception ; mais, bordée par l'océan Atlantique et par la forêt amazonienne, elle apparaît également très isolée du reste du continent américain.

2. Des paysages et un environnement remarquables

• Qu'ils appartiennent à la zone intertropicale ou aux régions polaires, ces lieux abritent une biodiversité exceptionnelle. Souvent volcaniques, les îles tropicales, comme les Antilles ou La Réunion, offrent des paysages paradisiaques. Elles constituent des **destinations touristiques prisées**, surtout par les habitants de la métropole.

• Cependant, **différents aléas affectent ces territoires** (cyclone, séisme, éruption volcanique, tsunami, tempête tropicale...) et peuvent avoir des conséquences catastrophiques. Le **changement climatique** et la **montée du niveau des océans** peuvent amplifier ces risques et la vulnérabilité des populations (ex. : érosion côtière).

B Une difficile intégration régionale

1. Des spécificités socio-économiques

• Le **niveau de développement** des territoires d'outre-mer reste **inférieur** à celui des autres régions de la France et de l'Union européenne.

• Leur économie est fortement **dépendante** des subventions nationales ou européennes et des prestations sociales. Elle est marquée par la **faiblesse des industries** et **l'importance des services**. Le **chômage** y est souvent élevé.

2. Des territoires localement attractifs

• Au cœur de régions faiblement développées, les territoires ultramarins français sont **des îlots de développement attractifs pour la population des États voisins** : le Surinam ou le Brésil pour la Guyane, les Comores pour Mayotte ou le Vanuatu pour la Nouvelle-Calédonie. Ces inégalités de développement engendrent des **flux migratoires régionaux**, en partie illégaux, vers les territoires français.

C Des territoires inégalement mis en valeur

1. D'importants déséquilibres spatiaux

- Les littoraux concentrent **l'essentiel des populations et des activités**. Dans les îles tropicales (Antilles, La Réunion), l'opposition entre les côtes « au vent », plus humides, et les côtes « sous le vent », plus accueillantes, reste marquée et explique les **inégalités de peuplement.**

- De manière générale, **les espaces intérieurs**, sous-peuplés, offrent un riche patrimoine naturel protégé et favorable au développement du **tourisme durable** (Guyane, La Réunion).

2. Des aménagements pour développer les territoires

- **Les infrastructures de transport** (ponts, aéroports, ports...), bien que parfois contestées, constituent des aménagements privilégiés : elles permettent **d'assurer les liaisons** entre les îles d'un archipel, avec les pays voisins et avec la métropole.

- Les aménagements ont également vocation à permettre le **développement du tourisme**, secteur d'activité fondamental pour l'économie des territoires ultramarins. L'avenir de ces territoires repose en effet sur le **développement de** l'écotourisme. Des **aménagements portuaires ou hôteliers** sont indispensables pour répondre à la demande internationale sans dégrader l'environnement.

VOCABULAIRE

- **Discontinuité géographique :** rupture géographique liée à la distance, un océan, une immense forêt...
- **DROM (départements et régions d'outre-mer) :** ces collectivités territoriales disposent du même statut qu'un département ou une région métropolitaine : les lois et les règlements français s'y appliquent.
- **Écotourisme :** forme de tourisme durable qui respecte, préserve et met durablement en valeur les ressources d'un territoire pour les touristes.
- **Territoires ultramarins :** territoires français situés en dehors du continent européen.

JE RETIENS AUTREMENT

Les territoires ultramarins français : des territoires spécifiques

Des spécificités géographiques

- **Discontinuité et isolement territorial**
  - Éloignement de la métropole
  - Archipels
- **Des territoires d'une grande biodiversité mais soumis à des aléas**
  - Forêt amazonienne, atolls et récifs coralliens, terres australes...
  - Cyclone, séisme, éruption volcanique...

Nécessitent ↓ ↑ *Compensent*

Des spécificités socio-économiques

- **Des inégalités de développement**
  - Avec la métropole
  - Avec les pays voisins
- **Des financements pour soutenir le développement local**
  - Aides de la métropole
  - Aides de l'UE
- **Territoires attractifs à l'échelle de leur région**

Nécessitent ↓ ↑ *Compensent*

Des territoires inégalement mis en valeur

- **Concentration des populations et des activités sur les littoraux**
- Dans les îles tropicales **déséquilibre entre les côtes** « au vent » et les côtes « sous le vent », abritées et plus aménagées
- **Aménagements touristiques littoraux**

Nécessitent ↓ ↑ *Compensent*

Des aménagements spécifiques

- **Liés aux transports** : ports, aéroports, routes, ponts...
- **Liés** au développement du **tourisme**
- **Liés** au **développement** de ces territoires : zones d'aménagement urbain (ex. : Nouméa en Nouvelle-Calédonie)

Apprendre à organiser ses révisions pour le Brevet

ÉTAPE 1 Je mémorise ma leçon

Je sais utiliser dans une phrase :
- territoire ultramarin
- DROM
- COM
- discontinuité géographique

Exercice 1 p. 317

Je sais situer :
- les 5 DROM
- les autres territoires ultramarins français

Exercice 2 p. 317

Je sais expliquer :
- quelles sont les spécificités des territoires ultramarins
- pourquoi les aménagements visent à réduire les inégalités à l'intérieur des territoires
- pourquoi les aménagements visent à réduire les inégalités entre les territoires ultramarins et métropolitains

Exercices 3 p. 317, 4 et 5 p. 318

ÉTAPE 2 J'organise mes révisions

Organisez-vous pour faciliter vos révisions de fin d'année. Gardez des traces de vos révisions avec des post-it, que vous collerez par exemple dans votre cahier.

Titre : AMÉNAGER LES TERRITOIRES ULTRAMARINS FRANÇAIS

Question clé : Quelles particularités ces territoires ultramarins présentent-ils ? Quelles en sont les conséquences sur leur aménagement ?

Plan :

I. Des territoires éloignés et spécifiques
- archipels
- grande biodiversité (forêt amazonienne, atolls...), mais aléas (cyclones, séismes...)

...

II. Une difficile intégration régionale
- niveau de développement plus bas qu'ailleurs en France ou en Europe
- territoires attractifs à l'échelle régionale

Maîtrisé !

À revoir !

Utilisez un code couleurs pour vos post-it : en jaune les leçons qui vous ont posé un problème de mémorisation, en bleu les leçons que vous n'avez pas du tout comprises (n'hésitez pas à aller voir votre professeur-e), en rose celles qui sont bien maîtrisées...

Exercices interactifs

Exercices

EXERCICE 1 Je révise le vocabulaire ★

Associez chaque mot ou expression à sa définition.

① Territoires ultramarins
② Biodiversité
③ Discontinuité géographique
④ COM
⑤ DROM

ⓐ Nombre d'espèces et d'êtres vivants sur un territoire donné.
ⓑ Territoires français situés en dehors du continent européen.
ⓒ Territoires qui bénéficient d'une large autonomie vis-à-vis de la métropole.
ⓓ Territoires qui associent les compétences de la région et du département.
ⓔ Rupture géographique liée à la distance, un océan, une immense forêt...

EXERCICE 2 Je me repère dans l'espace ★★

① Nommez les territoires ultramarins français correspondant aux numéros.
② Nommez les océans correspondant aux lettres.

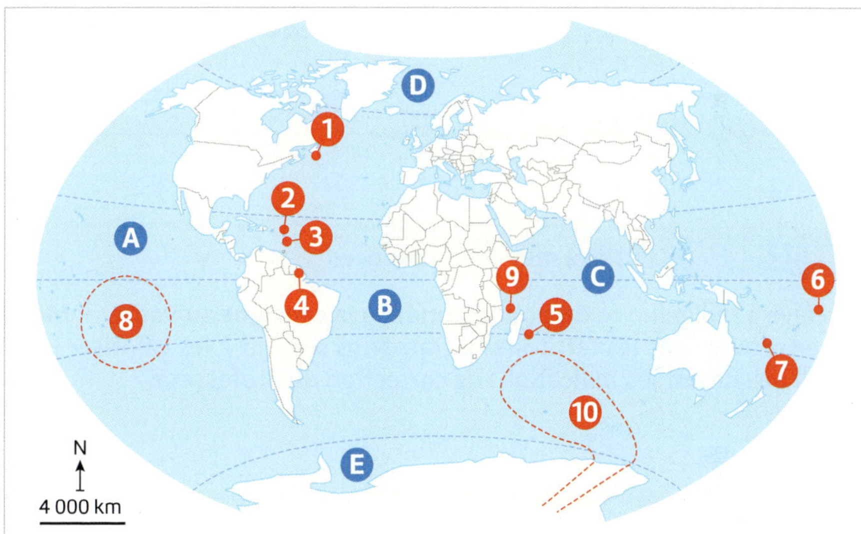

EXERCICE 3 J'explique des photographies ★★

Rédigez une phrase ou expliquez oralement quelle spécificité des territoires ultramarins illustre chaque photographie.

a L'île de Bora Bora, archipel de la Société en Polynésie française.

b La forêt équatoriale guyanaise.

c L'île de Saint-Martin après le passage du cyclone Irma en 2017.

d Un bidonville à Mayotte.

Exercices

EXERCICE 4 Je sais expliquer ★★

Recopiez le tableau en plaçant les propositions suivantes au bon endroit :

a. Renforcer l'intégration régionale

b. Éloignement de la métropole

c. Insularité

d. Infrastructures de tourisme

e. Infrastructures de transport

f. Financement par l'État, les collectivités territoriales, l'Union européenne

g. Relief important

h. Se tourner vers un tourisme durable (écotourisme)

i. Rattraper les écarts de développement avec la métropole

j. Risques (séismes, volcanisme, cyclones)

Des contraintes spécifiques	Des aménagements pour réduire les inégalités	Des défis
....	....	....

EXERCICE 5 J'utilise mes connaissances ★★★

Un élève a rédigé un texte pour répondre à la consigne suivante : « Montrez que les aménagements mis en œuvre dans les territoires ultramarins servent à les valoriser ». Aidez-le à améliorer son travail en suivant les indications de correction du professeur.

Face aux particularités des territoires ultramarins, les aménagements sont spécifiques. Les plus grands concernent les infrastructures de transport qui servent à assurer une meilleure intégration. Ces aménagements permettent de développer le tourisme, secteur d'activité fondamental pour l'économie de ces territoires. Dans les espaces intérieurs, le développement de l'écotourisme est mis en œuvre.

- particularités → Nommez les grandes spécificités de ces territoires.
- infrastructures de transport → Nommez ces infrastructures et donnez pour chacune un exemple precis.
- intégration → Précisez : avec qui ? Trois réponses attendues.
- territoires → Quels types d'aménagements touristiques sont mis en place ?
- écotourisme → Quel est son objectif ?

Brevet

Exercice 1

Analyser et comprendre des documents

SUJET GUIDÉ

Méthode

* « Les îles de Guadeloupe » est un EPIC (Établissement public à caractère industriel et commercial). Sa mission majeure est le développement et la promotion touristique de la destination « Îles de Guadeloupe ».

649 891 touristes accueillis en 2017

+ 71 % de touristes entre 2011 et 2016

Hausse de **15,7 %** de **l'activité « croisière »** par rapport à 2016

69 % des touristes résident en France hexagonale

Marchés émergents en forte progression depuis 2013 pour atteindre **6 %** de parts de marché

Aéroport de Guadeloupe Pôle Caraïbes : augmentation du trafic passager de **5,62 %**

Destination **« loisirs-vacances »** pour **56 %** des touristes

Le tourisme d'affaires (en augmentation) représente **13 %**

Activités plébiscitées par les visiteurs :
- Balnéaire : **77 %**
- Baignade en rivière et randonnées : **54 %**
- Patrimoine & histoire : **24 %**

Durée moyenne de séjour : **15 jours**

Source : EPIC « Les îles de Guadeloupe », 2018.

1 Le tourisme dans les îles de la Guadeloupe en 2017

Le **tourisme** est l'ensemble des activités réalisées par les personnes au cours de leurs voyages et séjours dans des lieux situés en dehors de leur espace quotidien habituel à des fins de loisirs (vacances...), pour affaires (congrès...) et autres motifs (pèlerinage...), pour une durée supérieure à 24 heures et inférieure à une année.

La **Guadeloupe** est un archipel français des Caraïbes situé à environ 6 200 km de la métropole. L'activité touristique est une des principales richesses de ce territoire. Mis à mal par la pandémie, le secteur redémarre doucement.

« **Balnéaire** » est tout ce qui concerne le tourisme de bord de mer, notamment les baignades.

2 Bora Bora dit non aux mégas paquebots

À la demande du maire de Bora Bora, Gaston Tong Sang, les paquebots se feront moins nombreux dans le lagon de Bora Bora à partir de 2022, pour préserver la qualité du séjour sur la perle du Pacifique, ainsi que son écosystème.

Le maire de Bora Bora craint pour l'écosystème. Il s'alarme de voir plusieurs spots du lagon envahis de visiteurs à chaque escale d'un paquebot. Et s'inquiète de la pollution de l'air, de la contamination possible du lagon par des algues, et par le bruit des énormes moteurs qui font fuir les poissons.

Gaston Tong Sang n'est pas opposé à l'industrie de la croisière, mais il souhaite pour son île un développement à l'image de ce qui a été fait dans l'hôtellerie : des unités moins grandes mais luxueuses.

Caroline Perdrix, *Radio 1*, 20 janvier 2020.

Bora Bora est l'une des 118 îles de la Polynésie française. C'est l'un des archipels les plus visités du Pacifique, spécialisé dans le tourisme de luxe. Il accueille chaque année près de 20 000 touristes dans ses hôtels.

QUESTIONS

1. **Doc 1.** Présentez le document 1.
2. **Doc 1.** Caractérisez le tourisme en Guadeloupe.
3. **Doc 1.** Relevez les atouts et les aménagements qui permettent le développement du tourisme en Guadeloupe.
4. **Doc 2.** Expliquez comment le tourisme de croisière met en danger les atouts de Bora Bora selon son maire.
5. **Doc 1 et 2.** D'après les documents et vos connaissances, montrez comment, dans les territoires ultramarins français, les acteurs du tourisme essayent de concilier développement touristique et développement durable.

Présenter, c'est indiquer la nature, l'auteur, la date, la source et le thème d'un document en rédigeant une phrase construite.

Caractériser, c'est indiquer les éléments particuliers qui permettent de distinguer un phénomène, un événement, une situation.

Brevet

Exercice 2

Maîtriser différents langages

SUJET GUIDÉ

1. Rédiger un développement construit

Sous la forme d'un développement construit d'une vingtaine de lignes, et en vous appuyant sur des exemples étudiés en classe...

Décrire
Présenter ce que l'on voit de façon précise, sans donner d'explication.
Expliquer
Faire comprendre ce qui a été décrit en reliant la cause et la conséquence.

objectif

décrivez les spécificités d'un territoire ultramarin de votre choix et expliquez les aménagements mis en place pour le valoriser.

verbes d'action

connaissances à utiliser

Les aménagements mis en place pour le valoriser
C'est la 2e partie du sujet. Il faut mobiliser vos connaissances concernant les politiques mises en œuvre, les dispositifs existants et les acteurs engagés dans l'aménagement du territoire choisi.

Les spécificités d'un territoire ultramarin
C'est la 1re partie du sujet. Le développement doit montrer les particularités des territoires ultramarins, c'est-à-dire les territoires français en dehors du continent européen. Vous devez choisir **un** territoire ultramarin.

Sujets possibles

→ Décrivez les principales contraintes des territoires ultramarins français ainsi que les aménagements mis en œuvre pour valoriser ces territoires. (DNB 2018)

→ Montrez les problèmes spécifiques rencontrés par les territoires ultra-marins français et les aménagements réalisés pour tenter d'y remédier. (DNB 2018)

→ Montrez quelles sont les caractéristiques des territoires ultramarins français.

2. Repères géographiques

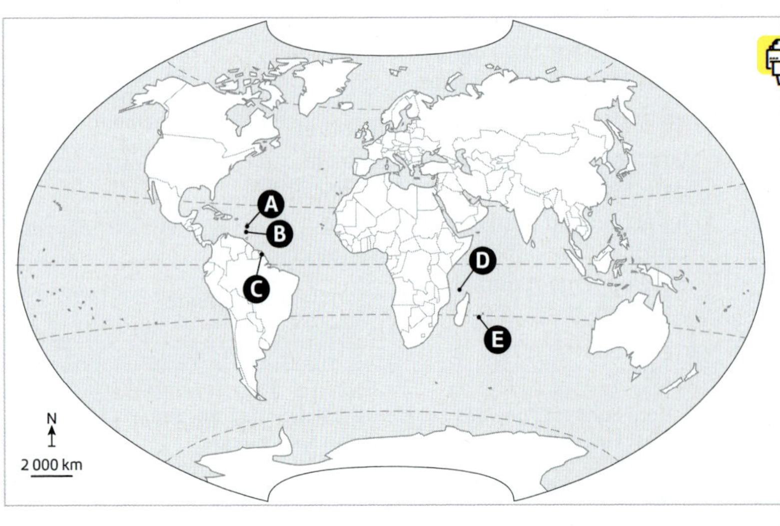

Fond de carte à imprimer

QUESTIONS

1. Nommez les territoires ultramarins repérés par les lettres A à E.

2. Dans quels océans se situent les territoires A, D et E ?

3. Quel pays partage une frontière avec le territoire français repéré par la lettre C ?

Brevet

Exercice 1

Analyser et comprendre un document

SUJET BLANC

Des infrastructures renforçant le développement littoral

Les périphéries de plus en plus lointaines croissent en fonction des axes de circulation : la voie rapide qui permet un accès relativement aisé au centre de l'agglomération de Fort-de-France, malgré les embouteillages, explique partiellement l'essor du sud de la Martinique ; de même, la mise en service de la route du littoral à La Réunion, entre Saint-Denis et La Possession, a favorisé l'urbanisation du nord de l'île. D'autres infrastructures, spécialement les aéroports et plus encore les ports, lorsqu'ils sont localisés en dehors du chef-lieu, ont favorisé une redistribution de la population au détriment des centres.

Le cas réunionnais est sûrement le plus intéressant de ce point de vue, puisque le port se trouve à une vingtaine de kilomètres du chef-lieu. Son extension, avec l'essor de nombreuses activités induites industrielles ou commerciales, a créé des milliers d'emplois et détourné un grand nombre de foyers de Saint-Denis, favorisant les communes plus lointaines. En Guadeloupe, la construction du port et de la zone industrialo-portuaire de Jarry a indéniablement favorisé les communes à l'ouest de la rivière Salée, sur Basse-Terre, dont le franchissement constitue un goulot d'étranglement avec seulement deux ponts routiers.

La dissociation spatiale croissante entre le domicile et l'emploi explique l'essor des migrations pendulaires, à l'instar de la métropole, mais dans une situation plus difficile, compte tenu de la faiblesse générale des transports collectifs. L'automobile est encore plus utilisée qu'en métropole. Les autorités locales n'ont pas de politique cohérente et prospective dans ce domaine et il n'y a pas de concurrence modale, le chemin de fer étant absent. Les faibles densités périurbaines ne favorisent pas la mise en place de transports collectifs. L'automobile est un objet culte et le principal signe extérieur de richesse

Jean-Christophe Gay, *La France d'Outre-mer - Terres éparses, sociétés vivantes*, © Armand Colin, 2021, Malakoff.

QUESTIONS

1. Listez les différentes infrastructures de transport réalisées dans les territoires ultramarins. Donnez des exemples précis.
2. Relevez les effets positifs de ces aménagements pour le développement des territoires ultramarins.
3. Montrez les inconvénients qu'engendre la création de ces infrastructures pour les habitants et les territoires.
4. Expliquez comment ces aménagements visent à développer ces territoires, en réduisant les inégalités existantes et en favorisant de nouvelles activités.

Exercice 2

Maîtriser différents langages

SUJET BLANC

Fond de carte à imprimer

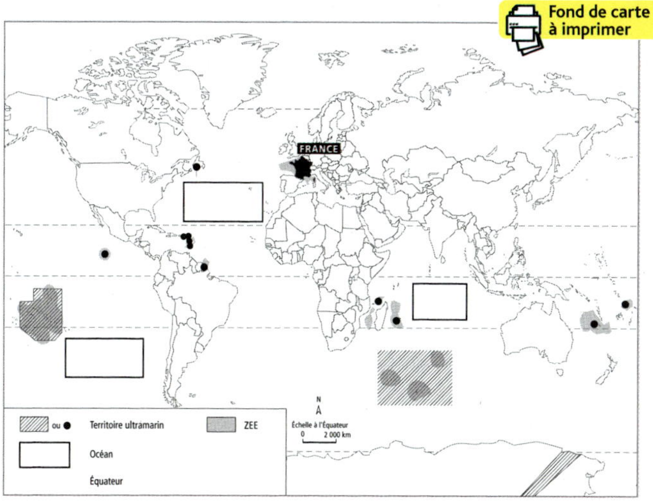

QUESTIONS

1. Dans un développement construit, montrez les problèmes spécifiques présents dans les territoires ultramarins français et les aménagements réalisés pour tenter d'y remédier.
2. Sur la carte et dans la légende :
   a. Localisez et nommez les trois océans identifiés sur le planisphère.
   b. Localisez et nommez sur le planisphère cinq territoires ultramarins de votre choix.
   c. Identifiez l'équateur sur le planisphère par un trait de couleur, et complétez la légende.

Réviser le THÈME 5

Pourquoi et comment aménager le territoire ?

SYNTHÈSE

- Les disparités et les inégalités au sein du territoire national s'accentuent à différentes échelles sous l'effet de la mondialisation, de la métropolisation et de l'intégration européenne. Elles soulèvent des enjeux de justice territoriale.
- Les acteurs publics jouent un rôle essentiel dans l'accompagnement de ces mutations. Les politiques publiques d'aménagement tentent de réduire les inégalités entre territoires tout en renforçant les atouts de chacun, notamment dans le cadre des pôles de compétitivité.
- Les collectivités territoriales construisent, aménagent ou développent les équipements pour les mettre à disposition des entreprises et des citoyens, à l'échelle régionale ou locale.
- Les territoires ultra-marins présentent des contraintes, comme la distance et l'insularité, qui s'ajoutent aux inégalités. Leur niveau de développement reste inférieur à celui des autres régions de la France et de l'Union européenne, mais souvent supérieur par rapport à l'environnement régional.

L'organisation du territoire français

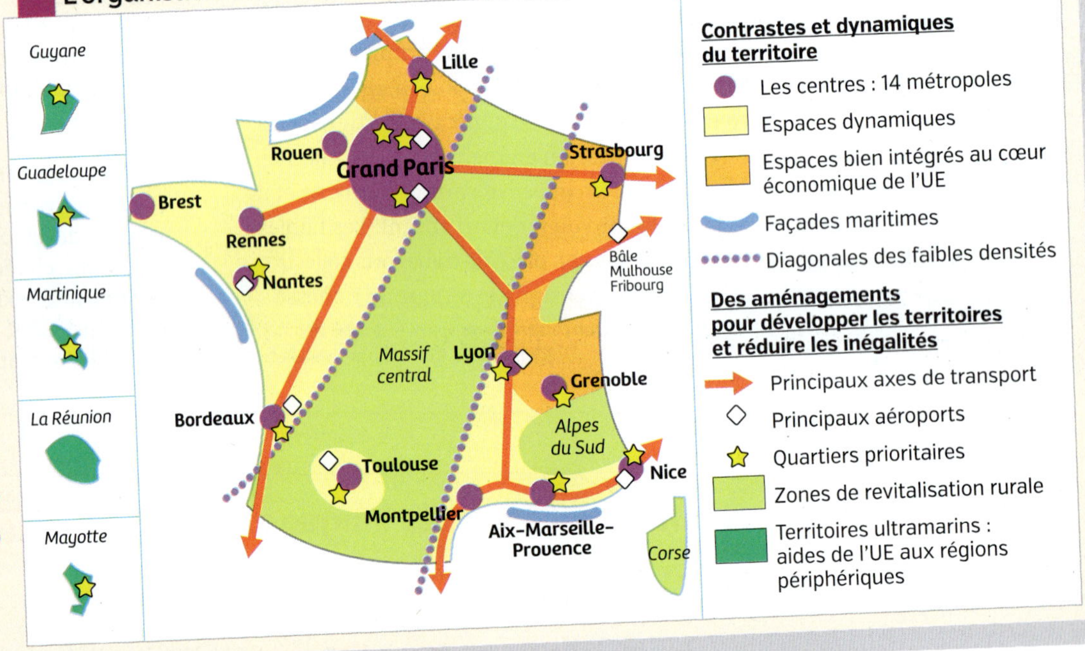

LES POINTS CLÉS DU THÈME

À l'aide de la synthèse et de la carte, dites si ces affirmations sont vraies ou fausses.

a) Les territoires, comme les individus, ne sont pas égaux face à la mondialisation et à la mise en concurrence. ☐ Vrai ☐ Faux

b) L'aménagement du territoire consiste à construire de nouvelles infrastructures pour équiper les territoires. ☐ Vrai ☐ Faux

c) La distance avec la métropole, l'insularité, les fragilités socio-économiques sont des caractères communs aux territoires ultramarins qui nécessitent des aménagements spécifiques. ☐ Vrai ☐ Faux

Vers le lycée

Bac professionnel

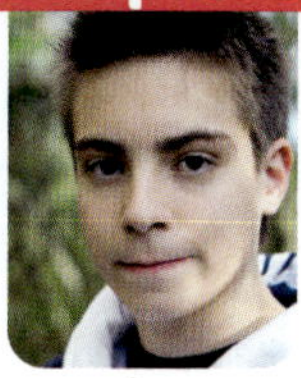

Clément, lycéen à Mulhouse

« **En Première professionnelle**, on étudie comment les acteurs participent à l'aménagement des territoires pour réduire les inégalités dans une France urbaine qui se transforme. Mais c'est surtout en Terminale que l'on étudie l'aménagement des territoires dans une logique de développement durable. »

Bac technologique

Sarah, lycéenne à Albi

« **En Première technologique**, on découvre comment les dynamiques industrielles et portuaires recomposent les territoires et présentent des enjeux majeurs d'aménagement. Les espaces ruraux aussi se transforment et soulèvent des enjeux d'aménagement partagés entre leur mise en valeur et leur protection. »

Bac général

Ethan, lycéen à Orléans

« **En Première générale**, on découvre que les transformations des systèmes productifs et des espaces ruraux français s'accompagnent d'enjeux d'aménagement. On poursuit la réflexion de 2de engagée sur la transition et la question des inégalités socio-économiques croissantes sur les territoires de la métropole et de l'Outre-mer. »

ZOOM sur un métier

Statisticien pour l'INSEE
Amir, 28 ans

En quoi consiste votre métier ?
À l'INSEE, nous élaborons des études statistiques sur des thématiques spécifiques : démographie, économie, éducation, santé, transport... Ces rapports orientent ensuite les actions et/ou politiques publiques d'aménagement du territoire.

Comment devient-on statisticien ?
L'accès au métier de statisticien se fait avec un niveau bac +2 minimum. On doit s'orienter dès le lycée vers la spécialité Mathématiques. Plusieurs diplômes sont ensuite proposés : licence professionnelle et BUT (bac + 3 ans), masters et diplômes de Grandes écoles (bac + 5 ans).

Que vous ont apporté vos études de géographie dans votre vie professionnelle ?
Le statisticien doit être capable d'expliquer de la manière la plus claire possible les statistiques, de les incarner dans des territoires et dans des réalités géographiques vécues.

POUR ALLER PLUS LOIN

Serious Game LGV

Dans ce jeu, vous devez définir les mesures propices à la préservation de deux sites sensibles sur le plan écologique situés sur le tracé de la ligne à grande vitesse Tours-Bordeaux.

Jeux sérieux
Construire et préserver
college.nathan.fr/22hg1603

Un article sur le mot « ultramarin »

Un article du portail des Outre-mer pour comprendre pourquoi le mot « ultramarin » est souvent mal compris par les populations de ces territoires.

Article
« Ultramarin » : un mot qui fait débat
college.nathan.fr/22hg1604

THÈME 6

La France et l'Union européenne

Le *European Youth Event (EYE)* au Parlement européen, Strasbourg, 2019.
La Rencontre des Jeunes Européens, ou *European Youth Event (EYE)*, organisée chaque année au Parlement européen, permet à des jeunes de 16 à 30 ans d'interagir, de s'inspirer mutuellement et de partager leurs idées pour construire l'avenir de l'Europe.

Parole de géographe

Que nous apprend cette photographie sur la place de l'Union européenne dans le monde ?

www.college.nathan.fr/22hg1700

La réponse de Frédéric Charillon, **politologue français spécialiste de la politique étrangère française et comparée**, de la défense et des relations internationales.

Quelles sont les caractéristiques de l'Union européenne et quelle place y tient la France, à toutes les échelles ?

L'Union européenne est un territoire d'intégration original et unique au monde, dont les réalités amènent à questionner…

Chapitre

17 L'Union européenne, un « nouveau territoire »

→ Quelles sont les caractéristiques de l'Union européenne et quelle position y occupe la France ?

Vu au collège

en 4e • En géographie, l'inégale intégration des territoires à la mondialisation.

en 3e • En histoire **(chapitre 7)**, les enjeux du projet européen et les principales étapes de sa construction.

Cours de 4e en PDF

RÉVISION 1 Les repères géographiques

Exercice interactif

Répondez aux questions à l'aide de la carte.

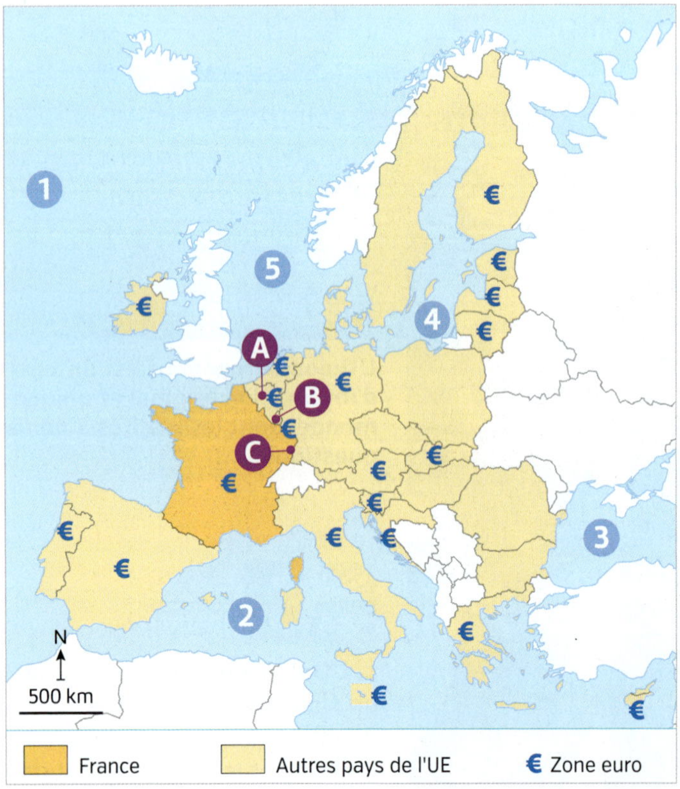

1. Nommez les mers et l'océan repérés par les numéros.
2. Associez les villes suivantes, sièges d'institutions européennes, aux lettres sur la carte :
   – Strasbourg
   – Bruxelles
   – Luxembourg
3. Nommez un pays membre de l'Union européenne utilisant l'euro et ayant une frontière commune avec l'Allemagne.
4. Citez deux pays d'Europe n'appartenant pas à l'Union européenne.
5. L'Union européenne compte 27 États membres. Défi : combien pouvez-vous en localiser ?

RÉVISION 2 Les étapes de la construction européenne

Exercice interactif

Associez chaque date à l'événement correspondant.

1. 1957
2. 1992
3. 1995
4. 2020

a. Le **traité de Rome** institue la Communauté économique européenne incluant un marché commun entre 6 États d'Europe de l'Ouest.
b. La **convention de Schengen** institue un espace de libre circulation des personnes.
c. Le Royaume-Uni se retire de l'UE (« **Brexit** »).
d. Le **traité de Maastricht** crée une **Union européenne** et institue la citoyenneté européenne et l'union économique et monétaire.

DANS CE CHAPITRE, DE QUOI VA-T-ON PARLER ?

En analysant les termes du sujet, je réponds aux questions suivantes :
- De quelle association d'États parle-t-on ?
- À quand remonte cette organisation ?
- À quels habitants s'intéresse-t-on ? Les Français aussi ?

Zoom sur…	L'Eurométropole de Strasbourg
Population (2018)	500 000 habitants
Nombre de communes	33
Siège du Parlement européen	705 députés de toute l'UE

Sources : INSEE 2021/ strasbourg.eu/*L'Express* 2020

Affiche de la conférence sur l'avenir de l'Europe (2021)

Inaugurée le 9 mai 2021 à Strasbourg, la conférence sur l'avenir de l'Europe donne aux 450 millions de citoyens des 27 États membres la possibilité d'exprimer leurs attentes pour l'avenir de l'Union.

Je découvre

L'Union européenne : un territoire d'appartenance original

L'Union européenne (UE) est un rassemblement volontaire d'États dont le périmètre et les compétences se sont considérablement étendus depuis 1957 : l'association économique s'est transformée en une organisation incluant de nombreux domaines politiques dans un territoire qui compte aujourd'hui 27 membres.

→ Quelles caractéristiques font de l'UE un territoire unique au monde ?

Zoom sur…	1957	2013	2020
Superficie de l'Europe institutionnelle (millions de km²)	1,2	4,4	4,2
Nombre d'habitants de l'Europe institutionnelle (millions d'habitants)	185	506	447

Source : Eurostat, 2021

Carte interactive

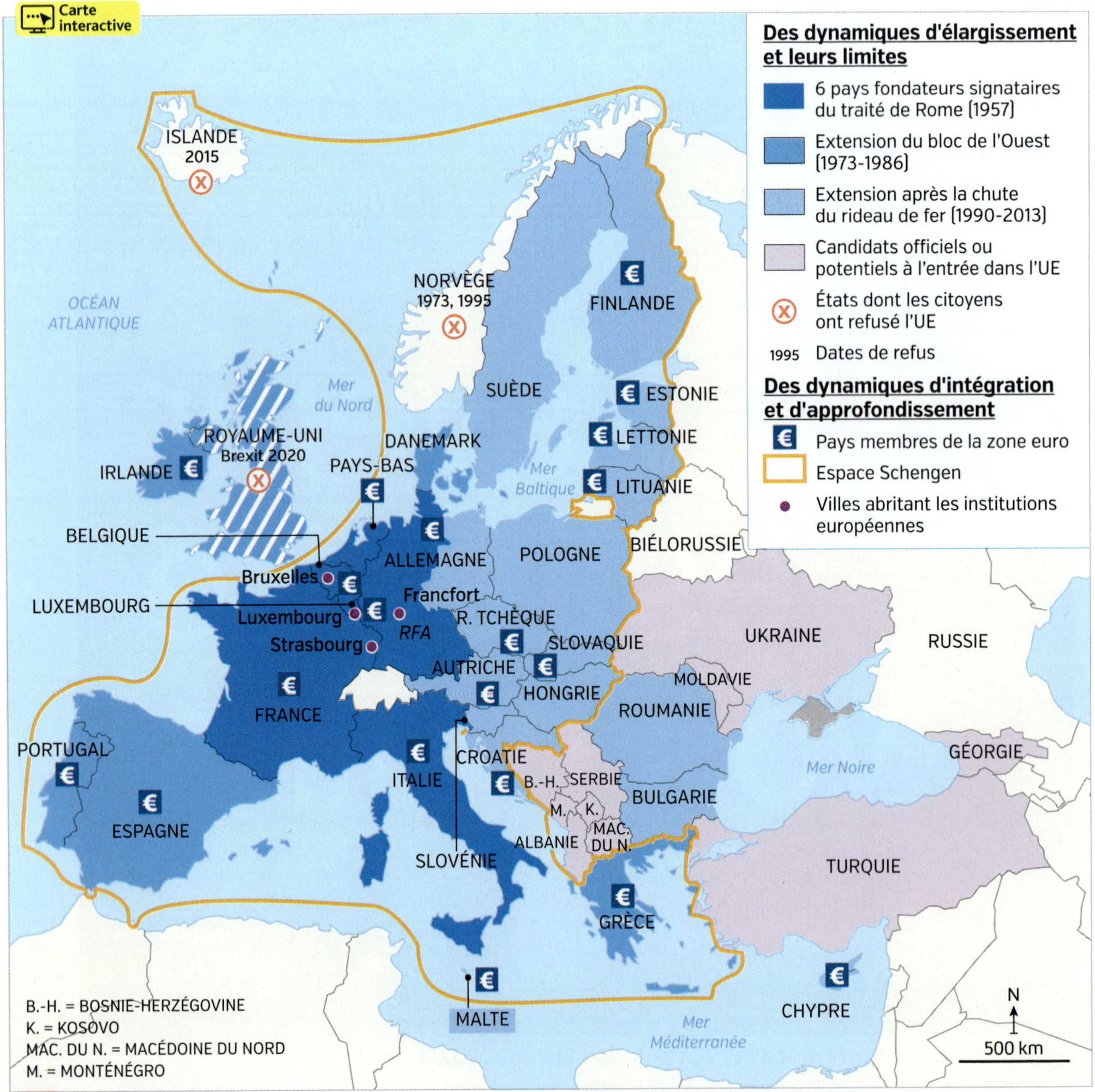

1 L'Union européenne : des dynamiques contrastées

2 L'influence de l'UE sur la vie quotidienne

Le programme Eramus+ pour l'éducation, la formation, la jeunesse et le sport comme les labels, normes et réglementations communes poursuivent l'objectif de rapprocher les Européens au sein d'un « territoire de référence ».

3 L'UE, le pays des Européens

Parole de géographe

L'Union européenne est fondée sur la conviction que la société a beaucoup plus à perdre qu'à gagner dans la confrontation entre les égoïsmes nationaux. Ce territoire et ce projet politique européens rompent nettement avec des siècles de rivalités et de guerres.

L'UE, tel un pays singulier au système politique singulier, repose sur le vouloir-vivre ensemble de sa société. C'est pourquoi l'UE est le pays des Européens. Par son riche et grand marché, par son modèle territorial d'adhésion et de mutualisation volontaires, par sa qualité de vie, par sa société qui reste centrée sur le pluralisme, les libertés, l'émancipation de l'individu et la solidarité collective, l'Europe est attractive.

D'après Sylvain Kahn, *Géopolitique et géoéconomie du monde contemporain*, La Découverte, 2021.

Sylvain Kahn, **géographe, spécialiste de l'Europe.**

college.nathan.fr/22h1701

Frontières terrestres :
2 900 km pour la France métropolitaine sur les **20 000 km** de l'UE.

Travailleurs transfrontaliers :
2 millions dans l'UE dont environ **20 %** vivent en France.

Participants au programme ERASMUS+ entre 2014 et 2020 :
4 millions d'Européens, dont plus de **740 000** au départ de la France.

Euroscepticisme :

- **20 %** des Français ont une image négative de l'UE (moyenne UE : 15 %).
- **61 %** des Français se sentent citoyens de l'UE (moyenne UE : 74 %).

Sources : Agence Erasmus+ France (janvier 2021) et Eurobaromètre, 2020-2021.

4 La France dans l'UE

Activités

Parcours 1

Je comprends le sens des documents

1. **Doc 1 et 3.** Relevez les dynamiques qui font de l'UE un nouveau territoire, toujours en construction.
2. **Doc 1, 2 et 4.** Quels liens d'appartenance l'UE crée-t-elle entre ses habitants ?
3. **Doc 1 et 4.** Décrivez la position de la France au sein du territoire de l'UE.

Je rédige un développement construit

4. À l'aide de vos réponses précédentes, rédigez un développement construit montrant quelles caractéristiques font de l'UE un territoire unique au monde.
– L'UE, un territoire toujours en construction et à géométrie variable.
– L'UE, un territoire d'appartenance pour ses habitants dans plusieurs domaines.

Aide à la rédaction

Parcours 2

Aide à la préparation de l'oral

J'argumente à l'oral

Pour montrer les caractéristiques qui font de l'UE un territoire unique au monde, préparez une présentation de quatre diapositives : elles doivent appuyer votre discours de façon dynamique et se succéder toutes les 30 secondes.

Je découvre

L'Union européenne : un territoire de contrastes

Bien qu'en recul depuis 2014, des disparités fortes marquent encore le territoire de l'UE, pôle de richesse majeur à l'échelle mondiale mais dont les territoires sont inégalement intégrés à la mondialisation.

Zoom sur…	Minimum dans l'UE	France	Maximum dans l'UE
PIB par habitant (en €)	16 300 (Bulgarie)	30 800	79 200 (Luxembourg)
Taux de chômage	3,1 % (Pologne)	7,9 %	15,8 % (Grèce)
Taux de pauvreté	10 % (Rép. tchèque)	13,6 %	24 % (Roumanie)

Source : Eurostat 2019-2021

→ Comment l'Union européenne cherche-t-elle à réduire les inégalités entre ses territoires ?

1 Une politique de cohésion pour les territoires

Parole de géographe

Depuis bientôt quarante ans, avec la création de la politique régionale, l'UE cherche à réduire les déséquilibres régionaux. Les régions « en retard de développement » ont largement bénéficié des Fonds structurels européens pour un résultat en dessous des attentes de la Commission européenne. Parallèlement, l'UE a souhaité mettre en place une croissance intelligente, durable et inclusive. La politique régionale inclut désormais une dimension davantage territorialisée. Elle s'attache davantage à renforcer les capacités de recherche et d'innovation des régions.

Aujourd'hui, une attention toute particulière doit être portée aux Pays d'Europe centrale et orientale (PECO) dont le défi consiste à mettre en place une politique de développement orientée vers l'innovation et la compétitivité, en plus des politiques de relance de l'emploi, de restructuration de leurs économies et de la construction des infrastructures lourdes nécessaires à leur développement et à leur attractivité régionale.

Sébastien Bourdin, enseignant-chercheur en géographie économique, *Économie et institutions*, n° 28, 2020.

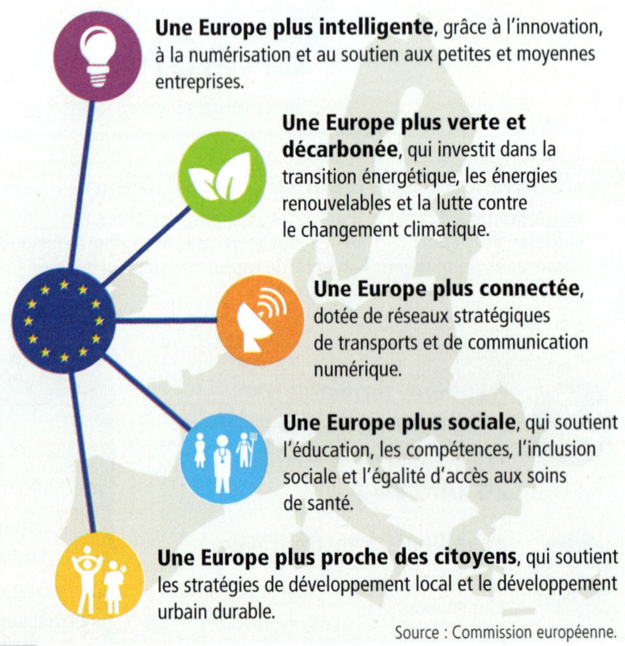

Source : Commission européenne.

2 Les priorités d'investissement de la politique de cohésion 2021-2027

VOCABULAIRE

- **Compétitivité** : capacité à faire face à la concurrence dans le cadre de la mondialisation.
- **Politique de cohésion** : politique de l'UE qui vise à réduire les inégalités régionales et à améliorer la compétitivité des territoires. Le financement est assuré par des **fonds structurels** comme le Fonds européen de développement régional (**FEDER**) ou les fonds de cohésion.
- **Régions ultrapériphériques (RUP)** : → p. 337

Carte interactive

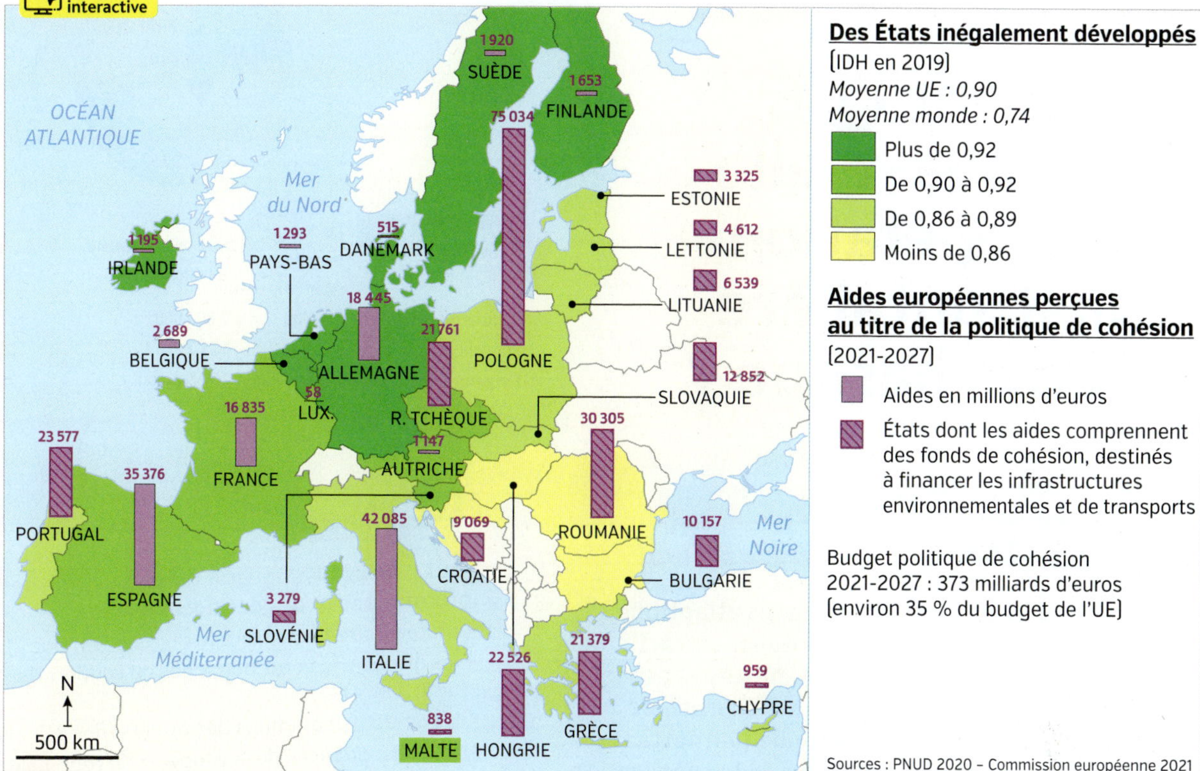

3 **Inégalités de développement et aides européennes**

4 **Des projets soutenus par l'UE**

Le plan « React-EU » vise à répondre à la crise de la Covid-19 et à agir en faveur de la cohésion des territoires de l'UE, notamment en Guyane, l'une des 9 régions ultrapériphériques de l'UE.

Activités

Parcours 1

Je comprends le sens des documents

1 **Doc 1, 3 et 4.** Décrivez les contrastes de développement entre les différents territoires de l'UE.

2 **Doc 1, 3 et 4.** Relevez les moyens et outils dont dispose l'UE pour réduire les inégalités.

3 **Doc 1, 2 et 4.** Illustrez par des exemples les évolutions récentes de la politique de cohésion territoriale européenne.

Je rédige un développement construit

4 À l'aide de vos réponses précédentes, rédigez un développement construit montrant comment l'UE cherche à réduire les inégalités entre ses territoires.

Aide à la rédaction

Parcours 2

Je réalise une production graphique

Pour montrer comment l'UE cherche à réduire les inégalités entre ses territoires, complétez ce schéma.

L'Union européenne, territoire de contrastes

- Des défis à relever
- Des moyens pour agir

Aide à la réalisation du schéma

Étude de cas

TÂCHE COMPLEXE

Comment l'UE contribue-t-elle à la coopération transfrontalière au Pays basque ?

Zoom sur…	Le Pays basque français	Le Pays basque espagnol
Population en 2020	310 000	2 800 000
Superficie	3 000 km²	17 625 km²
Densité	103 hab./km²	160 hab./km²

ENQUÊTE — Organiser un débat et argumenter à l'oral

Le Pays basque, au carrefour des axes atlantique et pyrénéen, est un espace transfrontalier attractif, riche d'une identité influencée par trois cultures : espagnole, française et basque. Votre classe est chargée de préparer et d'animer une table ronde permettant de partager des opinions sur le thème de la coopération territoriale européenne au Pays basque.

▸ Pratiquer différents langages

Coups de pouce

Vous pouvez distinguer 4 thèmes à l'aide des informations issues des documents.

- un territoire transfrontalier (« Zoom », doc 2)
- les dispositifs et les domaines de coopération (doc 1, 3 et 4)
- les objectifs communs des projets (doc 1, 3 et 4)
- les conséquences de la coopération (doc 1 à 4)

Guidage pour la réalisation de la tâche

1 Eskola Futura, un projet de développement transfrontalier

Le projet accompagne les étudiants souhaitant enseigner dans des établissements scolaires bilingues français/basque. Il est soutenu et financé par le programme **Interreg** Espagne-France-Andorre (POCTEFA).

VOCABULAIRE

- **Eurorégion** : espace de coopération transfrontalière associant plusieurs territoires de différents États européens, dans l'objectif de faire de la frontière un atout et non plus une contrainte.
- **Coopération transfrontalière européenne (CTE)** : ensemble des politiques de l'UE ayant pour objectif le développement des liens entre les territoires et les populations séparés par une frontière d'État, aux échelles régionales et locales.
- **Interreg** : programmes pluriannuels initiés et financés par l'UE dans le cadre de sa **politique de cohésion** (voir p. 337) pour soutenir la coopération entre les régions européennes.

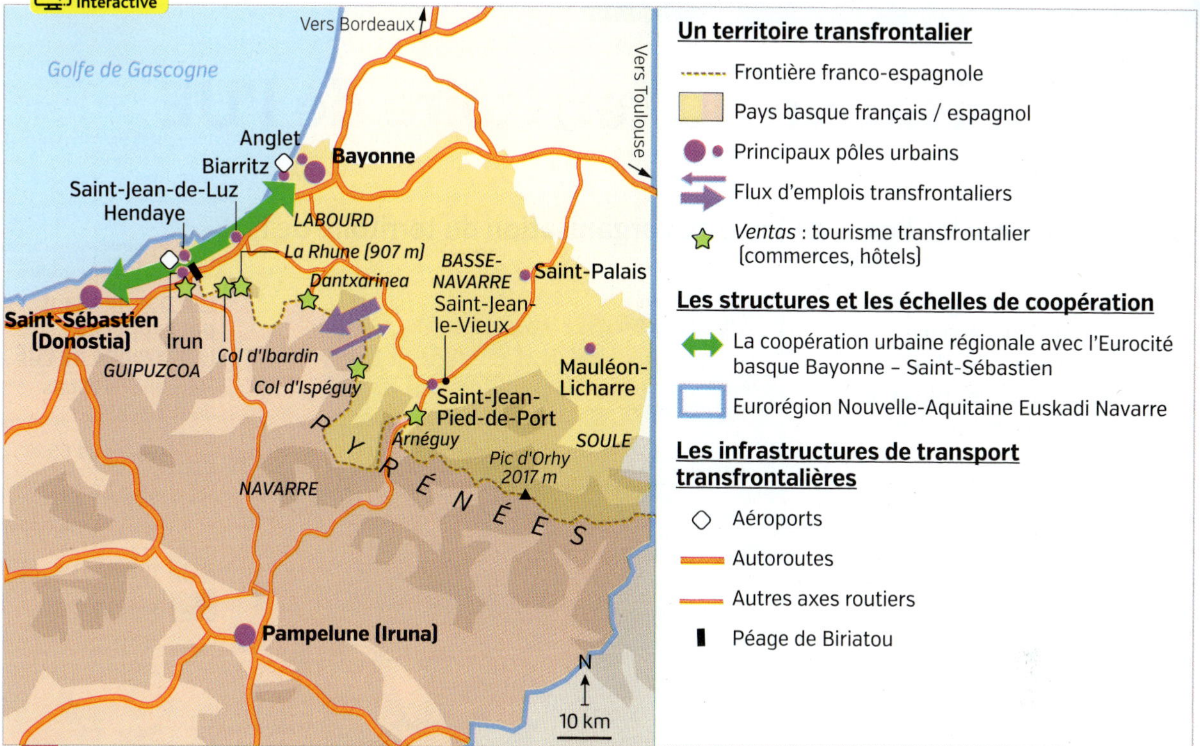

2 Le Pays basque, un territoire transfrontalier dynamique

3 « L'Europe réinvente la frontière »

Parole de géographes

La frontière de l'Union européenne est mouvante en raison, d'une part, des élargissements et, d'autre part, des configurations à géométrie variable de ses politiques. Cet ensemble et cette variabilité caractérisent le territoire de l'UE et amènent à en parler comme d'un pays. Ce pays est tissé par des liens d'interdépendance entre individus, groupes sociaux et communautés nationales qui, partageant un ensemble de valeurs, instituent ensemble des règles, une vie politique et des politiques communes dont la mise en œuvre produit leur territoire. La frontière du pays européen est logiquement une frontière d'un autre type que la frontière des États territoriaux classiques.

Ce pays européen fait aussi évoluer de l'intérieur la forme et la nature de la frontière : les frontières ont changé de sens et de fonction. Dématérialisées et ouvertes, elles sont devenues des interfaces et des liens et ne sont plus des frontières de séparation.

D'après Sylvain Kahn et Jacques Lévy, *Le Pays des Européens*, Odile Jacob, 2019.

4 Paroles d'habitants

a Vidéo

Diego, chef de la section des urgences de Navarre

« L'hôpital-camion, Unité Mobile Polyvalente Europe Occitanie (UMPEO), a été créé grâce au programme Interreg de coopération transfrontalière Espagne-France-Andorre. Il est installé ici en Navarre afin de lutter contre la Covid-19 et on peut l'utiliser pour la vaccination en zones rurales isolées, des deux côtés des Pyrénées.

Interview réalisée par le Gobierno de Navarra, navarra.es, janvier 2021.

b Vidéo

Éric, artisan charcutier à Saint-Jean-le-Vieux, soutenu par le FEDER pour rénover son atelier de fabrication

« Sans subventions européennes, on aurait perdu 10 ans sur notre croissance ! On est passé de 10 à 20 salariés, dans des conditions de travail qui n'ont plus rien à voir.

« Pays basque : où va l'argent de l'Union européenne ? », France 3 Nouvelle-Aquitaine, mai 2019.

Des cartes au croquis

L'organisation du territoire de l'UE

ÉTAPE 1 Je repère les lignes de force de l'organisation du territoire de l'UE

① Localisez la mégalopole européenne, espace le plus riche, le plus densément peuplé et le plus connecté de l'UE.

② Quels espaces constituent des « périphéries » de l'UE ? Justifiez votre réponse en prélevant des informations dans les deux cartes.

VOCABULAIRE

- **PIB (Produit intérieur brut)** : somme des richesses produites par un État.

Carte interactive

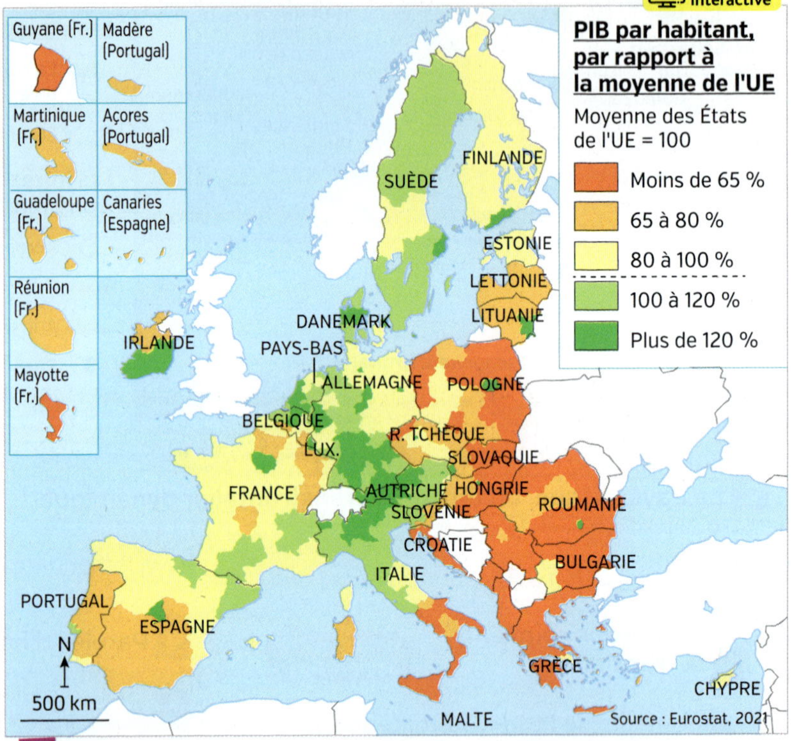

1 La richesse par habitant dans les régions de l'UE

Carte interactive

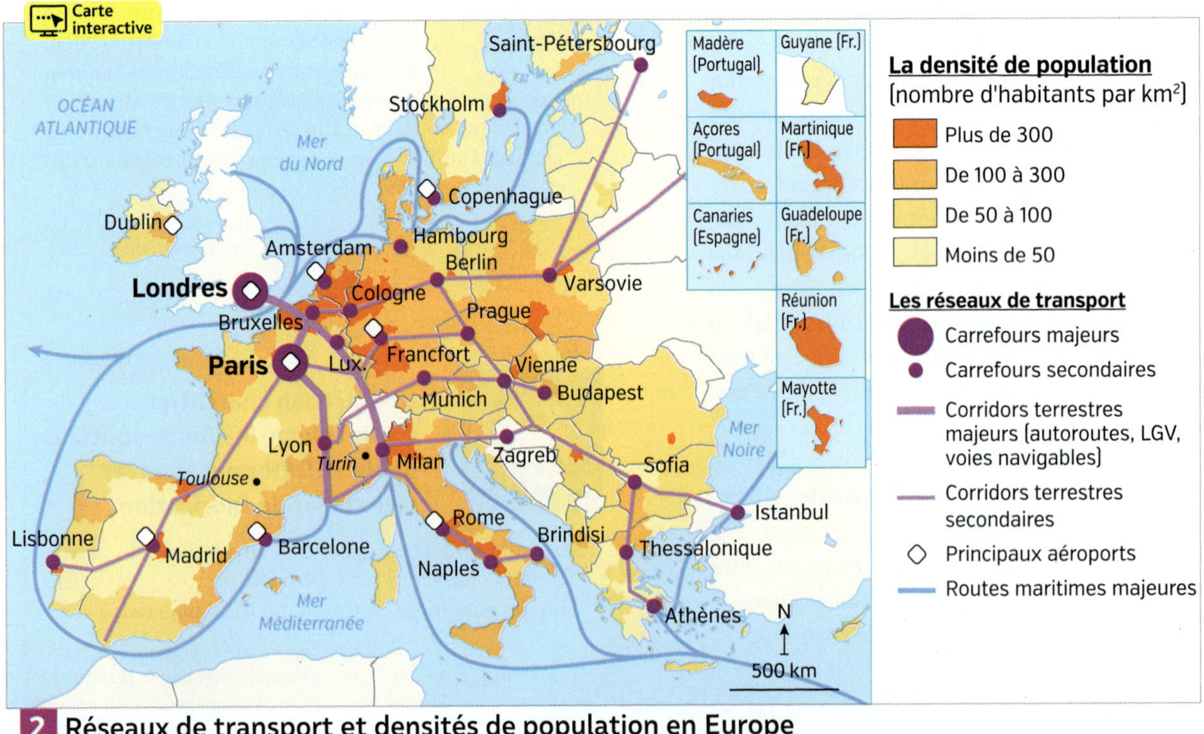

2 Réseaux de transport et densités de population en Europe

ÉTAPE 2 J'identifie des espaces du territoire français dans l'Union européenne

③ D'après les cartes p. 334 et les photographies ci-dessous, le territoire français est-il bien intégré dans l'UE ? Justifiez votre réponse.

3 Une nouvelle liaison ferroviaire Lyon-Turin
D'ici 2030, la Transalpine devrait relier la France à l'Italie par le tunnel ferroviaire le plus long du monde (57,5 km).

Source : Jakob + Mac Farlane

4 Le siège de la chaîne de télévision Euronews, à Lyon
Le « cube vert » abrite le siège de la chaîne européenne multilingue d'information internationale en continu.

5 L'usine d'assemblage Airbus à Toulouse
La direction d'Airbus a choisi le site de Toulouse pour accueillir la nouvelle chaîne d'assemblage du A321.

6 Le Parlement européen de Strasbourg
Le Parlement est la seule institution européenne directement élue.

ÉTAPE 3 Je passe au croquis

④ Recopiez et organisez les différentes informations :
- Villes mondiales
- Périphéries dynamiques
- Mégalopole européenne, cœur de l'UE
- Périphéries s'intégrant progressivement
- Axe de transport maritime majeur
- Régions développées et intégrées au centre
- Principales métropoles européennes
- Axe de communication terrestre majeur

⑤ Dessinez les bons figurés cartographiques devant chacune des informations.

⑥ Donnez un titre à votre croquis.

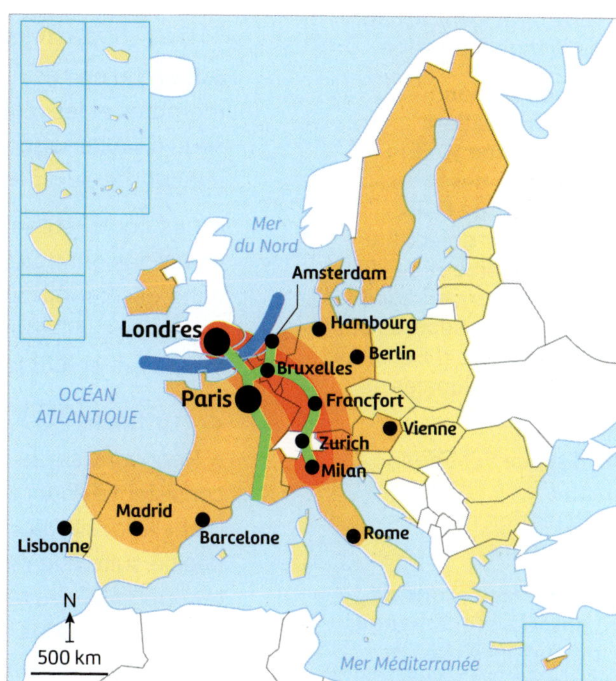

Support cartographique à imprimer

Leçon

Podcast du cours

L'Union européenne, un « nouveau territoire »

→ **Quelles sont les caractéristiques de l'Union européenne et quelle position y occupe la France ?**

CHIFFRES CLÉS

Le « continent » européen :
- **44** États, **747** millions d'habitants

Les territoires de l'UE
- **4,2** millions de km²
- **27** États membres
- **447** millions d'habitants
- PIB : **13 349** milliards (soit **18** % du PIB mondial)
- Densité de population : **109** habitants par km²

A L'Union européenne : un territoire singulier

1. Un ensemble « à géométrie variable »

- L'Union européenne (UE) est un rassemblement volontaire d'États autour de valeurs communes telles que la **démocratie** et les **droits de l'homme**.
- Depuis sa création en 1957, son périmètre s'est étendu. Suite au retrait du Royaume-Uni en 2020 (Brexit), elle compte désormais **27 membres** qui ne participent pas tous aux mêmes politiques communautaires : seuls 20 pays ont adopté l'euro ; l'espace Schengen comprend 27 pays dont 4 ne font pas partie de l'UE.

2. Une identité plurielle

- L'UE se caractérise par une très **grande diversité de milieux**, de **paysages** et de **cultures** : elle compte 24 langues officielles. Ses institutions (Parlement, Cour de justice, Conseil européen, Commission, Banque centrale, Cour des comptes) interviennent dans tous les domaines.
- Progressivement, l'UE est devenue un **territoire de référence** pour ses 447 millions d'habitants qui, s'ils ne représentent que 6 % de l'humanité, produisent 18 % de la richesse mondiale.

B Renforcer la cohésion de l'UE : une priorité

1. Des disparités importantes

- Bien qu'en recul, les **inégalités de développement** entre les États membres et les régions du territoire de l'UE restent importantes : à elles seules, l'Allemagne, la France et l'Italie produisent plus de la moitié de la richesse européenne.
- Ces contrastes justifient la mise en œuvre de politiques de cohésion. Elles ont pour objectif de permettre à tous les Européens de vivre dans des conditions équivalentes d'accès à l'emploi, à la culture, aux transports, à l'éducation, à la santé, d'améliorer la compétitivité des territoires et leur transition écologique et numérique.

2. Agir à toutes les échelles

- Reposant sur la **solidarité entre les États membres**, ces politiques consistent à financer des **projets d'aménagement** et de **développement** à l'échelle locale, régionale ou continentale. Qu'il s'agisse du plan de relance décidé suite à la crise de la Covid-19, de la coopération transfrontalière européenne, des mesures de solidarité déployées en faveur des régions ultrapériphériques (RUP) ou des quartiers urbains en difficulté, ce sont autant de moyens de renforcer le sentiment d'appartenance des Européens à un territoire commun.

VOCABULAIRE

- **Compétitivité :** capacité à faire face à la concurrence des autres territoires dans le cadre de la mondialisation.
- **Coopération transfrontalière européenne (CTE) :** ensemble des politiques de l'UE ayant pour objectif le développement des liens entre les territoires et les populations séparés par une frontière d'État, aux échelles régionales et locales.
- **Espace Schengen :** espace de libre circulation des personnes.
- **Interface :** zone de contacts et d'échanges privilégiés entre deux espaces distincts.

C La France dans l'UE : intégration et nouveaux défis

1. Un acteur majeur de l'Europe

- La **position géographique** de la France en fait une **double interface** : océanique et maritime d'une part, terrestre et continentale d'autre part.
- Membre fondateur de l'UE, le rôle de la France est essentiel et a été renforcé par la sortie du Royaume-Uni de l'Union. La France se situe au deuxième rang pour sa participation au **budget de l'UE** et est le premier bénéficiaire de la **politique agricole commune (PAC)**. Son économie et celle de l'Union sont étroitement liées : 54 % des exportations sont orientées vers les autres États membres.

2. De nouveaux enjeux

- La France fait partie du groupe des pays où les **jugements eurosceptiques** sont les plus répandus : la participation aux élections européennes de 2019, bien qu'en hausse, n'est que de 50,1 % tandis que 20 % des Français déclarent avoir une image négative de l'UE.
- Les élargissements successifs de l'UE ont déplacé le centre de gravité du territoire européen vers l'est. Ils ont renforcé la mégalopole européenne à laquelle la France n'est directement rattachée que par le Bassin parisien et les régions de l'arc Nord-Est. L'**intégration européenne** doit veiller à ne pas marginaliser les territoires de l'ouest de l'UE.

VOCABULAIRE

- **Mégalopole européenne :** espace fortement urbanisé qui concentre une forte densité de population et de richesse.
- **Politique de cohésion :** politique de l'UE qui vise à réduire les inégalités régionales et à améliorer la compétitivité des territoires.
- **Régions ultrapériphériques (RUP) :** les 9 territoires ultramarins de l'UE (îles Canaries, Guyane, Guadeloupe, Martinique, Mayotte, La Réunion, Saint-Martin, les Açores, Madère). La politique de cohésion prend en compte leurs contraintes particulières.

JE RETIENS AUTREMENT

Croquis interactif

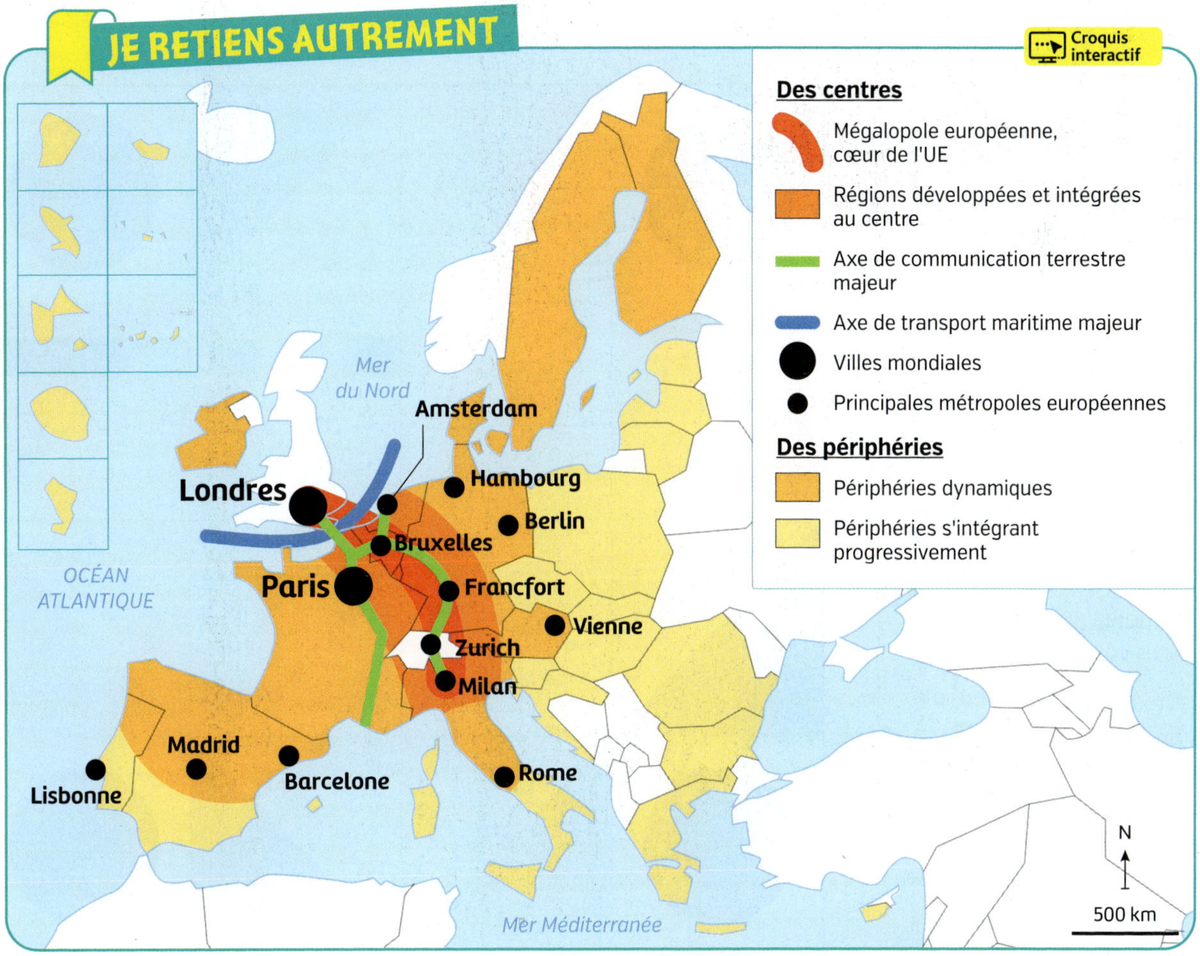

Apprendre en créant des jeux

ÉTAPE 1 Je mémorise ma leçon

Je sais utiliser dans une phrase :
- politique de cohésion
- coopération transfrontalière européenne
- intégration
- interface
- mégalopole européenne
- espace Schengen

Exercice 1 p. 339

Je sais situer :
- les États membres de l'UE et les sièges des institutions européennes
- les principales métropoles européennes
- la mégalopole européenne et les grands axes de l'espace européen
- l'exemple de région transfrontalière étudié

Exercices 2 p. 339 et 3 p. 340

Je sais expliquer :
- les caractéristiques de l'UE, territoire de référence et d'appartenance
- les objectifs de la politique de cohésion
- une coopération transfrontalière, ses objectifs et sa mise en œuvre
- la place de la France et son intégration dans le territoire de l'UE

Exercice 4 p. 340

ÉTAPE 2 J'apprends en créant des jeux

1. Listez les éléments essentiels à retenir : vocabulaire, notions importantes de la leçon, repères, chiffres clés...
2. Préparez des quiz, des grilles de mots fléchés ou mêlés, des exercices avec intrus, des cartes pour les repères géographiques, des cocottes à plier...
3. Entraînez-vous seul ou avec vos camarades. Des sites Internet (2Reply, Quizlet...) permettent de créer rapidement des quiz ou des flashcards.

Méthode pour le pliage

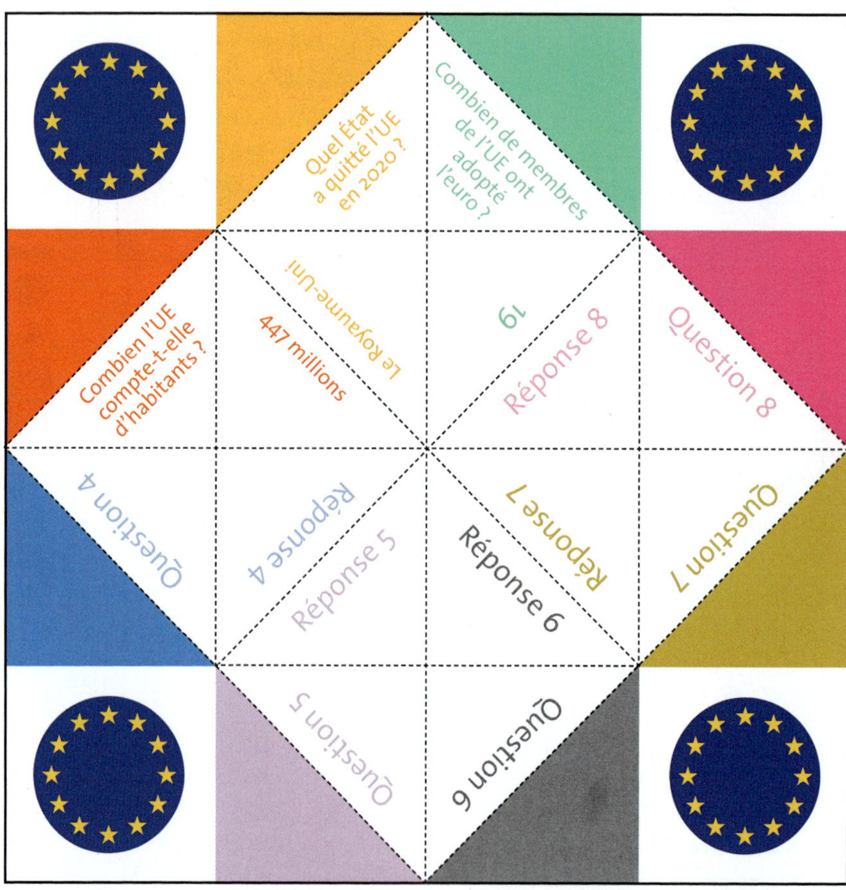

Exercices interactifs

Exercices

EXERCICE 1 Je révise le vocabulaire ★

Remplacez les expressions soulignées par le mot de vocabulaire qui convient.

Le territoire français occupe une position géographique particulière en Europe. C'est à la fois l'extrémité du continent et une double zone de contacts et d'échanges privilégiés, maritime et continentale. Les élargissements successifs de l'UE ont renforcé le poids de l'espace central riche et fortement urbanisé qui structure l'organisation de l'espace européen. La participation active des territoires les plus éloignés de ce centre de commandement est l'un des objectifs de la politique de l'UE visant à réduire les inégalités régionales et à améliorer la compétitivité de ses territoires.

EXERCICE 2 Je révise les repères spatiaux ★★

① Nommez les principales métropoles européennes repérées sur le croquis.
② Complétez les trois éléments de la légende.
③ Associez le nom des trois capitales européennes de la culture en 2023 au bon numéro indiqué sur la carte : Timisoara (Roumanie) ; Elefsina/Eleusis (Grèce) ; Veszprém (Hongrie).

Carte à imprimer

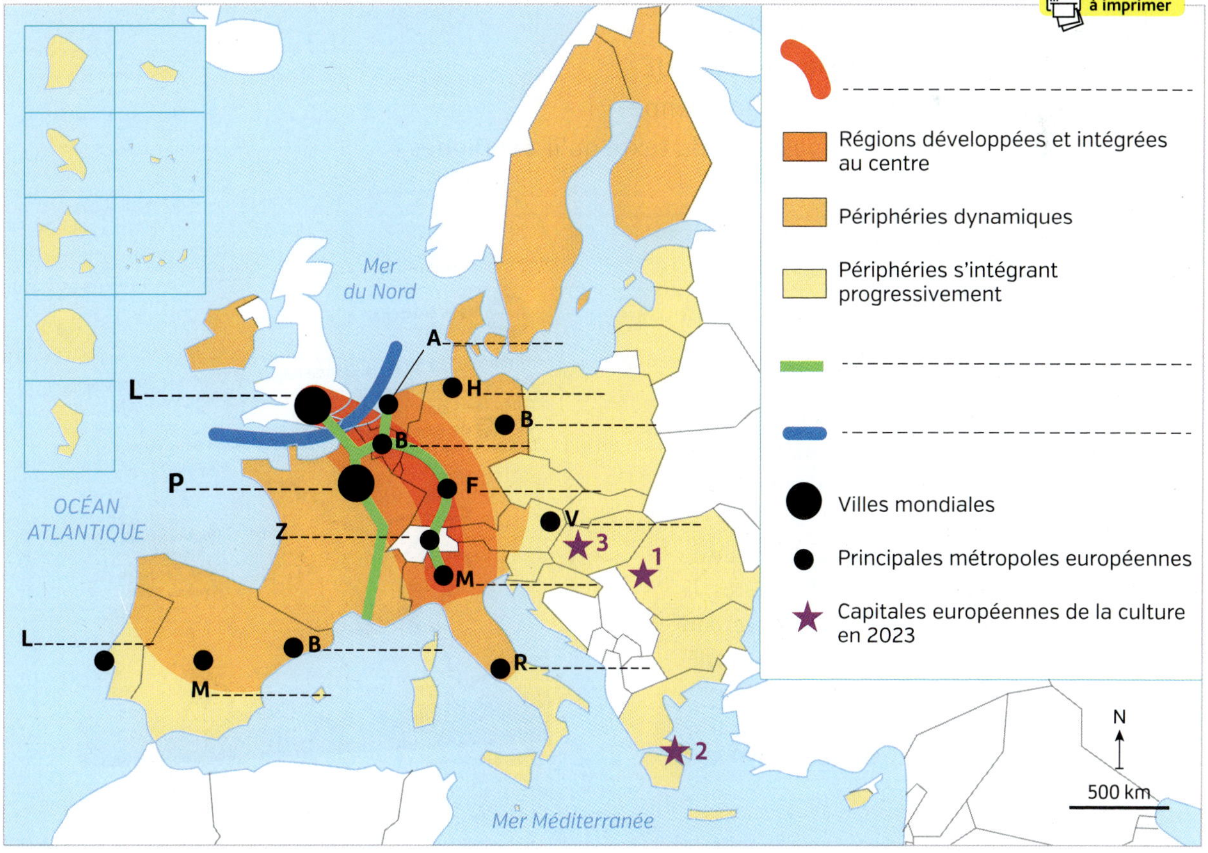

Exercices

EXERCICE 3 J'identifie des paysages européens ★★

① Associez chacun des espaces de l'Union européenne à la photographie qui lui correspond.

a Francfort-sur-le-Main (Allemagne), centre financier européen et mondial, abrite le siège de la Banque centrale européenne.

b L'hôpital de Puigcerdá (Espagne) accueille depuis 2014 des patients espagnols et français, sans différence de nationalité.

c La vallée des Roses à Kazanlak (Bulgarie) bénéficie d'un label d'indication géographique protégée délivré par l'UE.

1. La mégalopole européenne
2. Une périphérie s'intégrant progressivement
3. Un espace transfrontalier

② Complétez ce panorama des territoires de l'UE en recherchant dans votre manuel une photographie dont vous rédigerez la légende.

EXERCICE 4 Je sais expliquer des documents ★★★

Un camarade demande votre aide pour comprendre ces documents.

① Quelle partie de la leçon illustrent-ils ?
- Les contrastes des territoires de l'UE
- L'inégale intégration de la France dans l'UE
- La coopération transfrontalière européenne

② Pouvez-vous lui expliquer les passages du texte qu'il a surlignés ?

Depuis 1995, l'ambition de la Grande Région est de faire de cet espace transfrontalier un laboratoire de l'intégration européenne.

La Grande Région est financée par le budget européen dans le cadre de la politique de cohésion de l'UE et notamment du Fonds européen de développement régional (FEDER).

Fortement impactée par la pandémie de Covid-19 et la fermeture des frontières, la Grande Région a mis en place un certain nombre d'outils pour maintenir la coopération et la mobilité transfrontalière.

Touteleurope.eu, portail d'information sur les questions européennes

Exercice 1

Analyser et comprendre des documents

SUJET GUIDÉ

Méthode

Un **dessin de presse** relève à la fois du genre artistique et du genre journalistique. Le dessinateur y donne sa vision d'un thème d'actualité et cherche à faire réagir et réfléchir son public. Il utilise l'humour et la caricature. Veillez à faire preuve de **sens critique** pour bien interpréter le message.

1 Des retards dans la livraison des vaccins contre la Covid-19

Dessin de Chappatte paru dans *Le Temps,* Suisse, 29 janvier 2021.
Début 2021, le laboratoire suédo-britannique Astra-Zeneca annonce ne pouvoir livrer qu'un quart des doses de vaccins initialement promises à l'UE, provoquant l'agacement de la Commission européenne, présidée par Ursula von der Leyen (1).

2 Vers une « Europe de la santé »

L'Union européenne ne s'est pas montrée particulièrement utile ni efficace alors que débutait la crise de la Covid-19. Elle semblait être mise sur la touche – non seulement incapable, mais ignorée par les États membres dans la mesure où des principes fondamentaux de l'intégration européenne, tels que l'ouverture des frontières et l'interdiction de la restriction des exportations, ont été bafoués. Alors que la panique gagnait du terrain, les intérêts nationaux ont dominé.

Rétrospectivement, ce n'est pourtant pas la confusion initiale que l'on retient. C'est plutôt la rapidité avec laquelle les États membres européens ont commencé à travailler ensemble au cœur de l'une des plus grandes crises de santé publique qu'ils aient jamais eu à affronter.

La réponse immédiate de l'UE a consisté à coordonner le rapatriement des citoyens bloqués à l'étranger, à partager et à développer conjointement les connaissances épidémiologiques pertinentes, à rouvrir les frontières aux biens médicaux et essentiels, à lancer des procédures d'achat conjointes pour les biens médicaux et les équipements de protection, à déployer du personnel de santé. Une fois passée la première vague, des propositions de mesures à plus long terme ont commencé à émerger. Outre une stratégie de vaccination, la Commission européenne a également mis en place une nouvelle stratégie ambitieuse en matière de santé – « L'UE pour la santé » – qui devrait bénéficier d'un budget de 1,7 milliard d'euros pour la période 2021-2027.

Le programme « L'UE pour la santé » 2021-2027 a trois priorités : la protection des personnes contre les menaces transfrontalières, une meilleure disponibilité des médicaments et le renforcement des systèmes de santé.

D'après B. Vanhercke, S. Spasova, et B. Fronteddu (dir.), *Bilan social de l'Union européenne 2020. Face à la pandémie de Covid-19,* Bruxelles, Institut syndical européen (ETUI) et Observatoire social européen (OSE), 2021.

C'est-à-dire la participation active de tous les territoires composant l'UE.

C'est-à-dire les intérêts propres à chaque État membre.

C'est-à-dire « après coup », à la lumière du passé.

L'**identification** du document doit être précise : nature, auteur, date, source. Rédigez une phrase par document.

QUESTIONS

1. **Doc 1 et 2.** Identifiez les documents. Quel est leur thème commun ?
2. **Doc 1.** Décrivez le document. Quelles difficultés de l'UE son auteur met-il en avant ?
3. **Doc 2.** Relevez deux caractéristiques du territoire de l'UE fragilisées par la pandémie.
4. **Doc 1 et 2.** Expliquez en quoi la crise sanitaire a renforcé l'intégration européenne.

Brevet

Exercice 2

Maîtriser différents langages

SUJET GUIDÉ

1. Rédiger un développement construit

Sous la forme d'un développement construit d'une vingtaine de lignes, décrivez et expliquez la place qu'occupe la France au sein de l'Union européenne.

Décrire
Je dois présenter de manière ordonnée, en utilisant un vocabulaire et des exemples précis.
Expliquer
Je dois répondre à une question qui commence par « pourquoi » et argumenter pour faire comprendre ce que je décris.

Quelle position, quelle situation, quel rôle
- historique
- géographique
- politique
- démographique
- économique
- …

En quoi la France est-elle un acteur majeur de l'UE ?
Quels sont les nouveaux **enjeux** pour l'**intégration** de ses territoires et de ses habitants ?

Sujets possibles

→ Décrivez les caractéristiques de l'UE et montrez qu'il s'agit d'un territoire unique au monde.

→ Décrivez les inégalités qui existent au sein de l'UE, ainsi que les politiques mises en œuvre pour renforcer la cohésion en Europe.

→ En vous appuyant sur l'exemple étudié en classe, expliquez les objectifs et la mise en œuvre de la coopération transfrontalière au sein de l'Union européenne.

2. Repères géographiques

Carte à imprimer

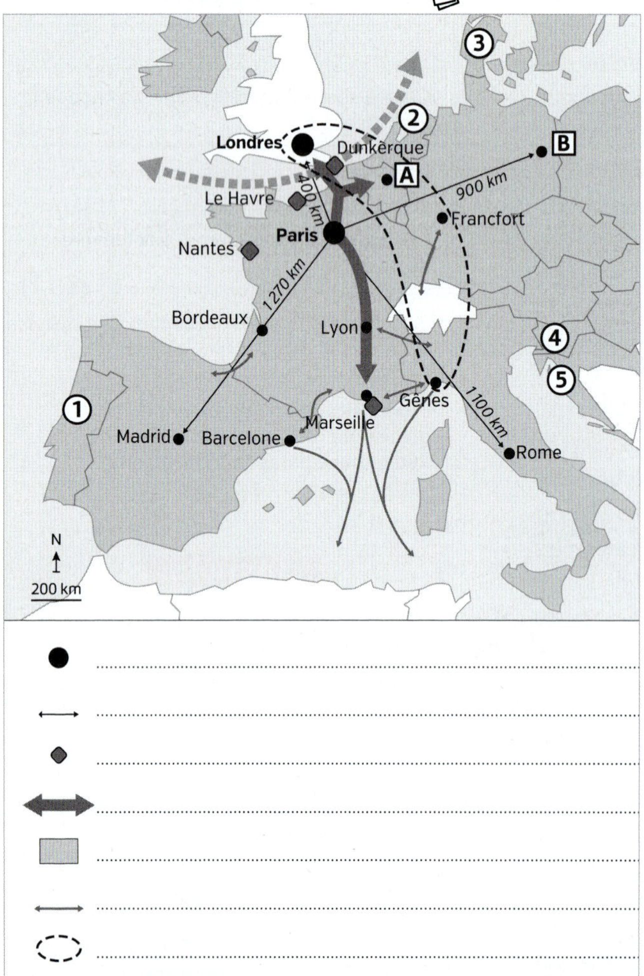

La situation de la France dans l'UE

Pour compléter une légende de carte, il est conseillé d'écrire en noir, et non dans une couleur comme le bleu, et en script.

QUESTIONS

1 Complétez la légende de la carte à l'aide des informations suivantes :
a. Métropoles mondiales
b. Limites de la mégalopole
c. États membres de l'Union européenne
d. Axes majeurs de circulation
e. Grands ports français
f. Axes majeurs de circulation internationale
g. Distances entre Paris et les grandes capitales d'Europe

2 Puis, sur la carte, nommez :
- les cinq États repérés par des chiffres ;
- les deux villes repérées par des lettres.

Exercice 1

Analyser et comprendre des documents

SUJET BLANC

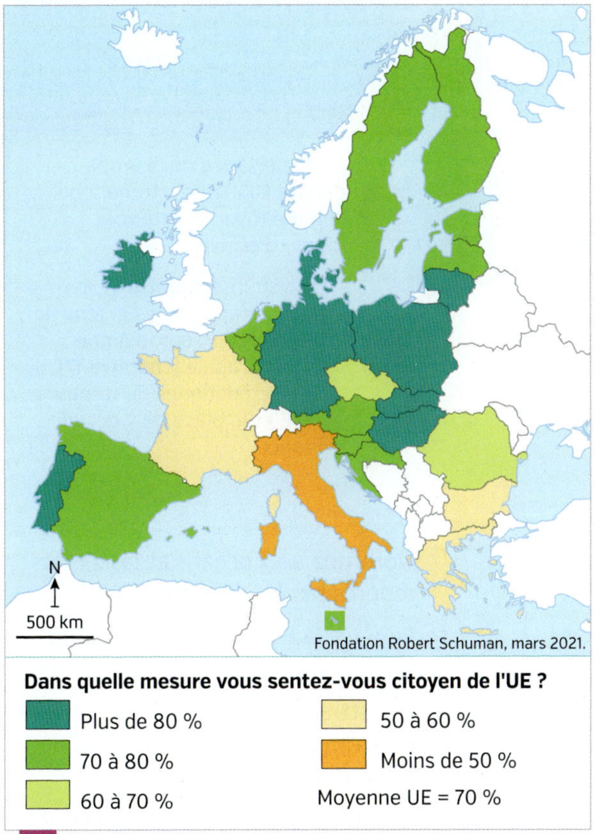

1 Un sentiment d'appartenance inégalement partagé

2 Une construction originale

L'Union européenne n'est pas un État mais une union d'États. Ses compétences exclusives portent sur des sujets majeurs comme la monnaie, la concurrence, le commerce ou la pêche. Dans la plupart des autres domaines, l'Union dispose de compétences dites « partagées » ou « d'appui » qui n'ont pas cessé de se multiplier. L'Europe s'est ainsi beaucoup développée et renforcée créant une union douanière, puis un marché unique, à ce jour inégalé, une monnaie l'euro, partagée par dix-neuf États membres.

À défaut d'une langue, d'un territoire bien défini, d'un chef, l'Europe s'affirme autour de valeurs qui constituent désormais des éléments de l'identité de l'Union.

Les enquêtes d'opinion de l'Eurobaromètre révèlent que les Européens sont très fortement attachés à l'Union et à ce qu'elle représente. Depuis l'automne 2019, le sentiment de citoyenneté européenne s'est même renforcé dans onze pays.

D'après Pascale Joannin, « On ne naît pas Européen, on le devient... », *Le Rapport Schuman sur l'Europe, l'état de l'Union 2021*, Fondation Robert Schuman, 2021.

QUESTIONS

1. **Doc 1 et 2.** Identifiez le thème commun à ces deux documents.
2. **Doc 2.** Relevez les différents domaines qui permettent aux habitants de l'UE de se sentir européens.
3. **Doc 1 et 2.** Justifiez cette affirmation : « le sentiment de citoyenneté européenne est inégalement partagé au sein de l'UE ».
4. **Doc 1 et 2.** À l'aide des documents et de vos connaissances, montrez que l'UE est un territoire d'appartenance toujours en construction.

Exercice 2

Maîtriser différents langages

SUJET BLANC

Rédigez un développement construit d'environ vingt lignes décrivant et expliquant la politique de cohésion de l'Union européenne et ses enjeux.

Chapitre

18 La France et l'Europe dans le monde

→ Quelle influence la France et l'Europe exercent-elles dans le monde ?

Vu au collège

en 4e
- L'importance de l'Europe dans le tourisme international comme foyer émetteur et région d'accueil.

en 3e
- En histoire **(chapitre 7)**, les grandes étapes et les enjeux de la construction européenne.
- En géographie **(chapitre 17)**, les caractéristiques du territoire de l'UE et la place qu'y occupe la France.

Cours de 4e en PDF

RÉVISION 1 Les repères géographiques

Exercice interactif

① Nommez les 3 océans et les 2 États repérés par les numéros.

② Repérez la France métropolitaine.

③ À quels DROM correspondent les lettres indiquées sur la carte (Martinique, Guadeloupe, Guyane, La Réunion, Mayotte) ?

④ Quelle est la bonne proposition pour compléter la légende ?
a. L'Union européenne dans la mondialisation
b. Les principales zones d'accueil des touristes dans le monde
c. Les principaux pôles économiques mondiaux
d. Les puissances émergentes (BRICS)

⑤ Localisez la Northern Range, principal couloir de circulation maritime européen.

RÉVISION 2 Le vocabulaire géographique

Exercice interactif

Indiquez si les affirmations sont vraies ou fausses, puis corrigez celles qui sont fausses.

① L'UE reconnaît le statut de Région ultrapériphérique (RUP) à 7 de ses territoires, dont les DROM français.

② La mégalopole européenne est un espace de forte densité de population et de richesse, situé du sud-est de la Suède au nord de l'Espagne.

③ Certains territoires sont en marge de la mondialisation ; on parle d'intégration différenciée des territoires.

④ La Politique étrangère et de sécurité commune (PESC) instaurée en 1992 encourage la coopération des États membres de l'UE dans les domaines de la diplomatie et de la Défense.

⑤ Depuis la fin de la guerre froide, les États-Unis sont la seule puissance mondiale.

⑥ Une ZEE (Zone économique exclusive) est un espace maritime sur lequel les 27 membres de l'UE possèdent des droits particuliers.

DANS CE CHAPITRE, DE QUOI VA-T-ON PARLER ?

En analysant les termes du sujet, je réponds aux questions suivantes :

- De quels espaces parle-t-on ?
- Comment les situer par rapport aux autres ?
- À quelle échelle travaille-t-on ?

Zoom sur… **L'UE dans l'espace**

2e plus grande industrie spatiale du monde

- Plus de 231 000 personnes employées
- Valeur estimée à 53-62 milliards d'€
- 1/3 des satellites dans le monde sont fabriqués en Europe.

Source : Union européenne, 2021

Décollage du lanceur Ariane 5 depuis le Centre spatial guyanais (Kourou, 25 décembre 2021)

Le lanceur de l'Agence spatiale européenne (ESA) a placé en orbite le télescope spatial James Webb, le plus puissant jamais conçu.

Je découvre

L'influence culturelle de la France et de l'Europe dans le monde

L'influence d'un territoire dans le monde ne dépend pas seulement de sa puissance économique ou militaire : sa capacité à séduire par ses idées, ses savoirs et ses valeurs est essentielle.

→ **Quelle influence culturelle l'Europe et la France exercent-elles dans le monde ?**

Zoom sur...	Les 1 000 « meilleures universités » (2021)
UE	270
France	30
États-Unis	200
Chine	180

Source : Classement de Shanghai, 2021

Carte interactive

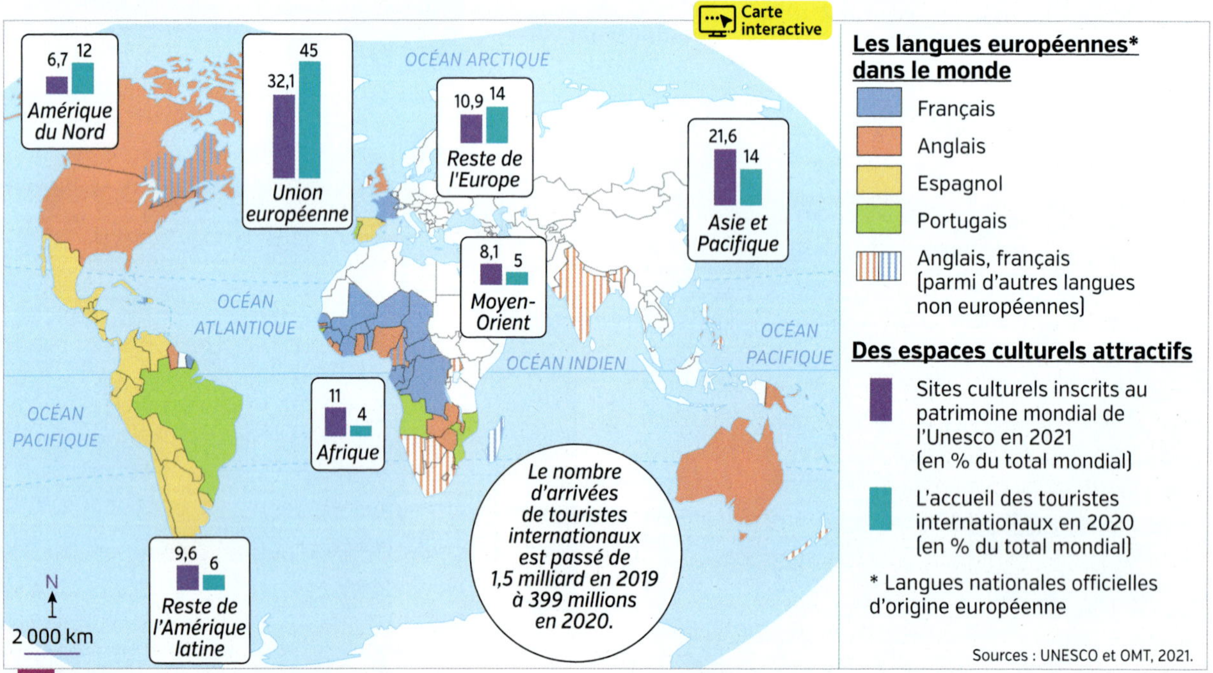

1 **Rayonnement et attractivité des cultures européennes**

2 Le français, support du rayonnement européen

Parole de spécialiste

Je crois nécessaire [...] de procéder à un rééquilibrage entre les langues. Un rééquilibrage qui, sans exclure l'anglais, donnerait toute sa place au français, langue parlée par 130 millions d'Européens et dans laquelle se reconnaissent 19 des 27 États de l'UE, ceux qui ont adhéré à l'OIF[1]. [...] Les francophones sont aujourd'hui plus de 300 millions dans le monde. Ils devraient être plus de 700 millions au milieu du siècle. L'UE, qui veut être l'un des grands acteurs de la scène mondiale, doit être en mesure de leur parler.

Louise Mushikiwabo, Secrétaire générale de la francophonie, citée dans Ariane Poissonnier, *Atlas de la francophonie*, Autrement, 2021.

1. L'Organisation internationale de la Francophonie (88 États ou gouvernements) promeut la langue française et les valeurs de diversité, de paix et de démocratie.

VOCABULAIRE

- **Attractivité** : capacité d'un territoire à attirer vers lui des ressources venues de l'extérieur (activités, personnes, idées, marchandises...).
- **Rayonnement** : capacité d'un territoire à diffuser des biens et des idées au-delà de ses frontières géographiques.
- **Soft power** : capacité d'un État ou groupe d'États à influencer et convaincre par des moyens, qui ne sont ni la menace ni la force, notamment culturels, idéologiques ou diplomatiques.

3 Le soft power culturel français

Parole de spécialiste

Sur plusieurs critères, notamment la culture, le classement Soft power 30 *établit chaque année une hiérarchie des pays les plus influents en matière de soft power.*

En 2019, la France arrive en tête du classement *Soft power 30*. La culture française continue d'exercer une très forte attractivité mondiale, avec de solides résultats dans les domaines de l'art, du cinéma, de la gastronomie, du sport et du tourisme. Abritant des symboles culturels tels que la tour Eiffel et le Louvre, la France compte également le plus grand nombre de restaurants étoilés au guide Michelin. Il n'est donc pas surprenant que la France soit la destination la plus visitée au monde.

Le soft power d'un État repose sur sa capacité à séduire d'autres pays qui admirent ses valeurs, veulent le suivre. Il définit l'attractivité d'un pays, de sa culture, de son mode de vie ; ne parle-t-on pas de l'art de vivre à la française ?

Les grands établissements culturels français contribuent de façon significative à la diplomatie d'influence et au rayonnement de la France sur la scène internationale. Depuis quelques années, les musées français proposent une concession de l'usage de leur nom considéré comme une marque commerciale et le prêt d'œuvre.

D'après Cécile Anger, juriste, spécialiste du droit du patrimoine culturel à l'université Paris-I Sorbonne, *Les Enjeux de l'information et de la communication*, n° 3A, 2021.

Inauguration le 5 novembre 2019 du centre Pompidou de Shanghai (Chine), 1re implantation en dehors de l'Europe.

4 Un salon de thé-restaurant Ladurée à Dubaï (Émirats arabes unis)

La maison Ladurée, spécialisée dans la production de macarons, promeut « l'art de vivre à la française », avec un réseau international de 107 boutiques implantées dans 22 pays.

Activités

Parcours 1

▶ Je comprends le sens des documents

1 **Doc 1 et Zoom.** Identifiez et décrivez les domaines de l'attractivité culturelle de l'UE.

2 **Doc 1 à 4.** Indiquez les domaines dans lesquels la France représente un atout pour le rayonnement culturel de l'UE.

3 **Doc 1, 2 et Zoom.** Relevez et expliquez les fragilités de l'influence culturelle de l'UE et de la France dans le monde.

▶ Je rédige un développement construit

4 À l'aide de vos réponses, rédigez un développement construit montrant l'influence culturelle de la France et de l'Europe dans le monde.
– Montrez d'abord comment se manifeste le rayonnement de la culture française et européenne.
– Puis expliquez que ce rayonnement culturel contribue à l'attractivité internationale de la France et de l'Europe.

Aide à la rédaction

Parcours 2

▶ Je réalise une production graphique

Pour montrer comment s'exerce l'influence culturelle de l'Europe et de la France dans le monde, réalisez une infographie mettant en avant un objet culturel symbole du soft power français.

Aide à la réalisation de l'infographie

Je découvre

VOCABULAIRE géopolitique, soft power p. 354

L'influence géopolitique de la France et de l'Union européenne dans le monde

Les États de l'UE dépensent peu pour leurs armées en proportion de leur richesse, mais la puissance militaire, symbole du hard power, ne suffit pas à rendre compte de l'influence géopolitique d'un territoire.

→ Comment s'exerce l'influence géopolitique de l'UE et de la France dans le monde ?

Zoom sur...	Les dépenses militaires en 2020 (en milliards de $)
UE	233
France	53 (8e rang)
États-Unis	778 (1er rang)
Chine	252 (2e rang)

Source : SIPRI, 2021

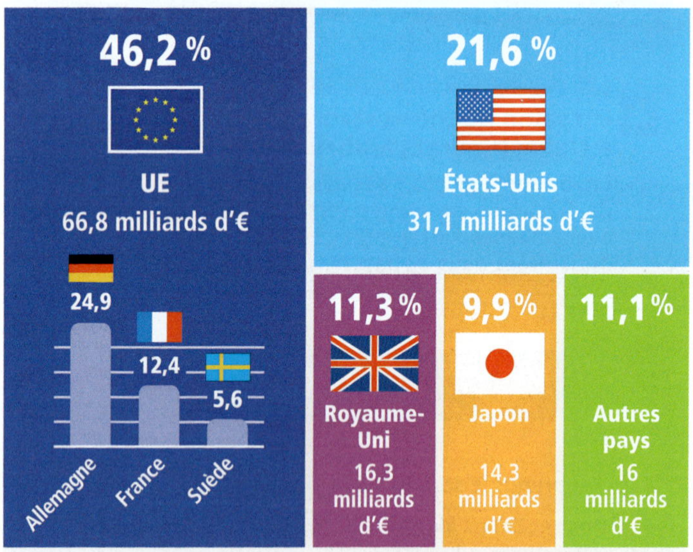

Source : Commission européenne, avril 2021.

1 L'UE, premier donateur mondial de l'aide publique au développement (APD) en 2020

2 L'UE, acteur de l'aide humanitaire

Volontaires de la Croix-Rouge intervenant à Haïti, premier bénéficiaire de l'aide humanitaire de l'UE en Amérique latine. En 2020, l'UE a versé 900 millions d'euros d'aide humanitaire à plus de 80 pays.

3 Une Europe géopolitique qui s'affirme

Si l'UE s'est depuis longtemps dotée d'une politique étrangère et d'une politique de sécurité et de défense communes (PESC, PSDC), c'est dans la période la plus récente qu'elle a pris véritablement conscience de la nécessité d'une affirmation géopolitique.

L'Europe s'est longtemps refusée à parler de « géopolitique » et de « puissance », elle était au mieux une puissance économique et commerciale, mais une puissance incomplète, ni politique ni militaire. L'Union européenne dispose d'outils de puissance. Elle est une bonne négociatrice. Au-delà du « soft power », elle peut manier les sanctions. Les géants américains du numérique ont dû se plier aux règles de la concurrence de l'Union.

L'enjeu est de faire monter la capacité de l'Union à s'affirmer comme un « producteur de sécurité ». L'UE finance des projets communs de recherche militaire et de développement dans le domaine de la défense. Un Fonds européen de défense a été doté de 7 milliards d'euros sur la période 2021-2027. Mais ces efforts s'inscrivent dans le cadre de l'OTAN[1], qui reste le socle de la défense collective européenne.

Revue internationale et stratégique, n°122, 2021.

1. Alliance militaire commandée par les États-Unis.

Carte interactive

Une présence territoriale sur tous les continents

- DROM
- Autres territoires ultramarins
- ZEE française (2e domaine maritime mondial)

Une présence militaire planétaire (2021)

- Soldats déployés dans le monde
- Opérations sous mandat (OTAN, ONU, UE)

Les éléments de l'influence politique

- Missions maritimes
- PAYS Membres permanents du Conseil de sécurité de l'ONU
- Union européenne
- Paris, siège d'organisations et de sommets internationaux
- Pays sans ambassade française

4 L'influence géopolitique de la France dans le monde

5 La France, une puissance limitée

Parole d'expert

La France n'est pas une superpuissance comme les États-Unis ou la Chine. Elle est une puissance « moyenne », en 4e position, juste derrière la Russie. Elle est un acteur clé de la politique européenne. [...] La puissance de la France a décliné du fait de la prépondérance américaine, de la réunification allemande, de la montée des puissances émergentes. Mais elle reste portée par son dynamisme démographique, par sa stabilité politique et le volontarisme de ses dirigeants, par ses valeurs qu'elle sait défendre avec fierté. Il lui faut corriger ses faiblesses dans le champ économique et surmonter le pessimisme et la déprime de ses propres citoyens.

D'après Maxime Lefebvre, diplomate, entretien avec Pascal Boniface, octobre 2019.

Activités

Parcours 1

Je comprends le sens des documents

1. **Doc 1, 2, 3 et Zoom.** Relevez les domaines où s'exerce l'influence géopolitique de l'UE.
2. **Doc 1, 2 et 4.** Montrez que la France est un atout pour l'influence géopolitique de l'UE dans le monde.
3. **Doc 3, 4 et 5.** Identifiez et expliquez les limites de la puissance géopolitique de l'UE et de la France dans le monde.

Je rédige un développement construit

4. À l'aide de vos réponses, rédigez un développement construit montrant l'influence géopolitique de l'UE et de la France dans le monde.

Aide à la rédaction

Parcours 2

Je réalise une production graphique

Réalisez une carte mentale pour montrer comment s'exerce l'influence géopolitique de l'UE et de la France dans le monde.

Aide à la réalisation de la carte mentale

Étude de cas

TÂCHE COMPLEXE

La puissance économique de l'UE et de la France

Zoom sur…	UE	France	États-Unis	Chine
Part du PIB mondial en 2020	17,9 %	3,1 %	24,7 %	17,4 %
Croissance du PIB en 2020	– 6,1 %	– 8,2 %	– 3,5 %	+ 2,3 %
IDE 2019-2020	– 75,8 %	– 47,1 %	– 40,2 %	+ 5,7 %

Sources : Eurostat 2021 – Forbes 2021

ENQUÊTE *Réaliser un reportage*

La pandémie de Covid-19 a représenté pour l'Union européenne un véritable choc : son PIB, qui augmentait en moyenne de 2 % par an depuis 2015, a chuté de 6 % en 2020. Pour la France, deuxième puissance économique de l'UE, cette baisse atteint 8 %.

Votre laboratoire de recherches en géographie vous charge d'un reportage afin de mettre à jour sa page Internet intitulée « Quelle puissance économique représentent aujourd'hui l'UE et la France dans le monde ? ».

▸ Conduire un projet

Coups de pouce

Vous pouvez distinguer trois thèmes à l'aide des informations des documents :

- L'UE et la France : des puissances économiques majeures
- Les limites de la puissance économique de l'UE et de la France
- Les perspectives futures de développement pour l'UE et la France.

Guidage pour la réalisation du reportage

Carte interactive

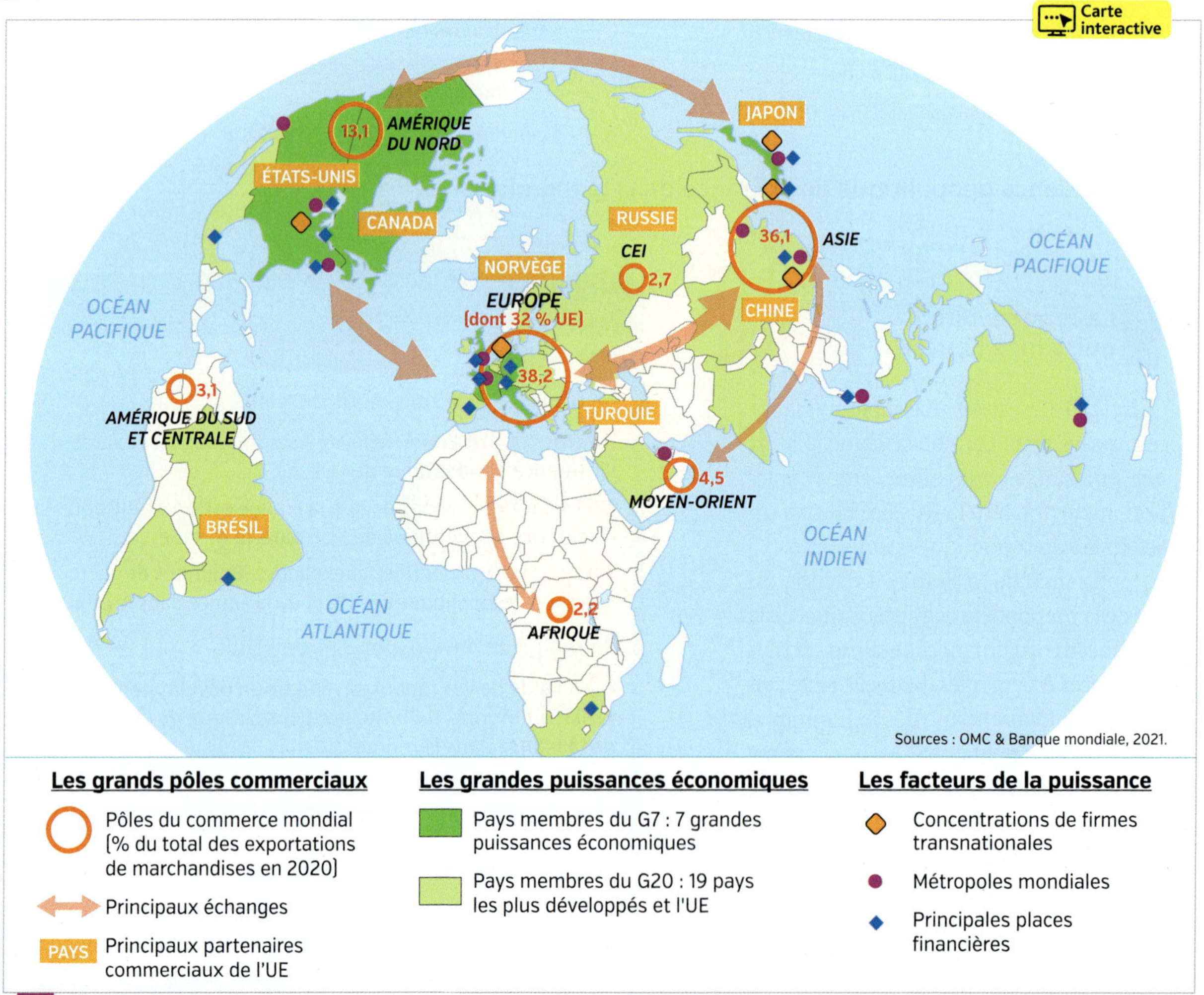

1 Les grandes puissances économiques et commerciales

Rang mondial	UNION EUROPÉENNE	
13	Mercedes-Benz	Automobile
23	Deutsche Telekom	Télécommunication
26	Volkswagen	Automobile
28	Shell	Pétrole et gaz
29	BMW	Automobile
36	Porsche	Automobile
81	SIEMENS	Ingénierie et construction
84	Allianz	Assurance
91	orange	Télécommunication
94	BOSCH	Ingénierie et construction

Rang mondial	FRANCE	
91	orange	Télécommunication
96	TotalEnergies	Pétrole et gaz
101	AXA	Assurance
123	Louis Vuitton	Vêtements - Luxe
137	CHANEL	Vêtements - Luxe
145	BNP PARIBAS	Banque
151	Cartier	Bijoux - Luxe
156	HERMÈS PARIS	Vêtements - Luxe
167	L'ORÉAL	Cosmétiques
171	RENAULT	Automobile

Source : Brand finance France, Classement mondial des 500 « marques » les plus valorisées en bourse, mars 2021.

2 Les dix premières FTN de l'UE et de la France

CHIFFRES CLÉS

L'UE en 2020

2e économie mondiale

6 % de la population mondiale

1re puissance commerciale

45 % des entrées touristiques internationales

Airbus (aéronautique) **1er** rang mondial

La France en 2020

7e économie mondiale

2e marché d'Europe

4e exportateur de services

1er pays d'accueil des IDE en Europe

3 Un plan de relance européen

Parole d'économiste

Plusieurs défis sont aujourd'hui posés à l'Europe, qu'il s'agisse de la rivalité avec la Chine et les États-Unis, de la capacité à prendre le virage de la transition énergétique, ou encore de la montée des inégalités.

En juillet 2020, les Européens trouvaient un accord pour un plan de relance commun, baptisé *Next Generation EU*, de 673 milliards d'euros sur trente ans. Certes, cette dette ne représente qu'un peu moins de 5 % du PIB de l'Union post-Brexit, mais près de cinq fois son budget annuel. Le plan prévoit des objectifs partagés : 37 % des fonds devront financer la transition énergétique, et 20 % les technologies numériques. *Next Generation EU* doit permettre la conversion de l'économie européenne à la fois à la révolution digitale et à la neutralité carbone.

D'après Sylvie Matelly, économiste et directrice adjointe de l'IRIS, *Revue internationale et stratégique*, n° 122, 2021.

VOCABULAIRE

- **IDE (investissements directs de/à l'étranger)** : → p. 354
- **FTN (firme transnationale)** : → p. 354
- **Start-up** : entreprise nouvellement créée, caractérisée par la perspective d'une forte croissance et l'usage d'une technologie nouvelle.

4 Un enjeu : l'attractivité

Parole d'acteur

Frédéric Mazzela, cofondateur de BlaBlaCar, leader mondial du covoiturage présent dans 22 pays, et président de France Digitale, première organisation de start-ups en Europe.

Le but n'est pas d'être une « start-up nation », mais de développer la puissance économique de la France. Les start-ups, ce sont les petites pousses de la forêt, le sous-bois en quelque sorte, c'est indispensable, mais ce qui change vraiment le paysage et rend l'ensemble plus fort, ce sont les grands arbres. La France compte déjà une petite vingtaine de licornes[1], c'est un bon indicateur même s'il se relativise par rapport aux 250 licornes américaines. L'enjeu, c'est vraiment l'attractivité.

Interview de F. Mazzela parue dans *L'Obs.*, 13 septembre 2021.

1. Start-up dépassant le milliard de dollars de valorisation, par exemple en France : BlaBlaCar, Deezer, Doctolib, Voodoo...

De la carte au croquis

L'influence de la France et de l'UE dans le monde

ÉTAPE 1 Je repère les domaines d'influence de la France et de l'UE dans le monde

① Localisez les territoires français et européens dans le monde. Comment peuvent-ils favoriser l'influence de la France et de l'UE dans le monde ?

② « La France participe au rayonnement mondial de l'UE. » Justifiez cette affirmation par des informations prélevées sur la carte.

Carte interactive

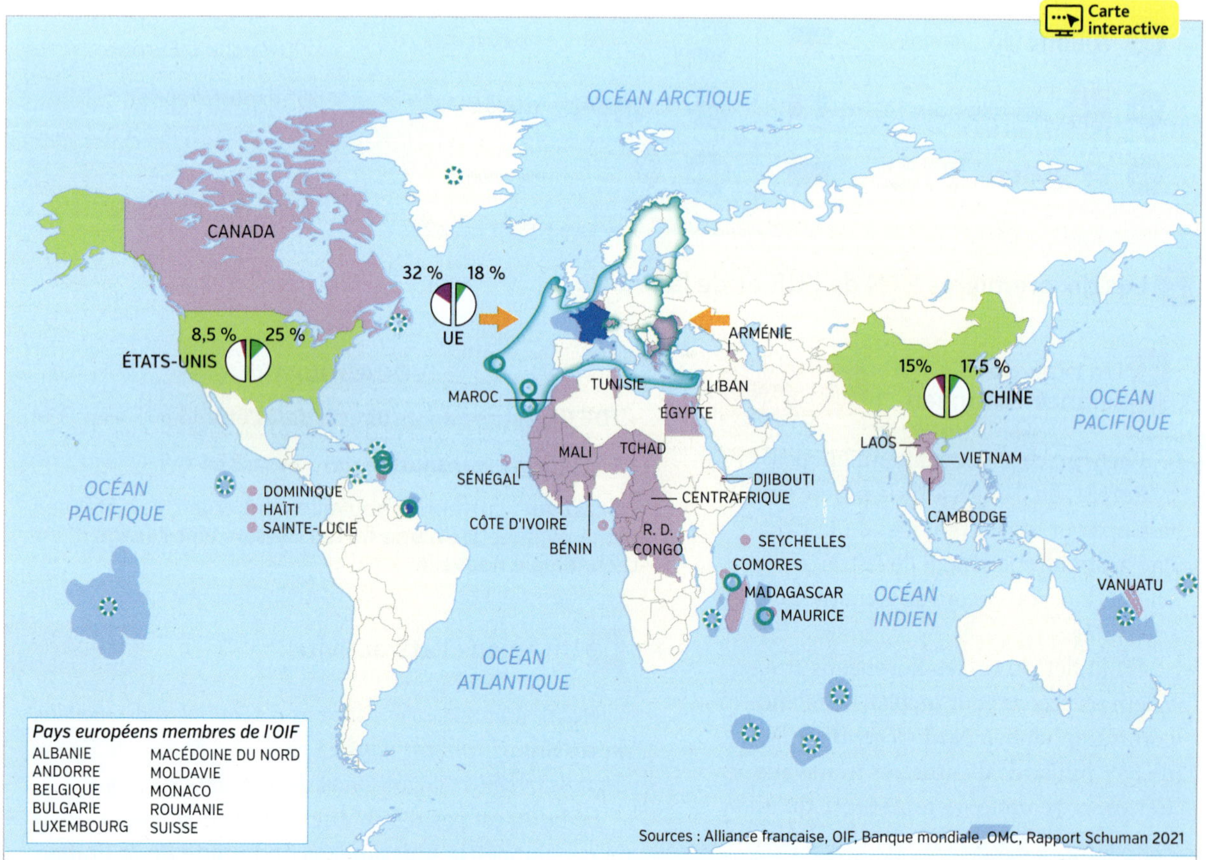

Puissance de l'UE et de la France dans le monde

- L'Union européenne : 27 membres, 447 millions d'habitants, 2e pôle économique mondial
- Principaux partenaires commerciaux et concurrents économiques de l'UE
- Part du PIB mondial en 2020
- Part des exportations mondiales de marchandises en 2020
- La France : 67 millions d'habitants, 1re puissance militaire et 2e puissance économique de l'UE

Rayonnement et attractivité de l'UE et de la France dans le monde

- Pays membres de l'Organisation internationale de la Francophonie
- L'UE, 1re région d'accueil des touristes internationaux
- RUP (Régions ultrapériphériques de l'UE)
- PTOM (Pays et territoires d'outremer de l'UE)
- Eaux territoriales et ZEE relevant des États de l'UE

1 Puissance, rayonnement et attractivité de l'UE et de la France dans le monde

ÉTAPE 2 J'identifie des espaces d'influence de la France et de l'UE dans le monde

③ Utilisez la carte p. 352 pour dire à quel domaine d'influence correspond chacune de ces photographies.

2 L'usine Volkswagen de Wolfsburg (Allemagne)

3 Paris, ville hôte des Jeux olympiques en 2024

4 Cérémonie d'ouverture du festival de Cannes en juillet 2021

5 Soldats de l'opération IRINI, action militaire de l'UE en Méditerranée (mars 2021)

ÉTAPE 3 Je passe au croquis

④ Choisissez un figuré approprié pour représenter chaque information :

- Paris, ville mondiale
- Territoires ultramarins et ZEE
- 2e façade maritime mondiale (Northern Range)
- L'UE, pôle économique mondial majeur
- Flux entrants (commerciaux, touristiques, financiers)
- Flux sortants (commerciaux, financiers)
- Membres de l'OIF
- La France, 1re puissance militaire et 2e puissance économique de l'UE

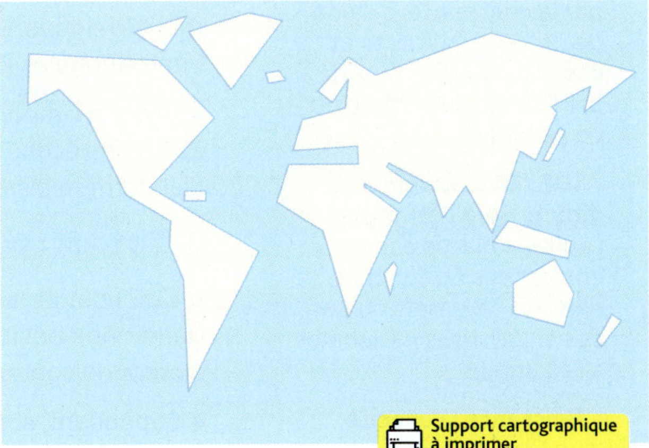

Support cartographique à imprimer

⑤ Organisez la légende, puis complétez le croquis à l'aide de la carte et en respectant les figurés choisis.

⑥ Donnez un titre au croquis.

Leçon

Podcast du cours

La France et l'Europe dans le monde

→ **Quelle influence la France et l'Europe exercent-elles dans le monde ?**

VOCABULAIRE

- **Attractivité :** capacité d'un territoire à attirer vers lui des ressources venues de l'extérieur (activités, personnes, idées, marchandises…).
- **Francophonie :** ensemble de celles et ceux qui, à des degrés divers, utilisent la langue française.
- **FTN (firme transnationale) :** entreprise qui contrôle des filiales implantées dans plusieurs États et qui produit et réalise une part importante de son chiffre d'affaires en dehors du pays d'origine.
- **Géopolitique :** étude des rivalités, des enjeux de pouvoir, mais aussi des coopérations entre les territoires.
- **Hard power :** capacité d'un État à imposer sa volonté à un autre État par la contrainte, à l'aide de moyens militaires et économiques, y compris par l'usage de la force ou de sanctions.
- **IDE (investissements directs de/à l'étranger) :** capitaux placés par des entreprises étrangères dans un pays tiers ou par des entreprises nationales à l'étranger.
- **Puissance :** capacité d'un État ou groupe d'États à imposer sa volonté et à agir sur le monde en s'assurant d'une influence durable sur les autres États en termes économiques, culturels et diplomatiques.

A Une influence culturelle prépondérante

1. La culture française, une référence mondiale

- La France est présente sous toutes les latitudes par son **territoire** et par sa **langue** (5e rang mondial). La francophonie assure la diffusion de la langue et de la culture françaises. Elle est relayée par un réseau très dense de **centres culturels** et d'**établissements scolaires** dans le monde.
- **L'art de vivre « à la française »** (mode, gastronomie…) est universellement connu. Des musées français et des universités s'exportent à l'étranger, participant au rayonnement et au soft power de la France.

2. La richesse des cultures européennes

- La grande diversité culturelle et artistique de l'UE fait d'elle le **premier pôle touristique mondial** (45 % des flux internationaux en 2020, année de crise pandémique).
- Ses valeurs de démocratie et de paix, son offre de formation et d'éducation en font une **destination attractive pour les migrants** : elle est le **premier foyer d'accueil mondial des étudiants étrangers**.

B Une influence géopolitique inégale

1. Le rôle affirmé de la France

- La France est présente **dans toutes les grandes organisations internationales** (ONU, OTAN…). Elle dispose d'un **réseau d'ambassades** très développé. Elle est investie dans de multiples opérations militaires internationales (Sahel, Syrie-Irak, Liban).
- Grâce à l'importance de ses territoires ultramarins, elle contrôle une ZEE (zone économique exclusive) de 10,2 millions de km² (2e rang mondial derrière les États-Unis).

2. L'UE, un rayonnement politique limité

- L'UE est une **association de 27 États indépendants et souverains**. Définir une position commune face aux grands enjeux **géopolitiques** du monde contemporain est **difficile**.
- Cependant, **son rôle politique international et sa coopération dans le domaine de la défense s'affirment** : interventions militaires et aide accordée aux pays en développement en hausse, création d'un **Fonds européen de la défense (FED)** de 7 milliards d'euros (2021-2027). Début 2022, face à la Russie, l'UE a manifesté son hard power de manière inédite (sanctions financières et économiques, fermeture de l'espace aérien de l'Union européenne, livraison d'armes à l'Ukraine).

C L'influence économique majeure de l'Europe

1. L'UE, puissance économique mondiale majeure

- L'UE concentre **18 % de la richesse mondiale**. Elle tire des bénéfices importants des **activités de services** et des **industries de haute technologie** (aéronautique, chimie, etc.).

- Centre majeur du commerce international avec 32 % des exportations mondiales de marchandises, l'UE est également au cœur des **échanges financiers** grâce à des **bourses de dimension mondiale** (Paris, Francfort), à l'**importance de l'euro** et à sa capacité d'émission et de réception des IDE. Le Brexit, la crise sanitaire et la forte concurrence des États-Unis et des pays émergents représentent autant de défis. **Le plan de relance** *Next Generation EU* (2020) poursuit l'objectif de stimuler la reprise et préparer l'avenir.

2. La France, une influence économique contestée

- **7e puissance** économique mondiale, la France se situe au **2e rang de l'UE**. L'économie française est ouverte sur le monde grâce à son puissant réseau de FTN. Son attractivité est forte : les IDE reçus sont les plus importants d'Europe en 2020.

- Cependant, la France a un **solde commercial** très largement déficitaire. Elle est dépendante des importations de matières premières et est soumise à une forte concurrence internationale.

VOCABULAIRE

- **Rayonnement :** capacité d'un territoire à diffuser des biens et des idées au-delà de ses frontières géographiques.
- **Soft power :** capacité d'un État ou groupe d'États à influencer et convaincre par des moyens, qui ne sont ni la menace ni la force, notamment culturels, idéologiques ou diplomatiques.
- **ZEE (zone économique exclusive) :** espace maritime sur lequel un État possède des droits d'exploitation et d'usage des ressources. Une ZEE s'étend jusqu'à 370 kilomètres d'un littoral, voire 648 km en cas d'extension.

JE RETIENS AUTREMENT

La France et l'Union européenne, des puissances d'influence mondiale

France		Union européenne
• Espace de la **francophonie** (5e langue au monde, OIF) • Prestige de la **culture française, « l'art de vivre à la française »** • **1re destination touristique mondiale**	**Influence culturelle**	• Des valeurs : **démocratie, paix, justice** • **Destination attractive** (touristes et migrants)
• **7e économie mondiale, 2e économie de l'UE** • Des **FTN** : hydrocarbures, agroalimentaire, luxe, pharmacie • **Accueil d'IDE et capacité d'innovation**	**Influence économique**	• **Pôle économique et commercial majeur** • **Puissantes FTN** (haute technologie, services) • **Puissance financière** (euro, bourses)
• **Territoires ultramarins** • **2e puissance maritime mondiale (ZEE)** • **Dissuasion nucléaire** • **Présence militaire et diplomatique mondiale**	**Influence géopolitique**	• Nombreux **territoires ultramarins** • Acteur majeur de l'**aide humanitaire et au développement** • Engagement actif pour la **transition énergétique et climatique** • **Politique de défense commune** qui s'affirme (**FED**)
• **Solde commercial déficitaire, dette** • **Forte concurrence mondiale** (États-Unis, BRICS…)	**Des limites**	• Forte **concurrence mondiale** (États-Unis, Chine) • **Poids politique et militaire limité** • **Fragilités récentes** (Brexit, pandémie) • **Divisions internes**

Apprendre à apprendre

Créer ses outils de révision

ÉTAPE 1 Je mémorise ma leçon

Je sais utiliser dans une phrase :
- puissance
- rayonnement
- attractivité
- soft power
- hard power

Exercices 1 p. 357 et 3 p. 358

Je sais situer :
- les territoires de la France en Europe et dans le monde
- quelques États francophones dans le monde
- le territoire de l'Union européenne
- les façades maritimes européennes et quelques fleuves principaux
- les grands pôles économiques mondiaux

Exercice 2 p. 357

Je sais expliquer :
- les domaines dans lesquels s'exerce l'influence de la France et de l'UE dans le monde, en citant des exemples
- la place de la France dans le rayonnement européen
- l'atout que représente l'UE pour la puissance française
- les limites de l'influence de la France et de l'UE dans le monde

Exercices 3 et 4 p. 358

ÉTAPE 2 Je fabrique un outil de révision : l'affiche

Pour apprendre sa leçon, on peut fabriquer une affiche.

① Pour commencer, il faut s'assurer que l'on a bien compris sa leçon :
- identifiez le titre du chapitre, la problématique, le vocabulaire, les chiffres-clés et les idées principales.
- réservez sur l'affiche une place pour les repères géographiques à mémoriser.

② Pour réaliser votre affiche :
- utilisez un code couleurs pour organiser toujours de la même manière les informations importantes (exemple : titre en rouge, sous-titres en vert...).
- recherchez une ou deux photographies pour illustrer votre production.

Titre de la leçon

LA FRANCE ET L'EUROPE DANS LE MONDE

La problématique de la leçon

Quelle influence la France et l'Europe exercent-elles dans le monde ?

- *Une attractivité importante*
  > La France : 1re destination touristique mondiale ; 300 millions de locuteurs francophones dans le monde.
- *Idée principale n° 2*
  > Exemple
- *Idée principale n° 3*
  > Exemple

Les repères géographiques :
J'utilise les fonds de carte fournis sur le site Nathan pour coller un planisphère avec les repères du chapitre.
Fonds de carte

Vocabulaire
- Puissance
- ZEE
- ...

Illustrations
Je colle des documents illustrant la leçon.

Exercices interactifs

Exercices

EXERCICE 1 Je révise le vocabulaire ★

Associez chaque mot à sa définition.

1. Puissance
2. Rayonnement
3. Attractivité
4. Soft power
5. Hard power

a. Capacité d'un État ou groupe d'États à influencer et convaincre par des moyens qui ne sont ni la menace ni la force.

b. Capacité d'un État ou groupe d'États à imposer sa volonté et à agir sur le monde.

c. Capacité d'un territoire à attirer vers lui des ressources venues de l'extérieur (activités, personnes, idées, marchandises...).

d. Capacité d'un État à imposer sa volonté à un autre État par la contrainte, à l'aide de moyens militaires et économiques, y compris par l'usage de la force ou des sanctions.

e. Capacité d'un territoire à diffuser des biens et des idées au-delà de ses frontières géographiques.

EXERCICE 2 Je me repère dans l'espace ★★

Nommez chacun des espaces numérotés sur la carte.

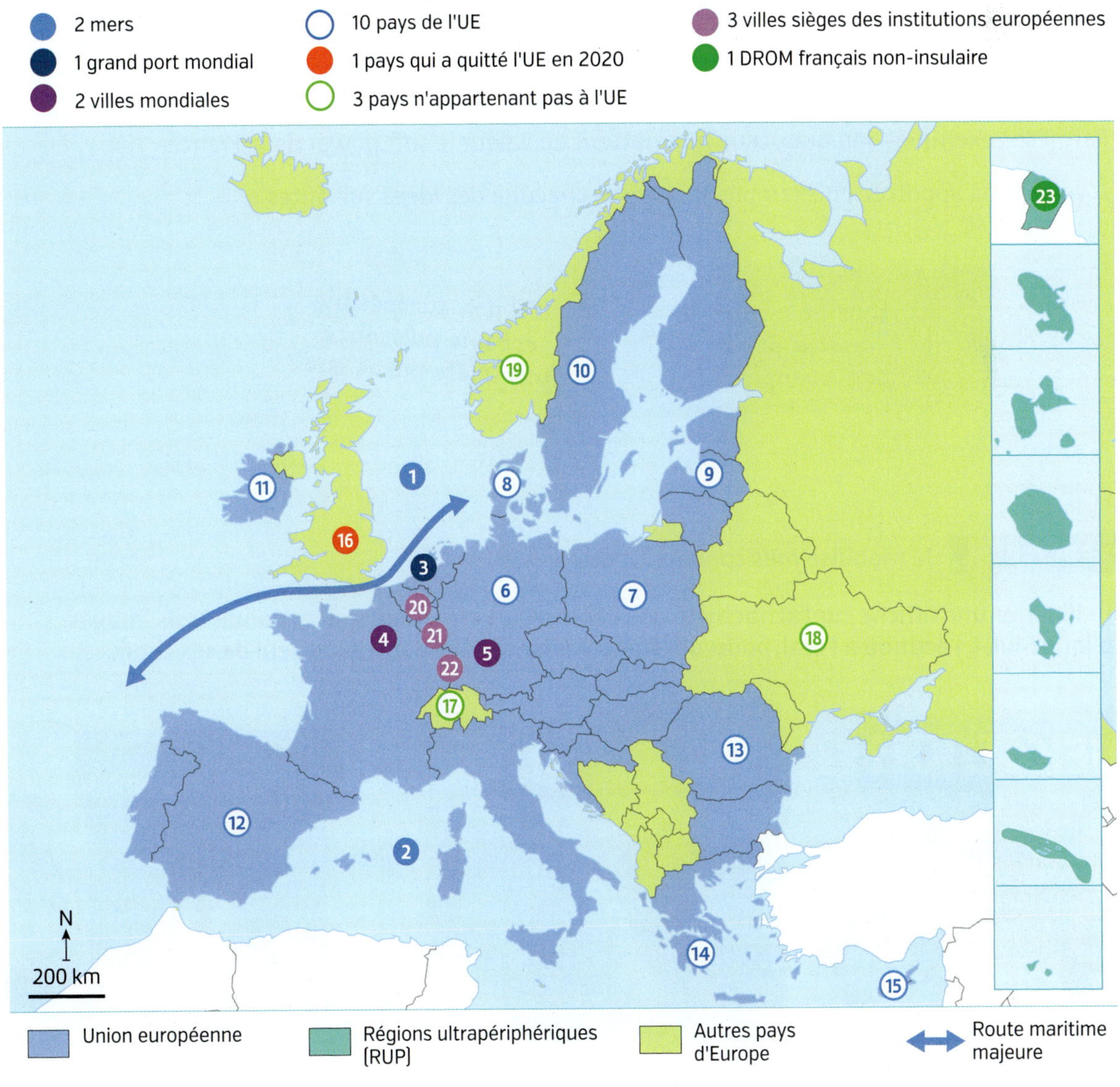

Exercices

EXERCICE 3 J'illustre des idées par des connaissances ★★

① Associez les exemples suivants au domaine d'influence qui convient.

a. 300 millions de francophones dans le monde

b. Une ZEE de 10,2 millions de km² (2e rang mondial)

c. Présence militaire sur tous les continents

d. Le 7e PIB mondial

e. Un « art de vivre » qui s'exporte dans le monde entier

f. La 1re destination touristique mondiale

g. Une contribution de 12,4 milliards à l'aide publique au développement

h. Membre du Conseil de sécurité de l'ONU

i. La 1re place européenne pour les IDE

Influence culturelle

Influence géopolitique

Influence économique

② Parmi ces exemples, indiquez ceux qui mettent en valeur le soft power de la France.

③ À votre tour, apportez un exemple qui justifie chacune des idées suivantes :

L'influence mondiale de la France a des limites, par exemple...

L'Union européenne est une puissance incomplète parce que...

EXERCICE 4 Je mobilise mes connaissances ★★★

Pour illustrer une affiche sur l'attractivité de la France, un camarade a sélectionné trois images. Expliquez-lui, à l'écrit ou à l'oral, pourquoi son professeur n'a validé qu'un seul de ses choix.

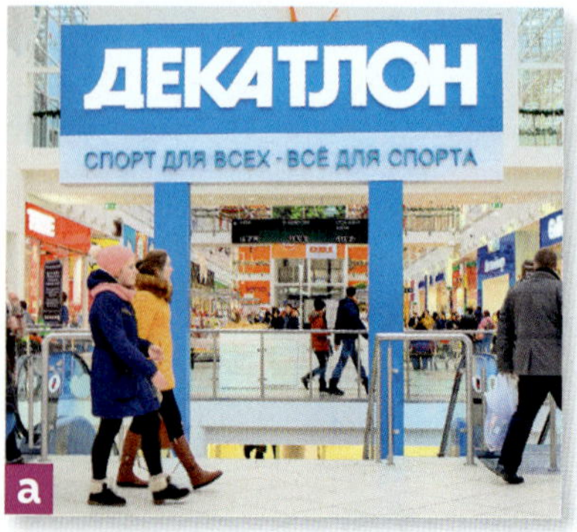

a Magasin Decathlon en Russie.

b Soldat français engagé dans l'opération Barkhane, au Sahel.

c Touristes devant l'Arc de triomphe « empaqueté » par l'artiste Christo, Paris, septembre 2021.

Exercice 1

Analyser et comprendre des documents

SUJET GUIDÉ

1 « Un nouvel agenda pour la Méditerranée »

La commission européenne a présenté un « nouvel agenda pour la Méditerranée », financé à hauteur de sept milliards d'euros pour la période 2021-2027. Le commissaire au voisinage et à l'élargissement parle de « nouveau départ », avec « un certain nombre de secteurs prioritaires » : accompagnement dans les transitions démocratiques, numérique, climatique, soutien de la paix, contrôle des migrations.

Voilà un quart de siècle que l'Union européenne tente de nouer un partenariat euro-méditerranéen fort, et qu'elle échoue. Sur le plan géopolitique, l'Europe se retrouve en concurrence avec d'autres puissances. Un pays comme Israël estime en effet que les États-Unis sont le seul régulateur possible dans la région. Pourtant, l'Union européenne met les moyens. Dans le cadre de la pandémie de Covid-19 et ses répercussions économiques, 2,3 milliards d'euros ont été mobilisés pour les pays méditerranéens. Avant cela, entre 2015 et 2019, 44 000 étudiants et chercheurs ont participé au programme Erasmus+. « Ce soft power reste très limité, à partir du moment où l'UE refuse les flux migratoires », souligne l'ancien directeur du Ceri[1] [...].

Bruxelles a toutefois noué des accords de libre-échange intéressants avec chacun des pays du Maghreb. Ces instruments commerciaux fonctionnent bien : la valeur totale des biens échangés entre l'UE et la région a augmenté d'environ 134 % entre 1999 et 2019.

Jean-Baptiste François, « L'UE revoit sa politique de voisinage en Méditerranée », *La Croix*, 10 février 2021.

1. Centre de recherches internationales.

Méthode

- **Commission européenne** : institution européenne qui propose et met en œuvre les politiques communautaires. Elle gère également le budget de l'UE. Son siège se trouve à **Bruxelles**.
- **Géopolitique** : étude des rivalités, des enjeux de pouvoir, mais aussi des coopérations entre les territoires.
- **Erasmus+** : programme européen pour favoriser les mobilités d'études, de stage ou professionnelles au sein de l'Europe, à tous les âges et pour tous les niveaux de formation.
- **Soft power** : capacité d'un État ou d'un groupe d'États à influencer et convaincre par des moyens, qui ne sont ni la menace ni la force, notamment culturels, idéologiques ou diplomatiques.
- **Accord de libre-échange** : traité commercial dont l'objectif est de faciliter les échanges, par exemple par la suppression des droits de douane.

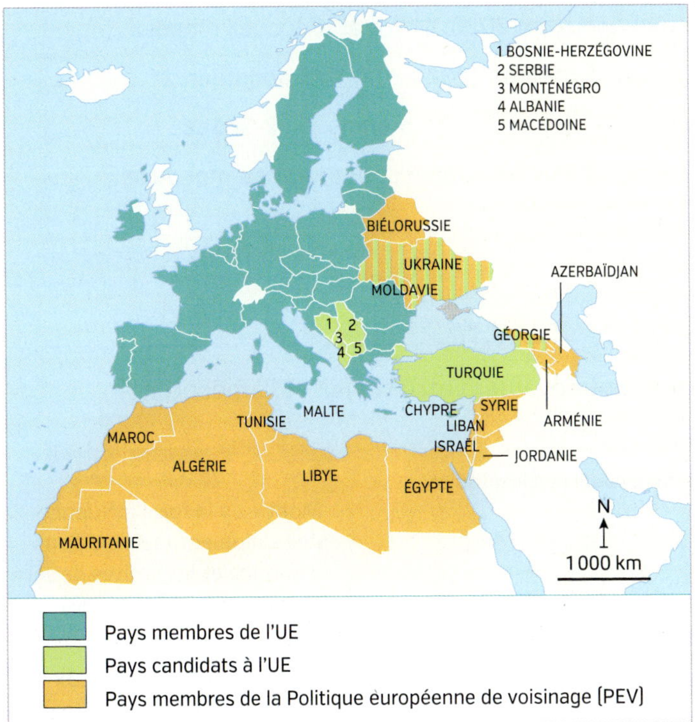

2 L'UE et les États de son voisinage

QUESTIONS

1. **Doc 1 et 2.** Présentez les deux documents.
2. **Doc 2.** Nommez les aires géographiques concernées par la politique européenne de voisinage (PEV).
3. **Doc 1 et 2.** Donnez un titre commun aux deux documents pour montrer leur sens général.
4. **Doc 1 et 2.** Expliquez quels sont les objectifs de la PEV et les obstacles rencontrés par l'UE pour la mettre en place.

Le titre choisi doit être assez précis pour mettre en valeur l'idée principale. Pour vous aider, vous pouvez commencer par lister quelques mots-clés.

Brevet

Exercice 2

Maîtriser différents langages

SUJET GUIDÉ

1. Rédiger un développement construit

Étape 1 **J'analyse le sujet**

Au brouillon

Sous la forme d'un développement construit d'une vingtaine de lignes, et en vous appuyant sur des exemples étudiés en classe...

montrez comment s'exerce l'influence de la France et de l'Europe dans le monde puis décrivez les limites de leur puissance.

- montrez → verbe d'action
- influence → objectif
- France / Europe dans le monde → connaissances à utiliser
- puis → suggère le plan du développement
- décrivez → verbe d'action
- limites → objectif

Étape 2 **Je mobilise et j'organise mes connaissances**

Au brouillon

En utilisant le libellé du sujet et les exemples proposés, construisez votre plan détaillé (tableau, carte mentale, schéma...). N'oubliez pas les idées principales de chaque sous-partie !

Exemples :

France : 1re destination touristique mondiale, 5e langue au monde, 7e économie mondiale, 2e économie de l'UE, 2e puissance maritime mondiale (ZEE), solde commercial déficitaire, concurrence des États-Unis et des BRICS

UE : 45 % des flux touristiques internationaux en 2020, 1er foyer d'accueil mondial des étudiants étrangers, FED de 7 milliards d'euros (2021-2027), 1er donateur de l'aide publique au développement, 18 % de la richesse mondiale, 32 % des exportations mondiales de marchandises, Brexit, pandémie, concurrence mondiale, divisions internes

Je mobilise mes connaissances

- **L'influence culturelle :** p. 346-347
- **L'influence géopolitique :** p. 348-349
- **La puissance économique :** p. 350-351
- **Carte et leçon :** p. 352 et 354-355

Étape 3 **Je rédige mon développement construit**

Checklist à imprimer

Utilisez les critères de réussite suivants pour évaluer votre travail et l'améliorer.

- ☐ Une introduction présente les enjeux du sujet.
- ☐ Deux ou trois paragraphes correspondent chacun à une grande partie du sujet.
- ☐ Chaque paragraphe commence par un alinéa.
- ☐ Le vocabulaire utilisé est approprié.
- ☐ Les idées sont illustrées par des exemples précis.
- ☐ Les phrases sont correctement ponctuées.
- ☐ L'orthographe et la grammaire sont correctes.
- ☐ Des connecteurs logiques permettent de lier les éléments du texte.
- ☐ L'expression écrite est soignée et valorise les idées.
- ☐ Une conclusion fait la synthèse et répond à la question initiale.

Sujets possibles

→ Montrez à la fois l'influence de l'Union européenne dans le monde et les limites de son rayonnement. (DNB 2018)

→ Expliquez ce qui fait de la France et de l'Europe deux puissances d'influence mondiale.

Exercice 1

Analyser et comprendre des documents

SUJET BLANC

1 Forces et faiblesses de l'UE dans le monde

Le programme « Paré pour 55 » (« Fit-for-55 ») a été annoncé par la Commission européenne le 15 juillet 2021. Il s'agit de propositions d'actions concrètes pour accélérer la lutte contre le changement climatique, atteindre la neutralité climatique en 2020 et tenir l'objectif de réduction des émissions de gaz à effet de serre de 55 % au moins en 2030 par rapport à 1990. Il place l'Europe à l'avant-garde du combat climatique. Cet objectif représente un défi majeur pour la décennie à venir, alors que l'Europe a réduit ses émissions de 23 % entre 1990 et 2018, devenant le seul continent au monde à prouver qu'il était possible de réduire les émissions tout en connaissant une croissance économique forte. En effet, dans le même temps, les émissions ont augmenté de 67 % à l'échelle mondiale. Pour mémoire, la moitié des Conférences des parties (dites COP) sur les changements climatiques se sont tenues dans l'Union [...].

Un autre registre de forte implication internationale des Européens est celui de l'aide au développement. [...]

Un registre de dépendance croissante des Européens est technologique. Les plateformes numériques américaines sont véritablement hégémoniques et leur domination s'est encore renforcée dans les périodes de confinement, notamment dans les domaines de l'enseignement à distance et du télétravail. [...] Il est évident que cet exemple est <u>l'effet direct du manque d'autonomie stratégique des Européens dans le domaine de la défense et de la sécurité</u>. [...]

D'après Michel Foucher, « L'Union européenne dans le monde », *Documentation photographique* n°8145, janvier 2022.

2 Kiosque Orange Money à Abidjan (Côte d'Ivoire)

Dans la majorité des pays d'Afrique où le groupe Orange est présent, l'opérateur français propose ce service de transfert d'argent et de paiement mobile.

QUESTIONS

1. **Doc 1 et 2.** Présentez chaque document en rédigeant une phrase.
2. **Doc 1.** Citez le domaine d'influence où l'UE souhaite affirmer son rôle mondial, puis justifiez par un exemple.
3. **Doc 1.** Expliquez le passage souligné.
4. **Doc 1 et 2.** À l'aide des documents et de vos connaissances, montrez que l'influence de l'UE et de la France se déploie à l'échelle mondiale.

Exercice 2

Maîtriser différents langages

SUJET BLANC

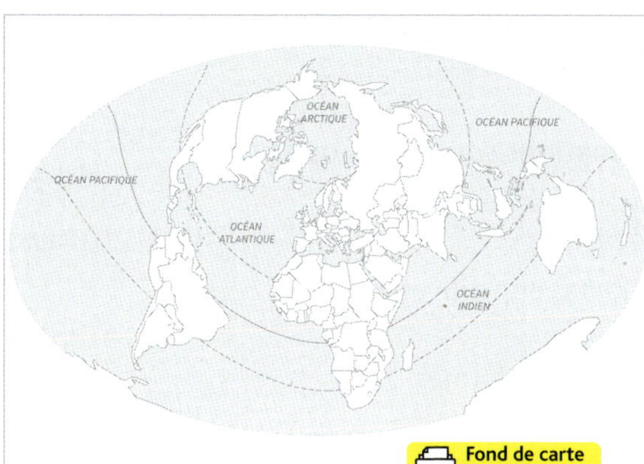

Fond de carte à imprimer

QUESTIONS

1. Rédigez un développement construit d'environ vingt lignes décrivant et expliquant la place de la France dans le rayonnement européen.
2. Sur la carte, en choisissant des figurés appropriés, représentez :
   - L'Union européenne, pôle économique majeur
   - Les deux principaux partenaires commerciaux de l'UE
   - Le seul DROM qui ne soit pas une île
   - Quelques États francophones dans le monde

Réviser le THÈME 6

La France et l'Union européenne

SYNTHÈSE

- L'Union européenne est un rassemblement volontaire de 27 États membres dont les politiques communes visent à favoriser le progrès économique et social dans un espace en paix. L'UE est un territoire de référence et d'appartenance pour ses 447 millions d'habitants. Sa politique de cohésion cherche à réduire les inégalités régionales et à améliorer la compétitivité de ses territoires.
- Si l'Union européenne exerce une réelle influence économique mondiale (18 % du PIB mondial), notamment financière avec l'Euro, sa puissance est limitée en matière géopolitique, de diplomatie, de défense et de sécurité.
- La France est la deuxième puissance économique de l'UE et sa principale puissance militaire. Membre fondateur, la France développe des relations de coopérations transfrontalières qui renforcent son intégration à l'Europe. Son soft power favorise le rayonnement et l'attractivité, notamment culturel, de l'Europe.

Les territoires de l'UE dans la mondialisation

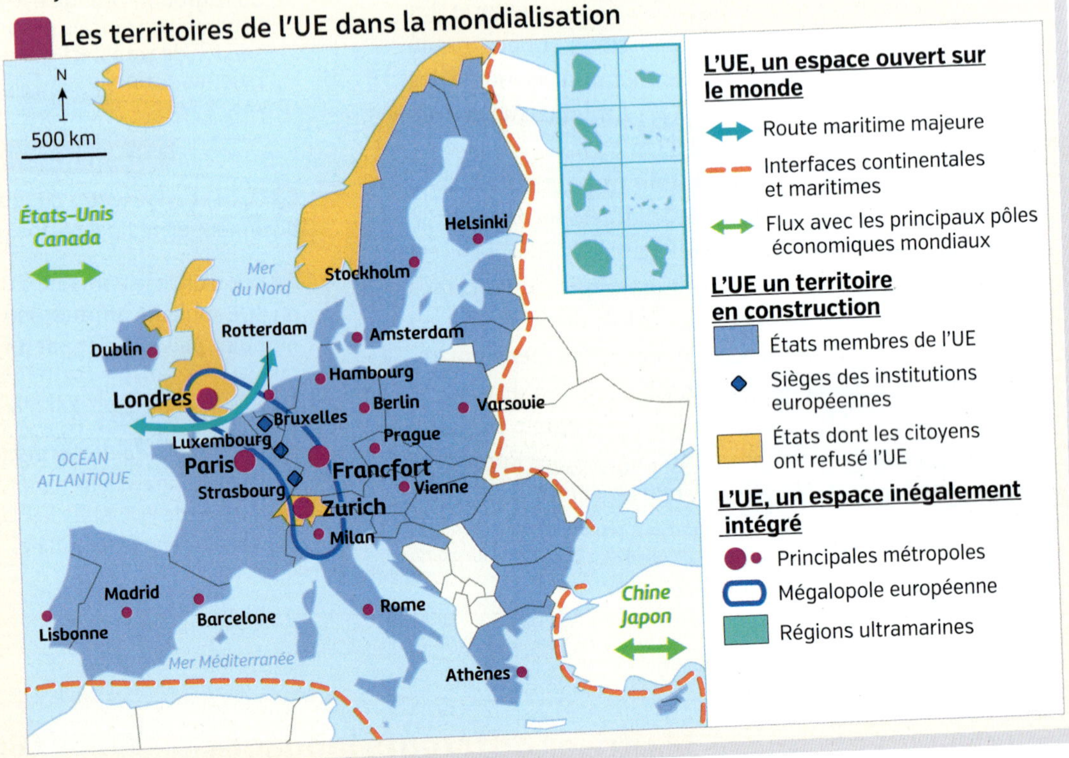

LES POINTS CLÉS DU THÈME

À l'aide de la synthèse et de la carte, dites si ces affirmations sont vraies ou fausses.

a) L'Union européenne est un territoire dont la construction est terminée et qui efface progressivement les États et leurs pouvoirs . ☐ Vrai ☐ Faux

b) L'organisation de l'espace européen montre des contrastes entre un espace central et des périphéries plus ou moins intégrées. ☐ Vrai ☐ Faux

c) Les régions frontalières sont les seuls territoires français transformés par l'appartenance de la France à l'UE. ☐ Vrai ☐ Faux

d) L'UE est un pôle de richesse à l'influence économique et commerciale mondiale, fortement concurrencé par les États-Unis et des pays émergents comme la Chine. ☐ Vrai ☐ Faux

Vers le lycée

Bac professionnel

Aminata, lycéenne à Rouen

« **En Seconde professionnelle**, on parle du rayonnement culturel de la France et de l'Europe à travers l'étude des grandes régions touristiques dans le monde. En Terminale, on analyse comment l'UE s'est saisie des questions liées aux transports et à la consommation dans une perspective de développement durable. »

Bac technologique

Ziad, lycéen à Nîmes

« **En Première technologique**, on peut étudier les espaces des industries aéronautique et aérospatiale européennes pour découvrir comment des acteurs et des territoires produisent ensemble dans le cadre de l'UE. En Terminale, on étudie la place de la France dans la mondialisation. On voit comment son influence est renforcée par son appartenance à l'UE. »

Bac général

Lilou, lycéenne à Orléans

« **En Terminale générale**, on étudie les politiques de l'UE pour renforcer la compétitivité et la cohésion des territoires et les politiques de coopérations transfrontalières. On voit aussi que la France affirme sa place dans la mondialisation et maintient son influence à l'étranger. »

ZOOM sur un métier

Chargé d'accueil en office de tourisme

Nour, 23 ans

En quoi consiste votre métier ?

Dans un office de tourisme nous devons recevoir avec amabilité, patience et sens du contact, les touristes français ou étrangers pour les informer et leur proposer le meilleur séjour possible. Parler une ou plusieurs langues étrangères est obligatoire.

Comment devient-on Chargé d'accueil en office de tourisme ?

Le métier recrute notamment à partir un BTS Tourisme qu'il est possible d'intégrer après un Bac professionnel (AGOra, métiers de l'accueil, tourisme-hôtellerie-restauration), un Bac technologique STMG ou après un Bac général.

Que vous ont apporté vos études de géographie dans votre vie professionnelle ?

La géographie de l'Union européenne, dont sont principalement originaires les touristes que je reçois, les pays, les villes, les transports, les climats et les cultures me servent tous les jours pour exercer mon métier.

POUR ALLER PLUS LOIN

Quiz

Ensemble, nous sommes l'Europe !

college.nathan.fr/22hg1801

Le quiz « Ensemble, nous sommes l'Europe ! »

Ce quiz publié par l'UE sur le site *Learning corner* permet de réviser ses connaissances sur l'Europe en s'amusant.

La bande dessinée *L'Europe en BD*

« Ça veut dire quoi, être Européen ? » C'est ce que se demandent Nathan et Rim: l'un rentre tout juste de vacances en Grèce, un peu bouleversé par la situation du pays, et l'autre fait sa rentrée dans un collège international à Strasbourg…

Chapitre

19 En société, se respecter

→ *Pourquoi le respect permet-il de vivre ensemble, dans la reconnaissance de nos différences ?*

> « **Art. 29. L'éducation de l'enfant doit viser à [...] lui inculquer le respect des droits de l'homme et des libertés fondamentales, [...] le préparer à assumer les responsabilités de la vie dans une société libre, dans un esprit de compréhension, de paix, de tolérance, d'égalité entre les sexes et d'amitié entre tous les peuples.**
>
> Convention internationale sur les droits de l'enfant, 1989. »

1 **« Journée du vivre ensemble » au collège Ronsard de Poitiers, juin 2019**

La journée a réuni tous les membres de la communauté scolaire du collège : personnels de direction, d'entretien, élèves et leurs familles, enseignants.

DANS CE CHAPITRE, DE QUOI VA-T-ON PARLER ?

En analysant les termes du sujet et les documents, je réponds aux questions suivantes :

- Que va-ton étudier ?
- Dans quel but ?
- Comment ?

Vu au collège

en 4e

- **En histoire :** à la fin du XIXe siècle, la IIIe République instaure une culture républicaine fondée sur les valeurs de liberté, égalité, fraternité, laïcité.

Cours de 4e en PDF

2 **Les critères de discrimination interdits par la loi**

Affiche de l'association Themis, 2020.

J'enquête

Pourquoi s'engager pour le respect au collège ?

Que dois-je faire ?

Dans le cadre des semaines de l'engagement collégien, avec votre classe, vous proposez au CESC une action pour défendre le respect au collège. À l'aide des informations des documents, vous construisez votre action.

▸ Se sentir membre d'une collectivité

1 Ce que dit la loi

Art. 1er. Tous les êtres humains naissent libres et égaux en dignité et en droits. Ils sont doués de raison et de conscience et doivent agir les uns envers les autres dans un esprit de fraternité.

Déclaration universelle des droits de l'homme, 1948.

Art. 2. La devise de la République est « Liberté, Égalité, Fraternité ».

Constitution de la Ve République, 1958.

Le règlement intérieur [...] cherche à développer le sens des responsabilités et détermine les droits et obligations de chacun des membres de la communauté éducative. [...] En application du document ministériel « protocole sanitaire » dans le contexte Covid-19, les principes généraux à respecter : distanciation physique, gestes barrières, port du masque, désinfection des locaux et matériels, information.

Extrait du règlement intérieur du collège François-Mitterrand d'Arras (Pas-de-Calais).

VOCABULAIRE

- **Bien commun :** au collège, respect entre les membres de la communauté scolaire, et respect des locaux et du matériel scolaire, pour bien vivre ensemble.
- **CESC :** le comité d'éducation à la santé et à la citoyenneté conduit des actions d'éducation et de prévention.

Respecter les règles de la scolarité

- Adopter une attitude d'écoute et d'attention en classe.
- Respecter les horaires des cours et des activités (UNSS, activités périscolaires, chorale…).
- Se présenter avec son carnet de correspondance et le matériel nécessaire.
- Faire les travaux demandés par le professeur.

Respecter les personnes

- Respecter l'autorité des adultes du collège (surveillants, agents, enseignants).
- Avoir un comportement respectueux envers les adultes et les élèves, y compris à travers l'usage d'internet et des réseaux sociaux.
- Refuser toute discrimination, tout mépris, les moqueries humiliantes et blessantes.
- Respecter le travail des agents d'entretien (salles de cours, self, toilettes…).

Respecter les biens communs

- Ne pas dégrader le matériel de l'établissement, ne pas écrire sur le mobilier, ni sur les murs.
- Ne pas utiliser les extincteurs et les alarmes sans raison valable.
- Ne pas s'approprier ni dégrader des affaires personnelles.

D'après la Charte des règles de civilité des collégiens du collège Quintefeuille de Courseulles-sur-Mer (Calvados).

2 Les règles de civilité du collégien

3 Un débat sur l'égalité

Au collège[1], les relations entre les filles et les garçons ne sont pas toujours faciles… « Afin de changer le regard des uns sur les autres, nous avons organisé un débat filmé avec nos élèves de 4e autour de la question : “L'égalité entre hommes et femmes existe-t-elle ?” explique Mathilde Bernos, professeure documentaliste qui a travaillé sur ce projet avec ses collègues de SVT et de français. « Les élèves ont tous incarné un personnage (avocat, policier, médecin…) défendant une opinion reposant sur des arguments solides (statistiques, faits historiques ou d'actualité…) récoltés au CDI. » Ce débat a donné lieu à des échanges parfois musclés entre élèves. Mais il leur a aussi appris à respecter la parole des autres et à réfléchir sur l'égalité entre filles et garçons.

Sandrine Pouverreau, « Total respect dans mon collège », *Okapi* n° 1103, 1er janvier 2020.

1. Collège des Seize-Fontaines, Saint-Zacharie (Var).

Les cinq missions de l'éco-délégué

- **1.** Limiter la consommation d'énergie
- **2.** Protéger la biodiversité
- **3.** Éviter le gaspillage alimentaire
- **4.** Réduire et trier les déchets
- **5.** Engager son établissement dans la lutte contre le réchauffement climatique

Ministère de l'Éducation nationale, de la Jeunesse et des Sports, novembre 2021.

college.nathan.fr/22hg1901

4 Respecter l'environnement au collège

Du jardin à l'assiette, projet du collège Aliénor-d'Aquitaine de Brantôme (Dordogne), 2021.

Témoignage des élèves

« On a beaucoup insisté sur le rôle clé des témoins dans une situation de harcèlement. Que ce soient des témoins actifs ou des témoins passifs, tous ont un rôle. Et tous ont le devoir de signaler une situation de harcèlement. […] C'est une question de non-assistance à personne en danger ! Ce sont eux au final qui ont le pouvoir de dénoncer la situation et faire en sorte qu'elle cesse. C'est à eux que s'adresse l'affiche avant tout ! »

5 Être attentif aux autres

Affiche réalisée par des élèves du collège Centre, Le Creusot (Saône-et-Loire), lauréat du concours « Non au harcèlement », 2021.

QUESTIONS

Je comprends le sens des documents

1. **Doc 1.** Relevez les mots et groupes de mots qui signifient « respecter, se respecter ».
2. **Doc 2 et 4.** Expliquez pourquoi l'attitude de respect est un devoir pour chacun.
3. **Doc 3 et 5.** Quelles situations de non-respect sont évoquées dans ces documents ? Quelles attitudes adopter pour les combattre ?

Je m'engage

4. Choisissez le thème de votre action pour défendre le respect, et mettez-la en œuvre dans votre collège.

MÉTHODE

- Déterminez la forme que peut prendre cette action : débat, exposition, campagne de sensibilisation, vidéo, etc.
- Réfléchissez à sa mise en œuvre : objectifs, rôle des élèves et des adultes, lieu et déroulement de l'action, diffusion, etc.

J'enquête

Pourquoi faire vivre la laïcité au collège ?

Vidéo
La laïcité, pour vivre ensemble
college.nathan.fr/22hg1902
3'57

Que dois-je faire ?

Afin de commémorer la Journée nationale de la laïcité, le 9 décembre, votre classe s'engage dans la rédaction de slogans à afficher dans les espaces communs du collège. À l'aide des informations des documents, vous devez faire comprendre pourquoi la laïcité permet de vivre ensemble dans le respect.

▸ Mettre en pratique le principe de laïcité

1 Samuel Paty, « héros de la laïcité »

Robert Badinter, ancien Garde des Sceaux et ancien président du Conseil constitutionnel, s'adresse aux professeurs et aux élèves, après l'assassinat du professeur Samuel Paty le 16 octobre 2020.

Samuel Paty a consacré sa vie d'homme à la plus belle des missions, éduquer les jeunes dans le respect des lois et des valeurs de la République, en lesquelles il avait foi, et pour lesquelles il a donné sa vie. Parmi ces valeurs, la liberté d'expression et d'opinion y compris religieuse, qui fonde la laïcité, lui était particulièrement chère. [...] La laïcité dans notre République, c'est d'abord l'expression de notre liberté, [...] pratiquer la religion de son choix ou n'en pratiquer aucune [...] C'est aussi l'égalité entre toutes les religions. La République les reconnaît toutes et n'en privilégie aucune. C'est enfin la fraternité parce que tous les êtres humains, femmes ou hommes, [...] appellent un même respect.

C'est pourquoi en France l'école est laïque car la laïcité garantit à tous les élèves un enseignement consacré au seul culte du savoir et de la recherche qui forment les esprits libres et ouverts au monde.

Extrait du discours de Robert Badinter en hommage à Samuel Paty, 31 octobre 2020.

Vidéo
Hommage à Samuel Paty

2 Ce que dit la loi

1789 – Déclaration des droits de l'homme et du citoyen
Art. 10. Nul ne doit être inquiété pour ses opinions, même religieuses, pourvu que leur manifestation ne trouble pas l'ordre public.

1882 – Loi Ferry
Instruction primaire obligatoire, gratuite et laïque pour les 6-13 ans.

1905 – Loi de séparation des Églises et de l'État
Art. 1er. La République assure la liberté de conscience. Elle garantit le libre exercice des cultes [...].
Art. 2. La République ne reconnaît, ne salarie ni ne subventionne aucun culte.

2004 – Code de l'éducation
Dans les écoles, les collèges et les lycées publics, le port de signes ou tenues par lesquels les élèves manifestent ostensiblement une appartenance religieuse est interdit [...].

2019 – Loi pour une école de la confiance
Art. 10. Les pressions sur les croyances des élèves ou tentatives d'endoctrinement de ceux-ci sont interdites dans les écoles, [les collèges et les lycées] publics. [...]

VOCABULAIRE

- **Laïcité :** du grec ancien *laïkos* dérivé du mot *laos* « peuple uni autour de valeurs partagées ». Principe selon lequel l'État ne favorise aucune religion et garantit la liberté de conscience (pratiquer ou non une religion, exprimer ses convictions).
- **Tolérance :** attitude qui consiste à admettre chez autrui ses manières de penser ou d'agir, bien que différentes de celles qu'on adopte soi-même.

3 L'hommage des collégiens

Nous avons décidé de nommer ce lieu « La kour Samuel Paty ». [...] Ici sera maintenant un lieu de mémoire ! Un endroit où toujours il faudra penser à un homme qui a été assassiné pour avoir appris à ses élèves la liberté d'expression. Ici comme ailleurs la liberté n'a pas de prix ! Rien ne vaut plus cher que la liberté. C'est pour cela, qu'ici, dans la cour Samuel Paty, nous devons toujours l'avoir en mémoire. Il ne faut pas se taire, toujours dénoncer l'injustice et faire respecter notre droit de parole.

Collège Ravine des Cabris, Saint-Pierre (La Réunion).

Plantation de l'arbre de la liberté d'expression dans la « kour » Samuel Paty, 2020.

4 Laïcité et **tolérance**

Affiche réalisée par Erwan Laudat de l'école Brassart (Tours), 2015.

INFO

16 novembre :
Journée internationale pour la tolérance

Journée instaurée par l'Assemblée générale des Nations unies (ONU) en 1996. Objectifs : renforcer la compréhension mutuelle entre les cultures et les êtres humains et lutter contre l'extrémisme/le radicalisme violent, mépris fondamental de la vie humaine.

QUESTIONS

Je comprends le sens des documents

1 **Doc 1.** Expliquez pourquoi Robert Badinter qualifie le professeur Samuel Paty de « héros de la laïcité ».

2 **Doc 2.** Classez dans le tableau ce que dit la loi au sujet de la laïcité.

Quels droits garantissent la laïcité ?	Quelles limites à ces droits sont fixées par la loi ?

3 **Doc 3.** Expliquez comment ces collégiens, en rendant hommage à Samuel Paty, agissent au nom de la laïcité.

4 **Doc 4 et Info.** Proposez des arguments qui expliquent pourquoi la laïcité signifie être tolérant(e).

Je m'engage

5 Rédigez des slogans pour faire vivre la laïcité dans votre collège.

MÉTHODE

Pour réaliser un bon slogan :

- Rédigez un message qui marque les esprits.
- Mettez en avant les valeurs que vous souhaitez défendre.
- Faites passer une émotion.
- Utilisez des effets de style.

J'enquête

Comment lutter contre les discriminations ?

Que dois-je faire ?

Dans le cadre de la Journée « Liberté, Égalité, Fraternité », votre classe réalise des affiches qui engagent à lutter contre les discriminations. Élaborez vos affiches à l'aide des informations des documents.

▸ Développer une conscience civique

college.nathan.fr/22hg1903

1 C'est quoi le racisme ?

Épisode de la série « Agora : les piliers de la République », Story Circus, 25 février 2016.

VOCABULAIRE

- **Antisémitisme :** haine des Juifs.
- **Discrimination :** fait de refuser des droits à une personne ou à un groupe de personnes en raison de son origine, de son appartenance religieuse, de son handicap, de son sexe... Cette attitude est punie par la loi.
- **Homophobie :** sentiment ou manifestation de rejet, de mépris ou de haine envers les personnes homosexuelles et envers l'homosexualité.
- **Racisme :** attitude de ceux qui méprisent certaines personnes en raison de leur prétendue appartenance à une race.

2 Ce que dit la loi

Art. 1. Tous les êtres humains naissent libres et égaux en dignité et en droits. [...] Ils doivent agir les uns envers les autres dans un esprit de fraternité.

Déclaration universelle des droits de l'homme, 1948.

Art. 33. Sera punie d'un an d'emprisonnement et de 45 000 euros d'amende l'injure commise [...] envers une personne ou un groupe de personnes à raison de leur origine ou de leur appartenance ou non-appartenance à une ethnie, une nation, une race ou une religion déterminée.

Loi sur la liberté de la presse du 29 juillet 1881 modifiée par la loi du 13 juillet 1990 et par la loi du 21 mai 2001.

3 Le racisme dans le sport

La rencontre entre Dijon et Amiens, vendredi 12 avril, a été provisoirement arrêtée après 77 minutes de jeu, le défenseur et capitaine d'Amiens, Prince-Désir Gouano, ayant été victime d'insultes. [...]

« J'ai entendu des cris de singe. [...] Je me suis retourné pour regarder d'où ce bruit provenait et s'il était bien en ma direction. Effectivement, il l'était. »

Le joueur s'est alors dirigé vers l'auteur de ces cris : « J'ai décidé d'aller donner une seconde chance au monsieur en lui demandant si c'était bien à moi qu'il criait cela. Et il a confirmé en continuant ces bruitages-là. » Prince Gouano a ensuite commencé à quitter le terrain en lançant vers son banc de touche : « C'est fini, on joue plus, je ramène mes coéquipiers, on rentre dans le vestiaire [...] ».

Cet incident a aussi été condamné par la Ligue de football professionnel (LFP), qui a assuré le soir-même qu'elle allait « étudier les suites judiciaires à donner » à ces faits. « Dès ce soir, le club de Dijon a identifié l'auteur des insultes racistes qui a ensuite été interpellé. »

Stéphanie Trouillard, France 24, 13 avril 2019.

4 Se défendre contre l'homophobie

INFO

antidiscriminations.fr est un service d'accompagnement gratuit des victimes de discriminations réalisé par les juristes du Défenseur des droits. Par téléphone au 39 28 ou sur le tchat d'antidiscriminations.fr, les juristes-écoutants prennent le temps d'écouter, de répondre aux questions, de déterminer si la situation est constitutive de discrimination et d'indiquer les démarches possibles.

5 Esther, victime d'antisémitisme

Tout a commencé au mois de décembre. Ouverture du livre d'histoire à la page Seconde Guerre mondiale pour la classe de troisième. Esther participe activement, « plus que d'habitude et avec beaucoup de précision », relate sa mère, Karen. De quoi « interpeller son professeur qui lui demande si elle est personnellement concernée ». Esther se livre. Elle partage devant ses camarades le récit de ses grands-parents, raflés et déportés pendant la guerre. « À partir de là, les propos ont commencé à fuser », explique Karen, 45 ans, qui se souvient avoir subi « les mêmes, mot à mot » lorsqu'elle était lycéenne.

« Les enfants pensent que ce sont des blagues, regrette-t-elle. C'est ce qu'on se dit quand on subit, jusqu'au moment où ça devient insupportable. » Esther se tait, elle ne dit rien à ses parents. « Les propos antisémites sont récurrents, devant témoins, dans un établissement scolaire, tous les jours, pendant quatre mois », soupire Karen. Jusqu'au jour où « il y a eu le propos de trop, plus violent que les autres ». L'adolescente craque. Elle est prise en charge par le conseiller principal d'éducation. Un conseil de discipline est mis en place.

France Bleu Azur, 1er mars 2019.

QUESTIONS

Je comprends le sens des documents

1. **Doc 1.** Analysez la vidéo : que signifie « être raciste » ? Quels principes sont remis en cause par cette attitude ?
2. **Doc 2.** Relevez ce que prévoit la loi face à un acte de discrimination et expliquez pourquoi.
3. **Doc 3 à 5.** Présentez les discriminations évoquées dans les documents et les réactions des victimes.
4. **Doc 2 à 5.** Expliquez comment et pourquoi il faut lutter contre les discriminations.

Je m'engage

5. Réalisez une affiche dont le thème est « Lutter contre les discriminations au nom des valeurs de la République ».

Aide à la réalisation de l'affiche

J'enquête EN ÉQUIPES

Le rôle de la loi : garantir l'égalité entre les femmes et les hommes

Répartis en équipes, vous expliquez **comment l'égalité entre les femmes et les hommes est le résultat d'une conquête**, et pourquoi aujourd'hui, cette conquête se poursuit.

Chaque équipe réalise un diaporama, qu'elle présente oralement à la classe.

▸ Contribuer à un travail collaboratif

Coups de pouce

À l'aide des informations communiquées dans les documents, vous pouvez distinguer deux thèmes :

– L'égalité femmes-hommes, une conquête par la loi (doc 1 et 2)

– Aujourd'hui, une conquête pour l'égalité réelle (doc 3 à 6)

ÉQUIPE 1 Des avancées pour l'égalité femmes-hommes

Votre équipe est chargée de présenter à la classe les différents domaines dans lesquels a été conquise l'égalité femmes-hommes, à quelles dates, et au nom de quels principes de la République.

1 Ce que dit la loi

La loi garantit à la femme, dans tous les domaines, des droits égaux à ceux de l'homme.

Préambule de la Constitution de 1946.

Art. 1er. [...] La loi favorise l'égal accès des femmes et des hommes aux mandats électoraux et aux fonctions électives [...].

Constitution de la Ve République, 1958.

Art. L. 123-1. [...] Nul ne peut :

a) Mentionner ou faire mentionner dans une offre d'emploi [...] le sexe ou la situation de famille du candidat recherché ;

b) Refuser d'embaucher une personne, [...] résilier ou refuser de renouveler le contrat de travail d'un salarié en considération du sexe [...] ;

c) Prendre en considération du sexe toute mesure, notamment en matière de rémunération, [...] de promotion professionnelle [...].

Loi n° 83-635 dite loi Roudy, 13 juillet 1983.

Art. L. 1142-7. L'employeur prend en compte un objectif de suppression des écarts de rémunération entre les femmes et les hommes.

Loi n° 2014-873, 4 août 2014.

2 Le congé paternité

À compter du 1er juillet 2021, la durée du congé pour le père (ou le second parent) d'un enfant à naître (ou adopté) passe de 14 à 28 jours, dont sept obligatoires. [...]

Ce progrès est majeur, c'est un pas de plus vers l'égalité professionnelle, la justice sociale, l'égalité des sexes et le bien-être des enfants.

D'après gouvernement.fr, 1er juillet 2021.

L'égalité femmes-hommes, une conquête

- **1848** Droit de vote des hommes.
- **1882** Lois Ferry. Enseignement primaire obligatoire pour les filles et les garçons.
- **1944** Droit de vote des femmes.
- **1970** Droit pour la femme de partager avec son mari l'autorité parentale.
- **2000** Loi sur la parité aux mandats électoraux et aux fonctions électives.
- **2014** Loi pour l'égalité réelle entre les femmes et les hommes.

Vidéo
Le droit de vote des femmes

ÉQUIPE 2

L'égalité femmes-hommes, la conquête continue

Votre équipe est chargée d'expliquer pourquoi l'égalité femmes-hommes est une conquête inachevée, comment la société s'engage pour plus d'égalité, et comment de nouvelles lois y contribuent.

3 La loi sur la liberté de choisir son avenir professionnel (5 septembre 2018)

Ce que change la loi sur l'égalité au travail, entre les femmes et les hommes :

– Les entreprises ont 3 ans pour se conformer à l'égalité salariale.

– Elles devront dédier une enveloppe au rattrapage salarial.

– Un référent, élu du personnel, sera désigné pour lutter contre les violences sexistes et sexuelles.

– Les inspecteurs du travail seront formés pour accompagner les victimes.

D'après le site du ministère chargé de l'Égalité entre les femmes et les hommes, de la Diversité et de l'Égalité des chances.

Vidéo
L'index de l'égalité professionnelle

Écarts de rémunération, en 2017

	Revenu salarial net	Salaire net en équivalent temps plein	Volume de travail
Aucun enfant	18,1 % d'écart	7 % d'écart	11,9 % d'écart
Un enfant	24,1 % d'écart	11,8 % d'écart	14 % d'écart
Deux enfants	32,3 % d'écart	21,2 % d'écart	14,2 % d'écart
Trois enfants ou plus	47,5 % d'écart	31,3 % d'écart	23,6 % d'écart

Champ : postes du secteur privé, hors apprentis et stagiaires, agriculture et salariés des particuliers, France métropolitaine.

4 La persistance des inégalités salariales

5 La parole des femmes se libère

Manifestation organisée par le collectif féministe #NousToutes à Toulouse, le 21 novembre 2021.

6 La loi visant à agir contre les violences au sein de la famille (28 décembre 2019)

Renforcement de la procédure pénale contre les auteurs de violences : création de la plainte en ligne ; éviction possible du domicile conjugal de l'auteur des violences ; plus de possibilités de placement sous bracelet électronique de la personne condamnée pour violences conjugales.

Renforcement de la protection des victimes : le juge aux affaires familiales établit dans les six jours une ordonnance de protection ; le téléphone « grave danger » (TGD) peut être attribué à la victime lors d'une demande de protection.

D'après arretonslesviolences.gouv.fr

INFO

Toutes les violences conjugales (physiques, psychologiques ou sexuelles) sont interdites par la loi.

D'après le site du ministère de l'Intérieur, en 2020 :

- **102 femmes** ont été tuées par leur partenaire ou ex-partenaire ;

- **23 hommes** ont été tués par leur partenaire ou ex-partenaire.

- **Enregistrement par les forces de sécurité :** 159 400 victimes de violences conjugales commises par leur partenaire (soit une hausse de 10 % sur un an), dont 139 200 femmes.

Vidéo
Campagne de sensibilisation contre les violences faites aux femmes

J'enquête EN ÉQUIPES

La loi et la protection des mineurs

Répartis en équipes, vous montrez **comment, en France, la loi protège les mineurs, qu'ils soient victimes de violences ou qu'ils soient délinquants.**

Chaque équipe rédige des arguments et les présente sous la forme d'un plaidoyer.

▸ Communiquer à l'oral de façon claire et organisée

Coups de pouce

Vous pouvez distinguer deux thèmes à l'aide des informations des documents :

– La loi et la protection des mineurs en danger (doc 1, 2 et Info)

– La loi et la protection des mineurs délinquants (doc 3 à 6)

Pour mieux comprendre son rôle, vous pouvez visionner cette vidéo en amont du travail en équipes.

Vidéo Le rôle du juge des enfants

ÉQUIPE 1 Protéger les mineurs en danger

Votre équipe est chargée d'expliquer à la classe qui sont les mineurs en danger, comment ils sont protégés, et pourquoi.

1 Ce que dit la loi

Art. L. 112-3. La protection de l'enfance vise [...] à soutenir son développement physique, affectif, intellectuel et social et à préserver sa santé, sa sécurité, sa moralité et son éducation, dans le respect de ses droits.

Elle comprend [...] l'organisation du repérage et du traitement des situations de danger ou de risque de danger pour l'enfant ainsi que les décisions administratives et judiciaires prises pour sa protection. [...] [C]es décisions [...] impliquent la prise en compte des difficultés auxquelles les parents peuvent être confrontés dans l'exercice de leurs responsabilités éducatives.

Code de l'action sociale et des familles.

INFO

En France, chaque année, plus de **50 000 enfants et adolescents sont victimes de maltraitance**. En 2018, une étude a montré qu'**un enfant meurt tous les cinq jours**, tué par un membre de sa propre famille. Avec la crise sanitaire et le confinement depuis 2020, le chiffre des violences intrafamiliales a explosé (appels au 119, signalements, interventions policières).

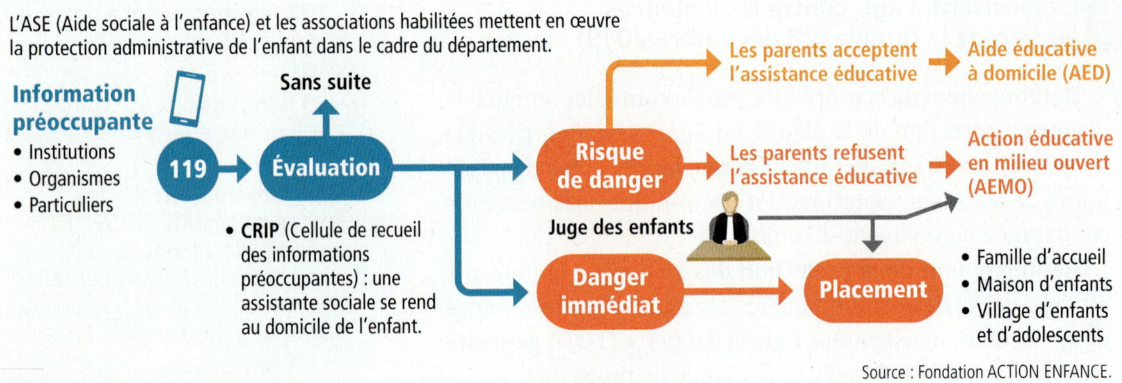

Source : Fondation ACTION ENFANCE.

2 Les mesures de protection de l'enfant en danger

ÉQUIPE 2

La justice des mineurs en infraction

Votre équipe est chargée d'expliquer à la classe comment les mineurs en infraction sont protégés par la loi tout en étant punis pour les actes commis, et par quelles mesures ils apprennent à devenir responsables.

3 Un code pénal pour les mineurs

Le 30 septembre 2021, le **Code de justice pénale des mineurs** (CJPM) est entré en vigueur. Il rappelle les principes applicables à la justice des mineurs créée par l'ordonnance de 1945 :
– la primauté de l'éducatif sur le répressif ;
– la spécialisation de la justice des mineurs (tribunaux pour enfants, juge des enfants) ;
– l'atténuation de la responsabilité en fonction de l'âge, la responsabilité pénale restant fixée à 18 ans ;
– la présomption de non-discernement pour les mineurs de moins de treize ans ;
– une simplification de la procédure pénale applicable aux mineurs délinquants.

D'après l'ordonnance du 11 septembre 2019 portant partie législative du Code de la justice pénale des mineurs.

5 La mesure éducative judiciaire

Protéger	• Placement dans un internat scolaire. • Placement dans un établissement d'enseignement ou de formation professionnelle. • Prise en charge sanitaire.
Éduquer	• Obligation de suivre un stage de formation civique, qui rappelle au mineur les obligations résultant de la loi.
Réparer	• Activité d'aide ou de réparation à l'égard de la victime ou dans l'intérêt de la collectivité.
Punir	• Interdiction de paraître dans le ou les lieux dans lesquels l'infraction a été commise. • Interdiction d'entrer en contact avec la victime.

D'après des extraits de l'article L112 du Code de la justice pénale des mineurs.

Étape 1 : 3 mois

Interpellation
- Services d'enquête / recueil des renseignements sur le mineur

Jugement sur la culpabilité
- Déclaration de culpabilité en présence des parents
- Décision sur l'indemnisation de la victime

Étape 2 : 6 à 9 mois

Mise à l'épreuve éducative
- Un même juge des enfants, un même avocat, un même éducateur
- Une mesure éducative judiciaire

Étape 3

Jugement sur la sanction
- Prise en compte de l'évolution du mineur
- Possibilité de prononcer des peines éducatives (travail d'intérêt général…)
- Possibilité d'un suivi éducatif pendant cinq ans, jusqu'à 21 ans

Source : Code de la Justice pénale des mineurs en vigueur depuis le 30 septembre 2021.

4 Les étapes de la procédure pénale pour le mineur

6 Le TIG, peine éducative

En février 2021, Couthures-sur-Garonne, une petite commune de 316 habitants du Lot-et-Garonne, s'est retrouvée encerclée par les eaux lors de la crue du fleuve. Quelques semaines plus tard, cinq jeunes confrontés à la justice d'Agen ont retroussé leurs manches pour aider les sinistrés aux côtés des habitants, du conseil municipal et de deux éducatrices.

Pendant ces deux jours, les jeunes ont nettoyé le jardin d'une habitante de 80 ans jonché de branches d'arbres et d'autres détritus charriés par la Garonne. Puis ils ont remis en état le plancher d'une salle communale qui avait subi de lourds dégâts.

Le maire de la ville a indiqué être volontaire pour accueillir des jeunes en travaux d'intérêt général (TIG)[1], à condition d'être accompagné par le ministère de la Justice.

D'après justice.gouv.fr, 21 mai 2021.

1. Peine proposée à l'auteur de certaines infractions (à partir de 16 ans), il est un travail gratuit effectué dans une association ou un service public. L'auteur doit donner son accord.

Leçon

Podcast du cours

En société, se respecter

→ **Pourquoi le respect permet-il de vivre ensemble, dans la reconnaissance de nos différences ?**

A S'engager pour le respect au collège

- Pour le **bien commun**, les élèves doivent développer leur sens des responsabilités. Vivre ensemble, c'est respecter individuellement les **règles de** civilité, et les principes de la **laïcité** : liberté de conscience, liberté d'expression, égalité filles-garçons, tolérance…
- Le respect est aussi un engagement collectif. Les élèves peuvent devenir éco-délégués, pour le respect de l'environnement, **ambassadeurs contre le harcèlement** et les violences…

B En société, lutter contre les discriminations

- La **Déclaration des droits de l'homme et du citoyen** (1789) proclame l'égalité en dignité et en droits de tous les êtres humains. Mais nombreuses sont les personnes victimes de discriminations : racisme, antisémitisme, sexisme, homophobie…
- La **loi** punit les discriminations. Le **Défenseur des droits** et des associations aident les victimes. Mais chacun doit reconnaître les différences au nom de l'égalité et du respect de tous.

C La protection de la loi, pour le respect

- La **loi** garantit l'égalité entre les femmes et les hommes (vie familiale, professionnelle, parité), mais en réalité des inégalités demeurent. De nouvelles lois imposent l'égalité salariale (2018) et renforcent la protection des femmes victimes de violences (2019).
- En droit, le **mineur** est un être à protéger. S'il est victime de maltraitance familiale, le juge des enfants peut prendre une mesure d'**assistance éducative**. S'il est auteur d'une infraction, le **Code de la justice pénale des mineurs** (2021) s'applique : responsabilité atténuée, peine et suivi **éducatif**, réparation.

VOCABULAIRE

- **Antisémitisme :** haine des Juifs.
- **Civilité :** respect à l'égard des personnes et des lieux.
- **Discrimination :** fait de refuser des droits à une personne ou à un groupe de personnes en raison de son origine, de son appartenance religieuse, de son handicap, de son sexe… Cette attitude est punie par la loi.
- **Homophobie :** sentiment ou manifestation de rejet, de mépris ou de haine envers les personnes homosexuelles et envers l'homosexualité.
- **Racisme :** attitude de ceux qui méprisent certaines personnes en raison de leur prétendue appartenance à une race.
- **Sexisme :** comportement de ceux qui considèrent que les femmes et les hommes ne sont pas égaux.

Mémoriser ma leçon

Je vérifie que je connais l'essentiel du chapitre.

Je sais définir et utiliser dans une phrase :
- antisémitisme
- discrimination
- racisme
- sexisme

Je sais expliquer :
- les règles de civilité au collège
- la laïcité
- le Code de la justice pénale des mineurs
- le rôle du Défenseur des droits

Je m'engage et j'argumente :
- Pourquoi devons-nous tous nous engager pour le respect ?
- Est-il nécessaire de poursuivre la lutte pour l'égalité entre les femmes et les hommes ?
- Pourquoi la loi protège-t-elle le mineur en infraction ?

Exercice 3

Mobiliser des compétences relevant de l'enseignement moral et civique

SUJET GUIDÉ

Situation pratique **Le respect en société**

1 Vivre ensemble

J'animais une formation [...] Il était prévu que nous déjeunerions sur place. À midi, [...] on nous apportait le repas [...]. Le temps d'arrêter nos travaux, qu'une partie des stagiaires en profite pour aller prendre l'air quelques minutes, les plateaux étaient répartis. Il y avait le choix : rôti de porc ou filet de poisson. Nadia est revenue la dernière. Elle a ouvert le plateau à sa place et l'a repoussé avec fureur en disant : « C'est toujours la même chose, j'en ai marre ! ». Je me suis tournée vers elle sans comprendre et j'ai vu deux autres stagiaires lui tendre leur plateau en disant « Prends le mien, c'est du poisson, ça m'est égal ! ». Comme elle hésitait, encore toute à sa colère, les autres ont insisté [...]. Finalement, Nadia a accepté et petit à petit, le groupe a retrouvé sa bonne humeur. Juive ? Musulmane ? Je ne sais pas ce qu'était Nadia, et cela n'a aucune importance. Ce que j'ai trouvé formidable, c'est la solidarité, pour ne pas la laisser dans l'embarras. J'ai cependant pensé qu'il manquait encore un peu de temps et de pratique des habitudes des uns et des autres pour que ce genre de situation puisse se régler sans éclat, sereinement. Mais qu'avec un peu d'attention à nos voisins, nous devrions y arriver.

Témoignage authentique d'Alice B., formatrice, cité dans Martine Cerf-Marc Horowitz, *Ma liberté, c'est la laïcité,* © A. Colin, pour la 2de édition, Paris 2015.

Quelles relations entre ces trois informations ?

Comment comprendre la réaction de Nadia ?

Comment qualifier ces attitudes ?

À quelle condition éviter la réaction de Nadia ?

2 Ce que dit la loi

Art. 1er. Tous les êtres humains naissent libres et égaux en dignité et en droit. Ils sont doués de raison et de conscience et doivent agir les uns avec les autres dans un esprit de fraternité.

Déclaration universelle des droits de l'homme, 1948.

QUESTIONS

1. **Doc 1.** Présentez la situation qui déclenche une réaction violente et met le groupe dans l'embarras.
2. **Doc 1 et 2.** Qualifiez la réaction de deux des stagiaires à l'aide d'éléments de l'article de la Déclaration universelle des droits de l'homme.
3. **Doc 1 et 2.** Expliquez comment ce témoignage invite à vivre ensemble dans le respect de la laïcité.
4. Vous êtes engagé(e) dans le conseil de la vie collégienne (CVC) et vous agissez pour améliorer la vie au collège. Lors d'une réunion, vous proposez des actions pour bien vivre ensemble dans le respect de la laïcité.

Chapitre

20 La République française et ses valeurs

→ *Comment les valeurs de la République sont-elles au cœur du fonctionnement de l'État ?*

1 La nation et la défense des valeurs de la République

Hommage au professeur Samuel Paty, assassiné par un terroriste islamiste pour avoir enseigné la liberté d'expression.

Photographie prise à Arras (Pas-de-Calais), 21 octobre 2020.

« **La devise de la République est « Liberté, Égalité, Fraternité ». Le principe [de la République] est : gouvernement du peuple, par le peuple et pour le peuple.**

Art. 2 de la Constitution de la Ve République, 1958. »

DANS CE CHAPITRE, DE QUOI VA-T-ON PARLER ?

En analysant les termes du sujet et les documents, je réponds aux questions suivantes :

- De quel type de gouvernement est-il question ?
- Quelles sont ses valeurs ?
- Qui participe au fonctionnement de l'État ?

Vu au collège

en 4e

- **En histoire :** la IIIe République se fonde sur les valeurs de la Révolution française de 1789.

Cours de 4e en PDF

2 L'Assemblée nationale, lieu de la démocratie

Débat sur le pass vaccinal et sur le projet de loi renforçant les outils de gestion de la crise sanitaire et modifiant le Code de la santé publique.

Photographie de Jeanne Accorsini, 4 janvier 2021.

J'enquête

Que signifie appartenir à la nation française ?

Vidéo
Les symboles de la République
college.nathan.fr/22hg2001
2'40

Que dois-je faire ?

Au collège, conformément au règlement intérieur, vous faites partie de la communauté éducative. Hors du collège, avec votre famille, vous faites partie de la communauté nationale. À l'aide des documents, vous définissez ce que signifie appartenir à la nation française.

▸ Se sentir membre de la société et de l'État

1 La communauté nationale

Édouard Philippe, Premier ministre, interrogé par des députés à l'Assemblée nationale suite à l'attaque de la mosquée de Bayonne le 28 octobre 2019, faisant deux blessés.

« Dans une démocratie comme la nôtre, dans une République sûre de ses principes, il n'y a qu'une seule communauté, la communauté nationale. C'est-à-dire une union, une nation, un plébiscite de tous les jours, de gens qui ne sont pas semblables, qui ne croient pas la même chose, qui ne se ressemblent pas tous, mais qui sont unis dans les valeurs de la République et dans le respect de la loi. »

Questions au Gouvernement, 29 octobre 2019.

VOCABULAIRE

- **Nation :** communauté humaine vivant sur un même territoire et affirmant sa volonté de vivre ensemble en respectant les mêmes lois.
- **Nationalité :** tout individu a une nationalité, qui le rattache officiellement à un État.
- **Naturalisation** : décision de l'État d'accorder la nationalité à un étranger majeur résidant en France depuis plus de cinq ans.

CHIFFRES CLÉS

Les composantes de la communauté nationale

67,3 millions d'habitants dont :

→ **2,5 millions** d'immigrés naturalisés français

→ **5,1 millions** d'étrangers

a. **Célébrer le 14 Juillet**
Commune de Montpellier (Hérault), 2021.

b. **Commémorer le 11 Novembre**
Commune de Tourcoing (Nord), 2018.

Vidéo Zoom sur le 11 Novembre

2 Des journées nationales

3 La nationalité française, selon le Code civil

	Quelles conditions ?	Quand ?	Comment ?
ÊTRE FRANÇAIS			
Droit du sang	• Être né d'au moins un parent français	Dès la naissance	Automatiquement
DEVENIR FRANÇAIS			
Droit du sol	• Être né en France de parents étrangers	• à 18 ans • à 16 ans • à 13 ans	→ Automatiquement → Demande au tribunal judiciaire → Demande des parents au tribunal judiciaire
Mariage Décision de l'autorité publique	• Être étranger et se marier avec un conjoint français	Après 4 ans de vie commune	Déclaration au tribunal judiciaire
Naturalisation Décision de l'autorité publique	• Être né à l'étranger de parents étrangers • Résider en France depuis plus de 5 ans • Parler français • Connaître l'histoire de la société française • Adhérer aux principes et valeurs de la République	Dès 18 ans	• Demande à la Préfecture • Après acceptation de l'État (qui a le droit de rejeter la demande), puis signature et engagement à respecter la **Charte des droits et des devoirs du citoyen français**

4 La naturalisation, un acte officiel

JOURNAL OFFICIEL
DE LA RÉPUBLIQUE FRANÇAISE

Journal Officiel du 15 mars 2020.

Le décret du 21 juin 2019, publié au Journal officiel du 23 juin 2019, ayant accordé la nationalité française à : ANGOUNOU (Claudine, Sara), née le 9 décembre 1986 à Bota Limbé (Cameroun), est modifié en étendant l'effet collectif attaché à la nationalité française de sa mère à : DJOMGUEU (Jade), née le 10 juillet 2013 à Lille (59800).

Journal Officiel du 24 juin 2021.

Par décret en date du 23 juin 2021, est naturalisé français, l'étranger dont le nom suit : OGREAN (Radu-Mihai), né le 2 juin 1989 à Tarnaveni (Roumanie).

Vidéo
Cérémonie d'accueil dans la nationalité française

5 Un refus de naturalisation

Un requérant mauricien a souscrit en mai 2018 une déclaration d'acquisition de la nationalité française par mariage. Le Premier ministre s'y est opposé par un décret du 19 août 2019 (pour « indignité, défaut d'assimilation » du requérant). Le requérant a alors demandé au Conseil d'État l'annulation dudit décret.

Il ressort des entretiens que l'administration a pu avoir avec lui et son épouse, que le requérant « dirige l'intégralité de la vie de sa femme, et commande à l'ensemble de ses choix, y compris vestimentaires, de travail et de fréquentations ».

Le Conseil d'État rejette donc sa demande au motif que celui-ci « adopte un mode de vie caractérisé par une soumission de sa femme qui ne correspond pas aux valeurs de la société française, notamment l'égalité entre les sexes ».

Décision n° 436548 du Conseil d'État, 9 novembre 2020.

QUESTIONS

Je comprends le sens des documents

1. **Doc 1 et chiffres clés.** Identifiez les différentes catégories de personnes qui composent la communauté nationale.
2. **Doc 1 et 2.** Relevez les informations qui indiquent ce qui unit les membres de la nation française.
3. **Doc 3.** Définissez les différentes conditions pour devenir Français.
4. **Doc 3, 4 et 5.** Argumentez : à quelles conditions un étranger résidant en France peut-il obtenir la nationalité française ?

Je m'engage

5. Réalisez un nuage de mots qui définit ce que signifie appartenir à la nation française.

MÉTHODE
- Proposez des mots relevés dans les documents et vos propres mots.
- Représentez-les par des tailles différentes, selon l'importance que vous leur accordez.

J'enquête

Pourquoi faut-il défendre les valeurs de la République ?

Que dois-je faire ?

Dans le cadre d'une action du conseil municipal de jeunes de votre commune, vous vous êtes porté(e) volontaire pour participer à la fête de l'Écriture et de la Parole. Vous préparez une harangue sur le thème « Et si je défendais les valeurs de la République... ».

▸ Savoir argumenter pour défendre son point de vue

MÉTHODE

Qu'est-ce qu'une harangue ?

- Une parole de conviction, engagée
- Une parole d'abord écrite
- Un discours, un poème qui va vers les autres et crée une écoute collective
- Un message qui émeut et invite à la responsabilité

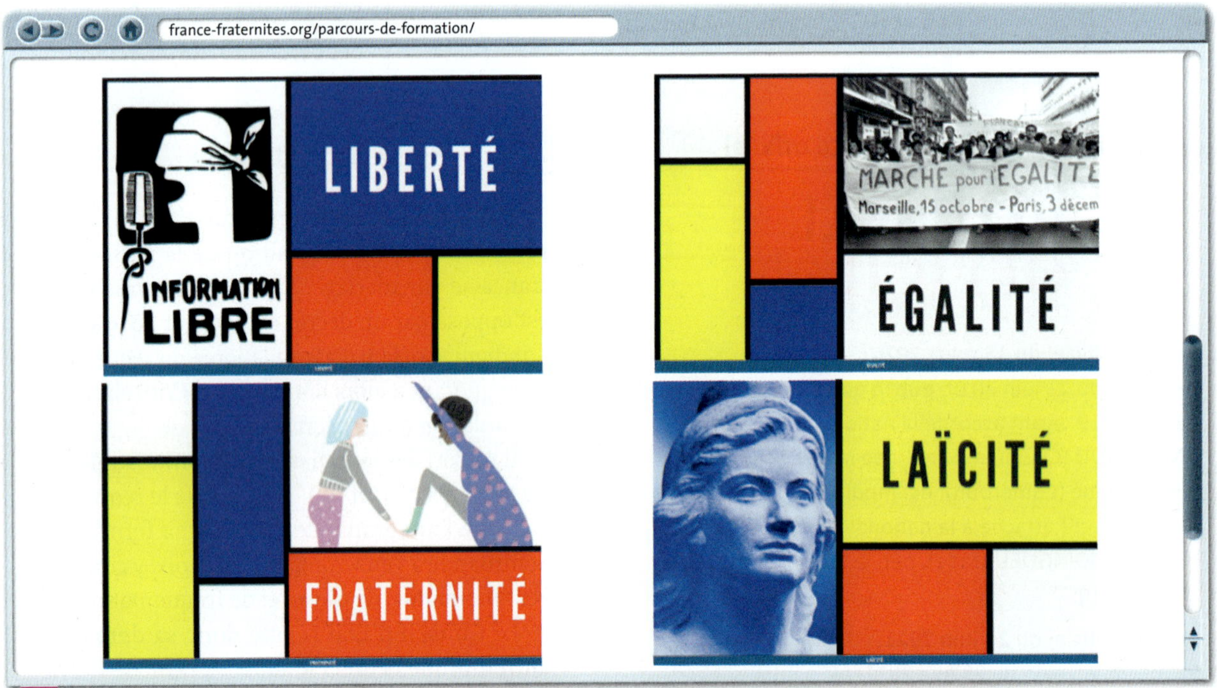

1 La laïcité, c'est la liberté, l'égalité, la fraternité

L'association « France Fraternités » propose un parcours numérique de formation à la citoyenneté, « Allô Marianne », pour réfléchir au sens des valeurs de la République et agir pour les faire vivre.

2 Ce que dit la loi

Art. 4. La liberté consiste à pouvoir faire tout ce qui ne nuit pas à autrui : ainsi, l'exercice des droits naturels de chaque homme n'a de bornes que celles qui assurent aux autres membres de la société la jouissance de ces mêmes droits. Ces bornes ne peuvent être déterminées que par la loi.

Déclaration des droits de l'homme et du citoyen, 1789.

Art. 1er. La France est une République indivisible, laïque, démocratique et sociale. Elle assure l'égalité devant la loi de tous les citoyens sans distinction d'origine, de race, ou de religion. Elle respecte toutes les croyances.

Constitution de la Ve République, 1958.

Préambule. Les peuples de l'Europe, en établissant entre eux une union sans cesse plus étroite, ont décidé de partager un avenir pacifique fondé sur des valeurs communes [...] de dignité humaine, de liberté, d'égalité et de solidarité.

Charte des droits fondamentaux de l'Union européenne, 2000.

3 Comprendre le sens des valeurs de la République

a. Vivre libres

La liberté, loin d'exclure les limites, les impose au contraire. Pour la sécurité de tous, je dois respecter le Code de la route et le gendarme y veille, mais moi seul décide où je veux aller, quand et avec qui. [...]

[La liberté] se révèle alors indissociable de l'égalité : c'est parce que les autres ont des droits égaux aux miens, que ma liberté est limitée par le respect de la leur et leur liberté limitée par le respect de la mienne [...].

Guy Carcassonne, *Guide républicain*, SCEREN/CNDP et Delagrave, 2004.

b. Vivre égaux

Si c'était à moi que s'adresse l'injure « sale Arabe » ou « sale Juif » ? Si c'était moi le « Nègre » à qui on refuse un travail du fait de la couleur de ma peau ? Si c'était de moi qu'on se méfie parce que je suis simplement différent des gens en face de moi ? [...]

C'est quoi le respect ? C'est le fait de reconnaître à l'autre personne en face de moi les mêmes droits et les mêmes devoirs que ceux qui sont les miens. Reconnaître, c'est accepter le fait de l'égalité. Cela s'appelle « apprendre à vivre ensemble ». [...]

Il existe une race humaine, celle qui rassemble tous les êtres humains. [...]

Nous nous ressemblons tous et nous sommes tous différents.

Tahar Ben Jelloun, *Guide républicain*, SCEREN/CNDP et Delagrave, 2004.

c. Vivre fraternels

En 2016, Monsieur X. est condamné à une amende, puis en 2017 à 4 mois de prison pour avoir pris en charge des migrants venus d'Italie et organisé un camp d'accueil. Il s'estime victime d'un « délit de solidarité » et saisit le Conseil constitutionnel.

Celui-ci rend sa décision le 6 juillet 2018 :« La devise de la République est "Liberté, Égalité, Fraternité" ». [...] Il en ressort que la fraternité est un principe à valeur constitutionnelle. Il découle du principe de fraternité la liberté d'aider autrui, dans un but humanitaire, sans considération de la régularité de son séjour sur le territoire national.

En 2020, Monsieur X. est relaxé par une cour d'appel.

D'après la décision du Conseil constitutionnel n° 2018-717/718 QPC du 6 juillet 2018.

4 Résister pour les valeurs de la République

Dessin de presse d'Emmanuel Chaunu en hommage au professeur Samuel Paty, assassiné pour avoir enseigné la liberté d'expression, octobre 2020.

QUESTIONS

Je comprends le sens des documents

1. **Doc 2 à 4.** Relevez dans les documents des mots et expressions qui définissent les valeurs de la République.
2. **Doc 1.** À l'aide des informations du document, justifiez l'affirmation : « La laïcité, c'est la liberté, l'égalité, la fraternité ».
3. **Doc 4.** Décrivez le dessin de presse et expliquez son message.

Je m'engage

4. Préparez les arguments de votre harangue en vous appuyant sur la question suivante : **Pourquoi et comment je défends les valeurs de la République française ?**

J'enquête

Comment est adoptée une loi dans la République française ?

Vidéo
Le vote de la loi
college.nathan.fr/22hg2002
3'12

Que dois-je faire ?

La loi réformant la justice pénale des mineurs et créant le Code de la justice pénale des mineurs est entrée en vigueur le 30 septembre 2021. À l'aide des documents, vous expliquez comment l'adoption de la loi dans la République française s'effectue dans le respect de la démocratie.

▸ Connaître les règles du fonctionnement des institutions de la République

VOCABULAIRE

- **Démocratie :** régime politique dans lequel le peuple exerce le pouvoir. Les opinions peuvent s'y exprimer librement et les gouvernants sont désignés par le peuple lors d'élections libres.
- **Parlement :** Assemblée nationale et Sénat.
- **Pouvoir exécutif :** pouvoir de faire exécuter les lois. C'est aussi le pouvoir de mener les politiques publiques.
- **Pouvoir législatif :** pouvoir de faire des lois.

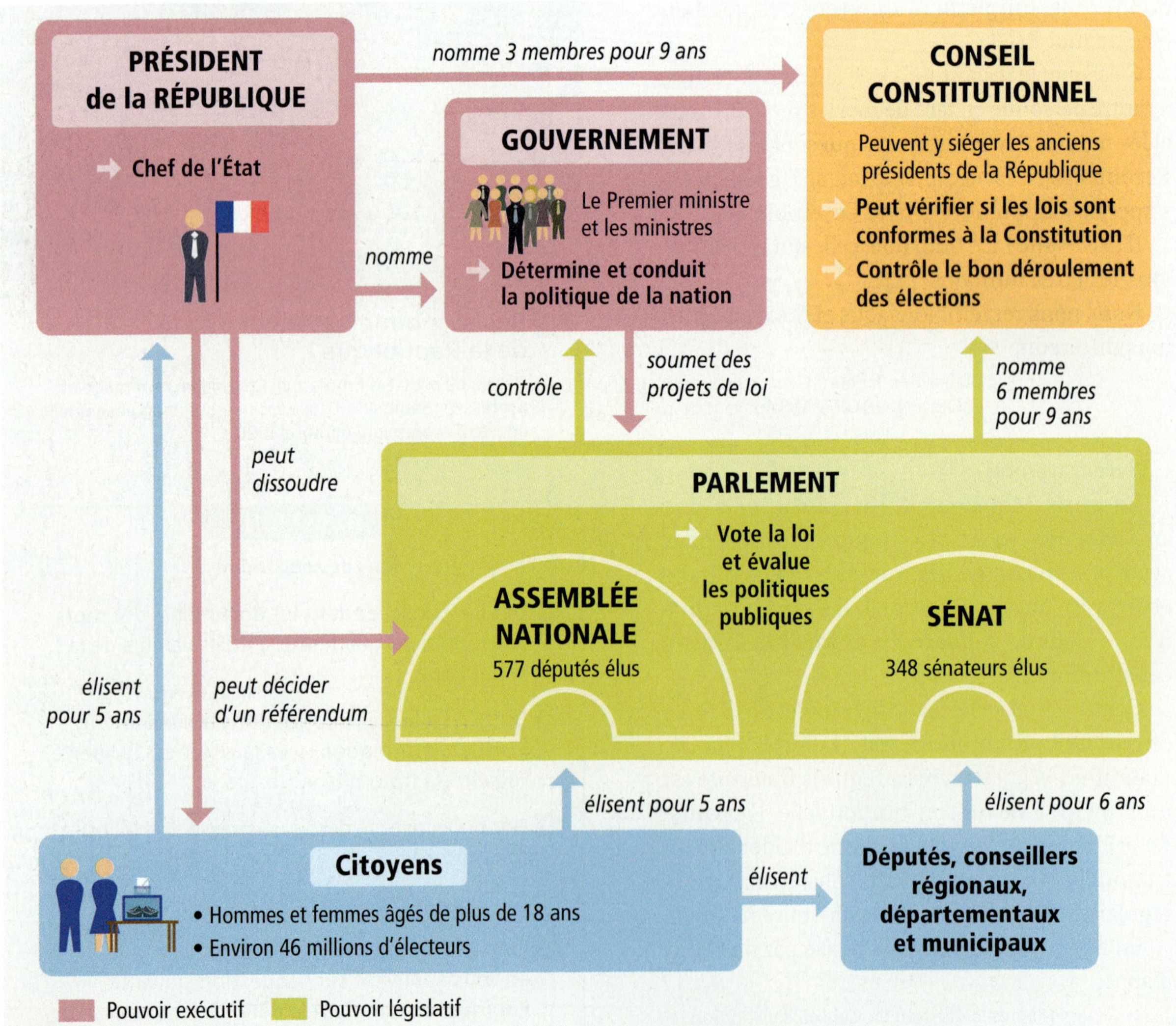

1 Les institutions de la Ve République

Initiative de la loi

30 octobre 2019

- Présentation au **Conseil des ministres** du projet de loi par le ministre de la Justice
- Approbation et dépôt du projet à l'**Assemblée nationale** par le **Premier ministre**

Le débat et le vote au Parlement

11 décembre 2020 — **Assemblée nationale**
Projet de loi discuté puis adopté avec des amendement par les **députés**

Navette / Désaccord

27 janvier 2021 — **Sénat**
Projet de loi amendé transmis par l'**Assemblée nationale**, discuté puis adopté par les **sénateurs** avec de nouveaux amendements

Commission mixte paritaire
7 députés et 7 sénateurs

28 janvier 2021
Discussion et adoption d'un texte de loi commun

16 février 2021
Discussion et adoption par les **députés** du texte de loi de la Commission

16 février 2021
Discussion et adoption par les **sénateurs** du texte de loi de la Commission

26 février 2021
Loi promulguée par le **président de la République**

27 février 2021
Loi publiée au **Journal officiel**

Source : senat.fr

2 Justice pénale des mineurs : les étapes de la loi

3 Les débats au Parlement

a. À l'Assemblée nationale

« Derrière les jeunes délinquants, il y a des parcours de vie d'enfants cabossés, mais il y a aussi des victimes touchées par la violence de ces mineurs. Cette réforme trouve le juste équilibre entre la sanction parfois, l'éducation toujours, la réparation et la réinsertion. »

Erwan Balanant, député MoDem,
10 décembre 2020.

« Cette réforme n'est engagée que sur des objectifs comptables. C'est de magistrats et de moyens dont la justice des mineurs manque. »

Danièle Obono, députée LFI,
15 février 2021.

b. Au Sénat

« C'est un texte nécessaire et équilibré, qui ne laisse pas le répressif prendre le pas sur l'éducatif. »

Dominique Verien, sénatrice UDI,
26 janvier 2021.

« Nous déplorons un certain manque d'ambition, un acte manqué : nous espérions un véritable "Code des mineurs" réformant à la fois l'enfance délinquante et l'enfance en danger. »

Jean-Pierre Sueur, sénateur PS,
16 février 2021.

D'après les sites nosdeputés.fr ; lcp.fr ; senat.fr, 2020-2021.

QUESTIONS

Je comprends le sens des documents

1. **Doc 2 et 3.** Nommez les acteurs qui ont contribué à l'élaboration de la loi créant le Code de la justice pénale des mineurs, et définissez leur rôle.

2. **Doc 3.** Classez les arguments selon qu'ils approuvent ou critiquent le projet de loi sur la justice pénale des mineurs.

3. **Doc 1 et 2.** Nommez l'institution qui aurait pu être consultée après le vote de la loi et justifiez pourquoi.

Je m'engage

4. Vous expliquez comment est adoptée une loi dans la République française.

MÉTHODE

- Nommez les institutions et les acteurs qui participent à l'élaboration de la loi.
- Mettez en relation les étapes de l'élaboration de la loi et la définition de la démocratie afin de justifier vos arguments.

J'enquête EN ÉQUIPES

Les fonctions régaliennes de l'État

Répartie en équipes, votre classe doit **identifier les fonctions régaliennes exercées par l'État en France.** Sous la forme d'un padlet présenté oralement, chaque équipe définit une des fonctions et explique comment elle permet la cohésion sociale, au nom des valeurs de la République.

▸ Comprendre le sens de la souveraineté de l'État

Coups de pouce

Qu'est-ce qu'une fonction régalienne ?

Fonction qui relève de la responsabilité de l'État et dont il a le monopole. Elle ne peut être déléguée car elle symbolise la souveraineté de l'État.

Vidéo Les fonctions régaliennes de l'État

ÉQUIPE 1 Assurer la sécurité intérieure de la nation

Votre équipe est chargée d'expliquer à la classe ce qu'est la force publique et comment elle agit, avec l'État et les citoyens, pour assurer l'ordre public.

1 Ce que dit la loi

Art. 12. La garantie des droits de l'homme et du citoyen nécessite une force publique[1] ; cette force est donc instituée pour l'avantage de tous [...].

Déclaration des droits de l'homme et du citoyen, 1789.

1. Ensemble des personnes responsables, au nom de l'État, du maintien de l'ordre, de la sécurité et de l'application des lois.

La pandémie de Covid-19

- **2020** Mesures temporaires de confinement et de couvre-feu.
- **Depuis 2020** Obligation du port du masque (établissements scolaires, services publics, commerces, restaurants, transports en commun, lieux culturels, etc. Amende de 135 euros).
- **2021** Pass sanitaire obligatoire (vaccin, test négatif) pour accéder aux restaurants, lieux culturels, etc.
- **2022** Pass vaccinal obligatoire, voté par le Parlement.

2 L'action de la force publique

	Police nationale	Gendarmerie nationale
Statut et effectifs	Civil 148 500 (2021)	Militaire 97 118 (2021)
Autorité	Ministère de l'Intérieur et ses représentants, les préfets	
Implantation	Territoire de la France Grandes agglomérations	Territoire de la France Zones rurales, villes petites et moyennes, routes et autoroutes
Missions	Faire respecter la loi, maintenir l'ordre, assurer la sécurité publique • Protection des personnes, des biens, des institutions. • Lutte contre le terrorisme, la délinquance, la grande criminalité, les trafics de drogue, l'immigration illégale, etc. • Missions de police judiciaire, de police aux frontières, de renseignement. • Faire respecter le Code de la route.	

Vidéo La gendarmerie en action

INFO

VIGIPIRATE SÉCURITÉ RENFORCÉE RISQUE ATTENTAT

Créé en 1978, ce plan relève du Premier ministre et associe tous les ministères. Outil de lutte contre le terrorisme, il comprend un niveau permanent « Vigilance » et un niveau « Alerte attentat », activé en cas de menace imminente. Il informe les citoyens sur le terrorisme, les gestes et les comportements qui protègent et qui sauvent, le rôle que chacun peut jouer.

ÉQUIPE 2

Assurer la sécurité extérieure de la nation

Votre équipe est chargée d'expliquer à la classe quelles sont les deux manières d'assurer la sécurité extérieure de la nation, qui en sont les acteurs et comment ils agissent.

3 Ce que dit la loi

Art. 5. Le président de la République [...] est le garant de l'indépendance nationale, de l'intégrité du territoire et du respect des traités.

Art. 15. Le président de la République est le chef des armées. [...]

Art. 21. Le Premier ministre [...] est responsable de la défense nationale.

Constitution de la Ve République, 1958.

« **Nous vivons dans un monde où le développement des réseaux et la circulation toujours plus intense des personnes, des marchandises, des capitaux et des informations facilitent la propagation des crises, [...] notre sécurité ne commence pas à nos frontières.** »

Livre blanc sur la Défense et la Sécurité nationale, 2013.

Les priorités du LIVRE BLANC sur la Défense et la Sécurité nationale, 2013

Trois missions de la Défense nationale
- Protection
- Dissuasion nucléaire
- Intervention

Des lieux à sécuriser pour la protection du territoire
- L'Europe et ses marges
- La Méditerranée
- L'Afrique subsaharienne

La fidélité de la France à ses alliances
- Alliance atlantique (OTAN)
- Participation à la défense commune européenne
- Membre de l'ONU

NATO OTAN

4 L'action militaire

Le livre blanc est un texte officiel de 2013 qui fait état des risques et des menaces et définit pour 15 ans les objectifs de la politique de Défense et de Sécurité nationale de la France.

5 L'action diplomatique

Réunion des chefs d'État et de gouvernement du G20 à Rome, 30 et 31 octobre 2021.

INFO

Les engagements et objectifs du G20

- Réaffirmation de l'Accord de Paris de 2015 : réchauffement climatique en deçà de + 2 °C.
- Réforme de la fiscalité mondiale : taxation des multinationales.
- Arrêt des subventions à la construction de centrales électriques au charbon.
- Versement de 100 milliards de dollars aux pays vulnérables pour faire face à la pandémie de Covid-19.

J'enquête EN ÉQUIPES

ÉQUIPE 3

Protéger la société par la loi et la justice

Votre équipe est chargée d'expliquer à la classe pourquoi la loi doit être respectée et quelles sont les missions de la justice.

6 Thémis, déesse de la justice

1. Les yeux bandés, symbole d'impartialité.
2. La balance, symbole du jugement équitable
3. Le glaive pour trancher les conflits

Vidéo
Les symboles de la justice

7 Ce que dit la loi

Art. L. III-1. Les juridictions judiciaires rendent leurs décisions au nom du peuple français.

Code de l'organisation judiciaire.

Art. 6. La loi est l'expression de la volonté générale. [...] Elle doit être la même pour tous, soit qu'elle protège, soit qu'elle punisse.

Art. 9. Tout homme est [...] présumé innocent jusqu'à ce qu'il ait été déclaré coupable.

Déclaration des droits de l'homme et du citoyen, 1789.

Art. 66. Nul ne peut être arbitrairement détenu. L'autorité judiciaire, gardienne de la liberté individuelle, assure le respect de ce principe dans les conditions prévues par la loi.

Constitution de la Ve République, 1958.

8 Un jugement au tribunal correctionnel

« Une mafia des déchets », « des malfaiteurs de l'environnement » : les accusations contre le réseau de terrassiers et transporteurs accusés d'avoir déversé en pleine nature, sur la Côte d'Azur, des centaines de milliers de tonnes de gravats pollués, étaient lourdes.

La condamnation, mardi 14 décembre par le tribunal correctionnel de Draguignan, des dix-sept prévenus, dont sept entreprises, ne l'est pas moins : des amendes jusqu'à un million d'euros [...], la confiscation de matériels pour ces entreprises et des peines comprises entre 200 heures de travaux d'intérêt général et quatre ans de prison (dont deux avec sursis probatoire) pour les dix autres prévenus. [...]

Tous se sont vus signifier l'obligation de remettre en état à leur frais [entre cinq et six millions d'euros] la vingtaine de sites, parfois classés, souillés et défigurés.

Le Moniteur, 14 décembre 2021.

VOCABULAIRE

- **Loi :** règle votée par le Parlement, que doivent respecter tous les habitants d'un pays.
- **Magistrat :** juge professionnel. On distingue les magistrats du « siège », chargés de juger en appliquant le droit, et les magistrats du « parquet » (procureur, substitut), qui ne jugent pas, mais défendent les intérêts de la société en faisant appliquer la loi.

ÉQUIPE 4

Administrer le territoire national

Votre équipe est chargée d'expliquer à la classe les compétences des collectivités territoriales et la place de l'État dans ces collectivités.

VOCABULAIRE

- **Décentralisation :** transfert de compétences de l'État, pour les affaires locales, aux collectivités territoriales et à leurs conseils élus (communes, départements, régions).

9 Ce que dit la loi

Art. 1er. La France est une République indivisible [...]. Son organisation est décentralisée.

Art. 72. Les collectivités territoriales de la République sont les communes, les départements, les régions [...].

Les collectivités territoriales ont vocation à prendre les décisions [...] qui peuvent le mieux être mises en œuvre à leur échelon. [...]

Dans les conditions prévues par la loi, ces collectivités s'administrent librement par des conseils élus [...].

Dans les collectivités territoriales de la République, le représentant de l'État, représentant de chacun des membres du Gouvernement, a la charge des intérêts nationaux, du contrôle administratif et du respect des lois.

Constitution de la Ve République, 1958.

10 Les représentants de l'État dans les collectivités territoriales

a. Le préfet

Le préfet incarne l'État sur le territoire. Il applique localement la politique du Gouvernement. Sous l'autorité du préfet de département ou du préfet de région, les services déconcentrés de l'État appliquent, sur le plan local, les décisions prises par l'administration centrale[1], principalement celles des ministères régaliens[1]. Le préfet est également le garant de l'ordre public et de la sécurité. Il contrôle la conformité à la loi des actes des collectivités territoriales.

D'après vie-publique.fr, décembre 2021.

1. Ministères de l'Intérieur, des Armées, des Affaires étrangères et de la diplomatie, de la Justice.

b. Le maire

Sous le contrôle du préfet, le maire est agent de l'État dans la commune. Il publie et contrôle les lois et règlements, prend des mesures de protection civile, organise la tenue des élections, veille au respect des obligations nationales (obligation scolaire, recensement citoyen des jeunes de 16 ans, etc.). Il est aussi officier de police judiciaire, sous le contrôle du procureur de la République (constat des infractions à la loi pénale). Il est chargé de la police municipale et assure le bon ordre, la sécurité et la salubrité publiques dans la commune.

Association des Maires de France, *Guide du maire*, 2020.

11 Les compétences des collectivités territoriales

Vidéo
Les missions d'un CDAS

Les régions	• Développement économique • Aménagement du territoire (parcs régionaux) • Transport (routier, ferroviaire régional)	• Lycée, enseignement supérieur et recherche • Formation continue (professionnelle, apprentissage)
Les départements	• Solidarités humaines (aides aux personnes âgées et handicapées, PMI, Aide sociale à l'enfance, RSA, etc.) • Routes départementales	• Solidarités territoriales (déchets, transports routiers scolaires, sécurité ; prévention de la délinquance ; incendie) • Collèges
Les communes/ intercommunalité	• Actions de proximité (sécurité : police municipale, circulation et stationnement, prévention de la délinquance)	• Services à la population : écoles, crèches et centres de loisirs, collecte et traitement des déchets, urbanisme, transports urbains

J'enquête

Quel est le rôle du Conseil constitutionnel ?

Vidéo
Présentation du Conseil constitutionnel
college.nathan.fr/22hg2003
2'47

Que dois-je faire ?

Vous participez avec votre classe au concours « Découvrons notre Constitution » organisé par le Conseil constitutionnel. Vous vous exprimez à travers un texte rédigé qui explique comment le Conseil constitutionnel veille au respect des droits fondamentaux garantis par la Constitution de la Ve République.

▸ S'informer de manière rigoureuse

Constitution de la Ve République

Les composantes et les grands principes de la Constitution de la Ve République

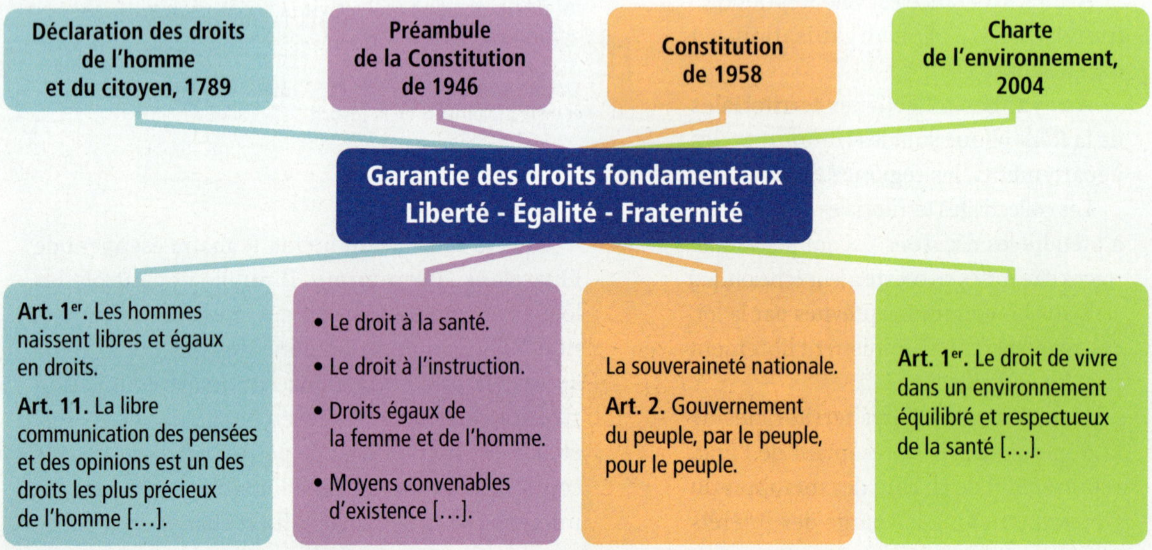

1 La Constitution de la Ve République, « loi suprême »

2 Ce que dit la loi

Art. 59. Le Conseil constitutionnel statue, en cas de contestation, sur la régularité de l'élection des députés et des sénateurs.

Art. 61. […] [L]es lois peuvent être déférées au Conseil constitutionnel, avant leur promulgation, par le président de la République, le Premier ministre, le président de l'Assemblée nationale, le président du Sénat ou soixante députés ou soixante sénateurs. […]

Art. 61-1. Lorsque, à l'occasion d'une instance en cours devant une juridiction, il est soutenu qu'une disposition législative porte atteinte aux droits et libertés que la Constitution garantit, le Conseil constitutionnel peut être saisi de cette question sur renvoi du Conseil d'État ou de la Cour de cassation […].

Art. 62. Une disposition déclarée inconstitutionnelle sur le fondement de l'article 61 ne peut être promulguée ni mise en application.

Constitution de la Ve République, 1958.

Laurent Fabius, président du Conseil constitutionnel depuis le 8 mars 2016.

Le 16 janvier 2022, la loi renforçant les outils de gestion de la crise sanitaire (transformation du pass sanitaire en pass vaccinal) est définitivement votée par le Parlement. Mais des parlementaires s'y opposent.

60 députés et 60 sénateurs saisissent le Conseil constitutionnel et contestent :

Décisions du Conseil constitutionnel

- **L'art. 1er de la loi** : obligation de présenter un « pass vaccinal » pour accéder à des lieux, établissements, services, événements.

- Obligation qui porte atteinte à la liberté d'aller et venir, de se réunir, d'exprimer collectivement idées et opinions.

Mais

- Conformité à la Constitution : lutte contre la Covid-19 par la vaccination, au nom de la protection de la santé.

- **L'art. 1er de la loi** : obligation de présenter un « pass sanitaire » pour accéder à une réunion politique.

- Non-conformité aux droits fondamentaux. Aux responsables des réunions de prendre toutes les mesures de précaution sanitaire : limitation du nombre de participants, distribution de masques, aération de la salle.

La loi renforçant les outils de la gestion de la crise sanitaire a été promulguée après avoir été modifiée suite à la décision du Conseil constitutionnel.

Source : Extraits de la décision du Conseil constitutionnel n° 2022-835 DC du 21 janvier 2022 - non-conformité partielle.

3 La loi et le Conseil constitutionnel

INFO

Le Conseil constitutionnel veille à la régularité de l'élection du président de la République et proclame les résultats du scrutin. Il contrôle, valide ou infirme les parrainages, obligatoires pour tout candidat à cette élection (500 signatures d'élus).

Les électeurs peuvent le saisir afin de faire constater une irrégularité dans l'élection d'un député ou d'un sénateur.

Après vérification, il peut annuler l'élection.

4 Le citoyen et la question prioritaire de constitutionnalité (QPC)

Par l'intermédiaire de son avocate, Mme Fatma M. a saisi le Conseil constitutionnel au sujet de l'article 153 du Code de la nationalité relatif à la déclaration de reconnaissance de la nationalité française pour ses enfants mineurs. Selon cet article, ses enfants mineurs suivent la condition de leur père, ou en cas de son prédécès, celui de leur mère survivante. Mme Fatma M. estime que cet article porte atteinte aux principes d'égalité devant la loi et d'égalité entre les hommes et les femmes.

Selon le Conseil constitutionnel, les dispositions de l'article 1°-153 ne sont pas conformes à l'article 6 de la Déclaration des droits de l'homme et du citoyen de 1789 « la loi doit être la même pour tous » et du troisième alinéa du Préambule de la Constitution de 1946. « La loi garantit à la femme, dans tous les domaines, des droits égaux à ceux de l'homme ». Ils sont contraires à la Constitution.

D'après la Décision du Conseil constitutionnel n° 2021-954 QPC du 10 décembre 2021.

QUESTIONS

Je comprends le sens des documents

1. **Doc 1.** Nommez les textes réunis dans la Constitution de la Ve République et citez les droits qu'elle garantit aux personnes.
2. **Doc 2.** Définissez le Conseil constitutionnel en indiquant qui sont ses membres et quelles missions leur sont attribuées par la Constitution.
3. **Doc 3, 4 et Info.** Présentez chacune des situations évoquées dans ces documents et expliquez selon quels principes le Conseil constitutionnel a pris ses décisions.

Je m'engage

4. Rédigez un texte qui explique comment le Conseil constitutionnel veille au respect des droits fondamentaux garantis par la Constitution de la Ve République.

MÉTHODE

Le texte rédigé doit comporter les éléments suivants :
- La Constitution est la « loi suprême » de la République : ses textes garantissent les droits fondamentaux des personnes (**doc 1**).
- Les compétences du Conseil constitutionnel s'exercent dans différentes situations (**doc 3, 4** et **Info**).

Présentez ces situations et argumentez à l'aide d'extraits de la Constitution.

Leçon

Podcast du cours

La République française et ses valeurs

→ **Comment les valeurs de la République sont-elles au cœur du fonctionnement de l'État ?**

A La République, une nation

• La nation réunit les Français et les étrangers résidant en France. Ils la construisent autour de **valeurs communes,** de **journées** officielles (14 juillet, 11 novembre...), de **droits** et d'**obligations** (s'exprimer, droit à l'instruction, à la santé, respect d'autrui...).

• Pour être citoyen français, il faut avoir la **nationalité** française. Elle est acquise par le droit du sang, le droit du sol ou le mariage ou la naturalisation.

B Les valeurs de la République

• La **liberté**, l'**égalité**, la **fraternité** et la **laïcité** sont les valeurs majeures de la République. Elles sont inscrites dans la Constitution **de la Ve République** (1958), au nom du bien commun. Par la **loi**, l'État fait appliquer ces valeurs sur l'ensemble du territoire national, et le **Conseil constitutionnel** veille au respect de la Constitution.

C La République, une démocratie

• Les **institutions** de la Ve République sont définies par la Constitution du 4 octobre 1958, loi suprême de la République. La **souveraineté** appartient au peuple qui délègue son pouvoir aux représentants qu'il élit démocratiquement à la tête de l'**État**, des **collectivités territoriales**, de l'Union européenne.

• La Constitution attribue à l'État des fonctions régaliennes, mises en œuvre dans le respect des valeurs de la République et de l'intérêt général de la nation : **défense**, **diplomatie**, **police**, **justice**, **fiscalité**. Dans le cadre de la décentralisation, les collectivités territoriales disposent de compétences propres. Mais le **préfet**, représentant de l'État, veille à la conformité de leurs actes aux lois de la République.

VOCABULAIRE

• **Citoyen :** personne qui a le droit de participer à la vie politique d'un État.

• **Constitution :** loi suprême de la République. Expression de la souveraineté nationale, elle organise les pouvoirs politiques et garantit les droits fondamentaux des individus.

• **Décentralisation :** transfert de compétences de l'État aux collectivités territoriales et à leurs conseils élus (communes, départements, régions).

• **Démocratie :** régime politique dans lequel le peuple exerce le pouvoir. Les opinions peuvent s'y exprimer librement et les gouvernants sont désignés par le peuple, lors d'élections libres.

• **Fonction régalienne :** fonction qui relève de la responsabilité de l'État, et dont il a le monopole.

• **Nation :** communauté humaine vivant sur un même territoire et affirmant sa volonté de vivre ensemble en respectant les mêmes lois.

Mémoriser ma leçon

Je vérifie que je connais l'essentiel du chapitre.

Je sais définir et utiliser dans une phrase :
- nation
- citoyen
- démocratie

Je sais expliquer :
- les modes d'acquisition de la nationalité française
- les pouvoirs régaliens de l'État
- la décentralisation

Je m'engage et j'argumente :
- Pourquoi faut-il défendre les valeurs de la République ?
- Pourquoi l'élaboration de la loi doit-elle se faire dans le respect de la démocratie ?
- Est-il nécessaire de commémorer le 14 juillet et le 11 novembre ?

Exercice 3

Mobiliser des compétences relevant de l'enseignement moral et civique

SUJET GUIDÉ

Situation pratique **Les citoyens et l'exercice des valeurs de la République**

1 Une action sur le territoire de la commune

15 mars 2019, des centaines d'étudiants se sont rassemblés dans le centre de Douai (Nord) pour la marche pour le climat. Plusieurs dizaines de milliers de citoyens ont manifesté partout en France pour interpeller les élus sur l'urgence de réagir face au changement climatique.

Observez la photographie et lisez la légende.
- Où se déroule la scène ?
- Qui sont les personnes sur la photographie ?
- Pourquoi se sont-elles réunies ?
- Quels droits exercent-elles ?

2 Ce que dit la loi

Art. 10. Nul ne doit être inquiété pour ses opinions, mêmes religieuses, pourvu que leur manifestation ne trouble pas l'ordre public établi par la loi.

Déclaration des droits de l'homme et du citoyen, 1789.

Art. L. 211-1. Sont soumis à l'obligation d'une déclaration préalable tous cortèges, défilés, rassemblements de personnes [...] sur la voie publique.

Art. L. 211-4. Si l'autorité investie des pouvoirs de police[1] estime que la manifestation projetée est de nature à troubler l'ordre public, elle l'interdit par un arrêté [...].

Code de la sécurité intérieure.

1. Maire, préfet.

Interrogez-vous sur la signification des verbes utilisés dans les questions.

Analysez les mots surlignés dans le document 2.

QUESTIONS

1 **Doc 1. Nommez** les droits exercés par ces personnes.

2 **Doc 1. Expliquez** au nom de quelles valeurs de la République elles exercent ces droits.

3 **Doc 1 et 2. Indiquez** à quelles conditions ces personnes ont eu le droit de se réunir.

4 Vous êtes engagé(e) dans une association qui agit pour le bien commun des habitants de votre commune. Choisissez une ou plusieurs valeurs de la République et, lors d'une réunion publique à la mairie, proposez au maire des actions qui amélioreraient la sécurité environnementale des habitants de la commune.

Chapitre

21 Participer à l'engagement civique

→ Comment faire vivre les valeurs de la République par l'engagement dans la vie politique et sociale ?

1 S'engager dans le monde, au nom de la solidarité

Lancée en août 2020 en réponse aux explosions survenues à Beyrouth, l'opération Amitié concrétise l'action des armées françaises qui déploient et acheminent des moyens humains et matériels pour venir en aide au Liban et aux Libanais.

> « Face aux risques et aux menaces, la défense et la sécurité de la nation [...] requièrent [...] l'adhésion de l'ensemble de nos concitoyens. [...] L'esprit de défense est le premier fondement de la sécurité nationale, [...] la manifestation d'une volonté collective. »
>
> Livre blanc sur la Défense et la Sécurité nationale, 2013.

DANS CE CHAPITRE, DE QUOI VA-T-ON PARLER ?

En analysant les termes du sujet et les documents, je réponds aux questions suivantes :

- Qu'est-ce que l'engagement ?
- Pourquoi s'engager ?
- Quels sont les domaines de l'engagement civique ?

Vu au collège

en 4e

- **En histoire :** au XIXe siècle, le suffrage universel masculin est conquis, et les valeurs de liberté, d'égalité et de fraternité, proclamées en 1789, fondent la IIIe République.
- **En EMC :** l'engagement est symbolisé par la conquête des droits et des libertés, et par l'intervention des citoyens dans le débat démocratique.

Cours de 4e en PDF

2 Le Service Civique : s'engager au service de la collectivité

Le Service Civique est un dispositif permettant aux jeunes d'exercer une mission au service de l'intérêt général pendant une durée maximale d'un an.

Campagne de l'Agence du Service Civique, 2022.

J'enquête

Comment participer à la vie démocratique ?

Vidéo
Voter, un geste citoyen
college.nathan.fr/22hg2101
2'10

Que dois-je faire ?

Les citoyens peuvent agir en votant. Mais il existe aussi d'autres moyens d'action qui peuvent permettre à tous de participer aux prises de décisions publiques. À l'aide des documents, vous réalisez de courts slogans pour inciter à participer et à s'engager dans les prises de décisions publiques.

▸ Comprendre le sens de l'engagement individuel et collectif

1 Ce que dit la loi

Art. 3. La souveraineté nationale appartient au peuple qui l'exerce par ses représentants et par la voie du référendum. [...]

Sont électeurs, dans les conditions déterminées par la loi, tous les nationaux français majeurs des deux sexes, jouissant de leurs droits civils et politiques.

Constitution de la Vᵉ République, 1958.

2 Pourquoi voter ?

Affiche du ministère de l'Intérieur, 2017.

3 Quel est le sens du vote ?

Stéphane Travert, député, explique : « Il faut faire en sorte que les gens puissent demain considérer que voter reste un acte important dans la vie démocratique, que c'est un droit, mais aussi un devoir vis-à-vis de la société, et que choisir ses représentants c'est assurer aussi le succès de la démocratie représentative. » [...]

« Voter, c'est faire partie du peuple souverain. C'est donc une conquête, un droit et quasiment un devoir sacré : voter, c'est être citoyen et s'inscrire dans la communauté électorale », analyse Olivier Christin, professeur d'université. Cette ambition d'appartenance et de reconnaissance sera à l'œuvre dans la revendication du suffrage féminin, finalement instauré en 1944.

Pour quelles raisons, dès lors, des électeurs se déplacent-ils encore aux urnes aujourd'hui ? « Les réponses sont nombreuses : par obligation morale ; par habitude », observe Rémi Lefebvre.

M. Dupont, « De la démocratie athénienne à la Vᵉ République, qu'est-ce qui nous pousse à voter ? », *Le Monde*, 3 décembre 2021.

INFO

Le citoyen français est aussi citoyen européen. À ce titre, il participe à l'élection des députés du Parlement européen (Union européenne).

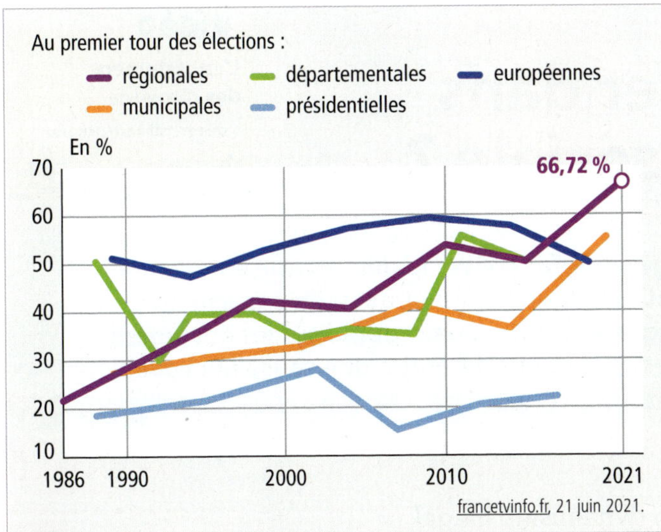

4 **L'abstention en France**

Un budget participatif **5**
Affiche de la ville de Lardy (Essonne), septembre 2021.

6 **Participer à des débats publics**
Le site Internet de la Commission nationale du débat public (CNDP) affirme que « chacune et chacun a le pouvoir de peser sur les projets et les politiques concernant notre environnement. La Constitution vous reconnaît le droit d'être informé et de participer à ces décisions ».

QUESTIONS

Je comprends le sens des documents

1. **Doc 1 à 3.** Expliquez pourquoi il est important de voter.
2. **Doc 4.** Décrivez comment évolue la participation des citoyens aux élections et déduisez les problèmes que cela pose.
3. **Doc 5 et 6.** Expliquez comment, en dehors du vote, chacun peut participer directement aux décisions publiques.

Je m'engage

4. Réalisez de courts slogans pour inciter les citoyens à participer aux élections et à s'engager dans les prises de décisions publiques.

MÉTHODE
- Identifiez les personnes à qui vous souhaitez vous adresser afin d'adapter votre message.
- Trouvez des arguments percutants : expliquez les raisons pour lesquelles les personnes doivent s'engager et les problèmes que pose leur absence de participation.
- Rédigez des phrases courtes et rythmées.

J'enquête

Comment s'engager dans la vie politique et sociale ?

Vidéo
L'engagement des citoyens
college.nathan.fr/22hg2102
1'30

Que dois-je faire ?

Au quotidien, chacun peut agir pour faire vivre la démocratie en rejoignant un parti politique, un syndicat, une association et aussi en participant à de nouvelles formes d'engagement. En prenant appui sur les documents, imaginez une façon de vous engager pour défendre une cause qui vous tient à cœur.

▸ Développer une conscience civique, sociale et écologique

1 Les formes traditionnelles d'engagement

Si les partis politiques sont des organisations qui occupent aujourd'hui une place centrale dans le fonctionnement des démocraties représentatives, ce sont aussi des structures d'engagement : les partis politiques regroupent des militants, qui s'engagent dans le parti en y adhérant (moyennant cotisation) et en participant à diverses activités (débats internes, organisation de meetings, tractage, collage d'affiches...).

« Organisations qui se donnent pour objectif la défense de personnes ayant un intérêt professionnel commun », les syndicats sont aussi des espaces d'engagement au service d'une cause collective : loin de se cantonner aux lieux de travail, ils s'inscrivent dans l'espace politique le plus large par leurs actions et prises de position.

Contrastant avec les partis et les syndicats, le secteur associatif fait preuve d'un réel dynamisme en France. Les associations sont loin d'avoir toutes une dimension politique *a priori* : beaucoup sont en effet des associations sportives, de loisir ou culturelles, qui gèrent et organisent des activités.

Anne-Cécile Douillet, *Sociologie politique – Comportements, acteurs, organisations*, Armand Colin, 2017.

2 Un dynamisme inégal

	Adhérents en 2020	Part de la population ayant confiance dans ce type d'organisation en 2022[1]
Partis politiques	1 % des électeurs	21 %
Syndicats	7 % des salariés	38 %
Associations	45 % des Français	67 %

1. Baromètre de la confiance politique, janvier 2022.

Quelles sont les raisons de votre engagement bénévole aujourd'hui ?
(Plusieurs réponses possibles)

La France bénévole : évolutions et perspectives, mai 2019.

3 Pourquoi s'engager dans une association ?

4 **Une manifestation de Gilets jaunes**
Le mouvement des Gilets jaunes s'est développé hors des syndicats et des partis.
Journée de mobilisation contre la réforme des retraites, 5 décembre 2019.

5 Un déclin de l'engagement des jeunes?

Les jeunes peuvent se mobiliser, simplement ce n'est plus automatique. Si on les observe du point de vue des valeurs, des préoccupations à l'égard des autres, des inégalités, du chômage, du racisme, de l'écologie ; vous avez un portrait très, très différent de la caricature d'une jeunesse dépolitisée. [...]

Les manifestations, les pétitions, la vie associative rattachée à des causes, le partage de contenus militants sur les réseaux sociaux sont autant de visages d'un engagement politique multiforme, moins conventionnel, où les jeunes ne sont pas en reste. Là où certains entendent « déclin », il faut voir « transformation ». Exemple emblématique, les Marches pour le climat sont apparues *dans* et *par* la jeunesse.

Vincent Tiberj, sociologue des comportements électoraux et politiques, cité dans A. Ferrand, « Loin des élections, la jeunesse en quête de nouvelles formes d'engagement », *Le Monde*, 10 septembre 2021.

Vidéo
L'engagement des jeunes

6 L'arme du boycott

En mars 2020, une campagne de boycott est lancée contre Nike, Apple, et plus de 80 autres marques dont les produits sont fabriqués dans la province du Xinjiang, dans des usines où les Ouïghours, minorité musulmane chinoise, sont réduits au travail forcé. Beaucoup de grandes marques ont décidé en 2020 et début 2021 de ne plus s'approvisionner en coton du Xinjiang. [...]

Pour des raisons environnementales, sociales et politiques, la montée en puissance des considérations écologiques et sociales constitue l'un des faits marquants de ces trois dernières décennies dans la sphère économique en général, et plus particulièrement dans le domaine de la consommation.

franceculture.fr, 27 mai 2021.

QUESTIONS

Je comprends le sens des documents

1. **Doc 1 et 2.** Relevez et caractérisez les trois formes traditionnelles d'engagement.
2. **Doc 3 et 5.** Indiquez les différentes motivations pour s'engager.
3. **Doc 5 et 6.** Relevez les nouvelles formes d'engagement.
4. **Doc 4 à 6.** Identifiez les causes qui mobilisent ces nouvelles formes d'engagement.

Je m'engage

5. Vous avez une cause qui vous tient à cœur. À l'aide de vos réponses aux questions, expliquez comment vous pourriez vous engager pour défendre cette cause.

MÉTHODE

- Déterminez si les objectifs et les domaines d'action de chaque forme d'engagement sont compatibles avec votre cause.
- Montrez ce que vous pourriez organiser dans le cadre de chaque forme d'engagement.

Débat

L'engagement citoyen pour le développement durable est-il mondial ?

Vidéo
Les marches pour le climat
college.nathan.fr/22hg2103
1'30

COP26 : où en est l'ambition climatique ?

En 2021, la COP26 réunit tous les États du monde sous l'égide de l'ONU pour lutter contre le changement climatique. C'est l'occasion pour les pays ayant ratifié l'accord de Paris en 2015 de relever leur ambition climatique.

145 pays ont déposé de **nouveaux objectifs.**

90 % des émissions
La part des émissions mondiales que représentent les pays engagés à atteindre la neutralité carbone.

44 pays
n'ont pas déposé de nouveaux objectifs.

Et **9 pays** ont réduit leur ambition :
- Australie
- Brésil
- Indonésie
- Mexique
- Nouvelle-Zélande
- Russie
- Singapour
- Suisse
- Vietnam

1 seul pays est aligné avec l'objectif de 1,5 °C
➜ La Gambie

+ 1,8 °C
Hausse de la température mondiale d'ici 2100, par rapport aux niveaux préindustriels, si tous les engagements pris à la COP26 sont réalisés.

Le monde accro aux énergies fossiles
Écart entre les perspectives de production et ce qu'il faudrait produire pour respecter l'objectif 1,5 °C.

Charbon	Gaz	Pétrole
+ 240 %	+ 71 %	+ 57 %

novethic.fr (média de référence de l'économie responsable), 3 novembre 2021.

1 Des engagements pour le climat insuffisants

2 Ce que dit la loi

Art. 2-1. L'équilibre entre les émissions et les absorptions des gaz à effet de serre [...] à l'échelle de l'Union est atteint dans l'Union d'ici à 2050 au plus tard, les émissions nettes se trouvant ainsi ramenées à zéro d'ici à cette date, et l'Union s'efforce de parvenir à des émissions négatives par la suite. [...]

Art. 4-1. Afin d'atteindre l'objectif de neutralité climatique énoncé à l'article 2, paragraphe 1, l'objectif contraignant de l'Union en matière de climat pour 2030 consiste en une réduction, dans l'Union, des émissions nettes de gaz à effet de serre (émissions après déduction des absorptions) d'au moins 55 % d'ici à 2030 par rapport aux niveaux de 1990.

Règlement (UE) 2021/1119 du Parlement européen et du Conseil du 30 juin 2021 établissant le cadre requis pour parvenir à la neutralité climatique.

3 S'engager dans un mouvement

En France, les *Youth for Climate* ont commencé à se regrouper en avril dernier, après la première mobilisation mondiale pour le climat du 15 mars qui avait réuni plus de deux millions de personnes partout dans le monde. [...]

« Nous avons plein de groupes de travail différents, notamment concernant la communication sur les réseaux sociaux, la presse, les finances et même l'organisation interne », énumère Alexis. Une organisation horizontale, car chez *Youth for Climate*, il n'y a pas de chef.

Composé d'une majorité de lycéens mais aussi de quelques étudiants et collégiens, le mouvement se veut anticonsumériste et non violent. [...]

Réunis à l'appel de Greta Thunberg, les jeunes membres de *Youth for Climate* [...] s'insurgent contre l'inaction gouvernementale.

20minutes.fr, 28 novembre 2019.

4 Participer à une COP

À l'inverse de la « Blue zone », la « Green zone » est destinée au public de la COP26. ONG, entreprises, collectivités territoriales, universitaires, activistes animent cet espace.

Pendant une semaine, Marcel et Pousse ont assisté à la COP 26 à Glasgow, en Écosse. Cet événement mondial leur a surtout permis de faire entendre leur voix en « mettant la pression aux institutionnels ».

Les 5 et 6 novembre, deux grandes manifestations se sont tenues à Glasgow. Des marches auxquelles ont participé Marcel et Pousse. « C'était une bulle pour se ressourcer. Ça a fait du bien de voir que certains venaient de très loin pour défendre leurs idées. C'était impressionnant tout ce monde réuni. Enrichissant aussi parce que ça nous a permis de faire des rencontres. Le militantisme était bien présent ! » concède Pousse. Pendant la semaine, l'étudiante a rencontré d'autres jeunes pour mener différentes actions dans la « Blue zone »[1]. La jeune femme se dit très fière de l'impact médiatique. Marcel a lui aussi participé au blocage d'un dîner de PDG : « On est content, on montre qu'on est là ! »

Pauline Bluteau, letudiant.fr, 12 novembre 2021.

1. Zone réservée aux personnes accréditées : membres des délégations gouvernementales, observateurs...

C'est à vous

ÉTAPE 1 J'analyse le thème du débat

1. Relevez, dans les documents, qui s'engage, à l'échelle mondiale, pour le développement durable.
2. Décrivez les moyens d'action utilisés.
3. Expliquez les raisons et les objectifs de ces engagements.

ÉTAPE 2 Je participe au débat en classe

4. L'engagement citoyen pour le développement durable est-il mondial ?

a. Avant le débat : notez des arguments en prenant appui sur les informations des documents.
b. Pendant le débat : notez les arguments des autres élèves.
c. Après le débat : entourez dans le tableau les arguments avec lesquels vous êtes d'accord.

	À l'échelle mondiale, l'engagement citoyen pour le développement durable est fort.	À l'échelle mondiale, l'engagement citoyen pour le développement durable est limité.
Mes arguments		
Les arguments des autres élèves		

ÉTAPE 3 Je m'engage en exprimant mon point de vue

5. À la suite du débat en classe, rédigez quelques phrases qui expriment de manière responsable votre point de vue sur l'engagement citoyen pour le développement durable à l'échelle mondiale.

J'enquête

TÂCHE COMPLEXE

Semaine de la presse et des médias

Vous participez avec votre classe à la Semaine de la presse et des médias. Vous allez travailler sur la fiabilité de l'information. Au CDI, sélectionnez un journal dont la Une présente une information qui vous intéresse. À l'aide de la méthode ci-contre, analysez comment cette information est traitée dans votre journal et sur Internet, et distinguez les sources fiables de celles qui ne le sont pas.

▸ Exercer son esprit critique

Coups de pouce

Dans un moteur de recherche, tapez le titre principal de la Une du journal choisi. Sélectionnez deux sites répondant à cette recherche et indiquez, à l'aide des informations des documents :
- à qui appartient le site ;
- quelle est sa nature (informatif, personnel, institutionnel, collaboratif...) ;
- si le site vous semble fiable, en justifiant votre réponse.

Confrontez ensuite les informations trouvées sur les sites et dans le journal : les faits, le vocabulaire, l'objectif visé, le point de vue...

La **manchette** : « l'état civil » de la publication.

Le **ventre** : l'information principale.

1 Un exemple de Une de presse écrite

Une de l'hebdomadaire *Courrier international*, juillet 2021. Dessin de Pete Kreiner.

INFO

Traquer les fausses informations

Des journaux traquent les canulars, les fausses informations ou les théories complotistes : « **Les Décodeurs** » du *Monde*, « **Démonte rumeur** » de *Rue 89*, « **Désintox** » de *Libération*, « **Détecteur de mensonges** » du *Journal du Dimanche*. De nombreux sites Internet poursuivent le même objectif comme Hoaxbuster, Arrêt sur images...

Adresse qui reprend le **nom** du site (**cnes-geipan**), le **pays** (**.fr**) et peut indiquer le **domaine** (**.gouv** : gouvernement, **.asso** : association).

Cette rubrique présente l'**émetteur** du site et ses **objectifs**.

Le CNES est le **Centre national d'études spatiales**.

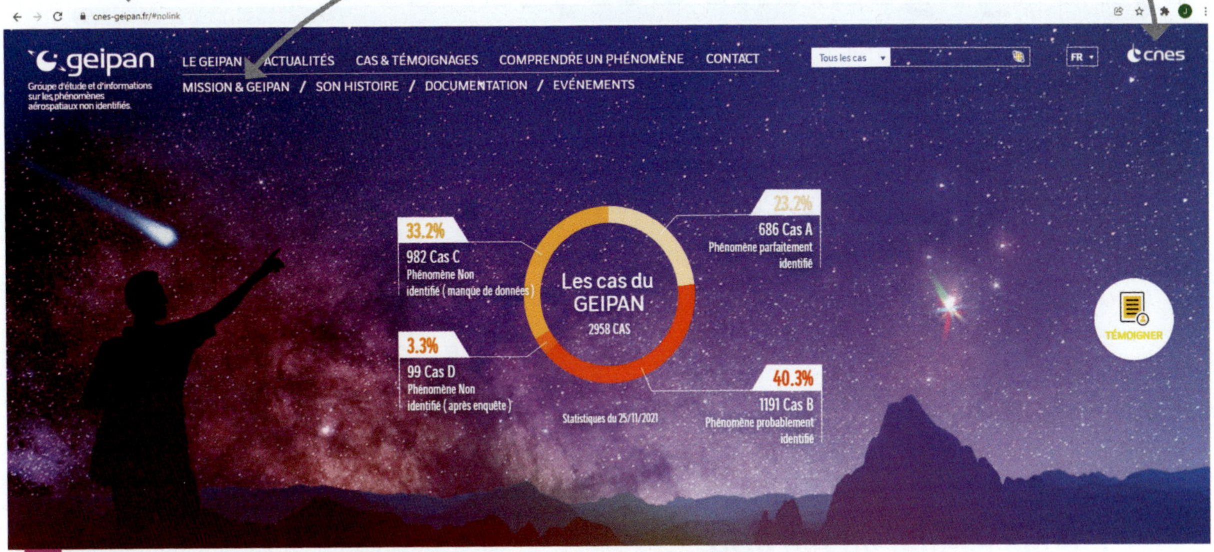

2 **Le site Internet du GEIPAN (Groupe d'étude et d'informations sur les phénomènes aérospatiaux non identifiés)**

3 Les devoirs du journaliste

Rédigée et approuvée à Munich en 1971, la Déclaration des devoirs et des droits des journalistes a été adoptée par la plupart des syndicats de journalistes d'Europe.

Les devoirs essentiels du journaliste dans la recherche, la rédaction et le commentaire des événements sont :

1. Respecter la vérité, quelles qu'en puissent être les conséquences pour lui-même, et ce, en raison du droit que le public a de connaître la vérité.
2. Défendre la liberté de l'information, du commentaire et de la critique.
3. Publier seulement les informations dont l'origine est connue ou, dans le cas contraire, les accompagner des réserves nécessaires ; ne pas supprimer les informations essentielles et ne pas altérer les textes et documents.
4. Ne pas user de méthodes déloyales pour obtenir des informations, des photographies et des documents.
5. S'obliger à respecter la vie privée des personnes.
6. Rectifier toute information publiée qui se révèle inexacte.
7. Garder le secret professionnel et ne pas divulguer la source des informations obtenues confidentiellement.
8. S'interdire le plagiat, la calomnie, la diffamation et les accusations sans fondement ainsi que de recevoir un quelconque avantage en raison de la publication ou de la suppression d'une information.
9. Ne jamais confondre le métier de journaliste avec celui du publicitaire ou du propagandiste ; n'accepter aucune consigne, directe ou indirecte, des annonceurs.
10. Refuser toute pression et n'accepter de directive rédactionnelle que des responsables de la rédaction.

Charte de déontologie de Munich, signée le 24 novembre 1971.

MÉTHODE

La règle des 5 W

Pour vérifier si une information est complète, il faut se poser les questions suivantes sur l'événement :

- ***Who?*** **(Qui ?)**
Qui participe à l'événement ?
- ***What?*** **(Quoi ?)**
Que se passe-t-il ?
- ***Where?*** **(Où ?)**
Où se passe l'événement ?
- ***When?*** **(Quand ?)**
Quand a eu lieu l'événement ?
- ***Why?*** **(Pourquoi ?)**
Pourquoi cet événement a-t-il eu lieu ?

L'esprit de défense et l'engagement des jeunes

Que dois-je faire ?

Vous allez travailler sur les liens entre les armées et la jeunesse. Choisissez l'une des actions des armées en direction de la jeunesse citées dans les documents et expliquez en quoi cela permet de « s'engager pour développer son esprit de défense ».

▸ Préparer son engagement en tant que citoyen

1 La JDC, une étape du parcours de citoyenneté
Campagne du ministère des Armées, 2017.

2 Le programme de la Journée Défense et Citoyenneté (JDC)

Les participants suivent :

– Des enseignements sur les enjeux et objectifs généraux de la défense nationale, et sur les différentes formes d'engagement : volontariat pour l'insertion, Service Civique, volontariat dans les armées, service militaire volontaire, réserve opérationnelle, réserve citoyenne, métiers civils et militaires de la défense.

– Un enseignement sur le civisme, dont une sensibilisation à la sécurité routière, une information sur le don de sang, de gamètes ou d'organes, etc.

– Une information sur l'égalité entre les femmes et les hommes, la lutte contre les préjugés sexistes et la lutte contre les violences physiques, psychologiques ou sexuelles commises au sein du couple.

– Des tests d'évaluation des apprentissages fondamentaux de la langue française et une information sur les différents dispositifs d'insertion pour les jeunes déscolarisés. Les tests d'évaluation, de vocabulaire et de compréhension de texte au programme durent 25 minutes.

Léa Boluze, capital.fr, 3 décembre 2021.

VOCABULAIRE

• **Citoyenneté :** appartenance à une communauté nationale. Fondée sur le droit de vote, elle implique aussi la participation active des citoyens à la vie de la société.

INFO

Le parcours de citoyenneté comprend :

• L'enseignement obligatoire de la Défense (classes de 3e et de 1re).
• Le recensement obligatoire à 16 ans.
• La Journée Défense et Citoyenneté (JDC).
• L'appel sous les drapeaux (en cas de menace).

3 Qu'est-ce que le Service national universel ?

Le SNU s'adresse à des jeunes de tous horizons. Il a notamment pour objectif « d'accroître la cohésion nationale », de « développer une culture de l'engagement » et de « garantir un brassage social et territorial », selon le ministère de l'Éducation nationale, de la Jeunesse et des Sports dans son dossier de presse. Le SNU se déroule en deux étapes : le séjour de cohésion de deux semaines est suivi d'une mission d'intérêt général de quatre-vingt-quatre heures dans une association, dans un corps en uniforme (police, armée, pompiers, etc.) ou une collectivité territoriale. En 2024-2025, il devrait être obligatoire pour tous, en fin de collège – soit 800 000 jeunes chaque année.

Romane Pellen, *Le Monde*, 25 juin 2021.

4 « Aux sports, jeunes citoyens »

Conçu par l'Office national des anciens combattants et victimes de guerre (ONACVG), la Direction du service national et de la jeunesse (DSNJ), la Fédération des clubs de Défense (FCD) et le Centre national des sports de la Défense (CNSD), le programme « Aux sports, jeunes citoyens » est destiné à mettre en place des actions conjointes alliant sport et mémoire au profit de la jeunesse : courses d'orientation mémorielles, *escape game* « sport-mémoire », expositions, événements sportifs liés au Bleuet de France[1]. À titre d'exemple dans le département de la Marne, les « courses de la Liberté » organisées sur le terrain de La Folie près de Châlons-en-Champagne, lieu de mémoire où ont été fusillés la plupart des patriotes de ce département pendant la Seconde Guerre mondiale.

D'après lhistoireenrafale.lunion.fr, 28 mai 2019.

1. Symbole, en France, de la mémoire et de la solidarité envers les anciens combattants, les victimes de guerre, les veuves, les orphelins... Les bleuets sont vendus les 11 novembre et 8 mai pour financer les aides aux victimes.

5 La caravane des adolescents

La « Car'ado », créée en 2019 à l'initiative de la gendarmerie du Nord, permet à des adolescents de faire de la prévention contre les violences intrafamiliales auprès d'autres adolescents. Le dispositif a reçu l'un des prix « Armées-jeunesse » en 2020.

QUESTIONS

Je comprends le sens des documents

1. **Doc 1 et 2.** Présentez la JDC et citez dans quels domaines les jeunes peuvent s'engager au nom de l'intérêt général.
2. **Doc 3, 4 et 5.** Argumentez à l'aide des informations : comment ces actions permettent-elles aux jeunes de développer « une culture de l'engagement » ?
3. **Doc 1 à 5.** Exprimez votre point de vue : comment ces différentes actions apprennent-elles aux jeunes à devenir des citoyens responsables ?

Je m'engage

4. Choisissez une des actions des armées en direction de la jeunesse et montrez comment, en vous y engageant, elle développe en vous l'esprit de défense.

MÉTHODE

- L'esprit de défense, c'est la capacité des citoyens à agir dans l'intérêt général, face aux menaces et pour préserver les valeurs de la République, au nom de la sécurité de tous.
- Actions possibles : journées mémorielles, missions dans une association humanitaire, sapeur-pompier volontaire... Reliez-les aux valeurs de la République.

J'enquête

Quelles relations entre la Défense nationale et les citoyens ?

Que dois-je faire ?

Votre classe participe à un rallye citoyen au cours duquel vous rencontrez des militaires appartenant aux trois armées. Vous les interviewez sur leur formation et leurs missions. En groupe, vous préparez des questions, puis vous rédigez un compte rendu des réponses données et vous le présentez à la classe.

▸ Savoir communiquer à l'oral, de façon claire et organisée

1 Défendre contre les risques et les menaces

Les menaces militaires n'ont pas disparu, et les nombreuses opérations militaires dans lesquelles la France a été engagée au cours des dernières années (Afghanistan, Libye, Mali...) démontrent que l'action militaire demeure une composante de notre sécurité. Dans le même temps, les risques et les menaces se sont multipliés. Le terrorisme, la cybermenace[1], le crime organisé, la dissémination des armes conventionnelles, la prolifération des armes de destruction massive, les risques de pandémie, les risques technologiques et naturels peuvent affecter gravement la sécurité de la nation.

Livre blanc sur la Défense et la Sécurité nationale, 2013.

1. Risque d'atteinte à la sécurité d'un système d'information numérique.

2 Les actions des armées sur le territoire national

	Effectifs	Missions
Armée de Terre	• 114 800 militaires • 8 200 civils	• Protection des citoyens sur le territoire national (opération Vigipirate-Sentinelle). • Soutien à la population (catastrophes majeures).
Armée de l'Air	• 40 200 militaires • 5 200 civils	• Surveillance du ciel 7 jours sur 7, 24 heures sur 24 afin de détecter tous les appareils survolant le territoire national.
Marine Nationale	• 34 800 militaires • 2 800 civils	• Contrôle de l'espace maritime (sous la mer, sur la mer, au-dessus de la mer) : trafics illicites, pollutions, immigration illégale, opérations de sauvetage en mer.

Ministère de la Défense, 2021.

Vidéo
L'opération Sentinelle

Opération déployée depuis le 12 janvier 2015

Objectifs

Faire face à la **menace terroriste** et **protéger les points sensibles** du territoire en complément du plan Vigipirate.

Forces engagées

- **10 000** soldats (dont 3 000 en réserve).
- **3 500** d'entre eux sont déployés en Île-de-France.

Les militaires ciblés

Les militaires de l'opération Sentinelle ont été visés à **7 reprises** au moins.

3 niveaux d'intervention :

- Protection des **lieux sensibles** : bâtiments officiels, gares, aéroports, écoles, sites touristiques, lieux de culte…
- Protection d'**événements occasionnels** (rencontres sportives, fête du 14-Juillet…).
- Une **réserve stratégique.**

Ministère des Armées et ministère de l'Intérieur.

3 L'opération Sentinelle

4 Face à la pandémie de Covid-19, l'opération Résilience

Interview du colonel Bastian Dufilhol sur le rôle des armées dans la lutte contre la pandémie de Covid-19.

En quoi consiste l'opération Résilience ?

Le président de la République l'a déclenchée le 25 mars pour que les armées, qui ont une culture de la gestion de crise et de l'urgence, apportent leur aide aux services de l'État déjà engagés dans la lutte contre la situation pandémique.

Concrètement, quel concours apportent les armées ?

Elles ont participé, via l'armée de l'Air et le Service de santé des armées (SSA), aux opérations d'évacuation de patients [...]. Près d'une quarantaine de patients en ont bénéficié. Le SSA, via ses hôpitaux (Percy et Bégin en Île-de-France ; Clermont-Tonnerre à Brest pour la Bretagne ; déploiement d'un hôpital de campagne à Mulhouse), participe à la mobilisation sanitaire. Les armées interviennent aussi en renfort pour assurer des missions de sécurité et de protection : hôpitaux, escorte de convois logistiques, protection de sites sensibles (stockage d'équipements de protection sanitaire...).

Hervé Chambionnière, *Le Télégramme*, 13 avril 2020.

Vidéo
L'opération Résilience

VOCABULAIRE

- **Esprit de défense :** esprit civique et citoyen qui met une population en capacité d'agir dans l'intérêt général face aux risques et aux menaces. Il développe le lien entre les armées et la nation. Il vise à préserver les valeurs de la démocratie (liberté, solidarité...), au service de la paix.
- **Réserve militaire :** elle comprend la réserve opérationnelle (citoyens volontaires qui s'impliquent temporairement dans une unité militaire) et la réserve citoyenne (citoyens volontaires qui contribuent, dans la société, au renforcement du lien armée-nation, et promeuvent l'esprit de défense).

5 L'engagement des citoyens dans la Défense nationale

a. Le devoir de vigilance

Face aux risques et aux menaces, la défense et la sécurité de la Nation [...] requièrent la sensibilisation, l'association et l'adhésion de l'ensemble de nos concitoyens. Les Français sont acteurs et responsables de leur propre sécurité. L'esprit de défense [...] est à cet égard le premier fondement de la sécurité nationale. Il est la manifestation d'une volonté collective, assise sur la cohésion de la Nation et une vision partagée de son destin.

Livre blanc sur la Défense et la Sécurité nationale, 2013.

b. Devenir réserviste

« Ma vie de réserviste », témoignage de Méril, ministère des Armées, 2017.

QUESTIONS

Je comprends le sens des documents

1. **Doc 1.** Relevez les informations qui expliquent pourquoi la France doit se doter d'une Défense nationale.
2. **Doc 2.** Nommez les composantes de la Défense nationale et définissez leur rôle.
3. **Doc 3 et 4.** Présentez les situations particulières dans lesquelles les armées sont engagées et justifiez leur engagement.
4. **Doc 5.** Expliquez, à l'aide de la phrase soulignée dans le texte et du témoignage de Méril, pourquoi les citoyens doivent être des acteurs de la Défense nationale.

Je m'engage

5. À l'aide des informations des documents, choisissez les questions que vous poseriez aux militaires lors de votre rallye citoyen, et listez les éléments de réponses à introduire dans votre compte rendu.

MÉTHODE

- **Définissez** les armées, les opérations Sentinelle et Résilience, le lien entre les armées et les citoyens...
- **Rédigez** vos questions et votre compte rendu.
- **Entraînez-vous** à l'oral : à tour de rôle, posez vos questions et donnez les réponses.

J'enquête EN ÉQUIPES

Les engagements de la Défense française dans le monde

Vidéo
Le dispositif opérationnel français déployé à travers le monde
college.nathan.fr/22hg2105
4'20

Répartie en équipes, votre classe doit identifier les interventions des armées françaises dans le monde. Chaque équipe prépare un diaporama sur le thème qui lui a été attribué, puis le présente à la classe sous la forme d'un exposé.

Coups de pouce

Pourquoi les armées françaises sont-elles déployées dans le monde ?
- Pour la protection du territoire national.
- Pour la sécurité internationale contre les menaces.
- Dans le cadre de coopérations et d'alliances pour la paix.

▸ Comprendre la relation entre la Défense nationale et les valeurs de la République

ÉQUIPE 1 La présence des armées françaises dans le monde

Votre équipe est chargée de présenter à la classe les différents types d'interventions militaires de la France à travers le monde, de les situer et d'expliquer leurs objectifs.

1 Les engagements militaires de la France

Opérations extérieures françaises		
Coopérations 3 750 militaires	Opérations extérieures de maintien de la paix (OPEX) 10 740 militaires	
Forces de présence	OPEX nationale	OPEX avec les alliés
• Sénégal • Côte d'Ivoire • Gabon • Djibouti • Émirats arabes unis	• Barkhane (Sahel) > Mauritanie, Mali, Burkina Faso, Niger, Tchad Retrait militaire du Mali (février 2022).	• ONU > Daman (Liban) • Union européenne > Atalante : océan Indien... • OTAN > Pays baltes • Chammal (plus de 70 États) > Syrie-Irak • Présence sur toutes les mers du monde

La présence militaire française dans le monde

2 Les opérations extérieures de maintien de la paix (OPEX)

Les opérations extérieures françaises se divisent en deux grandes catégories : les coopérations internationales et les interventions militaires menées seulement par la France. [...] Ces dernières regroupent la majeure partie des soldats déployés par la France hors de ses frontières. [...] Les forces de présence sont établies en accord avec le pays d'accueil, afin d'assurer la stabilité d'une zone et de coopérer avec les troupes locales (en Afrique et dans le golfe Persique) [...].

Les interventions majeures sont, elles, directement engagées dans des combats, principalement contre des organisations terroristes. L'opération Barkhane est l'une des deux missions de ce type (5 100 militaires) [...]. Elle a été lancée en 2014 pour combattre les groupes jihadistes au Mali, en Mauritanie, au Burkina Faso, au Niger et au Tchad.

Noé Bauduin, francetvinfo.fr, 26 août 2021.

ÉQUIPE 2

Les engagements des armées françaises dans le cadre de l'UE

Votre équipe est chargée de citer les espaces maritimes dans lesquels les armées françaises interviennent au nom de l'UE et de définir les missions à accomplir.

3 L'opération Atalante

Opération de lutte contre la piraterie maritime dans l'océan Indien, au large de la Corne de l'Afrique : protection des navires (pêche, Programme alimentaire mondial – PAM).

4 Les opérations en Méditerranée

Les migrants et les réfugiés qui tentent de rejoindre l'Europe entreprennent des voyages au péril de leur vie […]. Les patrouilles en Méditerranée ont pour objectif de sécuriser les frontières de l'UE, de traquer les passeurs, de sauver les migrants (plus de 541 600 migrants sauvés depuis 2015). L'UE coopère avec les pays d'origine et de transit des migrants pour démanteler les réseaux criminels […]. En mars 2020, le Conseil européen a lancé l'opération militaire Irini[1]. Elle vise au démantèlement des réseaux de trafic de migrants et de traite des êtres humains, et contribue aussi à la paix, en faisant respecter, par des moyens aériens, satellites et maritimes, l'embargo sur les armes imposé à la Libye par l'ONU.

D'après le site du Conseil européen, consilium.europa.eu, mars 2020.

1. Mot grec signifiant « paix ».

ÉQUIPE 3

Les actions humanitaires des armées françaises

Votre équipe est chargée de définir le Service de santé des armées, de présenter des missions humanitaires des armées françaises et d'en expliquer les objectifs.

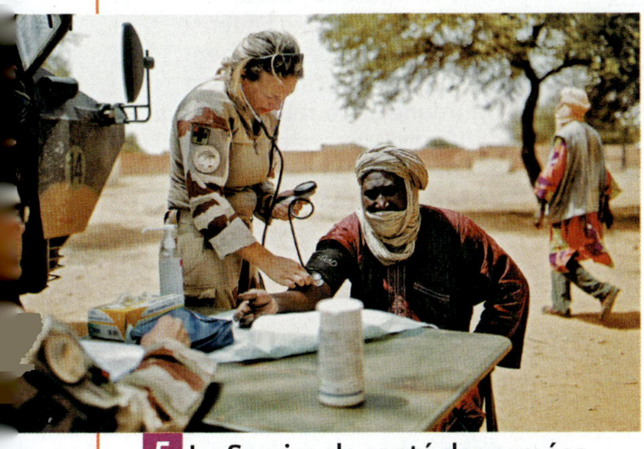

5 Le Service de santé des armées

Lors des OPEX, le Service de santé des armées (SSA) apporte une aide médicale aux populations locales : consultations, interventions chirurgicales, fourniture de médicaments, évacuations sanitaires.

6 Évacuer les populations en danger

Face à la dégradation de la situation sécuritaire et sur ordre du président de la République, les armées ont lancé, le 15 août, l'opération Apagan d'évacuation de ressortissants en Afghanistan. En moins de deux semaines, les militaires français ont mis en sécurité 2 834 personnes, dont 142 Français et 2 630 Afghans. L'armée française a opéré un double pont aérien : 26 vols entre Kaboul et Abou Dhabi, 16 vols entre Abou Dhabi et Paris. La ministre des Armées a rendu hommage à l'engagement des militaires, diplomates et policiers français, ainsi qu'à tous ceux qui ont risqué leur vie pour permettre à ces milliers de personnes de fuir la terreur.

Site du ministère de la Défense, defense.gouv.fr, 30 août 2021.

Leçon

Podcast du cours

Participer à l'engagement civique

→ **Comment faire vivre les valeurs de la République par l'engagement dans la vie politique et sociale ?**

A S'engager dans la vie politique et sociale

• **Être citoyen** ne se limite pas à l'exercice du droit de vote. C'est aussi participer à l'amélioration de la vie sociale, au nom de l'intérêt général : faire vivre les **valeurs de la République**, la **solidarité** pour le bien-être commun, la **fraternité** pour renforcer le lien entre les personnes. Il en est ainsi du **service civique** que peuvent effectuer les jeunes.

• Les citoyens peuvent se mobiliser collectivement dans des **associations**, en tant que bénévoles. Dans le cadre de la **démocratie participative**, ils peuvent participer aux débats sur des projets de la vie locale. Ils peuvent aussi faire le choix de devenir **militants** dans **un parti politique**, et dans la vie professionnelle, de militer dans un **syndicat** pour défendre les intérêts des salariés.

B Développer l'esprit de défense

• Défendre la nation est, pour les Français, une obligation inscrite dans le **parcours de citoyenneté**. Selon le **Livre blanc sur la Défense et la Sécurité nationale**, ils sont collectivement acteurs et responsables de leur sécurité face aux risques et aux menaces.

• L'État est responsable de la **Défense nationale**. Ses armées sont engagées sur le territoire national et dans le monde pour lutter contre le terrorisme, les trafics illicites... : **Plan Vigipirate** en France ; **opérations extérieures de maintien de la paix** (OPEX), dans le cadre de l'ONU, de l'**Union européenne** (Sahel, Proche-Orient, océan Indien...). Elles mènent aussi des **actions humanitaires** et viennent en aide aux populations (catastrophes majeures, soins médicaux...).

VOCABULAIRE

• **Démocratie participative :** implication des citoyens dans le débat public et dans la prise de décision politique.

• **Engagement :** acte par lequel une personne décide d'agir. S'engager, c'est être acteur de ses choix et participer à la vie en société. L'engagement repose sur l'esprit de coopération et la responsabilité vis-à-vis d'autrui.

• **Esprit de défense :** esprit civique et citoyen qui met une population en capacité d'agir dans l'intérêt général face aux risques et aux menaces. Il développe le lien entre les armées et la nation. Il vise à préserver les valeurs de la démocratie (liberté, solidarité...), au service de la paix.

• **Livre blanc sur la Défense et la Sécurité nationale :** texte officiel de 2013 qui fait état des risques et des menaces et définit les objectifs de la politique de Défense et de Sécurité nationale de la France.

• **Parcours de citoyenneté :** il est composé de 4 étapes : enseignement de la Défense en 3ᵉ et en 1ʳᵉ ; recensement (inscription à la mairie de sa commune de tout Français âgé de 16 ans) ; Journée Défense et Citoyenneté (JDC) ; appel sous les drapeaux (en cas de menace).

Mémoriser ma leçon

Je vérifie que je connais l'essentiel du chapitre.

Je sais définir et utiliser dans une phrase :
- Service Civique
- Livre blanc sur la Défense et la Sécurité nationale
- parcours de citoyenneté

Je sais expliquer :
- la JDC
- l'engagement des citoyens
- la Défense nationale

Je m'engage et j'argumente :
- Pourquoi s'engager dans la vie sociale ?
- Les armées françaises doivent-elles s'engager dans le monde ?
- S'engager dans les décisions de la vie locale, est-ce faire vivre la démocratie ?

Exercice 3

Mobiliser des compétences relevant de l'enseignement moral et civique

SUJET GUIDÉ

Brevet

Situation pratique **L'engagement associatif des jeunes**

1 Le témoignage d'une adolescente

Depuis trois ans, Léanne Ailhas (15 ans) est la plus jeune bénévole de l'antenne de la Croix-Rouge de Castelsarrasin. Dès qu'elle a un peu de temps libre, elle se rend au siège pour participer à la distribution des colis alimentaires au bénéfice des familles nécessiteuses ou prêter main-forte pour aller chercher à Toulouse l'aide de la banque alimentaire. « Il y a beaucoup de cartons à transporter, de rangement à faire et aussi du ménage », confie-t-elle. [...] « Ce qui me plaît surtout, c'est de pouvoir échanger, rendre service aux familles qui viennent chercher les colis », assure Léanne.

« J'ai eu envie de faire du rugby », ajoute Léanne qui a rejoint l'équipe de l'entente féminine des Suricates. Elle y occupe le poste de pilier. Dans le même temps, elle a aussi pris le parti de donner encore un coup de main en devenant l'une des coachs de l'équipe des U6. « Tous les samedis matin, je les encadre, j'aime le contact avec les enfants, transmettre ce que j'ai appris... [...]. Ce que je fais auprès des jeunes du CAC rugby me servira pour plus tard lorsque je serais professeure des écoles », garantit la jeune femme.

D'après M. Lagarrigue, « Les Tarn-et-Garonnais de 2021 : à 15 ans, Léanne Ailhas est déjà l'un des piliers de la Croix-Rouge », ladepeche.fr, 9 janvier 2022.

Participez-vous aux activités d'une association (sportive, culturelle, de loisirs, de jeunes, humanitaire, politique...) **?**

Si vous n'êtes pas encore bénévole, souhaitez-vous le devenir ?

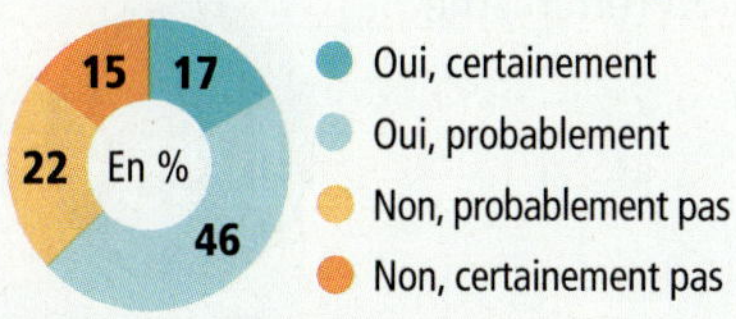

Enquête réalisée en ligne, du 8 mars au 8 avril 2021, auprès d'un échantillon représentatif de 4 644 jeunes âgés de 18 à 30 ans résidant en France pour l'Institut national de la jeunesse et de l'éducation populaire (INJEP), qui dépend du ministère de l'Éducation nationale.

2 L'engagement des jeunes en chiffres

C'est un sondage, il faut identifier trois informations.
- Quels sont les dates et le contexte ?
- Qui est interrogé ?
- Qui est le commanditaire (et son but) ?

N'oubliez pas de relever dans quel cadre elle agit. Vous pouvez indiquer le domaine de ses actions.

QUESTIONS

1 Doc 1. **Relevez** les différentes actions menées par Léanne Ailhas.

2 Doc 1. **Expliquez** en quoi il s'agit d'un engagement solidaire et **citez** la valeur de la République inscrite dans la Constitution de la Ve République qui guide les actions de Léanne.

3 Doc 1 et 2. **Comparez** l'attitude de Léanne à celle des jeunes évoqués dans le sondage et **exprimez** votre opinion.

4 Doc 1 et 2. Vous souhaitez que des membres d'association viennent témoigner de leur engagement au collège. Quels sont vos arguments pour convaincre les membres du Conseil de la vie collégienne d'organiser cette rencontre ?

Appuyez-vous sur les justifications de Léanne (surlignées en vert dans le **doc 1**).

Exprimez votre opinion en la justifiant avec les chiffres tirés des documents.

Expliquez pourquoi cette intervention vous semble nécessaire après avoir répondu aux questions précédentes.

BIOGRAPHIES

Lucie Aubrac
(1912-2007)

Née à Paris, elle fait des études d'histoire pour devenir professeure. Elle se marie avec Raymond Samuel, ingénieur, qui devient Raymond Aubrac dans la Résistance. De 1940 à 1943, elle entre en résistance à Clermont-Ferrand et est une membre active du mouvement Libération-Sud à Lyon, dont elle a participé à la création. En octobre 1943, elle organise l'évasion de son mari, arrêté avec Jean Moulin. En 1944, elle rejoint Londres où elle travaille pour la BBC.

Simone de Beauvoir
(1908-1986)

Philosophe, elle publie en 1949 *Le Deuxième sexe*, un essai qui a fortement influencé le mouvement de libération des femmes dans les années 1970. Avec la célèbre formule « on ne naît pas femme, on le devient », elle veut montrer que les inégalités entre les femmes et les hommes ne sont pas naturelles, mais sont le fruit d'une construction sociale. Elle est l'une des théoriciennes majeures du féminisme.

Oussama Ben Laden
(1957-2011)

Il participe à la lutte contre l'occupation soviétique en Afghanistan et fonde Al-Qaïda en 1987. Il rompt avec l'Arabie Saoudite à l'occasion de la guerre du Golfe car il n'accepte pas la présence des soldats américains sur le sol de son pays. Al-Qaïda devient alors une organisation terroriste islamiste internationale et revendique en 2001 les attentats contre le World Trade Center (New York) et le Pentagone (Washington) aux États-Unis. Activement recherché pendant 10 ans, il est tué par l'armée américaine au Pakistan, en mai 2011.

Joe Biden
(né en 1942)

Président des États-Unis élu en 2020. Il réintègre les États-Unis dans l'Accord de Paris sur le climat, quitté en 2019 sur décision de son prédécesseur, Donald Trump. En 2021, il ordonne le retrait des troupes américaines d'Afghanistan.

Léon Blum
(1872-1950)

Dirigeant français du parti socialiste (SFIO), il organise le rassemblement des partis de gauche dans le Front populaire. Après la victoire aux élections de mai 1936, il prend la tête du gouvernement.

Jacques Chirac
(1932-2019)

Énarque et haut fonctionnaire, gaulliste, il est élu député en 1967 et nommé ministre de l'Agriculture en 1972. Premier ministre de Valéry Giscard d'Estaing de 1974 à 1976, il démissionne et devient maire de Paris en 1977. Battu à l'élection présidentielle de 1981, il est Premier ministre entre 1986 et 1988 mais ne parvient pas à battre François Mitterrand en 1988. Il est élu président de la République en 1995 et réélu en 2002.

Winston Churchill
(1874-1965)

Premier ministre du Royaume-Uni (1940-1945), Winston Churchill incarne la volonté de résistance britannique pendant la Seconde Guerre mondiale. Il joue un rôle important lors des grandes conférences interalliées (comme celle de Yalta). Il démissionne après le succès des travaillistes aux élections de 1945. Le discours dans lequel il dénonce le « rideau de fer » en Europe (5 mars 1946) est resté célèbre. Il est de nouveau Premier ministre de 1951 à 1955.

Coluche
(1944-1986)

Humoriste et comédien français, Michel Colucci, dit « Coluche », s'exprime sur les problématiques politiques et sociales des années 1970-1980. Il se présente à l'élection présidentielle en 1981 et suscite 16 % d'intentions de vote. En 1985, Coluche fonde les Restos du cœur, une association qui a pour but d'aider les plus démunis.

Jacques Delors
(né en 1925)

Homme politique français, ministre de l'Économie et des Finances entre 1981 et 1984. Européen convaincu, il préside la Commission européenne de 1985 à 1994. Partisan d'une union politique, économique et monétaire, il contribue à l'élaboration du traité de Maastricht.

Mohandas Gandhi
(1869-1948)

Avocat indien qui se consacre à la lutte contre l'oppression et à la critique de l'impérialisme occidental. Il a contribué à conduire l'Inde vers son indépendance en 1947, en lançant un mouvement de résistance contre la présence britannique par des méthodes non violentes (grèves, boycott des produits anglais...). Véritable guide spirituel incarnant le combat des minorités pour la justice sociale et la dignité humaine, Gandhi est considéré comme le « Père de la Nation » en Inde, où il est célébré annuellement le 2 octobre (son jour de naissance).

Charles de Gaulle
(1890-1970)

Général, il entre dans le gouvernement de Paul Reynaud en juin 1940 comme sous-secrétaire d'État à la Défense nationale. Partisan de la poursuite de la guerre, il refuse l'armistice annoncé par Pétain et gagne Londres, d'où il lance l'appel du 18 juin 1940. Il devient alors le chef de la France libre et organise l'unification de la Résistance intérieure. De 1944 à 1946, il dirige le Gouvernement provisoire de la République française et obtient des Alliés la participation de la France à l'occupation de l'Allemagne et au Conseil de sécurité de l'ONU. Il quitte le pouvoir en janvier 1946 et s'oppose à la mise en place de la IVe République dont il critique les institutions. Rappelé au pouvoir en mai 1958 suite aux événements d'Algérie, il fonde la Ve République, dont il est le premier président jusqu'à sa démission en 1969.

Valéry Giscard d'Estaing
(1926-2020)

Député du Puy-de-Dôme à 30 ans puis ministre des Finances entre 1962 et 1966, il prend ensuite ses distances avec le général de Gaulle mais soutient la candidature de George Pompidou en 1969. Il est de nouveau ministre des Finances entre 1969 et 1974. À la mort de Pompidou, il est élu président de la République (1974-1981). En 2001, il est nommé à la tête de la commission chargée de rédiger le projet de Constitution européenne.

Mikhaïl Gorbatchev
(né en 1931)

Adhérent du Parti communiste soviétique en 1952, il devient Secrétaire général du parti en 1985. Il tente de réformer le système soviétique en lançant la *Perestroïka* (politique de réformes économiques et sociales) et la *Glasnost* (politique consistant à établir la liberté d'expression en URSS). À l'extérieur, il multiplie les appels au désarmement qu'il négocie avec les États-Unis. Il organise le retrait soviétique d'Afghanistan et, en 1989, il se refuse à utiliser la force pour empêcher la fin des démocraties populaires en Europe de l'Est. Contraint d'accepter la disparition de l'URSS, il démissionne le 25 décembre 1991. Il reçoit le prix Nobel de la paix en 1990.

Adolf Hitler
(1889-1945)

Né en Autriche, il découvre l'antisémitisme à Vienne en 1908. Il s'engage en 1914 dans l'armée allemande et la défaite est pour lui un traumatisme. En 1919, il entre dans un groupuscule nationaliste qu'il transforme en un parti politique dont il prend la tête : le NSDAP. Il en élabore le programme, fondé sur une idéologie nationaliste, raciste et antisémite. Après l'échec en 1923 d'un coup d'État, il est emprisonné quelque temps et écrit *Mein Kampf* (1925). La crise économique permet à son parti de prospérer et il parvient légalement au pouvoir le 30 janvier 1933. Le Führer transforme alors son pays en une dictature totalitaire. Il entraîne l'Europe dans la guerre et organise l'extermination des Juifs et des Tsiganes. Il se suicide en avril 1945.

BIOGRAPHIES

Agnès Humbert
(1894-1963)

Historienne de l'art, elle fait partie des personnalités pionnières de la Résistance française durant la Seconde Guerre mondiale. Elle contribue à la fondation du premier réseau de Résistance en zone occupée par les Allemands : le Réseau du musée de l'Homme. Le groupe, rapidement et rigoureusement organisé, publie *Résistance*, un journal clandestin dénonçant la collaboration du gouvernement de Pétain avec l'Allemagne nazie. Après avoir rédigé le cinquième et dernier numéro de *Résistance*, Agnès Humbert est arrêtée le 15 avril 1941 et déportée en Allemagne où elle est soumise au travail forcé. Elle est libérée le 4 avril 1945 par les troupes américaines et s'engage dans la « chasse aux nazis ».

John Fitzgerald Kennedy
(1917-1963)

Président des États-Unis de 1961 à 1963, il parvient à gérer la crise de Cuba face à l'URSS et engage militairement son pays au Vietnam. Il est assassiné à Dallas en 1963.

Nikita Khrouchtchev
(1894-1971)

Adhérent du Parti communiste soviétique depuis 1918, il devient Premier secrétaire du parti communiste de l'Union soviétique après la mort de Staline (1953). Il s'impose dans la direction du Parti et entreprend la déstalinisation en 1956. Mais ses échecs politiques (rupture avec la Chine, crise de Cuba, difficultés économiques) l'isolent au sein du Parti. Il est obligé de démissionner en 1964, remplacé par Léonid Brejnev.

Ginette Kolinka
(née en 1925)

Issue d'une famille juive athée, Ginette Kolinka, son père et son petit frère sont arrêtés par la Gestapo en mars 1944. Internée dans le camp de Drancy un mois durant, elle et sa famille sont déportées à Auschwitz-Birkenau par le convoi n° 71 (dans lequel se trouve également Simone Veil). Le père et le frère de Ginette Kolinka sont immédiatement gazés, tandis qu'elle est sélectionnée pour le travail et rejoint le camp des femmes. Au début des années 2000, après des années de silence, Ginette Kolinka devient une ambassadrice de la mémoire de la Shoah et livre son témoignage dans les établissements scolaires.

Pierre Mendès France
(1907-1982)

Homme politique français, il est élu député (Parti radical) de l'Eure en 1932. Il soutient le Front populaire. Pendant la Seconde Guerre mondiale, il combat dans les Forces aériennes françaises libres et fait partie du Comité français de Libération nationale. Président du Conseil de la IVe République (1954-1955), il signe les Accords de Genève mettant fin à la guerre d'Indochine. Il s'oppose au projet de Constitution du général de Gaulle adoptée en 1958 et qui fonde la Ve République.

François Mitterrand
(1916-1996)

Résistant durant la Seconde Guerre mondiale, il s'engage en politique sous la IVe République. En 1958, il est défavorable au retour au pouvoir du général de Gaulle et passe plus de vingt ans dans l'opposition. Élu président de la République en 1981, réélu en 1988, il est le premier chef d'État de gauche sous la Ve République.

Jean Monnet
(1888-1979)

À l'origine de la création de la CECA (Communauté européenne du charbon et de l'acier), il est perçu comme l'un des « Pères fondateurs » de la construction européenne. Ses cendres ont été transférées au Panthéon en 1988.

Jean Moulin
(1899-1943)

Préfet de Chartres, il refuse en 1940 de sesoumettre aux Allemands. Il rejoint la France libre et est chargé par de Gaulle d'unifier la Résistance intérieure. Il fonde le Conseil national de la Résistance (CNR) en 1943. Mais il est arrêté par la Gestapo et meurt après avoir été torturé.

Gamal Abdel Nasser
(1918-1970)

Colonel dans l'armée égyptienne, il dirige l'Égypte de 1954 à 1970. Son engagement dans le mouvement des non-alignés lui vaut un prestige immense dans tout le monde arabe.

Jawaharlal Nehru
(1889-1964)

Avocat et disciple de Gandhi, dirigeant du Parti du Congrès en 1929, il milite pour l'indépendance de l'Inde, ce qui lui vaut plusieurs séjours en prison. Il devient le Premier ministre de l'Union indienne jusqu'à sa mort. Il y installe une démocratie laïque et joue un rôle de premier plan dans la lutte contre le colonialisme. Il est l'une des grandes figures du tiers-monde et du non-alignement.

Colette Périès-Martinez
(née en 1922)

En 1942, elle s'engage dans la Résistance avec sa sœur aînée, Louise. En tant qu'agentes de liaison entre la Haute-Savoie et la Suisse, elles sont chargées de faire passer des renseignements, de convoyer des personnes recherchées ou bien de transporter d'importantes sommes d'argent. Colette Périès-Martinez a été nommée chevalier de l'ordre de la Légion d'honneur.

Philippe Pétain
(1856-1951)

Général pendant la Première Guerre mondiale, il s'y distingue notamment par la défense de Verdun. En 1940, il signe l'armistice avec l'Allemagne. Il devient le chef de l'État français, appelé aussi « régime de Vichy » et met en œuvre la politique de collaboration avec l'Allemagne nazie. Jugé à la Libération, il est condamné à mort mais sa peine est commuée en détention perpétuelle.

Georges Pompidou
(1911-1974)

En 1945, il entre au cabinet du général de Gaulle. En 1953, il quitte la vie politique. En 1958, au retour du général de Gaulle, il devient son directeur de cabinet. Premier ministre de 1962 à 1968, il est élu président de la République en 1969 et meurt dans l'exercice de ses fonctions en avril 1974.

Vladimir Poutine
(né en 1952)

Ancien officier du KGB, puis directeur du FSB (service fédéral de sécurité). Premier ministre de la Fédération de Russie en 1999, il est élu président en 2000 après la démission de Boris Eltsine. Premier ministre entre 2008 et 2012, il est à nouveau élu président en 2012 et encore en 2018. Par des actions militaires, il entend prouver au monde que la Russie est à nouveau une grande puissance (annexion de la Crimée au détriment de l'Ukraine en 2014, intervention aux côtés du régime syrien de Bachar el-Assad en 2015). En février 2022, il envahit l'Ukraine et provoque la condamnation des démocraties européennes.

Franklin Delano Roosevelt (1882-1945)

Élu président des États-Unis en 1932, il entreprend pendant la période de dépression des années 1930 de grandes réformes économiques dans le cadre du *New Deal*. Très populaire, il est réélu en 1936, 1940 et 1944. Il engage son pays dans la guerre après l'attaque de Pearl Harbor par les Japonais en 1941 et participe activement au projet de reconstruction du monde de l'après-guerre par sa présence aux conférences de Téhéran (1943) et Yalta (1945).

Yvette Roudy (née en 1929)

Élue députée européenne en 1979, elle devient ministre des Droits de la femme de 1981 à 1986. Elle fait voter des lois sur le remboursement de l'IVG par la Sécurité sociale ainsi que pour l'égalité professionnelle entre les femmes et les hommes. Elle devient ensuite députée socialiste du Calvados, puis maire de Lisieux.

Joseph Staline (1879-1953)

Membre du parti communiste de l'URSS, il prend progressivement le pouvoir à partir de la mort de Lénine en 1924. Il fait de l'URSS une dictature et instaure un régime totalitaire. Soucieux de la sécurité de l'URSS, il signe en 1939 un pacte de non-agression avec Hitler. En 1941, il mobilise la population dans la « grande guerre patriotique » et rejoint les États-Unis et le Royaume-Uni dans la Grande Alliance contre l'Allemagne nazie. Après 1945, il participe à l'élaboration du nouvel ordre mondial et impose le communisme aux pays d'Europe de l'Est occupés. Il est un acteur majeur des premières crises de la guerre froide.

Harry S. Truman (1884-1972)

Président des États-Unis de 1945 à 1953. Il participe à la conférence de Potsdam (1945) pour fixer le sort des nations ennemies et décide d'utiliser la bombe atomique contre le Japon pour accélérer la fin de la guerre en Asie. Il élabore la politique du *containment*, une doctrine visant à s'opposer à toute nouvelle extension du communisme dans le monde, et accepte l'idée du plan Marshall en 1947, entraînant les États-Unis dans la guerre froide.

Simone Veil (1927-2017)

Femme politique française. Rescapée du camp d'extermination d'Auschwitz, elle fait carrière dans la magistrature jusqu'à sa nomination comme ministre de la Santé en 1974. C'est à ce poste qu'elle fait adopter la loi qui légalise l'interruption volontaire de grossesse en France (janvier 1975). Première femme à présider le Parlement européen entre 1979 et 1982, elle est élue à l'Académie française en mars 2010.

Ursula Von Der Leyen (née en 1958)

Femme politique allemande, elle est présidente de la Commission européenne depuis 2019.

Xi Jinping (né en 1953)

Secrétaire général du Parti communiste chinois (depuis 2012) et président de la République populaire de Chine depuis 2013. Il est le dirigeant le plus puissant depuis Deng Xiaoping. Après avoir écarté ses adversaires politiques, il fait modifier la Constitution de manière à pouvoir prolonger son mandat indéfiniment. Il veut faire de son pays la première puissance mondiale et développe des projets internationaux ambitieux (les « nouvelles routes de la soie », par exemple).

LEXIQUE

A

Agriculture productiviste : agriculture commerciale dont les rendements reposent sur un recours aux techniques et aux progrès scientifiques. (voir p. 242, 254, 272)

Aire urbaine : espace composé d'un pôle urbain et des communes environnantes sous son influence, formant une couronne périurbaine. (voir p. 230)

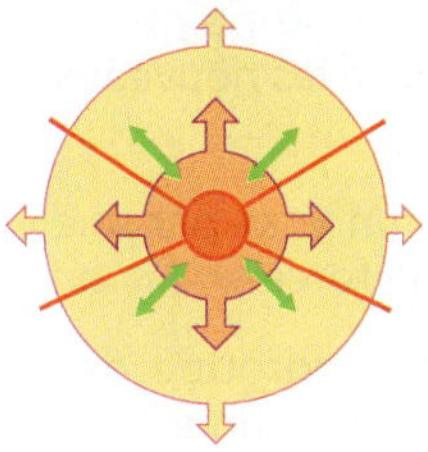

Aménagement : ensemble des actions et/ou des politiques mises en œuvre pour réduire les inégalités entre les territoires. (voir p. 296)

Atout : avantage d'un espace qui facilite les activités humaines. (voir p. 264)

Attractivité : capacité d'un territoire à attirer vers lui des ressources venues de l'extérieur (activités, personnes, idées, marchandises…). (voir p. 346, 354)

Al-Qaïda : mouvement islamiste terroriste, fondé en 1987 par Oussama Ben Laden, dont le but est l'affaiblissement des puissances occidentales par des attentats meurtriers sur leur sol. (voir p. 156)

Alternance : changement de majorité, de la droite à la gauche (ou inversement), après une élection présidentielle ou législative (élection de l'Assemblée nationale). (voir p. 190)

Antiparlementarisme : hostilité à l'égard du régime politique parlementaire, accusé d'inefficacité. (voir p. 48)

Antisémitisme : haine à l'égard des Juifs, considérés dans l'humanité comme une race ou un groupe humain distinct et inférieur. (voir p. 45, 81, 370, 376)

AOC / AOP : l'appellation d'origine contrôlée (AOC) protège le savoir-faire d'une région pour fabriquer un produit alimentaire. L'appellation d'origine protégée (AOP) est l'équivalent européen de l'AOC. (voir p. 272)

Approfondissement : intensification des liens et de la coopération entre les États européens. (voir p. 133, 137, 140)

Armistice : accord conclu par des pays en guerre pour suspendre les combats. (voir p. 86)

Arrière : terme désignant les populations qui ne prennent pas part aux opérations militaires mais qui sont soumises à l'effort de guerre. (voir p. 24, 32)

Autodétermination : détermination du statut politique d'un pays par ses habitants. (voir p. 120)

B

Baby-boom : période de forte croissance de la natalité dans les pays occidentaux pendant les années 1950-1960 (en France : 1945-1965). (voir p. 198, 208)

Bien commun : au collège, respect entre les membres de la communauté scolaire, et respect des locaux et du matériel scolaire, pour bien vivre ensemble. (voir p. 366)

Biodiversité : nombre d'espèces et d'êtres vivants sur un espace donné. La richesse biologique est sensible aux effets de l'activité humaine. (voir p. 314)

Bolchevique : (« majoritaire » en russe). Terme synonyme de communistes, majoritaires dans le parti fondé par Lénine en 1912. (voir p. 28)

C

Changement climatique : modification des caractéristiques du climat en un endroit donné. Actuellement, c'est une augmentation des températures moyennes qui modifie les équilibres météorologiques et les écosystèmes. (voir p. 155)

CECA : Communauté européenne du charbon et de l'acier (1951). (voir p. 133)

CEE : Communauté économique européenne (1957). (voir p. 133)

Centre de mise à mort : espace clos et organisé par les nazis, destiné à l'assassinat immédiat et systématisé des populations juives et tsiganes d'Europe. (voir p. 68)

CESC : le comité d'éducation à la santé et à la citoyenneté conduit des actions d'éducation et de prévention. (voir p. 366)

Chômeur : personne sans emploi, à la recherche d'un emploi et disponible pour travailler. (voir p. 204, 208)

Citoyen : personne qui a le droit de participer à la vie politique d'un État. (voir p. 392)

Citoyen européen : personne qui a la nationalité d'un État membre de l'Union européenne. (voir p. 133, 140)

Citoyenneté : appartenance à une communauté nationale. Fondée sur le droit de vote, elle implique aussi la participation active des citoyens à la vie de la société. (voir p. 404)

Civilité : respect à l'égard des personnes et des lieux. (voir p. 376)

LEXIQUE

Cohabitation : situation politique où le président de la République appartient à un parti politique opposé à celui du Premier ministre. (voir p. 182, 190)

Collaboration : politique de coopération volontaire en matière politique, économique et policière avec l'Allemagne nazie. (voir p. 80, 86)

Collectivisation : en URSS, politique visant à la disparition de la propriété privée. Les paysans sont regroupés dans des propriétés collectives (kolkhozes) ou des fermes d'État (sovkhozes). (voir p. 42, 50)

Collectivités territoriales : communes, départements, régions. (voir p. 296)

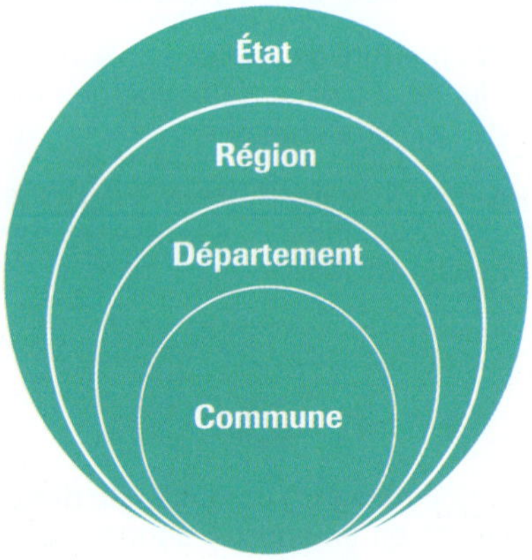

COM (collectivités d'outre-mer) : elles regroupent d'anciens territoires d'outre-mer (TOM), ainsi que d'autres collectivités territoriales à statut particulier. (voir p. 306, 314)

Communisme : idéologie qui veut instaurer, par une révolution immédiate, une société égalitaire, sans différence de richesse et sans propriété privée. (voir p. 28, 32, 41, 50)

Compétitivité : capacité à faire face à la concurrence dans le cadre de la mondialisation. (voir p. 254, 330, 336)

Conseil national de la Résistance (CNR) : institution qui unit les différents mouvements de Résistance en France à partir de 1943. (voir p. 86, 169, 174)

Constitution : loi suprême de la République. Expression de la souveraineté nationale, elle organise les pouvoirs politiques et garantit les droits fondamentaux des individus. (voir p. 169, 174, 182, 392)

Contraception : moyen utilisé pour contrôler les naissances. (voir p. 200)

Contrat collectif (ou convention collective) : accord conclu entre les représentants du patronat et des salariés d'une branche professionnelle sur les conditions de travail et les salaires. (voir p. 48, 50)

Coopération transfrontalière européenne (CTE) : ensemble des politiques de l'UE ayant pour objectif le développement des liens entre les territoires et les populations séparés par une frontière d'État, aux échelles régionales et locales. (voir p. 332, 336)

COP : « Conference of Parties » (195 pays et l'Union européenne). Conférence internationale sur le climat qui réunit les États engagés depuis 1992 par la Convention cadre des Nations unies sur les changements climatiques (CCNUCC). Elle fait le point sur l'application de la Convention et négocie les nouveaux engagements. (voir p. 155)

Coup d'État : prise du pouvoir dans un État par une minorité, par surprise et en utilisant la force. (voir p. 28)

Couronne périurbaine : espace qui regroupe des communes où une part des habitants ayant un emploi (15 %, INSEE 2020) travaille dans le pôle urbain et s'y déplace régulièrement. (voir p. 230)

Culte de la personnalité : ensemble de pratiques utilisées pour convaincre un peuple qu'une personne est supérieure et infaillible. (voir p. 50, 79)

Culture de masse : pratiques culturelles diffusées à un large public par les médias et les industries de la communication et du divertissement. (voir p. 206)

D

Décentralisation : transfert de compétences de l'État vers les collectivités territoriales (communes, départements, régions). (voir p. 296, 389, 392)

Décolonisation : processus d'accession à l'indépendance des territoires colonisés. (voir p. 124)

Délocalisation : transfert d'une production vers des pays étrangers aux coûts moins importants. (voir p. 254)

Démocratie : régime politique dans lequel le peuple exerce le pouvoir. Les opinions peuvent s'y exprimer librement et les gouvernants sont désignés par le peuple lors d'élections libres. (voir p. 384, 392)

Démocratie participative : implication des citoyens dans le débat public et dans la prise de décision politique. (voir p. 410)

Déportation : déplacement forcé de populations pour des motifs raciaux ou politiques. (voir p. 26, 68)

Dépression économique : longue période de ralentissement et d'instabilité de la croissance économique. (voir p. 198, 208)

Déprise : abandon progressif de l'activité d'agriculture ou d'élevage. (voir p. 264, 272)

Développement durable : « développement qui répond aux besoins des générations du présent sans compromettre la capacité des générations futures à répondre aux leurs » (Rapport Brundtland, ONU, 1987). (voir p. 155)

Dictature du prolétariat : concentration de tous les pouvoirs au profit du parti communiste sous la Russie de Lénine, au nom de l'intérêt du peuple. Ses opposants sont considérés comme hors la loi. (voir p. 28)

Discontinuité géographique : rupture géographique liée à la distance, un océan, une immense forêt... (voir p. 308, 315)

Discrimination : fait de refuser des droits à une personne ou à un groupe de personnes en raison de son origine, de son appartenance religieuse, de son handicap, de son sexe... Cette attitude est punie par la loi. (voir p. 370, 376)

Désindustrialisation : diminution ou disparition de l'activité industrielle. (voir p. 254)

Dissuasion nucléaire : doctrine qui part du principe qu'une guerre nucléaire provoquerait la destruction totale des deux camps. (voir p. 108)

DROM (départements et régions d'outre-mer) : ces collectivités territoriales disposent du même statut qu'un département ou une région métropolitaine : les lois et règlements français s'y appliquent. (voir p. 306, 315)

E

Écoquartier : quartier d'une ville aménagé pour répondre à des objectifs de développement durable. (voir p. 289)

Écotourisme : forme de tourisme durable qui respecte, préserve et met durablement en valeur les ressources d'un territoire pour les touristes. (voir p. 315)

Élargissement : ouverture de la CEE, puis de l'Union européenne, à de nouveaux États membres. (voir p. 133, 140)

***Einsatzgruppen* :** « groupes d'intervention » nazis chargés, à partir de l'invasion de l'URSS pendant la Seconde Guerre mondiale, de fusiller systématiquement les Juifs et les communistes à l'arrière du front russe. (voir p. 62, 68)

Engagement : acte par lequel une personne décide d'agir. S'engager, c'est être acteur de ses choix et participer à la vie en société. L'engagement repose sur l'esprit de coopération et la responsabilité vis-à-vis d'autrui. (voir p. 410)

Épuration : après la Seconde Guerre mondiale, processus visant à punir les personnes ayant collaboré avec l'occupant allemand. D'abord sauvage et spontanée, elle devient légale, sous l'autorité des tribunaux. (voir p. 169, 174)

Espace de faible densité : en France, l'Insee qualifie un espace de faible densité quand il compte moins de 30 habitants par km². (voir p. 272)

Espace productif : espace aménagé et mis en valeur pour une activité économique. (voir p. 254)

Espace Schengen : espace de libre circulation des personnes entre 27 pays européens, entré en application depuis 1995. (voir p. 133, 140, 336)

Esprit de défense : esprit civique et citoyen qui met une population en capacité d'agir dans l'intérêt général face aux risques et aux menaces. Il développe le lien entre les armées et la nation. Il vise à préserver les valeurs de la démocratie (liberté, solidarité...), au service de la paix. (voir p. 407, 410)

Étalement urbain : augmentation de la superficie d'une ville et diminution de sa densité de population. C'est une des manifestations spatiales de la périurbanisation. (voir p. 230)

LEXIQUE

État-providence : ensemble des dispositifs par lesquels l'État intervient dans l'économie et la société, protégeant les individus et redistribuant les richesses. (voir p. 172, 174, 204)

Étranger : personne qui n'a pas la nationalité de l'État dans lequel elle réside, même si elle est née dans ce pays. (voir p. 202, 208)

Eurorégion : espace de coopération transfrontalière associant plusieurs territoires de différents États européens, dans l'objectif de faire de la frontière un atout et non plus une contrainte. (voir p. 332)

Euroscepticisme : méfiance vis-à-vis de l'Union européenne. (voir p. 139)

F

Féminisme : mouvement visant à abolir des inégalités dont les femmes sont victimes et à établir l'égalité complète des droits entre les hommes et les femmes. (voir p. 200, 208)

FFI (Forces françaises de l'intérieur) : groupes armés unis en 1944 sous l'autorité du Conseil national de la Résistance. (voir p. 84)

Filière : ensemble des activités qui interviennent dans la fabrication d'un produit fini. (voir p. 241, 254)

FLN (Front de libération nationale) : mouvement algérien fondé en 1954 pour conquérir l'indépendance de l'Algérie. (voir p. 120)

Fonction régalienne : fonction qui relève de la responsabilité de l'État, et dont il a le monopole. (voir p. 392)

Forces françaises libres (FFL) : créées en 1940, elles rassemblent les combattants volontaires ralliés à de Gaulle. (voir p. 82)

France libre : ensemble des organisations de Résistance extérieure sous l'autorité du général de Gaulle pendant l'occupation de la France par l'Allemagne nazie. (voir p. 82, 86)

Francophonie : ensemble de celles et ceux qui, à des degrés divers, utilisent la langue française. (voir p. 354)

Fracture numérique : disparité d'accès aux technologies informatiques, notamment Internet. (voir p. 290)

Front populaire : rassemblement des partis français de gauche (parti radical, SFIO, parti communiste), qui remporte les élections législatives de mai 1936. (voir p. 41, 48, 50)

FTN (firme transnationale) : entreprise qui contrôle des filiales implantées dans plusieurs États et qui produit et réalise une part importante de son chiffre d'affaires en dehors du pays d'origine. (voir p. 354)

G

Génocide : extermination programmée et méthodique d'un peuple en raison de ses origines ou de sa religion. (voir p. 26, 32, 62, 68)

Géopolitique : étude des rivalités, des enjeux de pouvoir, mais aussi des coopérations entre les territoires. (voir p. 354)

Ghetto : quartier isolé du reste de la ville par un mur ou des barbelés dans lequel les nazis forcent les populations juives à vivre. (voir p. 64)

Goulag : camps de concentration et de travaux forcés où sont enfermées les personnes considérées comme ennemies du régime soviétique. (voir p. 42, 50)

Gouvernement : institution, formée du Premier ministre et des ministres, qui détermine la politique de la nation. (voir p. 190)

Guerre totale : conflit armé mobilisant toutes les ressources (économiques...) de l'État et toutes les catégories de sa population. (voir p. 32, 60)

H

Hard power : capacité d'un État à imposer sa volonté à un autre État par la contrainte, à l'aide de moyens militaires et économiques, y compris par l'usage de la force ou de sanctions. (voir p. 354)

Harkis : Algériens enrôlés comme auxiliaires dans l'armée française pendant la guerre d'Algérie. (voir p. 120)

Homophobie : sentiment ou manifestation de rejet, de mépris ou de haine envers les personnes homosexuelles et envers l'homosexualité. (voir p. 370, 376)

I

IDE (investissements directs de/à l'étranger) : capitaux placés par des entreprises étrangères dans un pays tiers ou par des entreprises nationales à l'étranger. (voir p. 354)

Illectronisme : contraction d'illettrisme et d'électronique. Qualifie une population en difficulté pour utiliser un ordinateur, une tablette, naviguer sur Internet. (voir p. 290)

Immigré : personne née dans un pays différent de celui dans lequel elle s'est installée. (voir p. 202, 208)

Industrie : activité économique qui produit des biens grâce à la transformation de matières premières. (voir p. 254)

Innovation : capacité à créer de la nouveauté pour renforcer la compétitivité. (voir p. 241, 254)

Intégration : processus d'insertion des immigrés dans la société d'accueil (emploi, école...) et de participation à la vie sociale et civique. (voir p. 202, 208)

Interface : zone de contacts et d'échanges privilégiés entre deux espaces distincts. (voir p. 296, 336)

Interreg : programmes pluriannuels initiés et financés par l'UE dans le cadre de sa politique de cohésion (voir p. 337) pour soutenir la coopération entre les régions européennes. (voir p. 332)

Islamisme : idéologie politique qui veut fonder l'organisation de la société et de l'État sur les préceptes de textes religieux, principalement le Coran. (voir p. 149)

K

Koulak : en URSS, paysans propriétaires puis toute personne refusant la collectivisation des terres. Ils sont considérés comme des ennemis du peuple. (voir p. 42)

L

Ligne ferroviaire à grande vitesse (LGV) : ligne ferroviaire construite pour des trains roulant au-delà des 220 km/h et nécessitant un tracé et une signalisation spécifiques. (voir p. 296)

Ligue : dans les années 1930, en France, organisation d'extrême droite violemment opposée à la République parlementaire. (voir p. 48)

Livre blanc sur la Défense et la Sécurité nationale : texte officiel de 2013 qui fait état des risques et des menaces et définit les objectifs de la politique de Défense et de Sécurité nationale de la France. (voir p. 410)

Loi : règle votée par le Parlement, que doivent respecter tous les habitants d'un pays. (voir p. 388)

M

Magistrat : juge professionnel. On distingue les magistrats du « siège », chargés de juger en appliquant le droit, et les magistrats du « parquet » (procureur, substitut), qui ne jugent pas, mais défendent les intérêts de la société en faisant appliquer la loi. (voir p. 388)

Marché commun : espace économique caractérisé par la libre circulation des marchandises et des services entre les États membres. (p. 140)

Mégalopole européenne : espace fortement urbanisé qui concentre une forte densité de population et de richesse. (voir p. 337)

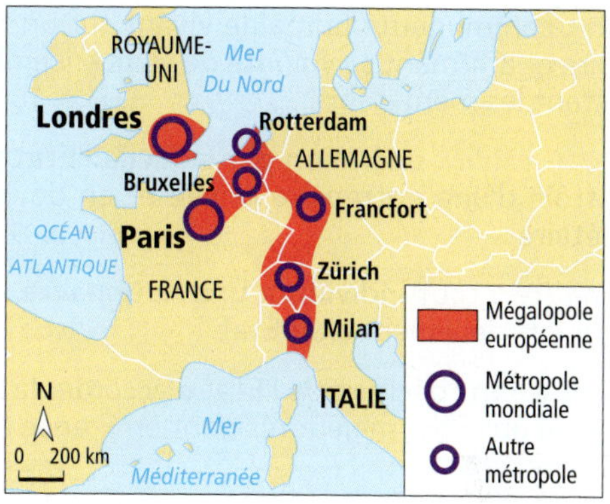

Métropole : grande ville concentrant population, activités et richesses et qui exerce son aire d'influence sur des territoires étendus : région, pays, monde entier. (voir p. 230)

Mixité fonctionnelle : diversification des fonctions d'un quartier (logements, travail, achats, loisirs). Elle permet de limiter les déplacements quotidiens. (voir p. 289)

Mixité sociale : diversification de la composition sociale d'un quartier pour lutter contre la séparation spatiale des habitants selon leur niveau de vie. (voir p. 289)

Mobilités quotidiennes : déplacements d'une population dans son espace de vie. Il s'agit notamment des déplacements quotidiens des navetteurs (voir p. 222) entre leur domicile et leur lieu de travail. (voir p. 230)

Monde bipolaire : expression qui permet de décrire l'état du monde au temps de la guerre froide. (voir p. 108)

Mouvement de Résistance : pendant la Seconde Guerre mondiale, organisation menant des actions militaires mais aussi politiques, par exemple information de la population. (voir p. 84)

Mouvement des non-alignés : mouvement créé en 1961 qui prône l'indépendance des nouveaux États face aux deux blocs de la guerre froide et soutient les mouvements nationalistes. (voir p. 123, 124)

Mouvement nationaliste : mouvement qui lutte pour la libération des populations et des territoires colonisés. (voir p. 124)

Multipolaire : se dit de l'organisation du monde dans laquelle la puissance est partagée entre plusieurs pôles, en opposition au temps de la guerre froide où le monde était dit « bipolaire ». (voir p. 156)

LEXIQUE

Mutinerie : révolte des soldats contre l'autorité militaire (généralement refus de combattre). (voir p. 32)

N

Nation : communauté humaine vivant sur un même territoire et affirmant sa volonté de vivre ensemble en respectant les mêmes lois. (voir p. 380, 392)

Nationalisation : opération par laquelle l'État prend le contrôle d'une entreprise privée et en devient le propriétaire. (voir p. 173, 174)

Nationalité : tout individu a une nationalité, qui le rattache officiellement à un État. (voir p. 380)

Naturalisation : décision de l'État d'accorder la nationalité à un étranger majeur résidant en France depuis plus de cinq ans. (voir p. 380)

Navetteur : personne qui effectue des déplacements quotidiens domicile-travail, des « navettes », qualifiées aussi de « mobilités pendulaires ». (voir p. 222)

Néoruraux : nouveaux habitants d'origine urbaine en zone rurale. (voir p. 264)

NSDAP (Parti national-socialiste des travailleurs allemands) : parti politique dirigé dès 1921 par Adolf Hitler, dont l'idéologie est le nazisme. (voir p. 41, 51)

O

ONU (Organisation des Nations unies) : organisation créée en 1945 dont la mission est de maintenir la paix et la sécurité. Siégeant à New York, elle regroupe 193 États en 2016. Les principales décisions sont prises par un Conseil de sécurité de 11 membres dont 5 permanents (Chine, États-Unis, France, Royaume-Uni, Russie). (voir p. 149)

OTAN : (organisation du traité de l'Atlantique Nord) alliance militaire défensive, créée en 1949, regroupant autour des États-Unis leurs alliés du bloc de l'Ouest (Canada et Europe occidentale). (voir p. 108)

P

Pacte de Varsovie : alliance militaire créée en 1955 regroupant autour de l'URSS ses alliés d'Europe centrale et orientale (bloc de l'Est). (voir p. 108)

Parc national : territoire géré et protégé par l'État en raison de la richesse de son patrimoine naturel et culturel. (voir p. 273)

Parcours de citoyenneté : il est composé de 4 étapes : enseignement de la Défense en 3e et en 1re ; recensement (inscription à la mairie de sa commune de tout Français âgé de 16 ans) ; Journée Défense et citoyenneté (JDC) ; appel sous les drapeaux (en cas de menace). (voir p. 410)

Parlement : Assemblée nationale et Sénat. (voir p. 384)

PIB (Produit intérieur brut) : somme des richesses produites par un État. (voir p. 334)

Plan Marshall : plan d'aide économique et financière proposé par les États-Unis aux pays européens en 1947. Il est rejeté par l'URSS et ses alliés. (voir p. 98, 108)

Poilus : nom donné aux combattants français de la Première Guerre mondiale. (voir p. 32)

Pôle urbain : espace urbanisé comprenant une ville-centre très peuplée et sa banlieue. Le pôle urbain est l'espace central d'une aire urbaine. Il concentre les emplois et les services. (voir p. 230)

Politique de cohésion : politique de l'UE qui vise à réduire les inégalités régionales et à améliorer la compétitivité des territoires. Le financement est assuré par des fonds structurels comme le Fonds européen de développement régional (FEDER) ou les fonds de cohésion. (voir p. 330, 337)

Politique étrangère et de sécurité commune (PESC) : politique qui encourage la coopération des États membres dans les domaines de la diplomatie et de la Défense. (voir p. 140)

Population active : ensemble des personnes qui exercent ou recherchent un emploi. (voir p. 200, 204, 208)

Pouvoir exécutif : pouvoir de faire exécuter les lois. C'est aussi le pouvoir de mener les politiques publiques. (voir p. 182, 384)

Pouvoir législatif : pouvoir de faire des lois. (voir p. 182, 384)

Prolifération nucléaire : augmentation du nombre de pays possédant l'arme atomique. (voir p. 156)

Propagande : ensemble des pratiques (affiches, presse...) visant à encadrer une société pour la convaincre de la supériorité d'une idéologie ou d'une politique. (voir p. 24, 32, 42, 51, 81)

Puissance : capacité d'un État ou groupe d'États à imposer sa volonté et à agir sur le monde en s'assurant d'une influence durable sur les autres États en termes économiques, culturels et diplomatiques. (voir p. 354)

R

Racisme : attitude de ceux qui méprisent certaines personnes en raison de leur prétendue appartenance à une race. (voir p. 370, 376)

Rayonnement : capacité d'un territoire à diffuser des biens et des idées au-delà de ses frontières géographiques. (voir p. 346, 355)

R&D (Recherche et Développement) : activités visant à réaliser une découverte ou invention, et à en assurer sa production industrielle. (voir p. 241)

RDA (République démocratique allemande), RFA (République fédérale d'Allemagne) : ce sont les deux pays issus de la partition de l'Allemagne en 1949. La RDA est l'alliée de l'URSS, la RFA des États-Unis. (voir p. 98)

Référendum : consultation des citoyens sur un projet de loi ou de Constitution ; les citoyens répondent par oui ou par non à la question posée. (voir p. 182, 185, 190)

Régime parlementaire : régime dans lequel le gouvernement est responsable devant l'Assemblée nationale qui peut le renverser. (voir p. 190)

Régime totalitaire : régime politique qui cherche à obtenir l'obéissance et la soumission de la population par un encadrement fondé sur la propagande et la terreur. (voir p. 41, 51)

Région : territoire administratif intermédiaire situé entre l'échelle locale et l'échelle nationale. Collectivité territoriale depuis 1982, elle est dirigée par un conseil régional. (voir p. 297)

Régions ultrapériphériques (RUP) : les 9 territoires ultramarins de l'UE (îles Canaries, Guyane, Guadeloupe, Martinique, Mayotte, La Réunion, Saint-Martin, les Açores, Madère). La politique de cohésion (voir p. 330) prend en compte leurs contraintes particulières. (voir p. 337)

Relève : pendant la Seconde Guerre mondiale, libération d'un prisonnier de guerre en échange de l'envoi de trois travailleurs français en Allemagne. (voir p. 80)

Réseau de Résistance : pendant la Seconde Guerre mondiale, organisation armée spécialisée dans le renseignement ou le sabotage. (voir p. 84)

Réserve militaire : elle comprend la réserve opérationnelle (citoyens volontaires qui s'impliquent temporairement dans une unité militaire) et la réserve citoyenne (citoyens volontaires qui contribuent, dans la société, au renforcement du lien armée-nation, et promeuvent l'esprit de défense). (voir p. 407)

Résidence secondaire : logement utilisé pour les week-ends, les loisirs ou les vacances. (voir p. 273)

Résistances : actions menées en France (Résistances intérieures) et dans le monde (France libre) pour lutter contre l'occupation allemande de la France et le régime de Vichy. (voir p. 82)

Révolution nationale : idéologie du régime de Vichy fondée sur la devise « Travail, famille, patrie » et qui rompt avec les principes républicains de liberté, d'égalité et de fraternité. (voir p. 79)

Rideau de fer : frontière symbolique séparant, à partir de 1946, les pays du bloc de l'Ouest (démocraties libérales) des pays communistes du bloc de l'Est, et coupant ainsi l'Europe en deux jusqu'en 1989. (voir p. 98, 108)

RMI : revenu minimum d'insertion, instauré en 1988, qui garantit des ressources minimales aux personnes à faibles revenus. (voir p. 204, 208)

S

Services : activité économique sans transformation de matière. (voir p. 254)

Service du Travail Obligatoire (STO) : pendant la Seconde Guerre mondiale, réquisition de tous les hommes français de 21 à 23 ans pour travailler en Allemagne. (voir p. 80)

Sexisme : comportement de ceux qui considèrent que les femmes et les hommes ne sont pas égaux. (voir p. 376)

Solde migratoire : différence entre le nombre de personnes qui sont entrées sur le territoire et le nombre de personnes qui en sont sorties au cours d'une année. (voir p. 198)

Soft power : capacité d'un État ou groupe d'États à influencer et convaincre par des moyens, qui ne sont ni la menace ni la force, notamment culturels, idéologiques ou diplomatiques. (voir p. 346, 355)

Souveraineté nationale : le pouvoir politique appartient à la nation, c'est-à-dire à l'ensemble des citoyens. (voir p. 182)

Soviets : (« conseils » en russe). Pendant la révolution russe, assemblées composées d'ouvriers, de paysans, de soldats, acquis aux idées révolutionnaires. (voir p. 28)

SRADDET : schéma régional d'aménagement, de développement durable et d'égalité des territoires. Il précise, à l'échelle de chaque région, les objectifs dans plusieurs domaines de l'aménagement du territoire : économie, transports, énergie, environnement et cadre de vie. (voir p. 289)

LEXIQUE

Start-up : entreprise nouvellement créée, caractérisée par la perspective d'une forte croissance et l'usage d'une technologie nouvelle. (voir p. 351)

T

Télétravail : activité professionnelle effectuée entièrement ou en partie hors des locaux de l'entreprise, grâce aux outils de télécommunication. (voir p. 273)

Territoire : espace vécu et approprié par ses habitants. (voir p. 297)

Territoires ultramarins : territoires français situés en dehors du continent européen. (voir p. 315)

Terrorisme : ensemble d'actes de violence commis par une organisation pour créer parmi la population un climat de terreur et d'insécurité, et faire ainsi pression sur un État. (voir p. 149)

Tiers-monde : ensemble de pays souvent issus de la décolonisation qui ont en commun un faible niveau de développement et cherchent à s'affirmer sur la scène internationale. (voir p. 123, 124)

Tourisme vert : tourisme durable centré sur la découverte de la nature, les activités de plein air et le respect de l'environnement. (voir p. 273)

Tranchée : fossé protégé par des barbelés dans lequel les soldats vivent et combattent. (voir p. 32)

Trente Glorieuses : expression qui désigne la période de forte croissance économique que connaissent les pays occidentaux entre 1945 et 1973. (voir p. 198)

Z

ZEE (zone économique exclusive) : espace maritime sur lequel un État possède des droits d'exploration et d'usage des ressources. Une ZEE s'étend jusqu'à 370 kilomètres d'un littoral, voire 648 km en cas d'extension. (voir p. 306)

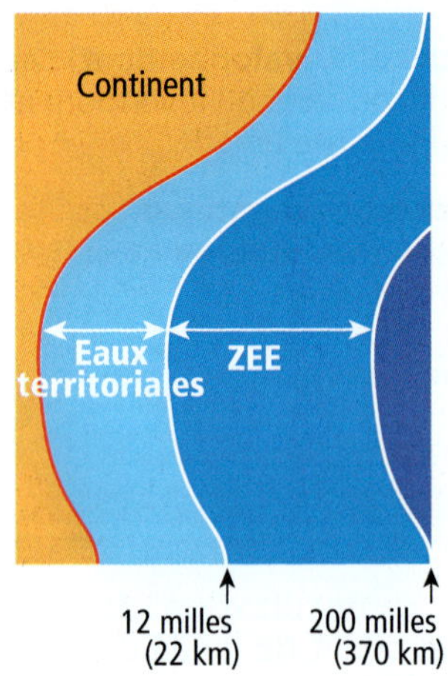

CRÉDITS

Crédits photographiques

Couverture : Haut : Coll. Archives Larbor/NARA ; **bas** ONLY World/Jean Isenmann

16-17, reprise 4h Bridgeman Images © Succession Picasso 2022 ; **17h** Getty Images/Hulton Archive ; **18** Getty Images/Hulton Archive ; **19** Roger-Viollet/Ullstein Bild ; **23, reprise 33g** Photo12/L'Illustration ; **24, reprise 33d** Library of Congress ; **25** Photo12/Alamy/DPA-Picture Alliance ; **27** Photo12/Alamy/FLHC2021BB ; **28** Adoc-Photos/Archives Photo ; **29** Bridgeman Images/Leemage/FineArts ; **30g** Droits réservés ; **30d** Roger-Viollet/Henri Martinie ; **31h** Akg-Images/Hugo Erfurth ; **31m** Akg-Images, © Adagp, Paris 2022 ; **31b** : © C. Vigneault/Enssib ; **36** Extrait de l'ouvrage « C'était la guerre des tranchées » de Tardi/© Casterman ; **38** Akg-Images ; **39** Bridgeman Images/Archives Charmet ; **40g, reprise 51g, 415mg** Bridgeman Images/FineArts ; **40m, reprise 51m, 80g, 87g, 413bg** Archives Larbor/G. Tomsich ; **40d, reprise 51d, 412bg** Coll. Archives Larbor ; **42** International Institute of Social History, Amsterdam ; **43** Bridgeman Images/Everett Collection ; **44** Coll. Archives Larbor ; **45h** BPK, Berlin/Distr. RMN-Grand Palais ; **45b** Bridgeman Images/Fine Arts ; **46** Coll. Archives Larbor/Jeanbor ; **47g** Bundesarchiv Bild 152-23-10A/Friedrich Franz Bauer ; **47d** Bridgeman Images/SZ/Scherl ; **48g** Bridgeman Images ; **48d** Gamma Rapho/Keystone France ; **49** Musée de l'Histoire Vivante, Montreuil ; **53g** Bridgeman Images/Everett Collection ; **53m** Collection particulière ; **53d** Collection Kharbine-Tapabor ; **55** Bridgeman Images/René Dazy ; **56** Yad Vashem ; **57, reprise 71m** Bridgeman Images/Peter Newark Military Archive ; **60, reprise 71g** Getty Images/Laski Diffusion ; **61g** Bridgeman Images/Granger ; **61d, reprise 414bd** Coll. Archives Larbor ; **62** USHMM ; **63, reprise 14bd, 413bd** Opale/Catherine Gugelmann ; **64** Photo12/Alamy/Archive PL ; **65** AFP/Nurphoto/Michal Fludra ; **66hg** Ullstein Bild/Walter Frentz ; **66hd** Bridgeman Images/Mondadori Portfolio ; **66b** ONAC des Yvelines ; **67h, reprise 71d** Musée de la Résistance Nationale, Champigny ; **67b** Opale/Patrice Normand ; **72** Archives Larbor/Michel Didier ; **74** Kharbine-Tapabor/Coll. IM ; **75** Coll. Archives Larbor ; **76g, reprise 87mg, 414mhd** Archives Larbor/JL Charmet ; **76d, reprise 87d, 413hg** © BIS/Ph. Coll. Archives Larbor ; **77, reprise 414mmg** Musée d'Histoire Contemporaine ; **78** Getty Images/Hulton Archive ; **79** Archives Larbor/Jeanbor ; **80d** Bridgeman Images/Tallandier ; **81b** Archives Larbor ; **82** AFP ; **84hg, reprise 87md, 413hd** AJPN ; **84md, reprise 414hd** Sénat/Droits réservés. ; **84b** Musée de La Résistance Nationale, Champigny ; **85h** Archives Nathan/Frédéric Hannoteau ; **85b** Bridgeman Images/PVDE ; **94-95, reprise 4b** Léon Herschtritt/La Collection; **95h** Léon Herschtritt/La Collection; **96** By the permission of the National Library of Wales © Solo Syndication, London ; **97** Bridgeman Images/Granger ; **100hg, reprise 109h, 415bg** Coll. Archives Larbor ; **100hd** Bridgeman Images/René Dazy ; **100b** Musée Tomi Ungerer/Centre national de l'illustration/Photo Musée de Strasbourg © Diogenes Verlag ; **101** Nasa ; **103** © Solo Syndication, London **104** Akg-Images/Ullstein Bild ; **105b, reprise 111, 162hd** Gamma-Rapho/Pool ; **106, reprise 14bmg** Photo12/Alamy/World of Triss ; **107hg** Aurimages/The Kobal Collection/MGM-United Artists ; **107hd** Collection Christophe L/MGM-United Artists ; **107b** Pierre Grosser ; **109mh, reprise 413mhd** Coll. Archives Larbor ; **109mb, reprise 413mbd** Bridgeman Images/Everett Collection ; **109b** Library of Congress Prints and Photographs Division Washington, D.C. 20540 USA ; **114, reprise 125bg** Getty Images/Hulton Archive ; **115, reprise 127d, 162bg** Gamma-Rapho/Keystone France ; **118hg, reprise 124, 412bd** Getty Images/Hulton Archive ; **118hd, reprise 125h, 414bg** Bridgeman Images/Everett Collection ; **118bd** Coll. Archives Larbor ; **118bg** Bridgeman Images ; **119h, reprise 125bd, 127g** Getty Images/Bettmann ; **119b** Roger-Viollet/Topfoto ; **120** Gamma-Rapho/Michel Desjardins ; **122, reprise 14hg** Kharbine-Tapabor/Coll. Jonas ; **123, reprise 127m** Getty Images/Bettmann ; **125m, reprise 414mbg** Getty Images/The Life Picture Collection/Stan Wayman ; **130, reprise 14hd, 162bd** Akg-Images/Cirip/Alain Gesgon ; **131** © 1989-2022 Erasmus Student Network – All Rights reserved ; **133h** Shutterstock/Nick_Nick ; **133m** Shutterstock/Jorisvo ; **133bg** Dati Bendo, European Union 2022 ; **133bd** Christian Creutz, European Union 2015, Source Parlement européen ; **134** Cirip/Alain Gesgon ; **135h** Akg-Images/Imagno ; **135b** ESA/CNES/Ariane Espace-Service optique ; **137h**, reprise 142h Cirip/Alain Gesgon ; **137bg** AFP/Janek Skarzynski ; **137bd** MaxPPP/PhotoPQR/La Dépêche du Midi ; **138** The Guardian ; **139** © Oli, www.humeurs.be ; **141, reprise 414mmhd** Chistian Lambiotte / Communauté européenne, service audiovisuel ; **142b** Coll. Archives Larbor/BCE ; **144** Jean-Luc Staedel, Historiaphil.com, kiosque de philatélie du Parlement européen, Strasbourg ; **146, reprise 157m** MaxPPP/Newscom/DPA-Picture Alliance/Moruck ; **147, reprise 157bd** AFP/Nurphoto/Ewan Bootman ; **150h, reprise 159hd, 162bm** Reuters/Sean Adair ; **151b** Jean-Pierre Filiu ; **153h** Dessin de Taylor Callery, Courrier International n°1613 du 30 septembre-6 octobre 2021 ; **153b, reprise 157bg, 159hg** The National, Shadi Ghanim ; **154, reprise 159hm** AFP/Anadolu Agency/COP21/Arnaud Bouisson ; **155** Réa/Frédéric Maigrot ; **156, reprise 412mbg** Daniel Lieneman/The White House ; **157h, reprise 415bd** Shutterstock/Palavevski ; **164-165, reprise 5** Stuart Franklin/Magnum Photos © Adagp, Paris 2022 ; **165h** Marc Binninger ; **165m** Stuart Franklin/Magnum Photos ; **166, reprise 175g, 177g** Gamma-Rapho/Keystone France ; **167** Coll. Kharbine-Tapabor ; **171** R. Frappier - Droits réservés / Archives du PCF - Archives départementales de la Seine-Saint-Denis, 89FI/18 ; **172, reprise 175d, 177m** Photo12/L'Illustration ; **173, reprise 177d** Kharbine-Tapabor/Coll. IM ; **178** Roger-Viollet ; **180, reprise 191mb** Getty Images/Sygma/Daniele Darolle ; **181** Sipa/Michel Setboun ; **182hg, reprise 191h** La Documentation française, photo Jean-Marie Marcel **182hd, reprise 414md** La Documentation française, photo Paris-Match/François Pagès ; **182bg, reprise 413mhg** La Documentation française, photo Jacques-Henri Lartigue ; **182bd, reprise 187bd, 191mh, 414mhd** La Documentation française, photo Gisèle Freund ; **183hg** Shutterstock/Frédéric Legrand-Cameo ; **183hm** Réa/Ludovic ; **183hd** Adobe/Pixarno ; **183bg** Shutterstock/Meunierd ; **183bd** Shutterstock/Giancarlo Liguori ; **184** AFP/STF ; **185** Cirip/Alain Gesgon ; **186h** MaxPPP/PhotoPQR/Sud Ouest ; **186b** Gamma-Rapho/Keystone France ; **187hg** Coll. Kharbine-Tapabor © Adagp, Paris 2022 ; **187hd** Beaux-Arts de Paris/Dist. RMN-Grand Palais ; **187bg, reprise 414hg** AFP ; **188h** Caricadoc ; **188b** Hervé Thouroude ; **189, reprise 191b** AFP/Daniel Janin ; **193** Plantu ; **196** Roger-Viollet ; **197** Gamma-Rapho/Denis Cittanova ; **200, reprise 211hm** Gamma-Rapho/Gilbert Uzan ; **201hg** BDIC ; **201hd, reprise 210g, 415hd** Gamma-Rapho/Jean-Pierre Bonnotte ; **201b, reprise 209m, 210d** Kharbine-Tapabor/Coll. Dixmier ; **202, reprise 211hg** Bridgeman Images/Gérard Bloncourt ; **203h** Bibliothèque municipale de Lyon, photo de Marcelle Vallet, P0701 002BIS N108 C408 ; **203b** Kharbine-Tapabor/Coll. Dixmier ; **204** Gamma-Rapho/Gilbert Uzan ; **205h, reprise 209g** Bridgeman Images/Gérard Bloncourt ; **205b, reprise 412mmd** Gamma-Rapho/Alexis Duclos ; **206** SCOOP/Salut les Copains n°31, février 1965 ; **207hg** Archives Larbor ; **207hd, reprise 14bg** Gamma-Rapho/Jean-Pierre Tertrat ; **207bg, reprise 211hd** Collection particulière ; **207bd, reprise 209d** Gamma-Rapho/Jean Gaumy ; **212** Centre de documentation du Planning familial ; **216 - 217 Et 6** Marco Maccarini/ GETTY IMAGES France ; **219** REA/Sébastien Ortola ; **220 ht d** JOANNES Yves ; **220 bas** AUBERT Michel ; **220 ht g** SHUTTERSTOCK/BearFotos ; **223 g** ECTM ; **223 d et page 233 m** REA/Frédéric Achdou ; **224** AFP/Thomas Samson ; **227 et page 233 d** PHOTO12.COM / ALAMY /Dexter Santucci ; **233 ht g** MAXPPP/PhotoPqr Ouest France/Marc Ollivier ; **236 ht d** SHUTTERSTOCK/Saiko3p ; **236 ht g** ECTM ; **236 bas** ECTM ; **237** PHOTO12.COM / ALAMY : Gabriel Cassan ; **239** FOURNEAUX Lionel/Hans Lucas ; **241 m bas** L'Oréal - ligne Men Expert ; **241 ht m** MAXPPP/République du Centre/Eric Malot ; **241 ht** BIOSPHOTO / Groupe PHOTONONSTOP/Josyane Breton ; **241 bas** REA/Benoît Decout ; **243 bas m** AFP/Getty image/Drew Angerer ; **243 bas** SHUTTERSTOCK/Olrat ; **243 ht m** SHUTTERSTOCK/Peryn22 ; **243 ht** AFP/François Nascimbeni ; **245 ht** © Lille 3000 - 2019 - Tous droits réservés ; **245 bas** DIETERLE Marie-Pierre/Divergence ; **247** HOURI Eric/Haropa-Port du Havre ; **253** PHOTO12.COM / ALAMY / Image Broker/Guillaumin ; **257 g** ADOBE STOCK PHOTO/Gilles Paire ; **257 d** SHUTTERSTOCK/ Jérôme Labouyrie ; **257 m** ADOBE STOCK PHOTO/Bernard Girardin ; **258** ISTOCK/Markord ; **263** PHOTO12.COM / ALAMY-Chris Craggs ; **265** © Campagne de communication Bourgogne, 2019 (création graphique : agence Signe des Temps / photo : Alain Doire@ BFC Tourisme) ; **267 ht** PHOTO12.COM / ALAMY-Lamax ; **267 m d** ISTOCK / morningarage ; **269 ht et page 274 d** © Agence de Développement des Hautes-Alpes/Réalisation graphique : Agence Sunmade/Photo Emmanuel Juppeaux ; **269** AFP / Philippe Desmazes ; **271 ht g** PHOTO12.COM / ALAMY / Mauritius- René Mattes ; **271 bas d** HEMIS.fr / Franck Guiziou ; **271 bas g** HEMIS. fr / Pierre Witt ; **271 ht d** HEMIS.fr / Hervé Lenain ; **275 ht g** shutterstock / Philippe Devanne ; **275 ht m** PHOTO12.COM / ALAMY / Jaubert ; **275 ht d** PHOTO12.COM / ALAMY / Leonid Andronov ; **276** SHUTTERSTOCK / beboy ; **277** HEMIS/Lionel Montico ; **279** © CRTNA-AgenceParishangai ; **281 ht g** ADOBE STOCK PHOTO/belinka ; **281 bas** ADOBE STOCK PHOTO/snowwhiteimages ; **281 ht d** ADOBE STOCK PHOTO/Wayhome Studio ; **281 m** ADOBE STOCK PHOTO/Drobot Dean ; **282-283 et p. 6 d** Ville de Marseille/Golem Images ; **283 ht** © Guy Baudelle ; **285** REA/Sébastien Ortola ; **287 ht** PASTUREAU Lucie/Hans Lucas ; **287 bas** © Ville de Grande-Synthe ; **288 bas** © Région Hauts-de-France ; **288 ht** © Ville de Grande-Synthe ; **289 m** ADOBE STOCK PHOTO/vera Kuttelvaserova ; **289 bas** ADOBE STOCK PHOTO/Alvaro ; **289 ht** ADOBE STOCK PHOTO/Implementarfilms ; **291** © ANCT/Photo Istock ; **293** © Région Normandie/Straddet ; **299 m** TESTELIN Xavier/Divergence ; **299 d** MAXPPP/Journal du Centre/Pierre Lestrade ; **299 g** REA-Ropi/Fotogramma/Sergi ; **300** © Le Ravi, Marseille/Dessin Yakana ; **301** © Métropole de Lyon/ Photo Laurence Danière ; **305** ISTOCK/Jack Metthey ; **309** GETTY IMAGES France/Moment/Henryk Sadura ; **310 bas** SHUTTERSTOCK/Matyas Rehak ; **310 ht** © Grand Port maritime de la Guadeloups, Guadeloupe Port Caraïbes ; **312 g** © Marie-Annick Lamy-Giner ; **312 d** © CNES / Airbus Data SIO, NOAA, U.S. Navy, NGA, GEBCO ; **313** © Direction générale de l'Aviation civile ; **317 bas d** AFP/Hans Lucas/Constant Formé-Bécherat ; **317 ht d** ROSENFELD Alexis/Divergence ; **317 m** HEMIS/Gregory Gerault ; **317 g** HEMIS/Alamy/Manfred Gottschalk ; **323 ht g** ADOBE STOCK PHOTO/Eléonore H ; **323 ht d** ADOBE STOCK PHOTO/ hbrh ; **323 bas** ADOBE STOCK PHOTO/carballo ; **323 m** ADOBE STOCK PHOTO/Asier ; **324-325 et p. 7 g** © European Union 2018/ Parlement Européen/Photo Pietro Maj-Oleari ; **325 ht** © Frédéric Charillon ; **327** © Parlement européen ; **331** © Collectivité Territoriale de Guyane ; **332** © euroregionnaen.eu/Getty Images ; **333 bas** © Eric Mayté ; **333 ht** © Diego Reyero Díez ; **335 ht g** AFP/ Jean-Pierre Clatot ; **335 bas d** SHUTTERSTOCK/Olrat ; **335 bas g** © Airbus 2021 / Photo JV Reymondon/Airbus - drone pilot F. Montet/Airbus ; **335 ht d** HEMIS/Franck Guiziou/© ADAGP, Paris 2022 ; **340 m** MAXPPP/Newscom/EFE/David Borrat ; **340 g** REA/ Laif/Jan Peter Boening ; **340 d** HEMIS/Cedric Pasquini ; **341** CHAPPATE PATRICK, Le Temps (Suisse), 29 janvier 2021 ; **345 et p. 356** © CNES/ESA/Arianespace/Optique video CSG, 2021 ; **347 ht** GAMMA RAPHO/Dominique Berbain ; **347 bas** AFP/Hector Retamal ; **348** PHOTO12.COM / ALAMY / Agencja Fotograficzna Caro ; **353 bas g** GETTY IMAGES France/Stephane Cardinale-Corbis ; **353 bas d** © Commission européenne/Alexander Klebba ; **353 ht d** GETTY IMAGES France/SOPA Images/LightRocket ; **353 ht g** ADOBE STOCK PHOTO/Eduard ; **358 g** SHUTTERSTOCK/Vereshchagin Dmitry ; **358 m** AFP/Sébastien Rieussec/Hans Lucas ; **358 d** AFP/Only France/Bruno de Hogues/© ADAGP, Paris 2022 ; **361** REGLAIN Frédéric/Divergence ; **363 bas** ADOBE STOCK PHOTO/Frédéric Dieupart/EyeEm ; **363 ht g** ADOBE STOCK PHOTO/mimagephotos ; **363 m** ADOBE STOCK PHOTO/ Oleksandr ; **363 ht d** ADOBE STOCK PHOTO/Oleksandr ; **364** © Pierre Florek ; **365** © Association Themis ; **367 d** © Collège Centre, Le Creusot. Affiche réalisée par Eléa Doreau, Emma Desvignes, Chénoa Noly et Victoria Suzy ; **367 g** © Collège Aliénor d'Aquitaine, Brantôme (Dordogne) ; **369 ht** © Collège Ravine des Cabris, Saint-Pierre (La Réunion) ; **369 bas** © École Brassart, Tours. Affiche réalisée par Erwan Laudat ; **370** STORY CIRCUS ; **371** © Défenseur des Droits ; **373** AFP/NurPhoto/Alain Pitton ; **378** MAXPPP/ Radio France/Claire Mesureur ; **379** SIPA PRESS/Jeanne Accorsini ; **380 bas** MAXPPP/Voix du Nord/Thierry Thorel ; **380 ht** © Fête nationale 2021 - Ville de Montpellier ; **382** © France Fraternités ; **383** CHAUNU ; **387** REUTERS/Ludovic Marin ; **388** ADOBE STOCK PHOTO/Stockwerk-Fotodesign ; **390** © Conseil Constitutionnel ; **393** MAXPPP/La Voix du Nord/Séverine Courbe ; **394** ECPAD/ Armée de Terre/Défense/Katucya Barolin ; **395** © Service Civique ; **396** Ministère de l'Intérieur ; **397 ht** © Ville de Lardy - Design : Agence Poussières d'étoiles - Illustration : Freepik ; **397 bas** © Débat Public ; **399** REA/Laurent Cerino ; **401** PHOTO12.COM / ALAMY /Jeremy Sutton-Hibbert ; **402** CARTOON MOVEMENT/Pete Kreiner/Courrier International ; **403** © Site du Geipan – CNES ; **404** Ministère des Armées/Secrétariat Général pour l'Administration - Direction du Service National et de la Jeunesse ; **405** MAXPPP/La Voix de Nord/ Archives ; **409 bas** REUTERS/Benoît Tessier ; **409 ht** © European Union Naval Force Somalia - Opération Atalanta ; **412hg** Bridgeman Images/PVDE ; **412mhg** Akg-Images/Ullstein Bild ; **412mmg** Shutterstock/Karen Faljyan ; **412hd** Akg-Images/Ullstein Bild ; **412mhd** NARA/OEM ; **412mbd** AFP/Bertrand Guay ; **413mbg** Shutterstock/Denis Makarenko ; **414mbd** Shutterstock/Bibiphoto ; **415hg** Gamma-Rapho/Alain Mingam ; **415md** Akg-Images/Ullstein Bild ; **416mbd** © European Union 2016

Compléments aux sources des textes présents dans le manuel

26 : Extrait de Leslie Davis. La Province de la mort : archives américaines concernant le génocide des Arméniens, 1915. Complexe, 1996 ; **121 :** Christophe Gracieux, « La mémoire des rapatriés d'Algérie », site Lumni Enseignement (enseignants.lumni.fr), 13 mars 2012. Pour lire le texte dans son intégralité : https://enseignants.lumni.fr/fiche-media/00000001893/la-memoire-des-appeles-de-la-guerre-d-algerie.html ; **205** IL NE RENTRE PAS CE SOIR, Paroles : Claude Moine, Musique : Pierre Papadiamandis, © 1979 Universal Music Publishing France

Édition : Juliette Sauty, Julie Bachmann, Séverine Bulan avec l'aide de Violette Erlich
Direction éditoriale : Carole Greffrath
Conception graphique (couverture et intérieur) : Clémentine Largant
Mise en pages : Anne-Danielle Naname
Iconographie : Electron libre, Maryse Hubert
Frises et schémas : Renaud Scapin
Cartes : Marie-Sophie Putfin – Légendes cartographie
Fabrication : Kévin Magar
Photogravure : IGS
Relecture : Sarah Billecocq

N° de projet : 10293173 - Dépôt légal : Avril 2022
Achevé d'imprimer en juin 2023 en Italie par Grafica Veneta - Trebaseleghe

Le langage cartographique

- Pour localiser les phénomènes dans l'espace, la cartographie s'appuie sur un langage spécifique : le langage cartographique.
- Ce langage utilise trois types de figurés – des points, des lignes et des surfaces – qui eux-mêmes se distinguent par des variables visuelles : la taille, la forme et la couleur principalement.
- Cela permet de différencier, classer et quantifier les informations représentées sur une carte.

	REPRÉSENTER UNE INFORMATION (varier la forme, la couleur)	**HIÉRARCHISER UNE INFORMATION** (varier taille, l'épaisseur, la couleur)
Figurés de surface (aplats de couleur) pour représenter les espaces	Les espace productifs Espaces industriels Espaces agricoles Espaces touristiques *Deux informations superposées :* Les espace de faible densité *Espaces agricoles et touristiques*	Densité de population élévée moyenne faible *Deux informations démarquées :* Solde migratoire positif *seuil, moyenne* négatif
Figurés ponctuels (ronds, carrés...) pour représenter un lieu	Ville Aéroport Port maritime Patrimoine	Population urbaine (en millions) plus de 10 1 à 10 moins de 1
Figurés linéaires (traits, flèches...) pour des axes, des limites, des flux...	Frontière Flux commerciaux Axe autoroutier	Intensité des échanges commerciaux faible moyenne forte

Atlas

Les États du monde en 2022

ARCTIQUE
SUÈDE
FINLANDE
RUSSIE
ESTONIE
LETTONIE
LITUANIE
BIÉL.
POL.
UKRAINE
ARMÉNIE
AZERBAÏDJAN
KAZAKHSTAN
MONGOLIE
SL.
H.
M.
ROUM.
B.-H.
S.
M.
BULG.
GÉORGIE
OUZBÉKISTAN
KIRGHIZISTAN
TURKMÉNISTAN
TADJIKISTAN
GRÈCE
TURQUIE
CORÉE DU NORD
CORÉE DU SUD
JAPON
LIBAN
ISRAËL
SYRIE
IRAN
AFGHANISTAN
CHINE
JORDANIE
IRAK
KOWEÏT
BAHREÏN
QATAR
PAKISTAN
NÉPAL
BHOUTAN
OCÉAN PACIFIQUE
ÉGYPTE
ARABIE SAOUDITE
BANGLADESH
TAÏWAN
SOUDAN
OMAN
INDE
BIRMANIE
LAOS
ÎLES MARSHALL
TCHAD
ÉRYTHRÉE
YÉMEN
ÉMIRATS ARABES UNIS
THAÏLANDE
VIETNAM
DJIBOUTI
CAMBODGE
PHILIPPINES
SOUDAN DU SUD
ÉTHIOPIE
SRI LANKA
PALAU
ÉTATS FÉDÉRÉS DE MICRONÉSIE
MALDIVES
BRUNEI
MALAISIE
OUGANDA
SOMALIE
SINGAPOUR
NAURU
KENYA
RÉP. DÉM. DU CONGO
RWANDA
BURUNDI
SEYCHELLES
INDONÉSIE
PAPOUASIE-NOUVELLE-GUINÉE
TANZANIE
ÎLES SALOMON
TUVALU
COMORES
MALAWI
OCÉAN INDIEN
TIMOR-ORIENTAL
TONGA
ZAMBIE
MOZAMBIQUE
VANUATU
FIDJI
ZIMBABWE
MADAGASCAR
MAURICE
BOTSWANA
AUSTRALIE
ESWATINI
LESOTHO
AFRIQUE DU SUD
NOUVELLE-ZÉLANDE

L'Europe politique en 2022

Le relief de l'Europe

Atlas

L'Union européenne en 2022

Le relief de la France

Les régions françaises

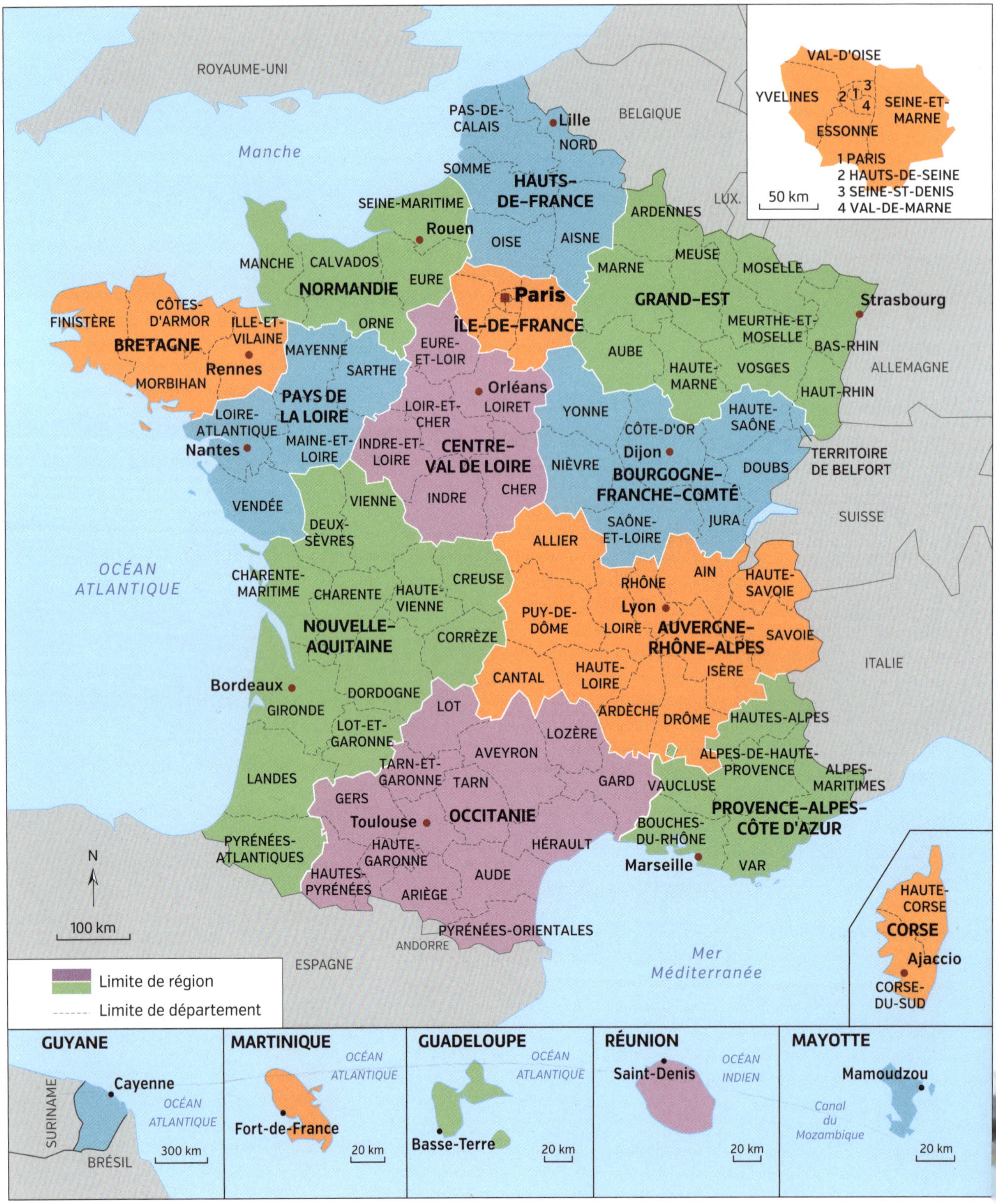